JN303330

小林　公著

法　哲　学

木鐸社

法哲学　目次

第1章　規範の生成 ……………………………………………………… 7
　第1節　実践的推論とルールの形成 ……………………………………… 7
　　1　序論　（7）
　　2　ルールの形成とゲーム理論　（11）
　　3　囚人のディレンマとルールの形成　（18）
　　4　コンヴェンションと実践的推論　（29）
　第2節　私的利益と規範の生成 …………………………………………… 44

第2章　四つの法理論 …………………………………………………… 67
　第1節　ルール懐疑主義 …………………………………………………… 67
　第2節　法実証主義 ………………………………………………………… 74
　第3節　自然法論 …………………………………………………………… 81
　第4節　ドゥウォーキンと非基底主義 …………………………………… 85

第3章　権利 ……………………………………………………………… 91
　第1節　権利の諸相 ………………………………………………………… 92
　第2節　利益と選択 ………………………………………………………… 96
　第3節　権利と功利 ……………………………………………………… 106
　第4節　権利の生成 ……………………………………………………… 116

第4章　民主主義と法 ………………………………………………… 121
　第1節　民主主義の正当化 ……………………………………………… 121
　　1　三つのアプローチ　（121）
　　2　社会的選択論と手続主義　（125）
　　3　契約論　（135）
　第2節　市場と民主主義 ………………………………………………… 143
　第3節　審議と社会的選択 ……………………………………………… 157
　第4節　憲法と民主主義 ………………………………………………… 173

第5章　契約 …………………………………………………………… 195
　第1節　意思説と信頼説 ………………………………………………… 195
　第2節　ヒュームの約束論 ……………………………………………… 202
　第3節　信頼説の検討 …………………………………………………… 209
　第4節　規範的権能と契約 ……………………………………………… 214

第6章　不法行為……………………………………………221
　第1節　矯正的正義………………………………………221
　第2節　ハンドの定式……………………………………236
　第3節　社会契約論と不法行為法………………………239
　第4節　道徳理論と経済分析……………………………247
　第5節　善きサマリア人と法……………………………266

第7章　行為と責任…………………………………………285
　第1節　意図的行為と目的論的説明……………………285
　第2節　行為論の諸相……………………………………303
　　　1　序　（303）
　　　2　基底主義と基礎行為　（307）
　　　3　基底主義と行為の因果説　（315）
　　　4　新意志主義　（321）
　　　5　弱い生成主義　（330）
　　　6　帰責主義　（335）
　　　7　責任と因果性　（348）
　第3節　刑罰・責任・言語………………………………358
　　　1　刑罰の正当化と功利主義　（358）
　　　2　自由選択の体系と刑罰　（365）
　　　3　責任の根拠と言語　（369）

第8章　解釈…………………………………………………389
　第1節　テキスト・意図・理由…………………………389
　第2節　解釈の妥当性……………………………………403

第9章　証拠と蓋然性………………………………………413
　第1節　序…………………………………………………413
　第2節　帰納論理…………………………………………421
　第3節　因果関係…………………………………………436
　第4節　事実認定と蓋然性………………………………442

あとがき………………………………………………………463

索引……………………………………………………………465

法 哲 学

第1章　規範の生成

第1節　実践的推論とルールの形成

1　序論

　本節のテーマは，社会を構成する合理的な諸個人の間で，各人の行動に制約を課するような社会的ルールがいかにして形成されるかを，各個人の実践的推論の分析を通じて明確にすることにある。各個人に関してここで論理的に前提とされている「合理性」とは，各人は各人の選好順序に従って行動すること，即ち，複数の選択肢に関し各人が一定の選好順序を有していればその人の選択的行動もこの選好順序に従ってなされる，ということを意味する。通常この合理性は「効用極大化」の合理性と考えられているが，「効用」という表現は誤解を招きやすいのでここでは用いない。合理的人間が自己の利益を極大化する人間を意味したとしても，この「利益」はしばしば福利（welfare）と表現されるものに限定される必要はなく，「自由」とか「自律性」といった価値をも含み，更には，一定の義務感や利他的な配慮によってなされる行為も合理的でありうるし，極端な場合には，非常に特異な義務感によって自殺する行為も合理的でありうるだろう。従って，合理性を「効用極大化」ではなく選好に合致した行為として捉える方が適切であり，これは個人間の効用を比較考量することが可能か否かという問題とは無関係である。しかしここで注意しておくべきことは，選好に合致していることを合理的と考える限り，選好自体の合理性は問題となりえない，ということである。もちろん，選好の内部に矛盾があってはならないし，特殊的な選好はより根本的な選好と衝

突してはならない。しかし，ある個人の内部で生成した選好自体が合理的か否かを問うことは意味をなさない。仮に個人の或る選好が不合理だとすれば，その選好が当の個人のより深い基本的な選好と矛盾するからである。確かに或る選好がア・プリオーリに措定された何らかの価値（例えば，選好主体自身の幸福）に違背するが故に，当の選好を不合理な選好と見なすことはできるだろう。しかし，個人の選好とは独立に幸福その他の価値を措定することは，完成主義（perfectionism）やパターナリズムといったそれ自体問題視すべき立場へとコミットすることであり，また，選好の合理性を何らかの実質的価値との一致により判断することは認めても，選好が一致すべき実質的価値については相互に対立する様々な見解があり，仮に幸福という抽象的観念を措定しても，更に幸福観念に関しても様々な解釈がありうることは言うまでもない。それ故，本節では個人の選好を拘束するこのような実質的価値の存在を否定することなく，ただ論証においてこれを前提としないで個人的選好からルールが生成する過程を分析することにしたい。複数の個人的選好から社会的選好を導出する際に，個人的選好とは独立に何らかの倫理的原理を措定すべきか否かという論点は，社会的選択論や正義論の重要なテーマであるが，この種の規範的論点は本節の射程外に置かれる。

　しかしながら，合理性を個人の選好と行動の関係として捉えることには重要な難点が存在する。自己の選好に従って行動しないような（従って不合理な）人間がそもそもいるであろうか。例えば，「意志の弱さ」ないしアクラシアの場合には，個人が最善なる行為と判断したことが他の衝動により打ち消され衝動に従った行為が遂行されるのであるが，この場合当該個人は衝動に従うことを選好したわけであり，自らの選好に合致して（それ故合理的に）行動していることに変りはない[1]。個人の選好の内部にある種の葛藤が存在するとき，いずれの選好に個人が従ったかは本人の行動によって判断する他はないであろう。とすれば，或る個人Xが行動の二つの選択肢aとbのうちaを選好することは，Xが行動aを遂行することを意味することになり，それ故，合理性を選好に合致した行動として捉えることは，「選好する」と「行動する」がトートロジーの関係にある以上，空虚なものとなるであろう。確かに，「選好する」と「行動する」という表現の意味は異なっており，「行動する」は「選好する」のヴィトゲンシュタイン的意味における「規準」（criterion）であると考えた方が適切かもしれない。我々は，Xがaを現実に遂行

した場合にのみ，Xはaを選好したと考えるのである。しかし，行動を選好の「規準」と考えても，選好に行動が合致しているという意味での合理性が空虚なものであることに変りはない。要するに，個人的選好関数の変数に限定を加えることなく，あらゆる選好を動機に関係なくそのまま選好と見なしてしまえば，選好は行動によって判断する他はないだろう。或る個人が自己の私的利益を減少させるような行動を選択したとき，それは当該個人の利他主義的な信念や何らかの道徳的義務感に従ってなされているのかも知れない。しかし，当の行為は現実に遂行された以上，本人により選好されているのである。しばしば，期待利益の極大化が合理性の意味と考えられているが，この利益を基数的な効用として捉える限り，この種の極大化的合理性の観念は，合理性の定義として狭すぎるであろう。しかし他方，合理性を私的効用といった何らかの実質的性質の極大化として捉えることを拒否すれば，上記の如く行動は顕示化された選好となり，あらゆる行動は必然的に選好に合致し，従って必然的に合理的なものとなってしまうだろう。そうなれば，合理性は選好と行動との関係についての観念ではなく，単にある個人の諸々の選好が相互に矛盾していないこと，基本的で重要な選好の下にそれ以外の選好が整合的に位置づけられていること，それ故，顕示された選好である諸々の行動が相互に整合的であることだけを意味することになる。手段と目的の合理性もこのような合理性を意味するだろう。

　個人の選好関数の独立変数を無限定なものにしておくか，それとも，効用のような特定の性質の極大化を合理性の定義とし，Xがaをbより選好することをaがbより多くの効用をXにもたらすことと同値とすべきか，という問題は，前者の立場をとると選好命題と行為命題の関係がトートロジーになってしまうことから，更に慎重な反省を要する問題と言えるだろう。また，この問題が正義論にとり重要な意味をもつことは言うまでもない。しかし本節では以上の論点に立入ることは控えて，合理性を狭義の効用極大化ではなく個人的選好の充足として捉えて議論を進めていくことにする。しかし，個人的選好に関して最後に触れておくべき重要な論点が存在する。個人的選好から出発してルールの形成を説明する記述的モデルにおいては，一定の選好が個人に生ずる過程に目を向けることなく，既存の個人的選好は所与のものとして受け容れられるが，ルールの「正しさ」を個人的選好に基礎づけるタイプの規範的モデル（正義論）においては，上記のように個人的選好関数に

含まれる変数に限定を加える立場を採用しなくても（即ち，個人的選好の内実を顧慮することなくあらゆる選好を選好として無制約的に受け容れる立場を採用したとしても），選好が個人に生ずる過程にある種の限定を加えるべきではないか，という論点が存在する。例えば，社会的選択論においては，社会的選好は社会成員の個人的選好を変数とする関数として捉えられ，個人的選好から社会的選好を導出する際に採用される社会的厚生関数が問題にされ，また，契約論的な公共的選択論においては社会的厚生関数は拒否されパレート原理ないし全員一致の原則に従った社会成員全体の個人的選好の充足が主張されるが，いずれの立場においても個人的選好は所与の事実として無制約的に社会的選択に組み入れられ，個人に一定の選好が生ずる過程にはいかなる限定も加えられない。個人的選好の無制約性は，A. センにより自由主義とパレート原理のパラドックスが指摘されて以来，或るタイプの動機に由来する選好（とくに，他者の行動選択へと向けられた meddlesome な選好）は社会的選好導出の際に排除され，社会的選択論において選好の「洗浄」が議論されていることは確かである。しかし，個人的選好のこの種の制約は，個人的選好関数の変数のうち或るタイプの変数を除去することであり，選好の内実に手を加えることである。或る種の選好の除去は社会的厚生関数を用いるタイプの社会的選択論においては意味あることだとしても，パレート原理に基づく契約論的な公共的選択論においては，当事者の選好が全員一致で合致している場合にのみこれを社会的選好と見なすのであるから，特定のタイプの選好を除去することは意味をなさないだろう。問題とすべきは選好の内実を限定することではなく，或る種の過程を経て生じた選好をそのまま所与の選好として認めないこと，選好の内容ではなく形成過程に制約を加えることである。たとえ同一の選好であっても，一方は自律的に形成された選好であり他方は他者の操作により作為的に創り出された選好であるかもしれない。更に他者の操作によらずとも選好が当該個人により無意識のうちに歪められ真の選好が隠されている場合もあるだろう。個人的選好が自律的に形成されたものでなければ，仮に社会的選択（従ってルール）を個人的選好に基礎づけても，選択の正しさは保証されない。

　しかし，真の選好あるいは自律的な選好とは何か。個人的選好の形成には様々な要因が寄与するが，これらの要因のうち特定のものを選び，この要因により因果的に惹き起された選好を自律的選好と見なすことができるだろう

か。あるいは，他者による操作のような外的原因のみならず選好主体自身の衝動や欲求といった内的原因により惹き起された選好も，自律的選好とは言えないのだろうか。逆に，いかなる原因によっても決定されてはいない選好など存在するだろうか。このように自律的選好に関しては，自由意志や「意図的行為」をめぐる因果説と意図主義の対立に類似の論点を指摘することができる。自律的な選好が「真の自我」(authentic self) の発現であるとしても，真の自我とは何か。欲求や衝動といった選好主体の心理的過程と「真の自我」との関係は何か。本節の目的はルール形成の記述モデルの提示にあるので，規範的モデルにとって重要な意味をもつこの種の論点については問題の所在を指摘するにとどめ，個人的選好を所与の事実として認めた上で，選好の充足を追求する合理的人間の間でいかなる実践的推論を通じてルールが形成されるかを分析することにしたい。

2　ルールの形成とゲーム理論

　E．ウルマン・マーガリットは，『規範の生成』[2]と題する著作においてルールの形成をゲーム理論を利用しながら解明している。社会にルールが形成される脈絡は言うまでもなく無限に多様であるが，ルールが形成される場合に社会のメンバー間に存在する選好の三種類の配置に対応して，ルールは三つのカテゴリーに分類されうる。即ち，「囚人のディレンマ」状況，「調整」(coordination) の状況，そして「不平等」の状況の三つの選好配置の状況であり，現実にルールが形成される社会的諸状況を抽象化しその形式的構造だけに注目すれば，これらは上記の三つの状況のどれかに包含されることになる。まず，「囚人のディレンマ」状況（以下ＰＤ状況と略）とは，当事者の選好充足の合理的追求がパレート劣位な状況を惹き起し，この状況を克服しパレート優位な状況を安定化すべくルールが導入されるような状況である。囚人のディレンマとは，既に軽罪で刑罰に服する二人の囚人が他の重罪の共犯の嫌疑を受けそれぞれ分離されて訊問され，他方が自白しない場合に自白すれば軽罪も無罪とされ釈放を認められるが，他方が自白した場合に自白しなければ重罪に関し最も厳しい刑罰に服さねばならず，更に両者ともに自白したときは自白の故に重罪に対する刑罰が少し軽減される，といった交渉を訴追者が行うときに，互いに相手が合理的人間であることを知っている二人の囚人が直面するディレンマをいう。この場合，釈放されたときの囚人のペイ・オフ

表1

	C (Y)	D (Y)
C (X)	-1, -1	-3, 0
D (X)	0, -3	-2, -2

表2

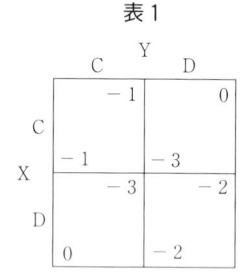

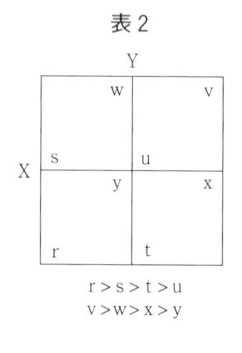

	w (Y)	v (Y)
s (X)	s, w	u, v
r (X)	r, y	t, x

r>s>t>u
v>w>x>y

を〈0〉，重罪に対する厳しい刑罰のペイ・オフを〈-3〉，同じく軽罪への刑罰を〈-1〉，自白の故に重罪に対し軽減された罰を〈-2〉とすると，囚人のディレンマのマトリックスは表1のようになる（XとYは二人の囚人，Cは協力して自白しないこと，Dは非協力による自白を意味し，左下はXのペイ・オフ，右上はYのペイ・オフを示す）。この場合，数字は単に説明の便宜上使用しているにすぎず，XとYの間の効用の比較が可能であることは前提とされてはおらず，また効用がXとYの間でシンメトリカルである必要もなく，重要なのはXとYとの選好順序が表2のようになっていることである。しかし，便宜上表1を使用して囚人のディレンマの選好構造の特徴を説明することにしよう。まずXにとり合理的な選択は，相手方であるYが自白しないと仮定すると自白することであり，Yが自白すると仮定しても同じく自白することである。そしてこのことはYの合理的選択についても同様である。従って囚人のディレンマにおいてはXYともに合理的選択を行えば，両者とも協力せず自白する状態がドミナントな均衡状態となるが，この状態は，両者が協力してともに自白せず軽罪についてだけ刑罰に服する状態に比べパレート劣位な状態である。このようにPD状況では，各自の選好を充足しようとする当事者の合理的選択が当事者全員にとって好ましくない（即ちパレート劣位な）状態を生み出すわけであるが，これはXとYのように分離され相互のコミュニケーションが不可能な場合に限らず，当事者が協力し合うことを一度約束したとしても同様である。各自が合理的な選択を行う限り相手の選択とは関係なく約束は違反されざるをえないからである。

ウルマン・マーガリットは，PD状況における規範の形成を，非協力が合理的選択とされることにより生ずるパレート劣位な非協力の状態を克服しパレート優位にある協力の状態を人為的に創り出すものとして説明する。この場合，規範の機能は協力しない当事者に対し制裁を科することによりPD状況のマトリックスに人為的に変更を加え，当事者の選好構造を変えることに

より，パレート優位な状態をドミナントな均衡状態にすることにある。従ってＰＤ状況から生ずる規範は制裁を伴うものでなければならない。今，表１を次のような状況であると仮定しよう。二人の兵士ＸとＹが敵と戦っており，二人とも戦場に残って戦えば敵を撃退できるが，一方が逃亡すれば他方は戦死し，二人が逃亡すれば両者ともに敵の捕虜になるとする（戦場で戦うことをＣ，逃亡をＤとする）。この状況においてＸにとり合理的選択はＹがＣとＤのいずれを選択するかに関係なくＤであり，Ｙも同様の推論を行うが故に，両者はともに逃亡し，協力して戦場に残れば敵を撃退しえたにもかかわらず敵の捕虜となってしまう。このとき軍隊の刑罰ルールとして逃亡を禁止するルールが兵士全員に対し適用されたとする。刑罰の苦痛（ないし，逃亡が発覚し刑罰を科せられる蓋然性を，苦痛のマイナスの効用に掛けた値）を仮に−1.5とすれば（刑罰の苦痛は−１より大でなければならない），表１のマトリクスは表３のようになり，ＸＹともに戦場に残って戦うことが合理的であると同時に安定的な均衡状態となり，パレート優位な状態が達成される。このようなＰＤ状況の特徴は，すべての人々が協力すれば誰も協力しない場合よりも有益な状態が各人に生ずるが，各人にとり最善の状態は自分だけ協力せず他の人々が協力するような状態であり，更にこの場合の他の人々の利益はすべての人々が協力したとき彼らに生ずる利益より少い，ということである。このような状況における各当事者の選好は，各自の合理的選択が当事者全員にとり好ましくない状態を惹き起すような構造を有しており[3]，この構造を破壊し，合理的選択がパレート最適な状態の選択となるように，制裁を伴うルールが導入されるのである。

　従ってルールは必ず刑罰による制裁を伴うものでなければならない。制裁を受けるコストが当事者の選好を変えるからである。更に付言しておくべきは，しばしば倫理学において「一般化の論証」（generalization argument）と呼ばれるものも，ＰＤ状況に対し適用される論証と見なしうることである。一般化の論証とは，ある行為Ｘが個人Ａだけにより遂行される限り社会に不利益は生じずＡにとり有益な結果をもたらすとしても，Ｘを社会の多数の成員が行うと社会全体に（即ち，各個人に）不利益が生ずる場合には，ＡはＸを行ってはならないという論証であり，これはしばしば行為功利主義を批

表３

	Y	
X	−1 / −1	−1.5 / −3
	−3 / −1.5	−3.5 / −3.5

判する脈絡で援用されてきた。例えば，近道をするために公園の芝生の上を歩くことは，このような一回限りの行為により生ずる芝生の被害が無に等しければ，当該個人に利益をもたらす分だけ社会的効用の増大となり，従って行為功利主義は芝生の上を当該個人が歩くことを許す（あるいは，命ずる）。しかし，社会の多数の人々が同様の行為を遂行すると芝生の被害は，或る時点で公園の美観を損なう程のものとなり，人々は公園の美観という公共財を失うことにより不利益を被る。従って，たとえ多数の人々が芝生の上を歩くようなことはせず，或る個人が一回だけ歩いても美観に何らの変化が生じない場合でも，当の個人は芝生の上を歩いてはならない，というのが一般化の論証である。しばしば指摘されるようにこの論証の難点は，Xを禁止するルールが，人々がこのルールを現実に遵守しているか否かに関係なく適用されてしまうことにある。多数の人々が芝生の上を既に歩いてしまっている状況において，一般化の論証により当の行為をある個人に対して禁止することは不合理であり，この点では行為功利主義の立場から当の個人は行為を許されると考える方が正しいだろう。しかしこのように一般化の論証が，問題となる行為を社会成員が既に遂行しているか否かに依存するとなれば，個々の行為の是非をその時々に生起している具体的状況の下で損益計算により判断する行為功利主義と一般化の論証との相違はなくなり，後者は前者へと解消されはしないだろうか。従って，芝生の上を歩くことが個人の一回限りの行為で，社会の他の成員は決して芝生の上を歩かないような状況では，当該個人に行為を禁止する理由はないだろう。

　ここで一般化の論証（およびこれに類似のルール功利主義）と行為功利主義の論理的相違を詳論することは差し控えることとして，上記の説明から一般化の論証とPD状況の関連性は明らかであろう。社会において或る種の行為がルールにより禁止されるのは，人々に当の行為を行おうとする比較的強い動機があり，各自単独でこれを遂行すれば各自に利益が生ずるものの，多数の人々がこれを遂行すると社会全体に不利益が生ずるからである。従ってPD状況から生まれるルールは，社会成員の選好充足のために生まれることに変りはない。各個人は，自分だけが行為Xを行えば最大の利益を得るが他者の多くが同様にXを行うと何らかの不利益がすべての社会成員に生じてしまうが故に，一般的なルールを制定しXを禁止することが自らの利益になる，と推論するのである。ルールは，私的選好の充足を求める人間集団において

パレート劣位な安定的均衡状態を克服すべく，当該集団自らにより採用されるのであり，J.-J.ルソーの用語を借りれば，私的選好の集合たる volonté de tous から生ずる不利益を克服しようとする volonté générale（この意志も，各個人の意志である）の表現がルールと言えるだろう[4]。ＰＤ状況で生ずるルールの機能は各個人の選好構造を変更することにより volonté de tous がそのまま volonté générale となるような状況の創出にある。この場合，既述のように選好構造を変更するためにはルールは刑罰を伴うべきであり，人々のルール遵守の単なる合意のみではフリー・ライダーを阻止することはできない。もっとも，ＰＤ状況における協力関係の形成にとって，刑罰のような強制装置（つまりは，国家）が必然的に必要とされるか否か，という興味ある問題は後で詳論することにする。

次に，〈coordination〉の状況（以下Ｃ状況と略）におけるルール形成は，「囚人のディレンマ」状況での当事者の選好に部分的なコンフリクトが存在したのに対し，当事者の選好が完全に合致している状況でのルール形成であり，Ｃ状況が複数の均衡状態を有することから生ずる不確定性を克服するためにルールは形成される。例えば，ＸとＹがデパートで買物をしているうちに互いに相手を見失い再び会おうとする状況を考えてみよう。この場合ＸとＹがデパートの何処で再会するかは両者にとって問題ではなく，どこであろうと再会できさえすれば良いとする。この状況においてＸはＹが行きそうな場所をいろいろ想像し，ＹもＸが行きそうな場所を思いめぐらすであろう。今仮に両者が再会できる場所をデパートの入口ａ，相手を見失った場所ｂ，食堂ｃに限定すると，ＸとＹ各々はａｂｃのうち相手が行くと思われる場所を特定化したいのであるが，何の手掛りもなければＸとＹは再会できない。この状況をマトリックスで表わすと表４のようになる。Ｃ状況の特徴はＸとＹにとって利益となる（即ちパレート優位にある）状態が複数存在し，これらの状態がすべてゲームの均衡状態であり，均衡状態相互の間では一方が他方に対してドミナントであるような関係が存在しないことである。ＸとＹはそれぞれ私的利益を極大化しようとするが（言うまでもなく，Ｃ状況はＸとＹが協力してある状態の実現を図る場合に限られず，ＸとＹが相互に相手方の利益には全く無関心で，ただ

表４

		Y		
		a	b	c
X	a	1 / 1	0 / 0	0 / 0
	b	0 / 0	1 / 1	0 / 0
	c	0 / 0	0 / 0	1 / 1

選択の相互的合致による私的利益の極大化を図る場合もある)，このためには両者の行動が合致しなければならず，一方は他方の選択行動を期待し（更には，他方が自己の選択行動につきどのような期待を抱いているかを期待し）自らの行動を決定する。

　この場合，両者の期待が適切な仕方で合致するには複数の均衡状態のうち一つの状態が両者により選択されねばならないが，ある状態が両者により選択される理由としては具体的なC状況に応じ様々なものが考えられるだろう。いずれにしても，特定の均衡状態が選択されるのは当の状態が他に比べ何らかの顕著な特徴を有しているからであり，この特徴は何であってもよい。XとYはデパート内で再会できる場所ａ，ｂ，ｃのうちのいずれかが顕著な特徴を有することを認め，また相手方もこれを認めることを期待しながら自ら行動を選択する。ａ，ｂ，ｃのうちの一つを他から浮き立たせＸＹ両者がそれに注目するような特徴としては無限に多様のものが存在するが，過去にＸＹが同じ問題状況におかれたときたまたまａで再会できた経験があれば，この「先例」がａの顕著な特徴とされるだろう。先例がない場合には，例えば人ごみの少い場所，美しい噴水のある場所などがＸとＹにより注目され，再会に成功すれば以後これが先例として採用されることになる（これらの特徴は通常再会の場所として適切なものであるが，注目される特徴は「再会」という関心とは何ら関係のないものであってもよい)。もちろん，ＸとＹが，相手を見失った場合はａに集まることをあらかじめ合意していれば問題は消失するが，「合意」もａに顕著な特徴を付与する最も効果的な手段の一つにすぎない。このように，C状況においては複数存在する均衡状態のうち一つが特定化され当事者の行動が合致してパレート改善を生み出すべくルールが形成されるのであり，ルールは明示の合意によらずとも当事者間の期待の交差により黙示的に形成される行動の規則性である。

　従って，C状況で生ずるルールの第一の特質はその恣意性にある。表4のマトリックスが示すように三つの均衡点のペイ・オフはすべて同一であり，これら三つの均衡状態に対応する三つのルールはすべて同一の仕方でパレート改善を生み出し，C状況での問題解決という観点から見て三者の間にはいかなる相違も存在しない。三つのルールのうちどれかが生じれば問題は解決し，どのルールであってもよいという意味でルールは恣意的性格を帯びる[5]（交通規則がないと危険であるが右側通行でも左側通行でもよい)。更に，C

状況におけるルールの第二の特質は制裁を伴う必要のないことである。Ｃ状況で社会成員の間に行動の規則性たるルールが生まれ一度均衡状態が生じたならば，当事者が一方的にルールに違反する合理的動機は全く存在しない。ＰＤ状況に見られたような「ただ乗り」行動は，Ｃ状況のマトリックスの構造上起りえないからである。もっとも，Ｃ状況のルールであっても，ある個人が他者の期待に反してルールに違反することは当該個人と同時に他者の不利益をもたらすことであり，これを予防する趣旨でルール違反に対し制裁が科せられることはあるだろう。合理的である限りいかなる個人も意図的にルールに違反することはＣ状況の構造上ありえないが，過失による違反を予防するために制裁措置を設けることはありうる。しかしこの制裁は，意図的な違反により選好を充足しようとするインセンティヴが当事者に存在するＰＤ状況で形成されるルールの制裁とは根本的に趣旨を異にしている。

　さて，Ｅ．ウルマン・マーガリットが規範形成の例として最後に挙げているのは「不平等の状況」で生ずるルール（partiality rule）であり，これは，社会成員の一部が他に対して特権的な地位にあり，この地位の存続を確保するために設けられるルールを意味する。表５のマトリックスにおいて，Ｘがa_1，Ｙがb_1の状態を現状とするとき，この現状はゲーム理論上の均衡状態（即ち，ＸＹはともに，相手が行動を変更しない限り，自己の行動を変更しペイ・オフを改善することはできない）にあるが，Ｙは戦略的にb_1からb_2に移行し自らのペイ・オフと同時にＸのペイ・オフをも０へと低下させ，自らはb_2に固執することによりＸがa_2に移行せざるをえない状況を創り出し，結局はＸがa_2，Ｙがb_2となる均衡状態（Ｙが特権的地位に就く状態）へと現状を変更させることが可能である。Ｙのb_1からb_2への移行は現状（a_1・b_1）に対してパレート劣位な状態（a_1・b_2）を生み出すが故に，現状におけるＸの特権的地位に対するＹの羨望は一見すると不合理と思われるが，この羨望は（表６のマトリックスでＹが現状［a_1・b_1］の不平等に不満を抱き一方的にb_2へと移行して平等ではあるがパレート劣位な状態［a_1・b_2］を惹き起すような場合とは

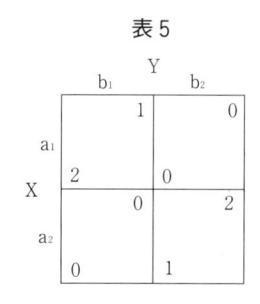

表５

		Y	
		b_1	b_2
X	a_1	2 \ 1	0 \ 0
	a_2	0 \ 0	1 \ 2

表６

		Y	
		b_1	b_2
X	a_1	2 \ 1	0 \ 0
	a_2	0 \ 0	0 \ 0

表7

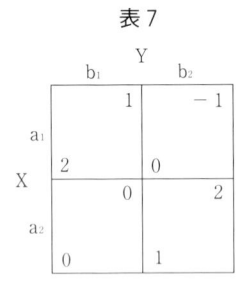

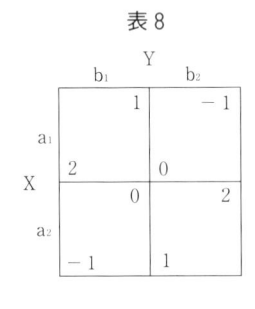

	Y	
	b_1	b_2
a_1	1 / 2	−1 / 0
a_2	0 / 0	2 / 1

(X行、各セル左上がY、左下がX)

表8

	Y	
	b_1	b_2
a_1	1 / 2	−1 / 0
a_2	0 / 0	2 / 1 (X側 −1)

異なり)、($a_2\cdot b_2$)への移行によりXとYの地位が逆転する可能性がある限り、合理的な羨望と言えるだろう。このような状況において、Xは自らの特権的地位を保持すべくb_2への移行を制裁をもって禁止するルールを制定する。この場合、XはYがb_2を選択することを暴力(−1の不利益とする)をもって阻止し、表7のようなマトリックスで表わされるような状況を創ることもできるだろう。しかしこの状況はYのみがb_2への移行を禁止され、XとYとの差別は赤裸々なものとなる。それ故、Xは、表8が示すように、Yのb_2への移行のみならずXのa_2への移行をも禁止するような一般的ルール(刑罰の不利益を−1とする)を設け自らも同じルールに服する外観を装うことにより、法の下での形式的平等を守りながら現状を維持しようとするのである。Yは状態($a_2\cdot b_2$)の創出により特権的地位を逆転させる可能性を有しながらも、ペイ・オフの低下を恐れてb_2へ移行するインセンティヴを弱め、これは刑罰が厳しければそれだけ弱まるだろう。このように「不平等の状況」で生成するルールの機能は、特権的地位にある者が他の人々の戦略的威嚇から身を守り現状を維持することを可能にさせる点にあり、換言すれば、支配階級の被支配階級に対する優越的地位をルールという一般的手段により確保することにある。

以上の三種のルールのうち、PD状況とC状況のルールはパレート改善の実現という点で共通性を有し、従ってパレート原理を社会的選択の条件とする立場においては、この二種類のルールのみが正義の観点から是認されるものとなるだろう。しかし本節ではルール形成と正義論との規範的関連に立入ることは控えて、PD状況及びC状況でルールが形成される過程を、社会成員の実践的推論の分析を通じて記述的に説明することにしたい。

3 囚人のディレンマとルールの形成

PD状況におけるルール形成に関してまず触れておくべきことは、社会成員によるルールの遵守(ないし、これから生ずる社会秩序)が「公共財(public good)」としての性格を有することであり、従ってルール形成の問題が、「集団的行為の論理」として議論される公共財産出の問題と同一の構造を有することである。通常の私的財が分割可能であり特定個人の排他的な所有権の対象となりうるのに対し、公共財の特徴は分割不可能でかつ排除不可能な点にある。即ち、公共財がいったん産出されると、公共財のいかなる部分も社会のすべての成員にとって享受可能であり、各個人が公共財を消費しても他者が享受しうる公共財の量が減少することがない。そして公共財の享受から特定の個人や集団を排除することは不可能である。もちろん、完全に分割不可能で排除不可能であるような純粋の公共財以外に、私的財と公共財の中間形態とみなされるような部分的公共財も存在し、これらの公共性の程度も様々であろう。岬の灯台や清浄な空気、国家の防衛などは純粋の公共財と言えるし、法秩序もこれに含まれる。これに対し入場人員を限定する公共施設などは排除可能性を帯びた公共財の一例である。

さて、「集団的行動の論理」とは、自己の選好の充足を追求する合理的な社会成員が公共財の産出に際してとる行動の論理であり、M. オルソンの論証によれば、社会成員の数が増加するにつれて行動は協力から非協力へと推移し、強制によらない限り公共財の産出は次第に困難になる[6]。これを形式的に示すと次のようになるだろう[7]。いま10人の成員から成る社会において、各個人が1の費用を払うことにより公共財が産出され、この公共財が各個人に生み出す便益が2であるとしよう（即ち、各個人が公共財産出に協力したときの純便益が1であるとする）。そして、公共財が生み出す総体的利益は、協力する人間の数に正比例して増大すると仮定しよう。表9のXを特定の個人、YをX以外の他の任意の成員とすると、まず社会の全成員が協力した場合（C・C）には各人に1の利益が生まれ、Xが協力せず他者のすべてが協力した場合（D・C）にはXには1.8、Yには0.8の利益が生まれる。（X以外の9人の協力により18の利益を公共財は社会全体にもたらし、Xは排除不可能であるが故にXには1.8、Yには1.8から費用を差し引いた0.8が利益として生ずる）。逆にXだけが協力してYが協力しない場合（C・D）にはXは−0.8、Yは0.2の利益を受けることになる。全員協力しない場合（D・D）には公共財は全く産出されず各人

表9

		Y	
		C	D
X	C	1	0.2
		1	−0.8
	D	0.8	0
		1.8	0

の利益は言うまでもなく0となる。表9のマトリックスにおけるXの選好構造に注目すると，これが「囚人のディレンマ」における個人の選好構造と同一であることは一目瞭然であろう。XはYの協力非協力に関係なく非協力を選択し，これは他の成員各自についても同様であるが故に，結局のところ当該社会では全員非協力がドミナントな均衡状態となり，全員協力というパレート優位の状態があるにもかかわらず公共財は産出されないことになる。上記の状況をもう少し立体的に示すと次のようになるだろう。まず全員協力すれば10人全員がそれぞれ1の利益を獲得し，全員非協力であれば各人の利益は0になる。そして社会成員のうちm人が協力したとすると，協力した個人の純利益は$\frac{2m}{10}-1$，協力しない個人のそれは$\frac{2m}{10}$となるだろう。そこで，或る個人がmの一員となって協力するかしないかの選択に直面した場合，当人が協力した場合に得る利益は$\frac{2m}{10}-1$，当人が協力しない場合には$\frac{2(m-1)}{10}$となり，mの値に関係なく後者の方が0.8だけプラスとなる。従って当該個人は常に非協力を合理的な選択と考え，すべての個人は同様に推論するが故に全員非協力の状態が結果することになるだろう。これを更に一般化して，社会の成員数をN，費用に対する利益の比をrとすると（つまり，各人が公共財産出のために1の費用を払うことにより各人にrの利益が生ずるとすると），特定の個人がm人の一人として協力するときに得る利益は$\frac{rm}{N}-1$，協力しないときの利益は$\frac{r(m-1)}{N}$となるだろう。これら二つの利益を比較すると，後者から前者を差し引いた値は$\frac{N-r}{N}$となり，それ故，Nがrより大であれば後者の利益が前者に勝ることになる。これが意味しているのは，社会成員の数が，費用1に対して各個人に生ずる公共財の利益の値より大である場合には，公共財産出に際して非協力であることが各個人にとり合理的選択である，ということである。これは，社会集団の規模が大きくなれば公共財は産出されにくくなり，成員に対して協力を強制する国家権力が必要となるというオルソンの見解と合致するだろう。

公共財産出における「集団的行動の論理」はPD状況と同一の構造を有し，全員協力から生ずる状態が全員非協力のそれに対してパレート優位にあるにもかかわらず，各個人の合理的選択は全員非協力をドミナントな均衡状態として生み出す，というのがオルソン等の見解であり，この見解に立てば公共財産出は非協力を罰するルールの導入（国家権力による強制）によってのみ実現可能となる。自然状態における公共財産出（この場合，社会的秩序が公

共財である)に関してリヴァイアサンの必要を説いたT.ホッブズも同様の見解に立っていた，と考えてもホッブズの甚だしい誤解とはならないだろう。また，公共財産出に際して「市場の失敗」を説く人々についても同様である。しかし，公共財産出の状況がPD状況であり，公共財産出によるパレート改善達成のためには非協力を制裁をもって禁ずるルールが必要である，という見解に対しては二つの反論を提示することができる。第一に，公共財産出の状況が必ずしもPD状況に限らないこと，第二のより重要な論点は，制裁の導入なくしてもPD状況において人々の協力関係が自生的に形成されうること，即ち，人為的な刑罰ルールを外部から導入することなく，社会成員の間で内部的に協力に向けて一定の行動パターンが形成されうることである。まず第一の問題から議論を始めよう。

既述のように，公共財と言われるものには分割不可能性および排除不可能性の程度に応じ様々な様態があるが，当該社会における公共財の重要性や，更に公共財の産出に必要なコストの大きさ（そして，産出に必要な社会成員の数）も様々であろう。ところで，PD状況の特徴は，XはYが協力すれば自らは協力せずYが協力しなくても協力しない点にあり，社会成員は公共財を自ら進んで供給することはない。そしてまたPD状況では，Yのみにより供給される量の公共財の価値は，XとYが協力して供給する量の公共財の価値からXのコスト分を引いた値より大きい。しかし，公共財供給の状況はこのようなPD状況に限られないだろう[8]。例えば，XとYの耕す畑が隣接し境界線上に水路を設ける必要があり，水路を作るためにはXとYが協力しなければならず各自単独では水路を作れないとしよう。そして水路を設けない限りXとYの畑はともに多大の損害を被るとする。このような状況のマトリックスは表10のようになるだろう。（各自に−2のコストで4のベネフィットを生む公共財が産出され，一方が協力しない限り他方が−2のコストを払っても公共財は産出されない）。これはゲーム理論で〈assurance〉ゲームと呼ばれるものであり，このゲームは（C・C）と（D・D）の二つの均衡状態をもつがXとYはともに（C・C）を（D・D）より選好しているのであるから（C・C）がドミナントであり，XとYは協力し公共財は強制装置なくして自生的に産出される。ま

表10

		Y	
		C	D
X	C	2, 2	0, −2
	D	−2, 0	0, 0

表11

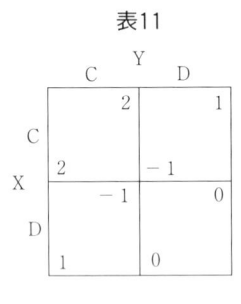

	Y: C	Y: D
X: C	2, 2	1, −1
X: D	−1, 1	0, 0

た,〈assurance〉ゲームは次のような状況にも該当するだろう。畑を共有しているXとYが雑草を協力して二人で除去すれば各自に－2のコストで4のベネフィットの作物が生じ,一方だけが除草するときは－2のコストに対して1のベネフィットしか得られないとしよう。この状況は表11のようになるが,これも〈assurance〉ゲームであり,二つの均衡状態（C・C）と（D・D）のうち前者がドミナントとなり,XとYは自ら進んで協力して除草を行うだろう。この種の状況を一般化すれば次のようになる。即ち,公共財の中には社会成員の相当多数の協力がないと産出されえないものがあり,しかも当の公共財が成員にとり何らかの意味で必須なものであれば,各個人は他者が協力すれば自らも協力するが他者が協力しなければ自らも協力しない,と推論し,従って,相当多数の成員の協力が生ずるかあるいは協力関係が全く生じないかのいずれかが均衡状態となるが,協力と非協力については全員が協力による公共財産出の方を選好しているのであるから,合理的な個人は自発的に公共財を協力して供給しようとするだろう。従って〈assurance〉ゲームの状況では制裁的ルールなしに協力関係が自生的に生ずる。例えば,いかなる法秩序も存在しないアナーキー（ホッブズ的自然状態）がすべての人間にとり好ましくない状態（パレート劣位）であるが故に,人々が互いに協力して秩序ある社会（これは公共財である）を創りパレート優位な状態を実現しようとするとき,この状況における人々の選好構造がＰＤ状況のそれである場合には制裁を伴うルール,即ち国家的強制装置たるリヴァイアサンが必要であるが,人々の選好構造が〈assurance〉ゲームのそれであれば自然状態からの秩序形成によるパレート改善は自生的に達成されるであろう。

表12

	Y: C	Y: D
X: C	2, 2	3, 1
X: D	1, 3	0, 0

さて,公共財のタイプによってはごく少数の人々の協力によって完全に産出されるものもあるだろう。今,XとYが隣接する畑を有しており境界線上に水路を設けないと両者は多大の被害を受けるが,水路はごく簡単に一方のコストで作ることができるとする。この状況は表12のようなマトリックスで表現できる（XとYがともに協力しなければ水路はできず

両者のペイ・オフは0，一方のみがコストを払い水路を作る場合は協力した者と非協力な者のペイ・オフはそれぞれ1と3，両者がコストを払い水路を作る場合の両者のペイ・オフは2）。この状況に置かれた合理的な個人の推論は，他者が協力すれば自らは協力せず他者が協力しなければ自らは協力する，という推論になり，マトリックスにおいては（C・D）と（D・C）という二つの均衡状態が存在するが故に，各個人は自己に有利な状態を均衡状態とすべくあらかじめ非協力へとコミットし，相手が協力せざるをえない状況を作り出そうとする。通常〈chicken〉ゲームと名付けられたこの種の状況では，各個人は全員非協力より全員協力を選好するが，公共財の性格が少数の人々により産出され，これ以上の人々が協力に加わっても産出量が増大しないようなものであるが故に，個人は少数の協力者グループに入ることのないようにあらかじめ自己の非協力を他者に既成事実として認めさせてしまうことを得策と考えるだろう。しかし〈chicken〉ゲームの問題は万人がこのように推論して非協力へとあらかじめコミットしてしまうと公共財は産出されず（D・D）というパレート劣位な状態が生じてしまうことである。このように他者が協力するか非協力かが不確定な状況において個人が採用する戦略には様々なものがありうる。例えばリスクを嫌うタイプの人間はマクシミン戦略やミニマックス・リグレット戦略と言われるものを採用するだろう。マクシミン戦略を採用する場合，表12においてXのペイ・オフは自分がCのときYがCならば2，YがDならば1であり，自分がDのときYがCならば3，YがDならば0であるが故に，自分がCを選択したときの二つの可能なペイ・オフ2と1，Dを選択したときの二つの可能なペイ・オフ3と0を比較し，少い方のペイ・オフがより大となるCを選択することになる。〈chicken〉ゲームの選好構造は個々のペイ・オフの値と関係なく表13のような形をとり，マクシミン原理が問題となるzとyの二つのペイ・オフは常にzがyより大である関係にあるが故に，マクシミン戦略をとるすべての個人は協力を選択することになる。これと同様にミニマックス・リグレット戦略を採用する個人の間でも，協力関係が生ずることは明らかである。即ち個人は各選択から生ずる最大と最小のペイ・オフの差を計算し，この差が最小となる（後悔が最小となる）

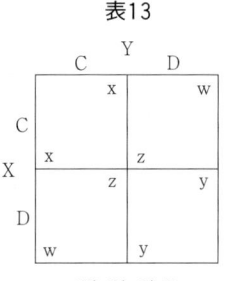

表13

		Y	
		C	D
X	C	x / x	w / z
	D	z / w	y / y

w > x > z > y

選択を行うのであるから，表13ではxとzの差及びwとyの差のうち差が少い方の選択を行うであろう。しかし，〈chicken〉ゲームの選好構造は常にw，x，z，yの順序で選好されているのであるからxとzの差の方が小さく個人は常にCを選択するであろう。しかし，今仮に〈chicken〉ゲームにおいて他者が協力する蓋然性を個人が特定しうる場合を考えてみよう。そして問題となる公共財はS人の協力によって完全に産出され，S人以下では少しも産出されずS人以上の協力は公共財の産出量を増大しないとする。個人Xが協力するときのコストがc，公共財により彼に与えられるベネフィットがbならば，当の個人のペイ・オフは表14のようになるだろう。この場合，S未満の人しか協力しない蓋然性をp，ちょうど（S－1）人が協力する（つまり，公共財産出がXの協力にかかっている）蓋然性をq，S人以上のそれをrとすれば，Xが協力する場合のペイ・オフの期待値は$-c\cdot p+(b-c)q+(b-c)r$，非協力の場合はbrとなり，前者から後者を引いた値は$-c\cdot p+(b-c)q-cr$であり，これは（$p+q+r=1$であるから）結局$bq-c$となる。従って，Xが協力すべきか否かは$bq-c$がプラスの値をとるか否かに依存し，これは結局はqがc/b（ベネフィットに対するコストの比）より大か否かに依存することになる（そしてちょうど（S－1）人が協力する蓋然性qは社会の全成員数，他者が協力する蓋然性およびSの関数として表わされるだろう）。従って，粗雑で直観的な表現を用いれば，公共財が与える利益に比べコストが高いとき，そしてまた，公共財産出に不十分な数の他者しか協力しない蓋然性や不必要なほど多くの他者が協力する蓋然性が高いときは，個人は非協力の傾向を有することになる。

次に，ＰＤ状況においては制裁を伴うルールによらない限り協力関係に向けてのパレート改善は不可能である，という見解を検討しよう。2では，ＰＤ状況においてパレート改善を実現すべくルールが生成されること，そしてこのルールは罰則であることが指摘された。しかし果してＰＤ状況は常に制裁を伴うルール（つまりは国家）を必要とするだろうか。全員非協力の自然状態を克服し全員協力の秩序状態へとパレート改善を達成するためには，常にリヴ

表14

	S人未満の他者がC	（S－1）人の他者がC	S人以上の他者がC
X C	$-c$	$b-c$	$b-c$
X D	0	0	b

ァイアサンが必要だろうか。以下，ＰＤ状況においても人々の協力関係が外的強制なくして自生的に形成されうることを，この問題に関して影響力のある理論家R．アクセルロッドに拠りながら簡単に解説することにしたい[9]。

　まず，オルソンのようにＰＤ状況においては制裁ルールなしに協力関係は生じえないと考える人々は，ＰＤ状況を一回限りのゲームとして把握するのであるが，現実社会はむしろ同じ人々の間でＰＤゲームが何回も繰り返される状況（いわゆる supergame）として把握する方が適切だろう。確かにＰＤゲームが一回だけで終了するのであれば非協力が合理的選択である。しかし，ＰＤゲームが同じ人々の間で無限定に繰り返される状況では，協力が合理的選択であり，私的選好の充足を追求する合理的人間の間で協力が自生的に形成されることがある。勿論，ＰＤゲームが有限回繰り返されるときは次の理由で初回から非協力が合理的選択とされるだろう。即ち，先行する諸ゲームのペイ・オフの値とは関係なく最終回のゲームでは非協力が常に合理的であり，このことを両当事者は初回のゲームから知っているのであるから両者ともに最終回では相互に非協力が選択されることをあらかじめ知っている。とすれば，実質的には最後から二番目のゲームが最終回となるが，このゲームに関しても上記と同一の推論が成立し，更にこれは最後から三番目，四番目のゲームへと後退し初回のゲームへと到達するが故に，各当事者は最初から非協力を選択し，全員の非協力がドミナントな均衡状態となるだろう。従って，ＰＤ状況において協力関係が自発的に形成されうるとすれば，当事者たちがＰＤゲームが無限に繰り返されると信じている（ないし，ゲームが何回目で終了するか不確定である）ことが必要である。そして，現実社会での状況はむしろ最終回が不確定なゲームとして適切に特徴づけられるだろう。

　何回目のゲームが最終ゲームとなるかが不確定であるという条件でＰＤゲームが繰り返されるとき，各ゲームにおいて当事者は同時に協力か非協力かの選択を行い当該ゲームにおける相手方の選択をあらかじめ知ることが不可能であるとしても，先行するすべてのゲームにおいて相手方がどのような選択を行ったかを知っているのであるから，現在の選択を相手方の過去の選択に依存させ，相手方の過去における協力を条件として自らも協力する戦略をとることが合理的とされうるだろう。以下の論証はこのような直観をより形式的に提示するものである。次に，以下の議論では説明の便宜上各ゲームの当事者のペイ・オフを基数的効用で示し，各ゲームで獲得される効用の総和

を当事者は極大化しようと試みるものとする。そして更に重要な条件は，協力か非協力かを選択する現時点の当事者にとり，未来のゲームのペイ・オフの値は割引かれる，ということである。ゲームのペイ・オフは，当のゲームが遠い未来のものであればあるほど，現時点の当事者により割引いて算定されると考えるのが適当だろう。この割引係数 (discount factor) が小さい——即ち割引率 (discount rate) が大きい——ということは，当事者が未来のゲームをそれ程重要視していないこと（それ故，未来に同じゲームが現実に繰り返される可能性が少ないと考えていること）を意味する。そして，この割引率は個人により異なるが，特定個人に関しては不変であると仮定しよう。

　以上のような条件の下でＰＤゲームが繰り返されるとき，一回限りのＰＤゲームでは制裁なくしては相互の非協力がドミナントな均衡状態となり，選好充足の合理性とパレート原理が衝突したのに対し，相互の協力が均衡状態となる可能性が生まれるのである。このことは次のことを意味するだろう。即ち，ＰＤゲームが繰り返される状況では，後述のごとく全員非協力の状態も含めて複数の均衡状態が存在するのであるが，当事者の少くとも一人が何らかの理由でこれらの均衡状態のうち全員非協力の状態は実現しないと考える結果，非協力の均衡状態が実現せず，協力関係が生ずることもある，ということである。R.アクセルロッドに拠りながら，協力関係が均衡状態となりうることを論証してみよう。

　今，社会の全成員がＰＤゲームにおいて或る特定の戦略を用いており，ここに別の戦略を用いる一人の人間が新たにゲームに加わった場合，もし後者が前者より大きいペイ・オフを獲得するならば，後者の戦略は前者のそれへと「侵入」し，前者の戦略は安定した均衡状態にはならなくなる。逆に，いかなる新しい戦略も社会成員の既存の戦略へと侵入することが不可能であれば，既存の戦略は集団的に安定した戦略である。既存の戦略へと侵入する新たな戦略は，或る個人により合理的な熟慮の結果発見されることも，また単なる偶然や試行錯誤により見出されることもあるだろう。ところで，ＰＤゲームにおいて毎回協力する戦略（C^∞と略）が安定的でないことは明白であり，これは非協力の戦略により容易に侵入されてしまうだろう。これに対し，全成員がゲームにおいて毎回非協力の戦略（D^∞と略）を採用しているところでは，これに侵入しうる戦略は存在せずD^∞は安定した均衡状態である。それでは，条件付きで協力する戦略は安定的でありうるだろうか。今，社会のす

べての成員が最初のゲームで無条件に協力し、その後は前回のゲームで相手方が採った選択と同じ選択をするような戦略（これは、tit for tat 戦略と呼ばれる。以下Ｔと略）を採用しているとしよう。Ｔは安定的でありうるだろうか。すべての人々がＴを採用しているところに、これ以上大きいペイ・オフをもたらすような別の戦略が侵入することはないだろうか。Ｔに侵入しうる戦略としてはD^∞と、非協力と協力を交互に繰り返す戦略（以下ＤＣと略）が一応考えられるだろう。まず、D^∞がＴに侵入しうるか考えてみよう。この点重要な意味をもつのが前述の割引率である。今、ＰＤゲームのマトリックスが表15のような選好構造であると仮定し、ＸとＹのペイ・オフの割引係数をａ（０＜ａ＜１）とする——即ち割引率を１－ａとする——。このＰＤゲームが繰り返される状況においてＸとＹがＴ戦略を採っているとすれば、両者のペイ・オフは$x(1+a+a^2+a^3……)$（$=\frac{x}{1-a}$）である。次にこの状況においてＸがＴからD^∞へと戦略を変えたとすると、Ｔを採るＹとのゲームにおいてＸが獲得するペイ・オフは$y+w(a+a^2+a^3……)$（$=y+\frac{wa}{1-a}$）となるだろう。それ故、ＸがＴからD^∞へと戦略を変更することがＸのペイ・オフの向上をもたらすには（$y+\frac{wa}{1-a}$）$>\frac{x}{1-a}$でなければならず、これは結局$a<\frac{y-x}{y-w}$、即ち$1-a>\frac{x-w}{y-w}$を意味するが故に、D^∞がＴへと侵入しうるのは、ペイ・オフの割引係数が$\frac{y-x}{y-w}$以下の場合に限られることになるだろう。つまり、$\frac{y-x}{y-w}$の値が大きければ大きい程、そして割引係数が小さければ小さい程——即ち割引率が大きければ大きい程——要するに当事者が未来を重要視しなければしない程——Ｔは安定した状態ではなくD^∞に侵入されることが明らかとなる。次にＸがＴの戦略を採る人に対してＤＣ戦略を採った場合、ゲームが繰り返されるときのＸのペイ・オフは$y+za+ya^2+za^3……$（$=\frac{y+az}{1-a^2}$）であり、Ｘにとってこれがより大きいペイ・オフを与えるのは（即ち、$\frac{y+az}{1-a^2}$$>\frac{x}{1-a}$となるのは）$a<\frac{y-x}{x-z}$のときとなるだろう。以上から明らかなように、社会のすべての成員がＴを採用しているとき、各個人の割引係数が比較的に大きければ、Ｔに侵入しそうな他の戦略D^∞およびＤＣはＴより大なるペイ・オフをもたらすことはなく、従ってＴは安定した均衡状態として存続しうるのである。従ってＰＤゲームが繰り返される場

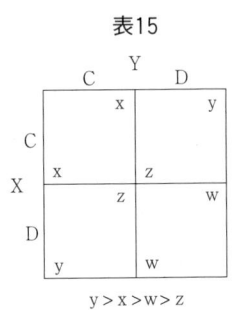

表15

		C	D
X	C	x	y
		x	z
	D	z	w
		y	w

y＞x＞w＞z

表16

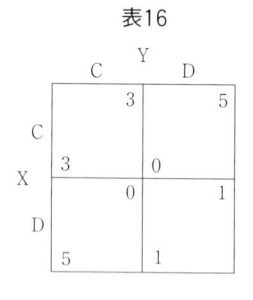

	C	D
C	3, 3	5, 0
D	0, 5	1, 1

(X は行, Y は列)

合, D^∞ と T (割引率が小さいことを条件に) はともに安定した均衡状態として他の戦略の侵入を許さない。

それでは, 社会の多数者が D^∞ を採用している状況で T を採用する少数の人々は T を採用し続けるだろうか。アクセルロッドは次のようにこれを肯定する。表16の P D ゲームが繰り返されるとき (そして, 割引率が0.1であり, また同じことであるが, 或る個人が同一の他者と再びゲームを行う蓋然性が0.9であるとすれば) D^∞ を採用する多数者が同じく D^∞ の戦略を用いる他の多数の人々とゲームを行う回数に比べれば, T を用いる少数者と彼らがゲームを行う回数は無視しうる値と考えてよい。そして, T を採る少数者が同じく T を採る他の少数者とゲームを行う蓋然性を p (従って, D^∞ とゲームを行う蓋然性を $1-p$) とすれば, D^∞ を採る人々のペイ・オフは10, T を採る少数者たる個人のペイ・オフは非協力者に対する戦略変更にタイム・ラグがない[10]と仮定して, $30p + 9(1-p)$ となるだろう (表15では D^∞ は $\frac{w}{1-a}$, T は $z + \frac{aw}{1-a}(1-p) + \frac{xp}{1-a}$ となる)。従って $30p + 9(1-p) > 10$ であれば (即ち $p > \frac{1}{21}$ であれば) T のペイ・オフは D^∞ より大となり, T は D^∞ へと侵入していくだろう。これが意味することは, p がある値より大であれば (ということは, 社会成員のうち T を採る人々の数が一定の値以上であれば) 少数派は T を採用し続け次第に D^∞ 戦略を侵食し, 人々の協力関係は自生的に拡大していくということである。以上のごく簡単な説明から明らかなように, P D ゲームが繰り返されるとき, 当事者のペイ・オフの割引率が小さければ, D^∞ 以外に T 戦略も均衡状態となり, しかも D^∞ の均衡状態とは異なり, すべての人々が T を採っている均衡状態は, 2で触れ次節で更に詳細に分析される coordination における均衡状態 (即ち, 或る個人が一方的に戦略を変えた場合のみならず他者が戦略を変えた場合にも当該個人のペイ・オフが低下するような均衡状態) なのである。

アクセルロッドの説明は, 社会の成員が一人対一人で P D ゲームを行い, これが繰り返される状況に関するものであり二人ゲームを前提とするが故に, 二人以上の人々が同時にゲームに参加する通常の社会的状況のモデルとしては充分に適切なものとは言えない。二人以上の P D ゲームが繰り返される状

況で協力関係が生ずる過程に関しては，二人ゲームと同一の説明が可能であるが，一つの基本的に重要な相違は，社会の一部の成員が相互に協力し公共財の供給を有益と考えても自らはこの成員に含まれないことを人々が選好する，という新たな問題状況が複数ゲームに内在する点である。これは，複数人のPDゲームが繰り返される状況の内部に上述の〈chicken〉ゲームが「巣くう」ことを意味する[11]。しかし，この問題を立入って論ずることは控え，結語として，PD状況においても刑罰ルールや国家的強制装置なくして，私的利益を極大化しようとする合理的諸個人の間で自生的に協力関係（公共財の供給）が生じうることを確認しておこう。

4 コンヴェンションと実践的推論

パレート原理に合致したルール形成のもう一つのタイプは，2で触れたように複数の人間の間で〈coordination〉を成就すべく導入されるルール（ないし規則的な行動様式）であり，C状況に内在する複数の均衡状態のうちの一つを特定化し，当事者の行動が合致することにより，当事者全員のペイ・オフが向上するようにルールは形成される。D.K.ルイスはC状況において生ずる（広義の）ルールをコンヴェンションと名付け，これにつき周到な分析を加えているが[12]，以下，ルイスの分析に拠りながらC状況に置かれた人々のいかなる実践的推論を通じてルールが形成されるかを考察してみよう。2の表4で示されたように，C状況において人々は複数の選択肢の中から一つを選ぶのであり（この場合，選択肢は全員にとり同一である必要はない），生ずる結果は各人の選択の共同の産物であるが故に，ある個人の選択の結果は他者がどのような選択を行うかに依存し，従って，各個人は他者の行動を期待しながら自らの行動を決定しなければならない。ところで，既に述べたように，人々の選択から生じうる複数の結果のうちで，一度実現するとすべての人々は他者が行動を変えない限りそれ以上好ましい行動をとれないような状態が均衡状態であるが，この均衡状態はPD状況の全員非協力のように人々にとり最善の状態であるとは限らず，他のよりよい状態が全員にとって存在することもある。逆に，すべての人々にとり最善の状態が均衡状態であることは言うまでもない。表4の例

表17

		Y		
		a	b	c
X	a	1.5 / 1.5	0.2 / 0.5	0 / 0.5
	b	0.5 / 0.2	1.2 / 1.2	0 / 0.2
	c	0.5 / 0	0.2 / 0	1 / 1

につき，デパートで相手を見失った両者が会う場所につき異なった好みをもつことから表17のようなマトリックスになったとすれば，ここにおいても表4と同様に（a・a）（b・b）（c・c）の三つが均衡状態である。これらの状態においては，XもYも相手の選択に変化がない限り自らの選択を変えることによってより好ましい状態を生み出すことはできない（もちろん，三つの均衡状態のうち（a・a）が最善の均衡状態である）。均衡状態をこのように理解すれば，C状況を単に均衡状態が存在することとして特徴づけるのは言うまでもなく適切ではない。ゲームには零和ゲームのように完全なコンフリクト状態から純粋なC状況のように当事者の選好が完全に合致する状態まで様々なニュアンスのものが存在するが――上記のPDゲームはコンフリクトと利益の合致が混在する状況である――，零和ゲームでも表18のように均衡状態（a・a）をもつことがある。そこで，ルールが必要となるC状況を特徴づけるためには〈coordination equilibrium〉（以下CEと略）および〈proper equilibrium〉（以上PEと略）という二つの観念が必要となる。まずCEとは或る一人の人間（これが自分自身であろうと他者であろうと）が単独で別の仕方で行動すると，当事者のうちの誰も現在より良い状態にはならない状態であり，表4のような純粋なCゲームにおける均衡状態はこのようなCEであるが，CEは純粋なCゲームに限定されるわけではなく，表19のような零和ゲームにもCEは存在する（即ち〈a・a〉）。逆に表20のようなマトリックスにおいて〈a・a〉〈b・b〉〈c・c〉〈d・d〉はすべて均衡状態であるが，CEであるのは〈a・a〉〈b・b〉〈c・c〉である。要するに，複数の人間の行動が集まって現時点で或る状態を生み出しているとき，誰か一人が単独で別の行動を採った場合に全員のペイ・オフが現状より向上することがなければ，当の現状はCEとされるのである。

さて，ルール形成が問題となるようなC状況（そ

表18

		Y	
	a	b	c
X a	0 / 0	−0.5 / 0.5	−0.5 / 0.5
b	0.5 / −0.5	1 / −1	−1 / 1
c	0.5 / −0.5	1 / −1	1 / −1

表19

	a	b
a	0 / 0	0 / 0
b	0 / 0	−1 / 1

表20

	a	b	c	d
a	1 / 1	0 / 0	0 / 0	0.5 / 0.5
b	0 / 0	1 / 1	0 / 0	0.5 / 0.5
c	0 / 0	0 / 0	1 / 1	0.5 / 0.5
d	0.5 / 0.5	0.5 / 0.5	0.5 / 0.5	0.2 / 0.2

の典型は表4である）の特徴は、二つ以上のCEを有していることであるが、これだけではC状況を定義するために充分とは言えない。例えば表21は二つのCEを有するがC状況ではないだろう。XもYも自分の選択を，他人の選択に関する自己の期待に基づかせる必要がないからである。それ故表4のようなC状況を特徴づけるには，PEという観念が必要となる。即ち，他者の選択を所与として前提とした上で各人が現状を他の状態よりも良いと見なしているとき，当の現状は固有の意味での均衡状態（PE）にあると言われる。従って表21は二つのCEを有するが，どちらもPEではない。それ故，4で触れたようにC状況においてルール（ルイスの言うコンヴェンション）が必要となるのは，マトリックスの中にCEでありかつPEである状態（以下PCEと略）が少なくとも二つ存在しなければならないことになるだろう。複数の人間の行動（ないし選択）のコンビネーションによって或る状態が生起しているとき，各人が，自分であろうが他人であろうが誰か一人が別の行動をとることにより生ずる他のあらゆる状態よりも当の現状をより強く選好しているとき，現状はPCEであるといわれ[13]，ルール（ないしコンヴェンション）の形成が問題となるC状況は，この種のPCEが二つ以上存在するような状況であり，PCEが複数存在するからこそ，このうちの一つを特定化するためのコンヴェンションが形成されるのである。

　C状況に置かれた人々がPCEの一つへと到達するには，全くの偶然による場合もあるが，多くは人々の相互的期待が適切な仕方で合致することによる。表4で，XはYがaに行くと期待するからaに行き，YもXがaに行くと期待するからaに行くのである。このときに必要とされる期待の程度はマトリックスのペイ・オフに依存し，表4では，Yがaを選ぶことをXが1／3以上確信していればXはaを選ぶべきであり，表22や表23（ここにおいても〈a・a〉〈b・b〉はともにPCEである）ではYがaを選ぶ

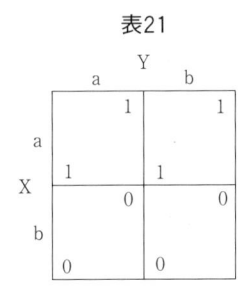

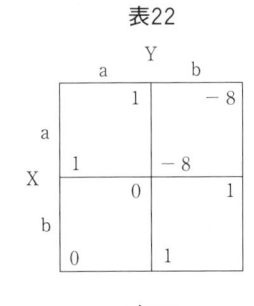

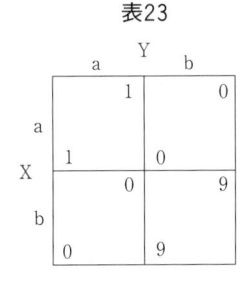

表21

		Y	
		a	b
X	a	1 / 1	1 / 1
	b	0 / 0	0 / 0

表22

		Y	
		a	b
X	a	1 / 1	−8 / −8
	b	0 / 0	1 / 1

表23

		Y	
		a	b
X	a	1 / 1	0 / 0
	b	0 / 0	9 / 9

ことをXが90％以上期待しているときにのみXはaを選ぶべきことになるだろう。いずれにしてもXはYの立場に身を置きYの実践的推論を自ら模倣することによりYの選択について期待を形成していく。しかしC状況の特徴は、Yの選択を決定する要因の一つとしてX自身の実践的推論が存在することであり、XがYの実践的推論を繰り返してYが行うであろう選択を想定するためには、YがXの選択につきどのように期待しているかをXは想定する必要がある。XはYの推論を模写するために、Xの推論を模写しようとするYの試みをも模写しなければならない。XがYの行動について一定の期待を抱くようになるためには、YがXの行動について抱く期待を期待せねばならず、このためには更に、YがXの行動について抱く期待についてXがどのように期待しているとYは期待するかをXは期待しなければならず、これは更に無限後退していくだろう。Xの推論は、(((((Xの推論)を再現しようとするYの推論)を再現しようとするXの推論)を再現しようとするYの推論)を再現しようとするXの推論を内含することになり、この「巣構造」はC状況における当事者の推論ないし期待の重要な特徴である。表4において、Xがaを選択するに至る推論過程は次のようになるだろう。

　(1) Xは、YがXはaを選ぶと期待している、と期待する(Xの二階の期待)。
そして、
　(2) Xは、Xがaを選ぶならばYもaを選ぶ、と期待する(Xの一階の期待)。
それ故、
　(3) Xには、Yにはaを選ぶ理由があると期待する理由がある。
そして、
　(4) XはYが合理的であると期待する。
それ故、
　(5) Xには、Yがaを選ぶと期待する理由がある。
それ故、
　(6) Xは、Yがaを選ぶと期待する。
そして、
　(7) Xは、Yがaを選ぶならば、aを選ぶ。
それ故、
　(8) Xにはaを選ぶ理由がある。

それ故,

(9) Xはaを選ぶ。

　この推論の(1)から(6)はXの二階の期待（つまり，Yの期待についての期待）から出発し，Yの選好および合理性に関するXの一階の期待を更なる前提として，Yの選択についてのXの一階の期待を導出するが，Xの二階の期待が(6)の位置にきて，これをXの三階の期待から同じように導出することができる。従ってn階の期待から次第に「巣」をぬけ出し，最終的に相手方の選択につき一階の期待を獲得し，これに基づいて自らの選択を決定することが可能となるだろう。このようにC状況では，当事者が相互に相手方を映し出す鏡あるいはモナドである。しかし，C状況においてPCEが特定化され問題が解決するためには，何階の期待であれ，当事者相互に期待が生まれていなければならない。この期待を生み出す源が2で触れた「顕著な特徴」であり，合意[14]と先例がその重要な例であるが，或るPCEを他から際立たせ，当事者相互の間に期待を生じさせうる特徴であれば何であってもよい。しかし，この特徴が何であれC状況において一度PCEが首尾よく特定化され問題が解決したときには，これが「先例」となり，その後のC状況ではこの先例により期待が生じ問題が解決されることになるだろう。この意味でC状況での問題解決のためには「先例」が最も重要な手段であると言える。もちろん，ある状況において問題が一度解決されこれが先例となったとしても，この先例が多義的な場合があるだろう。通話中に電話が切れてしまったとき私とあなたのどちらがかけ直すべきか，という問題はC状況の典型的事例であるが[15]，昨日私の方からかけた電話が通話中に切れたとき，私の方からかけ直すことによりひとたび問題が解決しても，ここから生ずる先例については二つの解釈（つまり，私とあなたの通話が途中で切れた場合は私の方からかけ直す，という解釈と，電話を最初にかけた方がかけ直すという解釈）が可能である。このように先例が多義的なときは，複数の解釈のうち特定のものを採用することを当事者が相互に期待しあうことにより先例が現実に特定化され，かくしてC状況の問題も解決することになる。

　次に，先例が一つだけではなく複数存在し，これらの先例の各々において相互に類似するPCEが達成されたとしよう。これは当事者の間に行動の規則性が存在することを意味する。従って，これらの先例に類似した新たなC

状況においても，当事者のすべてがこの規則性に従うことにより問題は解決するだろう。人々は他者がこの規則性に合致して行動する限り自らもこれに合致して行動しよう，と考える。即ち，相互に類似した過去の諸事例において行動の一定の規則性がＰＣＥの特定化（即ちＣ状況における問題の解決）を達成し，この規則性は人々により共通に認知されることになる。そして過去の諸事例に類似した新たなＣ状況でも人々の行動がこの規則性に合致することによりＰＣＥが達成されるのである。ルイスはこの規則性をコンヴェンションと呼び，およそ次のような定義を与えている。即ち，繰り返し生起する類似の状況に置かれた人々の行動に一定の規則性が見られるとき，この規則性がコンヴェンションであるのは次の三つの条件が満たされている場合に限られる。即ち，(1)すべての人々がこの規則性に合致して行動していること，(2)すべての人々は各々，他のすべての人々がこの規則性に合致して行動すると期待していること，(3)当該の状況は〈coordination〉が問題となる状況であり，すべての人々の行動がこの規則性に合致することが当該状況における〈coordination equilibrium〉であるが故に，すべての人々は他者がこの規則性に合致するという条件で自らもこれに合致することを選好していること，以上三つの条件である。

　さて，既述のごとく，合意や先例その他の顕著な特徴が，人々の間に一階ないし高次の階の相互的期待を生み出すことにより，〈coordination〉の問題は解決されるが，この期待はいかなる仕方で人々に生ずるのだろうか。或る人間が一定の期待を有していること，そして彼が他の人間につき後者が一定の期待を有していると期待することを，我々はどのようにして説明できるのか。ルイスはこれを次のように説明する。今，ＸはＹと歓談していたがＸは別の用件のために話を打ち切らざるを得ず，「明日の今頃またここに戻ってきます」とＹに述べたとしよう。この状況において，ＹはＸが戻ることを期待し，ＸはＹがＸが戻ることを期待していると期待するだろう。この状況から期待が生まれるのは次に述べる理由による。今，この状況をＳとすると，Ｓは次の三つの条件を充足しているだろう。

(1) ＸとＹは，Ｓが現実に存在していると信ずる理由をもつ。
(2) ＳはＸとＹに対し，ＸとＹはＳが現実に存在していると信ずる理由をもつことを示唆する。

(3) SはXとYに対し，Xが戻ることを示唆する。

ところで，「示唆する」という言葉は次のことを意味する。即ち，もし或る人間が状況Sの存在を信ずる理由があればKをも信ずる理由があるときに（そして，このときにのみ），SはKを「示唆する」と言われる。そして，Sが或る人間にKを示唆するのは，当の人間が一定の帰納的規準や背景的情報をもっているからに他ならず，これらを共有する他の人間に対しても同様にSはKを示唆するはずである。従って上記の例で，XとYが同一の帰納的規準と背景的情報を共有すると信ずる充分な理由があれば，(2)および(3)から次のことが帰結する。

(4) SはXとYに対し，XとYはXが戻ると信ずる理由をもつことを示唆する。

そして更に，(2)と(4)から次のことが帰結するだろう。

(5) SはXとYに対し，XとYには，Xが戻ると信ずる理由があるとXとYが信ずる理由があることを示唆する。

そして，この推論が無限後退していくことは言うまでもない。そして(1)と(3)，(1)と(4)，および(1)と(5)からはそれぞれ，次の(3´)(4´)(5´)が帰結する。

(3´) XとYには，Xが戻ると信ずる理由がある。
(4´) XとYには，Xが戻ると信ずる理由がXとYにあると信ずる理由がある。
(5´) XとYには，Xが戻ると信ずる理由がXとYにあると信ずる理由がXとYにあると信ずる理由がある（以下無限後退）。

次に，XとYがともに合理的人間である限り，ある事態を信ずる理由があれば当の事態を現実に期待するだろう。それ故，XとYの合理性を前提とすれば(3´)(4´)(5´)はそれぞれ次のようになる。

(3″) XとYは，Xが戻ると期待する。

(4″) XとYは，XとYがXが戻ると期待することを期待する。
(5″) XとYは，XとYがXが戻ると期待することを期待することを期待する（以下無限後退）。

　以上のように，状況Sは或る事態に関する一階（そして，より高次の階）の期待が当事者相互に生成する基礎であり，この状態が存在すれば，当事者が帰納的規準と背景的知識を共有し，一定の合理性をもつことを前提として（この前提も相互的期待により生じるのであるが），或る事態に関し相互の期待が生じ，期待される事態は当事者の「共通の知識」(common knowledge) となる。ＰＣＥが複数存在するＣ状況に当事者が置かれているとき，特定のＰＣＥを他から浮き立たせる合意や先例その他の顕著な特徴がＣ状況の下に導入されていれば，当該の特定のＰＣＥにおいて合致するに至る行動を当事者が各自選択するであろうことが相互に期待され，かくして特定の均衡状態が現実に達成されＣ状況の問題は解決される。言うまでもなくこれは，行動の規則性がコンヴェンションとして社会に存在している場合も同様である。即ち，(1)社会のすべての成員には，過去において成員たちが一定の規則性に合致してきたと信ずる理由があり，(2)成員が過去において規則性に合致してきた事実は，すべての成員に対して，過去において成員が規則性に合致してきたと信ずる理由がすべての成員にあることを示唆する。そして(3)成員が過去において規則性に合致してきた事実は，すべての成員に対して，彼らが将来においても同様に行動するであろうことを示唆する，という三つの前提から期待の生成を上記のように説明することができる。

　さて，上述のようにルイスによれば，行動の規則性がコンヴェンションと言えるのは，(1)行動の規則性が実在すること，(2)規則性に人々が合致することを相互に期待していること，(3)状況がＣ状況であり，規則性への合致はＰＣＥであるが故に，人々は他者が規則性に合致する限り自らもそれに合致することを選好する，という三つの条件を充足する場合であるが，ルイスは更にコンヴェンションの条件として，これら三つの条件となる事実が社会の人々の「共通の知識」となることを付加する。即ち，行動の規則性がコンヴェンションとされるには上記三つの事実が存在することに加えて，これら三つの事実の存在をすべての社会成員に示唆するような状況Ｓ（そして既述のように，このＳは実在し，すべての成員にはＳが実在すると信ずる理由があり，

Sはすべての成員に対して，Sが実在すると信ずる理由がすべての成員にあることを示唆する）が存在しなければならない。この条件を付加することにより，例えば次のような規則性は(1)，(2)，(3)の条件を充足するにもかかわらずコンヴェンションとは見なされえない。今，私は他者がすべて右側通行をすると期待し衝突を避けたいと考えているが，他者はすべて単なる習性で右側通行をしているにすぎず相互に右側通行を期待しあって行動しているのではない，という誤った信念で私は行動し，他者もすべて私と同様の誤った信念を抱いて行動しているとき，右側通行という規則性は(1)，(2)，(3)の条件を充足するが，この三つの条件は「共通の知識」となっていないが故に厳格な意味でのコンヴェンションとは言えない。また人々はこのような誤った信念をもってはいないが，この信念を相互に他者に帰しているような場合も，「共通の知識」が欠けているが故にこの場合の規則性は，コンヴェンションとは言えないことになる。

　既に述べたように，或る一定の規則に合致しようという社会成員の間での明示的合意は〈coordination〉達成のための有効な手段であり，各人がこの規則に合致するであろうこと，そして各人は他者が規則に合致することを条件に自らも規則に合致しようと選好していることは，社会成員の「共通の知識」となる。この意味で，コンヴェンションは明示的合意から形成されると考えてよい。しかしこの合意が約束としての効力をもち，当事者の内部に，他者が約束に違反しても自分は約束を守る（約束は約束であり他者がどうであろうと自分は約束に違反してはならない）と考える人がいる限り，いまだ，コンヴェンションは成立していないと考えるべきだろう。むしろ，合意や約束から生じたコンヴェンションは，合意や約束の拘束力が消え去るまでは既に分析された意味でのコンヴェンションとは言えない。これに対し，相手が約束を守る限りで自分も約束を守る，といった条件つきの約束や単なる意図の報告などからは，直ちにコンヴェンションが生ずると考えてよいだろう。またあらゆるコンヴェンションが合意や約束から生成しうるわけでもない。言語による記述を受けつけないルールや，言語を用いて行われる合意によっては論理的に創出不可能なコンヴェンション（例えば言語使用のコンヴェンション）が存在するからである。「コンヴェンションは炎に似ている。都合の良い条件の下では，熱の充分な集中は自らを拡大し永続的なものにしていく。炎の性質は熱源が何であるかに依存しない。マッチは炎を最初に創り出す我

々の最も有効な手段かも知れない。しかし，別の仕方で最初に創り出された炎は炎としての性格を充分にはもたない，などと考える根拠はないのである[16]」。

次に，コンヴェンションにおいては，すべての人々が規則に合致することをすべての人々が選好している。それ故コンヴェンションは社会契約の観念に類似したものと考えられるだろう。しかし，両者は概念的に区別されねばならない。今(a)すべての人々が規則（行動のパターン）に従っている状態，(b)自分は規則に従わず他者はすべて規則に従っている状態，(c)すべての人々が規則に従っていない状態（自然状態）を区別すると，コンヴェンションは人々が(b)よりも(a)を選好すること（そして，このことのみ）を含意し，(c)に関する選好は問わないのに対し，社会契約は人々が(c)よりも(a)を選好すること（そして，このことのみ）を含意し，(b)に関する選好は問わない。例えば，人々が君主の次の命令に規則的に従っているとしよう。君主は人々に対し他人の身体や財産に危害を加えることを禁止すると同時に，人々に対し重税を課し，自己の命令に従わない者を捕らえるよう人々に命令する。この場合，上記(a)，(b)，(c)に対応して次の三つの状態を区別できるだろう。

(a)現状（各個人は君主に重税を払い貧困な生活を送るが，他人からの攻撃からは保護されている）
(b)自分のみ不服従（他人は君主の命令に従っているが故に私を攻撃することはない。私は他人を攻撃してもよい。しかし，君主や他人が私を捕えて罰するかもしれないとの不安を抱く）
(c)自然状態（重税を払う必要はないが他人からの攻撃にさらされており，自分で自分を守らねばならない）

人々が(a)，(b)，(c)につきどのような選好順序を与えるかは，各人の性格，君主や他者の性格に関する見解，他者が各人の不服従を模倣する蓋然性の評価，自然状態で自らを擁護する力の自己評価その他様々な要因に依存するが，言うまでもなく選好順序としては（a＞b＞c），（b＞c＞a），（b＞a＞c），（c＞b＞a），（a＞c＞b），（c＞a＞b）が考えられるすべてである。ところで，君主の命令への規則的服従がコンヴェンションであるということは，他者が君主の命令に規則的に服従するという条件で各人が服従を選

好すること（即ちa＞b）のみを意味し，自然状態に関する選好は問題とはならない。従ってコンヴェンションは（a＞b＞c），（a＞c＞b），（c＞a＞b）のいずれか一つが社会の人々の選好順序となっている場合に存在する。次に，規則的な服従が社会契約であるということは，人々が自然状態よりも現状（即ち，すべての人々が君主の命令に従っている状態）を選好していること（即ちa＞c）のみを意味し，bがaおよびcといかなる選好関係にあるかは問題とされない。従って社会契約であれば（a＞b＞c），（b＞a＞c），（a＞c＞b）のいずれかが人々の選好順序となる。更に行動の規則性がコンヴェンションであると同時に社会契約でもあるとすれば，人々の選好は（a＞b＞c）か（a＞c＞b）のいずれかであり，コンヴェンションであるが社会契約でないとすれば（c＞a＞b）となるだろう。後者は，人々はコンヴェンションが存在しない方がよいと考えるが，自分だけであえて規則に違反しようとは思わない場合である。問題となるのは，規則が社会契約であるがコンヴェンションでない場合（b＞a＞c）である。この場合人々は何故規則に従い続けるのであろうか。人々は自然状態を最悪と見なすが，自分一人だけ規則に従わないことを最も選好するのであるから，人々が規則に従うのは選好に反して行動することであり奇妙である。他者が規則に従っているときでも規則に違反することを人々が選好すれば（即ち，コンヴェンションが存在しなければ）社会契約も存続しえず，コンヴェンションではない社会契約はありえないと考えるべきだろう。このとき，1で論じたように，個人の選好関数の変数を無限定にしないで例えばこれを私的効用のみに限定すれば，個人がb＞a＞cという選好順序をとりながら，何らかの義務感によって規則に従い続けることはあるだろう。人々の義務感は，相手が規則に従う限り自己も規則に従うという黙示の約束から生ずることも，また，他者が規則に従う事実から或る個人が意図的に利益を享受するときは自らも規則に従うべきである，という公正原理の採用から生まれることもあるだろう（3で触れたPD状況での協力関係の自然的形成はここでは考慮外とする）。人々がこの義務感に従う限り社会契約は存続し，これは人々の「共通の知識」となるがコンヴェンションとは言えない。これに対して選好を1で提示した広い意味で解釈すれば義務感も選好の一要因とされ，人々の選好順序はb＞a＞cではなくa＞b＞cないしa＞c＞bとなり社会契約はコンヴェンションとなるだろう。従って，選好を広義に解釈すればコンヴェンションでな

いような社会契約は存在しないと思われる。しかし，両者を区別する別のより重要な特徴に注目する必要があるだろう。人々が一定の規則に従いa＞b＞cないしa＞c＞bの選好を有していれば，前述のように規則は社会契約と同時にコンヴェンションとなるが，コンヴェンションの特色はC状況での複数のＰＣＥの存在（即ち，他の複数の選択肢）を前提とすることであり，これに対し社会契約には自然状態以外の選択肢は不必要であって，しかも自然状態は人々が〈coordination equilibrium〉を達成するような状態である必要はない。例えば，ホッブズの自然状態は，万人の万人に対する戦いに敗れた人間は別の選択肢の採用を選好するが故に，〈coordination equilibrium〉ではない。もちろん，自然状態がこの種の均衡状態となる場合もあるだろう。例えばルソーの例を用いて，ＸとＹが協力しなければ野原でウサギしか捕らえることができず各自乏しい食糧しか得られない（自然状態）が，二人が協力すればシカを捕えることができ充分な食料を得られる（社会契約）一方で，一人でも協力を放棄すると協力した者はウサギを捕える機会も失って食糧はゼロとなる，と仮定しよう。この状況は表24が示すように〈Ｃ・Ｃ〉と〈Ｄ・Ｄ〉の二つのＰＣＥが存在し[17]，〈Ｃ・Ｃ〉を実現する社会契約はコンヴェンションでもあることになる。しかし，自然状態がＰＣＥである必要はなく社会契約がコンヴェンションでない状況も存在するだろう。確かに，社会契約からは人々が〈coordination equilibrium〉を達成する規則性が生じ，人々は他者が規則に従うことを条件に自分もそれに従うことを選好するが，均衡状態が一つしか存在しなければコンヴェンションではないのである。

最後に，以上のように説明されたコンヴェンションと規範の関係について簡単に説明しておこう[18]。言うまでもなくコンヴェンションは規範的性格を有する必要はない。しかし，ある意味でコンヴェンションを規範と見なすことは充分可能である。これは次の推論により説明されるだろう。いまコンヴェンション（Ｃと略）が存在するとき，

表24

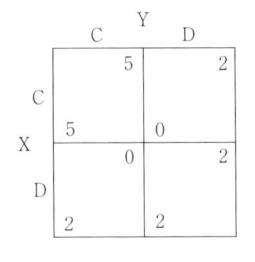

	Y	
	C	D
X C	5　　5	2　　0
X D	0　　2	2　　2

(1)私も含めて他の人々はＣに従うだろう。
(2)他の人々がＣに従えば，私もＣに従うことを選好する。
(3)他の人々は，私がＣに従うことを正当にも期

待している．
  (4) 他の人々は，自分たちがCに従えば私もCに従うことを選好している．
  (5) 私には(1)〜(4)が真であると信ずる理由がある．
そして，(1)〜(5)が真であれば，
  (6) 私がCに従うことは私自身の選好に合致している，と信ずる理由が私にある．
  (7) 私がCに従うことは他の人々の選好に合致していること，そして他の人々には私がCに従うと期待する理由がある，と信ずる理由が私にある．

(6)と(7)は私がCに従う̇べ̇き一応の根拠を提供する．人は，他の事情が等しければ自己自身の選好に合致することを行うべきであり，また，他者の選好に合致すること（特に，自己がこれを行うことを他者が正当に期待していると思われるときは）を行うべきであろう．更に，Cに対する違背は他者からの制裁を招くこともある．即ち，

  (8) 他の人々は私がCに従うことを期待している．
  (9) 他の人々には(1)〜(5)が真であると信ずる理由がある．
そして(9)が真であれば，
  (10) 他の人々には，私がCに従うことは私の選好に合致している，と信ずる理由がある．
  (11) 他の人々には，私がCに従うことは彼らの選好に合致しており，彼らには私がCに従うことを期待する理由がある，と信ずる理由が私にあることを信ずる理由がある．

それ故，私がCに従わないときは，単に私は他の人々の期待に違背しただけでなく，私がそ̇れ̇と̇知̇りつつ私自身の選好と彼らの選好および彼らの正当なる期待に違反して行動した，と彼らは推論し̇うることになる．そして，人々は私に何らかの制裁を科すこともあるだろう．既述のように，C状況においては協力関係を実現するためにPD状況で必要とされたような刑罰ルールを導入する必要はない．この意味でC状況でのルール違反への制裁は純粋に応報刑的なものとも考えられるが，この種の制裁の威嚇効果により，過失によるルール違反が減少し，C状況での〈coordination equilibrium〉の達成がよ

り的確に行われることもあるだろう。

（1）ただし，例えば Gibbard, A., 'Moral Judgement and the Acceptance of Norms,' *Ethics*, vol. 96, 1985, pp. 5-21 は，あることを合理的と見なすことは，当のものを許容する規範を受容する（accept）ことであるとし，衝動による選好は規範受容的選好ではないが故に，合理性はそもそも問題になりえないと主張する。更にギバードによれば，規範を受容することと，規範に囚われている (in the grip of norms) ことを区別し，衝動によらずとも，外的環境の圧力により習性化内面化した規範に合致した適合的選好についても合理性は問題にならない。選好の動機には，normative motivation, powerful social motivation, animal control motivation の三種が区別され，「意志の弱さ」は，後二者のいずれかが前者とコンフリクトするときに問題となるが，後二者について合理性が問題にならない以上，意志の弱さから生ずる選好も合理的なものでないと考えられる。しかし，ここではこの論点に立入らないことにする。

（2）Ullmann-Margalit, E., *The Emergence of Norms*, Oxford, 1977.

（3）例えば，Elster, J., *Logic and Society*, Chichester, 1978, p. 122.

（4）Sen, A. and Runciman, W. G., 'Games, Justice and the General Will,' Runciman, W. G., *Sociology in its Place*, Cambridge, 1970, p. 224.

（5）Boardman, 'Coordination and the Moral Obligation to Obey the Law,' *Ethics*, vol. 97, 1987, p. 548 は法規範の拘束力を，法規範に内在する倫理的性格にではなく，〈coordination〉状況の問題解決の観点から説明する。しかし，あらゆる法規範がＣ状況の問題解決のために生成すると考えることはできないだろう。

（6）Olson, M., *The Logic of Collective Action*, Cambridge Mass., 1965.

（7）Hardin, R., 'Collective Action as an Agreeable n-Prisoners' Dilemma,' *Behavioral Science*, vol. 16, 1971, pp. 472-81.

（8）Taylor, M., *The Possibility of Cooperation*, Cambridge, 1987, p. 34.

（9）Axelrod, R., *The Evolution of Cooperation*, New York, 1981. 特に pp. 27-69, 206-215.

（10）Taylor, *op. cit*., p. 106.

（11）Taylor, *op. cit*., pp. 82-108. また，Laver, M., 'Political Solutions to the Collective Action Problem,' *Political Studies*, vol. 28, 1980, pp. 195-209; Mclean, I., 'The Social Contract and the Prisoners' Dilemma Supergame,' *Political Studies*, vol. 29, 1981, pp. 339-351.

（12）Lewis, D. K., *Convention, a Philosophical Study*, Cambridge Mass., 1977. また，Tuomela, R., *A Theory of Social Action*, Dordrecht, 1984, pp. 197-268.

（13）厳密に言うと，ＣＥとＰＥを合体させただけでは，ＰＣＥが必ずしも直ちに本文でのような強い意味になるとは限らない。表25のマトリックスにおいて〈a

・a〉に着目すれば，Xが単独でb，cへと変更しても，またYが単独でb，cへと変更しても，XおよびYのペイ・オフは向上しないのであるから，〈a・a〉はCEである。またYがaを選択する条件の下でXがbないしcへと変更すればXのペイ・オフは低下し，Xがaを選択する条件の下でYがbないしcへと変更すればYのペイ・オフは低下するが故に〈a・a〉はPEでもある。しかし，〈a・a〉からYがbへと変更したとしてもXのペイ・オフは低下しないのであるから〈a・a〉は弱い意味ではPCEであっても本文

表25

	Y		
	a	b	c
X a	5 / 5	4 / 5	0 / 0
X b	5 / 4	5 / 0	5 / 4
X c	0 / 0	4 / 5	5 / 5

でのPCEではない。〈c・c〉についても同様である。本節ではPCEを強い意味に限定して用いることにする。Gilbert, M., 'Game Theory and Convention,' *Synthese*, vol. 46, 1981, pp. 41-93 はルイスにおけるPCEのこのような二義性を指摘する。更にギルバートは，コンヴェンションの必要性をC状況におけるPCEの複数存在に基礎づける見解を批判し，CEが一つしか存在しない状況においても〈coordination〉が合理的諸個人により必然的に（即ちコンヴェンションなしに）達成されるとは限らないことを論証する。ここではギルバートの論点を検討することは差し控えたい。詳細は別として，ルイスの論証は基本的にはコンヴェンション形成の分析として正しいと考えるからである。

(14) 合意ないし約束は確かに〈coordination〉達成の手段である。しかし，意図の伝達と異なり，約束に関して約束違反による制裁の要素が入ってくれば，当事者のペイ・オフ自体が修正されてしまいC状況は消失するだろう。この意味で約束はC状況の問題を解決するというよりは，C状況を除去する機能をもつと言えるだろう。

(15) 私とあなたのどちらが電話をかけ直しても同じである。ただ二人とも電話を待っていたり，二人とも電話をかけ直すと不都合が生ずる。これはC状況である。

(16) Lewis, *op. cit.*, p. 88.

(17) しかし，〈C・C〉は強い意味でのPCE，〈D・D〉は弱い意味でのPCEであり（註(13)参照），註(15)の状況や本文の表4の状況と異なり，XとYは相手の選択とは関係なくウサギを捕えることができる。また註(15)や表4ではマクシミン戦略による選択を特定化できないが，表23ではマクシミン戦略は〈D・D〉を指定するだろう。

(18) R.ドゥウォーキンによる「社会的ルール理論」の批判に答えて，Postema, G. J., 'Coordination and Convention at the Foundations of Law,' *The Journal of Legal Studies*, vol. xl, 1982, pp. 165-203 はD. K. ルイスのコンヴェンション分析に拠りながら社会的ルールが行動の単なる規則ではなく，むしろルイスの意味でのC状況で形成される規則性であり，ここから社会的ルールの規範的性格を説明するこ

とができる，と主張する。ハートの「承認のルール」は法を特定化し解釈する社会成員（とくに裁判官）の活動に内在する規則性（社会的ルール）であり，これが法規範の妥当性の規準とされる。しかし「承認のルール」が単なる行動の規則性にすぎないとすれば，たとえ「内的視点」を強調しても，「承認のルール」は社会的事実であり，その規範的性格を適切に説明することはできない。しかし他方で，ドゥウォーキンのように，法準則の妥当性の規準として「道徳」を直ちに導入する必要もない。「コンヴェンション」は社会的事実であると同時に，行為者の実践的推論の枠組でもあり，承認のルールをコンヴェンションとして捉えることにより，その規範的性格を説明できる。このような前提に立ちポステマはコンヴェンション形成のレヴェルを(1)社会成員の間での法の形成，(2)法の下での裁判官と社会の一般的成員の間での司法上のルール形成，(3)裁判官相互での司法上のルール形成，の三つに区別して分析する。そしてポステマはコンヴェンションの規範的性格を，期待を相手方に惹起し，期待を裏切ると相手方が損害を被る状況，および社会成員の協力から生ずる便益を意図的に享受する状況（いわゆる公正原理が適用される状況）により説明する。ドゥウォーキンは *Law's Empire* (Cambridge Mass., 1986) で，上記の立場も含めて法規範の妥当性の規準を社会的事実に置く立場を〈conventionalism〉と名付け批判している。ルイス的コンヴェンションとハート的承認のルールの関係につき立入った検討をここで加えることはできないが，ポステマが主張するように，コンヴェンションの規範的性格が，本文で指摘した意味以上に，〈reliance〉の原則や公正原理の適用により説明できるかは疑問である。

第2節　私的利益と規範の生成

　利己的な諸個人が私的利益を各自追求するアナーキーな状況において，各個人の選好に対して外的な正義や公正に関する倫理的原理を導入することなく，何らかの規範がすべての個人によって全員一致で採用されることがあるだろうか。あるとすれば，この種の規範生成はどのような構造をもつのか。社会的選択論には様々な形態があり，代表的なものとしては全員一致で採用される規範のみを正当とする契約論的見解以外に，社会的厚生関数を採用する立場や何らかの自然権を想定する立場などが挙げられる。社会的厚生関数を採用する立場は，社会成員の個人的選好を変数とし，ここから社会全体としての選好を導出する際に何らかの関数を指定する立場であり，社会的選択論は，一定の選択肢についての諸個人の選好順序から社会的選好順序を導く際に様々な条件を課し，これらの条件相互の理論的関係を考察する理論とされ，例えば，個人的選好の無制約性，パレート原理，無関係な選択肢からの

独立，独裁性の拒否という四つの条件が相互に矛盾する場合があり，同時にこれら四つの条件を常に満たす社会的厚生関数は存在しないことを論証したK.アローの一般可能性の定理や，自由主義とパレート原理の両立不可能性を主張する後述のA.センの見解などが周知の例として挙げられる。この立場はパレート原理を社会的選好を導出する際の条件として認め，すべての個人が x を y より選好していれば（あるいは，他のすべての人々が x と y に関し無差別であるとき，x を y より選好する人が一人でもいれば），x は y よりも社会的に選好されていると見なすが，言うまでもなく契約論のようにあらゆる社会的決定はパレート原理に従ってなされるべきである（即ち，すべての個人が x を y より選好している場合にのみ，x は y よりも社会的に選好されていると見なされるべきである）とは考えず，各個人の選好とは独立に何らかの社会的厚生関数（社会的決定手続）を外的に措定し，全員一致のルールないしパレート原理はこの関数の一つの要素とされているにすぎない。また，この見解は複数の選択肢に関する個人の選好順序のみを考慮し，個人の効用関数の独立変数を（例えば welfare といったものに）特定化しないが故に功利主義とは異なるが，形式的にみれば両者は同一の構造を有している。社会的選択に際して個人の効用のみを考慮する立場を広義の功利主義と名付ければ，この功利主義には，諸個人の効用の総和を極大化すべしとする古典的功利主義以外に，効用が社会の成員のうちで最小であるような個人だけに着目しこの個人の効用が最大となるような状態を選択する立場（ロールズの格差原理はこれに類似しているが，ロールズは個人の直接的な効用ではなく〈primary good〉の期待値に着目する点でこの立場とは異なる）も含まれるだろう。状態評価に際して個人の効用のみに着目する立場は，個人間での効用比較の可能性を前提とし，諸個人の効用の特定の社会的配置を正義の規準として社会的選択に先立ってア・プリオーリに措定する点で，基数的効用に代えて序数的な個人的選好から出発し何らかの決定手続を関数として用いて社会的決定を導出する立場と基本的には同一の構造を有すると言える。両者ともに諸個人の効用や選好だけから出発し，しかも効用が個人に生ずる原因や選好の動機を一切問うことなく効用や選好をそのまま計算に組み入れながらも，何らかのパターン化された外的規準を社会的選択に際して採用するからである。これと同様のことは自然権をア・プリオーリに措定する立場についても言える。自然権論は社会的選択以前に各個人に何らかの不可侵の権利を認め（自

然状態における諸個人に何らかの自然権を認め)，この権利を侵害しない限りで社会的選択において社会的厚生関数を採用することを許すが，この立場についても幾つかのタイプを区別することができる。例えばノージックは，自然権(及びここから派生する具体的権利)を社会的選択の対象ではなく社会的選択に先行しこれを拘束する〈side constraint〉として捉えるのに対し，ドゥウォーキンは自然権を直接的に措定することなく，社会的選好導出の際に考慮される個人的選好のうち，あるタイプの動機に由来する選好を除外して(個人的選好の無制約性の拒否)社会的選択がなされるべきことを主張し，除外されるべき選好(ドゥウォーキンの場合は external preference)を現実に除外することが事実上不可能な故に，この種の選好が社会的選択に影響を及ぼすことを阻止する趣旨で自然権を措定する。自然権を直接的に措定する立場と特定の個人的選好を除去する趣旨でいわば間接的に自然権を措定する立場との間に重要な相違があることは認めた上で(ノージックが複数の自然権を具体的に列挙するのに対し，ドゥウォーキンの自然権が「平等な尊重と配慮」への権利という抽象的形態をとることもこれと関連する)，両者ともに社会成員内の個人的選好にとって外的な規準を採用する点では同一の前提に立ち，この観点からみれば社会的厚生関数を用いる選択論や功利主義とも共通の前提に立つと言えるだろう。

　これに対して契約論(少くとも本節で言われる契約論)は個人の選好に対して如何なる外的規準をも措定することなく，社会的選択が社会の全成員にとって採用可能な仕方でなされることを要請する。自然権のア・プリオリな措定や社会的厚生関数の採用を拒否する契約論の基本的原則は「全員一致」の原則であり，経済学の用語を使えばパレート原理ということになるだろう。社会的選択は成員全員の個人的選好を満たすものでなければならず，選択されたことがただ一個人にのみ違背し，他のあらゆる成員の選好を満たす場合でも，当の選択はその限りで不正ということになる。パレート原理は，社会のすべての成員が社会状態 x を他の状態 y よりも選好していれば，x が社会全体として選択されねばならない，というものであり，これは全員一致のルールに他ならないが，契約論はあらゆる社会的選択はパレート原理(即ち全員一致のルール)によってのみなされねばならない，と主張する。従って契約論の支柱となる原理はパレート原理であるが，パレート原理については幾つかの重要な批判が加えられており，簡単にこれらの批判につき触れておく必

要があるだろう。

　先ず，パレート原理ないし全員一致ルールのみによって現実の社会的選択を行うことは不可能に等しく，異なる選好をもち交互に対立する利害関係にある人々が全員一致で合意に達することは稀である，という素朴な批判がある。しかし，個人的選好にとって外的な規準を一切拒否し，すべての人々の選好を充足しようとすれば全員一致の原則を採用せざるをえないだろう。ある社会的選択が特定の個人の選好に違背しているにもかかわらず，正しい選択と見なされるのであれば，成員の個人的選好にとって外的な規準が正義の規準として採用されているのである。確かに現実の社会的選択状況において全員一致が条件とされれば選択は困難となるだろう。しかし全員一致に替えて他の決定手続が採用され或る個人の選好が無視されれば，当の選択は不正であると契約論は考えるのである。例えば現状においてある特定のルールを導入することが，個人X以外の人々の選好を充足しても，Xがルール導入後の社会状態より現状を選好する限り当のルールは採用されてはならず，すべての成員が現状よりルール導入後の社会状態を選好するようになるまでルールは修正されねばならない。契約論で言われる全員一致の合意とは，バーゲンを通じての戦略的合意であり，ルールはこのような意味でのパレート改善を実現するものでなければならない。

　次に，パレート原理は現状よりもパレート優位にある状態の実現を命じはするが，複数あるパレート優位の状態のうち特定のものを選択する規準を提供しないが故に，社会的選択の規準として不完全である，という批判がある。現状における個人XとYの効用がそれぞれ6と4であり，ルールAの導入により両者の効用がそれぞれ10と6，ルールBの導入によりこれらが8と7になるとき，パレート原理はルールAB間の選択については言うまでもなく何も答えない。しかし契約論は，この場合古典的功利主義に依拠してルールAを選択したり，逆に何らかの平等原理に依拠してルールBを選択することはしないで，後述の如く当事者間のバーゲンにまかせるのであり，しかもバーゲン状況を外から拘束するような選択規準を採用することもない。しかし，この論点を明確にするためには，パレート原理と全員の「合意」の関係をもう少し立入って考察する必要があるだろう。あるルールの選択につき全員が合意したとき，この合意は成員を将来にわたって拘束し続けるという考え方は契約論にはない。契約論は，いったん行った約束は常に守らなければなら

ない，という倫理的原則をア・プリオーリに措定することはなく，仮にこの原則を採用してもこれは当の原則がパレート改善を実現する限りにおいてである。合意という観念に含まれる約束的ないし誓約的契機はパレート原理とは無関係であり，いったん合意により選択されたルールがその後特定の個人の効用を低下させる場合には，以前の合意に拘束されることなく当該個人がルールの変更を要求することは可能である。要するに，契約論のいう合意とは，ある一時点でなされ将来を拘束するような約束行為ではなく，選択対象への当事者の継続的な是認といった潜在的に進行する行為と考えるべきである。従って，厳密に言えば合意は契約とか誓約ではなく効用の徴表であり[1]，ある人間が x と y の選択肢のうち x に合意するのは，当の人間にとり x の方が y より多くの効用をもたらすことの証拠と考えるべきであろう。

しかし，合意が効用の徴表であり，この意味でパレート原理が全員一致原則と同一であるとしても，ここで言われる効用は広義に理解された概念である。即ち個人の効用関数ないし選好関数の構造は特定化されておらず，独立変数は限定されてはいない。この変数は，当該個人の狭義の利己的利益以外に，利他的動機に由来する効用や自由，義務観の充足などを含んでおり，個人の選択はこれらの諸変数のトレード・オフの結果生ずる。他方，ある個人の効用関数の独立変数として仮に他者の効用の増大が含まれているときでも，これは当該個人の選好に他者の効用が影響を及ぼすことを意味するにすぎず，他者の効用の増大を個人が選好しても，この選好はあくまでも当人の選好であり，この選好を充足させようとする個人も広義の私的利益を追求する個人であることに変りはない[2]。しかし，このように選好関数の変数を限定せず私的利益を極めて広義に解釈してしまうと，あらゆる人間の選好行為はトートロジカルに私的利益を追求するエゴイスティックな行為となってしまい，また，どのような選択であれ，現実になされたからにはあらゆる選択は合理的とされてしまう。これは「私的利益」や「合理性」の通常の意味からあまりにもかけ離れ，私的利益を追求する合理的人間の間での規範生成のモデルは，記述的意味も規範的意味も持たない空虚でトリヴィアルなものにならないだろうか。事実，パレート原理については狭義の個人的効用のみに着目し，その他のデオントロジカルな価値を原理の射程範囲から排除するのが通常であり，ここからパレート原理の両義性が生じているように思われる。パレート原理は一方で全員一致の原則と同一視されながら，他方で暗黙のうちにこ

れとは区別されているように思われるのである。これは効用という基数的観念に対し選好という序数的観念のもつ両義性に由来する。例えば右記の表26のように現状 a におけるＸとＹの効用がともに1であり，状態 b では10と5，状態 c では100と10であるとしよう。b と c は a よりパレート優位にあり，c は b よりパレート優位にある，と言われる。

表26

	X	Y
a	1	1
b	10	5
c	100	10

しかし（効用の個人間比較の可能性を前提とした上で）状態 c におけるＸとＹの効用の差異が極端に大きいことを理由に（何らかの平等原則の故に）Ｙが a から c への移行を拒否する一方で b への移行を選好したらどうであろうか。効用ではなく選好に注目すれば b は a よりパレート優位にあるが c は a に対してパレート優位にはない。確かにＹの選好関数の変数を私的効用のみに限定すれば c はパレート優位になるが，現実のＹは私的効用以外に或る種の平等原則を信奉しているか，あるいは羨望心を抱くことにより，a に対し c を選好しないのである。この場合，個人的選好の無制約性を尊重する限り羨望心による c の拒否を非合理的と見なすことはできない。

以上のようにパレート原理と全員の合意との関係は注意深い検討を必要とする論点であるが，個人的選好関数の構造を特定化することなく，選好の無制約性を尊重する立場に立つ限り，全員一致の意味でパレート原理を理解しなければならないだろう。むしろ重要なことは，選好の内容に何らかの拘束を課すことではなく，後述のように選好が自律的か否かをチェックすることである。従って，人々が現実に抱く選好を無条件に是認すべきではない。しかし選好の自律性を要請することは，選好の内容に立入ってこれを外部から限定することではなく，選好が個人に生まれる過程が当の選好の自律性を損なっていないか否かをチェックすることである。それ故，以上のような仕方で理解されたパレート原理を基礎とする契約論は自生的秩序の立場と同一のものと言えるだろう。自己の選好を満足させようとする合理的人間がパレート改善へ向けて生み出す秩序は自生的秩序であり，自生的秩序の立場が現状の盲目的是認を意味すべきでない限り，これは契約論的に生成する秩序と考えねばならない[3]。この意味で我々はホッブズ的な社会契約論とヒューム的なコンヴェンションの共通項を見定めねばならない。

次にパレート原理への批判として，A.センの「自由主義のパラドックス」に言及する必要がある[4]。センは，社会の全成員が x より y を選好していれば

x より y が社会全体にとり良いものとみなされねばならない，というパレート原理と，各人には自由な選択権が与えられた個人的領域があり，この領域に関しては他者の選好が何であろうと各人の選好が社会的選択を決定するものとされねばならない，という自由主義の要請をともに充足させようとすると，社会的選好に循環が生じる場合があることを指摘した。例えば一冊しかないポルノ雑誌をめぐり，道徳家Aは快楽主義者のBにこれを読ませるよりは自分が読むことを選好し，Bは自分で読むよりはAに読ませることを選好したとする。雑誌を両者ともに読まない状態 $\langle o \rangle$ はAにとり最善でありBにとっては最悪であるが故に（Aが読む状態を $\langle a \rangle$，Bが読む状態を $\langle b \rangle$ とすると）Aの選好順序は $\langle o \cdot a \cdot b \rangle$ Bの順序は $\langle a \cdot b \cdot o \rangle$ となるだろう。他方，自由主義は雑誌を読むか読まないかをAB各自の選択に委ねるが故に，Aにとっては $\langle o \cdot a \rangle$，Bにとっては $\langle b \cdot o \rangle$ の選好順序となり（Aにとり b，Bにとり a は問題となりえない），自由主義による社会的選択は $\langle b \cdot o \cdot a \rangle$ となるだろう。しかし，AとB各々の選好順序ではともに a は b より選好されているのであるから，パレート原理により少くとも a と b に関する社会的選好は $\langle a \cdot b \rangle$ とされるが，これと自由主義の社会的選好 $\langle b \cdot o \cdot a \rangle$ は矛盾することになる。周知のごとく，このパラドックスを回避するために様々な試みが提示されており[5]，権利を社会的選択の 〈side constraint〉 と捉えるノージックの見解もその一つである。ノージックによれば権利は社会的選択を拘束するものであり選択の対象とはなりえない[6]。しかし，この種の権利観念は社会状態の評価に際して権利とこれ以外のテレオロジカルな価値とのトレード・オフを不可能にし，権利の不合理な絶対化に至ることは明らかである。権利を社会状態の一要素として帰結主義の枠組の中で捉えることが可能であれば，自由主義的権利を社会的選択を拘束する 〈side constraint〉 と考えてパラドックスを解決する立場は適切なものとは言えないだろう。これに対してセンはパレート原理を疑問視し，パレート原理が実は全員一致ルールと，アローの言う「無関係な選択肢からの独立性」の条件の複合体であることを指摘して，これが自由主義と結合すると「パレート伝染」(paretian epidemic) により，特定の人間の特定の選択肢に関する独裁性が他者の選択肢にまで及び，他者の権利が否定されてしまう潜在的可能性のあることを立証した[7]。パラドックスはこのパレート伝染から生ずるのである。このような結果を回避するためにセンは，社会的選択においてあらゆる個人的選好を無制約的に

取り入れることを拒否し，あるタイプの動機に由来する選好，とくに，自分に決定権が与えられた選択肢に関するよりも他者の同様の選択肢に関してより強く向けられた選好（meddlesome preference）を社会的選好の導出に際して無視すべきことを主張する。Aはポルノを読まないことを選好するにもかかわらずBが読むことを嫌悪するあまり自分が読むことを選好し，Bはポルノを読みたいにもかかわらずAが読むことをより強く選好するのであるが，この種の他者に向けられた選好は，仮に複数の人間の間でこのタイプの選好が完全に一致していても，社会的選好として認められてはならない。個人の自由を保証するのは全員一致という社会的選択に関する条件ではなく，他者のプライヴァシーや個人的選択を尊重する選好を培うことである。

　しかし，以上のセンの主張は必ずしも説得的ではない。あるタイプの個人的選好を自由主義的権利を保護するために排除することはそれ自体適切と思われても，当事者の間で権利の交換につき合意が成立しているにもかかわらずこの合意を是認せず，権利の交換を自由主義の名の下に禁止することができるだろうか。パレート原理と自由主義は本当にパラドックスを惹起するのであろうか。ポルノを読まないAの権利とポルノを読むBの権利との交換をAとBの両者が選好していれば，権利の交換によりパレート改善が達成されるだろう。この場合，センのように両者の選好を他者の私的領域に介入する不適切な選好として排除する見解には，あるタイプの個人的選好を拒絶する倫理的規準が社会的選択のア・プリオーリな条件として前提されており，これはパレート改善を条件として個人的選好のみから社会的選好を導出する契約論のモデルでは是認されない立場である。従って，センがパレート原理と自由主義との間に存在すると考えたパラドックスはパラドックスではない。確かにAはポルノを読まない権利を有しBは読む権利を有しているが，権利を有することと行使することは区別すべきであり，「～する自由」は「～しないでおく自由」を含意しAとBは各自が有する権利を行使せず，むしろこれを相互に交換してパレート改善を達成するのである。このとき，AとBが各自の権利を交換的に移譲することを禁止する根拠があるだろうか。センは，契約による権利の交換可能性を理由にパラドックスを解決する見解を批判し，人々がこのような交換を行わないであろうこと，交換を仮に行っても契約を守らないであろうことを主張する[8]が，その論旨は充分説得的とは言い難い。センのいうパラドックスが提起しているのは，「不可譲の権利」の問題，即ち，

人が放棄を望んでも放棄できない権利はありうるかという問題である。この論点は、センの「パレート原理と自由主義のパラドックス」と後述の「コースの定理」の接点に位置する。もし不可譲の権利があるとすれば、パレート改善を基礎とした純粋に契約論的なモデルは破綻するだろう。この点、不可譲の権利を囚人のディレンマに置かれた当事者が戦略的に採用する制度として説明し、これを契約論の枠組の中で捉えようとする立場がある[9]。交換ないし契約の当事者の一方が何らかの人間集団Pに属する個人で他方の当事者をaとしたとき、Pに属する個人hがaと単独に一定の権利を交換すればhの私的利益は増大するが、Pに属する他のすべての個人が同様の権利交換をaとの間で行ってしまうと集団P内部の個人全体の利益が低下するような状況において、Pは当該権利をaとの間で交換的に放棄することを成員に対し禁止するのである。この状況は後述の囚人のディレンマの状況と同一の形式的構造をもつ。すなわち、Pの成員全体がaに対する権利放棄により私的利益を増大させることを控えた方が、成員全体が私的利益を追求し権利を放棄する状態よりもパレート優位にあるにもかかわらず、他者が権利を放棄しなければ各自単独で権利を放棄し私的利益を増大させようとする状況である。集団の成員は、全員が協力して権利放棄を控える状態の方を、全員が協力せず各自自由に権利を放棄してしまう状態より選好するのであるが、他者が協力しているときに自分だけは協力せず権利を放棄する状態をより強く選好する状況において、当該集団の成員は全員の非協力というパレート劣位の状態を避けるために、戦略的に権利放棄を禁止する、と考えられるのである。しかし、不可譲な権利をこのように解釈して、センのパラドックスを囚人のディレンマ的な集団的行動の戦略的論理の問題へと解消できるだろうか。上記のポルノをめぐるAとBの権利交換や、自己の自由を放棄して他者の奴隷となる代りに他者から食料をもらう交換的取引、更に、肉体と金銭を交換する売春行為などにおいて権利が不可譲とされこれらの交換的取引が禁止されているとき、これを囚人のディレンマにおける禁止的ルールの導入として説明することは必ずしも適切ではないと思われる。というのも、上記のタイプの交換を社会の多数の成員が行うことにより集団全体に外部不経済（negative externalities）といったかたちで不利益が生ずるわけではなく当事者の交換関係は内部化されており、囚人のディレンマに特有の「ただ乗り」行為もここには生じえないと思われるからである。従って、不可譲の権利を認めれば、

この限りで純粋な契約論は限定され，一種のパターナリズムがここに導入されていると考えられないであろうか。「不可譲な権利」は権利ではなくむしろ義務であり，交換によるパレート改善を外側から拘束する義務をア・プリオーリに措定することは契約論をこの点で修正することである。センのパラドックスが提起しているのは，パレート原理と自由主義的権利の衝突というよりは，或る種の自由の放棄を禁止できるか否か，という問題なのである。

契約論につき最後に指摘しておくべきことは，契約論は現実の選択主体が全員一致で現実に合意した結果のみを正当と認めるのであり，契約がなされる状況に特定の条件をア・プリオーリに課したり，現実に契約がなされたか否かとは独立に「仮に契約したならば合意された結果」を正当とするような自由市場模倣型の理論を拒否する，ということである。例えば，契約主体に「無知のヴェール」を課して正義原理（ロールズの正義の二原理であれ，J. ハーサニの平均的功利主義であれ）を導出する試みには，契約に先行して何らかの正義規準が秘かに導入されていることは明らかであり，また，取引費用がゼロであったならば当事者が合意したであろう結果を想定し，取引費用の存在の故に現実には合意に達しえない状況においても外側から当事者にこの結果を適用することは，当事者の具体的選択行動とは独立に社会的効率性の観点から特定の結果をパレート最適な結果としてア・プリオーリに前提しているのである。周知の如くコースの定理は，複数の当事者が prima facie には権利とされるものを行使することにより外部不経済が生ずるとき，取引費用がゼロならば，両者の間でどのように権利が（例えば裁判所の判決により）確定的に分配されようと，当事者間でのバーゲンを通じてパレート改善が目指され社会的に最も効率的な財ないし権利の割当が実現する，というものである[10]。そして現実には取引費用はゼロでないことから，権利の最終的分配は取引費用をゼロと仮定したときに当事者がバーゲンを通じて合意に達する分配を，国家は判決により強制すべきことになる。権利はこれを最も高く評価する者に与えられるように割り当てるべきであり，当事者間のバーゲンのコストが高くバーゲンが不可能なときには国家の介入により社会的に効率的な権利分配がなされねばならない。

しかし，コースの定理をこのように解釈すると，これは本節の契約論モデルとは異なったものになる。先ず，取引費用はパレート性と関連する外部不経済ではなく，当事者の私的利益追求がその中で行われる外的環境であり，

この環境の拘束の下で人々はパレート改善を目指す他はない，と考えるべきではないだろうか。次に，バーゲンとは当事者が相互に協力せずパレート劣位の状況が存在するところで，両者が協力しあいパレート改善を目指し，協力から生ずる増加利益の分配につき取引を行うことであるが，この場合，たとえ取引費用がゼロであっても増加分の分配形態は当事者の現実の取引行為を離れては一義的に特定化されえない。取引の対象となる財（及び財への権利）の価格が競争市場へと組み入れられており当事者に戦略的威嚇の可能性がなければ，バーゲンによりパレート最適な状態が達成されるであろうが，そうでない場合にはバーゲンの結果どのような権利割当が生ずるかは具体的取引を離れては特定化しえず，このことは取引費用がゼロか否かに関係なくバーゲンの構造自体に内在する[11]。従って，バーゲンの結果をあらかじめ決定するような規準をア・プリオーリに前提しない限り，自由市場模倣的な理論は意味をもたないのである。

さて，契約論のモデルにおいては，規範は私的効用を極大化しようとする諸個人の相互作用を通じパレート改善を実現するために人々により採用される。このモデルの一つの意味は，現実社会に存在するようなタイプの規範の生成を記述的に説明することにあり，もう一つは言うまでもなく正義論の規範的モデルを提供することにある。本節は契約論モデルの極めて要約的な素描であり具体的な正義論を提示するものではない。しかし，後述のようにこの単純なモデルが規範的な正義論としては多くの問題点を含むことを認めたうえで，正義論の適切な展開はこのモデル（即ち，如何なる正義規準をもア・プリオーリに導入しないモデル）を出発点として，これを我々の正義観念に照らして修正していくことにあると思われる。

表27

		B	
	b_1	b_2	b_3
a_1	x / x	0 / 0	0 / 0
A a_2	0 / 0	x / x	0 / 0
a_3	0 / 0	0 / 0	x / x

$x>0$

契約論モデルにおいて規範の生成が問題となる状況は，ゲーム理論の用語を使えば〈coordination〉（以下Cと略）及び〈囚人のディレンマ〉（以下ＰＤと略）の状況である。Ｃ状況の特徴は，表27のマトリックスが示すように当事者ＡＢの選好が完全に合致しているが均衡状態が複数あり，ＡＢは相手の選択が不確定な故に自らもどの選択肢を選ぶべきか一義的に確定しえないことにある[12]。従ってＣ状況において生成する規範の機能は，複数の均衡状態のうち

特定のものを他から浮き立たせ、当事者が相互に相手の選択を期待しうる（また相手が自己の選択につきどのような期待を抱いているかを期待しうる）状態を創造することにある。特定の均衡点を浮き立たせるものとしては明示的合意や先例以外に、あらゆる種類の特徴が考えられるだろう。例えば $(a_1 b_1)$ が $(a_2 b_2)$ や $(a_3 b_3)$ に比べ何らかの特徴（合意や先例は期待を生みだす特徴の二つの典型例にすぎない）を有していればＡＢはともに相手がこの特徴に注目して $(a_1 b_1)$ を選好することを期待しあい、$(a_1 b_1)$ を指示する規範（コンヴェンション）が自然発生的に生成するだろう。Ｃ状況においては当事者の選好が完全に一致するが故に、規範に違背しようとする動機は当事者には存在せずフリー・ライダー問題も起りえない。ＡはＢが b_1 を選好することを条件に a_1 を選好し、Ｂも同様であり、一度 $(a_1 b_1)$ が規範により指定されれば違反に対する制裁は必要とされず、これが安定的な状況として存続する。

これに対し、契約論モデルにおいて認められる規範生成のもう一つの状況（ＰＤ状況）は表28のマトリックスが示すように、ＡＢともに $(a_2 b_2)$ よりも $(a_1 b_1)$ を選好している（$(a_1 b_1)$ は $(a_2 b_2)$ に対してパレート優位にある）が、Ａにとっては $(a_2 b_1)$、Ｂにとっては $(a_1 b_2)$ が最善であり、ＡはＢが b_1 と b_2 のどちらを選好するかに関係なく a_2 を選好し、同様にＢはＡの選好にかかわりなく b_2 を選好する結果、両者協力して $(a_1 b_1)$ を実現することなく、パレート劣位 $(a_2 b_2)$ がドミナントな結果となってしまう状況である[13]。従って、ＰＤ状況において生成する規範の機能は、$(a_2 b_2)$ を制裁により禁止しフリー・ライダー的行動を阻止することにより、パレート優位な状態 $(a_1 b_1)$ を安定化させることにある。ＰＤ状況においては当事者間の私的効用極大化の行動がパレート劣位な状態を惹起し、これを阻止すべく非協力を制裁をもって禁止する規範が導入されるが、ＰＤ状況において個人の私的効用極大化の行動が常にパレート劣位の状態を生みだすわけではない。ＰＤ状況が当事者間で何回も繰り返され最後のゲームがいつになるか不確定であり、更に現時点からみた当事者の将来のペイ・オフが割り引きされる率が少なければ、「ただ乗り」は合理的でなくなり、例えば「しっぺ返し」（Tit for Tat）の戦略（最初Ａは協力して a_1 を選択し、その後は前のゲームでＢが採ったものと同じ戦略をとる）が人々により採用され、その結果 $(a_1 b_1)$ がドミナント

表28

	B	
	b_1	b_2
A a_1	x / x	w / z
a_2	z / w	y / y

$w > x > y > z$

になることが指摘されている[14]。またＰＤ状況の当事者がＡＢの二人だけでなく複数の人々がＰＤゲームに参加する場合でも，集団内の一部の人々が「しっぺ返し」の戦略をとり，他者の協力を条件に自分も協力する行動に出れば，これら一部の人々の間に協力関係が生じ，この協力関係が充分強く永続的であればこれ以外の人々は協力することなく「ただ乗り」の行動をとることになるが，他者の協力関係が充分でなければ自分も協力関係に入ろうとするだろう。つまり，他者が協力すれば自分は協力しないが，他者が協力しなければ自分は協力する，というＰＤ状況とは異なった状況が生まれるのである。しかしここではＰＤ状況において協力関係の自然的生成は如何にして可能かという問題に立入ることなく，ただ次の点，即ち制裁を伴う規範により非協力を禁止しなくても，ＰＤ状況の当事者の人数や選好構造，更には状況が何回も繰返される可能性により，私的効用を極大化しようとする諸個人の間でもパレート改善を実現する行動の規則性が自生的に生成しうることを指摘するにとどめ，以下契約論の本題に入ることにする。

　契約論の中核的な観念は競争的な自由市場であり，人々は他者との自由な財（即ち権利）の交換によりパレート改善を実現していく。交換の対象は物質的な財産以外に自由なども含まれ，一定の自由と何らかの物質的財の交換もありうるだろう。自由市場における純粋な交換関係においては各個人のコストやベネフィットは完全に内部化され，いわゆる外部（不）経済は存在しえない。そして，契約論的な規範生成の基本観念は，自由市場がパレート改善に失敗したときにこのパレート改善を実現すべく規範が，私的効用を極大化しようとする合理的個人によって採用される，という観念である。自由市場がパレート改善に失敗するのは，言うまでもなく既述のＰＤ状況であり，これは具体的には公共財（public good）の供給が問題となる状況である。しかし，契約論モデルにおいて注意すべきことは，規範は後述の如く公共財供給に際し状況のパレート劣位な結果を克服すべく導入される一方で，自由市場自体が既に規範を前提とし，この規範の枠組の内部で自由市場での交換がなされることである。即ち，市場で権利が交換されるためには各個人に既に一定の財や自由などが権利として認められ，この権利の侵害を罰する規範が論理的に前提されていなければならない。従って契約論モデルで認められる規範には二つの異なったタイプの規範，即ち，自由市場の内部で公共財供給に関して生成する規範と，自由市場の前提として各個人に一定の権利の帰属

を認める規範があることになる。しかし，後者の規範は自由市場に先行して社会成員の間で権利を割り当てる規範，即ち自然状態において生成する規範であり（更に規範自体が一つの重要な公共財であることを考えれば）自然状態において公共財として人々がともに協力しあって供給する規範である。従って自然状態から生成する規範も，公共財供給に際して生ずるPD状況のパレート劣位を克服する手段である点において，前者の規範とその生成の論理を同じくすると言えるだろう。

　以上の指摘から明らかなように，契約論には自然状態という観念が論理的に要請されているが，この自然状態は，例えば二人の権利行使が衝突する状況で両者の具体的権利を確定する規範が存在しないことから権利の割当を改めて決定しなければならないような，局所的自然状態をも含む。ある一人の人間の権利行使が他者に外部不経済を与えるとき，これは一種の自然状態が当該権利に関して生じているのであり，裁判によりどのような権利割当がなされようと，これを前提として当事者は取引を通じパレート最適な割当を実現していく，という上記のコースの定理が問題になるのも，この局所的自然状態である。

　それでは，自然状態から自由市場への移行に際し前提とされる権利の割当（及びこれを保証する規範）はどのようにして生成するのだろうか。既述のように，契約論が規範生成に関して当事者の選好以外に如何なる規準をもア・プリオーリに措定しないとすれば，自然状態における権利割当はJ.M.ブキャナンが「自然分配」(natural distribution) と名付けるものになるだろう[15]。自然状態では各個人は一定の財や自由を事実上獲得しても，これを権利として主張することはできず，他者はこれを自由に奪うことができる（これを自由への自然権と考えて，自然状態においてこの権利の存在を認めても同じことである）。それ故，稀少な財や自由を複数の人間が追求すれば争いが生じ各自防衛のためにコストを払わねばならない。この争いは，防衛の追加的努力の限界費用と，この努力により得られる限界的利益が等しくなるまで続けられ，ここに人々の間で均衡状態としての自然分配が生ずる。しかし人々は防衛のためにコストを払うより，争いを停止し武装解除して自然分配で各自が得た財を権利として相互に認めあう方が合理的であると見なすだろう。また自己の労働を投入した財が他者により自由に奪われる可能性がある限り，人々の労働へのインセンティヴも減退し，社会全体が貧しくなり，権利の割

当を実現した方が成員全体にとり好ましいことに人々は気づくであろう。権利の割当が，自然状態において私的効用を極大化しようとする人々の利益追求から生まれる外部不経済を内部化しパレート改善を実現するものであることは，幾つかの実証的研究により実証されている[16]。

　この場合，自然状態の各個人はそれぞれ異なった効用関数と生産関数により規定されるが故に，自然分配は言うまでもなく不平等な分配となり，力が権利を創造することになる。これは契約論が財や自由の初期分配のあり方について如何なる正義規準の採用をも拒否する限り不可避的なことであろう。自然分配が生じた段階で，人々は各自防衛のために費していたコスト分だけこれ以後費す必要がなくなり，武装解除によりパレート改善は確かに実現する。そして，ひとたび自然分配における権利割当が合意されれば，他者の武装解除を利用して自分だけは武装解除せず「ただ乗り」しようとする個人を罰する規範が生成する。自然状態における武装解除の状況では人々の選好構造はＰＤ状況のそれと同一であり，従って「ただ乗り」を禁止して各個人の私的効用極大化の選択がパレート劣位の状態を惹き起さないように規範が常に導入されるべきか，それとも諸個人の間で協力関係が規範の導入なくして自生的に生ずるかについては，ＰＤ状況に関して既に述べた通りである。

　ここで問題となる論点は，武装解除から生ずる増加利益の分配についてバーゲン状況が生ずるか否かであるが，確かに自然分配という均衡状態での権利割当がそのまま市場での交換の出発点となるとは限らず武装解除の取消という威嚇的戦略を成功させて，自然分配での権利割当より多くのものを獲得する者もいるだろう[17]。しかし，バーゲンから結果する権利割当も，戦略的能力をも含む広義の力から生ずる自然分配と言える。むしろ正義論の観点からみて重要なのは，自然分配で不平等が不可避的に存在する限り，この出発点での不平等は自由市場での交換から生ずる結果にまで不正な影響を及ぼすことになり，契約論は我々の正義観念と合致しないと思われることである[18]。この場合，自然分配を擁護する立場は，自然分配での財の不平等な分配が何らかのより根本的な倫理的原理（例えば自然的自由権）に従って正当であることを論証しなければならない。反対に，自然分配に反対の立場は，自然状態における権利の割当に関し何らかの正義規準を導入し，例えば，武装解除して各人の権利を相互に認め合うことから生ずる増加利益をバーゲンを通じて割り当てる場合に，バーゲンの基点及び結果に一定の拘束を導入すること

になるだろう。

　バーゲンとは，当事者が非協力の状態を基点として，協力による増加利益を各自できる限り多く獲得しようとする相互的な戦略行為であるが，バーゲンの基点と結果の双方を何らかの正義規準により拘束して，バーゲンの初期状態を公正なものにした上で当事者の戦略的能力がバーゲンの具体的過程に影響を与えないような仕方でバーゲンの結果を正義に合致したものにすることができる。基点の設定及び公正なバーゲンの結果については様々な見解がありうるだろう。よく知られているのは，バーゲンの結果に関するJ.F.ナッシュの見解であるが，自然状態における権利割当の脈絡では基点として上記の自然分配を措定し，バーゲンの結果に関しては功利主義を適用する（バーゲンの結果各人の得る効用の平均が極大化するように権利を割り当てる）ことができるし，同じく自然分配を基点としてバーゲンの結果については，協力により増加した財（及び自由）が平等に分配されるよう要請することも可能である。また，この問題についてD.ゴティエは，自然分配を基点とすることを拒否し，バーゲンの結果については〈minimax relative concession〉と彼が名付ける規準を提唱している[19]。ゴティエによれば，自然分配は一定の効用関数と生産関数により規定される諸個人が無限定の手段（暴力も含む）を駆使して達する均衡状態であり，従って公正の観点からこれをバーゲンの基点とすることはできない。自然状態において各個人は，他者の状態を悪化させる（他者にdeplaced costを課する）ような手段を用いて自己の状態を向上させ，これを前提とした上で他者との協力関係に入ることは公正の観点から許されない。確かに，自然状態は権利割当の規範が存在しないアナーキーであり，従って，個人が他者に損害を与える手段を用いて私的利益を追求することを禁ずる何ものも存在しない。しかし，ひとたび両者が協力関係に入って相互的利益を追求し増加利益を分配しようとする場合には，他者の状態を悪化する手段の使用により生じた財の分配をバーゲンの基点にすることを公正の観念は禁ずる。そしてゴティエの論証によれば，私的利益を極大化する個人は自然分配を出発点とするバーゲンを，私的利益極大化の観点自体から拒否する。それ故，バーゲンの初期状態は，他者に損害を与える手段を用いて自己の状態を向上させてはならない，という条件を満たす限りでバーゲンの基点として是認され，この条件を満たさない場合は，他者に与えた損害を賠償した上で，賠償後の状態を基点としてバーゲンに入るべきことになる。

更にゴティエは，バーゲンによる利益分配に対しても一定の規準を課し，バーゲンの複数の結果の中での相対的譲歩が最大となるような当事者の状態に注目し，この者の相対的譲歩が最小となるような結果（最大の相対的譲歩が最小となる結果）を公正の観点からみて正当な結果と考える（この場合，相対的譲歩は，当事者がバーゲンの当初要求する効用をU_1，当人の基点での効用をU_0，バーゲンの結果当人に与えられる効用をU_2としたとき，U_2とU_0の差がU_1とU_0の差に対してもつ比により測られる）。ゴティエの論証の特徴は，この minimax relative concession の規準が，私的利益極大化を追求する諸個人により合理的な規準として採用されることを主張する点にあり，もしこの論証が正しければ，私的利益極大化と当該規準は調和化される（即ち，私的利益極大化を拘束する規準は，私的利益極大化の立場自体により要請される）ことになるだろう。

　さて，自然分配をそのまま自由市場の出発点とすべきか，あるいは自然状態での武装解除及び権利割当から生ずる増加利益を分配するバーゲンを一定の正義規準で拘束すべきか（そして，この正義規準は諸個人の私的利益極大化に対抗してア・プリオーリに措定されるのか，それとも私的利益極大化自体がこの規準を戦略的に要請するのか），といった問題に立入ることは控えて，次の二つの点だけを確認しておこう。先ず，自然状態において権利の割当がなされ社会契約が締結されても，既に指摘したように，この状態における人々の選好構造はＰＤ状況であり，各人は自分だけは武装解除せず「ただ乗り」により私的利益極大化を追求し，結局はすべての合理的人間がこのように選好することから，人々は再びパレート劣位な自然状態に逆戻りしてしまうだろう。ここから，権利割当への違背を制裁により禁止し，人々の選好構造を変化させるタイプの規範が生成する。この場合，制裁装置（リヴァイアサン）は必要でなく私的利益を追求する人々の間で協力関係が自発的に生ずるか否かは，ＰＤ状況での規範生成につき述べた通りである。更に，前述のコースの定理が問題となる局所的自然状態においては，バーゲンの基点を設定するのは裁判所の判決であり，取引費用がゼロのときには当事者はこれを出発点としてパレート改善を実現していくものと考えられるだろう。

　以上のように自然状態で各自の権利が確定されて初めて，自由市場での交換が可能となり，交換を通じてパレート改善がなされていく。しかし，私人間の交換によるパレート改善が失敗する重大な状況として公共財産出の状況

がある。公共財とは分割不可能で，一定の人々をその便益の享受から排除することが不可能な財であり，例えばきれいな空気，港の燈台，予防注射による伝染病の伝染可能性の減少など様々なものが公共財に含まれ，既述のように法秩序も一種の公共財である。私的財が契約当事者だけの間での純粋に内部的な交換の対象であるのに対し，公共財は一度供給されると，公共財供給のためにコストを払った人々以外の人々にも利益を与えることになり，後者を利益享受から除外することが不可能な故に，「ただ乗り」へのインセンティヴが私的利益極大化を追求する人々の間に生じ，結局公共財は産出されないことになるだろう。これは明らかにＰＤ状況であり，この状況から生ずるパレート劣位な状態（公共財が全く供給されない状態）を克服すべく，公共財供給へと協力することを社会成員に強制する規範が成員自らの全員一致で採用されることになる[20]。ただし公共財の性格によっては，公共財産出の状況がＰＤ状況でない場合もある[21]。例えば，すべての人々は協力して公共財が供給される状態を，協力せず公共財が供給されない状態より選好するが，各個人は他者の多数が協力する場合にのみ協力し，他者が協力しなければ自分も協力しない，と考えているような場合がある。この状況はゲーム理論でしばしば〈assurance game〉と言われ（表29のマトリックス参照。Cは協力Dは非協力），社会のすべての成員がコストを払わない限り公共財が供給されえない状況である。この状況では（C・C）と（D・D）の二つの均衡状態が存在するが，すべての人々が（D・D）より（C・C）を選好しているのであるから，制裁を伴う規範の導入なくして人々は自発的に協力して（C・C）が達成され，公共財の産出（従ってパレート改善）は自生的に実現される。

また，公共財が社会の成員にとり必須である一方，一人（ないし一部の人々）がコストを払うだけで供給されうる場合，即ちすべての人々は，誰も協力しない（コストを払わない）より万人の協力を選好するが，他人が協力すれば自分は協力せず，他人が協力しなければ自分は協力する，といった選好を有する場合（これは chicken game と呼ばれる。表30のマトリックス参照）には，各個人は機先を制して相手方に対し非協力を宣言し相手方がコストを払わざる

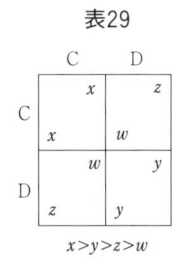

表29

	C	D
C	x / x	z / w
D	w / z	y / y

x>y>z>w

表30

	C	D
C	x / x	w / z
D	z / y	y / w...

w>x>z>y

をえない状況を最善と考えるだろう。問題は，すべての人々が同時にこの戦略を採る結果，公共財が産出されないことも起りうる，ということである。この不確定な事態に対処して各個人は，自分が獲得する最小のペイ・オフが最大となるような戦略〈maximin strategy〉を採るかもしれないし，あるいは，各々の選択から獲得される最良のペイ・オフと最悪のペイ・オフとの差が最小になるような戦略（minimax regret strategy）を採るかもしれない。そしてすべての人々が上記の事態において仮にこれら二つの戦略のどちらかをとれば，言うまでもなく全員の協力により公共財は規範的強制なくして供給されることになる。

　以上ごく簡単に素描された契約論モデルにおいては，自然状態における自然分配から出発し自由市場での契約的交換に至るまで，各個人の選好を外側から拘束する如何なる原理をもア・プリオーリに導入することなく，人々の全員一致により（即ちパレート原理に従って）二つのタイプの規範が生成する。一つは，自然状態で各個人に権利を割り当て，自由や財産を他者からの侵害に対して保護する規範（社会契約により生成する規範），他の一つは，上記の規範を前提とする自由市場において，私的利益を追求する人々が公共財供給を戦略的に差し控える状況を克服し，公共財のためのコストの支払を人々に強制する規範（自由市場の失敗を克服するために生成する規範）である。これらの規範の機能はパレート改善にあり，規範はすべての人々の状態を向上させる（即ち，すべての人々の選好を満足させる）ために全員一致により自生的に制定される。既述のように，このモデルを記述的モデルとして捉え現実の規範生成を説明するものと考えることもできるが，これを規範的モデル（正義論）として捉え，このモデルに合致しない規範を不正な規範として批判することも可能であろう。契約論モデルは，自由や財の分配ルールに関して如何なる規準をもア・プリオーリに前提することなく，各個人の選好のみを顧慮し，しかも全員の選好に合致するルールだけを正義にかなったものと考える。最後に，このモデルをより立入って批判的に検討，修正することは控えて契約論の最も重要な問題点を簡単に指摘しておきたい。これは，個人的選好という契約論の基礎にある観念に関するものである。

　周知の如く，最近の社会的選択論において「個人的選好の無制約性」という条件を疑問視し，あるタイプの選好を社会的選好を導出する際に排除すべしとする見解が有力になっている[22]。これは社会的厚生関数を用いる立場に

おいては極めて説得力ある見解と言えよう。しかし，パレート原理のみを社会的選択の基礎に据える契約論では，全員の選好が合致しているのであるから，ある種の選好を不適切なものとして排除することは無意味であり，むしろこれは選好を選別する規準をア・プリオーリに措定することになり，契約論の本質に反するだろう。むしろ，契約論においては選好の「洗浄」，即ち各個人の選好が自律的な選好か否かを検討し，選好を外的要因による操作から解放することが重要な問題となるだろう。社会の成員があるルールの選択に関して同一の選好を有していることはパレート原理に一致しているわけであるが，別の観点からみると成員全体の選好が外的要因により同様な仕方で暗々裡に操作されていることもありうるのである。また，選好が外的要因により操作されていなくても，個人内部での欲求の無意識な調整により真の選好が当該個人自身により無意識な仕方で抹消され，J.エルスターが「適合的選好」(adaptive preference) と名付けたような真正でない選好が生ずることもあるだろう[23]。例えば，複数の選択肢の順序づけが，個人の置かれた状況の変化に応じて変化するような場合には，この選好は現状に適合した（即ち，実現し易いものだけを過度に強く選好する）不真正な選好である場合が多いことをエルスターは指摘している。このように現実に人々が抱く選好をそのまま是認することなく選好を自律的なものにしていくことが——あるタイプの選好（例えば meddlesome preference）を社会的選択から排除する立場とは異なり——規範的な意味での契約論の重要な課題と言えるだろう。

（1） 合意の promissory aspect と welfare-registration aspect の区別については，Sager, L. G., 'Pareto Superiority, Consent, and Justice,' *Hofstra Law Review*, vol. 8, 1980, p. 930. しかし，false path の問題によるパレート原理の批判は適切とは思われない。
（2） 例えば Brennan, G. and Buchanan, J. M., *The Reason of Rules, Constitutional Political Economy*, Cambridge, 1985, p. 35.
（3） 例えば Buchanan, J. M., *Liberty, Market and State*, Brighton, 1986, p. 76.
（4） Sen, A., *Collective Choice and Social Welfare*, San Francisco, 1970, p. 78; Id., 'Liberty, Unanimity and Rights,' *Economica*, vol. 433, 1976, pp. 217-245.
（5） 例えば Gardenfors, P., 'Rights, Games and Social Choice,' *Nous*, vol. 15, 1981, pp. 341-356; Elster, J. and Hylland, A., eds., *Foundations of Social Choice Theory*, Cambridge, 1986 所収の B. Barry と A. Hylland の論文などを参照。
（6） Nozick, R., *Anarchy, State and Utopia*, Oxford, 1974, pp. 164-166. また Chapman,

B., 'Rights as Constraints: Nozick versus Sen,' *Theory and Decision*, vol. 15, 1983, pp. 1-10; Perelli-Minett, C. R., 'Nozick on Sen: A Misunderstandung,' *Theory and Decision*, vol. 8, 1977, pp. 387-393.
(7)　Sen, 'Liberty, Unanimity and Rights,' op. cit., pp. 240-242.
(8)　Sen, 'Liberty and Social Choice,' *The Journal of Philosophy*, vol. 80, 1983, pp. 23-28.
(9)　Hardin, R., 'The Utilitarian Logic of Liberalism,' *Ethics*, vol. 97, 1986, pp. 69-73.
(10)　Coase, R. H., 'The Problem of Social Cost,' *Journal of Law and Economics*, vol. 3, 1960, pp. 1-44.
(11)　Cooter, R., 'The Cost of Coase,' *Jounal of Legal Studies*, vol. 11, 1982, pp. 1-34. また Buchanan, J. M., *Liberty, Market and State*, op. cit., pp. 92-107 参照。
(12)　Schelling, T. C., *The Strategy of Conflict*, Cambridge, Mass., 1963, pp. 83-118; Lewis, D. K., *Convention*, Cambridge, Mass., 1969, pp. 5-121.
(13)　Luce, R. D., Raiffa, H., *Games and Decisions*, New York, 1958, p. 94; Campbell, R. and Sowden, L., eds., *Paradoxes of Rationality and Cooperation*, Vancouver, 1985, pp. 3-104, pp. 227-354 所収の諸論文参照。
(14)　Axelrod, R., *The Evolution of Coopetation*, New York, 1987, とくに pp. 55-69; Id., 'The Emergence of Cooperation among Egoists' Campbell R. and Sowden L., eds., *Paradoxes of Rationality and Cooperation op. cit.*, pp. 320-339.
(15)　Buchanan, J. M., *The Limits of Liberty, Between Anarchy and Leviathan*, Chicago, 1975, p. 58.
(16)　Demsetz, H., 'Toward a Theory of Property Rights,' *American Economic Review*, vol. 57, 1967, pp. 347-359; Umbeck, J., 'Might Makes Rights: A Theory of the Formation and Initial Distribution of Property Rights,' *Economic Inquiry*, vol. 19, 1981, pp. 38-59; Opp, K-D., *Die Entstehung sozialer Normen*, Tübingen, 1983, S. 58.
(17)　自然状態における財の割当がバーゲン状況であることについては，Gibbard, A., 'Natural Property Rights,' *Nous*, vol. 10, 1976, p. 80.
(18)　例えば，Kolm, S-C., *Le Contrat Social Libéral, Philosophie et Pratique du Libéralisme*, Paris, 1985, pp. 310-311.
(19)　Gauthier, D., *Morals by Agreement*, Oxford, 1986, p. 134.
(20)　Hardin, R., 'Collective Action as an Agreeable n-Prisoners' Dilemma,' *Behavioral Science*, vol. 16, 1971, pp. 472-481; Vanberg, V., 'Kollektive Güter und kollektives Handeln,' *Kölner Zeitschrift für Soziologie und Sozialpsychologie*, Jg 30, 1978, S. 652-679; Coleman, J. L., 'Market Contractarianism and the Unanimity Rule,' Paul, E. F., Miller, F. D. and Paul, J., eds., *Ethics and Economics*, Oxford, 1985, p. 79; Sugden R., *The Economics of Rights, Co-operation and Welfare*, Oxford, 1986, p. 122.
(21)　Taylor, M., *The Possibility of Cooperation* Cambridge, 1987, pp. 34-59.
(22)　Elster, J. and Hylland A., *Foundations of Social Choice Theory, op. cit.* 所収の R.

E. Goodin の論文参照。
(23)　Elster, J., *Sour Grapes. Studies in the Subversion of Rationality*, Cambridge, 1983, pp. 109-140.

第2章　四つの法理論

　現代の法理論を意味論的観点から見た場合，それは大きく四つのタイプに区別されるだろう。本章では「批判的法学研究」と総称されるグループに属する（一部の）法学者にみられるルール懐疑主義，法実証主義のコンヴェンショナリズム，M.ムアの意味論的自然法論，R.ドゥウォーキンの非基底主義的法理論の四つの法理論の特徴を比較することにしたい。本章のテーマは「法の自立性」の意味論的な考察であるが，特に，ドゥウォーキンの非基底主義的法理論――法命題の真理値が法規範体系の内部に存在する規準のみによって決定されるという見解――が真の意味での「法の自立性」のテーゼを基礎づけていることが論じられる。

第1節　ルール懐疑主義

　ルールの意味を確定するということはどのようなことか。ルールは何らかの存在者を指示することによって意味を獲得するのか。それとも同じルールに服する人々がルールの言葉に付与する観念がルールの意味なのだろうか。ルールの意味を確定するのは解釈か。そもそもルールは確定した意味をもちうるか。

　「批判的法学研究」に属する一部の法学者はS.クリプキによるヴィトゲンシュタインのルール遵守論の懐疑主義的解釈[1]に依拠してルールの根本的な不確定性（indeterminacy）を主張している[2]。今，或る人Xが足し算のルールに従って68＋57＝125と答えたとき，ある奇妙な懐疑主義者が次のような疑問を提示したとしよう。「Xはこの答を出す際に自分が以前に理解したルールに従ったと言っているが本当にそうか。Xが以前に理解したルールは，

足し算（addition）ではなく，『二つの数が57以外のときは二つを加算し，二つの数のどちらかが57のときは5と答えよ』というルール（quaddition）だったのではないか。これまでXが行った計算には57が含まれなかったからadditionとquadditionの答は同じであったが，いまXが直面している68＋57＝？という問題には5と答えるべきである」と。この疑問に対してXが「私が足し算のルールを理解したと言うとき，これは私がこれまで直面したことのない無数の足し算問題に対しいかにして確定的な答を出すべきかを知っているということであり，足し算のルールに関する私の過去の意図（intentions）が未来の無数の新しい事例の各々について唯一の答を確定する。私は自分が以前に意図していたのはquadditionのような奇妙なルールではなくadditionであることを明証的に自覚している」と答えたとする。クリプキによればこれは懐疑主義者の質問に対する有効な答となっていない。Xが以前にルールを把握したとき，Xの精神の中にあったいかなるものも将来起りうるすべての事例に対し確定的な答を一瞬にして提供するようなことはありえない。また仮にそのようなことが可能だとしても，Xが当初解釈したルールをその後も同じ仕方で正しく解釈し続けているか否かをチェックする他者がいない限り，私的言語と同様に私的なルール遵守も無意味なものとなるだろう。Xの現在のルール理解が，以前にXが意図したものと同じであることを保証してくれる事実はなく，ルールに従うこととルールに従っていると思うことの区別がつかないからである。Xが当初足し算のルールについて抱いた意図や過去におけるXのルール適用行為に関するいかなる事実も，Xが以前に把握したルールがquadditionではなくadditionであったことを確証しない。Xは「自分が理解したルールによって68＋57＝？の正答が125であることを意図した」と主張することができない。この場合，Xがルールを把握したときXに一定の心理状態が生まれ，この心理状態が後の事例におけるルール適用を指図すると考えるのではなく，Xがルールを把握したときに獲得したのは一定のタイプの問題に対して一定の仕方で応答する（x＋y＝？というタイプの問題に対して68＋57＝？ならば125と答える）態度（disposition）を身につけたと考えるべきである，という見解もありうるだろう。しかしこれはXが問題に対してどのように応答するかについての記述にすぎず，この種の応答は常にルールへの正しい応答であると想定しない限り，当の態度はXの応答がルールに従った正しい応答であることを示す根拠とはなりえない。

個人の心理状態や態度に関するいかなる事実もルールの確定的解釈を提供しえないとすれば、「Xはルールに従っている」という言明を真なる言明にするものは何か。この点につきクリプキは「Xはルールに従っている」という言明が真とされるための一組の必要充分条件を提示することは不可能だと主張する。ルールに関するいかなる事実も、またルールに従おうとするXについてのいかなる事実も「Xはルールに従っている」という言明を真に（従って偽にも）することはない。しかしルール遵守に関する言明の真理条件（truth conditions）——即ち「Xはルールを遵守している」という言明に対応する世界内事実（Xの心理状態も含む）——が存在しないならば、すべての行為はルールに従っているとも違反しているとも言えることになり、ルール遵守自体がありえないことになるだろう。ところが他方で我々は、例えば言語のルールに関しては言葉の正しい使用と誤った使用が区別可能なことを知っているし、68＋57＝5ではなく68＋57＝125であることを知っている。なぜ我々はルールに合致した行為とルールに違反した行為を事実上区別しえているのだろうか。

　このパラドックスをクリプキは共同体の合意（consensus of community）によって解決しようとする。かつてD.ヒュームは、我々が二つの出来事が因果的に結合していることを主張する一方で当の因果関係の主張を確証する事実が存在していないというパラドックスを指摘し、因果的結合に関する我々の主張を出来事のタイプ間に不可変な結合がみられるという主張として理解することでパラドックスを解決しようとした。同じようにクリプキも次の仕方でルール遵守のパラドックスを解決する。Xの過去における言語使用（ルール適用）や意図や態度といった心理状態の中に後の言語使用を規律する事実が存在せず、どのような使用や適用もルールに従っている（従っていない）ということになればルールなど存在しないことになる。しかし、孤立した個人XについてXがルールに従っているか否かを語ることができなくても、ルールに対するXの行為が社会の他の人々の行為と合致しているか否かにつき語ることはできる。それ故クリプキはルール遵守を個人とテキスト、個人とルールの関係ではなく、ルールというテキストをめぐる当の個人と社会の他の人々との相互作用の脈絡の中に置き、「Xはルールに従っている」という言明が主張可能（assertable）であるのは、他の人々がルールに対するXの反応をチェックし、その反応が彼らの反応に合致しているか否かを確定できると

きであると主張する。Xが68＋57＝？に対して125と答えるとき，Xが足し算のルールに従っていると主張しうる条件は，足し算の充分な能力をそなえた他の人々もこの問題に対して125と答える（あるいは，5という答を拒否する）ことである。このようにクリプキによれば，或る人がルールを遵守しているか否かにつき我々が判断を下せる根拠は，ルールをめぐる我々の反応が合致している（どの行為がルールに従っており，どの行為がルールに違反しているかについて社会的な合意が存在している）こと，あるいは同じ仕方でルールを適用する態度（disposition）が我々の大多数にみられることに存する。しかしこの点注意すべきは，クリプキのいう社会的合意はルール遵守の真理条件ではなく，「ルールに従っている」という言明が我々の言語の内部で主張されうるために必要な条件（assertability conditions）であるということである。ルール（ルールのテキスト）をめぐり相互に作用しあう解釈共同体で共有されたルール理解，言語共同体において同じ生の様式を共有した人々が言語に関して示す共通の反応によってルールの意味は確定されるというのがクリプキの見解であるが，これら社会的合意を形成する諸条件はルール遵守に関する言明が真ないし偽とされるための真理条件ではない。もしこれらが真理条件であれば，前述のパラドックスが個人から社会のレヴェルに移行しただけのことである。「歯が痛い」という私的な言明と同様に，「ルールに従っている」という言明について真理条件を特定化することは不可能であり，当の言明を主張することが適切とされるための諸条件（あるいは規準）を特定化しうるのみである。

　以上のようなクリプキの懐疑主義的なヴィトゲンシュタイン解釈に依拠して一部の法学者は次のように主張する。いかなる種類のルールについてもルール遵守の真理条件を示すことができないならば，法のテキストや制定者の意図に関する事実で当のテキストの確定的な意味を我々に提示してくれるものはない。法が根本的に不確定であれば法が裁判官を拘束することもなく，法の支配もありえない。裁判官による法の適用は政治的選択であり，法的ルールの意味は政治過程で恣意的に決定される。クリプキが言うように社会的合意によってルールの意味が確定されるにしても，社会的合意とは支配階級（あるいは多数派）の合意であり，ルールの意味は一部の人間集団により確定され他の集団に対して強制されるのである。確かに法には「容易な事例」があり，これを否定する必要はない。しかし，これらの事例が容易なのは言葉

自体に帰せられるのではなく社会の（特に法律家たちの）合意に帰せられるのであり，しかもこの合意は社会の政治的に有力な成員によって他者に押しつけられたものにすぎない。社会のイデオロギーが変化すれば，何が「容易な事例」とされるかも変化していくだろう。

しかしクリプキのヴィトゲンシュタイン解釈は多くのヴィトゲンシュタイン研究者により疑問視されている[3]。クリプキが提起した問題は，ルールはどのようにして当のルールに合致した行為を決定するのか，ということであった。そしてクリプキは正当にも，我々がルールを理解する仕方を正当化する「事実」は存在しないと主張する。しかしクリプキのこの問題提起はルールとその外延（具体的適用）がそれぞれ独立に存在することを前提としている。他の行為ではなくまさにある特定の行為集合をルールに合致した行為にさせているものは何か。この問いに対してプラトニズムは，ルールとの合致を決定するのはルールの定式ではなく定式によって表現されている抽象的存在としてのルールそれ自体であり，ルールを充分に理解した人の心理状態は，彼の精神の外にあるこのパラダイムを反映しなければならず，ルールの正しい適用（行為とルールの合致）はこの客観的なパラダイムによって説明される，と主張する。しかし，プラトニズムの存在論はこれに対応する認識論なしには無益であるが，この種の認識論を我々は手にしえない。これに対して心理主義は，ルールに合致しているとみなされうる行為を決定するのはルールの定式によって我々が心理的に意味しているものであると主張する。しかしそうだとすると，我々の心理状態の中でルールに合致した無数の行為が同時に意図されていることになり，我々の精神は無数の意味行為を瞬時にして遂行しうることになるが，このようなことは不可能である。言葉の正しい使用や，より一般的にルールの正しい適用はルール自体によって既にあらかじめ決定されており，既に敷かれたレールの上で行われることになるという見解，ルールにはルールに合致するすべてのものの画像が含まれているという見解が誤りであれば，ルールとルールに合致した行為のギャップを埋めるものは解釈以外にありえないだろう。しかし解釈が心理状態として捉えられている限り，そして過去の心理状態が未来のルール適用を規律しえないのであれば，ルールは根本的に不確定なままである。そもそも解釈はルールとルールの適用を媒介できるだろうか。解釈がテキストを別の言葉で置換することであれば，置換された言葉を更に解釈する必要があり，これは無限に後退す

るだろう。ルールを遵守しようとする人間の精神の中に生ずるどのようなことも当の人間が現実に遭遇する事例と関連づけられねばならないが，当の人間が精神の中でルールをどのように定式化しても，定式化で用いられた言葉を更に現実へと関連づける必要があり，ルールと現実のギャップはいつまでたっても解釈によって埋まることがない。そこでクリプキは共同体の合意によって問題を解決しようとしたのである。

　クリプキの懐疑主義にみられる基本的誤解は，或る行為をルールに合致した（しない）ものにさせているのは両者を媒介する外的な何かである，という前提にある。それ故ルールとの合致がどのようにして決定されるかを問うことが有意味とされ，ルール自体にはこれを決定する力がないことから，ルール以外の外的な何か——精神とか解釈，あるいは社会的合意とか一定の行動をとろうとする社会の人々の共通の態度——がこれを決定するとされる。しかし，解釈とか社会的合意がルールと個々の適用を媒介するという見解はヴィトゲンシュタインの見解ではない。ある行為がルールに合致していると判断されるときルールの或る解釈が必ず前提とされており，一つの権威ある解釈を採用することによってルールの意味が確定されると考え，この権威ある解釈を共同体の合意とか規約とかコンヴェンションに求めることは少くともヴィトゲンシュタインの解釈としては正しくない。即ち，ルールの理解（understanding）はルールの解釈（interpretation）とは異なる。言葉を一定の仕方で理解することは，それを理解する助けとして何か或るものを表象したり，受け容れることではない。ルールを理解する（ルールの意味を説明する）ということは，先ずルールを解釈によって把握し，その後でルールに合致する行為を見い出すことではない。むしろルールを理解することは何がルールに合致している（いない）か述べることができるということであり，ルールとルールの適用は表裏一体の関係にある。いかなるルールも完全には言語化されることはなく，ルールの完全な表現は，その現実的使用を含まなければならない。ルールとルール遵守の性格について正しい理解を妨げているのは，ルールを考えるときにルールの言語的定式化に焦点を合わせ，ルールを言語によって定式化される存在者として理解し，この定式と相関するメンタルな対応物を措定してしまうことである。確かに，或る行為をルールの正しい適用として決定するのはルールであると言うことは可能であるが，この言明はルールの外的属性の言明ではなく，なぜ当の行為がルールの正しい適用であ

るかについての説明項としてルールに言及しているのではない。ルールとルールの適用の関係は内的（文法的）関係であり，ルールの意味はその具体的適用の中で顕示されるのである。ルールの実在化とルールの存在の否定の中間に地位する立場はいかなる意味で可能かを説明するために，ヴィトゲンシュタインはルールの正しい適用を形而上学的な存在者としてのルールそれ自体に依らしめることを拒否する一方で，ルールに正しい適用がありうることを否定しなかった。しかしこの正しさは，人々の生の様式の合致の中に求められるべきである。ヴィトゲンシュタインにとり，「2を足す」（ルール）や「赤」という言葉を適用し続けるときに，我々がすべて同じ仕方でそうするのは何故かを正当化し説明する媒介的な存在者は存在しない。それは単に同じ生の様式を共有し，同じ仕方で訓練された人々が同じ仕方でルールに従い続けるということであり，我々が同じように続けていくのは合意ではなく生の様式の合致による。これ以上の正当化を提示できないことが我々をルール懐疑主義へと向かわせることはない。従ってルールの意味を根本的に不確定とみなすような懐疑主義はヴィトゲンシュタインのルール遵守論からは導出されえない。以上のようなクリプキ批判の正否についてここで検討することはできないが，クリプキに依拠した批判的法学研究の法学者のルール懐疑主義がルールの自立性はもちろんのこと，ルールの存立自体を否定していることは明らかだろう。

（1） Kripke, S., *Wittgenstein on Rules and Private Language*, Oxford, 1982; Ebbs, G., *Rule-Following and Realism*, Cambridge, Mass., 1997, pp. 9-39.
（2） Yablon, Ch., 'Law and Metaphysics,' *Yale Law Journal*, vol. 96, 1987, pp. 613-636 （これはクリプキの著作の書評である）．また Tushnet, M., 'Following the Rules Laid Down,' *Harvard Law Review*, vol. 96, 1983, p. 781.
（3） Baker, G. P. and Hacker, F. M. S., *Scepticism, Rules and Language*, Oxford, 1984, 法学者によるクリプキ（とルール懐疑主義）の批判は，Bix, B., 'The Application (and Mis-Application) of Wittgenstein's Rule-Following Consideration to Legal Theory, Patterson, D., ed., *Wittgenstein and Law*, Aldershot, 2004, pp. 381-407; Landers, S., 'Wittgenstein, Realism, and CLS: Undermining Rule Scepticism,' Patterson, D., ed, *op. cit*., pp. 445-471.

第2節　法実証主義

　法実証主義は，法的推論がそこから出発する規範の存在，内容，実践的な効力が政治道徳へと言及しない規準によって決定されることを主張する。法は道徳や政策から分離した自立的な領域を形成している。そしてこの自立性のテーゼには「限定された領域」のテーゼと，「源泉」のテーゼおよび「優先性」のテーゼが中核的な要素として含まれている。

　法は行為者に対して一つの実践的な理由を与える。法は行為者に対して何故一定の行動をとるべきかに関する理由を提供することによって行為者の実践的推論に影響を与え，この理由に則ってとられた行動の正当性の根拠となる。例えば単なる助言は我々が既に手にしている行為の様々な理由に注意を向けさせるだけであるのに対して，法は我々が既に手にしている諸理由に新しい理由を付加し，我々の実践的推論の枠組を変更する。

　「限定された領域」(limited domain) のテーゼによれば，法規範と法的推論は，法以外の規範と法的推論以外の実践的推論の領域から分離した自立的な領域を形成する[1]。そしてこの分離した法の領域は，この領域に含まれる規範の内容からは独立した規準によって画定される。即ち，法規範がどのようにして創造され実在するようになるかに関する規準というものが存在し，この規準によって法規範とそれ以外の規範——我々の行動の理由となり，実践的推論の前提となる法規範以外の規範——が明確に区別される。もちろん，法規範の内容は多くの点で道徳規範と一致しているだろうが，それは一部の道徳規範が上記の規準を充足することで法規範になったからである。「人を殺してはならない」という道徳規範が殺人を禁止する法規範になるのは，この規準を充足しているからである。しかしこの「規準」とは何だろうか。これに答えるのが「源泉」のテーゼである。

　「源泉」のテーゼによれば，法規範の自立した領域を画定する規準は価値的に中立的な社会的事実である[2]。「規準」となる社会的事実が何であるかは法体系によって異なるだろう。「国王が法として宣言したこと」「議会が多数決で決定したこと」，「上級の裁判所が判決したこと」等々。法規範の領域を画定するこの規準は，純粋に社会的な事実として一義的にその存否が認識されうるものでなければならない。従って，法の存在，内容，妥当性は，限定された法領域のメンバーシップの系譜を定めた，公的に認知可能な，道徳的評

価値へと訴えることのない社会的事実を源泉として決定される。H．L．A．ハートの「承認のルール」もこのような規準を意味している。

　法実証主義者が主張するこの自立性のテーゼについては次の点を確認しておく必要がある。第一に，上に述べたようにこのテーゼが言うところの自立性は，法領域が他の規範——特に政治道徳や私的及び公的な利益——から独立していること，行為者に対して行為の理由となる多様な規範の中で法規範が他の規範から峻別され分離していることを意味するにすぎない。源泉のテーゼが主張するように，法実証主義によれば法規範は社会的事実へといわば投錨され，法規範の実在と妥当性，法規範命題の真理値がすべて社会的事実を根源としている。従って，法は自立的ではなく，社会的事実に依存している——後で述べる自然法論において法規範が客観的に存立する価値に依存するように——とも言えるだろう。これは「自立性」という言葉の定義の問題であるが，後述するドゥウォーキンの非基底主義的な法の自立性のテーゼと，法実証主義の基底主義的な法の自立性のテーゼを区別する必要がある。第二に，源泉のテーゼが述べる「社会的事実」は人々の間での——多くの場合黙示的な——規約を意味し，この意味で法実証主義はコンヴェンショナリズムである。しかし法実証主義の理論はこのコンヴェンションを指摘するだけでなく，何故このコンヴェンションが存在するのか——何故，法は価値中立的な社会的事実を規準として分離され，自立した領域を形成しなければならないのか——を説明しなければならない。

　法実証主義の第三のテーゼである優先性（preemption）のテーゼは，行為者の行為の理由の中で法規範が他の規範に優先すること，あるいはより正確に言えば他の規範を排除する排他的な理由（exclusionary reason）であることを主張する[3]。「源泉」によって法の領域が分離され画定されるだけでは，法は後述する機能——自立性のテーゼを正当化する機能——を果すことはできない。「源泉」のテーゼが法の同定に関するものであるのに対し，優先性のテーゼは法の実践的効力と法の遵守に関するテーゼである。既に述べたように，法は行為者に何故一定の仕方で行動しなければならないかに関する理由を与え，行為の正当化の枠組を提供するが，これだけでは行為者を法に従って行動するように動機づけるには不充分であり，法はその機能を果すことができない。公職者と市民に対して権威を要求することが法にとって必然的な特徴である。そして法が権威をもつということは，公職者や市民が行動に際して

法規範に従うこと，法規範に合致しない他の政治道徳や私的ないし公的利益を排除して行動することを含意する。従って優先性のテーゼは，法規範が行為者に対して一定の仕方で行動すべき一位（first order）的な積極的理由を与えると同時に，他の理由によって行動すべきでない二位（second order）的な消極的理由を与える。後者の二位的理由は，これと衝突する可能性のある諸理由に優先し，これらを——凌駕するというよりは——排除する。

　この点，ルールの一般的な機能に二つのものがあることに注目しよう[4]。先ず第一にルールは，ルールの指図に従って行動するための理由ではなく，ルールの指図に従って行動することに理由があることを指し示す。行為者は或る目的を志向して行為し，この目的は行為のための理由であるが，ルール自体はこのような目的ないし理由ではない。ルールの指図に従って行動すれば行為者が自分の目的（行為の理由）を達成できると信ずる理由を与えるのがルールである。行為者によるルールの解釈と適用に影響を与えるべくルールの定式化を通じて現れてくる背景的な正当化事由をルールは提供する。或る事例が或るルールの適用対象になるということは，当のルールに従って行動すれば行為者には自分の目的を達成できると信ずる理由のあることを意味する。このような場合，ルールの背景にある正当化事由（ルールに従うことで達成される諸価値）は行為者にとって言わば透明であると言えるだろう。これに対してルールの第二の機能——法規範に特有の機能——は，行為者に行為する理由を与えることにある。ルールは，単に「ルールが指示するように行動する理由が存在する」と信ずる理由だけでなく「行為する理由」を行為者に与える。この場合，ルールの背景にあるルールの正当化事由は行為者にとって言わば不透明になる。ルールはその正しさのために様々な理由のバランス化に基礎を置く一方で，行為者がこれらの理由に直接的に依拠することをブロックし，行為者にとって排他的な理由となる。第二の機能を帯びたルールには三つの特徴がみられる。先ず，この種のルールを正当化するには，ルールが行為者に指示する行為が，行為者にとっての諸理由の適切なバランス化に合致していること，即ちルールに従うことが行為者の長期的な選好を最大限に充足すること——と同時に，行為者にとって当のルールを行為の排他的理由として取り扱うことが最善であることを立証しなければならない。後者の排他的理由は，多くの場合，ルールを正当化する諸理由と直結しているが，そうである必要はない。次に，ルールはそれが指図する行為の背景的

な正当化（即ち，ルールが指図するように行動することを支持し，あるいはそれに反対する諸理由のバランス化による行為の正当化）に対して不透明であると同時に，ルールを排他的にしている理由に対しても不透明である。即ち，ルールが行為者にとって排他的理由であることは，ルールを正当化している様々な理由ないし価値が行為者から隠れている（あるいは，行為者は行為に際してこれらの理由や価値を直接的に考慮しない）と同時に，ルールを排他的なものにしている理由や価値も行為者から隠れている（行為者はこれらの理由や価値を考慮しない）ことを意味する。更に排他的理由は二つの観点からその妥当範囲が限定される。一つは，ルールを排他的なものとして取り扱うことを要求される行為者の集合であり，もう一つは，排他的理由が行為者の実践的考慮から排除する他の種類の理由の集合である——排他的なルールの名宛人は市民と裁判官の両者を含むか市民だけか，そして行為者はルールが適用される事例においてルール以外の理由を考慮してよいか否か，してよいとすればどのような理由か——。

　さて，法実証主義の自立性のテーゼによれば，法規範は排他的理由としての実践的効力を有しており，源泉のテーゼによって画定される法領域の外部にある様々な考慮事項——行為の理由になりうる様々な規範や価値など——を排除する。限定された法領域へと或る法規範が入ってきた理由は，おそらくその倫理的政治道徳的なメリット——公共善を促進するとか正義に合致している等々のメリット——にあるのだろう。しかし或る規範の法規範としての身分，行為者の実践的推論の中で排他的理由となる力は，その「源泉」に根ざしており，当初その規範を推奨した様々なメリットは背景に退き，不透明なものになる。

　このような自立性のテーゼに則った法的推論は司法的推論と合致するだろうか。合致しないと考えるのが正しいだろう。というのも法実証主義者は法が欠缺しているときに政治道徳へと訴えて裁量権を行使することを裁判官に認めているからである。特定の事例に適用されるべき法規範が存在しているときは，裁判官は排他的理由である法規範に従うべきであるが，ただ法規範が存在しない場合にのみ司法的裁量権を行使し，法領域の外にある考慮事項へと訴えて法を創造することができる，と法実証主義は考えている。しかし，もしそうならば，法的推論は自立的であるが司法的推論は自立的ではないということになるだろう。このような司法的推論の非自立性は法の自立性を脅

かさないだろうか。

　ここで自立性のテーゼが法の機能と見なしていることを確認しておこう。先ず法は市民や公職者の実践的推論を，道徳や実践的推論一般の領域から人為的な規範の領域へと転移させる。市民や公職者は，それが私的利益であろうと道徳原理であろうと共通の目的であろうと，様々な理由によって行動するが，法はこれら行為の諸理由を自らの領域へと移し入れると同時に，自らの領域における実践的推論を領域外の実践的な諸理由（私的利益，価値，道徳原理など）から分離させる。言うまでもなく法規範はそれが促進する利益や道徳や社会的目標などによって正当化されるが，ひとたび限定された領域に法規範として入り込むと，今度は市民や公職者に対し，私的利益や道徳や目標など，法の領域外に存在する価値へと訴えることを禁止する。しかし何故そのようにする必要があるのだろうか。これは現代社会における法の機能に関連している。社会における人々の個人的ないし共通の目的や計画の追求は複雑な形態の社会的協力や行動の調整に依存している。しかし，協力関係や行動の調整は人々によって自発的に形成されることはない。異なった価値観をもち，異なった目的を追求する人々は，他人の協力が期待できる場合でさえ協力へと動機づけられることはない。仮に人々が協力の必要性を認め，他人が協力するという条件で協力へと動機づけられても，数多くある様々な相互作用のパターンのうちどれに他人が従うか判断できないときがある（調整の問題）。また人々が共通の目的を追求するときでも共通の目的を達成する効果的な方法について意見が衝突するときがあり，この衝突が正義や善に関する意見の不一致に起因するときは，協力のために人々が利用できる機会や協力の必要性さえ見失われることがあるだろう。更に人々が協力の必要性を認識し，協力体制を合意によって確定した場合でも協力しないことがある（囚人のディレンマ）。協力が生まれるためには，従うべきルールや協力パターンの相互的な特定化のみならず，特定されたルールが遵守されねばならない。この社会的協力の不確実性は，人々が私的利益を追求する合理人であることだけに起因するわけではない。道徳原理や正義原理に関する見解の対立も協力を阻む原因となる。

　法の自立性は，社会的協力の障害となっている対立し合う利益や道徳原理から人々の実践的推論を分離させ，これを公的にアクセス可能な法規範の限定された領域へと転移させることで，現実には全員一致の合意が存在しない

にもかかわらず，人々の相互作用の中に或る種の全員一致の合意を生じさせる。法の自立性のテーゼに含まれている「源泉」のテーゼと優先性のテーゼは，法の領域にどのような規範が含まれるかが，異論の余地のある道徳的な議論——社会的協力の障害となるような対立し合う道徳的議論——へと訴えることなくして決定されることを可能にし，法規範を道徳から分離し排他的にすることで，人々の道徳的見解の対立が法規範の遵守へと波及することを阻止する。従って源泉のテーゼはルールの特̇定̇化̇の問題を解決し，優先性のテーゼはルールの遵̇守̇の問題を解決すると言えるだろう。人々の追求する利益や信奉する道徳原理が異なっている状況においては，人々が互いにルール遵守をあてにすることができるのは，ルール自体が行動の理由を供給し，衝突や対立をはらんだ道徳的な理由に取って代るときである。人々は，法的ルールが優先的で排他的な効力を有し，社会的協力を阻む道徳的考慮をブロックしているときにのみルールの相互的遵守を期待することができる。

既に述べたように法実証主義は裁判官がしばしば自由裁量によって，異論の余地のある道徳的政治的な判断に依拠して判決を下さなければならないこと，このことによって法を創造することを認めている。裁判官には，「源泉」によって同定され，優先性によって排他的効力を与えられた規範集合が解決できない問題を解決する権限が与えられている。しかしこのことは，自立性のテーゼが現実の法的実践に完全には適合していないことを意味している。司法的推論には，自立性のテーゼの意味での法的推論とは異質な推論が含まれている。「源泉」のテーゼは，固有の意味での法的推論においては法規範の内容は道徳的で価値評価的議論に訴えることなく決定されると主張する。このテーゼは司法的推論が専ら制定法によって支配されているような場合には直観的な説得力を帯びていると思われるだろう。法の欠缺が例外的であり，裁判官が自由裁量によって法を創造する事例が周縁的であれば，源泉のテーゼは司法的推論の中核に関しては妥当すると言えるだろう。しかし司法の実践が判例法によって支配されている場合はどうだろうか。判例法に関しては「源泉」のテーゼの条件を充足するような正規の規準を定式化するのが困難である。裁判官が過去の判決記録の中から法のルールを抽出し，先例の〈ratio〉を発見したり構成したりするプロセスは公正さや平等といった価値に関する裁判官の直観的判断に依存し，従って先例の内容は道徳的議論に左右されないだろうか。この点，裁判官は過去の裁判所が判決に対して与えた〈ratio〉が何であるかを自ら価値判断することなく確定できる[5]，という主張は正しいだろうか。確かに裁判官が過去の判例の正当化根拠を発見しようとすることと，過去の判例の最善の正当化を独自に求めることは異なっている。しかし，前者の場合でも，過去の判例からルールを引き出す際に裁判官自身の評価的な直観——「理に叶っていること」や「公正さ」に関する直観——が関わってくるはずであり，ルールの抽出は非評価的で純粋に経験的な作業とは言えないだろう。裁判官は過去の判決から自分が導き引きだすルールを自ら評価的に支持する必要はなくても[6]，ルールを導き出すプロセス自体に裁判官の価値判断が関わってくるとも考えられるのである。もしこの理解が正しければ，「源泉」のテーゼは司法的実践に適合していないことになる。

　裁判官が司法的推論において，しばしば法の限定された領域を越えて，異論の余地のある道徳原理や正義へと訴えて自分の判決を正当化することがあれば，優先性のテーゼも司法の実践と適合しないことになる。これに対して自立性のテーゼの擁護者は既述の排他的理由の効力範囲を限定し，優先性のテーゼは市民にのみ当てはまり，裁判官には当てはまらないと主張するかもしれない。しかしこのように優先性のテーゼの妥当範囲を限定すると法の重要な社会的機能，即ち異なった価値観や利害関心を抱く人々の間で協力関係を形成する機能が脅かされることになるだろう。司法的推論の中で裁判官が，法の領域の外部にある価値——正義，公共善，道徳原理，効率性等々——へと直接的に訴えることは，本来，それを解決すべく法が形成された社会的対立を裁判の中に持ち込むことを意味するからである。

（ 1 ）　Schauer, F., 'Rules and the Rule of Law,' *Harvard Journal of Law and Public Policy*, vol. 14, 1991, p. 667.
（ 2 ）　Raz, J., *The Authority of Law*, Oxford, 1979, ch. 3; Id., 'Authority, Law and Morality,' *Monist*, vol. 68, 1985, pp. 320-322.
（ 3 ）　Raz, J., 'Authority, Law and Morality,' op. cit., pp. 299; Id., *The Morality of Freedom*, Oxford, 1986, pp. 57-62.
（ 4 ）　Regan, D., 'Authority and Value,' *California Law Review*, vol. 62, 1989, pp. 1154-1179.
（ 5 ）　Raz, *The Authority of Law, op. cit.*, p. 184.
（ 6 ）　Raz, 'Facing Up,' *Southern California Law Review*, vol. 62, 1989, pp. 1207-1208.

第3節　自然法論

　自立性を非基底主義的な意味で理解したとき，法命題の真理値は社会的ないし心理的事実によって決定されると主張するコンヴェンショナリズムと，客観的に存立する価値との対応に法命題の真理値を基づかせる自然法論がともに法の自立性を否定していることは明らかである。法実証主義は「源泉」のテーゼによって法を社会的事実に基礎づけ，自然法論は法を客観的に実在する価値に基礎づけ，ともに法を基底主義的に理解している。法実証主義のようなコンヴェンショナリズム（例えばH．L．A．ハート）によれば，法言語の意味とは社会の人々が当の言語に結び付けている観念であり，この観念を前提として法言語は対象を指示するが，指示された対象（即ち言語の外延）には社会の大多数の人々が当の言語の外延に属すると見なしている中核的な対象（core）と，外延に属するか否かについて人々の意見が一致しない周辺的な対象（penumbra）がある。言語の適用可能性につき合意が欠如している事例がハードケイスであり，このとき言語と対象の適合関係は非言語的な考慮（例えばルールの目的の考慮）によって決定される。コンヴェンショナリズムによれば語は人々の規約によって特定のパラダイム・ケイスがその指示対象とされることで意味を獲得するか，あるいはその正しい適用のための規準（必要充分条件）が規約によって定められることで意味を獲得し，後者においては充分条件を満たす対象は必然的に語の指示対象であり，必要条件を満たさない対象は必然的に語の指示対象ではなく，充分条件は満たさないが必要条件を満たす対象は語の指示対象の周辺部に位置するものとされる。

　このような意味論に従えば，ある時点で語Xの意味がa・b・cという規準に存し，その後a・b・cという規準を満たす対象に語Xが適用されなくなることがあれば，語Xの意味が変化しているのである。従って法実証主義が前提とする意味論は，(1)或る語の意味を知ることは或る心理状態にあることである，(2)どのような心理的状態も，この状態が属している主体以外のいかなる存在者の実在も前提としない，(3)語の意味がその外延ないし指示対象を決定する，という見解に要約できるだろう。コンヴェンショナリズムにおいては世界は言語によって構造化分節化され，語の内包が語の外延を決定する。このような意味論に対し，例えばM．ムアの意味論的自然法論は実在論的意味論（特にH．パットナムの意味論）に依拠しながら法解釈のあるべき形

態について論じている[1]。ムアによれば自然法論は，(1)客観的な道徳的真理が存在する，(2)法命題の真理値は，この法命題に対応する道徳命題の真理値に必然的に依存している，という二つのテーゼから成る。そして道徳的命題の真理値は人間精神やコンヴェンションから独立した道徳的実在との合致によって定まる。更に，この道徳的実在は自然な（五感によって知覚可能な）実在者に還元不可能であり，人間の本性といった独特な事実にも依存しない[2]。

　ムアの法概念論は次の三つの見解に要約されるだろう。(1)法概念の正しい説明は，「法」が何を意味するか，そして法言語に特徴的な他の関連した諸概念が何を意味するかを分析することである。(2)法の意味分析は，語が実在的ないし自然的な存在者を指示すること，そしてこれらの存在者の本質や構造が社会的コンヴェンションに拠るものでないことを立証する。(3)それ故，法の実質的な本質の発見は法実証主義のような見解を偽にし，自然法論を真にする。従って，或る法体系において法が要求，禁止，許可することに関するあらゆる言明は，その存在と構造が人間の認知に依存しない客観的実在によって真ないし偽とされる。法実証主義によれば法命題の真理値は，これらの真理値を認知するための条件（コンヴェンション）とは独立に観念されえないことから，ムアの法理論は法実証主義を根本的に否定することになる。

　実在論的意味論によれば語の意味は規約によって定まるのではなく世界に客観的に存在する事物や出来事によって定まり，語が世界を構造化分節化するのではなく語は客観的に構造化されている世界の事物や出来事の本質的特徴を指示する。語Xに人々が一定の観念を結びつけ，この観念（内包）＝規準 a・b・c を満たす諸対象の集合PがXの指示対象（外延）とされていたとしよう。その後Xの規準がb・c・dへと人々の規約によって変化し，この結果Xの外延も集合Rへと変化したとする。この場合コンヴェンショナリズムはXの意味が変化したと主張するが，実在論はXの意味は変化しないと主張する。Xは人々がこれに付与する観念ないし内包が何であろうと，またこの内包に合致する外延が何であろうと，常に世界内の特定の事物の本質を指示しているからである。別言すれば，Xの真の外延は世界の構造によって決定されており，人々がXに付与する意味によって決定されるのではない。今パットナムが用いている例で説明してみよう。我々の地球E以外にもう一つ別の地球E′が存在し，両者はただ次の点でのみ異なっているとする。即

ち二つの地球の住民がそれぞれ,「水」と呼ぶ物質の化学的構造がEではH₂Oであるのに対しE′は(仮に)XYZであるが,E′で「水」と呼ばれているものが我々のEの「水」と知覚的には全く異なるところがないとする。Eにおいて1750年に水の化学的構造がH₂Oであることが発見される以前は,EとE′の住民が水を指示するとき——両者は異なった物質を指示しているにもかかわらず——,彼らの心理的状態は全く同一であった。それ故同一の心理状態であっても,それらが同一の外延を指示するとは限らない。そしてひとたび両者の外延の相違が明らかになったとき,我々はE′におけるXYZは誤って「水」と呼ばれていたと述べ,「水」の意味が変化したとは言わないだろう。この事例は,EとE′の話者が同一の心理状態にありながら,この状態と結びつけられた語の外延がEとE′の言語において異なることを示している。

　コンヴェンショナリズムの主張するように内包が外延を決定するならば,内包が同一である限り外延も同一でなければならない。しかしパットナムが指摘したように「私」,「ここ」,「今」といった言葉が内包を同一に保ちながら文脈によって外延を変える指標性 (indexicality) を帯びるように,「水」,「金」,「レモン」,「赤」のような自然種 (natural kind) を示す語にも程度の差はあれ指標性がみられるとすれば,少なくとも自然種については内包が外延を決定すると考えることはできない。自然種の意味は語が指示する存在者の真の本質によって決定されるのであり,語Xが性質nを本質的特性とする存在者の集合Nを外延とするならば,語Xはコンヴェンションとは関係なくあらゆる可能世界を貫通してNを厳格に (rigidly) 指示し,命題「Xはnである」はコンヴェンショナリズムにおけるように分析的に必然的な命題ではなく形而上学的に必然的な命題となる。従って自然種の意味を説明するために直示されるパラダイム・ケイスは語の正しい使用のための規準ではなく,語の真なる指示対象であると或る時点で社会の人々が見なしているもの——世界に関する人々の知識が正確になるにつれて変更されていくもの——であり,パラダイム・ケイスが変更されても語の意味が変化するわけではない。

　要するにパットナムの見解は,我々は殆どの名詞や形容詞の意味を語と規準との間の分析的な関係において把握しているのではなく,これらの語が帯びる指標性は我々が実在論的に語の意味を把握していることを示している,ということであった。更にパットナムは「鉛筆」を例にあげながら語の意味

の実在論的理解が人工物を指示する語にまで及ぶことを指摘している[3]。ムアの自然法論はパットナムの意味論を「死」,「責任」,「正義」といった語にまで拡大し,法解釈はこの種の語がコンヴェンションに関係なくどのような客観的事態を指示しているかという問いによって導かれるべきことを主張する。更にムアは「法」を彼が機能種（functional kind）と呼ぶものに含ませ,機能種についても実在論的意味論を適用しながら機能主義的自然法論を提唱している[4]。ムアによれば「法」という語はパットナムの言う〈natural kind〉を示す語ではなく,機能種──〈functional kind〉を示す語──である。というのも或る種の存在者についてはそれが何であるかは,それが帯びる構造上の本質的特徴ではなく,その存在者が果す本質的機能によって定まるからである。例えば芝刈機には様々に異なる構造上の特徴をもったものがあるがその機能は同一であり,胃も同様である。法のみが果す本質的機能は何だろうか。ムアによれば法理論は一種の循環論を通して法の構造的特徴と法の本質的機能を反省的均衡へともたらすことで,法の本質的機能をつきとめていかなければならない。先ず,法は多様な道徳的善──公正さ,自由,平等,効用など──の正しく秩序づけられた実現を目的としているとの仮定に立って,この種の目的を因果的に惹き起すと考えられる法の構造上の諸特徴に注目し,次に逆にこれらの特徴が現実にどのような機能を果しているかを把握する,というプロセスを繰り返すことによって,法にとって本質的な機能が多様な諸価値の秩序づけられた集合の極大化にあることを発見するに至るだろう。そしてこの極大化は社会のコンヴェンションとして法に付与された機能ではなく,客観的に存立する自然法なのである。

　ここではムアの自然法論の形式的な特徴のみを指摘するだけにとどめ,この法理論に対する幾つかの疑問点のみを指摘しておこう。先ず,法がパットナムの言う「指標語」だとすると,一つの可能性として社会の人々全員が「法」の外延を間違えて捉えていることがありうるだろう。しかし社会全体が法を誤って同定している,という考え方は奇妙である。真理と,真理の認知が分離している限り,このような誤りが生じうることになるが,「金」とか「水」と同じように「法」に関してもこのように考えることは端的に不自然に思われる。法は文化の産物であるという極く通常の考え方が法実在論によっては否定されているからである。

　次に,ムアは或る法体系に属するすべての法命題は客観的価値に合致する

か否かによって真か偽かのどちらかである（いわゆる bivalence の原則）と主張するが，多くの法命題，特に行動の「調整」（co-ordination）のために定められた法は道徳的価値とは無関係であり，法実在論者は，問題が道徳的根拠によっては決定できないときも，法命題が真か偽か言えることを立証しなければならない。このようなことはコンヴェンションによることなくしては不可能である。そして更に，法の機能をムアのように道具主義的に捉え，法の目的は正しく秩序づけられた諸価値の極大化にあると考えると，法の機能や目的は道徳それ自体に存することになり，法に特殊な目的や機能が見失われないだろうか。しかし，法を道具主義的に理解するのではなく法が目指す目的から独立した「法の形相」[5]，法に内在する一種の合理性を法の客観的本質と見なすならば，この本質はおそらく法的推論の構造のみに限定されることになり，もしそうであれば法の真理は対応説ではなく整合説的に理解された真理になるだろう[6]。

（1） Moore, M., 'The Semantics of Judging,' *Southern California Law Review*, vol. 54, 1981, pp. 151-294; Id., 'A Natural Law Theory of Interpretation,' *Southern California Law Review*, vol. 58, 1985, pp. 277-398; Id., 'Moral Reality,' *Wisconsin Law Review*, 1982, pp. 1061-1156. また Brink, D., 'Legal Theory, Legal Interpretation, and Judicial Review,' *Philosophy and Public Affairs*, vol. 17, 1988, pp. 105; Kress, K., 'The Interpretive Turn,' *Ethics*, vol. 97, 1987, pp. 834-860.
（2） Moore, M., 'Law as a Functional Kind,' George, R., ed., *Natural Law Theories*, Oxford, 1992, pp. 189-200.
（3） Putnam, H., *Mind Language and Reality*, Cambridge, 1975, pp. 215-271. ただし鉛筆のような人工物を示す語についてパットナムはその後見解を変えている。Id., *Realism and Reason*, Cambridge, 1983, pp. 74-75; Ebbs, G., *Rule-Following and Realism, op. cit.*, pp. 155-158, 166-170, 179-186, 189-215.
（4） Moore, M., 'Law as Functional Kind,' *op. cit.*, pp. 208-227.
（5） Weinrib, E. J., 'Legal Formalism: On the Immanent Rationlity of Law,' *Yale Law Journal*, vol. 97, 1988, p. 955.
（6） Id., pp. 972-973.

第4節　ドゥウォーキンと非基底主義

　ドゥウォーキンの法理論は，何が法であるかを（即ち法命題の真理値を）社会成員の行動の規則性や慣例，黙約や規約や合意などに依らしめることな

く，また，法の外にある何らかの客観的な道徳的実在に基づかせることもなく，それを法体系内部の諸要素間の整合的関係のみに基礎づけているという意味で，法の自立性を鮮明に表現した理論となっている[1]。ドゥウォーキンによれば，社会的事実とか心理的事実についての命題が法の根拠——法命題の真偽を決定する規準——となることはありえない。例えばハートの承認のルールのようなコンヴェンションを法の根拠，法命題の真理規準と見なすことはできないし，仮にこの種のコンヴェンションによって法命題の真偽が決定される場合があっても，法の根拠はコンヴェンションには尽くされない。また制定法の解釈においても，法文の意味は立法者が事実上抱いていた意図（心理的事実）によって決まるわけではない。ドゥウォーキンのように法は人々や制度によって下された過去の決定のみならず，原理においてこれらの決定と整合的なあらゆる規範を含むという見解をとれば，法解釈を会話解釈のモデルで理解することは不可能になるだろう。解釈が話者の意図の抽出であれば，法の解釈について我々が語れるのは当の法が或る人の意図の表現である場合に限られ，これ以外は法の解釈ではなく法の創造（invention）となってしまう。従って法命題の真理値を整合性に基礎づけようとする見解は会話解釈モデルと両立不可能であり，ドゥウォーキンにおける整合説と構成的解釈は一方が他方を前提とする相互依存関係にあると言えるだろう。ある社会的実践が何を真に要求しているか（何が法か）を把握することは，当の実践が何を要求していると社会の人々が考えているか（心理的事実）を把握することではなく，まさに当の実践自体が何を要求しているかを把握することであり，後者には実践の参加者たちが一度も意図しなかったことも含まれるのである。かつて制定されたことがなく念されたことさえなくても，ある規範は法規範でありうる。コンヴェンショナリズムが「人々が法だと思っているものが法である」と主張するのに対し，ドゥウォーキンは（この点では自然法論者と同じように）「人々が法だと思っていないものでも法でありうる」と答える。そして人々が法だと思っていない法を発見する方法が構成的解釈であり，こう言ってよければ法を社会的心理的諸事実から自立させるための装置が構成的解釈なのである。

　他方でドゥウォーキンは法命題の真理値を何らかの道徳的実在との対応に基づかせる自然法論を拒否する。ドゥウォーキンの法理論が道徳的価値判断に重要な地位を認めていても，道徳的な主張は外的実在者についての形而上

学的な主張ではない。法的実践の内部で下される価値判断の正当化は客観的に存立する価値的実在者との対応ではなく他の価値判断との整合性によって行われる。従って法的実践の内部で提示される一つの解釈上の立場としての内的懐疑主義と対比して，外的懐疑主義と呼ばれる立場はドゥウォーキンの法理論にとり無害である。

　しかしドゥウォーキンの法理論が法を社会的心理的事実と道徳的実在の両者から分離し，法を整合的な法命題の集合として捉えていても，それはH.ケルゼンの純粋法学に見られるような根本規範を基底とする位階的秩序として法を理解する立場とは異なっている。ケルゼンの根本規範をハート流の承認のルールのようなものとして理解すれば純粋法学は結局のところコンヴェンショナリズムであり，根本規範を論理的に要請された規範として理解すればそれは根本規範を基底とした一種の整合説と言えないこともないだろう。これに対してドゥウォーキンの法理論は非基底主義的な整合説である。基底主義（foundationalism）が或る理論に含まれる一部の信念は正当化を必要とせず，理論の他の部分によって論駁されえないと考えるのに対し，非基底主義によれば理論を構成するすべての信念や命題は正当化が必要であり，しかもこの正当化は理論内部で信念や命題相互の内的な整合性の観点から行われ，法に関する我々の知識は孤立しては意味内容を持たない相互に論理的に関係づけられた命題のネットワークとして理解される。非基底主義的な整合説がドゥウォーキンの法理論の顕著な特徴であり，これを全体主義（holism）的法理論と呼ぶことも可能だろう。

　ドゥウォーキンはこのような法理論の着想の一部をロールズの「反省的均衡」から得たと推測される。しかし，「反省的均衡」に内在する問題性，そしてこれに対するドゥウォーキンの異論の余地ある解決はそのまま彼の法理論にも持ち込まれ，その理論的弱点（と考えられるもの）の一因となっている。

　基底を持たない整合性は理論の諸要素が単に矛盾した関係にないことのみを意味し，この条件だけでは矛盾のない諸命題の無限個の集合が構成可能である。従って理論の構成のためには当初は正当化を必要としない類似基底的な信念から出発せざるをえないだろう。ロールズの反省的均衡は我々の道徳に関する直観的確信から出発し，これらの確信の大部分と整合する矛盾のない道徳原理を構成した後に，今度はこの原理との整合性の観点から直観的確信の一部が拒否ないし修正されていくプロセスである。道徳的確信の大部分

と整合する複数の道徳原理が存在するとは考えにくいし，他方，確信のすべてを説明できる矛盾のない道徳原理が存在するとも思えない。ここから反省的均衡が可能となる。しかし，構成された道徳原理が一部分の確信と矛盾するとき，後者を切り捨てて原理の整合性の方を優位に置く理由は何だろうか。道徳的確信を説明する二つの理論ＸとＹのうちＸがＹより多くの確信と整合していればＸの方がよりよい理論とされるだろう。しかしその根拠が，より多くの確信をＸがカヴァーしているということであれば，Ｘが一部分の確信を説明しえないとき，なぜこれらの確信の方を拒否して理論を採用すべきなのか。原理において整合的な確信のみが真であるという見解は「真理整合説」を信奉しない限り説得力がないだろう。当の原理によってカヴァーされない道徳的確信もそれが強固に抱かれている限り真と言いうるからである。従って道徳的確信が真であることと，確信が整合的体系へと組み入れられるべきことは相反しているように思われる。

　ドゥウォーキンはロールズの反省的均衡につき論じた論文の中で[2]直観的な道徳的確信とこれらから得られる道徳原理の両者を客観的に存立する道徳的実在の発見のための手掛りと考える「自然的モデル」と，一部の確信を切り捨ててまでも整合的原理を構築しようとする「構成的モデル」を比較し，後者を採用するロールズが道徳的実在論者ではなく整合性それ自体に価値を認める立場であることを指摘している。自然的モデルに従えば，ある道徳的確信が真理であればこれを説明できずに切り捨てる整合説は誤りである。しかし構造的モデルを採用し，道徳的確信が真か否かという問題を考慮せずに整合性を理論の拘束条件として設ける理由は何か。この問いに対してドゥウォーキンは整合性が独立した政治的徳であること，公正さの故に公職者に課せられる道徳的拘束であることを主張する。我々には（特に公職者には）行動に関する個々の判断を整合的なプログラムへと統合し，一定の原理に則って行動する責任がある。しかしこのように整合性を公正という価値によって正当化することは非基底主義的整合説である構成的モデルを基底主義的な自然的モデルへと逆行させることではないだろうか。認識論的な意味での整合性と政治的徳としての整合性。この整合性の両義的性格はドゥウォーキンの『法の帝国』においても存続している。

　ドゥウォーキンが主張するようにあらゆる解釈は対象をそれが属するジャンルの最善の作品として示す構成的解釈であるならば，解釈は当のジャンル

において価値あるものは何かに関する解釈者自身の一定の判断を前提として行われ，特定のテキストや実践は当の価値の最善の表現として提示される。しかし解釈と創造を区別し，正しい解釈について有意味に語ることを保証するためにドゥウォーキンは解釈を次の三つの段階に区別する。(1)ジャンルとこれに属する実践やテキストを特定化すること。(2)実践やテキストに適合し，これらを正当化する最善の原理を提示すること。(3)提示された原理を促進するように個々の実践やテキストの要求する内容を調整すること。ここで先ず指摘すべきは(2)と(3)が反省的均衡にあることであるが，更に注意すべきは(1)の段階で既に解釈が必要であるとドゥウォーキンが主張している点である。自然科学における「事実」が理論に依存すると同時に理論を拘束するように，解釈対象の外延の特定化も対象の価値や存在理由に関する解釈者自身の観念に依拠して行われる。法の概念（concept）——過去の政治的決定は政府の権力を拘束しかつ正当化すること——が解釈共同体の最も抽象的なレヴェルで合意され，「法」というジャンルの抽象的な内包的意味が共同体で共有されていても，ジャンルの外延は法の観念（conception）——概念の具体的解釈——に依拠して評価的に特定化される。テキストのパラダイム・ケースについては合意されていてもテキストの境界は不確定であり，その外延は解釈者の評価的態度によって特定される。法の概念は極めて抽象的であることから，法的実践は概念的にそれを規定するような事実的および価値的特徴を解釈に先立って客観的に有しているわけではない。しかしドゥウォーキンが言うようにテキストの特定化自体が構成的解釈の問題であるとすると，テキストが解釈を拘束することなどありうるだろうか。

　ドゥウォーキンは理論体系が充分に複雑に構造化され，信念の様々な種類やレヴェル間に機能的区別が設けられていれば事実と理論の悪循環は回避可能だと主張する。テキストが解釈を拘束し，解釈が創造にならないのは適合性に関する信念が実質的価値判断から独立しているからである。しかし，例えば裁判官が法の創造ではなく法の解釈を行うべき理由は何か。もしこの理由がドゥウォーキンが主張するように「純一性」（integrity）という政治的徳に存すれば適合性の信念は実質的価値判断から独立していないことになり，悪循環を回避すべくドゥウォーキンが想定した理論体系の複雑性は存在しないことになる。純一性という価値が法の存在理由とされ，テキストの特定化と適合性がともにこの価値に依存するのであれば反省的均衡は悪循環に陥り，

非基底主義的で整合的とされた理論体系は解釈者が対象に付与する価値に全面的に依存することになるだろう。これは基底主義的な自然法論ではないだろうか。整合性の両義的性格のゆえにドゥウォーキンの反省的均衡が自然的モデルに逆行したと思われたように，その法理論も——法の非基底主義的な自立性を基礎づけようとする意図に反して——自然法論に帰着するのだろうか。

（1） Dworkin, R., *Law's Empire*, Cambridge, Mass., 1988, Chapter 2 及び Mitchell, W. J. T., ed., *The Politics of Interpretation*, London, 1983, pp. 271f に収められたフィッシュとドゥウォーキンの論争を参照。
（2） Dworkin, R., 'The Original Position,' Daniels, N., ed., *Reading Rawls*, Oxford, 1975, pp. 16-53.

第 3 章　権利

　人間の社会的諸関係は様々な観点から記述され評価されうるが，法的な観点からみた社会的諸関係は権利義務の言語で記述される規範的な関係であり，後で示されるように権利義務関係を「自由」をも含む広い意味で理解すれば，社会成員の間のあらゆる関係は権利義務の言語で記述され評価されることになる。本章の意図は，権利義務をめぐる我々のディスコースにおいて暗黙の前提とされている幾つかの重要な条件を指摘することにより権利義務概念の形式的特徴を明確にする点にある。そして，法的世界が社会成員間の権利義務関係の総体から構成されているとすれば，権利義務概念の特徴を明確にすることは同時に法的世界の特徴を明確にすることであると言えるだろう。本章の主たる目的は権利概念の形式的な構図の記述であり，権利の実質的な内容には触れないつもりである。個人が如何なる権利を有するかは法文化により異なり，「権利」という一般的な観念も特定の法文化を前提として生じた観念であることは言うまでもない。例えば古代ギリシャの「ディカイオン」やイスラーム法の「ハック」を現代の我々の社会で通用する権利の言語により記述することは不適切である。これらの法文化においては「権利」言語が前提とする生の様式それ自体が我々の生の様式とは異なっているからである。それ故，権利論を純粋に記述的な理論として捉えれば，自然権という観念も特定の法文化を背景とした観念であり，現代の法社会にどれ程自然権の観念が浸透していようと，この観念を存在論的に基礎づけられ法文化の相違を超越した普遍的観念と考えることはできない。生命やある種の自由が文化の相違を越えてあらゆる人間にとり重要な普遍的価値であるとしても，これらの価値が基本的な権利の対象として把握されるか否かは法文化により異なる。

特定の価値が人間存在にとり基本的に必須であるからといって(例えばJ.ロールズのprimary goodを想起)、この価値が直ちに自然権の対象となるわけではない。自然主義的誤謬はこの点に関しても注意深く避けられねばならない。

従って、本章の目的は現代の我々の法文化の基本的要素である権利概念の純粋な記述であり、具体的な内容をもった特定の権利を擁護したり否定することではなく、また、記述の対象も権利言語の一種の形式的前提に限定され、権利概念のもつ社会的実践的機能も直接的には論じないつもりである。

第1節　権利の諸相

権利という概念は多義的な概念であり脈絡に応じて様々な意味をもつ。以下、W.N.ホーフェルトの周知の分析を利用して「権利」の幾つかの意味内容を区別することから考察を始めることにしよう。

ホーフェルトは広義の権利義務関係を四つのタイプに区別し、これらを各々〈Right-Duty〉〈Privilege-No Right〉〈Power-Liability〉〈Immunity-Disability〉と名付けた[1]。各々の対概念は一方が他方を論理的に含意する相関的概念(jural correlative)であり、ある人間Xが他の人間Yに対して上記対概念の一方を有すれば、Yは論理必然的に他方の対概念を有することになる。先ず〈right-duty〉の対概念について言えば、例えば契約によりXがYに対し債権を有しYがこれと相関的にXに対し債務を負う場合がこれに相当し、XはYに対し特定の行為の履行を請求する権利を有しYは当の行為を履行する義務に服している。従ってXがYに対し請求権を有することと、YがXに対し履行義務に服することは論理的に同値と考えられるだろう。次にホーフェルトの〈privilege-no right〉の対概念について言えば、〈privilege〉(これは〈liberty〉と呼ぶ方が適切であるが)とはXが行為pを自由に履行しうる(そして、履行しないことも可能な)状態を意味し、これと相関する〈no right〉は、X以外のあらゆる社会成員がXに対しpの履行を義務づけることも禁止することもできない状態(即ち、請求権たるrightの欠如)を意味する。従って、社会の成員がすべてこの種の〈privilege〉をあらゆる行為に対して有していれば、社会はホッブズ的自然状態と言えるだろう。各成員は如何なる行為をも自由に行う(また、行わない)ことができ、他者はこれらの行為を彼に要求することも禁止することもできないからである。これに対して現実の法社会は

〈privilege-no right〉の関係のみでは存続しえないが故に，社会成員の間に最小限一定の〈right-duty〉関係を創り出さなければならない。そこで特定のタイプの行為（例えば殺人や窃盗や傷害行為）がすべての成員に対し禁止され，この結果，各成員は他者に対し殺されたり盗まれたり暴行を受けない権利を与えられ，他者はこの種の行為を行うべきでない義務に服することになる。社会が〈privilege-no right〉の関係しか存在しない自然状態から脱し法社会が生成するためには，このような消極的な〈right-duty〉関係，即ち他者に対して「～を行わない義務」及び他者から「～を行われない権利」という消極的な権利義務関係の生成が必要であり，これは主として刑法上の禁止規定により与えられる。それ故この権利義務関係は，他者に対し一定の行為を積極的に要求する権利（及びこれと相関して，他者に対し一定の行為を積極的に行うべき義務）ではなく，他者から一定の侵害を受けることのない状態を各成員に確保するという消極的な機能を有するにすぎない。

　さて，社会に上記のような消極的な〈right-duty〉関係が生成した後は，この前提条件の枠の中で各成員は〈privilege〉を行使し，前提条件に違背しない限りで（例えば殺人窃盗暴行その他を行わない限りで）自由に行為する（あるいは行為しない）ことになるが，注意すべきは〈privilege〉が〈right〉と概念上異なっている点である。Xが行為pに対して〈right〉を有していれば他者はXの行為pの遂行を如何なる仕方においても阻止してはならず，場合によっては他者はXが行為pを遂行しうるように積極的に配慮しなければならない。〈right〉は要求しうる権利，請求しうる権利であり，他者を義務づける強い権利だからである。これに対し「自由」を意味する〈privilege〉は，Xが行為pの履行に関して他者からこれを要求されたり禁止されたりすることのない状態を意味するにすぎず，他者を義務づけることはない。従って，Xが行為pに対して〈privilege〉を有するからといって，他者はXによる行為pの遂行を決して阻止してはならないわけではない。例えば，二人の通行人XとYが路上に１万円札を見つけたとしよう。１万円札がXの所有物であればXに強い意味での〈right〉があり，YはXが１万円札を取ることを阻止してはならない。これに対し１万円札が仮に無主物であるとすれば，XもYも１万円札を取る〈privilege〉を有し，従ってXはYより早く１万円札を取り上げてYの行為を阻止することができる。確かにこの場合，XはYに暴行を加えることによりYの行為を阻止してはならないが，これはXが社会

の成員として他者に暴行を加えてはならない別個の義務に服しているからであり，XとYの間に存在する〈privilege-no right〉の関係とこの義務の間には如何なる論理的関連も存在しない。更に他の例をあげれば，Xは隣人Yの庭を眺める〈privilege〉を有していても，Yは高い垣根をめぐらしてXの眺めを阻止することができる。この際，Yは刑法で禁止されている一定の行為を行わない条件の下で（つまり，上記の消極的な〈privilege〉関係に違背しない限りで）Xの行為を阻止することができ，逆にXも上記の垣根より更に高い物見台を作ってYの庭を眺め続ける〈privilege〉を有しているわけである。（この場合言うまでもなく，他人の庭を眺めること自体は刑法で禁止されていないことを前提とする。）

　上記の例から理解されるように，〈privilege-no right〉の関係が純粋なかたちで存在するのは「自由競争」の状況である。あらゆる行為について〈privilege-no right〉の関係が妥当するような社会はホッブズ的自然状態であり，このような状況はむしろ権利義務関係も存在しないと言うべきであろう。それ故社会には最少限において上記の消極的な〈right-duty〉の関係が必要となり，かくしてルールの設定により特定の行為が社会成員に禁止され，以後はこれら特定の行為を除いた限りでのすべての行為につき〈privilege-no right〉の関係が妥当することになり，ここに一定のルールに従った「自由競争」の状況が生成する。しかし現実の社会には消極的な〈right-duty〉及び〈privilege-no right〉の関係だけではなく積極的な意味での〈right-duty〉関係が存在することは言うまでもない。これは他者の不作為を要求する消極的な権利ではなく，他者の行為履行を積極的に請求する権利であり，この種の積極的な〈right-duty〉関係には，既述の契約上の債権や不法行為から生ずる損害賠償請求権のようなものから生活保護を国家に対して請求する貧者の権利に至るまで様々な権利関係が考えられるだろう。しかし，他者の不作為を要求する〈right〉，一定の行為を自由に遂行する〈privilege〉，及び他者の行為履行を要求する〈right〉は概念上の区別であり，現実に存在する権利はこれらの複合体と考えられる場合が多い。例えば所有権の中核的要素は，所有物の使用収益を他者から侵害されない権利（消極的なright）であるが，これと同時に使用収益を行ったり行わないでおく自由（privilege）や，奪われた所有物の他者からの返還を請求する権利（積極的なright）も所有権自体の要素と考えられるだろう。

ホーフェルトの第三の対概念〈power-liability〉について言えば，〈power〉は自己の法的状態であれ他者のそれであれ，既存の一定の法的権利義務関係を形成，変更，消滅させうる権能を意味し，〈liability〉とはこのような権能行使の受動的対象となることを意味する。〈power〉の行使により従来存在しなかった法的関係が新たに生成する顕著な例は契約行為であるが，この他立法者による立法行為や裁判官の判決行為も〈power〉の行使であることは言うまでもない。また，このような〈power〉の行使はしばしば儀式的な発話行為と結びつくことが多く，これはかつてＪ．Ｌ．オースティンが〈performative utterance〉の用語の下に分析したとおりである。しかし，〈power〉が行使される場合も，これと同時に〈privilege〉や〈right〉という別のタイプの権利が多くの状況において前提とされていることは言うまでもない。例えば，遺言書の作成は〈power〉の行使であり有効な遺言により相続人の法的状態は変化する（つまり相続人は〈liability〉に服する）が，これと同時に遺言書の作成者は作成に関する自由（つまり〈privilege〉を有しており，また作成を阻止されない〈right〉をも有している。

　最後に〈immunity-disability〉の対概念に関して言えば，〈immunity〉とは他者の〈power〉行使の対象とならない状態を意味し，〈disability〉とは〈power〉の欠如を意味する。例えば憲法で表現の自由が認められている場合，立法府は表現の自由を制限するような立法を行うことはできない（〈disability〉）。そしてこの立法府の〈disability〉に対応して市民には表現活動に関する〈immunity〉が認められることになる。表現の自由はこのように〈immunity〉を中核とするが，これと同時に市民は表現活動を行うことも行わないことも自由である，という意味で〈privilege〉を有すると同時に，更に表現活動を行っても逮捕されない消極的な〈right〉をも有していると考えられるだろう。

　以上述べた八個の概念は論理的観点からみて相関関係（correlative），反対関係（opposite），矛盾関係（contradictory）の三つの関係で整理されうるだろう[2]（図1参照）。相関関係とは上記で説明された四つの対概念各々にみられる関係であり，Xの〈right〉には必ずYの〈duty〉が対応し，同様に〈privilege-no right〉〈power-liability〉〈immunity-disability〉についてもXが前者を有すれば必ずYは後者を有している。反対関係とは，Xが例えば行為pについて〈duty〉を有すればXに同じ行為pについて〈privilege〉が不在であるように，一方の概念が他方の端的なる否定であるような関係であり，更に矛盾関係と

図 1

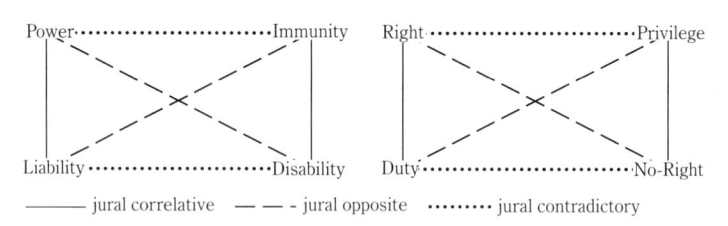

```
Power·············Immunity      Right·············Privilege
     \  /                            \  /
      ><                              ><
     /  \                            /  \
Liability·········Disability    Duty·············No-Right
```

─── jural correlative   ─ ─ ─ jural opposite   ········ jural contradictory

は，例えば X に〈power〉が存在すれば Y に〈immunity〉が不在であるように，X における或る概念の存在が Y における別の概念の不在を論理的に含意するような関係を意味する。

　以上のホーフェルトによる権利概念の分析をふまえた上で，以下権利に関する我々のディスコースにおいて形式的に前提とされている観念あるいは倫理原理を，利益と選択，功利と自由，権利義務関係の生成という三つの論点から考察することにしたい。

（１）　Hohfeld W. N., *Fundamental Legal Conceptions*, New Haven, 1923, pp. 23-114.
（２）　ホーフェルトの権利分析については，Perry T. D., 'A Paradigm of Philosophy, Hohfeld on Legal Rights,' *American Philosophical Quarterly*, vol. 14, 1977, p. 41; Feinberg, J., *Social Philosophy*, Englewood Cliffs, 1973, p. 55 などを参照。

第 2 節　利益と選択

　上記のように権利は幾つかのタイプに概念的に区別されるが，これらの権利概念に共通して存在する要素は何であろうか。権利の本質は何か。この点については，権利の本質を「利益」（benefit あるいは interest）と見なす見解と「選択」（choice）とみなす見解が対立している。利益説（例えば，この代表的形態であるベンサムの権利論）によれば，特定の人間や集団に利益を与える目的で法が他の一定の人々に義務を課するとき，前者は権利を有することになる。ある人間が権利を有することは，他の人々がこれと対応する義務に服していることと同値であり，権利とはこれに対応する義務の存在により保護された（義務の存在により事実上生ずる利益ではなく，法により意図的に保護された）利益を意味する。従って，権利に関する言明は意味の同一性を損なうことなく義務に関する言明へと翻訳可能であり，例えば殺害されな

い権利は刑法が人々に殺人を禁止し義務を課することから生じ，契約から生ずる債権は相手が契約の履行義務に服することから生ずる。権利とは，法が一定の義務を他の人々に課することにより特定個人の利益を意図的に保護することから生じ，権利の本質は法により保護された利益に他ならない。それ故利益説においては権利は義務と独立に存在しうる観念ではなく，むしろ義務が第一次的な観念であり，権利は第一次的な観念たる義務により特定個人の利益が保護されていることを示す第二次的な観念にすぎない。また利益説によれば権利はある種の法的権能を示す能動的な観念ではなく，利益が法により意図的に保護されている状態である。

　利益説はベンサムの権利論にみられるように功利主義と親和した考え方であるが，それ自体としてみれば功利主義と必ずしも論理的に結びついているわけではない。確かに，功利主義においては如何なる義務も何らかの社会的利益の故に存在し，この義務と呼応して生成する権利も社会的利益の故に認められることになる。従って功利主義的権利論は必然的に利益説の形態をとると言えるだろう。しかし，他者が義務に服することから生ずる個人の利益を権利と考えても，この利益を社会全体の利益へと融合し社会全体の利益の最大化を目的とすることなく，当該個人の利益を権利を社会全体の利益増加と無関係にそれ自体として保護しうることは言うまでもない。従って功利主義的権利論は利益説であるが，この逆は必ずしも真ではない。

　以上の利益説に対して選択説は，権利を他者に対する一種の支配力として捉え，一定の行為に関して，義務に服する者は，当該行為の範囲内において権利を有する者のコントロールの対象とされる[1]。即ち，XとYが権利義務関係にあるとき，選択説によればXはYの義務を自ら消滅させることも存続させておくことも可能であり，またYが義務に違背した場合でも損害の賠償を請求することも請求しないことも，更にはYの賠償義務を消滅させることも存続させておくことも可能である。この意味で権利は法により保護された一種の選択可能性である。利益説は権利を義務に対応する状態と見なすが故に，権利の中核をホーフェルトの意味での〈right〉，（〜をされる権利，あるいは〜をされない権利）に置くのに対し，選択説は権利に含まれる〈power〉の要素を強調すると言えるだろう。従って，選択説は刑法上の義務と対応的に生ずる権利，即ち他者から殺害や傷害を受けない消極的な権利を説明できない。しかし消極的な〈right〉はむしろ義務の単なる反映に過ぎず，この種

の関係は義務の言語で言い尽くされ，権利の言語を用いる必要はないとも言えるだろう。動物や子供は他の人々により一定の仕方で取り扱われる権利を有する（動物や胎児に一定の利益保護を与えるべきか否かは実践的決定の問題であり，更にこの利益を権利と呼ぶか否かは言葉の問題である），と有意味に言えても，この場合は動物や子供を一定の仕方で取り扱うべき義務の存在によりすべては言い尽くされているのである。また，XがYに対し第三者のために契約をした場合，Xの義務履行によって利益を得る者はZであっても権利主体はYであるように，利益説が主張するように利益享受者が必ずしも権利主体であるとは限らない。Xに対し義務の履行を請求（あるいは請求しないでおくことが）できるのはYであり，Yは利益を受ける者でないにもかかわらずXに対しては権利の主体である。従って，利益は権利の必要条件でも充分条件でもなく，権利観念の中核には義務に服する他者への〈power〉が存在すると考えねばならない。

　以上のように権利の言わばパラダイム的ケースは選択説が主張する〈power〉の観念で説明できるが，必ずしもあらゆる権利が他者の法的状態に対するコントロールという意味での〈power〉を含むとは限らない。既に述べたように消極的権利はその一例である。またホーフェルトの言う〈privilege〉が自然的な（法律行為でないという意味で）行為について言われる場合も，この行為が〈power〉の行使でないことは言うまでもない。例えば隣人の庭を眺める〈privilege〉は単なる自然的行為に関する自由であり〈power〉ではない。しかし，この〈privilege〉も行為の選択可能性であることに変りはなく，しかもこれは法により保護された（即ち刑法上の消極的権利により保護された）選択の自由である。それ故，ホーフェルトの挙げる〈privilege〉，〈power〉及び積極的な〈right〉の共通項は選択可能性であると言えるだろう。行為pにつき〈privilege〉を有する者はpを遂行することもしないことも可能であり，贈与や遺言を行う〈power〉を有する者にも同様の選択の自由があり，債権者のように積極的な〈right〉を有する者も権利の行使に関して自由である。これは権利が法により保護された選択の自由を意味するからに他ならない。

　それでは〈immunity〉についてはどうであろうか。〈immunity〉の観念の特殊性は，これが人間存在の基本的必要性と深く結合している点にある。例えば，表現の自由は表面的にみれば〈privilege〉の行使であり政府の干渉を

受けない消極的〈right〉と思われるが，基本的人権として保障された限りでの表現の自由は，政府が立法により制限を課することのできない（つまり政府の〈disability〉に対応する）権利であり，〈immunity〉の観念を中核とした権利である。また最低限度の生活水準を要求する社会的権利は，確かに政府に対し一定の行為を要求する積極的な〈right〉ではあるが，この権利が例えば契約上の債権者の積極的な〈right〉と異なるのは，この権利を立法により無視する〈power〉が政府になく，その結果この権利が〈immunity〉として存在しているからである。この種の〈immunity〉を選択説は適切に説明することができない。表現の自由は人間存在にとり基本的に必要な条件であり個人の選択の対象とはなりえないからである。もちろん，政府が個人の表現の自由を立法により侵害した場合，個人はこれに対し異議を唱えることも唱えないことも可能である，と考えられるだろう。しかし，もし異議に関しこのような選択可能性が常に存在するとすれば，表現の自由は当該社会の成員にとり基本権（それ故〈immunity〉の対象）とは考えられていないことを意味する。この意味において〈immunity〉は選択可能性とは相容れない観念である。また既に述べたように，殺害や障害を被らない権利は確かに消極的な〈right〉の重要な例であるが，生命や身体の安全に対する権利は単に他者の義務の反映として生ずる権利ではなく，むしろ他者の義務に先行して一次的に存在する基本的権利であり，他者はこの権利を奪うことができない（つまり，権利を奪う〈power〉をもたない）という意味で〈immunity〉に属する権利なのである。従って，権利を法により保護された利益とみなす利益説は基本的人権を適切に説明しうるように思われるが，利益説は権利を義務によって説明し，他者の義務によって保護された状態に注目するが故に，人間存在の基本的条件として第一次的に存在する基本権を適切に把握することができない。利益説の代表的形態であるJ.ベンサムの権利論が自然権の存在を否定していることは上記のことと無関係ではない。それ故，選択説も利益説も基本的人権に関して認められる〈immunity〉を十全的に説明しているとは言えないだろう。

　利益説と選択説の対立に関しては前者は功利主義的な権利観を，後者が自由主義的な権利観を表現しているとしばしば主張されてきた。権利を義務の存在により保護された利益と考えれば，権利を功利主義的損益計算に含めることが可能となるだろう。しかし既に指摘したように利益説は必然的に功利

主義的権利論と結びつくわけではない。また，権利の自由な選択的要素に注目する立場が，権利主体の能動的な倫理的人格を強調する自由主義的権利論と結びつくことは確かであり，明確なかたちで選択説が歴史的に形成されたのも，権利を，〈potestas moralis〉として説明する近世自然法論にあったことはよく知られている。しかし，〈immunity〉に属する基本的自由（表現の自由や信教の自由など）が選択説によっては適切に説明されえないことに示されるように，選択説と自由主義的権利論は必然的に結びつくわけではなく，従って，両者は全く異なった次元に属する理論と考える方が適切であろう。即ち，権利という観念それ自体と権利の対象は明確に区別されねばならない。権利概念に関する研究でこの区別が特に強調されることはないが，この区別は重要なものに思われる。選択説と利益説の対立は権利観念それ自体の理解に関する対立であるのに対し，功利主義的権利論と自由主義（あるいはデオントロジカルな）権利論の対立は権利の対象に関する対立である。Xはaに対し権利を有する，という一般的な表現を説明するとき，選択説は権利を選択可能性として理解し，〈privilege〉のようにaがX自身の自然的行為（隣人の庭を眺める行為や路上の1万円札を拾う行為）であれば，Xはaを行うことも行わないでおくことも選択可能であり，〈power〉のようにaが法的行為（贈与や遺言）である場合や，〈right〉のようにaがX以外の人々の行為（及び不作為）の場合も同様である。しかし前述のように〈immunity〉を選択説は適切に説明することができない。

　それでは，権利概念の適切な理解は何か。この点，基本的には利益説が正しいと考えられる。しかし，利益説のように義務を第一次的な観念と考え，この義務の存在により単に保護された利益領域を権利と見なすことは正しくない。利益説は消極的な〈right〉のように権利言語が義務言語へと完全に翻訳可能な場合は別として，積極的な〈right〉をもつ者の請求の自由〈privilege〉や〈power〉をもつ者にみられる自然的行為遂行（不遂行）の自由や法的状態を変更する（変更しない）自由といった能動的要素を説明できない。それ故，利益説から上に述べた不適切な要素（つまり義務を第一次的観念と見なすこと）を除去し，権利を法により第一次的に保護された状態とみなし，この状態において保護される利益の中に自由をも含めて考えることが我々の権利観念の正しい理解であると思われる[2]。権利とは，自由をも含めた個人の広義の利益が法により保護されている状態であり，この状態が存在すること

により他者に様々なタイプの義務が課せられることになる。また，権利は法により保護された利益それ自体ではなく，利益はあくまでも権利の対象であり，権利自体は利益が法により保護されている規範的状態を意味するのである。

　権利をこのようなかたちで把握すれば，自然権と呼ばれるものの特徴が，自然権により保護される「利益」の特殊性及びこの利益が保護される態様（即ち自然権の生成の態様）の特殊性にあることがわかる。言うまでもなく，自然権の対象となる利益は人間存在にとって基本的に必要な生命あるいはある種の基本的な自由であり，実定法により付与される通常の特殊利益が〈immunity〉の対象とはならないのに対し，上記の基本的利益は実定法による保護とは無関係に，自然状態においても権利として存在するような利益である。それでは，自然権はどのようなかたちで自然状態において生成してくるのであろうか。自由や生命が人間存在にとり基本的な利益であるからといって，このことからこの種の利益が直ちに権利として生成するわけではない。この場合，基本的利益は保護されねばならない，といったタイプの自然法を想定することにより，利益と権利とを架橋しようとしても，これは単に自然主義的誤謬を避けるために事実と規範を形式的に結びつけているだけであり，自然権の生成を適切に説明しているとは言えない。多くの自然権論者は，自然権を直観的に措定し各自が唱える自然権の具体的内容を記述するだけで，自然権の生成の問題にはあまり注意を払っていないように思われる。この問題については第4節でA.ゲヴァースの権利生成論を簡単に紹介する際に論ずることにして，以下ごく簡単に現代の代表的な自然権論の形式的な構造を検討してみよう。

　R.ノージックの権利論は権利を他者の行為に対する〈side constraint〉として把握する[3]。従って，国家がある特定の目標（例えば国家全体の経済的利益の増大）を達成しようとする場合にも，個人が同意により権利侵害を受容しない限り個人の権利は不可侵のものとして尊重されねばならない。そしてノージックの権利観念の特色は，権利を他者から一定の侵害を被らない状態として捉える点にある。自然状態にある個人が有する自然権とは，他者から生命を奪われたり身体的損傷を加えられたり，正当な所有（即ち，ノージックがentitlement theoryとして提示する条件に適合した財産の正当な所有）を妨害されたりすることのない権利であり，これら一連の消極的な権利が自然

権を構成し、国家の唯一の機能はこれらの自然権の保護にあるとされる。ノージックは自然状態において自然権を有する諸個人の集合体から、各個人が自覚的に意図することなく何故国家が形成されるかを「見えざる手による説明」を通して解明するわけであるが、この問題はここでは論じないことにして、ノージックの権利観念の形式的特徴だけに注目してみよう。〈side constraint〉としての権利は純粋に消極的な状態として、即ち他者の侵入をはじき返すような消極的自由の場として観念されている。従って、この権利は如何なる他者もこれを消滅、変更する〈power〉をもたないという意味で〈immunity〉として観念され、この点ではすべての自然権論と同様であるが、ノージックは同時にこの権利の本質を〈～されない権利〉(消極的な right) として捉えている。従って、この自然権の中には〈～を要求する権利〉(消極的な right) は含まれていない。確かに、自然権を侵害された者は侵害者に対し損害賠償を要求する権利を有し、この権利は自然権に含まれると考えられるが、これは二次的な自然権にすぎない。従って、例えば、自然状態においてある人が川で溺死しそうなとき、彼は救助を他者に〈要求する権利〉をもつわけではなく、他者には彼を救う義務はない。自然状態において存在する権利義務関係は、〈～されない権利〉及びこれと対応する〈～しない義務〉という形式的カテゴリーで把握され、権利は他者の〈～しない義務〉により保護された状態と考えられるが、更に、権利を〈side constraint〉として消極的に把握するノージックの立場は諸々の権利の間にみられる重要性の相違を一切問題にすることのない極端なデオントロジーとなる。〈side constraint〉として権利を観念する限り権利の間に質的量的な相違を認めることは不可能であり、複数の権利の間で比較衡量を行うことも不可能である。諸々の権利の間に見られる重要性の相違を顧慮し、社会全体において権利の最大量が実現されるべくわずかな権利を侵害することも許されない（ノージックによる権利功利主義の批判を想起）。〈side constraint〉の観念はあらゆる権利の絶対化へと至るのである[4]。

次にH.L.A.ハートの自然権論を簡単に考察してみよう[5]。ハートによれば、もし何らかの倫理的権利が我々の社会に存在するとすれば「平等な自由」という自然権が存在していることになり、これには他者から強制を加えられない権利（つまり消極的自由）と、他者に強制や身体的傷害を加えない限りで自由に行動しうる権利（積極的自由）とが含まれている（この点、ノ

ージックの自然権が〈~されない〉right であるのに対し，ハートは privilege の要素を加えている）。「もし倫理的権利が存在するとすれば」という条件は，ハートが自然権を存在論的基礎をもたない純粋に規約的なものとして理解していることを示している。万人が共通して有する超実定的な自然権という観念は，人間本性に基礎を置く存在論的な観念ではなく，自然権観念も権利観念も全くもたない倫理体系が存在しうることは言うまでもない。しかし，もし倫理的権利というものの存在を措定するとすれば，万人の平等な自由を前提とせざるをえない，というのがハートの見解である。ハートの論証の趣旨から理解して，「もし倫理的権利が存在すれば」という条件は「もしそもそも倫理的権利という観念を措定すれば」というより認識論的な条件に変えて差し支えないと思われる。つまり，権利観念は存在論的な観念ではないが，もし権利観念を認めるとすれば，万人の平等な自由（という自然権）が論理的に前提されねばならない，と表現した方がハートの論旨により適合するだろう。従ってハートの自然権論は，ノージックの存在論的含蓄を有する自然権論と異なり（ノージックは，自然状態において存在する消極的自由としての自然権から，各個人の同意を通じて様々な権利関係が生成していくと考えるが故に，あらゆる権利は自然権から直接的に由来すると考える），いわば論理的な自然権論（つまり，権利観念一般は，万人の平等な自由を論理的に前提するという考え方）なのである。従って，様々な権利は，平等な自由から生成するわけではなく，従って権利をノージックのように如何なる侵害をも受け付けない〈side constraint〉と考える必要はない。

　平等な自由（これには既述のように，強制などを受けない消極的自由と行為を自由に行う積極的自由が含まれる）を唯一可能な自然権と考えるハートの論証は，ごく形式的に言っておよそ次のようなかたちをとる。権利言語が有意味に語られうる状況とは，他者の自由の制限ないし干渉を我々が倫理的に正当化しようとする状況であり，この場合，自由への干渉が正当化されるのは干渉行為自体が実質的に善なる性格を有するからではなく，干渉により自由の適切な分配が実現するからである。そして，他者の自由への干渉を倫理的に正当化するものとして権利には，特定の個人が特定の他者に対し一定の行為を要求する特殊的権利と，他者の不当な強制や干渉に対して自らの自由を主張する（これは逆に他者の自由の制限を意味する）一般的権利の二種類に区別される。特殊的権利が生成する例としてハートが挙げるのは，(1)契

約や約束，(2)他者による自由制限の同意，(3)公正原理に基づく自由の相互的制限（多くの他者が一定の自由を制限され共同行為を行うことによって社会に利益が生じこの利益を私も享受しているのであれば，私の自由も同様に制限されねばならず，他者は私の自由を制限する権利をもつ），(4)親と子のような特別の自然的関係から生ずる権利，(5)許可による特殊的自由（通常殆どの人々が負っている一般的義務から許可により特別に解放された者が有する自由。ただし，この特権的自由は〈licence〉であり取消し可能）の五つである。そしてハートによれば，我々が特定の行為に関して一般的権利を主張する場合には，上記の特殊的権利が存在する特別な状況がない限り，万人の平等の自由が同時にその前提として直接的に主張されている。それでは，特殊的権利についてはどうであろうか。何故，契約や同意ないし許可あるいは自由の相互的制限が，他者の自由の制限を正当化することになるのか。ハートによれば，契約や同意ないし許可に関して自由の制限が正当化されるのは，自由を制限される他者自ら平等な自由権を行使してこのような状態を創出したからであり，また自由の相互的制限に関しては，一定の人間集団において自由の公正な分配がこれにより実現するからである。従って，一般的権利及び特殊的権利の双方において「平等な自由権」が論理的に前提されていることになる。

　以上のハートの議論の特徴は，専ら自由のみを自然権の対象として想定し，自由以外の利益を考慮に入れていない点にある。ノージックと異なり，ハートは自由の中に〈privilege〉たる積極的自由（～を行う自由）をも含めてはいるが，彼の自然権の領野には，例えば生命といった自由とは異なる利益が含まれていない。確かにハートの自然権は，権利を単に積極的な〈side constraint〉として捉え，しかも「公正原理」を拒否するノージックとは異なり，公正原理に基づく積極的自由の平等を説くが，自然権の対象はあくまで自由に限定されている。そして，これはハートが選択説的権利観に立って，行為の自由な選択を行いうる存在者のみを権利主体と考えていることと関係している。もちろん，生命はハートの自然権論において消極的自由（他者から侵害を被らない権利）として保護されていることは確かである。しかし次の二つの場合を比較してみよう。XがYにより殺害されそうなとき，Xは第三者Zに救いを求める権利があるだろうか。この場合，生命を他者により奪われない権利はハートの言う自然権であり，XはYに対してのみならずZに対し

てもこの権利を主張し救いを要求できる，と考えても不合理ではない。しかし，Xが川で溺死しそうなときZに救いを求める権利は，ハート的自然権の領野では認められないことは確かである。〈privilege〉及び消極的な〈right〉（そして，自然権であるからには〈immunity〉）のみによって観念された自然権は，積極的な〈right〉である「生命の保護を要求する権利」を説明できない（あるいは，この権利は自然権ではない）。

　最後に，ハートの議論において特殊的権利の一例として挙げられている「親と子の自然的関係」から生ずる権利は，後のハートの議論において奇妙にも無視され論じられていないが，例えば子供に対して服従を要求する親の権利は如何なる原理によって正当化されるのだろうか。そしてこの原理は「平等の自由権」を前提とするような性格の原理なのだろうか。それとも，ハートは特殊的権利を単に列挙しただけであり，これらの権利がすべて「平等の自由権」を前提すると考えているわけではないのだろうか。しかし，挙げられている五つの特殊的権利のうちこの権利だけは「平等の自由権」と無関係である，と考えるのも奇妙に思われる。

　さて，ノージックは自然権を消極的な〈～されない〉自由と考え，これに対しハートは自然権の対象の中に積極的な〈～する〉自由を含めてはいるが，既に述べたように両者の自然権の中には他者に対し積極的に特定の行為を要求する〈right〉は含まれていない。自由のみを自然権の対象（あるいは自然権により保護される状態）と考えれば，例えば他者からの保護を積極的に要求する権利は考慮の外に置かれることになる。この点，例えばR.ドゥウォーキンの自然権論は，自由を直接的に自然権の対象とすることなく，積極的な〈right〉を組み入れうるかたちで展開されており，ドゥウォーキンの言う「平等な尊重と配慮」（equal respect and concern）を受ける権利という自然権観念も形式的にはホーフェルト的な積極的〈right〉を中核とした観念である[6]。従って，この「平等な尊重と配慮」の対象となる利益には，自由以外に人間存在にとり基本的に重要な実質的価値（生命，健康，財産など）が含まれ個人には自由及び実質的な価値（後述のようにこの価値はしばしば〈well-being〉と総称される）に関し平等に尊重かつ配慮される権利が認められることになる。しかし，ドゥウォーキンの自然権は，ある特定の利益を直接的な対象としこれを〈immunity〉により保護するのではなく，これらの利益に関して平等に尊重かつ配慮される状態の実現を個人が国家に対し要求する

〈right〉（これには，当該状態を実現すべき国家の〈duty〉が厳密に対応する）として把握されるべきであろう。ドゥウォーキンが，抽象的な自由権の存在を否定し，表現の自由や信教の自由を，「平等な尊重と配慮」への権利の派生態と捉えるのも上記の理由による。

以上，自然権の形式的構造につき若干の考察を加えてきたが，次に権利概念と功利主義の関係につき議論を進めながら，倫理体系において権利が有する形式的特徴を更に明確にしてみよう。

（1） Hart, H. L. A., *Essays on Bentham*, Oxford, 1982, p. 162.
（2） A. センは権利を〈capability〉として，即ち，ホーフェルトのように個人間の関係としてではなく，個人と広義の「もの」との関係として捉える。〈capability〉という表現は，自由や能動的要素を「利益」の中に含めうる点で，更にまた，個人の利益が他者により侵害される場合のみならず，単なる事故により個人の利益が損なわれる場合（つまり，他者との関係を全く含まない場合）をも含めるうるが故に適切なものと言えるが，事故で個人の利益が損なわれる場合も救助を要求する権利は他者へと向けられており，権利が個人間の関係であることに変りはない。センの言う〈capability〉は権利の対象であり，権利そのものが〈capability〉であるわけではない。そうだとすれば，センの〈capability〉は，後述の〈well-being〉と〈agency〉を包括的に表現したものと考えられるだろう。Cf. Sen, A., 'Rights and Agency,' *Philosophy and Public Affairs*, vol. 11, 1982, p. 16.
（3） Nozick, R., *Anarchy, State, and Utopia*, Oxford, 1978, p. 26, pp. 165-166.
（4） ただし，Nozick, R., *op. cit.*, p. 30 の注では，〈catastrophic moral horror〉を回避するために権利の侵害が正当化されうることを示唆している。
（5） Hart, H. L. A., 'Are There Any Natural Rights?' *Philosophical Review*, vol. 64, 1955, p. 175.
（6） Dworkin, R., *Taking Rights Seriously*, Cambridge, Mass., 1977, p. 226.

第3節　権利と功利

A. センに従って，先ず功利主義の構成要素として〈welfarism〉と〈consequentialism〉とを区別することから考察を始めてみたい[1]。〈welfarism〉とは，複数の「状態」を比較し評価し選択する際に，専ら当該状態に置かれた人間の功利（A. センその他に従って welfarism とも言うこともできる）のみに着目し，功利以外の倫理的要因をすべて度外視する立場である。複数の状態を比較評価する際には，状態に共通に含まれた特定の要因を選びだし，この要

因を規準として評価がなされねばならない（A. センのいう informational constraint）が〈welfarism〉はこの要因として功利以外のものを一切無視する。従って〈welfarism〉はそれ自体としては様々な立場を含むことになる。その代表的な例は伝統的な功利主義であり，この立場にたてば各個人の功利の合計が最大となる状態が最善の状態とされる（sum-ranking）。また，各個人の功利の合計ではなく，最も恵まれない個人の功利が最大となる状態を最善とみなす立場（primary good を功利に代えて J. ロールズの格差原理を用いる立場）や平均的功利が最大となる状態を最善とみなす立場も〈welfarism〉の一形態であり，後述の「弱いパレート主義」も同様である。それでは〈welfarism〉で言われる功利とは何であろうか。しばしば功利は選好の充足と同視されるが，ある個人が複数の状態のうち一つを選択するとき，選択された状態が最も功利的（〈welfarism〉の意味で）とは限らない。人は義務感やその他の動機から自己にとり功利的でない状態を選好することがあるからである。選好が「序数的」観念を前提とするのに対し，〈welfarism〉の功利は個人間の比較が原理的に可能な「基数的」観念を前提とする。また功利は幸福感といった主観的状態に限られるわけでもない。例えば，客観的には非常に不幸な状態にある人間が薬品の使用により幸福感を抱いても，これを功利と考えることはできないし，幸福感以外にも個人の功利にとり重要な主観的状態（例えば興奮状態）が存在するからである。また，功利は欲求の満足とも同一視されえない。欲求は特定の価値へと向かう主観的状態であるが，功利とは当の欲求が向かう対象の一つとして捉えられるべきであり，功利以外のもの（例えば自由）へと欲求が向かうときにこの欲求が満足されることと功利それ自体とは区別することができる。従って，功利は各個人の客観的な〈well-being〉それ自体であり，幸福感や欲求の充足状態と密接に結合しながらもこれら主観的状態とは区別される。

　さて，〈welfarism〉は状態の評価において功利のみを考慮する立場であるから，必ずしも伝統的功利主義のように個人的功利の合計が最大となる状態のみを最善とみなすとは限らない。例えばセンが挙げている次の二つの状況を比較してみよう。収入の多い者Ｒと少い者Ｐに対して税金を課さなければＲの功利は10，Ｐの功利は４であり（この状態を x とする），税金により再分配を行うとＲの功利は８，Ｐの功利は７になる（状態 y ）としよう。次に陽気で健康で金持のＲがモーターバイクで事故を起し多大の被害にあい，これ

を見ていた陰険で病弱で貧しいPがRの被害に喜びを感じたとする。そして事故以前（状態m）のRとPの功利をそれぞれ10と4，事故以後（状態n）のRとPの功利をそれぞれ8と7としてみよう。このとき〈welfarism〉が要求するのは，もし状態yが状態xより善いとするならば，状態nも状態mより善いとされねばならない，ということである。いずれの状況も功利の形式的配慮に関しては同一であり，従ってxとy，mとnは同様の仕方で評価されねばならない。従って，古典的功利主義はこの評価方法としてPとRの功利が合計より大なる状態を善と考え，他方，（primary good を功利に代えた）ロールズ流の格差原理や平均的功利主義（両者ともに上記の状況に関しては，古典的功利主義と同じ評価になるが）もそれぞれ別個の評価方法を採用していることになる。

　ところで〈welfarism〉の重大な欠陥の一つは，上記の例からも理解されるように，あらゆる〈well-being〉を各々の原因を顧慮することなく一律に評価に組み入れてしまう点にあり，この不都合を回避するために〈well-being〉をその原因により区別し，ある種の原因（例えば他者の不幸をみて感ずる喜び）から生ずる〈well-being〉を評価から排除しようとしても，〈welfarism〉自体からはこの区別の規準が得られない点にある。しかし，この立場のより基本的な欠陥は，状態の評価において極めて限定的な制約を課して〈well-being〉以外の観点からの評価を一切認めないことにある。我々は一定の状態を評価する際に個人の功利のみならず多くの要因を顧慮するのが常であり，二つの状態が功利に関して全く同一であるからといって，これらを同じ程度において善であるとは必ずしも考えない。功利以外の重要な評価の観点として我々は〈agency〉の領野と言いうるような様々な要因を顧慮する。我々は複数の状態や行為を比較評価するとき，自分が下す評価の理由として行為者にのみ関係づけられた（agent-relative）理由を提示する必要がある。これに対し，理由の中には当の行為者への言及を含まず行為者に対し中立的な（agent-neutral）理由が存在することも確かである[2]。例えば，この世界における人間の苦痛全体を減少させることが，あらゆる人々の行為（ないし状態評価）の理由とされていれば，これは行為者中立的理由であろう。〈welfarism〉の言う〈well-being〉もこのような行為中立的な理由である。これに対し，ある行為が行為者自身の利益になるという理由で行われれば，この理由は行為者関係的な理由となる。苦痛に関しても，もしある行為が行為者自身の苦痛を減少

させるという理由で行われるならば、これは行為者関係的な理由と言えるだろう。従って、行為者関係的な理由は、倫理的世界を特定の行為者のパースペクティヴで眺めることから生ずる価値であるのに対し、行為者中立的な理由は特定の行為者のパースペクティヴを超越した価値、「世界内のどの場所からも眺められてはいない」価値である。倫理的世界にはこのような二種類の価値が客観的に実在することに注意すべきであり、行為者関係的な価値を否定しこれを行為者中立的な価値へと還元することが不可能なことは、客観的世界をすべて物理的世界に還元し世界を知覚する主観の存在を無視し去ることが不可能であるのと同様である。しかし〈welfarism〉は（後述のように〈consequentialism〉についてはこれはあてはまらない）、まさに行為者中立的な価値のみを顧慮するが故に、倫理的世界に実在する行為者関係的な価値を不当に無視していることになる。

　さて、功利（即ち well-being）が行為者中立的価値であれば、功利に関して同一の二つの状態はあらゆる人々によって同一に評価される。これに対し行為者関係的価値に関しては、評価する者が置かれた位置により評価が変化することがある。A. センの言う evaluator relativity [3]）。例えば、ある人間が自分の妻を殺した場合、この状態のA自身による評価と第三者Bの評価は、たとえAとBが全く同一の倫理体系に従っていても相互に異なることがある。しかし、もしAとBの立場を交換すれば、Aは交換以前のBと同一の評価を下すであろうし、Bも同様である。従って、同一の倫理体系を前提としても、同一の状態を立場の異なる評価者が各々異なる仕方で評価することが、行為者関係的な価値については起りうることになる。更に、行為者関係的な価値については次のような状況も起りうるだろう。今、AとBが同一の倫理体系に従っており、Aが行為pを行うべきか否かにつき決断を下す場合を考えてみよう。またこの場合、行為pをAが行えば社会全体の功利は増加するが、A自身の倫理体系においては行為pはAの倫理的誠実性を損なう悪しき行為であるとする。このとき、BはAと同一の倫理体系に従っているのであるから、Bは自分が行為pを行うことについてAと同様の評価を下すであろう。従ってAが行為pを行うべきでないとすればBも行為pを行うべきではない（A. センの言う self-evaluation neutrality）。しかしこの場合、BにはAが行為pを行うことを妨げる義務がなくてもAは行為pを行うべきでなく（A. センの viewer-relativity）、更にまた、Bが行為pを遂行したときAにはそれを妨

げる義務がなくても，A自身は行為pを遂行してはならない（doer-relativity）。このような状況は，人格の自立性という行為者関係的な価値が問題になるときに常に生ずる。また，同一の行為をAが行うかBが行うかにより，行為の評価が異なってくる場合（self-evaluation relativity）もある。Aの行為によりAの子供に利益が生まれBの子供には利益が生じない状況xと，Bの行為によりAの子供にxにおけると同一の利益が生じBの子供には利益が生じない状況yを比較した場合，両者の行為から生ずる結果は全く同一でもxはyよりもより善い状態と判断されるだろう。これは，個人間の人格的結合（personal tie）という行為者関係的な価値が状況の判断に関与してくるからである。更に次のような場合を想定してみよう。Aは一定の被害（例えば身体的強制）を受けることのない自由（あるいは権利）を有しているが，Bは非常に重要な目的を実現する必要があり，このためにはどうしてもAに対し上記の害を加えねばならないとする。この場合，Aに権利が認められる限りBはAに害を加えてはならないだろう。しかし，Aが第三者Cにより既に被害にあっているとき，Bには重要な別の目的の実現を棒に振ってまでもCの行為を阻止する義務があるとは言えない（この場合，B自身の加害行為と，Cの加害行為のBによる黙認とが異なることを前提とする）。BはAに害を加えてはならないが，CがAに同じ害を加えるからといってBはCを阻止すべきことにはならない（doer-relativity）。同様のことは約束違反についても言えるだろう。AがBにある約束をした場合，約束違反によりどれ程多くの社会的利益が生じようとAは約束を守るべきであるとは言えても，第三者CがBとの約束を破ることを阻止するために，社会的利益を棒に振るべき義務はAにはない。

　以上のように，行為者関係的な価値を考慮すると様々な〈relativity〉が行為や状態の評価に際して生ずるが，〈welfarism〉のように評価に際して行為者中立的な功利のみを考慮し，特定の視点を離れて行為や状態を言わば外側から評価する立場にたてば，このような相対性は生ずることはない。しかし，上記の例が示すように我々の日常的倫理の中に行為者関係的な価値が深く浸透しているとすれば，〈welfarism〉は我々の倫理観の純粋な記述としては誤りと言えるだろう。（もっとも，これはwelfarismを拒否する規範的な理由とならない。）〈welfarism〉が我々の倫理的直観に違背している理由の一つは，それが人間存在の〈well-being〉だけを考慮し一定の善の観念の下に自由に行為

する倫理的行為者（moral agent）としての側面を無視するからである。行為者関係的な価値は人間存在を倫理的行為者として眺めることから生ずる価値であり，特に，倫理的自立性（これは「～する積極的自由」ないし「～する」〈privilege〉を中核とする）や人間存在の不可侵性（これは「～されない消極的自由」ないし「～されない」〈right〉を中核とする）と深く関係した価値である。このような価値を〈welfarism〉は全く説明することができず，行為や状態の評価においてこれらは端的に無視される。このことは古典的功利主義に限らず，例えば，弱いパレート主義と呼ばれるような〈welfarism〉についてもあてはまるだろう。「自由主義的パレート主義の不可能性」として論じられる次のような状況を考えてみよう[4]。弱いパレート主義によれば，状態aと状態b各々の功利の比較においてすべての社会成員がbよりもaを選好する場合にのみ，aはbより良い状態（社会的に選択される状態）とされる。しかし，今XとYがポルノグラフィについて態度を異にし，Xはポルノを好み，Yはポルノ嫌いであるとしよう。しかし，Xはポルノ嫌いのYがポルノを読まざるをえない状態aに強い喜びを感じ，Yは自分がポルノを読むことよりXがポルノを読む状態bの方を不快に感ずるとする。そこで，XYともにポルノを読まない状態をcをすると，Xの功利評価（選好）はabc（Xにとっても誰もポルノを読まない状態cが最悪である）となり，Yの功利評価はcab（Yにとりcが最善である）の順番となるだろう。しかし自由主義でかつ弱いパレート主義を採用すると次のようなディレンマが生ずる。つまり，cとaだけを（つまりXが関与しない場合）比較する限り，自由主義の立場ではcはaより社会全体にとり良い状態であり（Yが嫌いなポルノを意に反して読まざるをえない状態よりも，誰もポルノを読まない方が社会全体にとり良い状態である），またcとbだけ（つまりYが関与しない場合）を比較する場合には自由主義の立場ではbはcより良い状態とされる（誰もポルノを読まない状態よりも，Xがポルノを読む方が社会全体にとり良い状態である）。しかし，弱いパレート主義に従ってaとbだけを比較すると，XYともにabを同じ仕方で評価選好しているのであるからaはbよりも社会的に良い状態とされる。それ故自由主義でかつパレート主義の立場を採用すると，abc各々の状態は，必ず他の二つの状態のどちらかより悪い状態となる，という奇妙な帰結が生ずることが理解されるだろう。このように弱いパレート主義でさえもそのままのかたちでは，純粋に個人的な自由の領域を確

保することは不可能であり，このことは，より直接的な形態の〈welfarism〉（例えば，古典的功利主義）についてはなおさらのこと不可能となる。Xがポルノを読む状態と読まない状態のどちらを選択するかは個人の問題であり（二つの状態はX個人に関する以外は同一とする），Yについても同様であるとすれば，自由主義は状態間の選択についてはこれを各人に対し保護された自由の領域として認めるべきであるとするが，考慮すべき功利に限定（特に功利が生ずる原因，あるいは選好の動機に限定）を設けない〈welfarism〉は上記のような例において端的に自由主義と衝突することになる[5]。

以上のように，行為や状態の評価（ないし選択）の規準としての功利のみを排他的に考慮する〈welfarism〉は，行為者関係的価値と結合した権利観念を適切に説明できず，例えば古典的な功利主義のように社会における各個人の功利合計の最大化を善とする立場（sum-rankingの立場）では，仮に権利が個人に認められたとしても，権利は社会的功利を促進する限りで認められているにすぎない。それでは，功利主義のもう一つ別の要素である帰結主義（consequentialism）はどうであろうか。帰結主義の中に行為者関係的な価値や権利観念を組み入れることはできないであろうか。

帰結主義とは，複数の行為の選択（ないし評価）に際しては行為の帰結のみを考慮し，最善の帰結を生みだす行為を選択すべきとする立場である。従って，帰結主義が〈welfarism〉とは独立の立場であることは言うまでもない。また，帰結主義の中にも行為の帰結に注目する立場（例えば行為功利主義）以外に，制度やルールなどの帰結のみに注目する立場（例えばルール功利主義）も存在する。それでは，このような帰結主義は行為者関係的な価値を自己の視野の中に組み入れることができるであろうか。権利観念を帰結主義の枠内で適切に説明することができるだろうか。

先ず，権利をR．ノージックのように〈side constraint〉として捉えれば，権利について帰結主義的な評価を行うことはできない。既述のように，この立場において権利は他者の行為を限定するものとして消極的に捉えられており，従って，複数の権利の重要度を比較衡量し，場合によってはある権利の侵害を許してより重要な権利を実現する，といったことは不可能となる。今，Xが悪漢により強制的に監禁され食料もなく飢死寸前であると想定しよう。Yは直ちに自動車を走らせて現場に行けば悪漢を倒しXを救助することができるが，Yは自動車を直ちに手に入れることができず，第三者Zの自動車を

無断借用しなければならない。この場合，権利を〈side constraint〉と捉えると，YはZの所有権（所有を妨げられない権利）を侵害してはならない。Xも悪漢により自由及び生命に対する権利を侵害されてはいるが，YはXの権利を守るためにZの権利を侵害することはできない。権利は〈side constraint〉だからである。しかし，このような見解は我々には不合理に思われるだろう。〈welfarism〉の立場では，YがZの自動車を無断借用することから生ずる状態とそうしないことから生ずる状態における功利（極端な welfarismではこの功利には，Xを苦しめることから生ずる悪漢の功利も計算されるだろう）を比較し，より大なる功利を生む行為が選択される。しかし，結果的には権利観念の否定に至るこのような〈welfarism〉を採用することなく，権利観念を維持しながら帰結主義を採用することが可能と思われる。

　帰結主義は，行為ではなく行為から生ずる結果のみを考慮する立場と言われるが，行為を状態自体の中に組み入れ，権利を特定の利益（自由と功利）が守られている状態として把握することにより，複数の状態間の比較衡量を行うことができると思われる。既述のように行為者関係的価値も客観的に実在する価値であることに変りはなく，この価値が実現したり無視されたりすることも状態の要素に組み入れることができるだろう。第1節で権利に関して利益説を採用した根拠もここにある。上記の例では，Xは身体的苦痛を受け，悪漢はXの「身体的強制を受けず，生命を奪われない権利」を侵害しているが，YはZの「所有を妨げられない権利」及びZの「自由に財産を利用する権利」を侵害してまでもXの権利を実現すべきであろうか。これは，Xの権利が侵害される状態とZの権利が侵害される状態の比較衡量により決定されるだろう。当該の事例は，悪漢がXの権利を侵害している場合であるが，例えば，Xが自分で惹き起こした交通事故で死に瀕している状態は，たとえXの苦痛は前の例と同一であっても，Xの権利が他者により侵害される状態と異なり，状態の比較衡量に変化が生ずるだろう。また，YがZの承諾を得る余裕がなく単に無断で秘かにZの自動車を利用する状態は，Zが明白に拒否したにもかかわらずYが自動車を利用する状態とでは，仮にZの功利の減少度に変化がなくとも，状態の比較衡量に変化が生ずるだろう。このように，複数の状態が功利の観点からは同一であっても，行為者関係的な価値を状態要素に組み入れ，帰結主義の立場から異なった評価を下すことは充分可能である。貧困の故に飢に苦しむ状態と断食により飢に苦しむ状態は，〈well-being〉の観点からは同一であっても，前者には自由が欠如しているから一層悪しき状態である。前者には生命の糧が与えられていない（しかも，生命への権利が侵害されている）のに対し，後者にはこれが与えられており（A.センの well-being freedom）生命への権利は侵害されておらず，更には，自己の生を一定の善の観念の下に追求していく自由（agency freedom）も与えられているからである[6]。また，「自由」に関しては自己の行為を現実にコントロールする自由以外に，コントロールは不可能であっても個人の自由が尊重される場合がある。例えば，ある人間が事故で重傷を負い意識を失った場合，この人間を助ける方法としてaとbが存在し，aはbよりも有効な方法としよう。しかし，当の人間に意識があれば彼は必ずaを拒否しbを選択することが明白な場合，bが採用されれば彼の自由（A.センの effective power）は尊重されたことになり，aを採用することは功利の点でより勝れていても彼の権利の侵害となるだろう。また，以上のような積極的自由（～を行う自由）以外に消極的自由（～されない自由）も，状態の評価に深く関連してくる。例えば，XがYを川に落として溺死させたとしよう。この場合，Yは端的に生命という〈well-being〉を失い，同時に生命への権利を害されたわけであるが，これだけに注目すれば，Yが単に事故で溺死したときと状態において変りはない。しかしここでは，他者により生命を奪われないYの消極的自由がXにより侵害されているわけであり，この要素を状態に組み入れれば状態の評価に変化が生ずることは明らかである。

　以上のように，状態の要素の中に行為自体をも組み入れ，功利ないし〈well-being〉以外に「自由」の様々な契機を考慮することにより，帰結主義の立場から権利に独自の価値を認めていくことは充分可能である。このように考えれば，状態の要素の中に功利の社会的総量，個人の功利，個人の積極的及び消極的自由のすべてを組み入れ，複数の状態間の比較衡量が可能となり，古典的功利主義のように功利の社会的総量のみに注目したり，ノージック的なデオントロジズムのように「消極的自由」のみに注目することから生ずる不合理を回避することが可能となる。しかし，功利や自由の比較衡量は特定の状況を前提として直観的になされると考えねばならないだろう。後述のように視座の変化に応じて評価が変化することがあっても，特定の状況を特定の視座から評価すれば，人々は同一の倫理体系を有する限り，同一の評価に達する。しかし，評価自体は直観的なものと考えざるをえない。自由を功利に

優先すると考えたり（J.ロールズの正義の第一原理の lexical な優位性を想起），その他何らかの原則をあらゆる状態評価について妥当するものとして同定することはできないだろう。以上のように考えれば，権利とは，個々人の功利や自由として状態評価の一要素を構成するものではなく，上記のあらゆる要素を考慮した結果として個人に与えられる利益（功利と自由を含めて）と考えた方がよいのかもしれない。権利は常に prima facie に認められるにすぎない，と考えるのではなく，一定の状況を前提として上記の様々な価値の比較衡量の結果，実現されるべき価値として同定されたものが権利である，とも考えられるからである。この意味では，あらゆる権利は特定の状態を前提すれば絶対的なものとなり，特定の状態において絶対的な権利を同定するための規準が正義原理であると言えるだろう。

　最後に，状態の評価に際して生ずる行為者関係性（既述の evaluational relativity）につき触れておきたい。帰結主義の立場をとっても，状態の評価に際してすべての人が同じ評価をすることにはならない。全く同一の倫理体系に属するＸＹの二人が特定の状態を異なった仕方で評価することも可能である。しかしこの種の相対性は評価者の視座の相違からくる相対性であり，もしＸがＹの立場から状態を眺めれば（両者は同一の倫理体系に属しているのであるから），Ｙと同じ評価を必ず下すことになる。視座や立場の相違に由来する相対性（ないし行為者関係性）を認めても，倫理体系の客観性が損なわれることはない。今，Ｘが自分の息子を殺すようにテロリストに要求され，Ｘが息子を殺さなければ都市の水道に毒を流すと脅迫されたとする。ここで衝突しているのは，一方では息子の生命という〈well-being〉，生命に対する息子の権利，及び生命を他者により害されない息子の権利であり，他方では都市に住む多くの住民の同様の権利である（この場合，住民の権利と言う代りに社会的功利の総量と言ってもよいが，社会的功利は住民の生命や健康状態それ自体の総量であり，各住民の生命や健康に対する権利は功利の総量に含まれない。個人の生命が害されることと，個人の生命に対する権利が害されることとは概念的に異なる）。Ｘはどちらの権利を尊重すべきであろうか。今，Ｘが自分の息子の権利を選んだとしよう。このとき別の個人Ｙが都市の住民の権利の方を尊重したとしてもＸとＹの倫理体系が異なることには必ずしもならない。これは状態を眺める視座の相違によるのであり，仮にＹがＸの立場に置かれればＹは自分の息子の権利が守られる状態を選択するだろう。

この場合にもなおYが住民の権利を選ぶとすれば、この限りでXとYの倫理体系は異なっていることになる。

以上、帰結主義をとりながらしかも行為者中立的な価値と行為者関係的な価値を状態評価に組み入れる試みが擁護されたが、権利観念については「権利生成の根拠」という更に重要な問題が存在する。多くの権利論者はこの問題につき殆ど触れることがないが、この問題を論じている数少い例の一つとしてA.ゲヴァースの見解を最後に簡単に紹介し、その問題点を指摘しておこう。

（1） Sen, A., 'Utilitarianism and Welfarism,' *Journal of Philosophy*, vol. 76, 1979, pp. 463-89; Id., 'Well-being, Agency, and Freedom,' *Journal of Philosophy*, vol. 82, 1985, p. 169.
（2） Nagel, T., 'The Limits of Objectivity,' McMurrin, S., ed. *Tanner Lectures on Human Values*, 1, 1979, 特に p. 97; Id., *The View from Nowhere*, Oxford, 1986, pp. 164-188.
（3） Sen, A., 'Rights and Agency,' op. cit., pp. 19-38.
（4） 自由とパレート主義を調和させようとする様々な理論的試みの検討は、Sen, A., 'Liberty, Unanimity and Rights,' *Economica*, 1976, vol. 43, p. 217.
（5） ただし本書第1章2節で指摘された交換によるパラドックスの解消の可能性（51−53頁）を参照。
（6） Sen, A., 'Well-being, Agency, and Freedom,' op. cit., p. 209.

第4節　権利の生成

実定法上の権利の根拠は言うまでもなく実定法にある。それでは、人間が人間である限りにおいて有する人権（human right）あるいは自然権（natural right）の根拠は何か。この際、人間の尊厳とか人間存在に内在する絶対的価値を自然権の根拠として挙げても、これはトートロジー以上のものとは言えないだろう。また既に述べたように、生命、身体の安全、基本的自由といった人権の対象となる利益が、万人にとり必要不可欠な普遍的で基本的な利益であるとしても、このような事実としての利益が何故規範としての権利の対象となり、この利益を尊重すべき義務が他者に生ずるのだろうか。基本的利益が直ちに人権の対象になると考えるのは自然主義的誤謬である。A.ゲヴァースは基本的利益が権利の対象となり人権が生成する過程を次のように説

明する¹。先ず，倫理が人間の意図的行為の領野を前提とし行為が倫理の基本的な場であるとすれば，倫理的世界に人間がとどまろうとする限り，人間は行為成立のために論理的に必要とされる諸条件の充足を同時に主張しなければならない。行為者は常に何らかの目的の実現を意図し，目的は行為者にとり善であるが，何が行為の目的とされるかは行為者により異なることは言うまでもない。しかし，行為者が各々異なる善を追求する場合，各行為者が合理的であるとすれば，目的を実現するために一般的に必要とされる善をも追求するであろう。行為の特定の目的が善であれば，この目的を追求する行為の必然的条件も善である。従って，あらゆる意図的行為には行為を可能にする一般的必要条件として基本的善が論理的に前提されており，この基本的善としてゲヴァースは〈freedom〉と〈well-being〉を挙げる。行為者は様々な目的を彼個人の善として意図的に追求するが，このためには他者から強制されることなく自由に自己の行為をコントロールできなければならず，更に行為遂行に必要な基本的能力及び条件が充足されていなければならない。特殊的な善を追求する行為者は，同時にこれら二つの基本的善を必然的に必要とし，行為遂行には基本的善が論理的に前提とされている。しかし，あらゆる行為者が行為者として基本的善を必要とするという事実から，あらゆる行為者が基本的善への権利を有していることにはならない。XがPに対し権利を有することは，XがPを有することに他者が干渉してはならない義務に服していること，そしてXがPを有していなければ他者はXにPを与える義務を負うことが含意されている。このように権利義務関係は，基本的善（ないし利益）の単なる必要性から直ちに生成することはない。それでは〈freedom〉及び〈well-being〉に対する権利（即ち人権）は如何にして生成するのであろうか。ゲヴァースはこの点次のような論理的過程（これは，dialectically necessary approachと呼ばれる）を通じて人権の生成を論ずる。先ず各々と行為者は，「私の〈freedom〉及び〈well-being〉は私にとり必然的な善である」と判断するが，この判断から「私は〈freedom〉と〈well-being〉への権利を有する」という判断を論理的に導出せざるをえない。というのも，行為者自身の内的な視点からみる限り（つまり，行為者の判断を外側から理解するのではなく，行為者自身が内的に行う判断の連鎖を内側からみる限り）次のような論理的推論が妥当するからである。

(1) 私が行為者として様々な目的を追求し，これを実現しうるには〈free-

dom〉と〈well-being〉が必要である。

(2) それ故，他者は私の〈freedom〉と〈well-being〉を侵害すべきではなく，私がこれらを有していない場合には，私がこれらを有しうるように助けるべきである。

(3) それ故，私は〈freedom〉と〈well-being〉への権利を有する。

この場合，私が(1)を主張し(2)及び(3)を否定することは内的視点からみる限り矛盾である。(3)の否定は(2)の否定となり，(2)を私が否定すれば，ある他者が私の〈freedom〉と〈well-being〉に干渉しうることになるが，行為者であろうとする者はこれら基本的善を論理的に必要とするのであるから，他者の干渉を許すことは不可能であり，その結果，行為者であろうとする者が(3)を否定することも論理的に不可能となる。しかしゲヴァースによれば，(3)で主張されている権利は私の内的視点から認められるべき，〈prudential〉な権利にすぎず，これが固有の意味において〈moral〉な権利へと高まるには，更なる論理的過程により他者にも上記の基本的善への権利が存在することを私自身認めるようにならねばならない。即ち，私が自己の人権（及びこれと対応する他者の義務）を，まさに「自分が行為者であること」自体を根拠として主張するのであれば，私は他の行為者にも同一の権利を認めないことは自己矛盾である。というのも他者に権利を認めないことは，一方で私は「行為者であることは人権の充分条件である」と主張しながら，他方で「行為者であることは人権の充分条件ではない」と主張することだからである。一般的に，性質qを有することを充分条件として特定の主体Sにpが帰属されれば，ここから論理的に，性質qをもつあらゆる他の主体にもpが帰属することになる。それ故「あらゆる行為者が〈freedom〉と〈well-being〉に対して権利を有する」ことをあらゆる行為者が認めねばならない。あらゆる行為者は他の行為者の〈freedom〉と〈well-being〉を侵害してはならず（消極的権利），これを有していない他の行為者を助けなければならない（積極的権利）。行為者はまさに行為者たることにより自己の人権と同時に他の行為者の人権を論理的に認めざるをえず，ここから「汝自身の普遍的権利と同時に他者の普遍的権利にも合致するように行動せよ」（ゲヴァースはこれを principle of generic consistency と名付ける）という伝統的な「黄金律」に類似の普遍的な倫理原理が導出される。また，〈freedom〉と〈well-being〉への普遍的権利の根拠が「行為者性」（agency）にあるとすれば，あらゆる行為者がこの権利を

平等にしていることも論理的に導出されるだろう。

　以上のようにゲヴァースは，行為，行為者，〈freedom〉と〈well-being〉，人権，人権の普遍性と平等性といった一連の観念を純粋に論理的な連鎖において展開し，倫理世界の最高原理として「自己の人権と同時に他者の人権とも合致するように行為せよ」という原理を，行為概念の分析を通じて導出するわけである。

　更にゲヴァースは，権利の衝突を次のようなかたちで解決する。行為者にとって必然的善（即ち人権の対象）である〈well-being〉は，行為に対する重要度の相違に応じて，(1)生命や身体のような基本的善，(2)行為遂行の能力や目的実現の可能性の維持のために必要な諸条件（盗まれたり嘘をつかれたり約束を破られたりしないこと，また不当に激しい労働を要求されたり，低い生活水準を強要されないこと），そして(3)行為遂行の能力や目的実現の可能性の向上に必要な条件（最小限度の教育を受けること，人種差別をされないことなど）の三段階に区別され，これらの善（及びここから生ずる権利）の間で衝突が生ずるときには，より重要な善が優先的に保護される。また，「汝自身の普遍的権利と同時に他者の普遍的権利にも合致するように行動せよ」という倫理原理からは，各人の自由は他者の自由を侵害しない限りで認められること（自由に対する各個人の調整），他者が私や第三者の〈well-being〉を侵害するときは，この侵害を防ぐために他者に害を加えることが私に許されることが帰結し，また自殺の場合のように個人のレヴェルで生命と自由の行使が衝突するとき，他者は当該個人の生命を守るためにその自由を制限することができる。この最後の例が示すように，ゲヴァースは人権の対象となる善の中で，生命のように最も基本的な〈well-being〉を絶対視し，如何なる状況においても侵害されえない絶対的権利（即ち生命への権利）の存在を認めている。しかし，これはノージックな〈side constraint〉としてのみ捉えられているのではない。個人は単に他者の生命を侵害すべきでない義務に服する（他者は生命を侵害されない権利を有する）だけでなく，他者の生命を積極的に擁護する義務に服している（他者は生命の擁護を要求する権利を有している）。これに対し，より基本的でない〈well-being〉に対する権利と〈freedom〉が衝突する場合に関しては，ゲヴァースの説明は必ずしも明確ではない。

　さて，基本的人権の尊重を要請する上記の倫理原理は直接的には各個人の

行為に適用されるが,間接的にはルールや制度にも適用され,この倫理原理に適合したルールの下での個人間の相互行為は,行為に対する原理の直接的適用をまたずして正しい行為とされる。それ故,倫理原理を構成する二つの善のうち〈freedom〉の側面からみれば,制度はそれに服する諸個人の自由な同意に基づき,しかも各個人に他者を害さない限りで行動の自由を認めることにより倫理的に正しいものとされ,また〈well-being〉の側面からみれば,制度は個人の生命や身体的安全その他の基本的善が他者から侵害されることのないように配慮し権利の侵害者を処罰することにより,そして更には〈well-being〉を充分に享受していない人を積極的に助けることにより正しい制度となる。

 ゲヴァースの権利論については,本章第1節から第3節にかけて論じた諸問題と関連する論点も多く含まれているが,特に重要なのは自然権のレヴェルでの権利義務関係の生成について,行為概念の分析からいわば演繹的に倫理原理(既述のように,これは伝統的な黄金律の洗練された形態をとっている)を導出し,この原理により自然権を基礎づけている点である。従ってこの立場からは,行為者としての能力を欠く子供,精神病患者,動物などには権利が十全的には認められないことになるだろう。この問題を別にすれば,ゲヴァースの論証の妥当性は,倫理的世界→人間の意図的行為→行為の必然的前提である〈freedom〉と〈well-being〉→個人の内的視点での〈prudential right〉の生成→倫理原理(principle of generic consistency)→他者の権利の承認による〈moral right〉即ち自然権,という各段階での推論の妥当性に依存する。ここでこの推論の妥当性を詳細に検討することはできないが,自然権を行為概念から論理的に導出するゲヴァースの論証は,自然主義的誤謬を犯すことなく事実から規範を導出する試みの一例として充分検討に価するものと言えるだろう。

(1) Gewirth, A., *Human Rights, Essays on Justification and Applications*, Chicago, 1982, pp. 1-38, 41-78, 128-141.

第 4 章　民主主義と法

第 1 節　民主主義の正当化

1　三つのアプローチ

　強制的に執行可能な集団的決定の一つの方法として民主主義を捉えたとき，民主主義はどのような仕方で正当化されうるだろうか。民主主義の正当化が問題となるのは集団的行為の必要性が生じ，集団の成員が協力する諸条件を明確にする原則が提示される必要のある状況である。それ故民主主義理論は，集団的行為が必要とされる理由についての見解に依存するだろう。或る見解によれば集団的行為が必要とされるのは，行動の調整（coordination），外部経済，囚人のディレンマなどを解決するためである。要するにこの見解は集団的行為を市場の失敗に対処するために必要なものと考え，市場での競争が不完全であることを，協力が必要となる唯一の理由と考えている。市場の失敗は，諸個人が特定の行動領域において自己利益を直接的に極大化する合理的戦略を放棄し，互いに協力し合って利益を極大化する戦略を遵守する必要性を生じさせる。特定の行動領域に関して諸個人は競争をやめて協力し合わなければならず，この協力の諸条件をどのようなルールや原則によって決定すべきかを明確にしなければならない。
　別の見解によれば，諸個人は既に集団的行為に着手する以前から，公正な条件で相互に協力する用意ができている。人々は正しい協力とは何かについて一定の観念を共有しており，この観念を具体的に制度化しようと試みるか，少くとも公正な条件で協力し合うという理念のみを共有し，協力の特定の条

件を決定し，これを実施に移すためのルールを制定しようと試みる。

しかし協力の条件を定めるルールの遵守を動機づける理由が何であれ，人々が協力関係に入るためには協力は各個人の利益に——この利益が各個人によってどのように定義されようと——なるものでなければならない。協力関係の形成は一般的な非協力状態と比べれば合理的であっても，各個人の視点から見れば，自分だけは協力の機会費用を負担することなく協力の果実を享受することが私的利益の極大化となるだろう。このように人々を「ただ乗り」へと動機付ける「囚人のディレンマ」的状況の故に，或る理論家たちは協力の集団的決定は強制的に執行可能なものでなければならないと考えている。しかし集団的決定が社会の成員に対して強制的に課せられるに先立って，集団の政策形成に直接的に参加する人々を特定化し，更にこれらの人々のうちどれくらい多くが決定に同意すべきかを明確にしておかなければならない。集団的決定はどのようなプロセスを経て下されなければならないか。民主主義の原理はこの問いに答えるものである。

集団的決定を規範的に正当化する根拠には三つのものが考えられるだろう。第一に契約論的な立場によれば，集団的決定の手続が正当化されるのは，当の決定に参加し，自分の選好に反した行動を当の決定によって要求されることのありうる人々自身が決定手続を合理的に選択した場合に限られる。第二に帰結主義的な立場によれば，決定手続が正当化されるのは，当の手続に従うと集団的企図の目的が効率的に促進されるときである。更に第三に手続主義的な立場によれば，決定手続が合致すべき理念というものが存在し，集団的決定のプロセスは，当のプロセスがこの理念をどれほど充足しているかによって正当化される。これら三つの根拠によって正当化される決定手続が事実上一致することはありうるだろう。例えば人々の合理的な選択によって採用される手続が一定の集団的目標を最もよく促進することがあるかもしれない。しかし，契約論によれば，この種の因果関係は，当の関係が特定の決定手続に対する合理的人間の同意と関連づけられる限りにおいてのみ決定手続ルールの正当化と関係してくるにすぎない。

しかし，集団的決定のためのルールが必要とされる理由が，行動の調整や囚人のディレンマの克服といった人間の相互作用の構造的問題の解決にあるならば，あるいは特定の正義理念の実現が集団的解決を要請するという点にあるならば，或る集団的決定手続が相互作用の構造的問題を解決する力を有

しているか，あるいは集団的正義感を実行に移す力を有しているかということを顧慮することなくして——即ち帰結主義的な立場をとることなくして——当の手続を正当化することができるだろうか。この点，契約論者の主たる関心は決定されたことを遵守すべき義務の説明にあり，手続主義者の主たる関心は政治的決定を下す者の権限の正当性にある。それ故これら二つの立場の関心は，この種の論点との関連性を離れて民主主義それ自体には向けられていないと考えることができるかもしれない。即ち，集団的決定が特定の決定手続によってなされることを個人が選択したならば，個人は当の決定手続から生ずる結果を遵守するように義務づけられるということが契約論の主張であり，或る決定手続が公正な手続ならば，政策的決定は正当な権限によってなされているというのが手続主義の主張である。集団的決定は強制的に執行可能であるから，集団的決定の中心的な問題の一つは強制の正当化に関わる問題であり，契約論者は，強制を受ける人間集団自体が強制されることに合意した事実を強制の正当化の根拠と考え，手続主義者は，強制を行使する権限が，強制を受ける人間集団の合意とは別の何らかの手続上の理由によって公正であることを強制の正当化の根拠と考えている。

　集団的決定には，採用可能な複数の決定手続を評価する際に関係してくる二つの規範的な観点が含まれている。一つは，決定手続が集団的目標の実現を促進するか否かという手段の効率性の観点であり，もう一つは，これらの目標を促進すべく採用された措置の強制的執行の観点である。この点，帰結主義は前者の観点に注目し，先ずもって効率性を——手段と目的の間の合理性を——根拠として各々の決定手続を評価する。これに対して手続主義や契約論は後者の強制の正当化を集団的決定の根本問題として捉えるが，手続主義は決定に課せられる何らかの独立した拘束条件が充足されていることを強制の正当化根拠と考え，契約論は選択手続への各人の同意を強制の正当化根拠と考える。

　しかし，集団的決定の正当化に対するこれら三種類のアプローチにはそれぞれ根本的な難点を指摘することができるだろう。先ず帰結主義について言えば，民主主義的なルールは社会の集団的目標を実現することのできる最善の社会的決定手続ではないかもしれない。そしてたとえ民主主義のルールがこの点で効率的であるとしても，このような手段と目的の合理性が強制を正当化するのに充分と言えるか疑わしいだろう。次に手続主義について言えば，

手続上の公正さのみで，当の手続から生ずる結果を強制的に執行することが正当化されうるか疑問である。公正な手続は不正な——あるいはその他の点で好ましくない——結果と両立可能であり，或る政策を実施する際に強制を用いることを正当化するには，当の政策の採用へと至った手続だけでなく，政策自体の好ましさや長所を斟酌すべきだろう。またそれがどれほど抽象的な目標であれ集団的政策が何らかの特定の目標を目指す以上，この目標を実現するための政策を決定する手続が，当の手続を通して実際に採用された政策と，目指されている目標の実現の間に何ら積極的な関係が認められなくても正当化される，という考え方は奇妙ではないだろうか。帰結主義が，好ましい目標を実現するために強制的手段を用いることの道徳上のコストを無視するが故に欠陥のある立場だとすれば，他方で手続主義に対しては，或る決定手続を採用する根拠の一部分として，欲せられた目標を当の決定手続が達成しうる能力を一切考慮に入れないという難点を指摘できるだろう。

　或る人が或る政策やルールに自発的に同意したことが，当の人に当の政策やルールを課する正当な根拠となりうるならば，契約論は強制問題を解決できると考えられる。人は自分が同意したことに対して正当に異議を唱えることはできないからである。しかし，契約論も完全に説得力のある立場とは言えない。第一に，或る決定手続に同意することは，当の手続から生ずる結果に同意することと同一ではない。例えば民主主義的な手続によって政策が決定されることに同意することは，手続から生ずる結果に同意することと同一ではない。更に，契約論が実際には合理的選択論であり，個々の行為者はそれが自らの利益になることから民主主義的ルールによる集団的決定に同意したであろうと考える立場であるならば，同意による論証は事前的な自己利益による論証へと帰着する。しかし同意による論証と自己利益による論証は異なったタイプの規範的効力を有していないだろうか。仮想的同意による論証は同意による論証ではなく，それは合理的選択ないし事前的な自己利益による論証である。これは事前的な自己利益による論証が規範的な効力をもたないということではなく，仮想的同意による論証は利益による論証であって自律的な同意による論証ではないことから現実の同意による論証とは異なっており，従って「或る人に対して執行される政策は本人が選択したことである」という理由で強制を正当化することができない，ということを意味している。そして最後に，現実の同意は，自己利益的な合理性とは概念的に区別され，

ここから二つのことが帰結する。第一に，人々が或る政策決定手続に自発的に同意することを立証するだけでは，当の手続の「手段と目的の合理性」を立証するには不充分であり，全員一致の合意は，当の手続が個人的ないし集団的に合理的であることを立証するのに不充分である。第二に，或る人間が或る手続に同意した事実があれば，集団的政策が彼の選好に反する行動を彼に要求したとき，これに異議を唱える理由が彼にないことは確かだとしても，彼が手続に同意したというだけでは，手続から生じた結果の正しさを立証するには依然として不充分だろう。私が或るルールの遵守に同意したならば，ルールが私の利益に反することになっても私にはルールに異議を唱える理由はないだろう。しかし私のルール遵守の自発的同意は――あるいはルール遵守に対する万人の同意でさえ――当のルールや，ルールから生ずる結果を正・しいものにするには――道徳的な正しさを，合理的で自律的な同意に全面的に依拠させない限り――不充分である。

さて，帰結主義が民主主義を，集団的行為の目標の実現という観点から正当化するのに対し，手続主義と契約論は，協力の目的とは独立に特定可能な理念との関連で民主主義を正当化しようと試みる。特に手続主義は平等を根拠にして民主主義を正当化するのに対し，契約論は，集団を構成する各成員の合理的合意の中に表現されている自由に基礎を置く論証を採用しているように思われる。そして手続主義者と契約論者に共通する点は，両者が合理的選択の枠組を採用していることである。手続主義に関して言えば，様々な投票のルールは，これらのルールの合理的な整合性，即ち，ルールが諸個人の選好を社会的選択へと集約させる合理性によって評価されるのに対し，契約論においては，投票ルールは，合理的な当事者があらかじめ当のルールに同意したか否かによって，即ち当事者たちの個人的及び集団的合理性によって評価される。

2　社会的選択論と手続主義

手続主義の重要な例として一種の合理的選択論的手続主義を挙げることができる[1]。社会的選択論は民主主義を一種の投票ルールとして把握する。W. H. ライカーによれば，あらゆる民主主義的投票制度は程度の差はあれ，平等と自由と政治参加という理念へのコミットメントを共有しており，これらの抽象的な理念へのコミットメントが集団的決定ルールに対し規範的な拘束を

課すことになる。選択手続を正当化するには，この拘束条件を満足するだけで充分である。民主主義の重要な属性は政府への人民参加であり，更に参加は投票によって分析される。政治参加の諸制度には多様な形態があるが，それらは常に投票という単純な行為をめぐって発展してきた[2]。民主主義は参加を要求し，参加は投票を含意している。しかし投票は民主主義と完全に同義というわけではない。人民の選択行為を容易にするような投票のみが民主主義的であり，投票は民主主義の必要条件であっても充分条件とは言えない。投票が民主主義と同義になるためには，政党や言論の自由といった，投票を真正な選択へと組織化する多数の制度によって裏打ちされていなければならない。集団的決定における本質的に重要な要素は集団の参加である。参加は投票によって具体的に表現され，投票の手続は，それが人民の意志を反映すれば正当化される。投票手続に課せられる付加的な規範的拘束は，投票は人民の意志を有意味かつ公正に反映すべきであるという要請から導出される。それ故，この規範的拘束は，投票手続の枠組となる制度の構造の中に具現化されなければならない。このことから派生する集団的決定の規範的要素は自由と平等である。民主主義における基本的諸自由が歴史上目指したものは自由それ自体を提供することではなく，政治参加及び，投票における選択のプロセスを実効あらしめることにあった。自由は政治への参加の中に存するのであり，政治とは別個の諸権利の中に存するのではない[3]。

　また投票は有意味である（即ち合理的な整合性を帯びる）と同時に公正なものでなければならない。投票のルールに課せられるこの抽象的な拘束は平等と自由，そして政治参加へのコミットメントから導出される。ライカーによれば有意味性と公正さの抽象的条件は次のように具体化される。即ち，投票のルールが正当化されるには，それは公正でなければならず，完全にして平等な参加を提供し，ルソーとカントの意味における自律性を許容しなければならない。しかしこの自律性は，投票が集団意志ないし一般意志を表現するような結果を生みだすことを想定している。自律性のこのような特徴が有意味性の規準を投票ルールに課する。即ち投票の結果は合理的ないし概念的に有意味でなければならず，諸個人の選好関数と整合的に連結していなければならないし，社会的選択は諸個人の意志や選好によって解釈可能なものでなければならない。それでは，民主主義の投票手続は有意味であると同時に公正でありうるだろうか。

この点につきライカーは、いかなる投票ルールも規範的に有意味であると同時に分析的に有意味ではありえないことを主張する。即ち、適切な意味において公正ないかなる民主主義的投票手続から生ずる結果も、規範的に有意味であると同時に、分析的に有意味であることはありえない。第一に、あらゆる投票手続についてその解釈可能性ないし有意味性を疑問視することができる。即ち三つ以上の選択肢を二つずつ対にして比較していくときに単純多数決の原則が投票ルールとして採用されるときはいつでも社会的選択において循環が生ずる可能性がある。この種の循環はいわゆる投票のパラドックスの一例である。そしてこの種の手続が潜在的にパラドキシカルだということは、そこから生ずる結果が意味をもたないことを示している。また更に、非単純多数決の諸ルールを採用する場合、どのルールを用いるかによって同一の個人的選好の集合から生ずる結果が異なることがありうる。即ち、個人的選好を融合ないし集約する唯一の方法といったものは存在しない。もっとも、投票手続のルールが異なるに応じて同一の個人的選好のプロファイルから生ずる社会的選択が異なってくることはあっても、この事実から、これらのルールがすべて同等に擁護可能だ――別言すれば、これらのルールのうち一つを選択する根拠は存在しない――という結論にはならないだろう。

この種の反論に対してライカーは、ボルダ方式（順位評点法）、基数的効用の和の値の比較、基数的効用を乗じた値の比較（ナッシュの方式）、二つずつ選択肢を序数的に比較する方法（コンドルセの方式）から生ずる社会的選択が異なることを主張する。これら四つの投票ルールは公正さの極めて一般的な最小限の観念に合致しており、個人的選好を集約するこれらの手続のどれか一つが他の手続よりも人民の一般的な意志を正確に反映していると判断するア・プリオーリな根拠は存在しない。

今、五人の投票者と五つの選択肢a、b、c、d、eを想定し、各々の選択肢の序数的効用と基数的効用が表1の通りだとしよう[4]。このとき、コンドルセの方式では選択肢aが採用され、ボルダの方式ではbが、基数的効用の和が最大となる選択肢としてはd、ナッシュの方式ではc

表1

投票者	1	2	3	4	5
第1位	a (1.00)	d (1.00)	e (1.00)	b (1.00)	b (1.00)
第2位	d (0.90)	a (0.61)	c (0.80)	d (0.90)	e (0.96)
第3位	b (0.60)	b (0.60)	a (0.70)	a (0.75)	c (0.70)
第4位	c (0.55)	e (0.59)	b (0.55)	e (0.74)	a (0.60)
第5位	e (0.50)	c (0.50)	d (0.50)	c (0.50)	d (0.50)

がそれぞれ採用される。ライカーはこの事実だけからして、もし投票が一般意志や人民意志なるものを表現すると想定されるならば、社会的選択によってどのような意志が表現されるかは、選択がそこから引き出される諸個人の選好のプロファイルに依存すると同時に選択の方法にも依存することを主張する。個人的選好を適切に集約するどのような方法をとってみても、その方法から生ずる結果が人民の集団的意志を反映しているか否か判断することは不可能である。というのも同じく適切な他の方法を用いれば異なった結果が生ずると考えることのできる理由が常に存在するからである。しかし、民主主義的な投票の手続が擁護可能なのはその結果が人民の態度や意志を有意味に反映している場合に限られるとすれば、集団的選択の状況においていかなる安定した均衡も存在しない限り投票の有効性について懐疑的になるのは極く自然なことだろう。

要するに、単純多数決を用いるとパラドックスが生じうること、これ以外の方法を用いればパラドックスは生じなくても他の意味で、即ち社会的選好順序が諸個人の選好順序だけでなく、どのような選択手続が採用されるかによって左右されるという意味で選択は無意味となる。各々の選択手続はそれなりに公正であり、それのみが我々の正義感に合致していることから唯一適切な手続であるという理由で特定化されうる手続は存在しない。各々の手続は同一の個人的選好のプロファイルから異なった結果を生み出しうることから、これらの結果の一つを人民の一般意志として特定することができない。

更にライカーによれば、このような投票に関する懐疑論に対処する唯一の方法は、投票手続に課すことができ、独立に正当化されうる拘束条件が——そしてこれを満たす投票手続が一つしかないような拘束条件が——存在しないか考えてみることである。この点、これらの拘束条件が——例えば最小限の公正さを具えていなければならないといった条件のように——あまりに抽象的であったり、選択手続が三つ以上の選択肢に適用される場合には、これらの条件を満たす唯一の手続を特定化することはできない。それでは手続的な公正さの強固な観念を表現し、ただ一つの投票ルールのみが満たすことのできる拘束条件が存在するだろうか。この問いに対しては、我々が選択を二つの選択肢にのみ限定し、手続に以下の四つの公正さの条件を課せば、これらの条件を満たすルールは単純多数決ルール以外にありえないと答えられる。即ち二つの選択肢に対する選択に関しては単純多数決のみが合理的に整合的

であると同時に公正である，ということである。

単純多数決に従うと，より多くの人が選択肢yよりxに投票すればxが勝ち，より多くの人がxよりyに投票すればyが勝ち，xとyが同数の投票を獲得すればxとyはタイである。単純多数決だけが満たす四つの拘束条件とは，(1)いかなる二つの選択肢に対してもルールは「決定的」(decisive) であり，常に勝者を指定する（この場合タイは決定的な結果とされる）。(2)投票の結果xがyに勝つかタイであるならば，yに投票した或る人が投票をxに変えたときはxはyに勝つ。これは積極的応答性（positive responsiveness）あるいは強い単調性（strong monotonicity）と言われる。弱い単調性（weak monotonicity）が，或る選択肢にとっての投票数の増加が当の選択肢の地位を低下させるような逆効果を生じさせないことを意味するのに対し，強い単調性は，或る選択肢にとっての投票数の増加が実際にその選択肢の地位を向上させることを要求する[5]。(3)中立性（neutrality）の条件は，諸選択肢に与えられるラベルや名称が何の効果も持たないこと（要するに投票ルールにおいて優遇される選択肢が存在しないこと）を要求し，(4)無名性（anonymity）は，投票者がどのように名付けられるかによって投票ルールの結果が左右されないこと（要するに投票ルールにおいて優遇される投票者がいないこと）を要求する[6]。

K. メイは唯だ一つ単純多数決のみがこれら四つの条件を満たすことを証明した[7]。しかし，この唯一性の論証結果が複数の可能な投票ルールの中から一つを選択する問題を解決すると言えるためには，これらの条件自体が社会的決定の一般的な目的に重要な仕方で関連づけられていなければならない。既に指摘したように，社会的選択論の手続主義者にとって集団的選択ルールは，それが投票行為を規範的かつ概念的に有意味なものにしている限りでのみ正当化される。それ故単調性，中立性，無名性といった条件が集団的選択の道徳的及び経験的意義とどのような仕方で，そしてどの程度まで結合しているか，という問題が提起される。

単調性をその一般的形態において理解したとき，それは社会的選択が諸個人の選好を反映しているという形式的属性を意味している。もし社会的選択の趣旨が人民の一般意志を明らかにするために個人的選好を集約することにあるならば，或る一つの選択肢に有利な評価が増大すれば，この増大はそのようなものとしてカウントされねばならない。単調性こそ，任意の投票手続

が一般意志を反映する結果を生み出すと主張できるために満たされるべき条件と言えるだろう。単純多数決は強い意味で単調的であり，例えば2／3の多数決は弱い意味で単調的である。従って単調性のみを根拠にして単純多数決ルールとこれ以外の特殊な多数決ルールのいずれかを選択することはできない。

さて，単調性は社会的選択が経験的に有意義であるために最小限必要な形式的ないし技術的な拘束——即ち集団の選択に課せられる拘束——であるのに対し，中立性と無名性は社会的選択が道徳的に有意義とされるための必要にして充分な規範的拘束であると考えられる。無名性は投票が相互に差別不可能なことを要求し，中立性は選択肢に同じ要求を課す。ライカーによれば，無名性と中立性は厳密に言うと形式的拘束であるにもかかわらず規範的な意味合いを帯びており，この規範的意味合いはこれら二つの条件を単調性から区別する諸特徴の一つと考えられる。もっとも，単調性に従っているか否かが投票手続に関する道徳的に中立的な事実と言えるかどうか疑わしいだろう。或る社会的選択手続が一般意志を反映する仕方で個人的選好を集約する可能性をもつために単調性の条件の充足が必須であれば，そして人々が自分自分の意志で定めた法に服することが自律性や自由の意味するところであり，このような自律性や自由にとって一般意志を生み出すことが必要であれば，単調性は例えばカント的な意味での自律性や人格的自由にとって必要だということになるだろう。従って単調性には規範的意味合いはなく，中立性と無名性は規範的意味合いを帯びるということを根拠に単調性の条件と中立性及び無名性の条件を区別することはできないと思われる。

しかし無名性と中立性は社会的選択論者によって格別に強力な規範的意味合いを持つものと考えられている。例えば或る一人の人間にだけ二つ以上の投票を与えることは無名性に違反しており，また同じく，各人に一票を与えるが投票者の役割や，投票者が誰であるかによって投票を差異化することも無名性に違反している。例えば人間集団をAとBの二つに分け，或る提案が採用されるためにAの投票者たちには単純多数決を要求し，Bの投票者はその全員が提案に賛成しなければならないことを要求する投票手続は無名性に違反しているだろう。というのも，各人にただ一票しか与えられていなくても，この投票ルールの下では或る投票者がAとBのどちらに属するかが問題になり，投票は異なった仕方でカウントされるからである。要するに無名性

が違反されるのは，一部の人々が他の人々より多くの票を投ずることができる場合や，人々は同数の票を投ずるが，票が異なった人々によって投じられる事実が投票の結果に影響を及ぼすような場合である。それ故無名性の基礎にある公正さは社会的選択に対する人々のコントロールや影響を平等にすることになる。そして中立性は，無名性が投票者に対して課する公正さの拘束と類似の公正さの拘束を選択肢に対して課する。例えば，新しい措置を設けることに対して2／3の多数決を要求することで「現状」を優遇する投票ルールは中立性に違反している。

　無名性と中立性と単調性の条件を充足するのは単純多数決ルールだけであるとしても，これらの拘束条件を充足していることが単純多数決ルールを充分に正当化する根拠である，と言えるだろうか。先ず単調性について言えば，単調性は社会的選択が一般意志を反映することを確保することによって，社会的選択の有意義性を保証すると考えられる。しかし単調性は投票が一般意志を反映するための必要条件ではあるが充分条件ではない。先ず一般意志を定義する問題が存在する。投票と一般意志の関係については，これを認識的に捉えることも存在論的に捉えることも可能である。存在論的な意味においては，一定量の投票は特定の主題に関する一般意志の規準（criteria）であり，何らかの数の賛成票が一般意志を構成するのであれば，問題はこの数を特定化することである。この点，単純多数から特別多数，そして更に全員一致へと至る連続体が存在し，単純多数決ルールも特別多数決ルールも全員一致のルールもすべて単調性の条件を満たしている。人々の投票が人民意志と言えるために必要な最小限の投票の量は，この連続体のどこに位置づけられるかに関しては様々な見解がありうるだろう。いずれにしても，単純多数決ルールが単調的であるからといって，単純多数決ルールに従うことから生じた結果が一般意志を表現していることにはならない。単調性だけでは，単純多数決と特別多数決，そして全員一致を区別するために不充分だからである。

　この問題を回避する一つの方法は，投票と一般意志の関係を認識的な関係として捉えることである。両者の関係を認識的な意味で捉えれば，一般意志は投票とは独立に存在する事実であり，特定の主題に関する投票は，当の主題に関する一般意志（という事実）を発見するために用いられる手段である。それ故投票は不完全でありうるし，全員一致の合意でさえ，投票結果と一般意志の合致を含意しないことがあるだろう。この認識的な投票の理解によれ

ば一般意志は人々の意見や選好を超越し，投票とは独立して特定可能とされることから，単調性は一般意志の確定とは無関係である。これに対して投票が一般意志の「規準」であれば単調性は投票手続が一般意志を反映するために（充分ではないが）必要な条件となる。いずれにしても単調性は単純多数決投票と一般意志の関連性にとって無関係であるか，単純多数決投票が一般意志を表現することを確保するために不充分な条件でしかない。

　単調性は，投票権の行使を一般意志の表現として捉えることと関連していると想定されることから，民主主義の或るタイプの道徳的擁護の中にも登場している。即ち民主主義の中には，自分自身が制定した法を自律的に遵守する可能性が存在する，という根拠によって民主主義を擁護する見解である。この種の見解は，社会的選択が一般意志を表現することを可能にする集団的決定のための手段が存在することを前提にしており，このための手段である単純多数決投票が単調的であるという事実が，多数決による社会的選択と一般意志との必然的な連結を保証する，と想定されている。しかし既に述べたように，この見解が有意味であるためには，投票と一般意志の関係が認識的ではなく存在論的に理解されていなければならない。

　投票の認識的な解釈においては，一般意志は諸個人の選好とは独立に特定され，一般意志は政治的組織体たる国家の意志とされる。どのような問題に関しても一般意志は単純多数決投票によって顕示され，或る意味ですべての人間が国家の一般意志に参与する。即ち或る問題に関する投票の結果少数派となった者は，単に一般意志を自分が誤って理解していたことを投票の結果知らされるにすぎない。多数派が勝利し少数派は敗北したのではなく，少数派は一般意志について誤った信念を抱き，多数派は正しい信念を抱いていたのである。少数派は投票の結果，言わば自分の一般意志が本当は何であったかを発見するのであり，それ故投票の結果生じた法律の遵守は，少数派が強制されることではなく，少数派に属する人間の理性的自律性を表現する行為なのである。しかし，このような認識的な投票観念の難点は，諸個人の選好とは別個に特定可能な一般意志が多数決投票によって適切に顕示されると考えられていることである。

　これに対してライカーのように投票を一般意志の「規準」として捉えるならば，特定の問題に関する投票の結果，少数派となった人々は確かに「敗北」したことになる。少数派の選好は一般意志とは合致せず，投票によって採用

された法の遵守は少数派にとっては強制となる。そして少数派の反対にもかかわらず採用された法を少数派が遵守することは，言うまでもなく自分自身が定めた法に服することではない。認識的な投票観念が前提とする超越的な一般意志といったものを認めれば，上記のような論法で，多数決で採用された法を少数派が遵守することは，結局のところ少数派が自分で定めた法に服していることであり，少数派の自律性を表現しているのである，と主張できるのに対し，人々の投票を一般意志の規準として捉える存在論的投票観念はこのように主張することはできない。確かに，少数派は法を制定する過程に投票者として完全な仕方で参加しているのであるから，自分が反対した法を遵守すべきことに対して少数派が異議を唱えたとき，「参加」を根拠としてこの異議をかわすことは可能だろう。しかし，少数派には多数決ルールによって採用された法に対し異議を唱える理由がないことを次の論拠によって，即ち，少数派は採用された法を実際には意欲し選択したのであり，当の法を遵守することは自分自身の意志に従って行動することであるという論拠によって主張するには，「参加」の観念は不充分だろう。

　次に中立性と無名性の条件に関して言えば，これは同じ事例は同じ仕方で取り扱われるべきであるという形式的正義の一形態であり，単純多数決ルールがこれらの条件を満たしているからといって，このことが当該ルールの強力な正当根拠となるわけではないし，逆にこの条件を満たしていないルールの方が適切であるような特殊事例を想像できるだろう。ただし，投票ルールが適用される問題の特殊性に応じて当のルールを洗練していくことが適切であっても，適切なルールを考案すること自体に大きなコストがかかるときは，誤りや不正を最小にとどめるために，すべての事例において少くとも中立性と無名性という公正さの一般的要求を満たすルールを採用することが望ましい，と考えることはできるだろう。また，これら二つの条件を変更することが，何らかの実質的な規準からみてより良い結果を生み出すとしても，二つの条件は手続が満たすべき公正さという徳の条件であり，手続から生ずる結果の好ましさとは独立に正当化され，この条件を満たすだけで結果の公正さを確保することができる，と考えることもできるだろう。しかし，二つの条件の充足が結果の（何らかの意味での）好ましさを保証しないならば，これらの形式的条件の充足として理解された手続的な公正さが決定手続を正当化できる，と主張する根拠は何であろうか。単純多数決のような決定手続が，

単にそれが無名性と中立性を充足するというだけで好ましい結果を生み出すとか，生み出された結果を強制的に執行できることを保証すると考える根拠は存在しないだろう。要するに単調性，中立性および無名性の条件と単純多数決ルールの道徳的正当化の関係については，単調性それ自体は単純多数決を自由や自律性によって擁護する議論の根拠にはなりえず，また中立性と無名性は，これらが単に形式的な性格の条件であることから，単純多数決ルールを，そこから生ずる結果が強制的に執行されることを保証するような正義のルールとして正当化するには不充分である，と考えるべきである。

さて，ライカーによれば，二つの選択肢に適用される単純多数決のみが社会的選択関数に対する前記の相互に独立した四つの条件を満たすが，三つ以上の選択肢に関してはこれはあてはまらない。それ故選択肢を二つにする恣意的でない擁護可能な方法が存在するかどうかが問題となる。ライカーはこのような方法が存在することを否定した。選択肢を二つに縮小させるどのような方法もアジェンダ操作や戦略的投票その他の操作の対象となり，この種の操作や投票は三つ以上の選択肢に適用されるすべての選択を——単純多数決ルールを含めてどのような手続によって選択がなされようと——無意味なもの，合理性を欠いたものにするだろう。それ故ライカーによれば，民主主義のどのような純粋に手続主義的な擁護も支持しえない。というのも「参加」や手続的公正といった徳がどのようなものであろうと，パラドキシカルなもの，あるいはこれ以外の理由で不合理なものを道徳的に擁護することはできないからである。また，民主主義的な投票手続が必ずしも一般意志を表現することにはならず，それ故，投票手続から結果する法や措置の遵守が，自分自身の定めた規則を遵守する行為にならないならば，自律性による民主主義の擁護も有効ではありえない。そして投票手続の有意味性が否定されれば，民主主義を特殊なタイプの帰結主義的な根拠によって——即ち，民主主義による集団的選択と集団的な政策目標の関連性を問題としないような帰結主義的根拠によって——擁護する他はない。この種の帰結主義的根拠とは，民主主義が人民に対して——定期的な選挙によって——統治者を排除する機会を与えていることである。選挙によって統治者を排除する人民は集団的意志を持つ必要はない。投票には循環や操作その他の過誤がみられるにしても，投票のリベラルな解釈は選挙が有益で有意義なことを認める。リベラルな民主主義の本質は人民による拒否権の行使にあり，民主主義における人民の自由の

本質も，人民が選挙において統治者を拒絶する投票をすることができ，この拒絶がしばしば功を奏することに存する[8]。

一般的に民主主義と自由の関係については三つの異なる見解を指摘できるだろう。第一は投票と結社ないし表現の自由の連結に着目し，この種の自由が投票を可能にし，選択肢に対する判断を充分な情報に基づいたものにすると主張する。第二は自律性の観念に着目し，自由は自分自身が定めた法を遵守することにあると考える。第三は自由を消極的自由——政府による干渉や拘束の欠如——として理解する。これら三つの見解のうち，民主主義的選択の結果を自律的行為者たる人民の意志の発現として理解する第二の見解がライカーその他の社会的選択論者の見解と相容れないことは明らかである。社会的選択論から導き出される国家は，消極的自由が人民の選挙により極大化ないし確保され，投票が有意味に行われるために必要な諸自由が憲法によって保障されているようなリベラルな国家である。しかし，ライカーが主張するようにリベラルな立憲民主主義に関する観念が，社会的選択手続が有意味であるために満たすべき諸条件の抽象的な分析から導出されるか否かは別個に検討されるべき問題だろう。

3　契約論

契約論によれば政治的決定は，私的効用の極大化として理解される個人の合理的選択によって正当化される。即ち私的効用を極大化しようとする合理的人間によって選択される取決が正しい取決である。制度やルール——特に強制を伴う制度やルール——は，当の制度やルールによって影響を受ける個々の人間の合理的な同意によって正当化されるべきであり，合理的人間が同意することは当の人間にとって利益になることであるから，制度やルールは，それが各個人——当の制度やルールに服することになる各個人——に利益をもたらすことによって正当化される。そして，合理的な諸個人が自分にとって利益になるものとして或る制度やルールに同意し，集団的にそれを選択することが社会契約である。

ライカーのような社会的選択論者もまた合理的選択論者であるが，契約論のように集合的決定のルールをルールに服する人々の合理的同意によって正当化するのではなく，手続主義論者として社会的選択の様々なルールの構造的合理性を問題にし，個人的選好のプロファイルに様々な決定ルールを適用

することがどの程度までパラドキシカルな——あるいはそれ以外の意味で理解不可能な——社会的選択を生じさせるかを考察する。ライカーの関心は，合理的人間による集団的な意志決定ルールの選択ではなく，社会的意志決定の様々な手続の合理的整合性にあった。循環や戦略的操作の可能性の故に不合理な社会的選択ルールに合理的人間は同意しないだろう，という意味で，ライカーの手続的合理性は，契約論の個人的選択の合理性と適合するように思われる。しかし，例えば或る社会的選択ルールの循環性の故に，「現状」から別の状態への移行が不可能であるか多大のコストがかかるとき，「現状」にとどまることを強く選好する人間は当の社会的選択ルールに反対しないだろう。従って合理的選択の契約論的根拠によって或る選択手続ルールを拒否するためには，当の手続ルールが不合理な社会的結果を生み出すことだけでなく，個人の観点からみても当の手続ルールを選択することが不合理であることを立証しなければならない。

　集団的選択に関する契約論的アプローチは，合理的人間はどのような投票ルールを選択するかを問題にする。従って契約論的分析は，諸個人が集団的行動をとることの必要性に同意したことを前提にした上で，集団的な措置がそれによって採用される決定手続のルールを確定しなければならない状況を想定している。合理的人間はどのような集団的意志決定のルールに合意するだろうか。この問題に対しD.レイは合理的人間が単純多数決ルールを採用することを次のように論証した[9]。集団的意志決定に参加する者は，集団的決定がしばしば自分の個人的選好と合致しないことを知っている。集団的決定は強制的に執行されるので，決定手続に参加して敗れた者は自分の選好に合致しない決定が自分の意に反して課せられることを甘受しなければならない。それ故合理的人間はこのような強制を極小化するために，集団的に決定されるべき問題に関して社会的選択が自分の個人的選好と合致する回数を極大化し，それ故自分が意に反して行動しなければならない回数を極小化しようと欲するだろう。社会的選択と個人的選好との（期待される）合致を極大化するルールは単純多数決である。従って合理的人間は集団的決定が単純多数決ルールによって採用されることを選択する。

　レイの論証は，投票者が自分の選好充足を極大化しようとする合理的人間であること，そしてこの場合，極大化されるものが社会的政策と個人的選好が合致する相対的頻度であることを想定しているが，社会的選択関数が及ぶ

範囲を限定していない。しかし，何が重要な問題であるかは投票者によって異なるだろう。従って合理的投票者にとって問題になるのは社会的選択と個人的選択が合致する相対的な頻度だけである，と考えるのは誤りだろう。

　この反論はより一層抽象的な論法によってかわすことができる。今，合理的投票者たちがどのような社会的選択手続（投票のルール）を採用すべきか考量しているとしよう。更に投票者たちはどのような諸問題に選択手続が適用されることになるか（社会的選択が及ぶ範囲）は知っていても，これらの問題の各々を自分がどの程度重要視しているか（各人にとっての各問題の相対的な重要度）については無知だとする。このとき，いかなる投票者もこの種の無知の故に，自分が勝ちたいと強く望む（自分が重要視する問題に関する）投票において自分が実際に勝つ頻度を増大させるように特にデザインされたルールを特定することができない。それ故各投票者にできる最善のことは，自分が勝つ頻度を極大化し，敗ける頻度を極小化することであり，事前の観点からすると，このことを達成してくれるルールは単純多数決ルールということになるだろう。

　レイの論証はまた，いかなる投票者も自分の投票が多数派と一致する頻度を事前には知っていないことを想定している。それ故，どの投票者も自分が多数派に（あるいは少数派に）属する可能性が平均より高いかどうか期待することができない。もし，自分が多数派に属する可能性は平均より低いと信ずる適切な理由が或る投票者に存在するのであれば，その投票者にとっては特殊な多数決ルールを選択し，自分の選択と社会的選択が合致する頻度を増大させることが合理的である。

　さて，レイとライカーはともに単純多数決ルールを合理性によって正当化している。しかしライカーが立法者の合理的行動——自分が次期の選挙で落選するリスクを極小化し，自分の任期を極大化しようと欲する合理的行動——に注目し，立法者に落選のリスクを負わせる単純多数決の効力によって民主主義を正当化するのに対して，レイの焦点は投票者の合理的行動——自分の個人的選好が社会的選択と合致する頻度を極大化しようとする合理的行動——に置かれている。しかしライカーとレイの議論にとって中心的な論点は，変動していく不安定な多数派の存在である。もし同一の多数派が永続するならば，合理的投票者はより大きな確実性をもって自分自身の選好が多数派の選好と合致する可能性を確定できるだろう。また，もし多数派が安定し

ていれば，立法者は，自分の立法や政策に不満を抱く有権者の結束によって立法者たる地位を失うことを心配せずに，安心して多数派の要求を満たしていくことができる。しかし多数派が変動するときは立法者と投票者の合理的選択は著しく不確定な状況での選択となるだろう。

　更にライカーの手続主義とレイの契約論の類似性はともに立憲民主主義の大雑把な輪郭を示していることである。ライカーにとり，投票が政治的圧制に対する効果的な抑止手段となるには，多数派が変動し，多数決ルールによる投票が有意味なものでなければならない。従って投票の行使と本質的に結合している自由——例えば結社や表現の自由——を憲法によって保障する必要性が生ずる。要するに投票を有意味にするためには憲法による保障が必要だということである。これに対してレイにとっては，自分の個人的選好と社会的選択の合致の極大化を欲する合理的投票者は，自由で公開の討論によってより多くの情報を入手することで，このような合致が極大化する可能性が高まると信じるだろう。各々の投票者は，基本的諸自由が多数派の意志に服さないような仕方で保護されることを欲する。即ち，少数派に属することになるかもしれない各々の投票者にとっては，表現や結社の自由が多数派の意志に左右されることのない仕方で，自分の見解が正しいことを他人に説得する機会を提供してくれるような仕方で保護されることが自分の利益になる。レイのモデルでは，いかなる投票者も自分が多数派に属する可能性が平均より高いとか低いとか考量する理由がないのであるから，基本的自由に関する決定を多数派の意志に委ねるようなことはできないだろう。それ故合理的投票者は結社や表現の自由が憲法によって保護されることを選択する。

　従ってライカーとレイの合理的選択モデルはリベラルな立憲民主主義の大雑把な輪郭を示している。二つのモデルにおいて公的な諸問題は単純多数決の投票によって解決され，そして二種類の自由が保護される。一つは憲法上の自由であり，ライカーにおいてこの自由は，投票を有意味なものにする必要性から導き出され，レイにおいては社会的選択と私的な選好の合致を増大させようとする欲求から導き出される。もう一つは消極的自由ないし強制からの自由であり，ライカーにおいてこの自由は，次期の選挙によって拘束された公職者の合理的戦略から導き出され，レイにおいては多数派の変動から導き出されている。確かにレイの提示する諸前提から憲法によって制限された政府を導き出すことは可能だとしても，レイの論証の問題点は，その論証

の適用範囲が無限定だという意味で論証が一般的にすぎることにある。各々の投票者が個人的選好と社会的選択の合致の極大化を追求することを前提にすれば、どのような問題が集合的決定の対象になろうと、各投票者は単純多数決ルールを選好するだろう。しかし合理的投票者たちが、多数決によって解決されるべき問題領域について無関心ではない、と想定することも可能である。事実、ある種の憲法上の権利の保障は、合理的人間たちが単純多数決を採用する条件として相互に要求しあう代価である、という主張もありうるだろう。極大化されるべきものが社会的選好と個人的選好の合致であれば、合理性は単純多数決を支持する。しかし、合理性がこれとは異なった極大化を、即ち単純多数決の適用が領域的に限定されるような極大化を要求すると考えることもできるだろう。それ故、自由を尊重し、しかも多数決ルールの適用に領域的限定を課するような単純多数決ルールの契約論的正当化が存在するか否かが問題となる。

　J.ブキャナンとG.タロックの『合意の計算』に代表される別のタイプの契約論は、集団的行為の領域を特定化し、民主主義的ルールの正当化と自由の理念の結合を重要視する特殊なタイプの民主主義ルールを擁護している[10]。レイと異なりブキャナン＝タロックによれば、集団的意志決定の正当化の第一の問題は正当な集団的行為の領域を特定することである。集団的行為の必要性は、合理的人間の相互作用が、各人の私的利益極大化によって結果的に各人に不利益が生ずるような構造を帯びることから生ずる。理念的な自由競争市場のように完全な競争状況においては、各人が直接的に私的利益を極大化することで最適な均衡状態が達成されるのに対し、合理的人間の相互作用が囚人のディレンマのような構造を帯びる状況では、パレート劣位な均衡状態が生じ、パレート優位な状態に移行するためには合理的人間は直接的な私的利益極大化を差し控えて協力し合わなければならない。

　この種の契約論モデルにおいて政治的制度は二つの役割を演ずる。先ず、完全な競争状態においても、競争に入るに先立って私的所有権を分配し、分配された私的所有権を保護し、自由な交換を保証する権力が存在しなければならない。ひとたびこの種の権力が設けられたならば、完全競争の条件が満たされている限り、更なる集団的行為は必要とされない。しかし市場の失敗によってパレート劣位な均衡状態が生じたとき、各人は私的利益の極大化を追求しながら競争し合うことを止め、協力し合うことで更なる利益を生み出

さなければならない。政治制度の第二の役割は，集団的協力から利益を生み出し，この利益を分配することにある。この種の契約論においては，人々の自由競争は私的所有権を前提にしており，集団的選択は——例えば J. ロールズの契約論とは異なり——私的に所有されている財の再分配に及ぶことはなく，むしろ私的所有権は集団的選択を拘束する。私的所有権を前提にした自由競争が最適な均衡を生み出す限り集団的な協力は不必要であり，合理的人間の相互作用が——例えば囚人のディレンマのような——特定の構造を帯び，最適な均衡を生みだすことに失敗する状況の下で集団的な協力の必要性が生じ，協力に関する合意——各人が協力のためにどれほどのコストを負い，協力から生ずる利益をどのように分配すべきかに関する取決——がなされることになる。従って各人が非協力によって獲得できる利益が集団的選択の対象になることはなく，協力関係に入っても非協力の状態より各人の利益が向上しないのであれば各人には協力し合う動機は生まれない。各人が協力し合うのは，協力が各人にとって利益になるからである。従って，集団的選択の対象は，自由競争の失敗により合理的人間の間に集団的協力への動機が生じ，協力によって相互的利益が生ずるような問題に限定される。しかし協力に関する集団的決定はいかなるルールによってなされるべきだろうか。

　ブキャナン＝タロックによれば，合理的人間は集団的決定のルールとして全員一致のルールの採用に合意する。何故レイのように合理的人間は単純多数決ルールを採用する，と主張しないのだろうか。ひとたび集団的選択の対象となる領域が特定されれば，集団的決定のルールとしてレイが主張する単純多数決ルールが——即ち個人的選好と社会的選好が合致する頻度を極大化する単純多数決ルールが——合理的人間によって採用される，と考えてよいように思われる。しかしブキャナン＝タロックによれば合理的人間が合意するのは全員一致のルールであり，全員一致がコストのかかる場合にのみ次善の策として単純多数決ルールが合意されるにすぎない。これに対しレイにおいては，意志決定にコストがかかるか否かに関係なく単純多数決ルールが採用されるべきものとされている。集団的選択ルールの正当化に関してともに契約論の立場をとる両者が見解を異にする理由は何だろうか。既述のように両者の契約論の基本的な相違は，ブキャナン＝タロックにおいては集団的決定の対象範囲が先ず特定された後に，これを前提として集団的決定ルールが選択されるというように契約が二つの段階から構成されているのに対して，

レイにおいては集団的選択の範囲が全く問題にされていないことである。それ故ブキャナン＝タロックが合理的人間は全員一致のルールに合意すると主張する理由は，集団的選択の対象範囲に関する第一段階での解決が，理論的整合性の要請によって，社会的選択手続の決定という第二段階での解決を限定するからである，と考えられるだろう。即ち，集団的な取決は相互的利益の領域へと限定されており，合理的な諸個人が自由競争の前提として私的に所有する財は——各個人が私有財の価値より大きな価値のあるものを手に入れる見返りに私有財の一部ないしすべてを手放すことに同意した場合は別として——集団的決定のために取り上げられることはない。各人は私有財の再分配に対し拒否権を行使することができる。その対象範囲が限定された集団的選択は，各人が相互的利益を求めて協力し合うことを目的としており，それ故非協力の現状からのパレート改善を目的としている。従って，集団的選択のための手続的ルールは論理的に全員一致のルールでなければならない。全員一致で集団的選択の対象範囲を特定化した合理的人間は，集団的選択の意志決定ルールとして全員一致のルールに同意する。全員一致のルールによって各人の私的所有権は保護され，集団的な政策が各人の権利を侵害することはなく，既に特定化された集団的選択の対象範囲が正しく保持される。更に集団的選択の領域が相互的利益を求めて協力し合う場であるとすれば，集団的選択の手続的ルールは，協力の条件を決定するルール——各人が協力のためにどれほどのコストを負担し，協力から生れる利益をどのように分配するかを決定するルール——であり，バーゲンを保証するルールとして全員の合意を要求する。

　さて，民主主義的な意志決定ルールの正当化に合理的選択論的契約論を適用することによって，全員一致のルールが擁護され，このルールはあらかじめ限定された特定の領域——協力のコストと利益をめぐるバーゲンが行われる領域——へと限定された。この種の契約論的モデルに対しては，集団的選択が及ぶ範囲の外にあり集団的選択を拘束する私的所有権の道徳的な正しさが顧慮されていない点が指摘されるだろう。私的利益極大化という意味での合理性は，協力という相互的利益の体制を正当化するためには充分であっても，協力なしに各人が獲得した財の再分配を正当化することはできないし，自由競争市場の前提となる私的所有権——市場に入るに先立って当初，各人に何らかの意味で分配される私的所有権——を正当化することもできない。

従って合理性のみを正当化の規準にする限り，集団的政治的協力の体制の公正さは評価できても，この体制の基礎にある諸条件，特に私的所有権の公正さを評価することはできない。

　この問題に対しては二つの解答がありうるだろう。一つは市場の，そして市場が失敗したときの協力の前提となる私的所有権を——市場が存在する以前の——自然状態における合理的人間の相互作用の結果生じたものとして理解する。私的所有権は，自然状態において私的利益を極大化しようとする合理的人間の相互作用の均衡状態として，合理的であると同時に公正なものと見なされる。これに対して別の解答によれば，(1)協力体制を安定したものにすることがすべての人間にとって合理的であり，(2)協力体制の安定性は協力の条件が公正であることに依存するが，(3)協力の条件が公正と言えるには，協力から生ずる利益の分配が公正であると同時に，協力以前の私的所有権の割当が公正でなければならない。即ち，協力体制の安定化の合理性が協力の条件の公正さを要求し，更に協力の条件の公正さは協力の前提にある私的所有権の割当が公正であることを要求する，という論法で私的所有権の公正さが合理性（私的利益の極大化という意味での合理性）と結びつけられる。要するに，合理的人間が協力し合うとき，常に各人は他者が要求する協力体制より自分にとって有利な別の協力体制を要求し，相互に譲歩することによって特定の協力体制を全員一致で採用することになるが，各人は協力から生ずる余剰利益の分配が公正であることを要求するだけでなく，非協力の自然状態で割り当てられ，協力の前提として各自が私有する財についても再分配を威嚇的に要求し，この再分配の結果生じた私的所有権の割当が協力の公正な出発点として採用される。かくして私的所有権の割当は，協力関係に入ろうとする合理的人間が交渉を通じてその割当に合意するという意味で公正なものとなり，私的所有権の公正さは合理性によって正当化されることになる[11]。

(1)　Riker, W. H., *Liberalism against Populism: A Confrontation Between the Theory of Democracy and the Theory of Social Choice*, New York, 1982.
(2)　Id., p. 5.
(3)　Id., p. 7.
(4)　Id., p. 40（ライカーの表を少し変えてある）．
(5)　より正確に言うと，或る社会的選択関数は次の属性を帯びていなければならない。即ち，或る個人が，社会によって選択された選択肢が自己の選好順序にお

いて占める地位を向上させ，他の諸個人が彼らの選好順序を変化させないならば，関数は依然として当の選択肢を選定する。そして或る個人が，社会によって選択されなかった（敗れた）選択肢の地位を低下させ，他の諸個人が彼らの選好順序を変化させないならば，関数は依然として，敗れた選択肢を選定することはない。

（6） Riker, *op. cit.*, pp. 45-46, pp. 53-56.
（7） May, K. A., 'A Set of Necessary and Sufficient Conditions for Simple Majority Decision' *Econometrica* vol. 20, 1952, pp. 680-684.
（8） Riker, *op. cit.*, pp. 244-245
（9） Rae, D., 'Decision-Rules and Individual Values in Constitutional Choice,' *American Political Science Review*, vol. 63, 1969, pp. 40-56.
（10） Buchanan, J. and Tullock, G., *The Calculus of Consent*, Ann Arbor, 1982.
（11） Gauthier, D., *Morals by Agreement*, Oxford, 1986.

第2節　市場と民主主義

社会において下されるべき諸決定のうちのどれを市場機構にまかせ，どれを民主主義的な立法過程にのせるべきかという問題については様々な規範的立場が考えられるが，極端なリバタリアニズムを採用する場合でも，外部経済や公共財の生産において生ずる均衡と最適の不一致（市場の失敗）を克服するためには民主主義的な立法過程を通じて集団的に決定を下す必要があるだろう。しかし，私的利益極大化を政治の領域にまで拡張する「民主主義の経済学」や「公共選択論」が主張するように，政治過程や立法過程も一つの市場であり[1]，私的市場におけると同様に政治的市場にも失敗があるならば，私的市場の失敗に対して国家がデウス・エクス・マーキナの如く介入し，直ちに効率性が達成されると安易に期待することはできない。私的領域において利己的で戦略的な行動をとっていた人間が政治の公的領域に入り込むと突如として変身し，他者との対話的コミュニケーションを通じて公共善を追求する有徳な公民になるといった想定は，記述的にみて正しいとは言えないだろう。

意志決定自体のコストが非常に高いことから大規模な集団においては非効率である直接民主制を別にして，代表民主制だけを例にとれば，政治的市場における需要者は投票者たる一般市民であり，供給者は政治家（議員や政党）である。市民は公共財や富の移転といったサーヴィスを政治家に要求し，この代価として税を支払い，選挙での投票を通じて政治家を支持する。そして

更に政治家は憲法で定められた一定の意志決定ルール（通常は多数決ルール）に則った議会での投票によって公的な決定を下すことになる。所有権や契約に関するルールが私的市場を構成し規制するように，政治的市場たる立法過程を構成し規制するのが憲法である。要するに憲法によって規範的に構造化された政治的市場の中で政治家は自らに対する政治的支持（票の獲得や政治家としての地位に付着したあらゆる利益）を極大化し，市民は特定の政治家を支持することと交換に，自己の選好を最大限に満足させるような法律や政策を要求するわけである。

それでは，純粋な自由競争市場において均衡＝最適が達成されるように，政治的市場についても均衡＝最適が達成されるような純粋な形態（純粋民主主義）を想定することができるだろうか。この点，直接民主制における全員一致のルールはパレート原理が政治の領域で表現されたものであり，言うまでもなく効率的である。しかし全員一致のルールの下では意志決定に達するために大きなコストがかかることから，たとえ人々が決定によって不利益を被る可能性（外部コスト）が増大するにしても何らかの多数決ルールが効率的な（つまり意志決定のコストと外部コストの和を極小化する）ものとして採用されるだろう。しかし，多数決ルールの採用によって直ちに政治的市場の失敗の可能性が生ずる。

効用の個人間比較の不可能性を前提にし，しかも選択肢間の個人的選好の強さを考慮しないで序数的な個人的選好から社会的選好を導き出すとしよう。先ず指摘すべきは「投票のパラドックス」である。今，$x \cdot y \cdot z$という三つの選択肢について三人の個人がそれぞれ$x>y>z$，$y>z>x$，$z>x>y$という選択を抱いているとする。この場合，多数決ルールによって社会的選好を導き出せば，xとyについては$x>y$，yとzについては$y>z$，xとzについては$z>x$となり，社会的選好は推移律に違背して循環していることになる。社会的選好が循環していることは多数決ルールによる公的決定に均衡が存在しないことを意味し，三つの選択肢のうちどの対から投票を行うかによって公的決定が異なる（xとyについて先ず投票を行い，その勝者xとzについて投票すればzが採用され，yとzについて先ず投票を行い，その勝者yとxについて投票すればxが採用される，等々）ことは，公的決定が恣意的なことを示している。またこのような場合には，他者の選好を知っている者が最初の投票で自分の真の選好を隠すことによって自らが好む決

定を戦略的に生み出すことや、一定の選択肢が採用されるように投票の順序をあらかじめ操作するようなことも行われるだろう。

　投票のパラドックスを一般化したのがK.アローの定理である。三つ以上の選択肢に関する二人以上の人間の個人的選好から社会的選好を導き出そうとするとき、ルールが公正と言えるために満たすべき幾つかの条件を課すると、どんなルールを用いても社会的選好が循環することがあり、循環を常に回避しうるルールは存在しない、というのがアローの定理である。ルールが公正と言えるための条件としては次の六つのものが挙げられている。(1)各個人は複数の選択肢について自由に選好順位を形成できる。(2)あるルールを用いた結果一つの選択肢が社会的に最上位にランクづけされたとき、或る一人の人間が当の選択肢を格上げしたことによってその選択肢が社会的選好において最上位から転落するようなことがあってはならない。(3)個人の選好順位と関係なく或る一つの選択肢が必ず社会的に採用されるようなことがあってはならない。(4) x と y に関する社会的選好は、当の x と y に関する諸個人の選好だけによって決まるべきであり、x と y に関する諸個人の選好に変化がない限り、他の選択肢のランクづけとは関係なく x と y の社会的選好における順位は同一であり続けなければならない（この条件は、選好の強さを問わないことに由来する。）(5)あらゆる個人が y より x を選好していれば、社会的選好も y より x を上位にランクづけしなければならない。(6)社会的選好は二人以上の人間によって決定されるべきであり、他の人々の選好に関係なく或る一人の人間の選好がそのまま社会的選好になるようなことがあってはならない。K.アローは、以上の条件をすべて満たし、しかも常に推移的な社会的選好を導き出すような決定ルールが存在しない（例えば、(1)から(5)の条件を満たし、しかも推移律を満たす集団的決定を下すためには独裁者を認めねばならないことがどんなルールにも起りうる）ことを証明した。この定理に関しては、例えばあらゆる個人の選好が単峰的（single-peaked）ならば非推移的な社会的選好が生じないことが指摘されている²。選好が単峰的であるということは、各個人の選好において最上位にランクされる一つの選択肢があり、他の選択肢が何らかの一定の規準に従って最上位の選択肢から遠ざかるにつれて当の個人の評価も次第に低下していくように諸選択肢が配置されていること（二つの極端な選択肢の間に一直線上に配置された諸選択肢があり、ある個人の選好がこの中の一つの選択肢を最上位にランクづけするとき、当

の選択肢から右ないし左へと他の選択肢が遠ざかるにつれてランクが低下していくこと）を意味する。これは選択肢群をランクづけする観点がすべての個人に共通であること，特に民主主義の脈絡においては政治文化にある種の同質性が存在することを意味すると言えるだろう（しかし，個人的選好の単峰性を要求することはアローの定理の既述(1)の条件を排除することである）。

　投票のパラドックスやアローの定理は民主主義にとってどのような意義を有しているだろうか。多数決ルールによって導出される社会的選好が推移律に違背することがあれば，民主主義的決定には均衡が存在しないことになる。アローの定理に関しては，社会は個人とは別の実体ではないから「社会」の選好が推移律に違背しているという考え方自体が誤りであるという指摘や，推移律が妥当しないときは社会にとって選択肢は無差別だと解釈されうるという（アロー自身による）指摘がなされ，また独裁者の不存在という条件(6)について，独裁者ははじめから特定化されているわけではなく結果的に判明するのであるから(6)は問題となりえない，といった見解などが提示されている。ここでアローの定理につき詳しく検討することはできないが[3]，例えばW. H. ライカーはアローの定理が民主主義論にとって極めて由々しい帰結を生むことを指摘し，民主主義の本質は諸個人の選好から出発して多数決ルールによって社会全体としての選好（人民の意志）を導き出すことではないと主張している[4]。既述のようにあらゆる個人の選好が単峰的な構造を有していれば多数決ルールは社会的選好の非推移性を引き起こすことなく適切に作動することだろう。しかしこのような条件がなければ多数決ルールは循環した社会的選好を生み出すおそれがあり，民主主義的決定には均衡が存在しないことになる。決定はアジェンダの操作により左右され，いかなる決定も恣意性を免れず，多数派といったものも存在しない。それゆえライカーによれば，民主主義とは投票により人民の意志を確定したり，ましてや公共善を追求することではなく，単に選挙によって人民が立法者を変更しうること，そして憲法によって人民の重要な利益をあらかじめ特定し，この利益を害する政治的決定を無効にすることでしかない。どんな決定手続を用いても非推移的で循環した社会的選好が生ずる可能性があるならば，多数決ルールについても同様であり，このことは民主主義的立法過程を通じて生じた社会的決定の是非を問題にする意味がないことを示している。従って民主主義とは人民が政治に積極的に参加し，人民の総体的な意志を明らかにすることであるという

見解（ライカーのいう populism）は誤りであり，民主主義とは単に人民が立法者たる議員を選挙という手段で定期的にチェックすること，そして憲法により一定の権利をア・プリオーリに立法過程からはずして保護しておくことである。以上のようなライカーの主張に対しては，アローの定理が言うような社会的選好の非推移性は現実の民主主義的決定においては殆ど起りえず，定理が民主主義論にとって有する意義も不確かであるという趣旨の反論がなされているが，ここではこの問題に立入ることは差し控えたい。

　アローの定理が提起している問題はいわば民主主義の論理的失敗に関するものである。しかし言うまでもなく，多数決ルールを採用する民主主義には少数派への抑圧という福利上の失敗があげられる[5]。多数派の結束によって多数決ルールの結果生じた状態がパレート改善をもたらさず，少数派の人々の福利がかえって低下することがあるだろう。公共財のためのコストの負担が少数派にとって不利なかたちで決定され，少数派に生ずる限界的費用が限界的利益を上回ることがあるだろう。このとき多数派が少数派に賠償することで決定以前の状態がパレート改善される可能性はあるが，少数派に賠償できるほどの利益が多数派に生じないこともあり，多数派がそもそも賠償するとは限らないだろう。また，多数決ルールの下で少数派に不利な結果を回避する方法としては票の交換（ログローリング）があり，この方法を用いることでパレート改善を達成すること（コースの定理の投票での類似物）は可能であるが，この種の票の交換も常に可能であるとは限らない。

　以上指摘した多数決ルールの論理的および福利上の失敗は言うまでもなく直接民主制でも起りうるが，次に代表民主制に特有な問題について簡単に触れておこう。代表民主制は効率的でありうるだろうか。代表民主制には純粋な自由競争市場と同様に均衡＝最適な状態がありうるだろうか。既に述べたように政治の領域においても私的利益極大化の原則が妥当すると前提した場合，一般市民（投票者）と政治家の関係は，自らの選好を最大限充足してくれる政策や法律を要求して投票する者と，自らへの政治的支持を極大化すべく可能な限り多くの投票を獲得しようとする者との関係として理解される。幾つかの条件を満たせば，この政治的市場が自由競争市場と同様に均衡＝最適な状態を生み出すことが証明されている[6]。今，政党に対して市民が投票することを前提とすると，先ず，(1)各市民は政党をただ自分自身だけの選好に基づいて評価する。(2)或る政治問題に関する複数の政策（市民の選好の対

象たる選択肢）が一次元的に一直線上に配置されている。(3)各市民は一定の効用関数をもち，一直線上の各政策が自らにもたらす効用を特定化できる。(4)各市民の選好は単峰的な構造をもち，最も強く選好する政策が唯一存在することから，各市民は自分の選好に最も近い政党を特定化できる。(5)各々の政策を最も強く選好する市民の人数は，直線の中心に位置する政策が最も多く，他の政策が中心から右ないし左へと遠ざかるにつれて，当の政策を最も強く選好する市民の数も左右対称的に減少していく（各政策を最も強く選好する人々の数が単峰的（unimodal）かつ対称的に分布している）。(6)市民は同じくらい強く選好する二つの政策については投票を棄権し，また政策があまりに自分の選好からかけ離れているときも棄権する。(7)政党は選挙に勝つために政策を決定し，自ら一定の政策を打ち出したいから選挙に勝とうとするのではない（獲得票数の極大化が目的で政策はその手段である）。(8)政治的問題について政党はどのような政策でも採用できる（政党は一定のイデオロギーを固持せず，市民の支持を極大化するためには自由に政策を変更する）。(9)複数の政治的問題についての政策が一つのパッケージとして提示されているとき，市民はこれらの問題の各々に同一のウェイトを与えている。(10)政党の間で票の獲得をめぐり完全競争が存在し，それ故政治権力が多くの無名的な有権者の手に握られている。(11)政党は各市民の効用関数につき完全な情報を有し，市民は政党の採用する政策が自己に生み出すコストとベネフィットについて完全な情報を有している。…これらの諸条件が満たされていれば，二政党の場合には直線上の中央（メディアン）に位置する政策へと二政党が接近し，この政策が均衡となること，多数政党の場合には，メディアンとその近くの左右の二点に位置する三つの政策が均衡となることを簡単な理屈によって証明することができる。そして，二政党におけるメディアンでの均衡は同時に最適であるのに対し，多数政党においては政府の中での多数派形成のために政党間での結束が生じ，政策が選挙後に変更される可能性があることから結果は不確定であり，現実に生じた結果が最適である保証もない。更に，これらの場合に最適な状態が生じても，これが初期状態と比べてパレート改善されているとは限らない。有権者の多数派によって支持された政策が少数派の状態を低下させることがあるからである。以上の様々な論点をここで詳しく説明することはできないが[7]，純粋民主主義の上記の諸条件が現実に満たされえないことは言うまでもない。条件(11)の完全な情報は現実には入

手不可能であり，(7)と(8)が要求するようにすべての政治家が自らのイデオロギーとは無関係に市民の選好の充足（即ち獲得票数の極大化）のみを目指すとは限らない。また，(10)のような完全競争がありうるとしても，それは選挙の期間中のみ存在し，選挙が頻繁に行われない限り政治家が選挙後に市民の選好を顧慮せずに政策を決めることもあるだろう。また，私的利益の極大化を個人の投票行為に適用すると合理的人間は投票しないという問題がある。今，個人が各々政治問題に関する各政党の立場につき情報を集めて投票場に赴くコストをC，最も強く選好する政党が勝つことから個人に生ずる利益をB，当該個人の投票が選挙の結果を左右する蓋然性をP，個人が選挙に参加することから得る満足をDとした場合，選挙人のサイズが極めて大きいことからPの値が小さく，Cのコストが高いときはB×P＋D＜Cとなり，個人は投票しないことを合理的と見なすだろう。このように投票しない個人が存在すること以外に，民主主義が条件(10)を満たさず資源の効率的な分配を達成しえない原因として利益団体（interest group）の政治活動がある。

　代表民主制における一般市民と公職者の関係は本人（principals）と代理人（agents）の関係として捉えられるが，本人が代理人の行動をモニターするコスト（いわゆるagency cost）が高くなることから，代理人が本人の利益に反する仕方で私的利益を極大化する傾向が生ずる。そして代表民主制においてこの種のコストを生み出すのが，立法者たる政治家と利益団体との間で行われるサイド・バーゲンである。

　市場の失敗を克服し公共財を生産する法律が存在することは言うまでもない。しかし「法の経済分析」によれば，ある種の法律は，それを最も高い代価で買いとろうとする（そして買いとることのできる）者に与えられる商品であり，法律をめぐるこの市場で通貨として機能するのが「政治的支持」である。この場合，個人たる限りでの一般市民が投票という手段によって政治家を支持するのに対して，利益団体は投票以外に様々な手段（選挙運動の資金援助など政治家が自らの地位を維持するために欲するあらゆるもの）を利用して，自らの利益を極大化する法律を供給してくれる政治家を支持する。この種の法律としては，政府が特定の生産者のカルテルを許容したり，特定の企業に直接的に高いコストを課したり，更には課税によってある集団から別の集団へと明らかさまに富を移転する法律などがありうるだろう。組織化された利益団体が投票以外の手段を用いて，自由競争市場で獲得しえた以上の

利益を立法手段を通じて獲得しようとする（いわゆるレント・シーキング（rent seeking））のに対し，一般市民は立法上の問題が自分たちに及ぼす影響を正確に評価し，自分と同一の利害関心を抱く他の人々を特定化するための情報の獲得にコストがかかることから自ら組織化することが困難である。また，このような人々を特定化しえたとしても市民が一致協力して集団を組織化できるとは限らない。協力関係形成には「ただ乗り」の問題を克服するために取引コストがかかるからである。

　利益団体がレント・シーキングによって自らに有利な法律を獲得できるのは，上記の情報コストと取引コストが他の集団と比較して低いからに他ならない。特に，同一の利害関心を抱く集団のサイズが大きくて社会全体に拡散している場合は，たとえある種の法律がこの集団の利益になるときでも，法律が集団にとって公共財の性格を帯びることから成員の間に「ただ乗り」の動機が生じ，囚人のディレンマ的状況によって組織化は不可能になる。情報コストと取引コストは集団のサイズの拡大に比例して大きくなるが故に，既に共通の利害関心で団結している小規模な団体は有力な利益団体を形成しやすい。かくして，利益団体のみを利する法律によって一般市民の総体的な状態は悪化していく。自由市場での財の交換が社会全体の富を増大させるのに対し，この種の法律は，結束できない拡散した市民から利益団体へと富を強制的に移転するにすぎない。従って，富の真の供給者は，供給するだけで何も獲得することのない一般市民であり，立法者というブローカーを仲介にして需要者たる利益団体が富を獲得する。各市民は自らが被るコストが非常に小さいことから，法律の真の機能が強制的な富の移転にあることに気がつかない。法律は富の供給者たる一般市民とブローカーたる立法者，そして需要者たる利益団体の間での均衡から生じ，それ故あまりに多くの（あまりに少い）法律が制定されれば，別の集団が新たな結束を形成し，従来の政治家は政治的支持を極大化しうる別の政治家にとって代られる。これは人々の需要に呼応しない生産者が市場から排除されるのと同様である。従って政治家が自らの利益を極大化するには，上述の情報コストと取引コストの小さい団体（利益団体として結束し易い団体）を識別し，この集団へと富を分配する必要があり，さもなければ，組織化されていない市民の一部の利害にとって重要な意味をもつ問題を捜し出し，この集団に自らの利害関係を自覚させて一つのまとまった利益団体への結束を促すことによって政治的支持を獲得する必

要があるだろう。これに対して、情報コストと取引コストの故に結束できない一般市民を害する法律の制定は政治家にとって大きなコストとはならない。更に立法者は、明白に特定の利益団体を利する法律にあたかも公的利益を促進する外観を与えることで、政治的支持の喪失を防ぐことも可能であり、また利益団体が立法の対象となっている問題に関する情報の流れを操作して、現実には利益団体のみを利する法律を立法者が誤って公益を促進するものと誤解して制定することもあるだろう。また、利益団体を利する法律は単に再分配的でいかなる富をも生み出さない一方で、利益団体のレント・シーキングはそれ自体で資源を消耗する非生産的な活動であり多大の機会費用を社会に課すことになる。更に、情報コストと取引コストの故に一般市民は自分たちに有利な法律を制定してもらうために充分な政治的支持を提供しえないが、一般の市民は、利益団体を利する仕方で現実に制定された法律を当の利益団体が欲する以上に強く別の何らかの法律を欲しているかもしれない。このとき、資源はそれを最も強く欲するものに与えられていないわけである。

　立法過程を以上のように把握したとき、憲法はどのような機能を果しているだろうか。契約法が自由市場の財の交換過程を外部から構造化するように、憲法は市場的な立法過程を外部から構造化する高次のルールである。しかし憲法も通常の法律と同様に何らかの意味で人々の選好の表現であることに変りない。憲法は人民の意志たる法律がどのような過程を通じて制定されるべきかに関する人民の意志の表現である。今、アメリカ憲法の脈絡を例にとれば、立法過程における憲法の機能について少くとも三つの見解が対立している[8]。先ず、リパブリカニズムと総称される立場に立つ一部の人々の見解は、憲法によって拘束された立法過程の総体を市場として捉える見解を否定する[9]。立法過程は公共善を追求するフォーラムであり、投票は単なる私的選好の表明ではなく、公共善とは何かに関する真理値をもつ判断の表明である。立法過程は私的選好が社会的選好へと集約される場ではなく、理性的な討論を通じて私的選好が修正され、正しい選好が形成されていく場である。私的選好は立法過程の外部に既に存在し、この過程を通じて社会的選好へと集約されていく外生的（exogenous）なものではなく、私的選好自体が立法過程に内生的（endogenous）であり、立法過程は人々の選好を浄化し、私的利益を追求する赤裸々な選好の除去を目的とした非市場的コミュニケーションの場である。公共善は人々の選好とは独立に存在し、社会的選好は公共善を構成

するものではなく，公共善が何たるかを示す証拠でしかない。憲法は，立法過程が赤裸々な私的選好によって支配されることなく公共善の発見の場となりうるように当の過程に一定の拘束を課する。従って，憲法制定者は私的利益を極大化する人間ではなく公共善を追求する有徳な非市場的人格とされ，この限りでリパブリカニズムは憲法制定に関しては私的利益の極大化の原則を拒否するわけである。

　リパブリカニズムの憲法理論によれば，司法審査の制度は立法過程が赤裸々な私的選好が衝突し妥協しあう戦略の場となることを阻止し，利益団体のポリティックスを拒否するためのものであり，単に，立法により影響を被るすべての利益団体が立法過程に参加できることを手続的に保障するだけのものではない。確かに司法審査の解釈については，立法が単なる私的選好のトレード・オフの結果ではなく何らかの公的価値を実現すべきことを要求する一方で公的価値の具体的内容には限定を設けない弱い形態から，立法が実現しようとする公的価値とこれを実現するために立法者が選んだ手段との密接な関係を要求したり，公的価値であっても或るカテゴリーに属する価値を拒否したり，更には或るタイプの個人的利益を人権としてア・プリオーリに規定し，いかなる公的価値も人権を侵害しえないとする強い形態まで様々な考え方がありうるが，いずれにしても以上の見解が憲法の存在理由を利益団体のポリティックスの阻止に見ていることに変りはない。

　これに対して第二の見解は，憲法制定にも私的利益極大化を及ぼして通常の立法過程と同様に憲法制定をも利益団体の戦略的行動によって説明可能であるとし，しかも憲法の機能は利益団体のポリティックスの促進にあると主張する。アメリカ憲法の起草者は自己の経済的利益を保持し増大できるように政府を構造化する目的で憲法を創造し，例えば司法審査の制度は法律を違憲とする権限を司法権に与えることによって資本家に不利な立法を阻止するために，あるいは法律の改正を遅らせ人民の意志の政治的表出を阻止するために資本家自身によって案出された，というタイプの経済的解釈は憲法の歴史的説明として誤りであるとしても[10]，現在の「法の経済分析」はこれとは異なった視角から同じように起草者の経済的利益の保持や増大の動機によって憲法の制定を説明している。この説明によれば，立法過程で競争しあう利益団体の間での政治的均衡から法律が生まれるように，憲法も利益団体の圧力の結果形成されたものであり，憲法制定後の政治を利益団体が支配するこ

とを可能にすべく起草者によってデザインされたものであった。この点，次のように説明されている[11]。私的な契約においては，契約が両当事者によって同時に履行されないとき，将来も相互に取引を続けたいとの願望だけでは履行を保証するために充分でなければ，当事者は契約を強制してくれる第三者がいた方がよいと考えるだろう。法律は利益団体と立法者との間の契約ないし取引を通じて生まれる。しかし，立法者と利益団体との取引については，これを強制して不履行者に制裁を課すようなメカニズムは存在しない。利益団体と立法者との取引の内容を後の立法者が自由に変更してしまうという予測があるならば，利益団体にとって法律のもつ価値は減少し，利益団体が自らに有利な法律と交換に提供しようとする政治的支持も弱まるだろう。従って政治的支持を極大化する立法者は利益団体への約束を自ら守ることを保証するような体制を作ろうとする。即ち，立法者はひとたび制定された法律を廃止しにくくして，利益団体への約束を信頼に足るものとすることにより，利益団体にとって法律の価値を引き上げ立法サーヴィスへの需要を増大させることによって，法律と交換に自らが獲得する政治的支持を極大化しようとする。このために用いられた手段が司法権の独立，及び司法審査という憲法上の制度である。司法が立法に従属していれば，法律が一般的な文言で書かれていることから裁判所は以前の立法者が制定した法律を現在の立法者の要望にそった仕方で解釈し直し，実質的には解釈を通じて法律を修正することになり，以前の立法者と利益団体との間の取引を破棄することだろう。これに対して司法権の独立と司法審査は，立法者にとり利益団体の間の取引を後の立法者が取り消すためのコストを高め，法律の永続性を保証する。確かに司法権の独立は裁判所が好まない法律が適用されない可能性を高めるが，立法者によって意図されていた意味に従って裁判所が法律を適用すれば，司法は利益団体のポリティックスを促進していることになる。また，司法審査制度は利益団体が自らに有利な法律を先ず獲得するためのコストを高めはするが，このコストよりもひとたび制定された法律の永続性のベネフィットの方が利益団体にとってより大きいはずである。要するに以上の見解によれば，憲法は立法者と利益団体との間のバーゲンから生じた法律が後の法律によって変更されるのを防ぐ手段であり，司法権の独立は憲法レヴェルで利益団体が勝利したことの証しなのである。

それ故，法律が利益団体と立法者の二当事者間の契約であり，司法権の独

立の趣旨がこの契約の履行を保証することにあるならば、裁判所は私的契約を解釈するときと同じ方法を用いて両当事者の動機にまで立入って法律を解釈しなければならない[12]。法律の文言が表面的には公共の利益を促進する趣旨のことを述べていても、裁判官は外観の背後にある利益団体の動機を理解し、利益団体の意図にそった仕方で法律を解釈すべきことになるだろう。

　以上の見解は正しいだろうか。憲法で司法権の独立が認められていないと立法者が利益団体との取引を無視する可能性が強くなり法律の永続性が損なわれる、という考え方がこの見解の前提にあるが、この考え方は正しいだろうか。そうとは思えない。政治家は再選を望むはずであり、利益団体と政治家との取引が繰り返されるのであれば、取引に違背して法律の改正や廃止に賛成した政治家は次期の選挙で利益団体の支持を得られないことから、利益団体としては、立法者が取引の結果たる法律を簡単には改正したり廃止しないことを確信できるだろう。従って司法権の独立や司法審査といった憲法上の外部的拘束がなくても、利益団体と立法者の間でゲームが反復される可能性があることから法律の永続性が内部的に保証されているわけであり、それ故、憲法は利益団体のポリティックスを促進するためのものであるという見解は誤りと言うべきだろう。更に、立法府と異なり利益団体からの支持を必要としない裁判所が利益団体と立法者の契約を尊重する動機をもつとは（裁判官の私的利益極大化の観点から見た場合に）考えられない。

　従って、上記の見解とは異なり憲法の機能は、相互的な合意が必要とされる自由市場の外部で法律という手段によって利益団体が自らの経済的目的を達成するのを阻止することにあり、司法権の独立、司法審査、更には二院制といった制度は、立法過程における利益団体の活動のコストを高めることにあると考えるべきである。しかし、第三の見解はリパブリカニズムを採用することなく、私的利益極大化の原則に依りながら憲法上の拘束を説明している[13]。つまり、憲法が利益団体にとってコストであることを認める一方で、当の憲法を政治家や利益団体の私的利益の極大化から生じたものと考えるわけである。憲法は、立法過程において利益団体が法律を得るために負うべき取引コストを確定するが、利益団体は憲法制定においてこの種のコストを低下させる立法構造が自らの利益を極大化するとは考えない。立法過程において多数の利益団体が立法をめぐって競い合うとき、各々の利益団体は他の団体へと富が移転するような立法を阻止するために自らの資源を費そうとする

だろう。レント・シーキングが容易となるように立法過程が構造化されていれば、それはあらゆる利益団体にとってレント・シーキングが容易だということである。そこで各々の団体は、むしろ憲法上の拘束によって自己をも含めたすべての団体にとりレント・シーキングのコストが高くなることを望むだろう。これにより各々の利益団体にとって自らに有利な法律が制定される可能性は減少しても、他の団体へと自己の富が移転することから保護される利益の方が大きい、と考えられるわけである。一種の「無知のヴェール」の故に、各々の利益団体にとって、憲法制定後の立法過程において自らがレント・シーキングによって将来利益を得る団体に属することになるか否かが不確定である。それ故各々の団体は、他の団体のレント・シーキングによって将来自らが不利を被ることを予期して相互にレント・シーキングを行わないことを合意し、合意を確実なものとするために立法過程に一定の構造を与えたのである。また、他の団体の活動により不利益を被る弱い諸団体が「囚人のディレンマ」の故に相互に結束できないこともあるだろう。憲法はこの種の「囚人のディレンマ」を克服するコストの高さの故に制定されたとも考えられる。要するに、司法権の独立、司法審査、二院制、行政の拒否権といった立法過程を拘束する（アメリカの）憲法上の制度は、人権規定のように様々な解釈を許容する単なるテキスト以上に効果的に利益団体の活動を抑制するのであり、憲法は立法の手段によって利益を極大化しようとする人々の活動を、合意的交換の場である市場へと押し返すことによって、立法という公的セクターの範囲を縮小する機能を果すのである。

　この場合、司法権が民主主義に違背する仕方で立法過程に積極的に介入すると考える必要はない。司法権は制定法の文言自体の客観的意味を適用することを通じ、立法権を侵害することなく利益団体の活動を抑制できる[14]。制定法の解釈は既述したように利益団体と立法者の取引をその動機にまで遡って解釈するのではなく、テキストの文言で表現されている意図に従うべきである。それ故、レント・シーキングの結果生じた法律が文言上公益を促進する外観を呈するときは、裁判所はオーソドックスな解釈方法を用いながら利益団体の活動を阻止できる。ある法律が特定の利益団体を利することが露骨にその文言から明白なときは、この解釈方法を用いても利益団体の活動を阻止できないが、法律を公益促進的に偽装することは利益団体にとって低いコストでの立法を可能にすることから、この種の偽装的立法の数は多くなるだ

ろう。公益を促進するものとして法律をカムフラージュすれば,当の法律がライバルの団体や一般市民に及ぼす不利益を評価するコストが高まり,逆に法律によって害を被る集団の支持を立法者が失うコストは低下し,これによって利益団体にとって立法のためのコストも低下するからである。ところが,公益促進の外観を呈する法律が利益団体にとり低い代価で入手できるにしても,裁判所が文言の客観的解釈という伝統的な解釈方法を採用すれば,当の法律はまさに公益を促進し,利益団体の利益に合致しない仕方で適用されることになり,利益団体がこれを回避するにはカムフラージュをやめてレント・シーキングを露呈させるような表現で法律を示さねばならない。しかし,この種の立法には高いコストが課せられる。従って,利益団体のレント・シーキングは,公益促進のカムフラージュによって低いコストでの立法が企てられれば裁判所の解釈方法自体により挫折し,逆に私的利益追求を露呈する法律を入手しようとすれば立法過程で高いコストが課せられることにより,同じく挫折することになる。

　要するに,私的利益極大化が公的領域において非効率な結果を生むとき,憲法は公的領域における私的利益極大化に高いコストを課すことによって,当の私的利益極大化を公的領域から私的な市場へと押し戻し,逆に自由市場を立法の介入から保護する。しかし,憲法自体が私的利益極大化によって説明可能なことに注目すべきである。自由市場が達成しえないことを民主主義的な立法過程が達成しうることは明らかである。しかし,立法の介入の度合が最適であるためには,憲法を正しくデザインし解釈することによって立法過程を適切に抑制する必要があるだろう。本章は成文法としての憲法が存在し,司法審査制度が存在していることを前提とした議論である。民主主義と憲法の関係についての規範的な議論は第4節で展開される。

（1）　市場と政治過程の異同については,Buchanan, T. M., 'Individual Choice in Voting and the Market,' *Journal of Political Economy*, vol. 62, 1954, pp. 334-43.
（2）　Black, D., *The Theory of Commitees and Elections*, Cambridge, 1958, pp. 14-25. ただし,ブラックの条件は充分条件であり,必要条件については,Sen, A., *Collective Choice and Social Welfare*, San Francisco, 1970, pp. 168, 174 参照。センは,少くとも1つの選択肢が,どの個人の選好順序においても特定の順位には置かれていないこと（value-restrictedness）を必要条件として指摘している。
（3）　例えば Barry, B. and Hardin R., eds., *Rational Man and Irrational Society?* Bev-

erly Hills, 1982, pp. 213f. の諸論文を参照。
（4） Riker, W. H., *Liberalism against Populism*, San Francisco, 1982. また, Riker and Weingast, B., 'Constitutional Regulation of Legislative Choice,' *Virginia Law Review*, vol. 74, 1988, pp. 373f. は経済的な立法に対しても司法審査による積極的介入を説く。
（5） 詳しくは, Buchanan, J. M. and Tullock, G., *The Calculus of Consent*, Ann Arbor, 1962, pp. 184f. 参照。
（6） Downs, A., *An Economic Theory of Democracy*, New York, 1957. また, Ordeshook, P. C., 'The Spatial Theory of Elections,' Budge, I., Crewe, I., and Farlie, D., eds., *Party Identification and Beyond*, London, 1976, pp. 285-314 参照。
（7） Ordeshook, P. C., 'Pareto Optimality in Electoral Competition,' *American Political Science Review*, vol. 65, 1971, pp. 1141-45; Otto, A. D., Hinich, M. J., and Ordeshook, P. C., 'An Expository Development of a Mathematical Model of the Electoral Process,' *American Political Science Review*, vol. 64, 1970, pp. 426-48; Hinich, M. J. and Ordeshook, P. C., 'Plurality Maximization vs. Vote Maximization, *American Political Science Review*, vol. 64, 1970, pp. 772-91 参照。
（8） Macey, J. R., 'Competing Economic Views of the Constitution,' *George Washington Law Review*, vol. 56, 1987, pp. 50-80 参照。
（9） Sunstein, C. R., 'Interest Groups in American Public Law,' *Stanford Law Review*, vol. 13, 1985, pp. 29f.; Id., 'Naked Preferences and the Constitution,' *Columbia Law Review*, vol. 84, 1984, pp. 1689f. 参照。
（10） このタイプの解釈は Beard, Ch., *An Economic Interpretation of the Constitution of the United States*, New York, 1921 に見られる。
（11） Landes, W. M. and Posner, R. A., 'The Independent Judiciary in an Interest-Group Perspective,' *The Journal of Law and Economics*, vol. 18, 1975, pp. 875f. 参照。
（12） Easterbrook, F., 'The Supreme Court, 1983 Term-Foreward: The Court and Economic System,' *Harvard Law Review*, vol. 98, 1984, pp. 4f. 参照
（13） Macey, op. cit., pp. 71f. 参照
（14） Macey, J. R., 'Promoting Public-Regarding Legislation through Statutory Interpretation: An Interest Group Model,' *Columbia Law Review*, vol. 86, 1986, pp. 223f. 参照

第3節　審議と社会的選択

　我々は民主主義的決定手続の結果にどれほどの合理性を期待できるだろうか。周知のごとく民主主義的な人民参加に関しては二つの理論が対立している。一つは審議（ないし討議）民主主義論, もう一つは社会的選択の不均衡

理論である[1]。前者は民主主義過程を通じて我々が合意を形成し、合理的な結果を生み出し、更には正義の原理でさえ手に入れることができると主張する。民主主義の決定手続が公正であるために必要とされる条件は、各々の参加者に審議への平等なアクセスが認められ、問題を提起し、反対意見を述べ、審議の中に新たな選択肢を導入する、そして審議を通じて自己の選好を変更していく平等な機会が与えられるような、拘束のない言説の場であり、このような手続上の要件は、言説の場を規律するルールが特定の参加者にとって有利なものにならないことを保証する。公正な手続を通じて合意されたことは、公正な手続を通して合意されたことのみを根拠として正当化される。これに対して社会的選択論は、民主主義的決定手続に公正さの一定の規準を課すると、三人以上の投票者と三つ以上の選択肢を伴う多数決ルールの下では、決定手続から生ずる結果は潜在的に不均衡であり、従って多数決ルールから生ずる結果は内在的に不合理かつ不安定であると主張する。しかし興味深いことに、これら二つの見解はともに公正な手続の条件に関してほぼ同一の想定を設けている。即ち討議への平等のアクセス、強力なアジェンダ設定者の不在、アジェンダ修正を提案し、あるいはこれに反対する無制限の機会、選好の無制約性などである。このような想定の類似性にもかかわらず、一方の立場は民主主義的言説の公正な手続的条件が道徳的に正当な結果をもたらすことを主張し、他方の立場は民主主義過程がカオスと不均衡を生じさせることを主張する。要するに前者によれば、体制は民主主義的であればあるほどより良い結果をもたらすのに対し、後者によれば民主主義的であればあるほどより不安定で恣意的な結果が生じる。しかしこの二つの見解に関して先ず指摘すべきことは、これらがともに非常に抽象的で、現実の民主主義的意志決定の状況から遠く隔っているということである。

　或る審議民主主義論者によれば、民主主義の本質は投票や個人的利益の集約、憲法上の権利あるいは自己統治といったものではなく、自由で平等な対話的審議に存する[2]。審議民主主義は主に次の三つの主張からなっている。(1)決定手続はすべての参加者に自由で平等なアクセスを認めなければならない。(2)個人の私益や選好は討議を通じ変容していくこと（討議を通じて各々の参加者が自分の真の選好を見い出していくこと）が期待され、従って言説による自由な相互の説得を通じて参加者の個人的選好は収斂していくことが期待される。(3)正当性の最も説得的な源は理性的審議にあり、正当性は自由

で平等な個人の間で理性的かつ公正に遂行される集団的審議のプロセスから結果する。これら三つの条件を充足する理想的な審議の状況から理性的で公正な、それ故正当な結果が期待されるだろう。審議を通じて諸個人の選好は全員一致の合意になることから、個人的選好を集約することは不必要である。審議における言説は諸個人が選好を表明するためのものではなく、選好を形成し理性的な合意を生み出すためのものである。

　これに対して社会的選択論は、審議が理想的な言説の状況に近づけば近づくほど恣意的な結果が生ずる可能性は高まる、と主張する。社会的選択論によれば、民主主義的決定は選好の内容について審議することではなく、諸個人の選好を集約して社会的選好を導き出すことである。しかしK.アローが証明したように、諸個人の選好の集約化から不可能性、不安定性、恣意性を払拭することはできず、民主主義的決定を拘束する諸条件として問題なく適正と思われる幾つかの条件をすべて充足するような集約方法は存在しない。W.H.ライカーが指摘したように、「人民の意志」は人々の選好を集約するために用いられる仕組から独立して存在するわけではなく、選好を集約する方法が異なれば「人民の意志」なるものも異なってくる。そして選好集約のための数多くの仕組の中から一つを選定すべき適正な理由が存在しなければ、民主主義的とされている集団的選択は恣意的となり、民主主義もその意味を失う。

　諸個人の個人的選好から社会的決定を導き出す手続に民主主義的な公正さの観点から適切と言える条件を課すと循環が生じうることは、周知のM.J.コンドルセの「投票のパラドックス」に示されている。三人以上の投票者と三つ以上の選択肢から成る選択状況において、選択ルールとして公正と見なしうる多数決ルールを選択肢二つずつに適用していくと勝者が循環することがある。今三つの選択肢a・b・cに対する三人の人間X・Y・Zの選択順序が表2のようなとき、aとb、bとc、cとaそれぞれに多数決ルールを適用するとa＞b＞c＞aという推移律に違反した不合理な結果が生ずる。また、例えば最初にaとbを比較してaを決定し、次に勝者aとcを比較してcを決定する方法を用いれば一つの選択肢を選定できるが、この場合は最初に比較する二つの選択肢をa・b・cのうちどれにするかで結果が変化するという不合理性が生ずる。多数決ルー

表2

(個人)	X	Y	Z
第1順位	c	b	a
第2順位	a	c	b
第3順位	b	a	c

ルの循環は例えば100人の投票者と，当該問題に関して100個の選択肢のある選択状況において99％の多数決ルールを適用した場合にも生じうるだろう。

　コンドルセが特定の問題（例えばa・b・cという三つの選択肢のうちどれを選ぶべきか）に対する投票において多数決ルールを適用すると生ずる循環を論ずるのに対して，K.アローの定理は，我々にとって問題となるあらゆる仕方で完全に決定された諸事態の全体に対して選択がなされる非現実的な状況を前提にしている。我々は一人の大統領とか一つの法律について選択するのではなく，あらゆることが確定している一つの全体的世界（あらゆる大統領たち，あらゆる法律……）を選択し，我々がひとたびこの単一の社会的選択をした後は，我々が集団的に選択すべき何ものも残っていない。アローがこのような条件を設けたのは，すべての個人的選好とそこから結果する社会的選好が純粋に序数的な選好であることを想定したからである。我々が或る二つの選択肢AとĀについて選好を形成するとき，AとĀだけでなくこれ以外の選択肢（例えばBとB̄）とのパッケージについて選好を形成するのが常だろう。即ちAとĀについてではなく，(A＋B)よりも(Ā＋B̄)の方がよいと考えるのである。そうだとすると，一般的に言って我々にとり或る特定の複数の選択肢に関してだけ序数的な選択を行うといったことは不可能であり，序数的な選択は問題となるあらゆる全体的状態に対して行われることになる。言うまでもなく，社会的選択を世界のあらゆる全体的状態に対する一回限りの選択として理解することはあまりに非現実的であるが，アローはこのような前提の下に，周知の如く次の四つの条件をすべて充足し推移的な社会的選好順序を生成させるような社会的選択手続（社会的厚生関数）が存在しないことを証明した。この四つの条件を簡単に繰り返しておけば，(1)個人はすべての選択肢についてどのような選好順序を表明してもよい。選択ルールは個人的選好順序のどのような集合にも適用可能でなければならず，例えば個人的選好順序の集合に多数決の循環がみられるケイスでさえ処理できるものでなければならない。これは個人的選好の無制約性と言われている[3]。(2)すべての人がbよりaを選好しているならば，社会もbよりaを選好しなければならない。誰もbをaより強く選好しておらず，少くとも一人がaをbより強く選好しているならば，社会はaをbより強く選好しなければならない。これはパレート最適性と言われる。(3)或る複数の選択肢に対する社会的選択は，当の複数の選択肢に対する諸個人の選好順序にのみ依存し，選択

とは無関係な選択肢に対する個人的選好順序から独立していなければならない。これは無関係な対象からの独立性と言われる。(4)選択ルールは独裁的であってはならない。唯一人の人間の選好順序が他の人々の選好の如何にかかわらず常に社会的選択によって採用されるようなことがあってはならない。これは非独裁性と言われる。アローは，二人以上の人間と三つ以上の選択肢に関して，上記の四つの条件を常に充足する選択手続が存在しないこと，(1)(2)(3)の条件の充足から(4)の否定（即ち独裁性）が帰結しうることを証明した。従って民主主義的決定のメカニズムは次の四つの欠陥のうち少くとも一つの欠陥を帯びることになる。(1)個人的選好順序のある種のプロファイルに対しては確定した社会的選好順序を生成させない（選好の無制約性の違反），(2)しばしばパレート最適でない選択肢をパレート最適な選択肢より上位にランキングする（パレート最適性の違反），(3)選択肢の集合（アジェンダ）を変化させることによる操作可能性（無関係な対象からの独立性の違反(4)独裁（非独裁性の違反）。

　アローの定理は我々が民主主義的な社会的選択に到達する可能性を排除するわけではなく，「あらゆる社会は，どれほど合意が欠如していようと複数の全体的状態のすべてを社会的に順序づけるための一つの集約的ルールに従うことができる」という論理的可能性を排除するにすぎない。確かにアローの定理は現実離れしている。我々には社会の全体的諸状態を順序づけるための充分な知識を持つことは不可能であり，全体的諸状態の記述は，選択する社会の構成員が刻々と変化する現実世界においては全く意味を持ちえない。むしろ我々は社会の全体的諸状態のすべてに対して選択を行うのではなく，幾つかの状態に関して先ず選択した後に別の幾つかの状態に関して選択し，後の選択に際して以前の選択を見直すというようにピースミールに選択していくのが好ましいと考えるだろう。しかし，このように考えても，何について先ず選択し何を後回しにすべきか，何を見直し何を選択されたままにしておくべきかを決定する最善の民主主義的手続が規範的に確定される方法がこれによって示唆されているわけではない。確かにアローが社会的選択に課している条件と，社会的選択と見なされるものの一般的形成（あらゆる全体的状態を完全に順序づけること）は非現実的であるにしても，だからといって何らかの社会的選択ルールが規範的に正当化されるわけではない。もし特定の選択ルールを積極的に擁護する論証がなければ，アローの定理の否定的意味

合いは依然として効力をもち，より現実的な想定も，個人的選好順序の社会的集約は規範的に不整合であるという結論に対処することはできないだろう。事実，現実的な想定の下でもコンドルセの投票のパラドックスが示すように民主主義的な多数決ルールは不合理な結果を生み出しうるのである。

さて，審議民主主義はアローの選好の無制約性と同様に，異なった選好をもつすべての人々に政治的決定への平等なアクセスを認めている。しかし他方で審議民主主義は理想的な言説の状況において，当初は異なっていた人々の選好が相互の説得によってやがて全員一致の合意へと至ることを想定している[4]。しかし言うまでもなくこれはあまりに楽観的な考え方だろう。言説の状況が自由かつ平等であっても，すべての人々の選好が類似している強固な共同体でもない限り，審議の結果，各人の選好の相違が更にいっそう深刻化することも充分にありうることであり，また，仮に審議を通じて人々の選好が変化し，選好の相違が小さくなっていくにしても，完全な合致に至らない限り最終的には投票が必要となり，アローが提起した問題が生ずるだろう。また審議自体に大きな機会費用がかかり，自分の言説が審議の結果に微細な影響しか及ぼさないのであれば，各人は審議に参加しないことを選択するかもしれない。また或る審議民主主義論者は，「このような審議への参加者は平等と対称性の規範に規律されている。すべての参加者は言語行為を開始し，質問し，審問し，討議を始める同一の機会を有している。そしてすべての参加者は指定された会話の主題について質問する権利を有し，そしてすべての参加者にはディスコースの手続のルール自体と，ルールが適用され実施される仕方に関して反省的な議論を開始する権利がある。排除されたいかなる個人や集団も，問題になっている提案された規範によって自分たちがそれなりに影響を受けることを正当に立証できる限り，一見したところ会話のアジェンダや参加者の顔ぶれを制限するようないかなるルールも存在しない[5]」と述べているが，参加者が増えれば増えるほどこのような審議は実際上，途方もなく時間がかかり，全く不可能になるだろう[6]。このような場合，参加は討議ではなく投票による他はありえない。

これに対して社会的選択論は，民主主義的決定は常に潜在的に恣意的，無意味そして理解不可能な結果をもたらす可能性があり，従って諸個人の選好が事実上不可知であれば，そこから導出される社会的選択が合理的であるか否かも常に不可知であると主張する。従って，例えばライカーは民主主義的

決定に人民による意志の発現といった意義を認めることを否定し，定期的な選挙による圧制者の除去という消極的な機能しか認めていない。民主主義の本質は拒否権によって消極的自由を保護し圧制を防止することにのみ存する。しかし，民主主義の失敗に対してどのように対処すべきだろうか。社会的決定を政治的制度ではなく市場のメカニズムに委ねることもできない。アローの定理は市場にもあてはまるからである。投票も市場も社会的選択を行う際に諸個人の選好を融合させる方法であり，いかなる投票方法もパラドックスを除去できないように，市場のメカニズムも合理的な社会的選択を生み出しえないからである。

　アローの議論は民主主義過程のいかなる適切な正当化も存在しないことを含意しているだろうか。社会的選択論は審議民主主義の楽観的にすぎて非現実的な見解に対する根本的批判としては有益であっても，アローの定理への違反を回避するために民主主義を放棄すること，あるいはライカーのように極めて薄められた民主主義で満足することは逆の意味で行き過ぎではないだろうか。この問題に答えるためには，アローが社会的選択（即ち民主主義）に課した諸条件に目を向けてみる必要がある。アローの定理は一定の前提（社会的厚生関数が満たすべき四つの条件）から演繹的に導き出されたものであり，前提を承認すればその帰結である定理も承認しなければならない。しかしアローの前提が現実世界の脈絡において妥当なものでなければ，アローの定理から現実世界における民主主義を救えるだろう。例えば個人的選好の範囲がポリシー・スペースの比較的狭い部分に限定されていれば（即ち投票者の選好が充分に類似していれば）様々な投票方法が類似した選択を生み出すだろう。また，選好の無制約性あるいは非独裁性に違反した制度的ルールや拘束を社会的決定への参加者に課すことで，構造的に均衡状態を誘発することも可能である。社会的厚生関数を一部の参加者に有利なものにするというコストを払って強制的に社会的決定の安定性を確保することにもそれなりの合理性が存在する。

　それでは，アローが社会的選択手続に課した四つの条件のどれかを民主主義の理念に反しない仕方で修正することで，潜在的な循環性や恣意性を回避できるだろうか。この点，Ｊ．Ｓ．ドライゼクとＣ.リストの興味深い考察によると[7]，審議民主主義論と社会選択論は相互補完的な関係にあり，集団的決定を有意味なものにするための諸条件が審議を通じて形成されていく。要

するに，社会的選択論が主張する社会的決定の潜在的な不安定性は，審議を通じて形成される諸条件（アローの定理の前提となっている諸条件を緩和する諸条件）によって解消される，というのがドライゼク＝リストの主張である。この主張によれば，審議は(1)参加者に新たな事実や情報，特定の問題に対する新たな視座を示し，(2)参加者の注意を，諸問題の相互依存性に関する新たな議論に向けさせ，このような議論の内的首尾一貫性を確証あるいは論駁し，以前には隠れていた前提や想定を明白なものにし，論争が事実に関するものなのか，方法や手段に関するものなのか，それとも価値や目的に関するものなのか反省するよう参加者を誘導していく。(3)参加者は自分の選好を他者に対して正当化しなければならないとの認識の下に，自分自身の選好について反省するよう動機づけられる。(4)参加者が互いに語り合い相手の主張に耳を傾けるような社会的相互作用の状況を形成し，各々の参加者が自己自身と社会集団との相互関係を認識することを可能にする。

ドライゼク＝リストは，アローの定理とギバード＝サタースウェイトの定理を取り上げ，両者が社会的決定において指摘するディレンマが審議を通してどのように解消されるかを論ずる。先ず，ギバード＝サタースウェイトの定理によると，三つ以上の選択肢に対する諸個人の個人的選好のプロファイルから一つの選択肢を勝者として選択するための社会的選択関数は，選好の無制約性と非独裁性の充足に加えて，戦略的操作に耐えるものでなければならない（社会的選択関数が参加者の誰かによって戦略的に操作されるような個人的選好のプロファイルが存在しないこと）。この場合，戦略的操作は次のことを意味する。或る人間Xの真なる選好が選択肢aをbより上位にランク付けしているとき，Xが自分の真なる選好順序を提示すると社会的選択関数はbを選定し，Xが自分の選好順序を偽って提示するとaを選定するならば，社会的選択関数はXにより戦略的に操作され，Xは偽りの選好順序を自分の真の選好であるかのように提示して自分の真の選好順序において上位にランクされているaが社会的に選択されることを惹き起せるだろう。ギバード＝サタースウェイトの定理によれば三つ以上の選択肢に関する民主主義的決定において，選好の無制約性と非独裁性を条件として課せば戦略的操作の可能性が生じ，選好の無制約性と戦略的操作の不可能性を条件として課せば独裁性を認めなければならなくなる。

これに対してドライゼク＝リストは，審議が人々に対し自分の選好を偽ら

ず真の選好を提示するように動機づけること，個人的選好のプロファイルが社会的選択関数の戦略的操作を可能にするようなものであっても，審議を通じて人々は戦略的操作への動機を抱かないようになることを指摘する。その理由は，審議において人々は自分の選好を他者に対して正当化しなければならないが，他者を説得するような仕方で偽りの選好を正当化することは困難であり，ひとたび嘘言が見抜かれてしまえばペナルティとして他者の信用を失うからである。また数多くの人々が同時に戦略的操作を行い偽りの選好を提示すれば，一種の囚人のディレンマの非協力の状態が生ずるが，ゲームが繰り返されることで協力によるパレート改善が自ずと生じうるように，いずれはすべての人々が偽りの選好の提示を差し控え，協力して真の選好を提示するようになるからである。

　次に選好の無制約性の条件は，審議によって現実の選好プロファイルの領域が狭まりアローやギバード＝サタースウェイトの問題（循環と戦略的操作）が起らなくなることで緩和されうる。この点，例えばD.ブラックの単峰性（single-peakedness）の条件は選好の無制約性に違反して個人的選好に一定の制限を課すことでパラドックスを回避する。今或る個人が共通の特性をもった複数の選択肢を，共通特性上の理想点からの距離によって――即ち理想点に最も近い選択肢を第一順位に，その次に近い選択肢を第二順位に…そして理想点から最も遠い選択肢を最下位に置くような仕方で――順序づけているとき，当の個人の選好は単峰的であり，このような性質をもった選択肢の順序づけは「ディメンション」と言われる。そしてすべての個人が複数の選択肢を同一の尺度で（共通のディメンションにおいて）順序づけていれば，諸個人の個人的選好のプロファイルは単峰性の条件を満たし，パラドックスは生じない。人々は複数の選択肢をどのように順序づけるかに関しては合意できなくても，選択肢がそれによって概念的に解釈される共通のディメンションについては合意できるだろう。このようなメタ－レヴェルでの合意は単峰性を含意する。諸個人の選好が共通のディメンションによって選択肢を順序づけていれば諸個人の選好順序のプロファイルは単峰性を充足するからである。そしてドライゼク＝リストによれば，共通のディメンションの形成に寄与するのが審議である。

　無関係な対象からの独立性という条件も審議によって緩和され，パラドックスが生じないようになる。アローの定理によれば，選好の無制約性，パレ

ート最適性,非独裁性を充足すると同時に無関係な対象からの独立性をも常に充足するような社会的決定手続は存在せず,これは民主主義がアジェンダの変更による操作に潜在的にさらされていることを意味している。しかし集団的審議を通して諸個人が「関係ある」諸選択肢の集合Xの内容について合意に達することができれば,アジェンダ設定者がXの中に選択肢を入れたり,Xから選択肢を除去することで他の選択肢の相対的チャンスに影響を及ぼすことはなくなるだろう。従って,無関係な対象からの独立性の条件に違反することを意味するアジェンダ操作の論理的可能性は最早問題にはなりえない。審議がこの種の効果を持つ一例として,ドライゼク=リストは次のような事例を挙げている。無関係な対象からの独立性に違反する決定手続としてボルダの方式がよく知られている。n個の選択肢があるとき,各個人が最上位にランク付けする選択肢に($n-1$)点,最下位の選択肢に0点を与え,n個の選択肢に各個人が与えている点数を合計して,最高得点の選択肢を社会的選好順序において最上位に置き,最低得点の選択肢を最下位に置くのがボルダ方式である。今三つの選択肢 $x \cdot y \cdot z$ に対し100人の審議者がボルダ方式を用いて集団的決定を行う場合を考えてみよう。そして65人の審議者の選好が $x>y>z$ であり,35人の審議者の選好が $y>z>x$ だとする。このときボルダ方式を用いたときの各選択肢の得点は x が130,y が135,z が35となる。そこで自分が最も強く選好する x が y に敗北することを理解した賢い人間Aは,自分と同じく x を最上位に置いている他の64人が y より強く選好しそうな別の選択肢 w を導入し,自分の偽りの選好 $w>x$ を表明すれば状況を変えられる,と考えたとする。しかし審議集団の一員であるAは,自分の偽の選好 $w>x$ を他の審議者に対して正当化しなければならない。Aは進んで嘘をつくかもしれないが,もしこの嘘を他の審議者に説得できなければペナルティを受けるだろう。また他の審議者はAに対し,何故,審議をかなり経た後に w 導入しようとするのか問うだろうし,Aはこのことを正当化しなければならず,これも嘘だと分かればAはペナルティを受けるだろう。またAが x よりも w がよいことを説明しなければならないとすると,他の人々はAが本当は最善と見なしている x を実際に好ましくないものと評価するようになるかもしれず,Aのリスクは大きくなるだろう。それ故,無関係な対象からの独立性を充足していないボルダ方式も,審議の脈絡で用いられればアジェンダ操作にさらされる可能性は減少する,とドライゼク=リストは主張す

る。

　以上の主張が正しいか否かは，審議が社会的選択に課された拘束条件を実際に緩和させる効果をもつか，という経験的な事実に依存する。この点，審議民主主義について指摘したように，少数の人間集団での審議でない限り，審議にそのような効果を認めるのは非現実的だろう。

　さて，社会的選択論に依拠して民主主義の潜在的不合理性を説く立場に対しては，審議民主主義以外に，社会的選択論自体を疑問視し民主主義の合理性を擁護する立場がある。この立場の代表的な例としてG.マッキーの『民主主義の擁護』を挙げることができる[8]。ここではマッキーが問題にしている様々な論点の中から，無関係な選択肢からの独立性の条件（IIA）のみを取り上げることにする。マッキーによれば，この条件はすべての社会的選択が充足すべき直観的に合理的な条件とは見なされえない。選択の状況によっては，この条件を充足していなくても合理的と見なされる社会的決定が存在する。

　先ずマッキーはこの条件にはアロー自身が当初示した条件（IIA（A）と略）と，これと類似しているが区別されるべきラドナー＝マーシャクの条件（IIR（RM）と略）があることを指摘し，IIA（A）とIIR（RM）がそれぞれ違反される事例を例証する[9]。先ずIIA（A）が違反されている次の事例を考えてみよう。表3のように三つの選択肢A・B・Cに対する二人の投票者の選好がA＞B＞C，別の二人の投票者の選好がB＞C＞A，もう一人の投票者の選好がC＞A＞Bだと想定しよう。これら五人の個人的選好のプロファイルにコンドルセの方式を適用すればA＞B＞C＞Aという循環した集合的結果が生じ，ボルダの方式を適用すればB＞A＞Cとなる。条件IIR（A）が違反されるか否かをみるために上記の想定を変更し，B＞C＞Aの選好を有していた二名の投票者の選好がC＞B＞Aであるとしよう。このときコンドルセの方式では，集団的結果は循環からC＞A＞Bへと変化し，ボルダの方式ではB＞A＞CからC＞A＞Bへと変化する。この場合，AとBに対する五名の選好は第一と第二の想定の下で同一であるが，二名の投票者の選好がCを第2位から第1

表3　IIA（A）の違反

順位	第一の想定			第二の想定		
投票者	2名	2名	1名	2名	2名	1名
1位	A	B	C	A	C	C
2位	B	C	A	B	B	A
3位	C	A	B	C	A	B
コンドルセ	A＞B＞C＞A			C＞A＞B		
ボルダ	B＞A＞C			C＞A＞B		

位に変えると，ボルダの方式ではAとBに対する選好がB＞AからA＞Bに変化する。第一の想定から第二の想定に移行してもAとBに対する五名の選好が変化しないにもかかわらず，Cの順位が変化すると，ボルダの方式ではAとBに対する社会的選好順序がB＞AからA＞Bに変化するのであるから，これはIIA（A）の違反である。

次にIIA（RM）の違反をみていこう。表4にあるように，第一の想定は表2と同一とし，第二の想定は第一の想定の中のCを除去し，選択肢AとBだけに着目したものとする。この場合，選択肢AとBに対してコンドルセの方式を適用すれば第一の想定における循環からA＞Bへと変化し，ボルダの方式を適用すれば第一の想定におけるB＞AからA＞Bへと変化するだろう。これは選択肢Cを除去するとボルダの方式はB＞AからA＞Bへの変化をもたらす故にIIA（RM）に違反していることを意味している。

要するにIIA（A）は，A・B・CのうちAとBの順位を変えずCの順位だけを変えてもAとBの順位が変らないことを要求し，IIR（RM）は，A・B・CからCを除去してもAとBの順位が変らないことを要求する。マッキーはこれら二つの条件を区別した後，二つの条件が直観的に明白に合理的とは言えず，これらの条件に違反することが合理的と言える場合があることを指摘する。

まずIIA（RM）の違反が合理的と思われる事例としてマッキーは，或る個人Xが自国の軍備縮小と冷戦と本格的武力戦争のうち一つを選択する状況を挙げている[10]。今Xは平和が敵国への降伏を要求しない限り平和を選好しているとする。もしXが上記三つの選択肢すべてをランク付けすれば，冷戦が第一順位，本格的武力戦争が第二順位，軍備縮小が第三順位となるだろう。Xが自国の軍備縮小を最も好まないのは，それが敵国への降伏へと至るからである。他方でXは，冷戦の方が本格的武力戦争より犠牲者や惨事が少いことから，本格的武力戦争より冷戦を選好する。それ故Xが冷戦と本格的武力戦争の二つの選択肢に直面するときは冷戦を選ぶだろう。そしてXが本格的武力戦争と軍備縮小

表4　IIA（RM）の違反

順位	投票者	第一の想定			第二の想定		
		2名	2名	1名	2名	2名	1名
1位		A	B	C	A	B	
2位		B	C	A	B		A
3位		C	A	B		A	B
コンドルセ		A＞B＞C＞A			A＞B		
ボルダ		B＞A＞C			A＞B		

に直面するときは本格的武力戦争を選ぶだろうが、冷戦と軍備縮小の二つの選択肢に直面するときは軍備縮小を選ぶだろう。何故だろうか。その理由は、もし本格的武力戦争が選択のメニューにはなく最早ありえないことであれば、軍備縮小は敵国への降伏を要求せず、Xにとり冷戦の緊張よりも好ましくなるからである。三つの選択肢すべてに対するXの選好（冷戦＞本格的武力戦争＞軍縮縮小）は推移的であるのに対し、二つの選択肢に対するXの選好は非推移的であり循環している。しかしXの選択は充分に合理的だろう。この例から理解されうるように、選択肢に対する合理的な人間の選好が入手可能な選択肢のメニューによって変化することがあり、もしそうであればこれと類比的に、社会の選択がメニューに応じて変化することも合理的たりうるのである。社会集団は、関心対象となる選択肢がAとBだけのときはA＞Bの選好を抱き、選択肢Cもまた入手可能のときはB＞Aの選好を抱くことがあり、この選好は充分に合理的でありうる。従って、或る投票ルールがAとBが問題になるときはA＞Bを結果する一方で、AとBとCが問題になるときはB＞Aを結果することは、それ自体として当の投票ルールに反対すべき理由にはならない。

　しかし、以上のようなマッキーの説明は正しいだろうか。少くとも言いうるのは、マッキーが挙げている人間Xの例がIIA（RM）の違反と言えるか極めて疑わしいことである。というのも、この例で本格的武力戦争がオプションとして除去されたことで、冷戦と軍備縮小のパラメーターは変化し、マッキーも指摘するように、軍備縮小は最早敵国への降伏を含意しないからである。それ故、この場合一つの選択肢が単に除去されたのではなく、軍備縮小は意味そのものが今や変化し、最早敵国への降伏を含意しなくなり、本格的武力戦争が可能であったときの選択肢と同一の選択肢ではなくなったと理解すべきだろう。従って、一つの選択肢が排除されたことでXの選好ないし投票が変化した——それ故IIA（RM）が違反された——ことは確かである一方で、今や選択肢が異なったものになったことからXの選好ないし投票がXの見解の変化を反映しているか不明である。要するにマッキーはIIA（RM）の違反が合理的である説得力ある事例を提出していないと言うべきだろう。

　マッキーはIIA（A）の違反が合理的と言える事例も提示している[11]。今大学関係者がパーティに招待され、パーティでは飲物は一種類だけ、ビールかコーヒーのどちらかが提供されることになっているとしよう。しかし主催者

は誤って前年度の招待状をEメールで送ってしまい,この招待状にはビール,コーヒー,ミネラルウォーター,紅茶,ミルク,ソーダ水に順位をつけて欲しいとの文言があったとする。表5のようにビジネス・スクールからは五名が招待され,五名はすべてビール＞コーヒー＞ミネラルウォーター＞紅茶＞ミルク＞ソーダと答えたとする。ロー・スクールからは四名が招待され,四名はすべてコーヒー＞ビール＞ミネラルウォーター＞紅茶＞ミルク＞ソーダ水と答えたとする。このとき,九名の個人的選好のプロファイルにコンドルセの方式を適用すると,ビール＞コーヒー＞ミネラルウォーター＞紅茶＞ミルク＞ソーダ水となり,ボルダの方式を適用するとビール＞コーヒー＞ミネラルウォーター＞紅茶＞ミルク＞ソーダ水となり,主催者がどちらの方式を用いてもビール＞コーヒーであるからビールが勝者となりパーティで提供されることになる。しかし何らかの理由でロー・スクールの四名はパーティに出席できず,これに代わって神学部の四名が出席することになり,禁酒主義者であるこの四名はすべてコーヒー＞ミネラルウォーター＞紅茶＞ミルク＞ソーダ水＞ビールと答えたとする。このとき,ビジネス・スクールと神学部の九名の個人的選好のプロファイルにコンドルセの方式を適用するとビール＞コーヒー＞ミネラルウォーター＞紅茶＞ミルク＞ソーダ水となり,ボルダの方式ではコーヒー＞ミネラルウォーター＞ビール＞紅茶＞ミルク＞ソーダ水となり,コンドルセの方式ではビールが,ボルダの方式ではコーヒーが主催者によって供されることになる。

　表5から分かるようにロー・スクールと神学部の選好順序は,後者ではビ

表5　IIA（A）の違反

ビジネス・スクール5名	ロー・スクール4名	神学部4名
ビール	コーヒー	コーヒー
コーヒー	ビール	ミネラルウォーター
ミネラルウォーター	ミネラルウォーター	紅茶
紅茶	紅茶	ミルク
ミルク	ミルク	ソーダ水
ソーダ水	ソーダ水	ビール

ビジネス・スクール＋ロー・スクール
コンドルセ　ビール＞コーヒー＞ミネラルウォーター＞紅茶＞ミルク＞ソーダ水
ボルダ　　　ビール＞コーヒー＞ミネラルウォーター＞紅茶＞ミルク＞ソーダ水
ビジネス・スクール＋神学部
コンドルセ　ビール＞コーヒー＞ミネラルウォーター＞紅茶＞ミルク＞ソーダ水
ボルダ　　　コーヒー＞ミネラルウォーター＞ビール＞紅茶＞ミルク＞ソーダ水

ールが最下位になっている以外は同一であり，コーヒー＞ビールという点でも同一である。従ってIIA（A）の条件は，ビジネス・スクールとロー・スクールの選好のプロファイルから或る決定手続を用いるとビール＞コーヒーであるならば，ロー・スクールも神学部もコーヒーとビールに関してはコーヒー＞ビールなのであるから，当の決定手続はビジネス・スクールと神学部の選好のプロファイルからの結果も同じくビール＞コーヒーでなければならないと要求する。しかしボルダの方式の結果はコーヒー＞ビールであるからボルダの方式はIIA（A）に違反していることになる。それ故パーティの主催者はアローの定理に忠実に「関係ある選択肢」，即ちパーティで供されるビールとコーヒーだけを比較して多数決で（招待客がビジネス・スクールとロー・スクールであればそうしたように）ビールを選択し，ビールを飲まない神学者たちはのどが渇いたままパーティを去ることになる。この場合ビジネス・スクールの第一位はビールでもコーヒーは第二位であり，神学部はコーヒーを第一位に置くのに対しビールを最下位に置くのであるから，ボルダの方式ではコーヒー＞ビールとなり，神学者は満足するだろう。

　アローの定理は言うまでもなく社会的選好順序が個々人の序数的選好順序にのみに依存することを前提にしている。個々人が選択肢をどのように順序づけているかということだけが社会的選好順序を決定し，これ以外の情報（特に個人間比較の可能な基数的効用）はすべて排除されている。例えばパーティの前に神学者が自分たちは禁酒主義者であること，ビール以外なら何でも飲めると告げたとしても，また神学者の禁酒主義が宗教上の信仰によるものであり，神学者には自分の信仰に違背しない飲物を供される権利があるとしても，IIA（A）に忠実な主催者はこの種の情報を無視してビールを提供することになる。しかしこの事例においてほぼすべての人がボルダの方式の方が優れており，IIA（A）の違反を理にかなっていると思うだろう。IIA（A）の違反が合理的であることを主張するマッキーの議論に対してどのように答えるべきだろうか。マッキーがボルダの方式を支持していることは明らかである。ボルダの方式は，選択肢を二つずつ比較するときに生ずる循環を防げるからである。循環が民主主義の合理性に対する脅威であるならば何故，循環が生じないような決定手続を採用しないのだろうか，とマッキーは問う。効用の個人間比較が不可能であり，個人の序数的選好のみから社会的決定を導き出さなければならないとき，循環を回避するにはボルダの方式以上の手

続を採用することはできないことも確かである。しかしボルダの方式を支持することは価値判断であり，この方法が選好集約の他のどの方法より優れていることを論理的に証明したわけではない。上記の例で IIA（A）が容認できないように思われるのは，それが神学者に対して不公正な決定を生み出すからである。しかし，実際に提供可能なコーヒーとビールに対する決定は，この二つの選択肢に対する諸個人の選好のみを反映すべきであり，提供不可能な「幻し」の飲物に対する選好を反映してはならないという想定も理にかなっているだろう。マッキーがボルダの方法がより公正であると主張するならば，それは価値判断でしかないし，ボルダの方法がより合理的であると主張するならば，この方法が IIA（A）に違反していることを根拠として，マッキーの主張は誤っているとも答えられるだろう。

（1） 審議民主主義については J.ハバーマスの著作以外に，Cohen, J., 'Deliberation and Democratic Legitimacy,' Hamlin, A. and Pettit, P., eds., *The Good Polity*, London, 1989, pp. 17-34; Id., 'Procedure and Substance in Deliberative Democracy,' Benhabib, S., ed. *Democracy and Difference*, Princeton, 1996, pp. 95-119; Dryzek, J. S., *Discursive Democracy*, New York, 1990; Id., *Deliberative Democracy and Beyond: Liberals, Critics, Contestations*, Oxford, 2000; Benbabib, S., 'Deliberative Rationality and Models of Democratic Legitimacy' *Constellations*, vol. 1, 1994, pp. 26-52. 社会的選択論については，K.アローの著作以外に Riker, W. H., *Liberalism against Populism, op. cit.*; Hardin, R., 'Public Choice versus Democracy,' Copp, D., Hampton. J. and Roehmer, J. E., eds., *The Idea of Democracy*, Cambridge, 1993, pp. 157-172.
（2） Dryzek, J. S., *Deliberative Democracy and Beyond, op. cit.*, p. 1.
（3） 社会的選択論は選好の無制約性を要請するだけであり，選好は利己的であっても利他的であってもよい。言うまでもなくアローの定理は人間本性に関する様々な見解に対して中立的である。
（4） もっともハバーマスは「合意の見込みがなく相互に衝突する政治的利益や価値はバランス化を必要とし，このバランス化は倫理的な言説を通じて達成されることはない…。競合する利益に必要なバランス化は当事者間の妥協として生じ，この妥協が相互の威嚇によることもあるだろう」と述べている。Habermas, J., 'Three Normative Models of Democracy,' Benhabib, S., ed., *Democracy and Difference*, op. cit., p. 25.
（5） Benhabib, S., 'Towards a Deliberative Model of Democratic Legitimacy', Benhabib, S., ed., *op. cit.*, pp. 86-87.
（6） Dahl, R. A. and Tufte, E., *Size and Democracy*, Stanford, 1973, p. 70.

（7） Dryzek, J. S. and List, C., 'Social Choice Theory and Deliberative Democracy: A Reconciliation,' *British Journal of Political Science*, vol. 33, 2003, pp. 1-28.
（8） Mackie, G., *Democracy Defended*, Cambridge, 2003.
（9） Id., pp. 123-131.
（10） Id., p. 132.
（11） Id., p. 133.

第4節　憲法と民主主義

　アローの一般可能性定理については，四つの条件の或るものを緩和するだけで推移性を充足する社会的選択が導き出され，コンドルセの投票のパラドックスも現実に起る確率が微小であることから，民主主義が実際に不合理な結果を生むことは極めて稀である[1]。しかし民主主義が論理的に不合理な政治的決定を生み出すことがなくても，民主主義的な選挙の結果議員となった政治家が自分の利益と自分を支持する市民の利益のために競争し合う民主主義的政治過程は，交渉，妥協，バーゲンを通して私的利益の衝突が調整され法律が制定されていく過程であり，政治的決定は倫理的に正当化できないバーゲン上の力関係に左右され，民主主義的決定ルールである多数決ルールは常に多数派の暴政を惹き起す可能性をはらんでいる。それ故，民主主義に関してこのような消極的見解を抱く人々は，すべての市民にとって基本的に重要な——そして当の民主主義にとって本質的に重要な——自由や利益が憲法規範によって保護されるべきこと，基本的な自由や利益（憲法上の価値）が通常の政治過程による民主主義的決定の対象とならないように，これらの自由や利益が具体的事例において何を意味するかの判断を憲法裁判所の裁判官に委ねるべきことを主張する。例えば実際に米国の司法審査制度は憲法裁判所に議会の制定法を無効とする権限を与えており，裁判官は憲法的価値の保護者として市民の基本自由や利益が民主主義における多数派の暴政によって侵害されないように，政治的決定過程とそこから生ずる法律を監視する。市民の重要な自由と利益を基本権として規定する成文憲法が存在するところでは，これらの基本権の具体的確定は脱政治化され，司法権の領域に組み込まれ，政治過程による決定の対象とはなりえない。

　このような法的立憲主義——成文憲法の解釈による憲法的価値の確定と保護を，立法過程の外にある裁判所に委ねる立場——は，しばしば次の前提に

立っている。先ず，市民の基本的利益を平等に配慮し，基本的自由を平等に尊重する社会は，実現すべき実質的な結果——基本的自由や利益が特定の事例において要求すること——について理性的な合意を達成することができる。そしてこの実質的結果は基本的人権によって表現され，民主主義社会の基本法を形成する。次に，この実質的結果を特定化するに際して民主主義的政治過程より司法過程の方がより信頼に値する。

　米国の司法審査制度を支持するR．ドゥウォーキンの見解によれば[2]，民主主義の本質的な目的は，集団的決定が共同体のあらゆる個人を平等な配慮と尊重をもって，そして自律した権利保持者として扱う政治制度によってなされることにあり，このような制度は，権利に基礎を置く司法審査に立法が服する立憲民主主義を要請する。市民が平等な配慮と尊重に値する存在者として民主主義的に扱われる基礎を提供するのは，市民の民主主義的政治過程への参加それ自体ではなく憲法である。立法過程における多数決ルールは単に人々の選好を集約するだけであり，しかも集約される選好に制限を課すことなく，例えば偏見に由来する選好をも決定手続の中に取り入れてしまう。

　ドゥウォーキンの見解によれば，民主主義がとりうる諸形態は，民主主義にとって本質的に重要な諸権利をどの程度まで促進するかによって——即ち各々の形態から生じる実質的な結果によって——判定される。人々は平等な配慮と尊重をもって扱われる抽象的な権利を有するが，この抽象的権利が具体的な問題や事例においてどのような具体的権利を要求するか，という道徳的な問いに対する最善の答を生み出し，この具体的権利の安定した遵守を確保するように計算された制度が最善の民主主義であり，これは多数決による立法が司法審査によって無効とされうることを認めるような制度に他ならない。また民主主義の基本的価値は，それが各々の市民を政治共同体の平等な道徳的成員と見なしていることに存するが，市民が道徳的成員であることは，（各人が政治的決定に平等の影響力を持つことではなく，むしろ）各人が政治的アジェンダと政治的決定に影響を与える平等に充分な機会を有すること，そして政治的決定において平等に配慮されることと同時に，市民の生活の一定の領域が集団的決定によって干渉されないこと，各市民が自由に選択でき，自分の選択に対して個人的に責任をとるような私的領域が保証されていることを意味する。立法過程における多数決による決定は，人々の利益を単に妥協を通して集約するだけで道徳的原理の重要な問題を従属的に取り扱うこと

から，共同体の道徳的成員として市民を扱う民主主義的価値を充分に実現することができない。

　要するにドゥウォーキンの見解は，民主主義の抽象的な道徳的価値がすべての人々の平等な配慮と尊重にあることを前提とした上で，この抽象的な価値が具体的な問題に関して何を要求するかについて最善の答が存在し，この答を見い出せるのは立法府ではなく裁判所であると主張する。即ち民主主義の最善の形態とは，平等な配慮と尊重について最善の解釈を提示しうる形態であり，これは司法審査制度を伴った民主主義に他ならない。従ってこの見解によると「法の支配」とは立法過程を通じて制定された法律の支配ではなく，「平等な配慮と尊重」の具体的解釈によって確認された基本的諸権利の体系，道徳的な諸原理の支配を意味することになるだろう。立法過程から生ずる法律が人々の衝突し合う利益の妥協の産物であり，特定の政策的目標を志向するのに対し，固有の意味での法とは，憲法で規定され法の守護者たる裁判官によって解釈され適用される権利の法，立法に一定の制限を課す道徳原理の法である。しかし，この見解に対しては次のような根本的な反論がありうるだろう。先ず，民主主義の基本的な道徳原理が「人々を平等な配慮と尊重をもって扱うこと」にあるとしても，この抽象的な理念が具体的問題や事例において何を要求するかに関しては社会において深刻な見解の対立が存在し，しかもこの問いに対する正答は存在しないと思われる。また，正答は存在しなくても或る政治共同体は合意された一つの答を憲法によって規定しているという主張に対しては，憲法規定をめぐる解釈の対立を指摘できるだろう。憲法原理に関する異なった様々な観念が憲法規定に適合するからである。このように民主主義が実現すべき基本的価値は何か——平等な配慮と尊重という概念からどのような具体的権利が導き出されるか——について人々の見解が対立している以上，この基本的価値を最もよく実現するのが民主主義の最善の形態であるといった論法で，民主主義的決定過程の是非を，この過程から生ずる結果によって判断することは不可能である。そして人々の間で深刻な見解の対立が存在する問題を立法過程における審議ではなく憲法裁判所に委ねることは後述のように裁判官による恣意的な支配を生み出すことになるだろう。「平等な配慮と尊重」の具体的な解釈をめぐり人々の間で深刻な対立が存在するときに，この問題を「デモス」ではなく一部の裁判官に委ねることが何故パターナリスティックな独裁でなく真のデモクラシーと言える

のだろうか。見解の不一致が存在するとき，不一致をそのままにしておくことが不可能で何らかの解決が必要ならば，立法過程における多数決を利用することが最も理に叶っているように思われる。通常の立法過程を特徴付けているバーゲン的妥協は，見解の深刻な対立が存在するときに各人に平等の言い分を認めるためには避けることのできない解決方法であり，また多数決ルールも一人一票によって集団的決定に対する市民の平等な参加を保証する。言うまでもなく多数決ルールそれ自体は，他者に対する偏見が決定に影響を及ぼさないこと，少数派が圧迫されないこと，個人の基本的権利が不当に制限されないことを保証するわけではない。しかし，裁判所の判決も多数決によることを思えばこれは立法過程のみならず司法審査においてもあてはまることだろう。また立法過程における多数派は複数の少数派の流動的な結束であることが多く，同一の集団が多くの問題に関して常に多数派にとどまることが稀であれば，多数派の暴政が生ずる可能性は少ないと言えるだろう。

更に，平等な配慮と尊重からどのような具体的権利が導き出されるかに関して人々の意見が衝突しているとき，この問題に対して最善の答を提示できるのは憲法裁判所であるという理由で立法府の法律が司法審査によって無効とされることは，市民が民主主義過程において，自分たちがどのような権利を有するかについて討議し決定する機会を奪うことであり，特にこれは政治参加と審議自体の道徳的価値を強調する「シヴィック・リパブリカニズム」からの批判にさらされるだろう。また，市民が政治共同体の道徳的成員であることが，政治的決定に参加する平等の機会を有し，政治的決定の中で平等に配慮，尊重され，集団的決定によって干渉されない私的自由と責任の領域を認められることだとしても，民主主義の基本的価値を判断するのが裁判所であれば道徳的成員としての市民の地位は消極的なものでしかないだろう。市民自体が政治過程を通じて平等な配慮と尊重の意味を確定し，私的自由と責任の領域を画定していくべきである。

平等な配慮と尊重は具体的に何を意味しているか，という点について最善の解釈を提示することのできる民主主義が最善の民主主義である，という論法に依拠して司法審査を正当化するドゥウォーキンの見解に対し，J．ロールズは別の前提から出発して司法審査を正当化する[3]。この正当化は大雑把に言って次のような論法でなされている。多様な価値観やイデオロギーを有し，異なる文化に属する人々の間での意見の不一致は現代社会における緊張

関係や不安定さの源であり、異なった善観念を追求するこれらの人々の間で具体的な権利に関し合意が生まれることは稀である。見解の不一致はしばしば指摘されるような私的利益の衝突や偏見、近視眼的選好といったものから生ずるだけでなく、「判断の負荷」（burdens of judgement）とロールズが呼ぶものからも生ずる[4]。政治生活の通常の過程において理性的な人間の間で判断の相違を生み出す要因としてロールズは、特定の主張に関し複雑化した経験的証拠を確定し評価することの困難さ、問題に関して考慮すべき諸事項が何であるかについては合意が存在しても、様々な事項のウェイト付けに関し見解の不一致が存在すること、我々が用いる概念の曖昧さと不明確さ、複雑な社会における人々の多様な生活経験が、証拠を評価し道徳的政治的価値を考量する方法に及ぼす効果、規範的な考察にそれぞれ異なる効力をもつ多様なタイプが存在することから、総体的評価が不確かなものになること、どのような社会的政治的体制もすべての価値を取り込むことが不可能なこと、を挙げている。我々はこれらの要因の故に、包括的善観念をめぐる合意の上に安定した政治的解決を基礎づけることができない。このロールズの論点は権利についての合意についてもあてはまるだろう[5]。例えばポルノグラフィの事例において表現の自由が制限されうるかに関する議論に際して、ポルノグラフィが女性に及ぼす害について証拠を評価する困難さ、この種の証拠事実に関して合意が存在するときでも、必ずしもすべての人々がこの事実を同じようにはウェイト付けしないこと、「表現」という概念が曖昧で、例えば演劇や絵画がどの程度まで表現と見なされうるかについては見解が一致していないこと、男性と女性の生活経験の相違から、男性より女性の方が問題に対し敏感に反応し、問題が生み出す感情をよりよく理解できること、この問題をめぐっては様々なタイプの道徳的主張がありうることから、どのタイプに着目するかによって評価も異なり総体的な評価が困難なこと、権利の衝突が問題となるこの種の事例の解決は、共通の尺度で測ることのできない様々な価値を比較する必要があり、どの解決も何らかの価値を犠牲にしなければならないこと等々の要因の故に、権利に関する人々の合意は不可能となる。

　ロールズによれば政治は可能な限りイデオロギーや文化的な対立から分離されねばならない。そして憲法は三つの仕方でこの分離を実現する。第一に、憲法自体がいかなる形而上学的立場にも依らない厳密に政治的な正義観念に基礎づけられねばならない。民主主義的市民として協力し合おうとする人々

は，各自の倫理的，認識論的，存在論的な主義主張を離れ，純粋に政治的な価値——民主主義が存在するために尊重されるべきであると想定される価値——について「オーヴァーラップする合意」に達することができる[6]。この合意が可能な理由は，人々は善の性格についてしばしば見解を異にすることがあるが，人々がどのような善を価値あるものと見なし追求しようと，各自が善を追求するときに他者に対する自分たちの行動を規律する正義の諸原理について合意できるからである。かくして，ロールズはこの合意が政治的諸価値のリベラルな解釈に基礎を置くと主張するにもかかわらず，この合意が自律性や平等といったリベラルな理念へのコミットメントを前提にしているとは考えていない。第二に憲法は，基本的な社会的政治的制度からなる狭く定義された政治の領域に適用され，この領域を拘束すると同時に擁護する。その結果，公的領域と私的領域の明確な区別が存在することになる。一方でロールズの憲法は，ドゥウォーキンが主張したように集団的決定によって干渉されない私的領域を保護し，この領域において人々は——例えば妊娠中絶のような問題に関する——自分の個人的信念に由来するコミットメントに基づいて行動を選択することができ，他方でこの種のコミットメントは，憲法上の本質的論点が問題となる政治的討議から排除される。ロールズは政治的領域の範囲を限定し，政治的領域を非政治的な事柄から分離することが自分の企図の実現にとって根本的に重要であると考えている。第三に，以上のことを確保するために，立法過程は，政治的諸価値が維持されることを保証する独立した裁判所による司法審査に服さなければならない[7]。これら三重の排除の結果として，憲法は基本的な政治的諸権利と諸自由を効果的に脱政治化することになる。憲法は保障された基本的諸権利と諸自由を政治のアジェンダから取り去るだけでなく，人々の意見が激しく対立する問題——我々が政治的諸価値を異なった対立する仕方で解釈するような事態を惹き起す価値やコミットメント——を政治のアジェンダから排除する。この結果，相互的寛容に基づく安定した政治的解決が生じるだろう。

　しかしロールズの見解に対しては幾つかの疑問点を指摘することができる。先ず，政治の領域を人々が先ずもって関心を抱く諸問題から分離することは不可能であるばかりか好ましくないことと考えられる。そのような分離は，人々の対立を討議や交渉によって和解させる政治の重要な機能を阻害することになり，また少数派に関わる重要な問題を政治のアジェンダから除去する

ことで，公的領域からその正当性を奪うことになるだろう。そして何よりも先ずロールズの論法は循環しており，それが立証すると主張していることを――即ち民主主義が機能するためには市民が民主主義的諸価値について一定の見解を採用しなければならないことを――既に前提にしている。

　更にロールズによれば，政治的諸価値についての「オーヴァーラップする合意」という観念は社会的歴史的なタイプの主張と哲学的反省に属する主張に基づいている。即ちロールズは，自分の理論が16・17世紀の宗教戦争以降に発展し，今や西欧社会の市民の無意識的な信念の一部となったリベラルな民主主義的伝統のエートスを明確にしているだけであると主張している[8]。哲学者の任務はこのエートスに含まれる諸原理と，その基礎にある根拠を明るみに出し保護することにある。従って「原初状態」は――ロールズの『正義論』の趣旨がそう思われたように――可能なあらゆる社会や道徳観に対して妥当する正義を判断するための客観的視点，といったものとして解釈されてはならない。むしろそれは，リベラルな民主主義的伝統の核心にある直観的諸観念をモデル化し，これらの観念を一定程度の反省的均衡へともたらす表象上の装置である[9]。

　しかしこのような議論に対しても幾つかの反論がありうるだろう。もし市民がリベラルな民主主義的原理に則って既に行動しているならば，このような実践の理論的根拠を明確にすることは不必要であるばかりか――保守的なコミュニタリアンがしばしば主張するように――，当の実践の複雑にして豊かな内容を歪曲し，潜在的にそれを掘り崩してしまうような合理的抽象化を生み出すだけだろう。西欧社会にはそれぞれ異なった選挙制度，司法審査制度，政府権力の分割を採用する安定した民主主義が存在し，この民主主義の多様性は，政治体制は特定の模範的な形態をとるときにのみ安定的でありうるというロールズの主張の反例であるように思われる。たとえこれらの民主主義社会がほぼ同一の政治的市民的権利を認めているとしても，これらの権利が保障される仕方や，これらの権利に付与される意味内容は多様であり，更に各々の民主主義社会の内部でも政治的正義については様々な見解の対立がみられる。ロールズは実際には存在しない，おそらくは存在しえない歴史上の合意を造り上げ，それを理念化しているにすぎない。

　ロールズがこのような見解の対立を見過ごした理由の一部は，その市民観にあるように思われる。ロールズによれば市民は善観念を形成し，修正し，

追求する能力と正義感という二つの道徳的力を有しており，民主主義はこのような市民観に基礎を置いている。善観念に関わる能力は私的領域で行使され，この私的領域は正義感によって規定された公的な制限に服する。しかしこれら二つの道徳的力を明確に区別することが可能だろうか。政治的正義の要求がある程度まで善観念から区別されうることは確かだとしても，政治的正義に関する見解の対立が善観念の相違と結びついていることがあるだろう。従ってロールズの民主主義モデルに賛成する人々は，自律的に選択された目的を追求する自由で平等な個人の集団として社会を観念するだけでなく，この自律性や平等が具体的には何を意味するかに関してもロールズと同じ解釈を共有する人々に限定されないだろうか。

ロールズによれば民主主義を支える基本的な諸自由は憲法の一部であり，政治的討議と多数決投票による政治的決定の対象とはなりえない。ところがロールズは異なったタイプの基本的自由の間で衝突が起りうることを認めている。ロールズによれば，特定の自由は他の自由によってのみ制限され，様々な自由の間でのバランス化は憲法裁判所によって行われる。しかし基本的な諸自由は相互に両立しえないばかりか通約不可能であり，我々が特定の自由を性格付け，具体的な問題に関してこの自由を認めるべきか否か，あるいはどの程度まで認めるべきかを決定するためには規範的及び経験的な判断が必要であり，この判断は上記の「判断の負荷」の諸要因の故に人によって違ってくるだろう。この種の諸要因は諸自由の価値中立的なバランス化を不可能にする。このことは例えば米国におけるアファーマティヴ・アクションや，ポルノグラフィと表現の自由の関係などをめぐる論争において明らかである。このような場合，諸自由をウェイト付けしたり，他の価値との間でバランスをとることは我々の包括的な道徳的コミットメントなしには不可能である。従ってこの種の憲法上の論点に関する判断を裁判所に任せることは好ましいことではない。裁判官が基本的諸自由の衝突を単に憲法規定の解釈によって解決できるとは思えず，結局のところ裁判官は自分自身の善観念，偏見，利害関心などに依拠して問題を解決せざるをえない。しかし，裁判所だけがこの問題について判断する権限を有するならば，裁判所の判断とは異なる見解を抱いている多くの市民は通常の政治過程を通じて裁判所の見解に異議を唱える機会を奪われていることになるだろう。

『正義論』におけるロールズは参加の原理が契約論的議論と結合している

こと，参加の原理が社会契約は自由で平等な諸個人の同意をかちうるものでなければならないという観念に由来することを認めていた。そして，参加の原理は平等観念を原初状態から憲法過程へと移し入れるものとされていた。参加の原理は，すべての市民が憲法過程——即ち市民が遵守すべき法を確定する憲法過程——に参加する平等な権利を有すべきこと，この過程から生ずる結果を決定する平等な権利を有すべきことを要求する。しかし市民ではなく憲法裁判所による基本的諸権利の確定を主張するロールズの見解は，社会契約論と，社会契約論と結びついた参加の原理の精神——憲法過程は原初状態における人々の平等を維持すべきである，という考え方——に違背するだろう。

憲法裁判所に立法府の制定法の内容を審査する権限を認める以上の見解に対して，別の見解は，基本的権利に関わる問題は民主主義過程を通して決定されるべきことを主張する一方で，民主主義的立法過程が公正であったか否かを審査する権限を憲法裁判所に認めている[10]。司法審査は民主主義過程を監視することに限定されるべきであり，実質的司法審査の立場が前提にしている基本的諸価値なるものの言明は憲法の中にも外にも存在しない。これらの基本的価値は何か，その源がどこにあるかについて裁判官の間に見解の不一致がみられ，仮に見解が一致していても，特定の事例においてそれがどのような判決を要請するかに関して見解の不一致がみられる。裁判官が憲法の中に見い出したと思っているのは自分自身の価値観にすぎない[11]。裁判所がなすべきことは，政治過程が——即ち諸価値が特定化されウェイト付けされ承認される場としての政治過程が——すべての意見に対し平等に開かれていることを保証することである。確かに民主主義の重要な問題点は多数派の暴政にあるが，これに対処する方法は，政治的決定が特定の権利や，平等な配慮と尊重の正しい理解に合致しているか否かを問うことではなく，決定へと至る手続が公正であったか否かを問うことに存する。要するに憲法とその擁護者たる憲法裁判所の目的は平等な参加という理念を実現することにある。確かに「参加」は一つの価値であるが，政治的決定過程から分離され保護されるべきであると主張されるような善とは異なる。基本的権利であれその他の価値であれ何らかの善が極めて重要なものと見なされ，通常の政治的決定過程から分離され保護されるという考え方とは異なり，参加は確かに価値ではあっても，平等な参加を配慮するということは，善や価値を選択し，選択

から生ずるコストとベネフィットを分配する政治的決定がどのようにして下されるかに着目する審査の一形式にすぎない[12]。

　しかし、この見解に対しても次のような疑問点を指摘できるだろう。平等な参加が政治過程の公正さを意味するにしても、平等な参加は一義的な概念ではない。この概念には多様な解釈が可能であり、この解釈の多様性は民主主義の目的に関する見解の多様性に由来する。要するに、プロセスが公正であるかどうかは、公正な結果と見なされるものは何かに関する見解を前提としないで判断することはできず、何が公正な結果であるかは、基本的価値に関する何らかの説明に言及することなくして判断することはできない[13]。プロセスへのインプットの正しさを判断するには、プロセスからのアウトプットの正しさを判断する規準が必要であり、それ故司法審査への実質的アプローチと手続的アプローチの区別は失敗に終る。

　この区別を困難なものにしているのは、民主主義には幾つか異なるモデルが存在し、各々のモデルが民主主義の政策や目的に関する異なった規範的理解を前提とし、選挙制度、選挙区制、一院制と二院制、司法審査のあり方について異なる説明を提示するだけでなく、平等の参加の意味についても異なった解釈を示していることである。例えば民主主義の主要な目的は有能な指導者を選ぶことにあると考える人は、選好の集約を民主主義の目的と考える人とは適正な民主主義過程に関し異なった見解を持つだろうし、この見解の相違は更に参加の実質的価値についての、そして平等な参加の意味についての異なる見解へと至る。例えば、参加は審議過程への直接的参加を意味すると考える人は、人民の参加は政治的指導者への定期的な投票に限定されるべきであると考える人に比べて平等な参加の意味内容についてより多くのことを要求するだろう。民主主義過程に関する見解の対立は、実質的な政策に関する対立の基礎にある理由と同じ理由により動機づけられている。多くの問題において、政策に関する人々の選好は民主主義過程の公正さや平等な参加に関する見解を反映しており、その逆も真である。例えば国家権力の最小化と市場の促進を選好するリバータリアンは参加について希薄な見解をとる傾向があり、一部のリバータリアンは、貧者が福祉への支出を増加させるような投票行為によってレント・シーキングを（リバータリアンがレント・シーキングと見なすことを）行わないように、納税者のみに選挙権を認めるべきだと考えるのに対し、国家の積極的な介入を望む社会主義者は参加について

もっと濃厚な見解をとるだろう。また表現の自由は民主主義体制が適切に機能するために重要な手続的権利であるとしても，何故重要なのかについては様々な理由づけがありうる。例えば言論の自由による競争と批判は真理が生ずる最善の方法であるという理由や，自由な討論は個人の人格の発展にとって重要であるといった理由がありうる。この種の理由づけの相違は更に，言論の自由の制限が問題になるとき，推奨される政策の相違を生じさせることになる。

さて司法審査に関しては，憲法裁判所は民主主義的立法過程のアウトプットを実質的に判断すべきであるという見解と，インプットの公正さのみを判断すべきであるという見解の中間に位置する見解がありうる。中間的な見解の一つは次のように主張する。裁判所は立法のプロセスを判定するとき確かに実質的な判断を下しているが，政策はどのようなものであるべきかに関する自分自身の実質的見解を強制することを回避できる。裁判所は，多数派が他者に法の平等の保護を与えないことによって他者を支配すべく権力を行使しているように思われる立法を正当に疑問視することができる。そしてこの多数派の支配の存否は手続上の規準によって確定できる。というのも，多数派の政策は開かれた民主主義過程から人々が期待すること，即ち人々に対し各自の利益が平等に顧慮される機会を与えることに違背しているからである。しかし裁判所の役割は問題になっている政策に関して裁判所自身の解決を与えることではなく，立法府が別の政策を定めるように立法府へと差し戻すことにある。市民の間で深い対立のある問題が立法過程で取り上げられ法律が制定されたとき，憲法裁判所は法律の内容が憲法に違反するという理由で法律を無効にすることはできない。この種の問題の解決は立法過程での交渉や妥協を通じて人民自身によって見い出されるべきであり，裁判所の役割は民主主義の中核的な諸価値を保護し，参加者を公平に扱うような解決を求めて進行するプロセスを支持することにある。要するに憲法は，政治共同体の内部で存続する論争を解決するための枠組として機能すべきであり，この論争に対する正答の源泉ではない。憲法裁判所の役割は，論争する市民の間での公的討議のプロセスを，そして相互に相手方の言い分を尊重する対話プロセスを容易にすることであり，この対話を断ち切り，問題を政治の領域から取り上げ，憲法の諸原理から引き出されたと言われる裁判所自身の解釈を提示することではない。裁判所は，立法過程が民主主義的プロセスに内在する相

互に承認された平等を基礎としてなされることを保証するだけであり，自ら問題の解決を提示すべきではない[14]。

しかしこの立場にも疑問点が存在する。裁判所は立法過程が民主主義的平等原理に違反しているか否かを審査し，もし違反していると判断したならば法律を無効あるいは未決定にして問題の解決を立法府に差し戻す，という見解については，立法プロセスに対する裁判所の判断が実質的に過ぎて，それが未定にしていると主張する問題を実際には決定していることを指摘できるだろう。許容される政策の範囲が限定されている問題に関しては，或る政策が裁判所によって否定されれば，立法府は自動的に別の政策を採用せざるをえないからである。また立法過程を規律する手続的規準に着目し，立法過程がこの規準に合致しているか否か判断することが裁判所のなすべきことだとしても，手続的規準自体に異なった解釈がありうるばかりか，どの規準を採用すべきかについても異論の余地があるだろう。従って立法過程が合致すべき規準の選定は立法過程自体を通じてなされるべきである，という見解もありうるだろう。特定の問題に対して憲法裁判所が自らの実質的解決を提示することと，憲法裁判所が民主主義の道徳に関連した実質的な根拠によって法律を無効にすることを区別し，裁判所に後者の権限のみを認める見解も，結局は実質的司法審査に帰着するように思われる。

更に，同じく中間的な形態と言える第二の立場は実質的な価値を，完全な民主主義的手続をデザインする理論的実践的試みから生ずるものとして理解する。ハバーマスによれば，強制のない自律した諸個人の間でなされる理性的合意のみが唯一是認しうる法の基礎である[15]。しかしこの主張は民主主義の前提条件に関する実質的な理論を前提にしている[16]。そして民主主義の前提条件に関する理論は，市民の私的自律と公的自律を同じく可能にする諸権利の体系に関する理論となる[17]。ここから生ずる民主主義の観念は手続主義的な観念であり，この観念は一方で様々な形態の審議の中でよりよい議論が生まれることを可能にするコミュニケーションの諸前提に注目し，他方で公正なバーゲンの諸条件を確保する手続に注目する[18]。

ハバーマスは自己の民主主義論を，コミュニタリアン的な立場とリベラルな立場を統合したものとして理解している。コミュニタリアニズムの民主主義論は民主主義を共通の価値の発見を目的とするプロセスと考えている[19]。しかし価値観が多元化した社会において市民が共有する価値は存在せず，市

民を共有された価値観を抱く共同体の成員として理解することはできない。このような共通の価値を想定した実質的司法審査論は，裁判官が社会全体の名において自分自身の見解を押しつけることを許容することになり，手続主義によって反論されるだろう。市民たることを法的政治的に理解すれば，単にそれは共通の討議への参加者を意味するにすぎない。他方，リベラルな民主主義論は民主主義を単に権利保持者の間で利益が衝突する場としてのみ捉え，権利を各人に自己利益の追求を保証する自然的で前社会的なものとして観念する。従って権利は権力の保持者が公的領域と私的領域の両者において自己に有利な仕方でバーゲンのプロセスを歪曲することを正当化する。またリベラルな民主主義モデルは，コミュニタリアンが正当にも認識していた事実，即ち民主主義は単に利益だけでなく討議にも関わることを見過ごしている。このようなリベラルな民主主義論は一方で司法審査に対しあまりに少しのことしか要求しないと同時に，あまりに多くのことを要求している。即ち，司法審査は投票権という形式的権利がすべての市民に認められているか否かのみをチェックする一方で，前社会的で前政治的な個人の諸権利を立法から擁護し，民主主義の潜在的不正を矯正するものと理解されている[20]。

これに対してハバーマスは自分の立場を，コミュニタリアニズムとリベラリズムの欠陥を克服し，両者を統合するものとして理解している。ハバーマスによれば憲法は民主主義的ディスコースの規範を擁護するものであるが，この規範は共同体の共通の価値でも個人の自然権や私的利益でもなく，しかも特定の諸個人や社会にとって相対的に妥当するものでもない。むしろこの規範は，合意へと方向づけられた理性的コミュニケーションの普遍的前提条件である。それ故憲法の手続主義的理解によって導かれた憲法裁判所は，討議の論理自体から生じるものとして法を維持するだけでよく[21]，裁判所自体が民主主義過程から生じた法を実質的に審査する必要はない。

以上の見解についても次の疑問点を指摘することができる。先ず人々は善に関してだけでなく権利についても——それ故私的自律と公的自律が何であるかについても——見解を異にすることから，民主主義と民主主義が含意する手続的権利についても異なった見解を提示する。事実，コミュニタリアンとリベラル派は異なった見解を提示しているわけであるが，どのような民主主義過程も政治的コミュニケーションを含むことから，これら二つの立場は政治的コミュニケーションについて異なった見解を提示していることになる。

しかしハバーマスも一つの可能なコミュニケーション論を提示しているにすぎないだろう。しかも、ハバーマスのコミュニケーションは記述的ではなく規範的な理論であるように思われる。

ハバーマスによれば、憲法に関する手続主義的理解は民主主義過程の本質的に理性的な性格を前提にしており、理性的な民主主義過程から生ずる結果も理性的であることから、裁判所は立法過程のみを監視すればよい[22]。従ってハバーマスの議論は一見すると純粋に手続主義的な議論のように思われるが、実際には「完全」手続主義といえるだろう。理性的な結果とは、ハバーマスが理性的プロセスの規準と見なすものを充足するような決定だからである。

しかし理性的プロセスの規準を充足する決定とは、ハバーマスの自律性理解から導出される市民的政治的社会的権利の一定の解釈を尊重するような決定であるとすれば、この議論は循環していないだろうか。というのも、コミュニケーションの諸条件は、コミュニケーションから生ずる結果と同様異論の余地があり、様々なコミュニケーションの形態の中から一つを理性的であるとして推奨するには、コミュニケーションから生ずる結果の評価を前提にするからである。強制のない自律的個人によって審議が行われる理想的なコミュニケーション、という民主主義モデルは、民主主義を現実の政治過程から分離し、ア・プリオーリに正しいとされた結果がそこから生じるようにコミュニケーションを条件づけているにすぎない。しばしば指摘されるロールズの原初状態論と同じ循環性を、ハバーマスの理性的コミュニケーション論についても指摘することができるだろう。

民主主義はどのようにして構成されるべきかに関する実質的な（結果主義的な）説明も手続主義的な説明も、結局のところ論者が民主主義が合致すべきであると信じる理想的な構造を提示しているにすぎず、この理想的な構造は民主主義の過程自体を通じて形成されるべきである、といった考え方はみられなかった。憲法は民主主義的政治過程を拘束するものであり、この過程を通じて形成されるわけではないからである。もし民主主義の過程が憲法を生み出すとすれば、憲法を生み出す過程は別の憲法によって拘束されねばならず、これは憲法の無限後退となるだろう。しかし、憲法によって拘束された民主主義過程が、自らを拘束する憲法を当の過程を通じてピースミールに修正していくことは可能である。ちょうど海上の船が沈没することなく部分

的に改修されていくように。

B. アッカーマンは憲法を現実の民主主義過程の産物として理解した[23]。民主主義は自己拘束的に憲法を形成していく。しかしこの民主主義過程は通常の過程ではなく特異な、まさに憲法的な過程として捉えられている。従って、この見解においても、現実に存在する民主主義の通常の立法過程は、現実に存在する（むしろ存在した）理想的な真の民主主義過程——憲法を形成する民主主義過程——によって規律されており、この点では既に述べた幾つかの民主主義論と同じ特徴——理想的な規範が現実を拘束する——がみられる。アッカーマンによれば二つのタイプの政治が区別されねばならない。一つは、既に確立された憲法体系の下で生ずる通常の政治であり、もう一つは例外的な時と場所において生じ、政府の全体系が議論の対象となるような憲法的政治である。人々が様々なイデオロギー上の党派や利益集団に分かれている通常の政治過程は、投票者を自己の選好充足の極大化を追求する者として捉える経済的な民主主義モデルによって適切に説明できるだろう。従ってこのような政治過程に対しては多数派の暴政をチェックするために司法審査が必要である[24]。これと対照的に、憲法的政治は何らかの国家の危機により市民が結束し、自分の特殊利益を追求することを止め共通善を志向するときに生ずる。従って憲法的な政治過程は経済的には説明できない審議的な性格を強く帯びることになる。諸集団の利益の集約やトレード・オフは、公的に正当化しうる論拠に基礎を置いた討議へと変化し、政治の目的は、すべての市民の選好を集約することから、一般意志の形成へと変化する。この結果、多数派の意味も変化する。通常の政治における多数派の意志は最大多数の個人的選好の集合であり、少数派に押しつけられるものであるのに対し、審議の多数派は、万人に利益を与えるのに必要なルールや原理に関する一般的な見解を表現する。憲法政治における投票者たちは決定を下すとき他の諸個人の権利をも考慮に入れ、必要なときには諸個人の権利をできる限り最善の仕方でウェイト付けするからである[25]。

しかしひとたび人民による憲法政治を通じて憲法が制定ないし修正された後は政治は通常の政治に戻り、憲法裁判所によって政治過程が監視され、個人の基本的権利が保護されることになる。通常の政治においては、立法府の制定法は共通善ではなく多数派の選好を表現するにすぎないが、憲法によって多数派に課せられる拘束と、憲法の保護者たる裁判所は憲法政治によって

創造されたものであり，人民の集合的な意志を真に反映している。それ故，政府は憲法に服することによって，人民の熟慮された意志に服する。また憲法裁判所による憲法の解釈は憲法を制定した人民の意志を把握することでなければならないが，この人民の意志なるものは——憲法が全面的に改正されることなく，幾つかの危機的時期に生じた憲法政治を通じて修正されるだけであるならば——，幾つかの危機的な時期の憲法政治における人民の意志を集約したものとなるだろう。原初の憲法制定者の意志は常に重要であるが，この意志は後の危機的時期の憲法政治によって修正されていくからである。憲法は憲法裁判所の解釈を通じてではなく，人民の意志を通じて展開していく。裁判官が憲法を時代の変化に合わせて修正していくことは不当であり，裁判所の役割は，人民が憲法に修正が必要か否か審議するようにし向けていくこと，そして人民が憲法の修正を必要と考えるようになる時まで現状を維持していくことである。従ってアッカーマンによれば，憲法が制定ないし修正される過程は審議民主主義の形態をとり，平等な者たちによる諸選択肢の自由で理性的な評価の結果に則って行動することへとコミットした，すべての人々の理性的合意へと達することを意図した政治過程である。これに対して憲法を前提とした通常の政治過程は利益集団，イデオロギー，レトリック，バーゲン，妥協といったものによって特徴づけられる。

　しかし，アッカーマンのように現実の憲法政治を審議民主主義的な政治として捉えることは正しいだろうか。正しいとは思われない。審議民主主義は極めて非現実的だからである。軍事的ないし経済的な危機の時代に人民が結束し共通の価値を志向することはあっても，人々の価値観が多様である限り憲法に関して見解の対立が存在し，理性的な審議を経ても依然として存続する対立を妥協により解決する必要があるだろう。それ故アッカーマンが通常の政治過程とは異質なものと見なす憲法過程も，基本的には通常の政治過程と異ならない。また憲法の修正がアメリカ合衆国の「連邦再建」や「ニューディール」といった例外的な時代にのみ許容される，と考える必要もない。ロールズの言う「判断の負荷」が不可避である以上，憲法修正の政治過程も通常の政治過程と異なるところはなく，従って例外的に市民が結束する時期に限られず，憲法修正は常に進行する通常の民主主義的な政治的討議の中でピースミールに行われると考えるべきだろう。

　憲法が民主主義政治を構造化し拘束するルールだとすれば，民主主義政治

によって生み出される憲法という観念は循環しているように思われる。民主主義的手続を修正するために民主主義手続を用いることは明らかに循環しており、循環を回避するためには理想的で完全な手続をア・プリオーリに措定しなければならないように思われる[26]。しかしこの種の実質的手続主義は、既にみたように、政治的権利を確定するために用いられる手続自体の中にこれら政治的権利が既に組み込まれているという意味で循環しているのである。民主主義の前提となる手続を憲法によって固定し、この手続の遵守を裁判所が監視するという考え方は、あるべき手続自体に関して人々の意見の対立が存在する以上、人々の意見を平等に尊重する民主主義の基本的精神に合致してはいないだろう。従って唯一可能なことは、何らかの民主主義的手続から開始し、この手続を用いながら、この同じ手続を——海上で船を少しずつ部分的に修理するように——部分的に変更していくことである。要するに市民の討議を通して変化していく民主主義手続自体が憲法なのである。

　民主主義とは平等に配慮され尊重される人々が一定の手続に従って政治的決定を行うプロセスであり、またこの手続自体を決定するプロセスでもある。人々は、配慮と尊重の平等という民主主義理念へとコミットした社会が達成すべき実質的な結果と、結果を生み出す手段に対し異なった様々な見解を抱いているが、正義や権利や善に関する人々の見解の対立にもかかわらず「政治の状況」は集団的決定がなされることを要求する[27]。従って、基本的な価値に関して人々の間に見解の対立が存在する以上、集団的決定は妥協の産物でしかありえないだろう。しかし民主主義的政治過程は一人一票と多数決ルールにより、そのインプットに関してはすべての人を平等に扱っていても、そのアウトプットに関しては人々が平等に扱われないことがある。民主主義は単に投票を集約するだけであり、個人を集団的福利のために犠牲にすることがある。また民主主義は利益団体など一部の人々の圧力やバーゲン上の力に影響され、何よりも多数派の暴政を生じさせる。このような民主主義の失敗に対処する一つの方法は、個人の基本的な権利を政治過程の外に置き、憲法裁判所によって保護することである。立憲主義はこのような権利の脱政治化のために二つの戦略を用いる。一つは政治の領域に境界を設けて、一定の価値と生の領域を政治の外にあるものとして指定することであり、もう一つは人間の基本的価値に関わる問題を議論し解決するために理想的な審議の形態（審議民主主義）を採用することである。政治領域の外に置かれた諸価値や諸

権利は憲法と、憲法を解釈し適用する裁判所によって民主主義による侵蝕から保護され、裁判所における審理は理想的な審議の形態として観念されることになる。基本的権利が政治の外に置かれるのは、それがロック的な意味で政治以前的なものとして理解されるからであり、また裁判所の審理が理性的な審議の形態をとるのは裁判官が「平等な配慮と尊重」が具体的にどのような権利を意味するかについて公正な判断を下す優れた能力を有しているからである。

　このような見解に対しては先ず、政治の外に置かれる権利とはどのような権利か、あるいは逆に政治の境界がどこに画されるべきかについて既に意見の対立がみられ、この問題自体が政治的に決定されねばならないことを指摘できるだろう。権利は人々がそれぞれ異なる善観念を追求する際の枠組であり、特定の善観念から導出されるものではない。そして自然主義的誤謬を犯すことなく権利を自然法や人間の本性、事物の本性といったものから導出することも、また、例えばカントの定言命法やミルの加害原理から明確な輪郭をもった権利を導出することもできないとすれば、人々の相互的な承認による以外に権利を生み出す方法はないだろう。人々にどのような権利があるか——平等な配慮と尊重からどのような権利が導き出されるか——について見解の相違がみられ、権利自体が不確定で異論の余地のあることは、政治の境界を画するために権利を用いること自体が政治的なことを意味している。権利の性格と含意について、そして様々な権利のウェイト付けに関して人々の間で深刻な見解の対立が存在していれば、権利を脱政治化するのではなく「政治の状況」の下に取り込み、通常の民主主義的決定過程を通じて形成していかなければならない。この場合、審議民主主義のように公的な審議の理想化された形態へと訴えることで権利に関する合意を達成しようとする試みは失敗に終らざるをえない。人々が党派性や自己利益を払拭し、互いに相手の善観念を平等の配慮と尊重をもって取り扱い理性的に討議すれば合意に達するという考え方はあまりに非現実的で楽観的にすぎるだろう。理性的な審議を通じて権利に関する人々の対立が更に深まることもありうるからである。利己主義や近視眼的選好を排除し、公共善を志向しながら理性的に討議する人々も既述の「判断の負荷」により合意を形成することができない。そして自由で平等な人々による理性的審議も価値観の対立を克服することはできない。従って或る見解は、権利をめぐる理性的審議が憲法裁判所による司法審

査において具現していると主張するが，仮に裁判官が理性的に審議できるとしても，通常の人々の間でと同様に裁判官の間でも価値観の対立が存在する限り合意は達成されず，多数決によって判決を下す他はない。従って多数派の暴政は裁判所の中にも潜在していると言えるだろう。

　しかし，仮に裁判所が権利に関して合意に達するとしても，市民の間で深い対立のある権利の問題を何故，市民の選挙によって選ばれたわけではない裁判官が決定できるのだろうか。民主主義は各々の市民に，自分たちの権利に関わる問題の政治的決定に平等に参加する権利を与えている。たとえ各々の市民からみれば政治参加は政治家の選挙という間接的な参加であっても，そして一人一票によって各市民が政治的決定を左右することは殆ど皆無であっても，また多数決ルールによって自分の意見が聞き入れられない結果となっても，市民は政治的決定に参加している。これに対し司法審査制度の下で憲法裁判所が基本的権利を確定することは，権利を確定する権能を市民から奪い，市民に対し優位な立場に立って市民を恣意的に支配することを意味するだろう[28]。優位による恣意的な支配（domination）の典型的事例は主人（啓蒙君主）による奴隷（臣民）の支配である。この種の支配は圧制と結びつきやすいが必ずしも圧制や抑圧を含意するとは限らない。奴隷や臣民の利益のみを顧慮する慈悲深い主人や君主でも奴隷や臣民を支配していることに変りはない。権利を確定する権威と権力をもった憲法裁判所は同じように市民を「支配」するのである。このことは，同じように憲法裁判所は権利に関する実質的な判断を下すことなく，ただ民主主義的な立法過程が公正であったか否かを判断する権限を有するにすぎない，と主張する手続的な司法審査についてもあてはまる。既に述べたように手続の公正さには複数の解釈が可能であり，どの解釈をとるかは手続からどのような結果（即ち権利の確定）が生ずるべきかの判断に依存し，手続的な司法審査は権利についての実質的な判断に帰着するからである。司法審査は，市民に対して優位に立つ裁判所が憲法規範の解釈の名の下に市民の権利について恣意的な――市民の間で見解の不一致がみられる権利の問題を，多数派たる裁判官が自らの価値観を市民に推しつけるという意味で恣意的な――決定を下し，市民を支配することを意味している。憲法裁判所による司法審査を擁護する人々は，現実の民主主義過程に潜在する多数派の圧制のみを強調し，裁判所による恣意的支配と潜在的圧制を見過ごしているのである。

さて，基本的諸権利や憲法的諸価値の確定を政治の中に取り込み，（審議民主主義論のような理想化され規範化された過程ではなく）現実の民主主義過程を通して市民がこれらの権利や価値を確定していくこと，そしてこれらを確定する手続自体をも確定していくことを説く上記の主張は，もしそれが説得力をもつとすれば，現実の民主主義過程自体が規範的妥当性を帯びていることを実証的に立証しなければならない。ここでこの種の実証的議論を展開することはできないが一つの論点だけ確認しておきたい。現実の民主主義過程にみられるバーゲン的妥協は，特に審議民主主義者により意志決定上の欠陥と見なされてきた。しかし市民が共通の利益に関して見解を異にし，利益を追求するための集団的決定の手続に関しても見解を異にしているとき，それにもかかわらず何らかの集団的決定を下さなければならないとすれば，市民を平等な配慮と尊重をもって扱う最善の方法は妥協しかありえない。妥協は人々の利益が衝突し，正義に関する観念が対立しているところで集団的決定をしなければならない「政治の状況」において，人々が相互に相手の主張を尊重し合う最も適正な方法なのである。特に，多くの問題について人々の意見が対立しているが各々の問題に対して人々が与える重要性や優先性が異なっていれば，或る集団Xが最も重要と見なす問題aについてはXの主張を認めるが，Xがそれほど重要と見なしておらず，別の集団Yが最も重要とみなす問題bについてはXに譲歩してもらいYの主張を認める——そしてこの代りにYがそれほど重要視していない問題aについてはYに譲歩してもらう——ことで合意が形成される。このようにして成立した法律を「チェッカーボード」的法律として批判することは，「政治の状況」における市民の深刻な見解の対立を無視し，結果的には或る集団の見解を他の集団に押しつけることへと至るだろう。

　また，市民が立法過程に直接的に参加できず，自分たちの利益になるように行動してくれる代表者を選挙することしかできないとき，市民を可能な限り平等な存在者として扱う制度は，一人一票，多数決原理，そして市民の支持を求めて競争し合う政党，を中核にした民主主義的な制度である。権力を求めて競争し合う政党は，支持者の大きな連合を形成するために多様で広範な利害関心に応えるよう動機づけられ，収益を求めて競争し合う生産者が最適価格で消費者の需要を満たすように——市民に不当な税を課すことなく，また市民の自由を制限するようなその他のコストを課すことなく——，市民

に利益を供給するために自らの政治的レントを減少させようとするだろう。現実の民主主義的立法過程そのものを憲法として理解する立場は，現実の民主主義の中核となる諸制度が，何故人々を平等に配慮し尊重する制度と言えるのか，平等な配慮と尊重を促進するために現実の制度をどのように修正していくべきか，そして修正のためにどのような手続を用いるべきかを考察しなければならない。

(1) Mackie, G., *op. cit*., pp. 197f. は，ライカーが挙げている民主主義における戦略的操作の実例が誤解に基づいていることを詳しく立証している。
(2) Dworkin, R., 'The Moral Reading and the Majoritarian Premise,' Koh, H. H. and Slye, R., eds., *Deliberative Democracy and Human Rights*, New Haven, 1999. pp. 81-115; Id., 'Constitutionalism and Democracy,' *European Journal of Philosophy*, vol. 3, 1995, pp. 2-11.
(3) Rawls, J., *Political Liberalism*, New York, 1993.
(4) Id., pp. 54-58.
(5) Bower, B., 'The Limits of Public Reason,' *Journal of Philosoply*, vol. 91, 1994, p. 21.
(6) Rawls, *op. cit*., pp. 140-142.
(7) Id., pp. 231-240, pp. 340-363.
(8) Id., 'Introduction.'
(9) Id., pp. 22-28.
(10) Ely, J. H., *Democracy and Distrust: A Theory of Judicial Review*, Cambridge, Mass., 1980, chs. 2, 3.
(11) Id., p. 44.
(12) Id., p. 75.
(13) Dworkin, R., *A Matter of Principle*, Oxford, 1986, pp. 57-69.
(14) Burt, R. A., *The Constitution in Conflict*, Cambridge, Mass., 1992, また Shapiro, I., *The State of Democratic Theory*, Princeton, 2003, pp. 66-77 参照。
(15) Habermas, J., *Between Facts and Norms*, Trans. Rehg, W., Cambridge, 1996, Postscript, 1994, p. 448.
(16) Habermas, J., *Faktizität und Geltung*, Frankfurt am Main, 1993, S. 323-324; Id., *Between Facts and Norms, op. cit*., p. 266.
(17) Id., *Faktizität*, S. 319-320; *Between*, p. 263.
(18) Id., *Faktizität*, S. 339-340; *Between*, pp. 278-279.
(19) Id., *Faktizität*, S. 327-340; *Between*, pp. 269-279.
(20) Id., *Faktizität*, S. 326-333, S. 343-344, S. 355-361; *Between*, pp. 268-274, 282-283,

293-298.
(21) Id., *Faktizität*, S. 339; *Between*, p. 279.
(22) Id., *Faktizität*, S. 347; *Between*, p. 285.
(23) Ackerman, B., *We the People: Foundations*, Cambridge, Mass., 1991.
(24) Id., pp. 181-183, 186-195.
(25) Id., pp. 266-294.
(26) Michelman, F., 'How Can the People Ever Make the Laws? A Critique of Deliberative Democracy,' Bohman, J. and Rehg, W., eds., *Deliberative Democracy: Essays on Reasons and Politics*, Cambridge, Mass., 1997, pp. 162-165; Richardson, H., *Democratic Autonomy: Public Reasoning about the Ends of Policy*, Oxford, 2002, p. 67.
(27) Waldron, J., *Law and Disagreement*, Oxford, 1999, pp. 105-107, pp. 246-247; Weale, A., *Democracy*, Basingstoke, 1999, pp. 8-13.
(28) 恣意的な支配（domination）については，Pettit, P., *Republicanism: A Theory of Freedom and Government*, Oxford, 1997, pp. 52-109. ペティットによれば，リパブリカニズムの言う自由は，干渉されない自由（消極的自由）でも政治参加の自由（積極的自由）でもなく，恣意的な支配を受けない自由である。しかしペティットのリパブリカニズムは司法審査を推奨する。

第 5 章　契約

第 1 節　意思説と信頼説

　新たな約束はすべて約束者に新たな道徳的義務を課し，しかもこの新たな義務は約束者の意思から生ずるが故に，約束は想像しうる最も神秘的で不可解な行為の一つであり，「聖体変化」や「叙品式」にさえ譬えられうるだろう。これらの行為においても，一定の意図を伴いつつ特定の形式の言葉が発せられると，外的事物の性格や人間の性格さえ完全に変化してしまうからである[1]。

　ヒュームがここで「神秘的で不可解な行為」と形容している約束ないし契約の拘束力については，大別して二つの見解が対立している。一つはいわゆる意思説であり，この立場によれば，契約の本質は自己を義務づける契約者の意思に存し，例えば，AがBに対し行為Xを約束する場合，Aは行為Xを遂行すべき義務を自らの意思により自律的に創出しているのであり，契約成立の前提としてBによる受容その他の条件が必要とされても，契約の本質および契約義務の根源は自己を義務づけるAの意思作用に求められる。これに対し，契約の拘束力の根拠を契約者の意思にではなく，契約行為を起因として相手方に生ずる信頼に置く立場があり，多くの場合この立場は功利主義的に正当化されている。即ち，自己を義務づける契約者の意思はそれ自体で契約の拘束力を生み出すことはなく，契約に拘束力が生ずるのは，約束行為により相手方に信頼が生まれ，この信頼を基礎として相手方が一定の出費をした場合，約束の違背は相手方の損害を惹き起すからである。従って相手方に信頼が生じない限り契約に違背しても功利的にみて悪しき結果が生まれることはなく，契約は契約者を拘束しない。このように信頼を契約義務の根拠と

考える立場（以下信頼説と名付ける）は契約を，特定の行為を将来遂行する意図を言明した一方当事者と，この言明を信頼し言明が偽なる場合には一定の損害を被る他方当事者の間の事実的関係，即ち意図の言明とこの言明への信頼という両当事者間の社会的関係と考え，それ故，意思説のように自己を義務づける契約者の意思という主観的契機に契約義務の本質をみる立場とは基本的に異なる。

　さて，意思説と信頼説の対立は，契約の概念的本質をめぐる理論的な対立でないことは言うまでもない。両者はいわば異なった法文化を背景とする契約観であり，法的関係の生成に個人の自律的意思をどの程度まで認めるべきかに関する規範的対立の現れである。社会成員の法的権利義務が生成，消滅，変化していく態様は千差万別であり，特に重要な態様としては犯罪，不法行為および契約が挙げられるが，犯罪や不法行為により行為者は自己の意図とは関係なく特定の権利を喪失し特定の義務に服するのに対し，契約は契約者が新たな権利義務を自ら意図的に生成していく手段であり，法的主体が自己の権能を自由に行使しつつ法的地位（法的権利義務の総体）を計画的自律的に変更する手段である。意思説はこのような社会成員の自律的な行為選択を尊重し，法の中心的機能を社会成員に対するこの種の権能付与にみる立場であり，法的権利義務の自律的創出という契約の機能をそのまま純粋なかたちで認めるが故に，契約の本質も契約者の自律的な自己拘束行為と考えられているのである。これに対し信頼説は，功利主義的立場から社会成員の権利義務関係の変動をいわば外側から操作し，社会的利益の増大の観点から権利義務の分配を配慮する立場である[2]。従って，自己を義務づける個人の意思とは無関係に，特定の契約関係において一方当事者の信頼にどの程度まで法的保護を与えることが功利的かを考量することにより権利義務関係の内実は決定されるわけであり，この結果，契約から生ずる権利義務関係は不法行為から生ずる関係と類似したものとなる。信頼説においては，契約関係の要点は契約者の「意図の言明」という言語行為により因果的に惹き起こされた相手方の信頼（これは単なる期待ではなく，期待に基づいた出費行為を意味する）であり，それ故，J.L.オースティン流に表現すれば，契約行為の〈perlocutionary〉な意味に重点が置かれているとすれば，例えば契約者AがBに対し行為Xを約束した場合，Bの信頼行為が存在しない間はAとBにはいかなる権利義務関係も存在せず，Bの信頼が生じた後に初めてAの履行義務は生ず

るが，この義務は約束遵守の義務というよりは，「Bの信頼に反し行為Xを履行せずBに損害を与えるべきではない」義務，あるいは「行為Xを履行せずBに損害を与えた場合に損害を賠償すべき」義務と理解されるのである。意思説の契約原理は「約束は守られるべし」という義務論的な命法であるのに対し，信頼説は「他者に理由なく損害を与えてはならず，損害は償われるべきである」という功利主義的に解釈された原則を基礎とすると考えられるだろう。信頼説を首尾一貫させれば，契約法は不法行為法へと解消され，「契約の死[3]」へと至るのである。

　以下，意思説および信頼説につき検討を加え，両説の本質的な相違を明確にしていきたいが，その前に確認しておくべき論点がある。我々は契約行為から権利義務関係が直接に生ずると考えるが，言うまでもなく契約行為の背景には規範的ルールが前提されているわけであり，従って契約の拘束力の根拠は，意思説や信頼説の採用とは関係なく，一定の条件下でなされた契約行為に拘束力を付与する規範である，と簡単に答えることは可能である。意思説では契約者の自己拘束的な意思の表明が，信頼説では契約者の意図の言明とこれに起因する相手方の信頼生成が契約の根拠とされるが，これらは純粋な事実でしかなく，単なる事実からは権利義務関係という規範的関係が生成しえないことは言うまでもない。AとBの間に法的権利義務関係が生ずるのは，AとBの間に一定の事実的関係Rが存在し，法規範がRの存在に法的意味を認め，Rに特定の法的効果を認めることによる。それ故，意思説と信頼説の相違は，Rを，「自己を義務づけるAの意思」とみるか，「Bの信頼生成」とみるかの相違にすぎず，個々の約束や契約の拘束力の根拠はRそれ自体ではなく，Rに規範的効果を付与するルールに存すると考えられるだろう。信頼説に関しては，保護されるべき信頼と保護の必要のない信頼を区別し前者に法的効力を認めるルールが前提とされ[4]，意思説に関しては，「自らの意思により自己に一定の義務を課した者はその義務を履行すべきである」というルールが前提とされている。それ故，問題は個々の契約の拘束力の根拠から，これらルールの拘束力の根拠の問題へと移行するが，ここでは個別的な契約の拘束力を考察の対象とし，ルール自体の拘束力に関しては以下簡単なコメントを加えるにとどめたい。まず次の推論の吟味から始めよう。

(1)　「私はあなた（＝B）に行為Xの履行を約束する」とAは述べた。
(2)　AはBに対し行為Xの履行を約束した。

(3)　AはBに対し行為Xの履行義務を引き受けた。
(4)　AはBに対し行為Xを履行すべき義務に服する。
(5)　AはBに対し行為Xを履行すべきである。

　この推論は後述のように意思説の一形態であり，かつて事実命題から当為命題の論理的導出の可能性を示すものとして取り上げられた推論である[5]が，約束行為は一定の発話行為を「約束」として構成するルールを通じて生成し，(1)から(5)の推論の背後にはこの種のルールが前提とされているとしても，約束から履行義務が生ずるにはA自ら約束のルールを拘束力あるルールとして受容していなければならない。従って，「約束者は約束履行の義務を引き受ける」という命題は分析的ではなく総合的な命題であり，上記(1)から(5)への推論が論理的に妥当するには，一定の状況で一定の発話行為（＝約束）を行った者に約束履行の義務を課すルールにAが服していること（Aが約束ルールの〈subscribing member [6]〉であること）が前提とされねばならず，この前提が存在しない限り(1)から(5)への推論は妥当しない。それでは，Aが約束のルールを拘束力あるルールとして「受容する」ことは何を意味するのか。ある見解はこれを高次の約束と考える[7]。即ち，個々の約束の拘束力は，「一定の発話行為（＝約束）を遂行したならば私は発話の内容通りに履行する」という一般的で高次の約束に由来するとされる。しかし，この際無限後退を避けるには，いかなる上位の約束をも前提としない窮極的な約束が論理的に措定されねばならず，この窮極的約束に関しては，「約束した者は約束を履行せねばならない」という命題は，一種の先験的総合命題と見なされねばならないだろう。換言すれば，個々の約束の拘束力は約束に拘束力を付与するルールの拘束力に由来し，ルールの拘束力は社会成員の「ルール遵守の約束」に由来する。そして「ルール遵守の約束」の拘束力の根拠が無限後退に陥るのを避けるには，いかなるルールをも前提としない約束行為の先験的拘束力を認めるべきことになる。これに対し別の見解によれば，ルールの「受容」は高次の約束や合意である必要はなく，約束のルールは社会的に有益なルールとして明示的な合意を前提とせずに所与として存在する。ルールは社会の成員が相互に相手方の行為に対してもつ期待の交錯関係から自然的に生成し，このルールを暗黙に遵守することが「受容」の意味であり，しかも約束ルールの拘束力の根拠はこの種の「受容」ではなく，むしろルールの社会的功利

性に存する。更に別の見解では，ルールの遵守義務は，他の社会成員がルールを遵守し，ここから社会的利益が生じ，しかもこの利益を特定個人が意図的に享受している場合，この個人は他の成員のルール遵守から生ずる利益を「ただ乗り」により享受すべきではなく，彼自身もルールを遵守すべきことを意味する。従ってこの見解では，ルールの拘束力の根拠は社会成員の合意やルールから生ずる社会的利益それ自体ではなく，他者のルール遵守という負担から生ずる利益の意図的享受の故に，公正さの観点からルールへの服従義務が生ずるとされる。

　以上のように，個々の約束ないし契約の拘束力はルールの拘束力に還元されるが，これは上記(1)から(5)の意思説的推論のみならず信頼説に関しても同様に言えることである。しかしここではルール自体の拘束力の根拠に関する考察は控えて，個々の約束や契約の拘束力に考察を限定したい。約束や契約に拘束力が生ずるには当然のことながら無数の事実の存在不存在が条件として前提にされ，しかもこれらの条件の特定の集合を契約成立の充分条件として固定することは不可能であり，契約観念はこの意味で〈defeasible [8]〉な観念と言いうる。しかし充分条件の特定化は不可能としても契約成立の必要条件のうち重要なものを一定の観点から選び，これを契約拘束力の根拠と考えることは可能であり，「自己を義務づける意思」と「信頼」はこのような重要な条件と考えられよう。例えば，コモン・ローにおけるいわゆる三つの「約因」（consideration）のうち〈reliance〉及び〈benefit〉は信頼説に，「相手方の約束を前提とした約束」は信頼説的要因を含みつつも意思説に立つものと一応考えられる。我々の法文化の契約観念には信頼説的要素と意思説的要素が多かれ少なかれ混在しているが，問題は両観念を純粋なかたちで抽出し，これらの背景にあるルール観の相違を明確にすることである。以下，日常言語の「約束[9]」と法言語の「約束」の間にある相違は一応考慮の外に置き，両者に共通な構造に留意しながら考察を進めていきたい。

　意思説を純粋なかたちで契約の支配的理論として提示したのは近世自然法論である。A.ヘーガーシュトレームの分析[10]によれば，近世自然法論における〈ius〉は他者を義務づける意思の非自然的な力（potestas moralis）であり，契約は自己自身の行為に関する〈ius〉たる「自由」（この libertas はさらに，自己の行為に対する dominium である）の部分的譲渡として構成された。ローマ法の〈ius〉は単にその行使が法により禁止されていないことを意味する

にすぎず，この〈ius〉が侵害されれば侵害者は原状恢復など一定の法的義務を負うものの，この義務を他者に課する力は〈ius〉自体の意味には含まれてはいない。これに対し近世自然法論の〈ius〉にはその行使が法により禁止されていないこと以外に，他者を義務づける力が内在しており，他者の〈obligatio〉は常に〈ius〉の論理的相関物として〈ius〉に内在する。そして〈ius〉は特定の財のdominium以外に法主体自身の行為へのdominiumたる「自由」をも含み，契約とは自己自身の行為に対するこのdominiumの一部を他者に譲渡することであり，この譲渡により契約の相手方は契約者の行為の特定部分に対する〈ius〉を獲得し，この限りで契約者を義務づける力が与えられる。それ故，近世自然法論においては契約は他者を義務づける意思の力の部分的譲渡として構成されており，従って契約とは契約者が自己の自由の一部分を相手方に譲渡し他者に対し特定の義務を引き受ける自己拘束的な行為と言えるだろう。このような意思説は更に現代においても様々な形態で存在しているが，法哲学の領域では特にA.ライナッハの契約論が注目に値する[11]。

　ライナッハの法哲学の課題は現象学的な本質直観による法の先験的基礎の抽出であったが，ライナッハにおける契約行為の分析を検討すると，そこには例えばJ.L.オースティンの行為定立的〈performative〉を想起させる見解がみられ，現在ほぼ忘れ去られたかにみえるライナッハの法哲学にもう一度注目することも無益ではなかろう。ライナッハによれば，AがBに行為Xを約束する場合，Aには行為Xへと志向する意思が存在するが，約束はX履行の意思の報告ではない。これは，質問行為が疑念の報告ではなく，懇願行為が願望の報告でないのと同様である。約束行為は，この行為とは独立に存在する内的体験を相手方に言明することではなく，むしろ一定の発話行為ないし身体動作において遂行される自己拘束行為であり，AにはX履行の義務，Bにはこれに対応する権利を生みだす行為である。しかし，約束は意思の言明ではなくとも，約束行為にはこれとパラレルに一定の内的経験，即ち自己を義務づける意思が内在し，約束の成立には言うまでもなく何らかの発話行為が必要とされるにしても，約束行為の本質的契機は自己を義務づける意思と考えねばならない。従って，ライナッハによれば信頼説は約束行為を正当に把握してはいない。まず，信頼説は，何故保護されるべき信頼が約束の相手方の信頼に限定されるのかを説明できない。つまり，約束の存在を知った第三者が約束を信頼し約束不履行により多大の損害を被る場合，第三者には

いかなる権利も生じないが信頼説はこれを説明できない。また，約束への信頼は約束の拘束性を前提としており，拘束性を信頼生成に基礎づける見解は循環論を犯している。更に信頼説は，約束から生ずる義務と，他者の信頼に違背し損害を与えるべきでない義務とを混同している。後者の義務は義務の内実たる行為の倫理的な正しさに基礎を置くのに対し，約束履行義務は履行されるべき行為の倫理的性格には依存せず，約束行為自体から生ずる義務である。約束を履行すべき義務がこれと抵触する他のより重大な義務によって無力化される状況はありえても，約束履行の義務は義務として存続することに変りはない。それ故ライナッハによれば，「約束行為からは約束履行の義務が生ずる」という命題は先験的総合命題であり，「約束はいかなる主体により遂行されようと，例えば相互に約束する主体が天使であろうと悪魔であろうと，彼らが現実に約束し約束を受容しうる限り，彼らには権利及び義務が発生するのである」。

さて，以上のライナッハの契約論には，例えばJ．L．オースティンによる約束行為の意味分析を想起させる見解がみられる。オースティン及びその後の言語行為論[12]は，「私は行為Ｘの履行を約束する」といったタイプの発話が記述ではなく行為定立的（performative）であること，そしてある発話行為が約束と見なされるには一定の構成的ルール（constitutive rule）が前提されることを主張する。しかし注意すべきは，この種の言語行為論が意思説の立場から約束行為を理解していることである。信頼説の立場をオースティン流に表現すれば，「私は行為Ｘの履行を約束する」という言葉は意図の記述であり，約束の拘束力はこの〈illocutionary〉な行為から生ずるのではなく，信頼という〈perlocutionary〉な要素から生ずる。これに対し，オースティンは約束を一定のルールを背景とした自己拘束的コミットメントとして捉え，一定の状況における約束の発話から直ちに義務が生ずると考えるのである。上記の推論(1)～(5)に関しても，(2)～(3)への推論は分析的と考えられるが故にこの推論が意思説に立つことは既述の通りである。そして，一定の発話行為は構成的ルールにより約束という制度的事実になり，しかも約束行為は履行義務の生成を論理的に含意するが故に，約束は構成的ルールと同時に，約束者に一定の履行義務を課する規制的（regulative）ルールをも前提とすることは明らかである。

以上のように，意思説はルールを前提とする意図的な自己拘束的行為とし

て約束を捉え，後に指摘するように，この立場の背後には約束ないし契約を
規範的権能の行使とみる見解が存在するが，以下，信頼説の考察に入る前に，
「自己を義務づける意思」という観念を不合理なものとして拒否し，約束の拘
束力を不履行に対する制裁に還元するヒュームの約束論[13]を簡単に考察して
みたい。ヒュームの意思説批判は，約束が人為的規約に基づくことの論証の
中でなされているが，上述のように，現代の意思説は約束に関するルールの
存在を約束成立の必要条件と考えるが故に，ヒュームの批判をそのまま上記
の意思説への批判と考えることはできない。しかし，意思説批判以外にもヒ
ュームの約束ルール生成の分析には興味ある重要な指摘が含まれている。

(1) Hume, D., *A Treatise of Human Nature*, book III, part II, sec. V, ed. by Selby-Bigge, L. A., 1978, Oxford, p. 524.
(2) Posner, R. A., *Economic Analysis of Law*, 1977, Boston, pp. 41-65.
(3) Gilmore, G., *The Death of Contract*, 1974, Columbus.
(4) Atiyah, P. S., *Promises, Morals, and Law*, 1981, Oxford, p. 123.
(5) Searle, J. R., 'How to derive 'ought' from 'is',' Foot, P., ed., *Theories of Ethics*, Oxford, pp. 101-114.
(6) Hare, R. M., 'The Promising Game,' Foot, P., ed., *op. cit*., pp. 115-127.
(7) Prichard, H. A., *Moral Obligation*, 1968, Oxford, pp. 169-179.
(8) Hart, H. L. A., 'The Ascription of Responsibility and Rights,' Flew, A., ed., *Logic and Language*, 1963, First Series, Oxford, p. 148.
(9) Fried, C., *Contract as Promise*, 1981, Cambridge, Mass. は，「約束」を意思説的意味での自己拘束的行為として使用するが，約束についても信頼説的な理解が可能なことは言うまでもない。
(10) Hägerström, A., *Recht, Pflicht und bindende Kraft des Vertrages*, 1965, Stockholm, S. 53.
(11) Reinach, A., *Phänomenologie des Rechts*, 1953, München, S. 21-86.
(12) Austin, J. L., *How to Do Things with Words*, 1962, Oxford; Searle, J. R., *Speech Acts*, 1969, Cambridge, Mass., p. 57.
(13) Hume, D., *op. cit*., pp. 516-525.

第 2 節　ヒュームの約束論

　ヒュームはまず，約束の履行を義務づけるルールが自然的規範ではなく人
為的規約に基づくこと，約束は人為的規約を前提しない限り理解不可能であ
り，仮に理解しえても約束の倫理的拘束力は人為的規約なしには説明不可能

であることを論証する。ヒュームによれば，約束が自然的な行為として理解可能とすれば，「私は約束する」という発話には特定の精神活動が随伴せねばならず，この活動から約束履行の義務が生成すると考えねばならない。しかし，まず，このような精神活動は行為を履行する決断や願望ではありえない。単なる決断や願望からは義務は生成しえないからである。またこれは，約束された行為を意欲することでもない。契約は将来の行為に関するものであるのに対し，意欲は単に現在の意欲にすぎないからである。それ故，約束に随伴する精神活動は，約束から生ずる義務を意欲すること以外ではありえず，日常の思考様式においても，我々は自らの合意に拘束され，義務は我々の意思から生ずると考えられている。しかし，約束にこのような精神活動を想定するのは不合理ではないだろうか。偏見や言語の誤った使用に囚われない限り，この不合理は容易に理解されるだろう。ヒュームは以上のように主張した後，彼の感情主義的道徳論に移っていく。有徳な行為とは一定の仕方で我々を喜ばせ快感をもたらす行為であり，義務とは，それを無視したり履行しないことが一定の仕方で我々を不快にさせる行為である。それ故，道徳が感情に基礎を置くとすれば新たな義務の生成は新たな感情の生成を前提とすることになるが，我々の感情を自然的に変えることは天体の運動を変えることと同様不可能である。従って単なる意思の活動（即ち約束）により特定の行為を快いものあるいは不快なものへと，（即ち道徳的なものあるいは不道徳なものへと）変質させることはできず，約束がなければ不快であった行為が約束により快いものとなったり，約束がなければ不道徳であった行為が約束により有徳なものとなることはありえない。それ故，新たな義務を意欲すること，即ち快不快の新たな感情の生成を意思することは不合理であり，それ故結局，約束を自然的なものとして理解することも不可能となり，約束に付随する精神活動も存在しえないことになる。またヒュームによれば，仮に道徳が感情に基礎を置くものでなく理性により把握される事実連関に基礎をもつとしても，義務を意欲する活動として約束を理解することの不合理性は明白である。道徳が事物間の特定の関係に基礎を置くとすれば，新しい道徳義務の生成は新たな事実連関の生成を前提にすることになるが，単なる意思は自然的世界に変化を惹き起しえず，従って道徳的義務を直接的に生み出しえない。また仮に意思の活動自体を新たな事実連関の生成と考え，ここから義務が生成すると考えても，新たな義務を意欲することは新たな事実連関を意

思することであるが故に，結局これは意思を意思することとなり無限後退が生じ，従って義務の生成は不可能となる。以上の説明から，約束を自然的な制度として理解することは不可能であり，義務への意思という精神活動を想定することの不合理性も明白である。いかなる行為も，この行為を動機づける感情が人間本性に植えつけられていない限り義務として我々に要求されえない。不幸な人を援助する自然的義務や子を扶養すべき親の義務は人間性に内在する自然感情に基礎を置くのに対し，約束履行の義務は人間の自然感情ではなく人為的規約を前提として生成したものと考えるべきである。

　ヒュームは以上のように，約束から生ずる義務が人為的規約を前提することを主張した後，約束の制度が社会の必要性や利益の配慮から生じたことを論証する。人間本性には一定限度の利他的寛容性が認められるが，自然的には利己的であり他者の利益のために利他的に行為することはない。人が他者の利益のために行為するのは，これにより自らも利益を得ることが期待されるからであり，しかも他者の利益のために行為しない限り自己の利益が得られないからである。ＡとＢが各自私的な利益を追求し，ともに相手方の協力を必要としている場合を想定しよう。ＡとＢが同時に相手方のために行為すれば問題は生じないが，双方の行為が必ずしも同時に履行されうるとは限らない。従ってまずＡがＢのために行為する必要があるが，いったんＢのために行為した後はＡはＢの利他的な親切心を期待する他はなく，利己的な人間本性を考えればこの期待が実現する可能性は少ない。ＢはＡの行為の結果私的利益を既に得たのであるから最早Ａのために行為する必要はなく，むしろ行為しない方がＢの利益になるからである。人間の自然的感情に従う限りＢがＡの利益のためにＡの行為への返礼として利他的に行為することはない。Ａはこのような推論により，結局はＢのために相互協力行為のイニシァティヴをとることを思いとどまり，それ故ＡとＢの取引は，特定物を現実的かつ同時に給付しあうか特定行為を同時に履行しあうこと以外にはありえず，これ以外の仕方で相手を信頼し相互的な利益を実現することは不可能となる。

　　あなたのとうもろこしは今日熟し私のは明日熟するだろう。私はあなたと一緒
　　に今日労働し，あなたが明日私を援助してくれれば我々双方に利益が生ずる。
　　しかし私はあなたに対し親切心を抱いてはおらず，あなたも私に対し少しの親
　　切心をも抱いていないことを私は承知している。それ故，私はあなたのために

労をとることはないであろう。もし私が見返りを期待して私自身の利益の故にあなたのために労働しても、私の期待は裏切られることはわかっている。あなたの親切心を当てにしても無駄であろう。それ故、私はあなたを一人で労働させ、あなたも同様の仕方で私を扱う。季節は移りゆき、我々は二人とも相互の信頼と確信の欠如の故に収穫物を失ってしまう。これが人間の自然的本性の帰結である。

　人間本性に内在する感情は不変であるが故に、これに基づく行為傾向も不変であり神以外にはこれを変えることは不可能である。しかし人間の自然的本性が上記のように社会的不利益をもたらすとすれば、この本性を変えずにむしろこれに新しい方向を与え、人為的な仕方で我々の欲求をより多く満足させ、社会的利益を生み出しうることを知るべきである。つまり、Ａは自己の利益のために安心してＢとの協力のイニシァティヴをとることができ、ＢはＡによる一定の負担行為から利益を得た後に、自己の負担分を履行しない限り悪しき結果（即ち制裁）が生ずることを予見し、従って負担分を履行せざるをえない状況を我々は人為的に創造することができる。たしかに人間は、利己的本性以外に特定の他人に対して純粋に利他的な感情から行為や取引をすることもあるが、この種の取引から利己的取引を区別するために、一定の言語形式が後者に対し定められ、かくして一定の言葉の発話により我々は行為履行の義務を負うようになる。これが約束という人為的制度の起源である。Ａが行為Ｘを約束することは、(1)ＡはＸを行為する意図を表明し、(2)この際に一定の言語を使用することにより、Ｘ不履行の場合は将来二度と信用されないという罰（法的次元においては一定の法的制裁）に服することを意味する。約束は自然的行為たる限りでは決心や意図の言明であるが、言明のみからは義務は生じないが故に、特定のシンボル（語源的に $συμβόλαιον$ が契約の割符を意味したことを想起）が定められ、これを一定状況で使用した者は、不履行から生ずる不利益を回避しようとすれば自己自身の利益の観点からＸを履行せざるをえないことになる。従って約束の履行義務は発生的にはあくまで私的利益に基礎を置くが、いったん約束の制度が形成された後は私的利益から分離し、教育などを通じ約束を約束として義務づける態度が生まれる。他方、決心や意図の表明も上記のシンボル使用も履行義務生成の説明を与ええない故に、義務の根拠があたかも義務を意欲する意思という精神活動に存するかのように考える日常的態度が生まれ、更に、一般的にあらゆる道徳的

義務の基礎が意思に存するかのように考えられることになる。しかし言うまでもなく意思のみにより約束は成立せず，むしろシンボルの使用が約束成立の必須条件であり，例えば履行義務への意欲がなくともシンボル使用のみにより義務が生成することがあり，逆にシンボルを使用しても，約束者がその意味を理解していない場合や意味を理解していてもシンボルを戯れに使用し履行義務への意欲が存在しない場合に，約束が拘束力をもたないときがある。このように約束義務が，ある場合にシンボルを使用しても義務の意欲の不存在の故に生成せず，他の場合には義務の意欲が存在しなくともシンボルの意図的使用のみで生成する事実は，約束義務が自然的なものではなく社会的利益の故に任意に定められたことを示している。例えば，強制力の下でなされた約束は通常無効とされるが，心理的強制は他の恐怖心と異なるところはなく，強盗の脅迫により約束を行う場合と，負傷した人が医者の治療を受け死を免れるために治療費の支払いをその場で約束する場合とでは心理的強制に相違があるわけではない。それにもかかわらず前者は無効で後者は有効とされるのは，約束義務が人為的なものであることを示している。

　以上がヒュームの約束論の概要であるが，これに対する批判的検討は控えることにして[1]，本章の問題関心との関連で言えば，ヒュームの見解を更に次のように要約できよう。約束制度の生成基盤は，各自私的利益のみを追求する利己的な個人が，他者を利用すると同時に他者に利用されることを通じて私的利益を増大させようと試みる状況にある。ヒュームが描くとうもろこしの収穫をめぐる二人の人間は，ゲーム理論の「囚人のディレンマ」の状況に置かれていると言えるだろう。二人とも自白しなければ軽い刑罰で済むにもかかわらず信頼と相互協力の欠如及び，相手が自白しないことを利用し自ら自白して釈放されようとする利己心（双方とも相手のこの利己心を承知している）の故に，結局は双方とも自白し重い刑罰を課せられる（この場合もし一方が自白し他方が自白しなければ自白した者は釈放され自白しなかった者は更に重い刑罰を課せられる）状況と，ヒュームの「とうもろこしの収穫」の状況は，ゲーム理論的には同一の構造をもつ状況である。従ってこの状況を放置したのでは，双方の利益となる状況が存在しうるにもかかわらず，相互信頼の欠如の故にこれは実現しない。約束を義務づけるルールはまさに，この種の囚人のディレンマ的状況にルールの契機を導入し，マトリックスを変更して新たな状況を人為的に創出することにより，人間本性の利己性はそ

のまま認めつつ，一方の私的利益追求が同時に他方の利益増大に役立つような状況を実現させるのである。人間の自然的本性が社会的不利益をもたらすとしても，その本性を変えずむしろこれに新たな方向を人為的に与えることにより社会的利益を実現しうる，とヒュームが述べるのも，囚人のディレンマ的状況にルール（約束不履行に制裁を与えるルール）を導入しマトリックスの変更によって，ゲーム理論的に合理的な（即ちドミナントな）決定と，私的利益を増大する決定が合一する状況を実現しうることを示唆しているのである。

　さて，契約や約束が法文化史的にみて，神への誓約のように儀式行為に由来する（ローマ法の stipulatio の儀式的性格を想起）ことや，契約の非形式性という観念の起源としてしばしば指摘される中世教会法の pactum nudum（ローマ法の様々な vestimentum を脱ぎすてた単なる合意）が神への誓約として拘束力を認められたことが確かであるとしても，ヒュームの説明は近代市民社会の契約ルール形成の説明としては充分適切なものと思われる。通常ヒュームにおける〈convention〉の生成はゲーム理論における〈coordination〉の問題状況——例えばAとBが一定の共通目的を追求する際に，Aは行為X_1を，Bは行為Y_1をそれぞれ同時に遂行すれば目的が叶えられるが，$X_1 Y_1$のペア以外に$X_2 Y_2$, $X_3 Y_3$…でも同様に目的は叶えられ，しかもAとBは互いに相手が$X_1 \cdots X_n$, $Y_1 \cdots Y_n$のどの行為を遂行するかが未知な状況（いわゆる，embarras de richesse）——を解決するためのものと考えられている。この場合，AとBが合意により一定のルール（複数のペアのうち一つのペアだけを認めるルール）を定めれば問題は容易に解決するが，ヒュームの規範生成論及びこれを洗練したかたちで展開したD.K.ルイスの理論[2]の特徴は，AとBが相互の行為を一定の仕方で期待しあい（即ちAはBがY_1を，BはAがX_1を行うと期待し，AはBがAがX_1を行うと期待していることを期待し，BはAがBがY_1を行うと期待していることを期待し……），明示的な合意を前提としないでこの相互期待から自然発生的にルールが生成する過程に注目したことである。しかし，ヒュームの約束ルールの分析に関して言えば，状況は〈coordination〉ではなく明らかに囚人のディレンマの状況である。〈coordination〉的状況から生成する規範の主たる機能が罰則ではないのに対し，囚人のディレンマから生成する規範の本質的機能は刑罰であり，ヒュームの約束ルールも，約束自体に効力を付与するルールではなく，約束不履行に制

裁を課すルールと言えよう。

　更にヒュームの約束論の特徴は，約束履行の義務を個人レヴェルでの純粋な損益計算に基礎づけていることである。約束者が約束を履行すべきなのは不履行の場合に制裁の不利益が生ずるからであり，従って首尾よく制裁を免れえて，しかも約束を履行しない方が個人にとり功利的ならば約束履行の義務は生じない。ヒュームにおいて義務は功利性の個人レヴェルでの合理的計算から生ずる指令と変りなく，約束のルールは確かに社会的に有益な協力関係を生むものとしてルール功利主義的に説明され正当化されているが，ヒュームの約束論は基本的には行為功利主義的な（しかも利己的な）ものと理解されよう。個人がルールを遵守すべき義務は，遵守しない場合に課せられる制裁の不利益は避けた方がよいという功利的判断に基づくにすぎない。しかしヒュームの興味深い説明によれば，約束は社会的に有益な制度であるが故に個人レヴェルでの損益計算を離れ，教育などを通じて約束それ自体に一種の義務づける力が内在するかのように見なされ，他方単なるシンボル使用から義務は生じえないが故に，シンボル使用の背後に「自己を義務づける意思」が存在するかのように日常的には考えられるに至る。しかし，日常的生では約束には自己を義務づける意思が常に随伴すると考えられているのに対し，ヒュームによれば，この意思は哲学的反省により不合理な観念として否定されねばならない。これをヒュームによる周知の因果律や人格的同一性の扱い方と比較すると興味深い。日常的生において我々はこれらが客観的に妥当するかのように考え行為するが，哲学的反省はこれらの客観的妥当性を疑問視する。ヒュームは約束が社会全体の利益のために生じたことを認めながら，基本的には約束履行義務を，制裁を甘受してまでも約束に違背することが得策か否かに関する損益計算の問題と考える（これは約束ルール生成の状況が既述のようにcoordinationの状況ではなく囚人のディレンマ的状況であることと関連する）が故に，功利主義的な信頼説を採っているわけではないが，自己を義務づける意思という観念を否定する点では信頼説と同様である。しかし，ヒュームの主張のように自己を義務づける意思として約束や契約を理解することは本当に不合理だろうか。因果関係につきカントが，人格的同一性についてはP．F．ストローソン[3]などが考えたように，「自己を義務づける意思」を，或る行為が約束行為として意味理解される際のア・プリオーリ（ただし，特定の法文化に内在したア・プリオーリ）な前提と見なすことはで

きないだろうか。以下，信頼説を検討しつつこの問題を考察しよう。

（1） Mackie, J. L., *Hume's Moral Theory*, 1980, London, pp. 96-104; Harrison, J., *Hume's Theory of Justice*, 1981, Oxford, pp. 121-144.
（2） Lewis, D. K., *Convention*, 1969, Cambridge, Mass.
（3） Strawson, P. F., *Individuals*, 1964, London.

第3節　信頼説の検討

　信頼説は契約の拘束力を一方当事者の意図の言明及びこの言明から生ずる相手方の信頼により説明するが，まず注意すべきは，この種の信頼がそもそも生じえない社会には契約行為自体が存在しえないことである[1]。例えば，社会の成員がすべて行為功利主義者であり，しかもすべての成員がこの事実を知っている社会を想定してみよう。この社会の成員Aは最大の社会的利益を生ずる行為を選択し，他の成員Bもこれを承知している場合，AがBに対し行為Xを約束しても約束が存在しない場合と比べ，行為Xに対するBの期待や信頼が増大することはない。Aは行為功利主義者であるが故に約束とは関係なく最大の社会的利益が生ずる行為を遂行するであろうとBは考え，逆にAも，行為功利主義者であるBがこのように考えることを承知しているからである。従って約束行為により新たな信頼関係の生じえない状況では，約束という制度自体が無意味なものとしてそもそも生じえない。ただし，例えば行為功利主義者Aが選択しようとする行為の中で最大の社会的利益を生むものが複数存在する場合，BにとりAがどの行為を選択するかは不確定である。この種の状況においては，Aが複数の行為から選択すべき行為を特定し，この行為を遂行する意図をBに報告すれば，BにはAが報告した行為への信頼が生れうるだろう。同様に，ABともに行為功利主義者であっても，最大の社会的利益を生む行為をAB双方が特定化しえない状況では，Aの意図の言明によりBの信頼が生ずることは考えられる。AはBが自己の約束を信頼することを期待するが故に約束行為を有意味なものとして遂行するのであり，逆にBはまさにAのこの期待を期待することにより約束を信頼する。このように約束は，他者の行為選択に関しある種の不確定性が存在する状況を前提とし，この不確定性を克服する手段として利用される。しかしいずれにしても現実世界は純粋な行為功利主義者からなる社会とは異なり，予見不可能な

人間の相互行為からなる社会であり、約束や契約のルールはこのような不確定な状況に信頼関係を導入し、社会の各成員が他者の行為を予見しつつこれにあわせて自らの行為を選択し、各人が私的利益を追求すると同時に社会全体の利益が生ずるような状況を可能にするのである。

　さて、信頼説は以上のような信頼を契約の拘束力の根拠と考える。契約不履行は相手方の信頼に違背し相手方を害する行為であり、契約が遵守されるべきなのは相手方が契約不履行により損害を受け、ひいてはこれが社会全体の不利益となるからである。この限りで信頼説は功利主義的な立場と言えるだろう。更に信頼説は法的義務を法的制裁への服従と同一視する見解と結びつく。例えばAがBに対し行為Xを約束した場合、Aの法的義務は、Xの不履行の際にAがBに対し払うべき損害賠償の義務に還元され、この損害賠償の程度は信頼の程度により決定される。この見解は、法規範が一定の行為義務を課す場合にこの義務を法違反に対する制裁への服従に還元する立場（いわゆる、lex pure penalis の立場[2]）の一形態と考えられる。確かに、Bの信頼が生成した時点でAには契約履行の義務が生じ、この履行義務は損害賠償の義務には還元されえない、と考えることもできるが、信頼説における「信頼」は約束履行義務発生の点火物としての意義はうすく、むしろ損害賠償の根拠と考えられるが故に、信頼説における法的義務は法的制裁への服従（即ち損害賠償）に還元されると言えよう。

　以上のように、信頼説は単なる約束の時点では法的義務の生成を認めず、相手方の信頼が生じた時点で不履行に対する損害賠償義務が発生すると考えるが、これは信頼説が「約束」を単なる意図の言明と見なすことと関連する。信頼説によれば「約束」は構成的ルールを前提とせず、「食べる」「殺す」などと同様、ルールとは無関係にそれ自体で「約束」として存在しうる行為である。つまり、約束は約束者による自己の意図の報告であり、〈performative〉な言語行為ではなく真理値をもつ記述、約束者の将来の行為の予測及びこの行為を遂行する意欲が約束者に存在する事実の報告であるが故に、構成的ルールや制度の存在を必要としない。それ故、例えば婚姻や判決行為などが制度的事実であるのに対し、約束行為は自然的事実と考えるべきである[3]。また既述のように、信頼説における約束は意図の言明という〈illocutionary〉な意味をもつ言語行為であり、この行為から因果的に生ずる相手方の信頼が当の言語行為の〈perlocutionary〉な意味であるとすれば、例えば脅迫行為と約

束行為の意味論的構造は同一となり，両者の相違は相手方の利益になるかならないかの相違にすぎない。そして，脅迫からは義務は生じず約束から義務が生ずるのは，約束により惹き起された信頼を裏切ると相手方に損害が生ずるのに対し脅迫にはこれがあてはまらないからであり，このことからも約束の拘束力の根拠が信頼に存することは明白である[4]。

　また信頼説に対しては次のような批判，即ち相手方に信頼が生ずるのは意図の言明に自己拘束的契機が既に内在するからであり，従って約束の拘束力の根拠を信頼生成に置く立場は循環論法を犯しているとの批判がある（前述のライナッハの批判）。この批判に対しては信頼説は，相手方に生成する信頼は約束者の意図の内容に関する信頼であり約束の拘束力を前提とする必要はなく，ここに循環論は存在しない，と反論する。しかしいずれにせよ既述のように，意図の言明及び信頼の生成という自然的事実から直ちに権利義務関係という規範的事実が生じないことは言うまでもなく，約束自体はルールを前提しない自然的行為であるとしても，約束から生ずる権利義務は一定のルールの存在を論理的に前提しており，このルールの中心的機能は，いかなるタイプの信頼を保護すべきかを確定する点にある。この場合，保護されるべき信頼とそうでない信頼を区別する規準には様々な形態が考えられるが，その重要な一つは，信頼が生ずるに至った過程による区別である。人間の相互行為において，他者の行為に対する信頼が生ずる過程は様々であり，例えば一方の意図の言明がなくとも信頼は当然のことながら生じうる。Aの規則的な行為習慣を知ったBが，特定の状況においてAがこの習慣に合致した行為Xを遂行すると信頼し，AがXを遂行しないとBが損害を受ける場合，AはXを遂行すべく義務づけられるだろうか。更にAがBの信頼を承知しており，しかもX不履行によりBが損害を被ることを予知していた場合はどうか。またAの規則的行為習慣がBの信頼を意図的に惹き起すことを目的としていた場合はどうであろう。この問題については自由主義的立場から連帯主義的な立場まで様々なニュアンスの見解が考えられるだろう。更に規則的行為ではなくAの意図の言明によりBに信頼が生ずる場合についても同様に，Aが自己の意図を単にBに報告した場合や，AがBの信頼を予見しつつ報告した場合，更にはAがBの信頼を惹き起す目的で意図を報告した場合などいくつかのタイプに区別されうるだろう。以上の信頼生成の様態のうち，どの様態の信頼生成に法的保護を認めるべきかは政策的問題であり，法文化により異

なることは言うまでもない。しかし，信頼説の多くは約束を，相手方の信頼を惹き起す目的で（あるいは，少くとも相手方に信頼が生ずると予見しつつ）なされた意図の伝達と考えている。従って信頼説によれば約束のルールは，「相手方の信頼を予見しつつ，あるいは相手方の信頼を惹き起す目的で自己の意図を相手に報告した者は，信頼に違背してはならない」というルールになるだろう。このルールの下での義務が文字通り「報告された意図通りに行為する」義務か，それとも「報告された意図通りに行為せず，これを信頼した相手方に損害を与えた場合，損害賠償をする」義務かについては，信頼説の趣旨からして後者に力点が置かれていると考えられる。

いずれにしても「相手方の信頼を惹き起す目的で意図を報告」しても，ここから直ちに義務が生ずるわけではなく，相手方の信頼が現実に生起した段階ではじめて意図の言明に拘束力が生ずるのである。意思説においては一定の条件が満たされれば，約束という自己拘束的な言語行為から直ちに義務が生ずるのに対し，信頼説では意図の言明は自己拘束的行為ではなく，従って言明の後に義務が生ずるか否かは約束者のコントロールを離れており，例えば，AがBの信頼を惹き起す目的で行為Xを行う意図をBに報告し，同時にAは行為Xを行う義務は負わないことを明言した場合でも，Bが信頼しXの不履行により損害を被ることになれば，信頼説を首尾一貫させる限り，Aは行為Xを履行（ないし損害賠償）する義務を負うことになるのである。

さて，意思説と信頼説のいずれが我々の約束ないし契約観念を正しく記述しているだろうか。信頼説においても単なる意図の言明と約束は区別されているが，約束はあくまでも相手方の信頼生成を目的とする意図の言明であるのに対し，意思説においては言明は単に行為Xを履行する意図のみならずX履行の義務を引き受ける意図の言明（しかも，この言明により義務自体が発生するような言明）であった。従って問題は，このような義務へのコミットメントを導入することなく我々の約束観や契約観を説明できるか否かであるが，ヒュームは少くとも日常言語においては約束があたかも義務を意思する行為であるかのように理解されていることは認めている。ただヒュームは，この理解が批判的検討に堪えない不合理な態度であることを主張するのである。しかし，このようなヒュームの批判的態度（つまり日常言語に対する批判的態度）とは異なり，信頼説は日常言語にみられる約束という言語行為の純粋に記述的な観点からするヘルメノイティークであり，それ故我々はこの

約束論が日常世界の約束，法的世界の契約を正しく理解しているか否かを問題にしうるだろう。そこで既に挙げた例で，AがBの信頼を惹き起す目的で行為Xを履行する意図をBに報告したがXの履行義務を引き受けることは明示的に拒否した場合，Bの信頼によりAはX履行を義務づけられるだろうか。少くとも日常世界において我々はこの場合Aは義務づけられないと考えるだろう。他方，法的領域に関しては，法規範は特定の法社会に含まれる社会的諸規範の単なる表現にとどまらず，これら社会的諸規範の政策的変更といった機能をもつが故に問題はより複雑なものとなるが，法的契約観と日常的な約束観との乖離が広がれば，後述の如く，契約を法主体の意図的自律的な権利義務関係の創出とみる考え方は後退し，逆にこの考え方が法的領域において存続する限り，意思説的契約観も存続することになる。信頼説は約束行為から「自己を義務づける意思」を除去するが，日常言語における「約束」には「自己を義務づける意思」が一種のア・プリオーリな観念（特定法文化の日常言語のア・プリオーリ）として内在し，この観念は意図の言明が約束として意味理解される際の単純でプリミティヴな前提とされており，それ故，法的世界の契約もこの種の範疇を通じて意味理解されている限り，自己拘束的意思を除去し約束の拘束力を相手方の信頼のみに基礎づける信頼説は，我々の法文化の理解としては不適切と言わねばならない。

　最後に，少くとも倫理的領域に関する限り，信頼説と意思説の基本的相違は，両者の約束ルール観の相違にも現れている。「相手方を信頼させる目的で行為Xを行う意図を報告した者は行為Xを行うべきである」という信頼説のルールは，約束者がXを履行すべき様々な理由（reason）の一つに「相手方の信頼」という重要な理由があることを示しているにすぎず，ルールそれ自体が行為Xの理由なのではない。約束者がXの履行を決定する場合，この決定は様々な理由の重みを比較検討してなされるが，Xの不履行が相手方の信頼を裏切り損害を与えることはXを履行すべき理由の一つであり，信頼説のルールはこの理由の存在を提示しているのである。これに対し，「Xを履行する意図を相手方に報告しつつXの履行義務を自ら引き受けた者は，Xを履行しなければならない」という意思説のルールは，ルール自体が行為Xを履行すべき理由であり，しかもこれは比較検討されるべき他の様々な理由と同列の理由ではなく，他の様々な理由を比較検討してXの履行を決定すること自体を排除する「排他的理由」（exclusionary reason [5]）と考えられている。

これに対し，信頼説のルールは法的ルールへと固定化されない限り，このような排他的理由とはなりえない。

以上の考察で示されたように，日常言語（及びこれに深く根ざした法言語）において契約は自己拘束的な意思という観念と分離しえないこと，信頼説の徹底化は契約の日常言語的意味の変質をもたらすものであることが理解された。最後に，我々の法文化に深く根ざした意思説の具体的内実をもう少し明確化するために，「規範的権能」（normative power）の概念を用いて契約行為の理論的分析を試みたい[6]。

(1) Hodgson, D. H., *Consequences of Utilitarianism*, 1967, Oxford, pp. 40-50.
(2) Finnis, J., *Natural Law and Natural Right*, 1980, Oxford, pp. 325-330.
(3) MacCormick, N., 'Voluntary Obligations and Normative Powers I,' *Proceedings of Aristotelian Society*, Supplementary, vol. 46, 1972, p. 62.
(4) Ardal, P. S., 'And That's, a Promise,' *Philosophical Ouarterly*, vol. 18, 1968, pp. 228-234.
(5) Raz, J., 'Promise and Obligations,' Hacker, P. M. S. and Raz, J., eds., *Law, Morality, and Society*, 1977, Oxford, pp. 210-228.
(6) 〈power〉は，〈right〉，〈privilege〉，〈immunity〉とともに広義の権利概念の一様相としてホーフェルトにより分析されているが，本章はホーフェルトの分析を更に発展させたJ．ラズの周到な分析に全面的に依っている。Raz, J., 'Voluntary Obligations and Normative Powers II,' *Proceedings of Aristotelian Society*, op. cit., pp. 79-102.

第4節　規範的権能と契約

いかなる法体系においても多くの場合，特定の人間ないし集団に法規範を創造，修正しあるいは消滅させる権能（ホーフェルトの言うpower）が与えられており，例えば立法権を付与された者は法規範を創造する権能を有し，また契約者は特定の相手方と契約を結ぶことによりいわば特殊的個別的立法を通じ，両当事者間において自由に規範を創出し，更にこれを別の契約により修正していくことができる。この種の権能を「規範創出的権能」と呼ぶことにする。更に規範的権能には，例えば裁判官を任命する権能や所有権を他者に移転する権能のように，法規範を創造し法規範の内容に変化を生ぜしめるのではなく，法の適用上の変化を生みだす権能がある。裁判官を任命する権能を有する者は裁判官の権利義務自体を創出するわけではなく（これは別

の法規範で既に規定されている)、また所有権を移転する者も所有に関する権利を創出するのではなく、既に存在する権利を他者へと移転するのであり、従って法の適用上の変化を生みだしているのである。この種の権能を「規律的権能」と呼ぶことにする。

さて、契約当事者が契約により自ら新たに権利義務を創出することは規範創出的権能の行使に他ならず、当事者は特定の権利義務関係の生成を目的として一定の条件的行為を遂行する。この条件的行為は、法規範により明確化されており、当事者は特定の状況において、法規範に定められているこの条件的行為を遂行すれば、結果として権利義務関係が規範的事実として生成するわけである。従って、規範的権能とは自然的事実関係を因果的に惹き起す力〈causal power〉ではなく規範的事実を生成する力であることは言うまでもない。また規範的権能により規範的事実関係を生成する際に、その条件となる前提行為が行為者の自由に遂行実現しうる行為、行為者の自律的操作に全面的に服しうる行為でなければ、規範的権能の行使は存在しえない。それ故、契約行為から生成する権利義務関係が、相手方の信頼という一種の自然的事実の生成を前提する限り、信頼生成は契約者の自律的操作には服さず契約行為の因果的帰結にすぎない故に、信頼説は契約行為を規範的権能の範疇で把握してはいないことになる。また法主体は様々な行為を自由に遂行し様々な権利義務関係を意図的に創出しうるが、これらすべてが規範的権能の行使なのではない。例えばA市に何らかの理由で市民税の支払いを欲さない人が、この義務を免れるべくB市に住居移転した場合、これは法主体の自由な行為により権利義務関係が意図的に変更されたことを意味するが、規範的権能の行使とは言えないだろう。ある法主体が行為Xによって新たな規範的事実Yを意図的に創出する場合、これが規範的権能の行使と言えるためには、行為Xの遂行がY生成を目的とすることが社会内部でパターン化し、X＝Yのパターン化された関係の故に法規範がXにY生成を認めていることが必要である。つまり、ある法主体が行為Xを遂行した場合、それがY生成を目的とすると合理的に期待でき、またこのように合理的に期待しうるが故に法規範がY生成を認めていることが必要であり、従って前述の住居移転は、主観的にはY生成を目的とする行為であり、しかもY生成が法的に認められているとしても、規範的権能の行使とは言えないことになる。

特定の法体系内で認められている法的権能は、多くの場合当該法体系内の

一定の法規範により付与される権能であるが，例えば，他の法体系により付与された権能を別の法体系が法的権能として承認する場合のように，権能付与と権能の法的承認が合致しない状況を想定することができ，また，特定の立法者の立法権能が法体系内で法的権能として存在していても，この権能自体はいかなる法規範によっても付与されたとは言えない状況もありうるだろう。また，特定の法体系で法的に承認された権能の行使は法規範の内容上ないし適用上の変更を惹き起すが，この変更される法規範は必ずしも当該法体系に含まれる規範とは限らない。権能が法体系内で法的権能として承認されていることは，規範創出的権能の行使により変化する規範内容に従って，また規範的権能の行使により生ずる法適用上の変化に従って裁判官が法適用を行うべく義務づけられていることを意味する。それ故，或る法的権能が法規範の内容上ないし適用上の変更を直接的に惹き起せば，これは同時に，裁判官に特定規範の適用を義務づける別の法規範の適用上の変更を間接的に惹き起すことになる。このように，法的に承認された権能は，適用すべき法規範を裁判官に指示する別の法規範の適用上の変更を惹き起すという意味で，規律的権能を論理的に内含すると言えよう。それ故，法的権能の間接的効果，即ち，権能の行使により特定規範の適用を裁判官に義務づける法規範に適用上の変化が生ずる点では，特定の法体系で認められた法的権能は必然的に当該法体系内の法規範の適用上の変更を惹き起す。これに対し，法的権能の直接的効果に関しては必ずしもこれはあてはまらない。特定の法体系で法的に認められた権能行使により直接的に内容上ないし適用上の変更を被るのが，当該法体系には含まれない規範であることも可能である。特定の法体系に属する裁判所が適用すべく義務づけられる法規範のすべてが当該法体系に含まれるとは限らない。ある法体系は特定の法的権能を，これが他の法体系や社会的慣習により承認されているが故に自らも承認する場合（派生的承認）があり，また他の法体系や社会的慣習により権能として認められてはいない行為に法的権能を認める場合（根源的承認）がある。次の状況，即ちある私人の集団が集団内の規範を制定し修正する権能を国家により承認されている状況を想定しよう。この場合私人は集団の規範を制定修正しうるのであるから規範創出的権能を有しており，しかもこの規範は集団内の私的規範であり国家法体系に属する規範ではない。しかしこの規範創出的権能が国家法体系内で法的権能として認められていれば，裁判所はこの権能により創出された集

団の規範を適用する義務を有する。従ってこの種の法的権能の行使は集団内の規範内容を変更する直接的効果をもつと同時に、この規範の適用を裁判官に義務づける間接的効果を有し、それ故この権能は、国家法体系において法的権能として「根源的」に承認されていながら、直接的効果として創出される規範は当該法体系には属さないような権能と考えられるだろう。

契約により当事者が権利義務関係を創出していく権能も、上記の私的集団の法的権能と同一の構造を有している。契約により生成し当事者を拘束する規範は、当事者が私的に創出した規範であり国家の実定的規範でないことは言うまでもない。しかし、この私的規範を裁判所が適用する義務のある点では、契約締結の権能は国家法体系により承認された法的権能である。契約締結の権能は、直接的には当事者間に新たな規範を創出する権能であると同時に、国家法体系内部で法的権能として根源的に承認され、従ってこの権能により創出された規範の適用を裁判官に義務づける間接的効果を生みだす権能である、と結論できるであろう。

以上論じてきたように、契約当事者が規範的権能を行使しつつ自律的意図的に権利義務関係を創出することが契約行為の本質であるならば、意思説が正しく信頼説は誤りとなるだろう。我々の日常的法理解が契約行為を規範的権能の現象態と捉える限り、契約は当事者が自らの意思によって特定の権利義務関係に服することを意味し、単なる意図の伝達と相手方の信頼生成という一種の因果的事実連関には還元されえない。信頼説の立場では契約は規範的権能ではなくある種の因果的権能の現象態として捉えられていると言えよう。一般に、規範の存在ないし内容上の変化及び適用上の変化は規範的権能の行使以外の仕方でも生じうることは当然、犯罪や不法行為がその例であるが、契約も信頼説の立場では、契約者は一定の意図を一定の記号を通じて相手方に伝達し、この伝達が原因となり相手方に信頼という心理的及び行動上の結果が生起し、この事実連関の生起とともに権利義務関係が発生し、更にこの関係に法的効力を認めるべき裁判官の義務が発生する、と考えられる限り、権利義務関係の生成は契約者の自律的コントロールを離れた自然的事実の因果的生起に依存し、しかも権利義務は契約者の意図とは必ずしも関係なくいわば外側から契約当事者に課せられることとなる。これをJ.L.オースティンの周知の意味論の用語でもう一度繰り返せば、意思説は、約束や契約において一人称で発話される言葉を行為定立的発話として捉え、契約者は相

手方に対し一定の発話行為を遂行しながらこれが同時に一定の義務を自らに課する行為となるような仕方で契約を理解するのに対し，信頼説は，契約を行為定立的な発話ではなく意図の単なる報告ないし記述と考え，発話行為により相手方に生ずる信頼に注目する点で，発話行為の〈perlocutionary〉な効果を契約義務生成の条件と考えていることになる。

　さて，意思説と信頼説のいずれが正当かは，既述のように法文化の相違に応じて異なるわけであり，例えばオースティンが契約を行為定立的発話の一例と見なしていることは，逆にオースティンの属する法文化が約束や契約を意思説的に理解していることを意味する。意思説と信頼説を記述的対立，即ち特定の法文化が契約をいかに理解しているかをめぐる意味理解上の対立としてみれば，これは客観的に解決しうる対立である。現代の法文化が規範的権能という範疇を通してある種の人間行為を意味理解し，契約行為がこの規範的権能の現象態と考えられている限り，信頼説は契約の理解としては不適切な立場となる。これに対し意思説と信頼説の対立を規範的対立，つまり契約はいかなる行為であるべきかという法政策的対立と考えることもでき，これは現存する法文化の単なるヘルメノイティークを超えた問題，即ち伝統的に沈澱してきた法的行為意味の批判的反省，更には契約をめぐる日常的法的言語の意味構造の改変へとつながる問題となる。例えば，社会成員の倫理的自律という基本観念（及びこの観念と結びついた生の様式）を欠く社会では，法主体が意図的に自らの権利義務を変更していく規範的権能は認められにくいし，従って意思説的な契約観念も生まれにくい。このような社会において意思説的に理解された契約が認められるには，社会的生の様式及びこれと結びつく法的言語の意味改変が必要であることは言うまでもなく，例えばH. S. メインの「身分から契約へ」という周知の表現も，宗族的家長制社会の解体と連関する生様式の変化の集約的表現と言えるし，しばしば指摘される現代法社会における意思説の後退と信頼説的契約観の優位（これと結びつく契約法の不法行為法への同化傾向）が，「契約から身分へ」とか〈neotribalism〉などと表現される場合も，現代社会において個人の倫理的自律という近代的観念が後退し，個人が社会体系内において所与の機能的役割を与えられ，この役割に対し規範的に期待される行為を遂行する存在と捉えられていることと関連している。しかし，本章における信頼説の簡単な検討からも示唆されるように，現代法文化の契約行為から自己拘束的意思という観念（ヒューム

的に言えば,自己自身を義務づける意思があたかも存在するかのように契約を理解すること）を除去することは困難であり,少くとも現代法文化の記述ないし理解に関する限り意思説が適切な契約理解と言えるであろう。

第6章　不法行為

第1節　矯正的正義

　我々は様々な理由によって行為するが，この理由の中の或るものは特定の状況において我々が行為す・べ・き・理由である。この行為すべき理由の一つとして，或る出来事が或る人間の福利（や幸福）を低下させる（低下させた）事実が挙げられる。或る人間が或る出来事のせいで不幸になれば，この事実は我々にその人間を助けるべき理由を提供するだろう。この場合，行為の理由と，出来事が福利を低下させる事実とを結び合わせる理論的な試みが必要となり，これには四つの要因が関係してくるだろう。即ち(1)福利の低下（損失や不幸）の道徳的性格，(2)損失と，この損失の故に行為する理由があると見なされる人との関係，(3)行為する理由を生み出し，損失と行為者を結びつける原理の性格，そして(4)この原理が与える理由の性格と内容である。

　例えば或る人間が自然災害を被れば，この人間と同じ社会に住む他の人々には，この被害者に関して何ごとか（例えば生活物資の援助）をすべき理由が生ずるだろう。この場合，上記の四つの要因に関しては次のように言えるだろう。損失の道徳的性格についてはこれを不正と考える必要はなく，端的に不幸な事実というだけで充分である。そして行為する理由がある（災害を被った人に対して何ごとかをなすべき理由のある）人々と損失との関係については，これらの人々が災害を因果的に惹き起したとか，災害が生じたことに対して責任があるといったことは不要であり，ただ同じ社会の成員であること，当該の災害で幸いにも損失を免れたことだけで充分である。また，行為すべき理由の性格と内容については，この理由（そして行為すべき義務）

は特定の人間にではなく当該社会に住む人々一般にあてはまるものであり，困窮している隣人を援助し，その損失を修復したり軽減させることが行為の理由（ないし義務）の内容である。最後に，行為する理由ないし義務の性格については，この理由や義務を根拠づける規範的原理や道徳的実践によって答が異なってくる。或る見解によれば被害者への援助は慈善や善意の問題であり，他の見解によれば公正や分配的正義の問題である。これが慈善の問題であれば，行為の理由は被害者が住む社会を越えて人間社会全体に及ぶのに対し，公正や分配的正義の問題であれば，行為の理由は当該社会に住む人々のみに限定されるだろう。いずれにしても，この場合，被害者を援助する義務は特定の行為者にではなく行為者一般に関わる義務である。

　他方，或る人間の福利が他の特定の人間の行為によって低下し，このとき後者に一定の仕方で行為すべき理由（この人間にのみあてはまる特殊な理由）が生ずることがある。XがYに或る約束をしたとき，Xには約束通りに行為する（Xのみに特殊な）理由が生じ，X以外の人々には（これらの人々もYに約束したのでない限り）このような理由は生じない。この理由を生じさせる規範は約束という実践を構成する規範であり，Xがこの規範に違反して約束を履行しなければXにはYに謝罪すべき理由が生じ，YがXの約束を信頼したことで何らかの損失を被れば，XにはYの損失を償うべき理由が生ずる。しかし言うまでもなく，特定の人間に特殊な行為の理由（行為すべき義務）は，日常的な礼儀作法といった規範からも生ずる。今，混雑した道路を歩いていたXの体がYに当たり，Yがころんで怪我をしたとしよう。Xは意図的に自分の体をYに当てたわけではなく，Yがころんだのは事故であり，Xの側には何の落度も不注意も認められないとする。しかしそれにもかかわらずXにはYに対して何ごとかを行うべき理由があるだろう（Yを支え起し，助けを呼び，助けが来るまでYのそばで待つ等々）。XがYを助けることは日常的な礼儀作法の一部である。この場合，XにYを助ける理由があることの根拠は，Yが不正を被ったことではない。その根拠は，Yの（広義の）損失は，端的にYにそのような損失を被るいわれのないような単純な不幸であること，そしてこの損失がXが行ったことと何らかの仕方で結合していることである。Xは不正を行ったわけではなく，Xに何ら非難されるべき点は存在しないにもかかわらず，XにYのことを配慮すべき理由が存在するのは，Yに起ったことに対してXに（極めて薄められた意味で）因果的な責任があ

るからである。この場合，因果的な責任は，Xが「歩く」という記述の下で意図的な行為をしているときにXの体がYに当たった（Xは非意図的に自分の体をYに当てた）という意味で，XはYの損失に責任があることを意味している。しかし，この種の因果的責任でさえ，XにYを配慮すべき理由があることの必要条件ではない。例えばXが強風に吹き飛ばされてXの体がYに当たったときは，Xはいかなる記述の下でも意図的な行為をしていたわけではなく，Yの被害はXの純粋に物理的な身体動作によって因果的に惹き起されたものである。しかしこのときでさえ，XにはYのことを配慮すべき理由があると言えるだろう。

　日常生活において人々に他人を援助すべき義務が生ずる条件は状況に応じて様々である。或る記述の下で意図的な行為をしていたこと（道路を歩いていたXの体がYに当たったこと）が義務の条件とされることがあり，また或る記述の下で意図的な行為をしているときに不注意で他人に損失を非意図的に惹き起したこと（道路を歩いていたXが不注意で自分の体をYに当ててしまったこと）——即ち「過誤」——が条件とされることがあり，また（強風に吹き飛ばされたXが義務を負うときのように）意図的行為ではなく単なる身体の動きが他人に害を因果的に惹き起したことだけで義務が生ずる場合があるだろう。しかし更に，過誤も意図的行為も因果関係も存在しないときに或る人に他者を配慮したり助けたりする義務が生ずる（生ずると見なされる）ことがある。例えばXの体が当たって生じた事故を見ていたZが自分にとって何の不都合もなく容易にYを助けることができる場合は，事故の現場近くにいること，そして容易にYを助けられる状況にあることが義務の根拠とされるだろう。我々が特定の状況において他人に対してどのような義務を負うかは言うまでもなく様々な規範的原理や実践によって規定されている。矯正的正義の原理は，我々が何らかの仕方で他人に生じた不幸と関連づけられているときに適用される原理の一つである。一般的に，或る人間の損失や不幸（福利の低下）が他の人間の行為によって惹き起された場合に公正さは何を要求するかという問題が矯正的正義の問題であり，或る人間の不幸が他の人間の行為によらずして生じた場合に公正さは何を要求するかという問題が分配的正義の問題（の一つ）である。これら二つの正義に関して公正さが要求することとの相違は，責任観念が両者において演ずる役割の相違に現れている。矯正的正義における公正さは，Yが損失を被ったことはXに責任がある，と

いう理由でXにYの損失を修復すべき義務を課する。人は自分の意図的行為から生じた結果に対して責任があり、この結果が他人の損失であれば、人はこの損失を修復すべき義務を負う。これに対して分配的正義における公正さが問題になるときは、人が負う義務はその人の責任に帰せられる結果に限定されない。例えば他人を救助すべき義務は人がそれに対して（因果的に、あるいはその他の理由で）責任のある（他人の）不幸だけに限定されないだろう。それ故、分配的正義と対比して矯正的正義が帯びる特徴は、後者によって課せられる義務が「結果に対する責任」という関係に——XにはYの損失という結果に対して責任があるということに——根拠づけられていることである[1]。J.コールマンによれば矯正的正義の原理とは「他人が不正な損失を被ったことに対して責任のある者は、その損失を修復すべき義務を負う」という原理であり、不法行為法の中核的部分はこの原理を具現している[2]。矯正的正義は行為者一般ではなく特定の行為者にとって特殊な行為の理由（義務）を当の行為者に課し、課される義務は被害者の損失を修復し、損失を償うこと、義務が生じる条件は被害者の損失が不正（wrongful）であり、行為者にこの損失を生じさせたことに対する責任があることである。それ故、道路を歩いているXの体がYに当たって（Xが非意図的に体をYに当てたことで）Yがころんだとき、Xは不注意で体をYに当てたわけではなく、Xに何の過誤（fault）がなくても——即ちXは不正なことを行ったわけではなく、Yの権利を侵害していなくても——XにはYを助け起す義務はあるだろう。しかしXにはYの損失を償う義務がある、と要求されれば、これは矯正的正義へと訴えていることになり、この義務が認められるためにはXが何らかの仕方で不正に行動したことが立証されなければならない。また道徳規範や礼儀作法は、Zが容易にYを援助できるときはZにもYを援助すべき義務を課するのに対し、矯正的正義の下で賠償義務に服するのは、生じた不正な被害に対して責任のある行為者に限定される。

　しかし矯正的正義の原理をより明確にするには、先ず損失とは何か、どのようなことが損失と見なされるべきかが明示されねばならない。例えば損失と言っても他人の行為によって害を被ることと、期待していた利益の獲得が他人の行為によって阻止されることの間には重要な相違が存在するだろう。また矯正的正義の下での修復義務は損失が不正な損失であることを前提にしていることから、損失が不正とされるための条件が明示されなければならな

い。この点，矯正的正義を超法的な道徳原理ではなく不法行為法の制度や実践に内在するコンヴェンショナルな原理とみなすコールマンは，「不正」は不法行為法において不正とされていること，即ち客観的な不正であり，道徳的な過誤を意味しないと主張する。人は不正な意図を持たずして，そして道徳的な非難に値することなく不正に行動することがありうる。しかしこう考えても，不正とは権利の侵害であり，権利侵害を伴わない加害は不正でないという見解や，権利侵害ではなくても有害な行為から生じた損害は不正な損害であるという見解もありうるだろう。

　そして更に，修復義務は修復されるべき損失に対して責任がある者のみに課せられることから，「責任がある」ということの意味が分析されなければならない。例えば或る社会における不法行為法の責任原理が「過誤」による責任と厳格責任の両者を含んでいる場合，適切な不法行為論はそれぞれの責任原理とその差異を説明すべきであり，或る事例においては過誤が適切な責任原理とされ，別の事例においては厳格責任が適切な原理とされる理由を説明しなければならない。

　さて，周知のように法理論が矯正的正義を論ずる主な理由は，この正義が様々な法的実践——特に不法行為に関わる法的実践——の説明や解釈の中に登場するからである。矯正的正義は，特に法の経済分析に対抗して不法行為法を最善の仕方で説明し解釈する規範的原理として提示されてきた。矯正的正義が不法行為法の適切な説明を与えていると考えられる一つの理由は，不法行為法に関わる事例が，被害者が自分が被った損害に対して責任があると見なす加害者を訴え，加害者に対して損害の賠償を要求する，という構造をとることにある。もし賠償に対する被害者の要求が認められれば，賠償に対する被害者の権利は加害者たる被告に対する要求という形式をとり，加害者たる被告は被害者に直接的に金を払うか，保険を利用して賠償義務を履行する。この場合，被害者に社会全体に対する要求とかプールされた基金に対する要求が認められるわけではない。また有責とされた被告も，基金への支払いとか，アット・ランダムに選択された誰か或る被害者への賠償を要求されるわけではなく，自分が害を加えた被害者に対して賠償しなければならない。従って不法行為法のどのような説明も，それが適切な説明とみなされるためには，被害者の要求がケース・バイ・ケースに取りあげられるのは何故か，訴訟が被害者たる原告と加害者たる被告というバイラテラルな構造をとるの

は何故かを説明しなければならない。

　経済分析は不法行為に関して「前向きな」説明を提示する。被害は過去の事実として既に生じているのであるから、誰が被害のコストを負うかの選択は、選択から生ずる結果を顧慮してなされなければならない。損失のコストは被害者のもとにとどめられるべきか、それともこのコストは別の人間——例えば加害者——へと転移されるべきか。誰にコストを負わせれば社会的な利益が生ずるだろうか。事故とそのコストを問題にする法の運用の観点からすれば、損失を転移させる様々なルールが事故のコストに及ぼす効果に着目するのは極く当然のことだろう。ルールから生ずる社会的利益とは事故のコストの減少であり、正しい責任ルールとは、事故コストの最適な減少を生み出すルールである。そして、現行の不法行為法が現にあるような特徴を帯びていることも、事故コストの減少という社会的利益によって説明されることになる。しかし経済分析にとっての問題は、加害者たる他の人間が自分に不正な害を加えたことを被害者が申し立てることで訴訟が行われる明白な事実を経済分析が無視していることである。訴訟当事者は、裁判官に最適なリスク減少政策のヴィジョンを追求したり洗練する機会を与えるために裁判所に来るわけではない。むしろ当事者は自分の要求を認めてもらうために、そして誰が誰に対してどのような権利を有していたかを公けに確認してもらうために訴訟を起すのである。

　しかし経済分析の下では訴訟当事者が規範的に重要な相互関係において捉えられることはない。経済分析にとって重要なのは、各々の当事者が不法行為法の目標であるリスクの最適な減少とどのように関係してくるかということである。加害者はどれほどうまく、どれほどのコストを払ってこの種の事故を減少させることができるのか、被害者はどれほどうまく、どれほどのコストを払ってリスクを減少させることができるのか、事故の最適な防止を達成するためには両当事者に事故防止へのインセンティヴを与える必要があるか、与える必要があるとすればどのようにして与えるべきか、といった問題が経済分析にとって重要になる。しかし不法行為法にとって重要な問題は、加害者と被害者の関係をめぐる問題であり、加害者と被害者のどちらか一方（あるいは両者）と不法行為法の目標の関係をめぐる問題ではない。不法行為法自体が前者の関係を問題にするように構造化されているのである。

　更に経済分析においては、被告と原告を加害者と被害者のみに限定すべき

理由は存在しない。言うまでもなく被害者と加害者は被害という過去に生じた出来事によって決定されるのに対し、最も低いコストで事故を防止しうる者は、事故コストの減少という「前向きな」目標との関係によって特定される。最も低いコストで事故を防止できる者が加害者と一致することがあっても、これは偶然にすぎない。また、加害者が被害者に対し不正に損害を与えた事実は、加害者が「最も低いコストで事故を防止できる者」であるかもしれないと考える根拠にはなりえても、この事実には何ら規範的な意味は認められない。

　それでは経済分析は、不法行為の訴訟において被害者が訴えを起すのは加害者に対してであって、最も低いコストで事故を防止できる者に対してではない、という事実をどのように説明できるのだろうか。経済分析の言う不法行為法の「前向きな」目標と、不法行為法の「後向きな」構造をどのようにして調和させることができるのだろうか。これに対する答は、被害者が加害者に対して訴訟を提起するのは、将来生ずる事故のコストを最もよく減少させることのできる者を捜し出すコストが極めて高いからである、といったものだろう。しかし、このコストが極めて小さく、最も低いコストで事故を防止できる者を容易に特定できるときは、被害者はこの者を訴えるべきだということになるだろう。ひいては、被害者は訴訟を提起しようとすまいと、最も低いコストで事故を防止できる者を捜し出す――そうするためのコストが小さければ――義務に服することにならないだろうか。しかしこれは、不法行為法が被害者に訴訟によって損失の修復を要求する権利を与えているが訴訟を義務づけてはいない明白な事実と矛盾するだろう。

　更に、勝訴した被害者が加害者から損害賠償を受ける権利をもつことは経済分析によってどのように説明されるのだろうか。ここで三つの問題を区別する必要がある。即ち、加害者に特定のコストに対する責任を負わせる経済的な理由が存在するかという問題、被害者が自己の損害に対する賠償を受けることに経済的な理由があるかという問題、そして、加害者に賠償の責任があり、被害者に賠償を受ける権利があるとしたとき、被害者が加害者によって賠償されるべきことに経済的な理由が存在するかという問題である。

　経済分析において責任と賠償の問題は、各々の当事者がどの程度予防措置をとるように動機づけられるかという観点から解決されなければならない。加害者を抑止するためには、コスト的に効率的な予防措置をとるよう加害者

を誘導するに充分なコストを負わせればよい。この場合，加害者が負うコストは，被害者が実際に被った損害より大きくなることも小さくなることもあるだろう。更に加害者にこのようなインセンティヴを与えるためには，加害者に対し被害者に賠償金を支払うよう要求する必要はない。ただ加害者が誰かに一定の金額を——即ち，リスクを減少させる最適な措置をとるように加害者を誘導するに充分な金額を——支払うことを要求すればよい。

また経済分析によれば，被害者に損害賠償への権利を認めるか，認めるとすればどれほどの損害賠償かという問題は，被害者は不正に損害を被ったか，その損害の大きさはどれほどか，といったことによって判断されるのではなく，被害者への賠償は過剰抑止を回避するために必要か——即ち，被害者が過度にコストのかかる予防措置をとらないようにするために必要か——，あるいは反対に，被害者に完全な賠償を認めると過小な抑止が効果として生じないか——即ち，被害者が最も効率的なレヴェルの予防措置をとらないようになるのではないか——という観点から判断されることになる。

さて，経済分析が不法行為法を効率性（事故コストの極小化）という隠れた（不法行為法の表面的な特徴に表われてこない）社会的目標によって機能的に説明するのに対して，矯正的正義論は不法行為法を矯正的正義の具現化として捉え，不法行為法が帯びる明白な特徴が，矯正的正義に合致していることを主張する。不法行為法は何らかの隠れた目的を実現するための道具ではなく，矯正的正義という道徳原理の制度的表現なのである。しかし，経済的効率性に対抗して矯正的正義を不法行為法の原理として捉える立場の間にも見解の対立がみられ，論者により矯正的正義の意味が異なって解釈されている。例えば「他人が不正な損失を被ったことに対して責任のある人間は，その損失を修復すべき義務を負う」というJ.コールマンの矯正的正義の解釈を採用しても，「責任のある」という言葉の意味については——責任の条件については——幾つかの異なった解釈が可能であり，更にコールマンの解釈に対しては，矯正的正義は他人が被る損失が不正であることを賠償の条件として本当に要求するかを問題にすることができ，仮に不正であることが要求されても，矯正的正義の脈絡において損失を不正なものにする——損失を与える行動を不正なものにする——のは何かという点についても異なった見解がありうる。例えば「過誤」を責任の条件とすることを否定し，（何らかの記述の下で）意図的な行為が被害者に損害を惹き起したことのみを責任の根拠

とみなす厳格責任論においてもニュアンスの異なる幾つかの見解がありうるだろう。AがBの損失を因果的に惹き起こした事実が，Bの損失に対するAの責任を根拠づけるのか，それとも，これだけでは充分でなく，Aの有害な行為の結果としてBが損失を被ったことがAの責任の根拠なのか，あるいはAの行為がBの権利を侵害したことがAの責任の根拠なのか…[3]。

　しかし，もし矯正的正義の意味内容について広範な見解の対立が存在するならば，矯正的正義はある種の法的実践を最善の仕方で説明する原理として有効でないことにならないだろうか。矯正的正義の概念に言及する理論家はすべてこの概念を客観的に妥当する実質的な道徳的理念と見なしており，更にこの概念の様々な解釈や観念のうちの或るものをより正しいと考えている。しかし，矯正的正義を人間の精神や実践を超越して客観的に存立する道徳規範と考えないとすれば，この概念の解釈の正しさは，それが現行の不法行為法の実践や制度とどれほど充分に適合しているかによって判断されるべきである。矯正的正義は法的実践や制度に内在し，その内容は実践や制度から抽出されねばならない。ただし，矯正的正義は実践や制度を構成する社会的事実に尽きるわけではなく，社会的事実によって固定されるわけでもない。むしろ，実践や制度に参加する人々の共通の理解が，当の実践や制度の内容を社会的事実を越えたものとして捉えているならば，矯正的正義とこれを具現する法的実践の間には一定の隔りが存在することになり，矯正的正義が法的実践を評価する規準たりうることも，このことによって説明がつくだろう。

　しかし，矯正的正義が法的実践や制度によって具現化されていることは，矯正的正義が存立するための必要条件ではない。むしろ矯正的正義は我々の一般道徳の原理として政治や法に先行して存立しており，政治や法的実践はこの道徳原理に様々な修正を施し——例えばどのような行為が修復義務の履行と見なされるかを定め——，あるいは全面的にこの道徳原理とこの原理に基づく修復義務を——例えば事故が人間行為によって生じたか否かに関係なくあらゆる事故コストを保険制度によって処理することで——無視することも可能である。しかし法や政治が矯正的正義を採用しなくても，日常の道徳的実践に支えられている限り矯正的正義はこの道徳の中に存立しうるのである。

　法的実践から抽出される矯正的正義の概念は，その具体的観念が論者によって異なっているとはいえ，その中核的部分に関する限り次の三つの要素か

ら構成されている。即ち，或る記述の下で意図的な行為（agency），矯正（rectification）そして相関性（correlativity）である。先ず，矯正的正義が有意味に主張されうるのは，意図的な人間行為によって生じた損失に関してのみである。人間の行為が意図的と見なされるための条件や意図的と見なされる行為の範囲，意図的行為のみに限定される理由などについては見解の対立がみられるにしても，人間の意図的行為から結果する損失のみが矯正的正義の対象となりうることについては異論はないだろう。次に，矯正的正義へと訴える要求は修復や矯正への要求である。この点，矯正されるべきものは何か，何を矯正するのかという問いについては，これを「不正」それ自体と見なす見解や，不正それ自体ではなく「不正な損失」と見なす見解がありうるだろう。矯正的正義が矯正するのは客観的に存立する道徳的不正という一種の形而上学的対象であり，人間の福利の低下や利益の減少は矯正の二次的な対象にすぎないのか，それとも，矯正的正義は個人の自律性と福利を重要な価値と見なすリベラルな政治社会の法的実践に内在する正義原理の一つであることから，矯正的正義が矯正するのは人間が被る損失——福利や利益の低下——でしかありえないのか，この見解の対立は言うまでもなく道徳的原理の存在論的身分に関わる対立であるが，既述のように矯正的正義が法的な実践や制度を前提とした一種のコンヴェンショナルな原理であれば，矯正の対象は個人の福利や利益の低下という意味での損失と考えるべきだろう。しかしいずれの見解においても，矯正的正義の目的が或るものの矯正ないし修復にあることに変りはない。

　更に矯正的正義の要求は相互に規範的に重要な関係にある二人の当事者に限定される。一方当事者は特定の当事者を相手にして矯正的正義の名の下に修復を要求するのであり，特定の当事者への要求という形式を帯びない限り矯正的正義は問題となりえない。従って，かつてJ. コールマンが擁護し，その後撤回した「取消（annulment）のテーゼ」は矯正的正義の正しい理解とは言えないだろう[4]。コールマンのこのテーゼは被害者Yに被害に対する賠償を認める理由（賠償の根拠）と，特定の人間XにYの被害のコストを負わせる理由（責任の根拠）を区別する。賠償の根拠としては，Yが他人の過誤によって害を被ったときにのみ賠償を要求できるという見解や，Y自身がYの被害の原因でない限りYは賠償に対する権利をもつという見解がありうる。また責任の根拠としては，加害者は害を惹き起したことに過誤があるときに

のみ賠償責任を負うという考え方や，害を惹き起したことから利益を得たときにのみ責任を負うという考え方がありうる。しかしコールマンによると賠償と責任の根拠とは別個に，賠償と責任の様態を問題にしなければならない。Yに賠償への権利があるとき，どのようにして賠償がなされるべきか。保険制度を利用すべきか加害者に賠償させるか。それとも——被害者の賠償への権利がどれほど正当であろうと——被害のコストは被害者のもとにとどめられるべきか，あるいは被害者は私的な保険に入ることで賠償を受けるべきか。そして責任の様態についても，損害に対して責任のあるXは，被害者に賠償する責任を負うのか，それとも基金（被害者への賠償がそこから支払われる基金）に支払うべきか。不法行為法は加害者が被害者に直接的に賠償する様態を採用しているが，被害のコストを加害者（あるいは過誤ある加害者）の集合へと拡散してはならないのか，あるいは加害者ではなく，最も低いコストで被害のリスクを減少させることのできる者が賠償責任を負うべきではないか。この点に関してかつてコールマンは，矯正的正義は加害者が被害者に賠償を支払うことを要求しないと主張していた。矯正的正義は責任の諸様態に関しては何も言わない。加害者が被害者に損害賠償を支払う様態を不法行為法が採用しているのは経済的効率性の故にであり，矯正的正義は不正な利得や損害の「取消」（annulment）のみを要求する。

「取消のテーゼ」に反対する次の三つの見解がありうる。即ち第一に，不正な利得や損害の取消だけでは不充分であり，被害者には不正な被害の修復に対する道徳的権利があり，この権利はこれに対応した義務（被害を修復すべき義務）を課すが，矯正的正義は誰に修復義務があるかについては沈黙しているという反論があり，第二に，不正な害を被った者に修復に対する道徳的権利があるのと同時に，この被害者に害を加えた者に——この者が被害者の犠牲のもとに利益を得たか否かに関係なく——被害者の道徳的権利に対応した道徳的な修復義務があるという反論もありうる。第三に少しニュアンスの異なる反論としては，被害者には他の誰かが自分の権利を侵害したときに修復を要求する権利——即ち前者の権利から生ずる二次的権利——があり，前者の権利は，これに対応して権利侵害を惹き起すべきでない義務を他人に課し，この義務の不履行は賠償すべき二次的義務を生じさせる，という見解もありうるだろう。これらの反論はすべて，不正な行為の被害者は修復への道徳的権利を有すると主張する点で取消のテーゼとは異なっている。取消のテ

ーゼは被害者の損失が取り消されるべきことだけを主張するからである。被害者の損失が取り消されなければ不正が生じているが，特定の被害者の権利が侵害されているわけではなく，被害者が賠償を受けない不正は，被害者の権利が侵害されていることと同一ではないとこのテーゼは主張する。またこのテーゼは，上記の第二と第三の見解，即ち或る人は修復すべき道徳的義務に服し，この義務は矯正的正義の一要素であるという見解を拒否する。取消のテーゼによれば，矯正的正義は賠償責任の根拠のみに関係し，修復や賠償の様態は矯正的正義には含まれないからである。そしてコールマンは矯正的正義の取消のテーゼを他のタイプの正義と比較して次のように正当化する。不正は当然の報いに値するという報復的正義は適切な制裁や，正義の要求を満たすための最善の制度的形態を未定のままにしており，分配的正義——例えばすべての資源は総体的福利を極大化するように分配されるべきであるという分配的正義——も，福利を極大化すべき義務は誰にあるのか，福利極大化のための適切な制度的形態は何かを未定のままにしている。これと同様に矯正的正義も被害修復の様態を未定のままにしているのである…。しかしその後コールマンは「取消のテーゼ」を撤回し，矯正的正義が加害者という特定の当事者に対する修復の要求に関わることを認めている。

　矯正的正義の要求が常に特定の人間に対する要求であるにしても，矯正的正義が問題となるにふさわしい仕方で当事者たちが相互にその下に置かれる関係の性格については異なった幾つかの見解がありうるだろう。或る見解は因果関係を強調し，XがYの不正な損失を因果的に惹き起した事実があれば，XとYの間に次のような関係が——即ち，もしYが矯正的正義の名の下に或る要求をするとすれば，それはXに対してであり，もしXが修復義務を負うとすれば，それはYに対してである，といった関係が——生ずるために充分であると主張する。また別の見解によれば当事者の関係にとって重要なのは因果関係ではなく責任である。というのも責任は因果関係と関連しているが，両者の外延と内包は同一ではなく，或る人が他人の行為や自分自身が惹き起したのではない結果に対して責任を負うことがあり，また或る人が好ましくない結果を生む行為をしたにもかかわらずその結果について責任を負わないことがあるからである。更に別の見解によれば，事故を最も低いコストで防止しうる立場にあったことが重要である。もしXが他の誰よりも低いコストでYの被害を防止しえたならば（そしてXがこれを防止せず，Yが害を被っ

たならば），XはYに対して，Yの損失を修復する理由をXに与えるような関係に置かれることになる。しかしこれらの見解のどれを採ろうと，当事者の間には矯正的正義の要求にふさわしい特別な関係が存在することが想定されている。

　意図的行為，矯正，相関性という三つの要素が矯正的正義の本質的特徴だとすれば，三つの特徴のどれか一つを欠く不法行為論は厳密な意味での矯正的正義論とは言えないことになる。上で述べたように，かつてJ．コールマンが主張していた「取消のテーゼ」は矯正的正義論ではないことになる。というのもこのテーゼによれば矯正的正義が要求するのは不正な利得と損失の取消のみであり，相関性は矯正的正義にとって必須の本質的特徴ではないからである。

　また，行為に対する責任とは区別された「結果に対する責任」（outcome-responsibility）という観念に依拠したS．ペリーの不法行為論も矯正的正義論ではない[5]。ペリーによれば，被害や損失のコストを負うべき人間は，先ず被害という「結果に対して」責任のある人々が被害のコストを負うべき候補者とされ，次に，これらの候補者の間でいかにしてコストを配分すべきかが考慮されることによって特定化される。しかしペリーの「結果に対する責任」は，例えばリバータリアニズムの「意図的行為が因果的に惹き起す」という意味での責任とは異なっている。例えばXの意図的行為によってYが害を被ったとき，通常はXだけでなくY（の意図的行為）にもYの被害という「結果に対して責任」があるだろう。一般的にYの被害に対しては，Xの意図的行為だけでなくYの意図的行為も因果的に寄与しており，「意図的行為によって因果的に惹き起されたこと」を「結果に対する責任」の根拠にしても，「結果に対する責任」の所在は不確定であるからである。意志作用，意図的行為，因果性を「結果に対する責任」の根拠とみなすリバータリアニズムの厳格責任論は，厳格責任を負うべき者を特定できない。ペリーはリバータリアニズムの因果性の規準に代えて，予測可能性と回避可能性を「結果に対する責任」の根拠にする。しかし，予測可能性と回避可能性を責任の根拠にしても責任の所在は相変わらず不確定なことがあるだろう。それ故被害という結果に対して加害者Xと被害者Yの両者，そして場合によってはこれ以外の人々にこの意味での責任があるとき，次の段階でXとYあるいは他の人々の間で被害のコストをどのように配分すべきかが判断されるが，ペリーはこの判断

の規準として「過誤」の原理を提唱している。この見解が矯正的正義論と言えない理由は，矯正や修復の要素が欠如しているからである。この見解においても，人間の意図的行為から生じた損失のみが問題となり，また「結果に対する責任」によって加害者と被害者が相互に関係づけられていることから，ある種の相関性の要素もここに認めることができるが，この見解には矯正や修復という観念が不在である。この見解は「結果に対する責任」によって限定された人々の間でコストの配分を問題にするのであるから，矯正的正義論ではなく，過誤を判断規準とする局部的な分配的正義論と言うべきだろう[6]。

さて，意図的行為，矯正ないし修復，相関性という三つの要素を不法行為責任の本質的要素と見なす見解が矯正的正義論であれば，様々な見解が矯正的正義論に含まれることになる。この中で，「他人が不正な損失を被ったことに対して責任のある者は，その損失を修復すべき義務を負う」という原理に基づくコールマンの矯正的正義論の特徴は非道具主義的であることである。この義務を，例えば「最も低いコストで被害を防止しえた者」が負う修復義務と比較したとき，後者の義務が著しく道具主義的な性格を帯びることは明らかである。確かに「最も低いコストで被害を防止しえた者」という表現を責任の定義として理解することは可能である。被害に対して責任があるのは最も低いコストで被害を防止しえた者である，という言い方に奇妙な点はないだろう。責任は因果関係なしでも存在しうるからである。しかし責任をこのように薄められた意味で理解すると，矯正的正義といわば経済的な正義との差異がなくなることも確かである。しかし責任を何らかの意味で因果性と連結した観念として理解すれば，最も低いコストで被害を防止しえた者がしばしば責任ある者と異なる場合が生じ，このような場合，「最も低いコストで被害を防止しえた者は，その者がまさに最も低いコストで被害を防止しえた者であることを理由に修復義務を負う」という主張は，当の義務を道具主義的に——例えば社会における事故のコストを或るレヴェルに保つといった社会的目標によって道具主義的に——正当化する議論を前提としない限り意味をなさないだろう。これに対して，他人の不正な損失に対して責任のある者は，その損失を修復すべき義務を負うという主張はいかなる道具主義的正当化をも必要としない。このような意味で理解された矯正的正義に基づく修復義務は端的に我々の日常的な一般的道徳の一部なのであり，この義務が何らかの社会的目標を促進することがあっても，それは副次的にすぎない。

（1） もっとも，あらゆる分配的正義論が，分配的正義の要求はこのような「結果に対する責任」の範囲を越えて人々を義務づける，と主張するわけではない。あるタイプのリバータリアニズムにおいては，「結果に対する責任」という観念が分配的正義と矯正的正義の両者を支配している。例えば「自己所有権」を中核的な観念とする立場は，「結果に対する責任」を自己所有権と因果性と意志作用によって説明し，「Xは自己の身体を所有するが故に，Xの意志作用によって惹き起された——善きにつけ悪しきにつけ——すべての産物を所有する」という論法によって，矯正的正義に関しては厳格責任を主張し，分配的正義に関しては再分配を拒否する。加害者は自分が正当に所有する被害者の不幸，即ち加害者の意図的行為の（悪しき）産物である他人の不幸を自分に取り戻すべきものとされ，また，或る人に生じた不幸が他の人の責任でないにもかかわらず他の人に当の不幸を所有すべきことを要求する再分配は，意図的行為の原理——即ち或る人の意図的行為が惹き起したものでない産物はその人のものではないという原理——に違反していることから拒否される。
（2） Coleman, J., *Risks and Wrongs*, Oxford, 1992, pp. 365-375; Id., 'Tort Law and Tort Theory,' Postema, G. J., ed., *Philosophy and the Law of Torts*, Cambridge, 2001, pp. 183-213.
（3） この区分と交差するかたちで，厳格責任を正義の問題として特徴づける三つの原理を指摘することができる。一つは責任を過誤ではなく因果的な力に基礎づける責任原理であり，もう一つは，各人には自律性と消極的自由の領域があり，他人の同じ領域に侵入しない限り自由に行動できるが，他人の領域に侵入すれば，この侵入に道徳的に非難すべき点がなくとも他人に害を与えた，あるいは他人の権利を侵害したことで責任を負うという考え方，そして更に，他人に害を与えたり他人の権利を侵害することによって加害者は加害以前に存在していた両当事者の間の均衡を乱し，この均衡を回復するために責任を負うという考え方である。
（4） Coleman, J., 'Tort Law and the Demands of Corrective Justice,' *Indiana Law Journal*, vol. 67, 1992, pp. 365-369.
（5） Perry, S. R., 'Responsibility for Outcome, Risk, and the Law of Torts,' Postema, ed., *op. cit.*, pp. 72-130; Id., 'On the Relationship betweem Corrective and Distributive Justice,' Horder, J., ed., *Oxford Essays in Jurisprudence*, Oxford, 2000, pp. 237-263.
（6） ペリーの見解がリバータリアニズムと類似している基本的な特徴は，「誰に責任があるか」が「誰がコストを負うべきか」の必要条件（リバータリアニズムにおいては必要充分条件）とされ，「結果に対する責任」が具体的な実践や制度を超越した超法的な道徳的観念とされていることである。この点で，同じく「結果に対する責任」を矯正的正義の基本的要素として主張するコールマンの責任観念が不法行為法の実践や制度に内在するコンヴェンショナルな観念であること

と対照的である。

第2節　ハンドの定式

　さて，不法行為法の経済的解釈に対抗する広義の道徳論的不法行為法論としてこれまで説明されてきた矯正的正義論以外に社会契約論的な理論を挙げることができる。次節でこの理論を説明する前に，経済的解釈について簡単に触れておく必要がある。不法行為法における適正な注意の経済的観念は周知のラーニド・ハンドの定式によって明確に表現されている。しかし，後述のようにこの定式は経済的観念と必ずしも論理的に結合しているわけではなく，別の解釈も可能であることに注意しなければならない。先ずこの定式を確認しておこう。

　ハンドの定式によれば，注意義務は三つの変数の関数である。即ち(1)損害が生ずる蓋然性，(2)生ずる損害の重大さ，(3)適正な予防措置をとるための負担である。ハンドの定式をその経済的解釈から区別されるものとして理解した場合，定式は二つの重要な役割を果す。即ち第一にそれは適正な注意の確定に関連してくる変数を特定化し，これらの変数の間でなされるべき基本的なトレード・オフを明示する。予防措置は事故の蓋然性（ないしマグニチュード）を減少させ，現時点で予防措置にかかるコストは，この措置が予防する事故の期待されるコストとトレード・オフされなければならない。第二にハンドの定式化は，問題となっている事故を阻止するために必要な予防措置の付加的増加（限界的予防措置）に我々の注意を向けさせ，この限界的予防措置のコストと，この限界的予防措置が回避したであろう事故の期待コストの集合を[1]比較するように指示する。それ故ハンドの定式は，予防措置全体の全体的コストと全体的ベネフィットではなく，限界的予防措置の限界的コストと限界的ベネフィットを評価し比較する。

　しかしこの種の限界主義は，行為者のとった予防措置のコストが，阻止されるだろう事故の期待コストよりほんの僅かしか少いときでも行為者に過失があったと——そして，阻止されたであろう事故の期待コストが，事故を阻止したであろう予防措置のコストよりほんの僅かでも下回るときは過失がなかったと——見なす見解，例えばR．ポズナーによるハンドの定式の「富の極大化」的解釈——とは異なっている。この解釈によれば，予防措置のコスト——予防措置をとらないことを認めてもらうために潜在的加害者が支払おう

とする金銭が，事故のコスト——潜在的加害者に予防措置をとってもらうために潜在的被害者が支払おうとする金銭——より少ければ加害者に過失があるとされる。しかし，事故や予防措置のコストとベネフィットをトレード・オフするポズナー的アプローチとハンドの定式が完全に一致するわけではない。ハンドの定式が述べているのは，事故を阻止するために必要な増加予防措置を我々が算定するとき，我々は限界的ベネフィットと限界的コストを比較すべきだということであり，事故防止のためにより多くの金銭（例えばXドル）を費しても事故コストの金銭上の減少がXドル以下になる時点を過失判断の規準にすべきだということではない。また，後者の「富の極大化」の見解が適正な注意についての経済的観念一般と同一視されるわけでもない。予防措置の最適レヴェルが不確定であるときや，リスクや予防措置に関する情報入手のコストが非常に大きいときなど，状況によってはコストとベネフィットを比較衡量するポズナー的アプローチを拒否する方が合理的なこともあるだろう。

更にハンドの定式それ自体は，適正な注意を特定化する諸要素及び要素間の関係を取り出しているだけであり，定式によって厳密なコスト・ベネフィットの判断が可能であると想定しているわけではない。適正な注意を特定化する諸要素のうち，予防措置のコストは比較的正しく数量化できるとしても，損害の大きさや損害が生起する蓋然性の算定は常に不確定だからである。またハンドの定式は適正な注意の判断に必要な変数を特定化するだけでなく諸変数の相対的なウェイトを測定するという見解も，定式を経済的に解釈しない限り，正しいとは言えない。定式を経済的に解釈すれば，この定式ではあらゆる利益が通約可能な——一定の交換比率で代替可能な——ものと想定されることになる。しかし，利益や価値が通約不可能ならば，ハンドの定式は通約不可能なものの間での選択によって問題を解決しなければならない。

さて，ハンドの定式を経済的に解釈するとき，三種類の効率性を区別する必要がある。先ず或る状態（ないし資源の配分）Xが「パレート最適」であるのは，少くとも他の一人の人間の福利を同時に悪化させることなしに，少くとも一人の人間の福利を向上させることが可能なときであり，Xが他の状態（ないし資源の配分）Yに対して「パレート優位」であるのは，YからXへの移行が他のいかなる人間の状態をも悪化させることなしに少くとも一人の人間の状態を良化させるときであり，XがYに対しカルドア＝ヒックス原

理に従って効率的（潜在的にパレート優位）であるのは，YからXへの移行によって状態が良化する人々の福利増加が，移行によって状態が悪化する人々の福利低下を償って余りある場合である——別言すれば，限界的コストより高い限界的ベネフィットを生み出す移行が潜在的にパレート優位な移行である——。

　これら効率性の規準はYからXへの移行が人々の福利に及ぼす効果を評価することから，この種の規準の使用は福利を測定し数量化する何らかの手段を必要とする。この点に関して，個人的福利の主観的観念を採用する厚生経済学（そして法の経済分析）は，一定の状況に置かれた人間が享受する福利のレヴェルを，専ら当の人間の選好や主観的利益の観点から評価し，個人の選好は効用の個人間比較を前提としない序数的な観念において捉えられる。もっとも上記の三つの効率性観念のうち，カルドア＝ヒックス原理（潜在的パレート優位）については，これを適正な注意の問題に適用するとき，効用の個人間比較を必要とする。というのも，加害者が負う予防措置のコストは，被害者が負う事故の期待コストと比較されねばならず，これら個人間のコストを比較するためには，完全補償の概念が特定されなければならない。或る人間が他人にリスクを負わせているとき，これが潜在的にパレート優位であるか否かは，他人にリスクを負わせることから利益を得る者（加害者）が，一定量の安全性を失う者（予測される被害者）に対して補償できるか否かに依存する。この場合，加害者と被害者が各自リスクを負わされている状態と負わされていない状態をランクづけする序数的選好をもってしては，両者の選好の相対的な強さを比較することは不可能であり，両者の選好の相対的な強さの比較を可能にするような基数的効用に類似したものが必要になる。

　この点，ハンドの定式の経済的解釈は「支払おうとする意欲」(willingness to pay) という規準の導入によって福利の個人間比較を行っている。この規準は諸個人の選好を共通の貨幣の額によって測定する。この規準に従ってハンドの定式が適用されるとき，問題になっている予防措置をなしで済ますことに対する加害者の選好と，この予防措置によって生ずるリスクの減少に対する被害者の選好が比較され，これらの選好の強さを測定するために，特定の予防措置をとらないことを認めてもらうために加害者が支払おうとする金額と，予防措置をとってもらうために被害者が支払おうとする金額とが比較される。それ故この原理に従うと，リスクにさらされる潜在的被害者の安全

の程度は，潜在的加害者が自分の自由な行動をどれほど強く選好するかに依存し，潜在的加害者の自由に対する選好が強ければ強いほど，この選好の理由が何であろうと，潜在的被害者に保証される安全の程度は低下していく。

（１）「集合」の意味は，予防措置のベネフィット，そして予防措置が回避したであろう事故の期待コストを確定する際には，当該事故の期待コストだけでなく，予防措置が及ぼしたであろう他の類似の事故の期待コストも計算される必要があるからである。

第３節　社会契約論と不法行為法

　不法行為法，特に事故法における「適正な注意」の経済的観念によれば，他人にリスクを及ぼす人がとるべき適正な予防措置コストは，仮にその人が事故コストを負うとしたらその人がとるであろう予防措置コストである。合理的人間は予防措置の限界的コストと事故の限界的ベネフィット（当の予防措置によって回避される事故の限界的期待コスト）が合致するまで予防措置を拡大し，効用を極大化するだろう。ハンドの定式の経済的解釈は，個人的選択と社会的選択の区別の重要性を否定し，社会全体の選好充足の極大化を求めて諸個人の選好を相互にバランス化させながら，その極大化があらゆる個人の目的であるような，共有された最終的目標が存在することを前提にしている。しかしこの経済的観念の根本的な問題点は，次の事実を見過ごしている点にある。即ち，我々が自分自身の目的を追求する際に意図的に自分自身をリスクにさらす状況と，他人が彼らの目的を追求する際に非意図的に我々をリスクにさらす状況，この二つの状況を我々が全く異なったものと見なしている事実である。人々が多様で通約不可能な善観念をもって行動する世界では，リスクにさらされるＸは，Ｘを当のリスクにさらすＹとは違った仕方で，Ｙが（Ｘを当のリスクにさらしながら）追求する目的を評価するのが普通だろう。人々が追求する善観念や窮極的目的の多様性を前提にすれば，ＹがＸに及ぼすリスクをＸが受け入れることは，ＸとＹが共有する窮極的目的といったものによって正当化されるのではなく，ＸとＹがそれぞれ相手方を平等のリスクにさらす相互的権利を有することによって正当化される。もし我々には他人をリスクにさらす権利があり，また我々には他人によって及ぼされるリスクを負うべき理由があるとすれば，その根拠は平等の自由と相

互的利益に求められるだろう。行動の自由（他人にリスクを及ぼすこと）と安全性（他人の行動によってリスクにさらされないこと）を公正に調和させることで，各人が善観念を追求するために本質的に重要な自由と「身の安全」をともに確保することができる。

　社会契約的観念によれば[1]，事故法は平等な自由と相互的利益を中心的価値とする領域であり，加害者と被害者が理に叶ったものとして合意する公正な条件の下で自由と安全の調和化を図らなければならない。それでは，リスクを他人に及ぼすことが適正と言えるための条件を明確にする際に，これらの価値はどのように関係してくるのだろうか。適正な注意の社会契約的観念は，人に事故のリスクを負わせる際に問題となる利益として自由と身体の安全に注目する。自由と身体の安全は選好の充足や富の極大化などに優先する人間の根本的利益である。そして社会契約論は，一般的に被害者の安全に，加害者の行為の自由と比べてより高い価値を置く。また社会契約論は福利の個人間比較の問題に対する最善の解決として客観的規準を採用する。これらの論点について少し詳しく考察してみよう。

　社会契約論が事故のリスクを他人に及ぼす行為に関わる利益として，加害者の行動の自由と被害者の安全に注目することには二つの理由が存在する。先ず，自由——行動の自由（積極的自由）と安全（消極的自由）という二種類の基本的自由——は各人の善観念の追求にとって必須の条件であり，これ以外の様々な利益——富や収入，権力や職権，社会的地位，自尊心の様々な社会的基盤などの利益——に対して優先する。次に，現代民主主義社会に生きる人々の善観念が多様で通約不可能であることから，福利の個人間比較は，多様な目的や選好をもった人々が互いに認め合うことができるような規準を用いるべきであり，この点，多様な善観念の追求にとって必然的な背景的条件である安全と行為の自由はこのような規準にふさわしい。従って「適正な注意」論の目的は，人生全体を通じての善観念の追求にとって最も好ましい条件の下で，加害者の行為の自由と被害者の安全を両立させることにある。そして，どのような原理がこの種の条件になるかを確定するためには，理に叶った（reasonable）受容可能性の諸規範を用いなければならない[2]。或る原理が「理に叶った受容可能性」のテストに合格しているか否かは，当の原理が様々な人間集団に対して行う負担と利益の配分と，この原理と競合する他の諸原理が様々な人間集団に対して行う負担と利益の配分を比較することに

よって判断される。今、或る人間集団Xが負担と利益の特定の分配Aを或る理由aによって拒否しているとしよう。そしてこの分配Aを別の分配Bに変えると、分配Bによって不利益を被る人間集団Yが分配Bを或る理由bによって拒否したとする。このとき、Xが分配Aを拒否することが「理に叶った受容可能性」の規範に合致していると言えるのは、理由bが理由aに比べて弱いとき、そしてこのときに限られる。それ故社会契約の観点からすると、特定のリスクを及ぼすことの許容可能性は、とられなかった予防措置がとられていれば加害者の行動の自由に及ぼすコストと、当の予防措置をとらなかったことが潜在的被害者の安全に及ぼすコストを直接的に比較することによって確定される。

「適正な注意」の問題は事故コストと予防措置コストの比較衡量の問題であるにしても、社会契約論のより抽象的レヴェルでは、個人の自由と身体の安全の問題であり、その理由は、（広義の）自由――（狭義の）行動の自由（積極的自由）と、自分の身体と財産を害するような干渉を受けない消極的自由――が、各人が自分の善観念を追求しながら生活していくために根本的に必要な条件だからである。そして不法行為法はこの基本的な自由を平等な仕方で保護しなければならず、「適正な注意」のレヴェルも基本的自由の平等な保護という観点から確定されるべきである。もしそうだとすれば、事故コストや予防措置コストを純粋に経済的な意味で理解することは不適切だろう。確かに経済学も自由を尊重している。しかし経済学における自由の尊重が個人的選好の尊重――いわゆる〈consumer sovereignty〉――を意味するのに対して、社会契約論が尊重する自由は、個人が自分の善観念を追求する自由なのである。

さて社会契約論は、「適正な注意」を富を極大化するレヴェルの注意として理解する経済的観念を拒否し、これを加害者と被害者の衝突する自由を公正に調和化する注意レヴェルとして理解する。そして社会契約論は、リスクを生み出す人々に対し、彼らが生み出すリスクの重大さと蓋然性に釣り合った予防措置をとるよう要求する。加害者がリスクを他人に及ぼすことから得る行動の自由の増大は、このリスクが被害者にもたらす安全の喪失と比較衡量されなければならない。逆に、加害者が予防措置をとるよう強要されたときに加害者が被る行動の自由の減少は、この予防措置が被害者の財産と身体の安全にもたらす利益と比較衡量されねばならない。しかしリスクと予防措置

の釣り合い関係は常に同一であるとは限らない。一般的には，非常に小さなリスクは非常に小さな予防措置を要求し，中位のリスクは中位の予防措置を，そして大きなリスクは大きな予防措置を要求しなければならないが，リスクの蓋然性を考慮に入れると，例えば大きな加害のリスクが蓋然性において微小であるときは事故法が行為者に対しこれと釣り合った——即ち，微小の蓋然性のリスクを伴う重大な加害に釣り合った——予防措置を要求せず，この種のリスクの現実化に対し予防措置をとる義務を行為者に課さないことがある。また，害が大きく，害の蓋然性が小さいが微小ではないとき，事故法が行為者に対し，明白に「不釣り合いな」コストのかかる予防措置を要求することがある。前者の事例において行為者にいかなる注意義務も課せられないことについては，社会契約論は次のように説明するだろう。我々は大きな害が低い確率で起る過失の事例において蓋然性の度合と害の大きさを合理的に評価することができないのが常であるにしても，特に微小の蓋然性についてはこれを算定することは殆ど不可能である。どのような行為でも常に何がしかのリスクを他人に及ぼすのが普通であり，日常的な行為にまで——それが極小の蓋然性で大きな害を惹き起しうるという理由で——予防措置を義務づけることは行為者にとり大きな負担となり，場合によっては行為の停止以外に予防措置がないこともあるだろう。我々が人々に行動の自由を認めるならば，何らかのレヴェルのリスクを許容しなければならない。我々は日常的な行動によって互いにリスクを及ぼし合い，リスクを及ぼし合うことで相互に利益を得ている。このように我々の行動の背景的前提となっている或るリスクが微小の蓋然性で大きな害を生み出しうるとき，事故のコストに微小の蓋然性を掛けた値以上の予防措置を義務づけることは無益な負担を行為者に課すことである。

　リスクと予防措置の第二の不釣り合いは，害が非常に大きく，蓋然性が小さいが微小ではない事例である。この種の事例において「富の極大化」的な比較衡量を用いることは，予防措置コストと事故コストに与えられるべき相対的なウェイトを無視している。他人に対し予見可能な害を惹き起した行為が予防措置のコストを理由に過失責任を免れうるには，予防措置のコストは予防措置が生み出す利益——予防措置によって回避されえた事故コスト——に不釣り合いなほど大きくなくてはならない。「富の極大化」の立場によれば，加害者が過失責任を免れるには予防措置コストが事故の期待コスト（事

故の被害のコストを事故発生の蓋然性で割り引いたもの）よりほんの僅か大きいだけで充分であるのに対し，予防措置コストより事故コストに大きなウェイトを与える立場——即ち加害者の行動の自由より被害者の身体の安全により大きなウェイトを与える立場——では，加害者が責任を免れるには予防措置コストは事故の期待コストよりはるかに大きなものでなければならない。

しかし，富の極大化の立場においても生命や身体の安全には大きなウェイトが与えられていないだろうか。我々は生命や身体の安全に相対的に高い価値を認めており，これは「進んで支払おうとする」貨幣の額で測定できないだろうか。生命や安全に高い相対的価値が与えられていることは，予防措置コストと事故の期待コストのどちらが（例えば1ドルでも）高いかによって，事故を防止するか放置するかを決めることと完全に両立するのである。

この見解に対しては次のように答えられるだろう。通常の人間は生命や身体の安全と予防措置コストの両者を，「進んで支払おうとする」貨幣の額で測定することにためらいを感ずる。我々は生命や身体の安全と予防措置のコストを共通の尺度で測定しようとは思わない。いかなる賠償も死者を生き返らせることはできない。また，加害行為によって惹き起された金銭的損害が完全に賠償され，身体的な傷害が完全に治癒した場合でも，失った時間を取り戻すことはできず，被った苦痛も金銭的損害賠償によって帳消にされることはない…。通常の人間が抱くこのような考えは，身体的損害を貨幣の値に還元し，予防措置コストと通約可能なものにする「富の極大化」原理に反対する強力な論拠となるだろう。

社会契約論によれば，或る潜在的加害者たる行為者が他の人々に事故のリスクを及ぼしているとき，ここで関係してくる利益は貨幣で正しく測定されるような単なる選好の充足ではなく，各々の人間の「善観念の追求にとって必須な基本的諸自由」という利益である。それ故，リスクと予防措置の適切な評価は，特定のリスクと予防措置がこの基本的諸自由に負担を課する様態の質的な評価を要求する。そして，潜在的加害者が事故のリスクを他人に及ぼすことから生ずる（生命や身体の安全）の損失が，予防措置を強要されることから潜在的加害者に生ずる損失（自由の喪失）と質的に異なることは明らかである。この質的な相違は，これら二つの種類の損失が個人の人生における善観念の追求にとってそれぞれ有する重要性の相違に由来する。従って「不釣り合い」のテスト規準は，次の事実に敏感に呼応している。即ち予防措

置の強要が潜在的加害者に負わせる財（収入や富）と，リスクが潜在的被害者に負わせる財（身体の完全や財産）の質的相違が，事故法で問題になる基本的自由に対し「予防措置の強要」と「リスクにさらされること」が与えるインパクトの質的相違を反映している，という事実である。死や重大な身体的傷害，そして財産への損害が各自の善観念を追求する個人の能力に及ぼす害は，予防措置を強要されることで行為者が被るコストと比べて通常，比較にならないほど大きいだろう。事故で害を被ることは個人の善観念の追求の大きな障害となり，事故死は善観念の追求を早期に終らせてしまうだけでなく，事故発生の脅威だけで人々が自分の善観念の追求を思いとどまることもあるだろうし，脅威に対する不安が善観念を追求すること自体の喜びを個人から取り上げてしまうこともあるだろう。これに対して予防措置にコストをかけることは，たとえ個人が善観念を追求する能力にマイナスの影響を与えるにしても，その影響は甚大なものではない。以上のような理由で，事故による傷害や死から生ずる害は，一般的に言って，予防措置コストの負担から生ずる害とは「不釣り合い」なのである。もっとも，この見解は次のように解釈されてはならない。即ち，生命や身体への害は金銭的コストよりはるかに甚大なので，予防措置のためにどれほど多額の出費をしても，生命や身体へのリスクを更に減少させる可能性のある追加的予防措置をとらないことが正当化されることはない，という解釈である。これは収入や富に対する基本的自由の絶対的（辞書編集的）優位性を説く社会契約論の自然な解釈ではあるかもしれないが，むしろリスクと予防措置の問題は，身体の安全と行動の自由という衝突し合う（広義の）基本的諸自由——善観念追求のための必要条件である基本的諸自由——の比較衡量の問題と考えるべきである。

　さて，「適正な注意」の社会契約論的な理解によれば，行動の自由より安全に重いウェイトが置かれる限り，加害者が適正な注意を払った——それ故過失がなかった——と言いうるには，予防措置のコストはそのベネフィット——即ち予防措置によって回避される事故コスト——より「不釣り合い」な程大きくなければならない。しかしここで付言しておくべきことは，加害者が他人にリスクを及ぼす理由が人間Xの生命や身体の安全の確保にあり，予防措置のコストが金銭的なものではなく，Xの生命や身体の安全性が確保される蓋然性の低下であるような場合には，被害者の安全とXの安全という同一のウェイトを与えられた利益が問題になることから，予防措置コストと事

故コストの「不釣り合い」の想定は取り除かれるということである。加害者が他人にリスクを及ぼしながら自分の目的を追求するとき，予防措置コストを確定するには，追求されている目的の価値を考慮しなければならない。というのも，予防措置コストは通常，この目的が達成される蓋然性の低下を含んでいるからである。従ってこの目的が生命や身体の保全であるような場合は，予防措置コストは生命や身体が保全される蓋然性の低下を含み，潜在的被害者の安全と別の人間——加害者がその生命や身体を保全しようとする人間——の安全がトレード・オフされることになる。そしてこの場合，問題になっている利益は安全という同一の利益であることから，予防措置コストと事故コストの「不釣り合い」の原則——即ち，予防措置コストが事故コストより不釣り合いなほど大きくない限り過失責任が課せられるという原則——は妥当しないことになる。

　次に社会契約論は，法の経済分析が採用しているコストとベネフィットの主観的な理解を拒否する。その理由は，コストとベネフィットの主観的な評価は平等な自由と相互的利益の体制を損なうからである。個人間比較の主観的規準が，或る状況に置かれた個人が享受する福利のレヴェルや，特定のベネフィットやコストが個人にとって帯びる重要性を，専ら当の個人の選好充足の観点から評価するのに対して，客観的規準は，通約不可能な様々な選好を抱く人々が相互に受け容れることのできる価値によってベネフィットとコストを評価する。そして，異なる善観念を追求する人々は誰でも，各自が自分の善観念に従って人生を送れることの重要性に合意しており，基本的諸自由こそこのような営為のための背景的条件であることから，基本的諸自由が個人間比較の客観的規準として採用される。客観的規準を採用する立場は，リスクを及ぼす加害者とリスクにさらされる被害者に関する個別的な情報が入手可能なときも，加害者と被害者が予防措置や事故に主観的に認めるコストやベネフィットを測定することによって「適正な注意」のレヴェルを確定するのではなく，人々の選好から独立した基本的諸自由という価値によってこのレヴェルを確定する。従って，経済分析が加害者と被害者に関する個別的情報が入手不可能であり——あるいは入手することに多大のコストがかかり——個人の選好を把握することが不可能であることから次善の策として何らかの客観的規準を採用するのとは異なり，社会契約論は基本的諸自由を唯一正当な規準として採用する。基本的諸自由は，既に述べたように，「生命と

身体の安全」——これは，自己の善観念を追求するための必須な条件であり，「～されない」消極的自由である——と，「行動の自由」——これも自己の善観念を追求するための必須な条件であり，「～する」積極的自由である——の二つの様態に区別され，「適正な注意」のレヴェルは加害者の行動の自由（積極的自由）と被害者の安全（消極的自由）の比較衡量によって確定され，「不釣り合い」の原則によって，通常は，行動の自由に比べ安全の方に強いウェイトが置かれることになる。しかし，客観的規準の採用はあらゆる行動の自由を同等に評価しないことに注意すべきである。被害者の生命や身体の安全にはそれ自体において重い価値が置かれるべきであるのに対し，行動の自由の重要性は個人の主観的選好に委ねられるべきではなく，尊重に値する自由とそうでない自由を区別すべきであり，従って様々な自由の重要性を測定する客観的な規準が前提とされていなければならない。今，オペラの観賞が自分の善観念の追求にとって非常に重要な意味をもつXができるだけ良い自由席を確保するためにスピード運転する場合と，病院にいる危篤の父親に面会するためにYがスピード運転する場合を比較したとき，Yの運転の自由の方がXのそれより尊重に値しないだろうか。オペラ・マニアのXがどれ程強く良い自由席を選好し，それ故オペラ座へとスピード運転することを強く選好していても，この選好は父親に会うことに対するYの強い選好，それ故病院へとスピード運転することに対するYの選好と比べて尊重すべき度合は低くないだろうか。もしそうだとすれば，XとYの行動に予防措置を課すことからXとYに生ずるコストも単なる選好充足ではなく何らかの客観的規準によって異なった評価が与えられ，XとYに課せられる適正な注意のレヴェルも異なってくるだろう。

　しかし以上のように考えることは社会契約論的な「適正な注意」の観念の限界を示していないだろうか。社会契約論の大前提である善観念の通約不可能性が行動の自由を評価する際に否定されているように思われるからである。このことは，予防措置コストと事故コストの比較衡量に際して関連してくる価値が行動の自由と安全という二種類の基本的自由には尽きず，行動の自由によって目指されている善観念自体を比較し，善観念の間に優劣をつける必要のあることを意味していないだろうか。これは，善観念の通約不可能性に関する当初の想定に違背することになるだろう。

　この疑問に対しては，善観念の通約不可能性を放棄することなく異質な行

動の自由を比較することが可能である，と答えることができる。即ちXがオペラ座へとスピード運転することと，Yが病院へとスピード運転することの相違は，スピード運転のリスクにさらされた人々がおそらくXとYに対して示す次の反応に現れている。リスクにさらされた人々は次のように反応するだろう。「Xは我々に無関係な個人的な趣味のために我々を危険にさらしており，このようなリスクを他人に及ぼす権利を我々自身に与えてくれても我々にとっては何の意味もない。これに対してYの行動は我々を危険にさらしているとは言え，この種の危険な行動をとることは我々自身にとっても有益であり，Yのスピード運転は相互的利益のテストに合格している」と。従って様々な自由の比較は，善観念の通約不可能性の前提を損なうことなく，相互的利益のテストによって行うことができるだろう。

（1） Keating, G. C., 'Reasonableness and Rationality in Negligence,' *Stanford Law Review*, vol. 48, 1996, pp. 311-384; Id., 'A Social Contract Conception of the Tort Law of Accident,' Postema, *op. cit.*, pp. 22-71.
（2） Scanlon, T. M., 'Contractualism and Utilitarianism,' Sen, A. and Williams, B., eds., *Utilitarianism and Beyond*, Cambridge, 1982, p. 103, p. 117.

第4節　道徳理論と経済分析

　不法行為法の実証的分析は，国家は何を目的として不法行為責任を人々に課するのかを明らかにし，この目的にそって不法行為法を解釈するという意味で記述的である。もし或る解釈が不法行為法の実践を正しく記述しているのであれば，このことは不法行為法の体系は当の解釈が拠って立つ目的を促進するものである——この体系に参加する人々がこの目的を自覚的に追求していなくても——という主張を支えることになるだろう。不法行為法の目的としてこれまで挙げられてきた代表的なものが矯正的正義と富の極大化である。例えば，もし実証的分析によって不法行為に関する過去の判決の大部分が富を極大化していることが立証されれば，先例の拘束性を所与の前提として，当面の事案においても富を極大化する判決を下すことが正当化されるだろうし，将来の類似の事例においても富を極大化する判決が下されることが予測されるだろう。

　実証的分析は，不法行為法の体系が画一的で整合的な仕方で事案を処理す

る力を向上させ，平等と信頼といった価値を促進する。しかし，不法行為法の実践が一定の目的を促進することを実証的分析が明らかにしても，この目的が道徳的に正当化されないものであれば，それは当面の事案を判決するための正しい根拠とはなりえない。不法行為法に帰せられるどのような目的もそれ自体として規範的に正当化されねばならず，実証的分析が規範的理論の代りをつとめることはできない。

　不法行為責任の正しい根拠をめぐってはこれまで矯正的正義と富の極大化が競合的な価値として提示されてきた。しかし不法行為法が目的とすべき価値については見解の根本的な対立が存在し，これまで実証的分析の方により関心が向けられてきたのもこのことによる。不法行為法は富を極大化すべきだと主張する人々は，「富の極大化」理論が記述的にみて最も成功していることを指摘し，不法行為法自体の論理が経済学的であることを主張している[1]。これに対抗して，矯正的正義を目的と考える人々は，矯正的正義こそ記述的にみて不法行為実務を最もよく説明していると主張し，不法行為法の大部分が矯正的正義という道徳的原理を実現していること，そして経済的解釈は重要な不法行為法実務を記述的に説明しえないことを指摘する。

　さて，不法行為法の目的を矯正的正義にみる立場は，不法行為法の体系が，害を被った原告と，害に因果的に寄与した被告を当事者とするケース・バイ・ケイスの裁判に依拠していることを正当化してくれるような道徳的な理由を提示してきた。矯正的正義は，二人の当事者の相互作用で失われた両者間の以前の状態の回復を目的としている。それ故被告が原告に損害を与えたことと，原告が損害賠償を被告から得ることは相互に結合しており，訴訟手続は，被告が原告に対して行ったことに対する適正な応答ということになる。

　経済的解釈は不法行為法が事故のコスト（損害コストと損害回避コストの合計）を極小化すること，それ故効用と富を極大化することを主張する。これに対して矯正的正義論は，経済的解釈が記述的にみて重要な点で欠陥があることを主張し，実証的分析は経済的解釈ではなくむしろ道徳的解釈を支持することを主張する。しかし，通常の経済的解釈をより洗練されたものにして，不法行為に関する裁判の構造をそれが充分に説明できるように修正できないだろうか。

　道徳哲学的な解釈は，不法行為法体系が事故コストの極小化のために制度上選択されたとは考えにくいこと，それ故体系に内在する目的は経済的な考

量に基礎づけられてはいないことを主張する[2]。確かに，各々の事案ごとに裁判する体制は，コストを極小化するような責任ルールや訴訟の数を生みだしそうもない，という経済的分析が示されていることに鑑みると，不法行為法体系は事故コスト極小化のためには不完全な規制的制度である，という道徳哲学者の主張は正しいと思われる。むしろ不法行為法の体系は矯正的正義を実現するためには完全な制度であると言えるだろう。しかし，不法行為法体系が事故コストの極小化よりも矯正的正義を実現するに適した制度であるという事実は，実務において作動している不法行為法体系が事故コストの極小化を目指したものであることを否定するわけではない。揺籃期には加害者と被害者の間で矯正的正義の実現を目的とした不法行為法が，その後産業社会における事故の増加などに対処すべく経済的な目標に適応していったことはむしろ当然のことであり，たとえ不法行為法体系以外の規制方法の方が事故コストの極小化の観点からしてより効率的であるとしても，このことに変りはない。これは刑法の目的が道徳的悪に対する応報から犯罪の予防へとその重心を移していったことと軌を一にしている。

　しかし他方で，損害コストと損害回避のコストの合計を極小化するもっと効率的な他の規制方法があるにもかかわらず，不法行為法体系が依然として採用されているとすれば，これは不法行為法体系の内在的な目的が経済的なものでないことを示していると思われるだろう。もっとも，既述のようにこのことによって不法行為法体系の経済的正当化が全面的に否定されるわけではない。既存の制度を変更することが効率的か否かを判断するためには，変更によって社会全体に生ずるコスト（displacement cost や transition cost）と，変更によって生ずるベネフィットを比較衡量しなければならない。また制度変更が立法によって行われる場合には，当の変更によって様々なコストを負うことになる個人や集団は，当の立法を阻止すべく利益団体を形成し，制度変更が効率的であっても利益団体の活動により阻止されることもあるだろう。従って，不法行為法体系より効率的な制度が存在しうるにもかかわらず不法行為法体系が継続しているからといって，不法行為法体系の内在的目的は経済的効率性ではないと速断すべきではないだろう。

　不法行為法が経済的規制の一形態へと発展してきたと考える充分な理由があるにしても，その経済的解釈が正しいと言えるためには，裁判所が事故のコストを極小化するような法理論を実際に採用してきたか否かに依存してい

る。この点に関して先ず提起される問題は，経済的な志向性を帯びた不法行為法体系が加害者と被害者を巻き込んだケース・バイ・ケースの裁判に依拠しているのは何故か，という問題である。更にまた不法行為法体系が原告は被告の不法行為によって因果的に惹き起された害を被った者でなければならないという条件は排除して，事故のコストの極小化を目指しながらケース・バイ・ケースの裁判は維持する，ということもありえただろう。不法行為法の道徳的な解釈は，加害者と被害者がそれぞれ被告および原告となり，賠償責任を加害者の行為と被害者の損害との因果関係に基礎づける体制が経済的解釈には馴染まないことを主張していることから，不法行為法の経済的解釈はまさにこの点について説明しなければならないだろう。例えば被害者に対して当人が被った損害の完全な賠償を認めれば，加害者に対して訴訟を起すに必要な金銭上の動機づけが当人に与えられるだろうし，また賠償責任を加害者に課せば，加害のリスクを創出する行為者に，効率的な仕方でリスクを減少させる動機付けを与えることができるのは確かだろう。しかし，この種の経済学的説明にとって，原告の被害を被告の行為が因果的に惹き起したという条件は賠償責任の必要条件では必ずしもない。というのも，経済的解釈によれば，もし不法行為法の目的が経済的効率性の向上であるならば，加害行為の結果に対して被告に賠償責任を課すことが安全と注意へと資源が効率的にふりむけられることを促進する場合にのみ，被告の行為は被害の原因とされ，その逆ではないからである。

　この経済的説明はそれ自体としては筋が通っていても，不法行為法の重要な構成要素の正当化としては満足のいくものではない，というのが道徳哲学者たちの見解である。即ち，加害者に対して訴訟を起す金銭的な動機は，被害者だけでなく誰でも訴訟を起せるようにし，訴訟を提起した者に充分な損害賠償金を支払うことによっても生み出せるからである。更に，リスクを創出する人々にコストを極小化する程度の注意を払うように動機づけることは，この程度の注意を払わなかったことが実際に加害行為を惹き起したか否かに関係なく，この程度の注意を払わなかったときはいつでも賠償責任を当人に負わせることによっても実現可能だろう。それ故，原告に損害を実際に与えたリスク創出者のみに被告を限定する不法行為法の実務は更に別の経済的正当化が必要だろう。

　不法行為法が，原告の被害の原因となったリスクを創出した，あるいはリ

スクに寄与した者たちに潜在的被告を限定し，たとえ他の人々が当の被害を防止しえたとしても，上記の者たちだけに潜在的被告を限定しているとき，それは経済的にどのように正当化されるだろうか。この限定がコスト減少の点からみて効率的であるか否かは，リスクを創出したわけではない他の人に対し，リスクにさらされている当人を救助すべき義務を課すことで事故のコストが更に減少するか否かにかかっている。しかしこの種の救助義務は事故の数を減少させるとしても，事故防止のコストはこれによって増大するだろう。第三者の救助義務が事故コスト——即ち被害のコストと予防コストの合計——を極小化するか否かは，種々の経験的問題がいかにして解決されるかに依存している[3]。これらの問題を解決する経験的根拠がない限り，実際に損害を惹き起したリスクの創出者のみに潜在的被告を限定している不法行為法がコスト効率的でない——事故コストと防止コストの合計を極小化していない——と結論する根拠は存在しない。

　さて，被害に相当する金額を被告から受けとるのは原告である，という前提に立って初めて因果性という観点が有意味なものとなる[4]。これは因果性の要件の経済的正当化と整合している。何故因果性の経済的正当化が原告の被害に焦点を合わせているのかを理解するために，原告がいかなる害も被らなかったならばどのようにして損害が計算されるかを考えてみよう。理論上，もし被告がリスクにさらされた諸当事者に関連づけて定義された平均的損害額を支払うように強制されたならば，リスクを創出している行為者はリスクを減少させる正しいインセンティヴをもつことだろう。このアプローチは，誰でも平均的損害額を確定できるならば，被害者に不法行為訴訟を提起させる必要性を回避できる。しかしながら，もしこの損害賠償額が低すぎると，安全性へのインセンティヴは不充分なものとなり，損害賠償額が高すぎると，リスクを創出する行為者が必要以上に過度の注意を払うこともあるだろう。この種の誤った損害計算が常に行われるかもしれない。平均的損害賠償額の正確な評価は，事故の潜在的な犠牲者集団が被る可能性のある損害の範囲や頻度についての情報を前提とするが，この種の情報は典型的にみて裁判所が入手できない情報である。不完全な情報に基礎を置く平均的な損害賠償額の評価は誤ることの方が多いだろう。従って裁判所が以上のような方法を採らずに，特定の被害者が被った現実の損害に関するもっと限定された事実の探究を行うことになれば，そして被告をこのような損害に対して有責とすれば，

評価の誤りから生ずるコストは回避され，安全性に対する正しいインセンティヴが維持されるだろう。情報収集のためのコストと，損害評価の誤りから生ずるコストをなしで済ませることが，特定の被害者が被った損害の金額に損害賠償額を基礎づけることの経済的な正当化根拠である。また，被害の総額を賠償額とすることに対する経済的な根拠は，因果性の要件を正当化する。というのも，既に述べたように，因果性は，原告が被った害に相当する金額を原告が受けとることを前提として初めて有意味な条件となるからである。

更に因果性の条件は別の意味での誤算のコストを減少させる。即ち注意の最適レヴェルを決定するためには裁判所はリスクにさらされた人々が被ることのありうる損害の大きさと頻度に関連するデータ（平均的損害の正確な評価をするときと同一のデータ）を必要とする。しかし，裁判所がこのコストの算定を誤る可能性があるとすれば注意の最適レヴェルの確定も不確かとなり，これによってリスクを創出する行為者に対し，コストの点で効率的なレヴェル以上の注意を払うインセンティヴを与えるかもしれない。この種の誤算のコストは，事実上の因果性の存在を条件とすることで減少し，裁判所がこの条件を完全に実行すれば，事故の全コストは，裁判所がこの条件を不完全にしか実行しないときより減少するだろう。

以上の論旨は，不法行為の訴えが第三当事者ではなく被害者自身によってなされるべきことを説明している。不法行為の被害者が現実に被った損害を確定する必要性があるということであれば，被害者より第三者の方がこの損害を——特に苦痛や災難を——よりよく立証できると期待する根拠は殆どないだろう。また，たとえ第三者が被害者と同じくらい損害を算定できるとしても，金銭による賠償は通常，第三者より実際に損害を被った被害者にとってより価値がある。被害者＝原告の役割をこのように解釈することは，経済的な考え方に一致しているだけでなく，歴史的理解とも整合的である。例えばコモン・ローにおける訴訟の歴史的展開をみても，被害者の訴訟における本質的な役割は，訴訟の提起ではなく，立証行為にあったことが指摘されている[5]。

従って加害者と被害者の間で訴訟が行われることには経済的にみても極めて大きな意義が認められる。訴訟のこのようなやり方は，リスクを創出する行為者に事故コストを極小化するための適切な動機づけを与えるコスト効率的な方法である。もちろん，以上の分析が不法行為の体系が事故コストを極

小化するためには不完全な制度である,という結論を支持する更なる理由を提供していることも確かである。しかし既に議論されたように,この不完全性は,不法行為法の経済的解釈を無効にするほどのものではない。むしろ重要なことは,加害者と被害者,そして両者間の因果関係に着目する不法行為法の実践は,裁判所が実行に移しうる最もコスト効率的なアプローチに依拠しているように思われることである。それ故不法行為責任の経済的解釈は,これらの重要な実践を満足のいく仕方で説明しており,実証的分析が不法行為法のこの側面の経済的解釈より道徳論的解釈の方を支持すると考えるどのような説得的理由も残されていないと思われる。

　さて,過失がおそらく不法行為責任の最も重要な形態だろう。道徳論者は重要な過失理論が経済的な言葉ではなく道徳的な言葉によってより容易に説明されうることを主張してきた。しかし,この理論が道徳論的に正当化されることを認めたとしても,当の理論は経済学的にも充分に正当化されうるのである。

　リスクを創出する行為は,他者の利益に脅威を与えながら,行為者の個人的な利益を向上させる。それ故,或る人がリスクを減少させるためにこのような行為を差し控えなければならないか否かは,行為がもたらす個人的利益の評価を必要とする。この評価には加害者個人による主観的な評価と,法がこの加害行為に与える客観的な評価が考えられるだろう。この場合,客観的な評価を採用すべき理由としては,客観的評価が訴訟の両当事者を平等に取り扱うのに対し,主観的評価は加害者に両者の関係を一方的に設定させることになり,平等の原則に反することが挙げられるだろう[6]。これは個人的利益の評価を客観的なものにすべきことの道徳論的正当化である。これに対して客観的評価の経済学的正当化は困難なように思われる。即ち利益の客観的で画一的な評価は個人間の差異を考慮に入れておらず,それ故両当事者各々にとってコスト効率的なルールを提供しえないからである。しかし,この問題があるにもかかわらず,不法行為法の通常の経済的解釈は,個人的利益の客観的評価が経済学的に正当化されうると考えている。例えば,過失の規準が原告と被告の主観的評価によって定義されるならば,それは効用の個人間比較を必要とするだろう。しかし,周知の如く,経済学者たちは主観的評価の認定が困難であることを理由に,この種の分析を回避してきた。仮にこの種の評価が可能であっても,客観的な規準を採用したときに比べて,評価に

費されるコストはより大きくなり，主観的評価を用いたときに生まれるベネフィットは，それを用いること自体にかかるコストを下回るだろう。それ故客観的規準の方がコスト効率的である。

個人的利益の客観的評価が道徳論と経済学のいずれによってよりよく説明がつくかは判断の難しい問題である。道徳論的正当化を支持する見解は，経済学的正当化が利益の客観的評価を情報の問題に依存させている点を批判する。道徳論によれば，客観的評価は情報のいかんに関係なくそれ自体で正しい規準なのである。しかしこの批判は正鵠を射てはいないだろう。というのも経済学的正当化というものは，当該問題に限らずその性格上，すべて経験的な情報に依拠しているからである。更に，事故コストの極小化を目的とした不法行為法の体系は，もしそれが個人的利益の主観的評価に依拠することが可能であるときは必ず主観的評価に依拠するだろう，と想定する理由がないのであれば，経済学的正当化は必然的に情報問題に依存するとは言えなくなるだろう。

経済的分析は人々の嗜好や選好を所与のもの，分析にとって外発的なものとして捉え，自らの選好を充足させるべく諸個人が自己利益を追求したときに結果として生ずることを確定しようとする。しかし，経済的行動それ自体が選好の形成に内発的に影響を与えることがあり，その結果，この種の内発的選好の可能性を正しく考慮しない限り，場合によっては経済分析が正しい結論に達しないこともあるだろう。社会規範や法規範が個人の選好に影響を及ぼすことはよく知られた重要な事実である[7]。もしそうであれば個人的利益の評価法自体が，リスク創出に対する個人的選好の形成に影響を及ぼすことになり，このことは個人的利益の主観的評価よりも客観的評価を支持する理由となりうるだろう。

今，不法行為法が主観的評価に依拠していると仮定しよう。もしXが他人を理不尽なリスクにさらす活動から大いなる喜びを得ていることだけを理由に過失責任を免れるならば，この法は，或る人がリスク創出的行為からどのような類いの利益であれ大きな利益を引き出している限り，他人に害を及ぼすことも許容されること，他人をリスクにさらすことによって個人が大きな利益や幸福や喜びを享受することが社会的に容認されることを表明しているわけである。この種の法は，人をリスクにさらすことに対して人々が抱く選好を強め，社会全体のリスクの量を増大させるだろう。これに対して法が客

観的な規準による個人的利益の評価を採用することは，たとえ或る個人がリスク創出的行為から大きな利益を得ても当の個人に過失責任を課すのであるから，この種の行為を遂行しようとする動機の或るものが容認されないことを当の法が表明していることを意味する。かくして法は，人々がリスク創出的行為に対して抱く選好を弱め，個人的利益の客観的評価は，主観的評価に比べ，社会全体におけるリスクの総体量を減少させるだろう。

　更に主観的評価は好ましくない様々な戦略的行動を許容することになる。それは，リスクを創出する行為者がリスクを低下させるために情報を入手しようとする動機を低下させ，あるいはそうでなくてもリスクを低下させることが困難な状態に自分を置くよう動機づけることになるだろう。というのも，リスクを低下させる能力が低下することで行為者は，より多くの情報を有する者あるいは何らかの意味でリスクを低下させうる状態にある者には要求される注意義務を免除されるからである。また主観的規準は，潜在的被害者が他者による被害から身を守るためにどの程度の注意を払うべきかを決定しようとする際に，この決定を困難なものにするだろう。このことから生じる不確定性は，リスク嫌悪的な潜在的被害者には過度の注意を払わせることになる。これと対照的に客観的規準はこの問題を排除する。過失の規準が要求する注意の程度は潜在的加害者によって操作されることはなく，潜在的被害者は，他者がこの客観的規準に従うことを前提とした上で，コストを極小化する程度の注意を払うことができる。興味深いことに，この種の戦略的行動の問題は，主観的規準を批判する道徳論的な議論の中にも登場している。即ち，主観的規準を採用すると加害者と被害者の関係の前提条件を加害者自身が一方的に設定できることになり，これは不正であるという議論である。

　かくして利益の客観的評価は経済的な観点からみて二つの長所を有している。第一に，よく主張されるように客観的評価は，もし不法行為法の体系が利益の主観的評価に依拠した場合に生ずる運用上の諸問題を回避することができる。第二に，客観的評価は主観的評価に比べてリスクを減少させ，安全性について注意するコストの総体を減少させる可能性が大である。というのも，不法行為法のルールが明示する規範は適正な行動の何たるかを社会的に表現したものと考えられることから，利益の主観的評価は客観的評価によって達成されるレヴェルを越えた量のリスクを創出すると思われるからである。更に各個人の特性に全面的に基礎を置く不法行為法は，自分の利益の極大化

を目指す行動によって操作されることもあるだろう。つまり、リスクを低下させるコストの一部が潜在的加害者から潜在的被害者へと非効率的に転移されるからである。以上のような理由で、事故のコストの極小化を目指す不法行為法の体系は、仮に主観的評価を用いることができるとしてもおそらく客観的評価を採用すると思われる。それ故不法行為法の実証的分析は、利益の客観的評価が道徳的観念と経済的観念のどちらを支持するかについて説得力のある理由を提示することはできない。

　不法行為責任は、害を被らないことに対して潜在的被害者が有する利益を保護すると同時に潜在的加害者に対して安全性に注意することを要求し、あるいは損害賠償を支払うよう要求することによって潜在的加害者の経済的利益ないし自由を限定する。不法行為責任のあり方に応じて前者の集団の利益が促進ないし保護される一方で後者の集団の利益が制限される程度の大小が決まることから、衝突しあう両集団の利益の適正な調和化に関する道徳的論点が存在する。コストを極小化する不法行為法のルールの公正さをめぐる見解の対立の多くは、この論点をめぐりどのような立場をとるかに起因している。

　或る道徳理論は加害者と被害者の利益に平等のウェイトを与えている。その代表的な形態は功利主義であり、この理論によれば、人々を平等に取り扱うことは、単に各人の利益を平等に計算し、利益の総体的満足を極大化することにある。利益の功利主義的なウェイト付けはコスト効率的な不法行為法を正当化する。事故のコストは、事故が起らないようにあらかじめ注意するための限界的費用（これは潜在的加害者が負う）が、リスクの減少によって（潜在的被害者が受ける）限界的利益と等しくなる点まで安全性の配慮を要求する不法行為法によって極小化する。コスト極小化のルールを拒否して、これとは別の責任ルールを採用することは、一方の集団の負担において他方の集団の利益をより強く保護することになるだろう。それ故、両当事者の利益に同等のウェイトを与えることは、コスト極小化的な責任ルールの採用を要請するだろう。

　これに対して他の道徳理論は経済的な効率性よりも安全性の配慮により大きなウェイトを与えている。その論拠は、潜在的な被害者たちが自分たちの身の安全に対して有する利益の方が、潜在的加害者に課せられる負担（即ち不利益）より重要だからである[8]。「安全は金銭より重要である」という原則

は，コストを極小化する安全配慮よりも大なる安全配慮を正当化するように思われる。この種の安全配慮を要求する不法行為法は潜在的加害者に対して，潜在的被害者に与えられる安全上の利益を越えるような経済的負担ないし自由拘束的負担を課することになるにもかかわらず，安全性の利益に対して認められる付加的なウェイト付けがこのような責任ルールを正当化するのである。不法行為法が事故コストを極小化するか否かは，不法行為法に関わる実践が，経済的利益に対するよりも安全性の利益に対し大きなウェイトを与えているか，それとも両者の利益を同等と見なしているかに依存する。「安全は金銭より重要である」という原則はコモン・ローの意図的な不法行為に関しては確立されていると言われており[9]，これはまた，問題になっているリスクが増大するにつれて，より大きなウェイトを安全性の利益に与える過失責任の規準にも反映されている[10]。この規準の下では，潜在的加害者は，安全措置から生ずる安全性の利益より大なるコストを負担して当の安全措置をとらなければならない。

　コモン・ローの不法行為法が過失責任の訴訟において実際に個人の利益をどのようにウェイト付けしているかは明白でないと言われている。ラーニド・ハンドのコストとベネフィットのテストを採用する例もあり，「合理的に注意深い人間であればそれぞれの状況においてどのように行動するか」を規準とする事案も知られている[11]。ラーニド・ハンドの定式は，安全配慮措置のコストと，もしこの安全措置がとられたならば回避される被害の期待コストによって定義されるベネフィットを比較衡量する。しかし，この過失の規準はリスク嫌悪のコスト——即ち個人がリスクにさらされたときに生ずるコストで，被害の期待コストに付け加えられるコスト——を充分に説明していない。殆どの人間がリスク嫌悪的人間であるからには，安全配慮は二つのタイプのベネフィット，即ち被害の期待コストの減少とリスク嫌悪のコストの減少を生み出す。ハンドの定式が適切に配慮するのは前者のベネフィットのみであるから，それはコスト的に効果的な安全より低い安全を要求することになりそうである。

　法の経済分析の立場をとる人々は，ラーニド・ハンドの定式はリスク嫌悪のコストを顧慮する必要はないと主張する[12]。しかしこれは正しくないだろう。もしリスクを嫌悪する個人が充分な保険に入っていれば，安全配慮の方法を選択するときにリスク中立的であるかのように行為し，この場合にはハ

ンドの方式は事故コストを確かに極小化するだろう。しかし不法行為の事案における原告は不法行為によって惹き起されるすべての害に対して充分な保険に入っているわけではない。例えば原告は不法行為者によって惹き起された非金銭的なすべてのタイプの害に対して賠償を受けるわけではなく，このタイプの被害に対して充分な保険に入ることもできない。たとえ賠償を受けても，それはリスク嫌悪の顧慮を排除するために必要な「完全なる賠償」であるとは限らないだろう。要するに不法行為に関する広範な事案に対して潜在的な被害者は完全なる保険に入ることはなく，従って過失の経済分析はリスク嫌悪のコストを顧慮しなければならないことになる。

　ラーニド・ハンドの規準に比べて，不法行為法の「不釣り合い」の規準はリスク嫌悪を充分に考慮に入れている。潜在的被害者がさらされるリスクが漸次的に増大していくにつれて，リスクが生み出す害のコストに加え，リスク嫌悪のコストも増大していく。従って，もし安全利益がただ害の期待コストのみによって定義されるならば，リスク嫌悪を顧慮するためには，この安全利益には，リスクの増大に比例してより大きなウェイトが付与されるべきである。「不釣り合い」の過失規準はこのような仕方で作用する。そしてこの規準がハンドのコスト＝ベネフィットの過失規準よりコスト効率的でありうるのはこの理由による。同じ考え方により，過失に関するハンドの定式は，不法行為から生ずるリスクが保険の利用可能な金銭上の損害を惹き起す恐れのある場合には，よりコスト効率的になると言えるだろう。というのも，個人はこの種の損害に関してはリスクを嫌悪する可能性は低いからである。

　従ってどの過失規準がコストを極小化するかはケースによって異なり，あらゆるケースに適用可能な画一的な過失規準を用いるよりも，それぞれの状況の下で合理的に慎重な人間であればどのような行動をとったかを過失の規準にする方がいっそうコスト効率的であることになる。合理的に慎重な人間は，リスクが死のような非金銭的な害を生み出す恐れのあるケースでは，安全性は金銭よりも重要だと思うだろう。そうであれば，この種のケースにおいては「不釣り合い」の過失規準の方がよりコスト効率的だろう。これに対して財産への損害のように金銭的な害のみが生ずる恐れのあるケースでは，安全性を金銭と同一視し，コスト＝ベネフィットの過失規準を採用することが適切である。

　不法行為法の実証的分析から明らかになることは，重要な不法行為理論は

経済的な観点からも道徳的な観点からも充分適切に解釈されうることである。二つのタイプの解釈がともに不法行為法の大部分を説明しうる事実は，両者がともに基本的に類似した不法行為の諸実践を正当化しうることを示唆している。二つのタイプの解釈がともに不法行為法の重要な部分を正当化しているとき，正当化がこのようにオーヴァーラップしている事実は，当の不法行為法を正当化するに充分と言えるだろうか。この点，二つの解釈が共有している論拠を特定化する必要があり，またオーヴァーラップしている合意を特定することで，二つの解釈の相違を明示することもできるだろう。そして，この相違の性格を明らかにすれば，なぜ実証分析が一方の解釈より他方の解釈をより強く支持するようなことがないのかを理解できるだろう。

　さて，不法行為法の重要な関心は個人の自由と安全という二つのタイプの利益関心をどのように調和させるべきか，という点にある。この利益関心に焦点を合わせることによって，不法行為法の経済学的解釈と道徳的解釈が何故，ほぼ同じような不法行為法の実践を正当化することになるかが明らかになるだろう。先ず，潜在的被害者の利益関心について言えば，財産上の損害は，損害を補償するか，同じ財産を入手できる充分な金銭を授与されることによって除去され，金銭が授与されなければ被害者の経済的な利益（それ故自由）は害されることになる。これに対して身体上の損害を被った者は金銭を授与されることによって完全に補償されることはないだろう。身体に対する加害は被害者の経済的な利益（自由）ではなく，身体を無傷に保つ利益，即ち安全性の利益を害することになる。それ故，財産に対する経済的加害行為は，被害者の効用関数を変更することなく被害者の富や収入を低下させるのに対し，身体に対する非金銭的な損害は被害者の効用関数の変更を生じさせるとも言えるだろう。

　しかし他方で平等は，不法行為の責任を負わなければならない人間，即ち潜在的加害者の利益を考慮すべきことをも要求する。不法行為責任を負うことは，責任に関する判断や安全性の諸手段のための出費や努力のコストを含んでいる。従って不法行為法のルールは，リスクを生み出す行為者に関しては自由の利益のみを考慮するのに対し，潜在的被害者に関しては自由の利益と安全性の利益を考慮することになる。そして，一方の利益を保護し，向上させることは必然的に他方の利益を低下させることになり，二つの競合する利益は平等原理によって調整されなければならない。

先ず，リスクを減少させることのない不法行為責任の形態を考えてみよう。リスクが減少しないことから，不法行為責任はただ加害者と被害者の間での富の移転の問題となり，かくして両当事者の自由の利益だけが考慮され，必然的にどちらか一方の当事者の自由＝利益が低下させられねばならない。そして両当事者の自由＝利益が何らかの道徳理論に従って平等に扱われるべきであるならば，損失が少ない方の当事者が損害のコストを実際に負わなければならないだろう。かくしてこの要求を満たす不法行為責任のルールはまた，加害に対する賠償のコストを極小化し，それ故富を極大化する。今前提とされている形態の不法行為責任はリスクに影響を及ぼさないのであるから，注意のコストは問題にならない。従ってこの種のケースにあっては，経済的根拠と道徳的根拠は同じ実践を正当化することになる。

しかしながら，道徳理論は，両当事者の自由＝利益に常に同一のウェイト付けが与えられるべきことを要求しないだろう。或る道徳理論にとっては，リスクを生み出す行動に何らかの意味で充分に適切な，あるいは好ましい理由が欠如している限り，潜在的加害者の自由＝利益に潜在的被害者の自由＝利益と同じウェイト付けが与えられることはない。そしてどのようなタイプの理由がリスクを生み出す行為を正当化するかは，利益の客観的評価によって決定される。それ故この種の事案においては，不法行為法のルールは利益の客観的な評価と主観的な評価のどちらを用いるべきかという問題が関わってくる。既述のように不法行為責任に対する経済的根拠と道徳的根拠の双方が客観的評価を正当と見なすならば，たとえ二つの根拠が必ずしも同一の客観的評価を正当化することはなくても，評価のかなりの部分がオーヴァーラップするだろう。

それでは，不法行為責任がリスクを減少させ，このことによって潜在的被害者が自らの身体の安全に対し有する利益を保護する場合はどうだろうか。この場合，リスクの減少が存在しない場合と異なり，不法行為責任の正当化は，単に潜在的加害者と潜在的被害者の自由＝利益の比較衡量にではなく，潜在的加害者の自由＝利益と潜在的被害者の自由＝利益及び安全＝利益に依拠することになる。比較衡量に潜在的被害者の安全＝利益が付加されることで潜在的加害者の自由＝利益に負担を課することがより容易に正当化されることになり，不法行為法がリスクの創出を強く抑止すればするほど，それは容易に正当化しうることになる。

或る形態の不法行為責任が正当化されるためには，それはどの程度のリスク減少を達成すべきだろうか。これは，自由と安全の利益がどのようにウェイト付けされるかにかかっている。既に述べたように，不法行為法の経済的根拠と道徳的根拠の双方が自由＝利益より安全＝利益に大きなウェイトを与えることを支持している。このようなウェイト付けは功利主義的にも非功利主義的にも正当化が可能である。安全＝利益を自由＝利益に比してどの程度までより強くウェイト付けするのが正しいかという点について経済的な根拠と道徳的な根拠が異なった見解を示すことはあるかもしれない。しかし重要なのは，いずれの根拠を採用してもリスク減少が不法行為責任の正当化をより容易にしていることである。経済的解釈と道徳的解釈がともに不法行為法の実践の記述として説得力があることも，このことによって説明できるだろう。

　経済的解釈と道徳的解釈の構造的相違にもかかわらず，両者のどちらも不法行為法の重要な部分を正しく記述しえていることは，抑止効果によっても説明することができる。経済的解釈によれば，不法行為のルールは，リスクを減少させるときにのみ事故のコストを極小化できる。その理由は，例えば保険のような他の賠償方法に比べて不法行為体系による損害賠償はより大きなコストとなるからである。理論上は，不法行為責任の殆どの形態がリスクを減少させる可能性があり，経済的解釈の主張者たちは，問題となる不法行為法の実践を抑止効果によって正当化する。それ故，道徳的解釈の主張者たちは，リスク減少に依拠しない不法行為法の実践に対しては説得的な理由を与えることはできても，実践に対する正当化が抑止効果に依拠しているのか，それとも他の道徳的理由に依拠しているのか確定することは困難である。

　最後に次のことを確認しておこう。仮に不法行為法が効用ないし富の極大化といった目的によって適切に記述されえても，両者の目的のいずれも，不法行為法の経済分析を適切に記述してはいない。経済分析は，効用や富の極大化を含む不法行為法のいかなる特定の目的も正当化することはなく，いかなる特定の目的にも依存していない。むしろ経済分析は，不法行為法体系の適切な諸目的を最もよく促進できそうな形態の不法行為責任を確定する際の助けとなるにすぎない。これらの目的が経済分析によって導出されることはなく，むしろこれらは道徳的正当化に依存している。それ故不法行為法の経済分析は，不法行為法の適切な道徳理論と競合するというよりは，これを補

完する実証的分析以上のものではない。

　経済分析の限定された実証的役割はその前提となっている経済学が社会的厚生の極大化に焦点を合わせていることに由来する。厚生経済学は，社会的厚生と個人的厚生を何らかの仕方で関係づけることを要求する。しかし，社会的厚生がどのようなかたちで個人的厚生に依存すべきかは経済分析によって提示されることはない。例えば，社会的厚生は，平等にウェイト付けされた個々人の効用の総計に存する，とされることがあるだろう。このように定義された社会的厚生は功利主義の中に道徳的正当化を見い出す。更にまた社会的厚生を専ら社会で最も恵まれていない諸個人の福利によって定義することも可能であり，この種の社会的厚生関数はＪ.ロールズの正義論の中に道徳的正当化を見い出すだろう。その他様々な社会的厚生関数がありうる。それらのうちどの関数が用いられるべきかは，提案された定式化の長所に関する道徳的論証に依存している。この選択を経済分析によって行うことはできない。経済分析ができるのは，或る特定の社会的実践が，採用された社会的厚生関数を極大化しうるか否かを確定することだけであり，社会的厚生関数は経済分析とは別個に道徳的論証によって正当化される。

　明らかに経済分析は極大化が可能な社会的厚生関数を必要とし，この関数は何らかの倫理的信念を特徴づけるものと想定される。この厚生関数は次の条件を充足しなければならない。即ち，厚生関数によって特徴づけられたこの倫理的信念は，或る経済的体系の形状（configuration）が別の経済的体系の形状より良いか悪いか（あるいは無差別か）について明確な答を許容するものであること（完全性の条件），諸経済体系の形状の順序付けが推移性を充足していること，そして社会的厚生関数は，少くとも一人の状態を向上させ，他のどの人間の状態をも悪化させることのない行動によって社会的厚生が増大するようなものでなければならないこと（パレート原理）である。このような社会的厚生関数は，社会的順序づけのあらゆる問題を全面的に諸個人の個人的効用の順序づけに依存させることになる。この社会的厚生関数の本質的条件は，害を及ぼす行動に不法行為責任を限定する不法行為法のどのような適切な道徳理論によっても充足されうるだろう。既述のように，このような道徳理論は，それがどのような状況であろうと，特定の状況における潜在的な加害者および潜在的被害者の自由＝利益と安全＝利益に与えられるべきウェイトを確定する。それ故この道徳理論は次のような倫理的信念を，即ち

社会的厚生関数は加害行為の全範囲に対して個人的利益の当該のウェイト付けを反映しなければならない（完全性の条件）という倫理的信念を特定化することになる。道徳理論が推移性の条件を充足し論理的に整合的であるならば，それは一つの社会的厚生関数に翻訳可能である。

　今，ある形態の加害行為に対する不法行為責任を，この種の行為に従事する潜在的加害者の自由＝利益よりも潜在的被害者の自由＝利益及び安全＝利益の方が大きなウェイト付けに値する（より尊重に値する）という根拠によって正当化する道徳理論を考案してみよう。事実，この道徳理論は，道徳的に不適切か非難に値し，他人に害を惹き起す行動から生じる個人的利益にゼロのウェイトを与えるような社会的厚生関数を定めるだろう。社会的厚生のこのような定義に従えば，道徳的に非難しうるリスク創出的行為はいかなる社会的ベネフィットをも生み出すことはなく，害を被る個人の厚生の低下を意味する社会的コストを生み出す。害を惹き起す道徳的に非難しうる行為は必然的に社会的厚生を低下させ，従ってこのような行為を抑止する不法行為責任は社会的厚生を増大させる。

　この場合，経済分析が果すべき役割は，道徳的に非難しうるこの種の行為を最小のコストで抑止する責任ルールの形態を確定することに限定される[13]。経済分析は，この種の行為は抑止されるべきか否かという問題に答えることはできない。というのも厚生経済学は，社会的厚生のそのような定義を拒否するためのいかなる根拠も提供しないからである。おそらく，社会的厚生関数（即ち，その基礎にある道徳理論）は，経済体系の或る一つの形状（ある特定のタイプの不法行為責任が存在しないこと），もう一つ別の形状（当の特定のタイプの不法行為責任を認めること）より良いか悪いかという問題に対し整合的な答を提示できるだろう。社会的厚生のこの定義が複数の社会状態に関する完全で推移的な厚生判断を可能にする限り，その定義は厚生経済学の本質的諸条件を充足している。

　確かに，このような非功利主義的な厚生関数は不法行為法の通常の経済的解釈には合致していないし，経済学者が通常用いている社会的厚生関数にも合致していない。通常の厚生経済学は諸個人の厚生のレヴェルのみに基づく社会的厚生関数に依拠し，個々人がどのような人間であるか，そして個々人の効用の源は何であるかを考慮の外に置いている。特に，非功利主義的な社会的厚生関数はパレート原理を満たさないことがあるだろう。というのもパ

レート原理は個人的権利の保護という道徳的関心に配慮することができないからである。パレート原理が問題にするのは，誰が何を選好するかということだけであり，各人の選好の理由は全面的に無視される。これに対して非功利主義的な道徳的理論にとって選好の理由は，道徳的に非難すべき行動に対する不法行為責任が問題となる上記の事案において重要な意味をもつことになる。従って，権利に基礎を置く非功利主義的な関心とパレート原理が衝突しあうことは驚くにあたらない。しかし，パレート原理が不法行為の非功利主義的道徳理論によって違反されても，経済学者が道徳理論を拒否するいかなる理由も存在しない。パレート原理は社会的厚生が個人的厚生のみによって定義されることを要求するが，厚生経済学はただ社会的厚生がある意味において個人的厚生に依存することだけを要求するにすぎないからである。後者の要求は不法行為に関する適切と思われるどのような道徳理論によっても満たされるだろう。不法行為法の領域は，人間の行為から結果する害悪によって定義されるが，この害悪は明らかに個人の厚生に影響を及ぼすが故に，不法行為に関するどのような道理理論も——デオントロジカルな理論も含めて——不法行為責任が個人の厚生に及ぼす影響に少くとも何らかの注意を払うだろう。それ故，不法行為の道徳的解釈によって暗黙に定義された社会的厚生関数は少くとも何らかの意味で個人的厚生に依存し，不法行為の道徳哲学と厚生経済学は必然的に結合することになる。

　社会的厚生関数の特定化によって表現される社会的実践の目標はその大部分が経済領域の外に置かれる。従って不法行為法の経済分析は不法行為法の道徳的正当化を提示しえない，それは不法行為法の或るルールが，不法行為法の道徳的に正当化された目標を促進するか否かを確定できるにすぎない。それ故経済分析は，不法行為法の道徳理論を排除するのではなく，ただ補完しうる実証的分析の一形態なのである。他方で不法行為責任が自由と安全の利益にどのような仕方で影響を及ぼすかについて配慮する道徳理論は不法行為法の経済分析に依拠しなければならないことも確かである。不法行為責任が加害者と被害者の経済的な自由＝利益にどのような仕方で影響を及ぼすかを理解するには，様々な形態の賠償や保険の制度のコストを知らなければならないし，不法行為責任が安全＝利益をどのような仕方で保護しうるかを理解するには，諸個人が不法行為責任によって生じたインセンティヴに対しどのような仕方で反応するかに関する理論が必要である。これら二つの論点に

不法行為法の経済分析は取り組むことになるが，もし不法行為法の道徳理論がこれらの論点に関する経済的理解を採り入れることがなければ，そこから生ずる責任ルールは道徳的に正当化される仕方で自由と安全性の利益を促進し保護することはないだろう。従って，不法行為法の基礎にある道徳哲学が，他の人々の自由を過度に制限することなく或る人々を保護するにはどうしたらよいかという問題を中心的な関心対象とする限り，経済的な推論と道徳的な推論は相互補完的な関係にあることになる。

（1） 富の極大化ではなく社会的福利の極大化を唱える立場もある。しかし両者は実際には極めて類似している。というのも，損害回避のコストと損害コストの合計を極小化する不法行為法のルールによって社会的福利は，極大化すると同時に，富もこの種のルールによって極大化するからである。

（2） S.ペリーによれば，被害者が自ら損害コストを負い，加害者が被害者にではなく例えば国家に損害額と同額の罰金を払うか，期待損害と同等の税金を払うシステムの方がよりコストを極小化できることを主張している。この種のシステムは，適正な税金を算定し徴収するための行政的な規制を必要とし，現行の不法行為法体系におけるようなケース・バイ・ケイスの裁判に依拠することはない。
Perry, S., 'Tort Law,' Patterson, D., ed., *A Companion to Philosophy of Law and Legal Theory*, Oxford, 1996, p. 67.

（3） 容易に行いえた救助を行わなかった者に不法行為責任を課すことはコスト効率的だろう。しかしこの種の救助義務を原則的に限定することは非常に困難である。裕福な人がわずかの金銭で他人を救いえたような事例も「容易に行いえた救助」の事例と言えないだろうか。この種の救助義務の経済的な特性は，それが富を蓄積する個人のインセンティヴにどのように影響するかということと，それが個人の自由を侵害することによって個人に課する他のコストによって定まる。

（4） Weinrib, E. J., 'Causation and Wrongdoing' *Chicago-Kent Law Review*, vol. 63, 1987, p. 414.

（5） Milsom, S. F. C., *Historical Foundations of the Common Law*, Boston, 1981, p. 285.

（6） Coleman, J. and Ripstein, A., 'Mischief and Misfortune,' *McGill Law Journal*, vol. 41, 1995, pp. 112-113.

（7） McAdams, R. H., 'The Origin, Development and Regulations of Legal Norms,' *Michigan Law Review*, vol. 96, 1997, pp. 338-433.

（8） Keating, 'Reasonableness,' op. cit., pp. 349-360; Weinrib, E. J., *The Idea of Private Law*, Cambridge Mass., 1995, pp. 147-152; Wright, R. W., 'The Standard of Care

in Negligence Law,' Owen, D., ed., *Philosopical Foundation of Tort Law*, Oxford, 1995, pp. 249-275.
（9） Keeton, W., *Prosser and Keeton on the Law of Torts*, 5th. ed., St. Paul, 1984, p. 132.
（10） Keating, 'Reasonableness' op. cit., pp. 349-360; Wright, op. cit., pp. 260-261.
（11） Gilles, S., 'The Invisible Hand Formula,' *Virginia Law Review*, vol. 80, 1994, pp. 1015-1054.
（12） Landes, W. M. and Posner, R. A., *The Economic Structure of Tort Law*, Cambridge, Mass., 1987, p. 57.
（13） 抑止のコストの極小化は，潜在的加害者にとって最も負担とならない仕方で潜在的被害者の自由と安全への利益を保護することから，このようなルールは社会的厚生を極大化するだろう。しかし，社会的厚生の極大化は必ずしも常に抑止に依存するとは限らない。社会的厚生関数は，問題となる不法行為の脈絡において潜在的加害者の自由＝利益が，潜在的被害者の自由＝利益より低くウェイト付けられるようなかたちで定義されることも可能だろう。この場合，加害者と被害者の間での富の移転は社会的厚生を増大させるだろう。

第5節　善きサマリア人と法

　ところがかれは，自ら弁明しようとして，「私の隣人とは誰のことですか」とたずねたので，イエズスは「イエルザレムからイエリコに下ろうとするある人が，強盗にであった。強盗は，その人の服をはぎ，傷つけ，半死半生にしておいて，去っていった。たまたま，一人の司祭がこの道を下ってきたが，それを見ながら道の反対がわを通ってすぎ去ってしまった。また，レヴィ人も通りかかったが，それを見てもおなじように道の反対がわを通ってすぎ去ってしまった。ところが，旅の途中でそこを通りかかった一人のサマリア人が，それを見てあわれに思い，そばによって油とぶどう酒とを傷口にそそぎ，ほうたいをして，自分ののりものにのせ，宿につれて行って介抱した。その翌日，宿の主人に2デナリオをわたして，『この人を看病して下さい，費用がかさんだら，私が帰るとき払いますから』といった。あなたの考えでは，この三人のうち，強盗にあったその人にとって隣人は誰だと思うか」とお問いになると，「その人をあわれんだ人です」と答えたので，イエズスは，「あなたもそういうふうにしなさい」とおおせられた。（ルカ福音書10・29－37）
　我々には自分と何の関係もない他人を救助すべき一般的な義務があるだろ

うか[1]。容易に他人を救助できたのに，救助しなかったとき，我々は他人が被った害に対して賠償する法的な義務に服すべきだろうか。あるいは救助しないことを犯罪と見なし，救助しなかった者に刑罰を科することさえできるだろうか。ルカ福音書の強盗の被害にあった人には，司祭やレヴィ人に対し救助してもらう（救助を要求する）法的権利があり，司祭やレヴィ人には救助すべき法的義務があるのだろうか。確かに我々には他人に害を加えてはならない義務があるが，他人のために積極的に或る行為をしなかったことを理由に法的な責任を問われうるだろうか。また，ルカ福音書のサマリア人は，事後的に，強盗の被害者に出費（あるいは救助に伴った何らかのコスト）に対する賠償を請求できるだろうか。あるいは救助したことに対する報酬を要求する法的権利があるだろうか。サマリア人は強盗の被害者に頼まれて救助したわけではなく自発的に救助したのだから，被害者は事後的にサマリア人に出費分の賠償をしたり，報酬を払うべき法的義務はないと考えるべきだろうか。

　これらの問いに対する答は言うまでもなく法文化によって様々だろう[2]。しかし，善きサマリア人に関する問題への返答は事実上は多様であっても，このうち一つの返答を規範的な観点からみて正しい返答として特定化できるだろうか。様々な返答それぞれが前提にしている理論的（倫理的あるいは経済的な）根拠を明示し，このうち一つの根拠を正当な根拠として特定化できるだろうか。

(1) 不作為に対する責任

　不作為という言葉は，行為に対する道徳的ないし法的義務が既に存在していることを前提として或る人が当の義務を履行しなかった場合に用いられるか，あるいはこの種の義務を前提としないで中立的な意味で用いられる。今「不作為」を中立的な意味で理解したとき，不作為とは何であろうか。作為と不作為を明確に区別することができるだろうか。例えばJ.ベンサムによれば，作為（ベンサムによると〈positive〉な行為）は常に身体動作を含み，従って不作為（〈negative〉な行為）は身体動作の不在を意味する[3]。しかし，言うまでもなく不作為はあらゆる身体動作の不在ではなくある特定の身体動作の不在を意味する。「断食する」は何も行わないことではなく「食べる」ことを行わないことである。「食べる」は身体動作を必要とし，「断食する」は

「食べる」という作為とは反対の不作為（の一つ）ということになる。また同様に、「食べることを差し控えない」ことは身体動作を必要とし、「食べることを差し控える」という不作為は当の身体動作の不在を含意することから、前者は後者の作為的反対物と言えるだろう。

　もっとも実際には作為と不作為が混合していることから、当該の事例が作為か不作為かが判然としないことが多い。ブレーキを踏まないで通行人をはねてしまった運転手は不注意に「運転していた」と言えるだろうが、運転手の不注意は行為にあるのではなく、「行為しなかった」ことにあるとも言えるだろう。しかしこれに対しては、「ブレーキを踏まなかった」ことだけを取り出せばそれは不作為であっても、それは「運転する」という、より広範な総体的行為の一部であり、従ってブレーキを踏まなかったことも作為と見なすべきである、という見解もありうるだろう[4]。この見解に対しては、「総体的行為」なるものが存在していることの判断は恣意的であると反論することができる。運転手がブレーキを踏まなかったことは、運転という総体的行為の一部分だとしても、例えば鉄道会社が踏切に信号を設置しなかったことは、「鉄道会社を運営する」という総体的行為の一部と言えるだろうか。鉄道会社を運営することは、「信号を設置しなかった」ことを一部分として含むような総体的行為なのだろうか。総体的行為とは言えないならば、信号の不設置は不作為だろう[5]。

　更に「総体的行為」を特定化できたとしても、分離して取り出された或る不作為が総体的行為の一部分とされる規準は何だろうか。運転手がブレーキを踏まなかったことを我々は何故、運転という総体的行為の一部と見なすのだろうか。例えば、自動車の運転手が、重傷を負い道路に倒れて助けを呼ぶ人を見ながらブレーキを踏まないでその場を通過した場合と、道路を横切る通行人を目前にしてブレーキを踏まず通行人をひき殺した二つの事例を考えてみよう。常識的にみて、後者の事例では「ブレーキを踏まない」という不作為は「運転する」というリスク創出的な総体的行為の一部と言えるのに対し、前者の「ブレーキを踏まない」不作為はそうとは言えないだろう。しかし、この差異はどこから来るのだろうか。差異の主な理由は、道路交通に関するルールが後者の事例において運転手に停止を要求するのに対し、前者の事例ではルールが停止を要求しないからである。従って、後者の事例において、「通行人に対してブレーキを踏まない」不作為が運転という総体的行為

の一部分と見なされるのは，運転手にはブレーキを踏む義務があるからである。「ブレーキを踏まない」ことが作為か不作為かは義務が存在するか否かに依存する。「Xを行わないこと」が総体的行為の一部であればそれは作為とされ，総体的行為の一部でなければ不作為とされるという見解は，この区別の背後にある義務の観点をおおい隠してしまう。そして或ることが作為であるか不作為であるかが義務の存在に関する規範的判断に依存することも奇妙だろう。それ故，「路上で助けを呼ぶ怪我人を助けるために自動車を停止させなかった」ことも，「通行人との衝突を避けるために自動車を停止させなかった」こともともに——総体的行為の一部か否かについての判断とは独立に——不作為と見なすことにしよう[6]。言うまでもなく，これら二つの不作為から同じ責任が生ずるわけではない。後者においてはブレーキを踏んで自動車を停止させる義務が明らかに存在するのに対し，前者においてそのような義務があるかは不確かだからである。しかし上記の二つの事例において「自動車を停止させないこと」は身体動作を要求しないのでともに不作為である。或る人間の「行い」の総体の中には，当の人間の積極的な作為とともに不作為が含まれていることがある。例えば，或る人が打ったボールが垣根を越えて他人に害を与え，ボールを打った人の不注意が非難されるとき，それはボールを打ったこと（即ち作為）に対する非難であることも，あるいはもっと高い垣根を作らなかったこと（即ち不作為）に対する非難であることもあるだろう。この場合，非難の対象は異なっており，「ボールを打つ」という作為と，「高い垣根を作らない」という不作為は別個の「行い」である。また，或る医師が実際にははしかに罹っている患者を猩紅熱と誤診したとき，ここには「猩紅熱だと誤診した」という作為と同時に，「はしかと診断しなかった」という不作為が含まれており，これら作為と不作為は相互に独立している。医師が「猩紅熱だと誤診した」結果，患者が誤った治療を受け，これが原因で患者の容態が悪化したのであれば，患者は医師の作為に対して責任を追及するだろう。これに対して医師が「はしかだと診断しなかった」結果，患者がはしかの治療を受けなかったことだけについて医師の責任を追及するのであれば，それは医師の不作為に対する責任追及となる。この場合，「猩紅熱だと誤診した」と「はしかと診断しなかった」は，同一の行為を異なった言葉で記述しているわけではない[7]。このように或る人間がとった「行い」の中には相互に独立した——それ故他の部分から分離して取り出すことので

きる——作為や不作為が含まれており，意図的な身体動作を伴うのが作為，伴わないのが不作為であると言えるだろう。

　我々は他人を救助しないという不作為に対して責任を負うべきだろうか。我々には救助義務はなく，不作為に対して責任を課すべきでないとする見解の根拠としては，広義の意味で政治的，道徳的，経済的な三つの根拠が考えられる。政治的な観点からみれば，個人が何らかの行動をとるとき他人の安全につき配慮するように要求することは当の個人の自由を減少させるとしても，他人を積極的に救助したり保護することを要求することは個人の自由を甚だしく侵害することになる。また道徳的な観点からみれば，例えば，他人が害を被ることを阻止したり危険に瀕した他人を救助すべき一般的な義務が存在するとしても，このような義務は，たまたま害を阻止したり救助したりすることができる立場にある不特定で広範な人々が負うものであり，数多くいるこのような人々の中で他の誰かではなく何故特定の人間が義務を負わなければならないのだろうか。更に経済的な観点からは次のように主張できるだろう。即ち資源の効率的な配分は，通常，或る活動を行う者自身が当の活動に伴うコストを負うべきことを要求する。もし或る人間が自分の活動のコストの一部分を他人に負わせること（外部不経済）から利益を得れば，当の活動は，それが現実にそうである以上に安価となり（取引費用の故にコースの定理が妥当しないと仮定して）市場は撹乱される。従って，不注意な行動によって惹き起された損害に対し賠償責任を課せば，これが抑止効果を発揮し，当の行動が社会全体に負わせるコストは減少し，外部不経済は内部化されるだろう。しかし，何も行っていない人間に対し他人のためにコストを支払うよう要求することは，上記のように経済的効率性によって正当化されることはない。以上，これら三つの形態の根拠をもう少し立入って検討してみよう。

(2)　自由の侵害

　救助義務を課すことの方が，行動に際して他人の安全を配慮するよう要求することより大きな自由の侵害であり，法が作為と不作為を異なった仕方で取り扱っている理由もこのことによって説明される，と主張されるとき，「自由」はどのような意味で使われているのだろうか。この主張において「自由」が「行為を差し控える権利」や「行為しないでおく自由」などを含む意味で

使われていることは確かである。重傷を負って路上に倒れている他人を救助すべき義務が我々にあり，救助しないと何らかの制裁が我々に科せられるのであれば，我々には救助しない自由がないことになる。これに対して，他人の安全を配慮して注意深く行動すべき義務が我々にあり，不注意に行動して他人に害を与えると何らかの制裁が我々に科せられるとき，少くとも我々には行動しないでおく自由ないし権利があり，これは救助義務の場合には欠けている自由の要素である。しかし，これ以上の「自由」の意味を上記の主張の中に見い出すことは困難である。不正な不作為に責任を課すことも，行為に対して責任を課すこともともに個人の自由の侵害であるが，何故後者の自由侵害が正しく前者の自由侵害が不正なのだろうか。また，「より大きな自由の侵害」とは何を意味するのだろうか。

　自由は通常，個人の行動に対して他人や国家からの干渉が存在しないことを意味する。干渉がなければ我々が行うことのできたことが他人の干渉によって阻止されるとき，その限りで我々は不自由だということになる。もちろん，だからといって干渉が必然的に悪いことになるわけではない。すべての人に最低限の自由を保証しようとすれば，他者の自由に干渉しないようすべての人の行動を規制する必要があるだろう。従って或る個人の自由は，それが他者の自由と衝突するところで限界を画されることになる。問題は，各個人に自由の分け前を公正に分配するための，適正な干渉の規準を見い出すことである。

　「不作為には責任なし」というルールを支持する人々は，国家が個人の行動を命令したり禁止したりすることが許されるのは，当の行動が他人に害を惹き起すときに限られる，という原則を論拠として援用する。我々には他人に害を与えない限り自分が望む行動をとる自由がある。しかし，「害」とは何を意味するのだろうか。例えば，酩酊することは社会の他の人々にとって悪しき例となり，他人を害すると言えるだろうか。邪悪な説教をして他人に道を誤らせることは，他人に害を加えているのだろうか。この場合，酩酊者や説教者が他人に悪しき影響を及ぼしているとしても，他人には酩酊者や説教者を無視する自由があるのであるから——即ち，他人の側での自発的受容を媒介にしていることから——加害は存在しないのだろうか。酩酊者や説教者が他人を害していないならば，これらの者に対し飲酒や説教を制止することは自由の侵害となるだろう。

それでは不作為は他人に害を惹き起すような類いの行いであろうか。もしそうであれば不作為に対する国家の介入は正当化されるだろう。しかし不作為への国家の介入が自由の侵害になるとすれば，不作為が他人に及ぼすとされる害と，不作為への介入によって侵される自由の比較衡量が必要となる。これに対して，不作為が他人に害を及ぼすことはありえず，他人への加害は作為のみによると考えれば，不作為への国家の介入は許されないことになる。

　一般的に積極的な義務（なすべき義務）は消極的な義務（なすべからざる義務）より重い負担を課し，それ故より大きな自由の侵害になると言えるかもしれない。不注意に運転すべきでない義務を課し，不注意な運転によって他人に損害を与えたことに対して賠償を要求することは正しいのに対し，救助すべき義務を課し，救助しなかったことで他人に生じた損害に対して賠償を要求することは正しくないという主張は，後者の義務がより重い負担であることを根拠にしているのだろう。しかし「重い負担」（即ち「自由の大きな侵害」）が救助義務を否定する根拠だとすると，逆に救助に伴う負担が軽ければ——それ故自由の大きな侵害にならなければ——救助義務があることにならないだろうか。自由のより大きな侵害を根拠にして救助義務をすべて否定することは誤っており，救助の負担が軽くてそれほど自由の侵害にならなければ救助の義務はあると考えるべきだろう。

　しかし，本当に自由の侵害が非常に軽微であれば救助義務は存在すると言えるだろうか。或る人が隣家の火事をすぐに消防署に通報すれば隣家の被害は最小限にくいとめられたのにその人が通報しなかったことから隣人に大きな損害が生じたとき，その人は隣人の損害に対して賠償責任を負うべきだろうか。この点につき，その人には通報の義務はなく賠償責任は生じないという見解に立てば（常識的にはこの見解が妥当だろう），救助義務を否定する根拠は「重い負担」とか「自由の大きな侵害」といったものではないことになる。逆に消極的な「すべからざる義務」がしばしば重い負担を課し自由の大きな侵害になることもあるだろう。「不注意に運転してはならない」という命令は，「注意」の規準を引上げれば従うことが困難になる。

(3) 選択の可能性

　不作為（例えばXが救助しなかったこと）に対し責任を課すことと，行為（例えばXが不注意に行動したこと）に対し責任を課すことを比べたとき，積

極的義務（Xは救助しなければならない）を課す前者はXに選択の余地を与えないのに対し，消極的義務（Xは不注意に行動してはならない）を課す後者はXに選択の余地を与えている。不作為に対して責任を課すことは積極的な義務（～しなければならない）を課すこと，即ち行為を強制することであり，Xは法による強制がなければ行為しなかったことを法によって強制され，責任を免れるためには行為するしかない。これに対して行為に対して責任をとることは消極的な義務（～してはならない）を課すことであり，Xには責任を免れるために行為しない選択をする余地が言うまでもなく与えられている。積極的義務も消極的義務も，法が課すすべての義務はある程度まで選択の自由を制限することは確かであるが，例えば救助しなかったことに責任を課し救助義務を課すことは，Xに義務に服することを回避する余地を認めないのに対し，不注意に行動したことに責任を課し不注意に行動してはならない消極的義務を課すことは，Xに行動しないでおく余地を認めている——高いレヴェルの注意が要求され，このレヴェルに達していないと不注意と見なされるときはXは行動しない選択をとることができる——。

　以上のような論拠によって救助義務を否定することができるだろうか。確かに，偶然に事故の目撃者となったXが救助しなかったことで賠償責任を課せられるならば，Xは事故の現場に居合わせることを回避できなかったのであるから，自分が選択肢をもたない事柄について責任を課せられることになるだろう。しかし，法はしばしば人が選択肢をもたない事例において責任を課することがある。例えばXが自分に何ら責任のない事由で車の往来のはげしい路上に倒れて事故の危険が生じたとき，Xには他人の車が自分に衝突して事故が起らないようにすぐにその場を立ち去る法的義務に服するだろう。この義務に服することを回避できるような選択肢がXになかったとしてもXは上記の法的義務に服している。この点では救助義務も同様であり，従って義務を回避する選択肢の不存在が救助義務を否定する理由になるかというと必ずしもそうではないように思われる。また，救助義務を回避する選択肢がXにない，ということも正しくないと思われる。例えばXが一切外出しないようにすれば救助義務を回避できるだろう。これを現実的な選択と考える人はいないかもしれないが，同じことは消極的義務が問題となる或る種の事例にもあてはまる。例えば不注意に運転してはならないという消極的義務が課せられ，運転に高いレヴェルの注意義務が課せられているとき，この注意義

務に服することを回避するために一切運転しないことは多くの人々にとって現実的な選択ではない。それ故，運転を全くしないことによって注意義務を回避することは，現実的にはほぼ不可能である。

　従って行為の事例と不作為の事例の差異は原理上の差異ではなく程度上の差異であり，積極的義務が課されるときはこの義務に服することを回避する選択肢が全くないということではなく，消極的義務が課されるときと比べて一般的に義務回避の選択肢がより少ないということである。従って差異が程度の問題であれば，義務回避の選択肢がないことを理由に不作為に責任を課さず救助義務を全面的に否定することは適切でないだろう。

(4) 複数の不作為者

　今仮に救助義務が法的に課せられているとしよう。救助しなかった不作為者に責任を課すことに関しては，不作為者が複数いるとき，何故そのうちの一人だけに責任を課すことが許されるのかという問題がある。或る人間Aが路上でBに危害を加えているとき複数の通行人が警察にも通報せずただそれを眺めていただけだとしよう。そして誰にも助けられず多大の害を被ったBが通行人の一人であるCを訴え，裁判でCが損害賠償を義務づけられたとする。このときCは「何故私だけに責任があるのか」と反論するだろう。他の通行人も同様に非難されるべきではないか。真に非難されるべきはAではないか。

　この点に関しては，問題になっているのはC以外の不作為者も同様に（あるいはC以上に）有責か否かではなく，Cという個人が有責か否かということであると答えられるだろう。仮にA以外に複数の加害者D，E，Fがいたときに，D，E，Fも加害者であった事実がAを無罪にしないように，他の通行人も救助しなかったという事実がCを免責することはなく，この点では行為と不作為の間に相違はない[8]。

　もっとも他に不作為者がいることがCの責任にとって全く無関係であるというわけでもない。状況によっては，Cは通行人の中に何らかの意味で自分より適切にBを救助できる立場にいる人間がいると考えたのかもしれない。もしCがこのように考えることが合理的ならばCは免責されうるだろう。しかしこのような状況が存在しなければ，複数の不作為者の存在はCを免責せず，Bは通行人の中から任意にCを選定し訴えることが可能である。このと

き，Cのみが有責とされることが公正でなければ，他の不作為者たちにBへの損害賠償の分担を何らかの仕方で要求する権利をCに認めればよい。いずれにしても，多数の行為者がいる場合と異なり多数の不作為者がいる場合は，その中の一人をピックアップして責任を負わせることは不公正であるからすべての不作為者に対して責任を免除すべきである，という論法は成り立たないだろう。

(5)　経済学的な論拠

　他人に対し損害を惹き起した者に不法行為責任を課することの経済的正当化根拠として提示されるのが〈price deterrence〉である。或る人の行動が原因で他人に被害が生じたとき，その人に当の被害に対する責任を負わせれば，その人は結果的に当の行動を続行したり繰り返すことができなくなるだろう，というのが〈price deterrence〉の基礎にある想定である。今，二つの工場AとBが同じ型の自動車を製造しているとしよう。そしてAは製造中に他人にいかなる害も及ぼさないのに対し，Bは他人に害を及ぼすような製造方法を用いており，隣人の土地を汚染しているとしよう。汚染による社会的コストがBへと移転されないならば外部不経済が生ずる。もしこの外部不経済がBの行動へと内部化されれば，Bが製造する車の価格は，製造物たる車の「真の社会的コスト」を反映するレヴェルまで上昇するだろう。その結果，一部の消費者はBでなくAが製造した車を買うようになり，やがてはBが業界から姿を消し，汚染も止むだろう[9]。かくして不法行為責任を課すことは外部不経済を取り除き効率性を向上させる。抑止についての一般的な議論と同様に，このような〈price deterrence〉論に対しても重要な点で批判が可能であるが，ここでは，不法行為責任を課すことに対してこの議論がそれなりの正当化を与えていると想定しよう。

　この議論は救助義務に対しても同様の正当化を与えるだろうか。何も行っていない人に対して他人のためにコストを払うことを要求することを上記の議論によって正当化できるだろうか。行為によって惹き起された外部不経済は効率性を達成するために内部化される必要があるとすれば，不作為によって惹き起された外部不経済にも同じことが言えないだろうか。行為と同様に不作為も外部不経済を惹き起すことがありうる。例えばショッピングセンター内の或る店舗の従業員が夜中に駐車場で襲われ重傷を負ったとしよう。そ

してセンターの所有者はこれまで駐車場に夜間照明を設置して欲しいという人々の要求があったにもかかわらず設置しなかったとする。このとき，センターの所有者の不作為が外部不経済を生じさせていると考えることが可能であり[10]。上記の工場Bについてと同じことがこの場合にもあてはまるだろう。従業員と消費者に対して安全を確保することを拒否するコストが，ショッピングセンターで売られる商品や，提供されるサーヴィスの代価に反映されなければならない。もっとも，不作為が他人に損害を惹き起す(cause)ことはないので不作為が外部不経済を惹き起すこともない，と反論されるかもしれない。これは，後述の不作為と因果性の問題である。

更に，不作為には損害賠償であれ刑罰であれ制裁を科さないこと，あるいは行為より軽い制裁を科すことの当否に関する別の経済的説明としては，次のような論法が挙げられる。即ち，人は不作為によって同時に多くの有害な行為（例えば毒殺）をしないでおくことができるのに対し，行為（例えば困っている者に食物を与える行為）に関しては同時に複数の行為を結合させることは不可能か極めて困難であり，また私が他人に害を加えることを差し控えれば誰も害を被らないのであるから不作為から生ずるベネフィットは広範に及ぶのに対し，他人に食物を与える行為のベネフィットは，食物を与えられる極く少数の人間に限定されている[11]。別言すれば，人は同時に多くの有害な行為を差し控えることができるのであるから，消極的義務（～を行うべきでない義務）の遂行は積極的義務（～を行うべき義務）の遂行に比べてより少ない努力ですむということである。それ故，消極的義務の違反は積極的義務の違反よりも（それ故行為は不作為よりも）厳しい制裁を科せられる。

しかし，この議論に対しては先ず，消極的義務の履行は必ずしも常に積極的義務の履行より少ない努力ですむとは限らないことを指摘できるだろう。しばしば我々は消極的義務を履行するために積極的な行動をとらなければならないことがあり（右折禁止の道路標識があったら車を停止させるか左折しなければならない），また状況によっては，消極的な義務が要求する結果が生じるためには，消極的義務が保護しようとしている利益に関わってくるすべての人々が当の義務を履行しなければならないことがある。今，暴風の夜に或る通行人Xが飛んで来た板に頭を打たれて意識不明になり，朝になっても路上に倒れているとしよう。我々はXに害が及ばないように自動車の運転手たちに対しXを轢かないように消極的義務を課すか，あるいはXを路上から安

全なところに移動させる積極的な義務を課するだろう。このとき，個々の運転手にとっては，Xを轢かないよう車を操縦する方が，車を止め，車を降りてXを移動させることより少い努力ですむ。しかし，消極的義務については
すべての運転手がそれを履行しなければならない（Xを轢かないようにすべての運転手が車を操縦しなければならない）のに対し，積極的義務については唯一人の運転手がそれを履行すればよく（一人の運転手が車を停止させ，車を降りてXを移動させればよい），累積された消極的義務履行の総体は一度だけの積極的義務履行より（Xを害さないという同一の結果を生み出すために）結果的に大きな努力（それ故コスト）を必要とするだろう。更にこの事例が示しているように，消極的義務の履行が常に広範にベネフィットを及ぼすとは限らない。車の運転手の消極的義務の履行はXにのみ利益を及ぼすにすぎないのに対して，積極的義務の履行はXを利するだけでなく，あらゆる運転手に対してXを避けて車を操縦する手間を省かせることになり広範にベネフィットを生み出すだろう。

　また，一般的に消極的義務の履行から生ずるベネフィットは積極的義務の履行から生ずるベネフィットより広範に及ぶにしても，だからといって消極的義務を課す方が常に効率的であるとは限らない。というのも積極的な行為から生ずる効果を決定する要因は，それがどのくらいの範囲に及ぶかという点だけには尽きないからである。例えば私が身近の人々を毒殺することを差し控えたとき（消極的義務の履行），私の身近にいるすべての人々は私に毒殺されないベネフィットを享受するが，このベネフィットは相対的に極めて些細なものにすぎない。私が身近にいる餓死寸前の或る人間Xを毒殺しないことは，Xが私以外の者により毒殺されることからXを守るわけではないし，たとえ我々のすべてがXの毒殺を差し控えたとしても，Xは飢えで死ぬかもしれない。これに対して私が積極的にXに食べ物を与えれば，Xは生き延びるだろう。従って，この事例において積極的な行為から生ずるベネフィットと不作為から生ずるベネフィットを比べたとき，前者が及ぶ範囲は後者より小さいかもしれないが，前者が生みだすベネフィットの量は後者より大きいのである。

　最後に，一般的に不作為に対して責任が否定されていることの経済学的正当化としてランデスとポズナーの分析を検討してみよう。かつてポズナーは積極的な救助義務を課すことに正当な経済理由が存在することを次のよう

な論法で主張していた。救助の事例においては取引費用が極めて高いことから、効率性を達成するために自由市場の原理に依拠することができない。それ故我々は、救助の介入が効率的であるときは、救助しないことに対し責任を課すことによって潜在的救助者を救助へと動機づけなければならない。救助のコストが救助のベネフィットより低いとき、潜在的救助者は責任を回避するためには救助せざるをえないと感ずるだろう。救助のコストが救助のベネフィットより高いときは、「合理的人間」のスタンダードは潜在的救助者に対し救助を差し控えることを許容するだろう[12]。

　しかしその後ポズナーは、救助すべき積極的な義務を導入することが必ずしも効率性を促進することにならないと考えるようになった[13]。ポズナー（そしてランデス）によれば、個々の事例だけ見れば救助義務の存在が効率性を促進すると考えることは大方正しいとしても、一般的ルールとして救助しないことに責任を課すことは非効率的な結果へと至るようなマイナスの付随的効果を惹き起すと主張した。マイナスの効果としては次のことが挙げられている[14]。

(1)潜在的な救助者は、救助すべき機会を生じさせるような活動に代えて別の活動を選ぶことにより、責任を回避しようとするだろう。例えば、水泳が達者な人は込み合った海岸を避けようとするだろう。それ故海岸には潜在的救助者が次第にいなくなり、海岸に残った人々が救助を要求される可能性が高くなっていくだろう。

(2)たとえ法的救助義務を課することが救助の実行を増加させるとしても、このことによって潜在的被害者は自分の安全に注意を払わないようになるだろう。更に、危険を伴う活動がより魅力的なものになり、潜在的被害者の数が増加していくだろう。

(3)法的な救助義務を課さない法制度の下で救助者は利他主義者としての評判を享受するのに対し、救助しないことに対して責任を課す制度の下では、救助者が自分が利他主義によって動機づけられていることを証明するのは不可能である。このこともまた、救助を要求されそうな場所（例えば込み合った海岸）に行かないよう潜在的救助者を動機づけるだろう。

(4)救助しないことを有責とするルールの運用には高いコストがかかる。多くの場面において（例えば込み合った海岸で）潜在的救助者を特定化する困難さの故に、特に法的過誤からくるコストが高くなるだろう。

しかしポズナーとランデスが予測しているこれら四つの付随的結果は実際に生ずるだろうか。第一に，人々が責任を課されると，この責任を生じさせるような活動に従事しなくなるだろうか。むしろこのようなとき，人々の通常の反応は，より注意深い行動をとるか責任を負うリスクの増大に対し保険に入るだろう。更に救助の機会を生じさせるような非常に多くの活動が存在することから，潜在的救助者がそのような活動を止めて別の活動を選ぶことは事実上不可能だろう。潜在的救助者は込み合った海岸を避けなければならないだけでなく，運動グラウンド，工業用地，人通りの多い道路，犯罪率の高い地域なども避けなければならない。第二に人々は，事故が起きたら自分を救助すべき法的義務が他人にあることを知っているから自分を危険にさらすような行動をとろうとするわけではない。むしろ人々は自分自身の安全のみを考慮して危険な行動をとるかとらないかを決めるのが普通である。第三に，法によって救助義務を課すると利他主義者の評判を享受できなくなるという主張に対しては，法的救助義務は「合理的人間」の義務であり，不作為に対する責任のルールはせいぜいのところ，そうしないことが不合理であるような行動を人々に要求するにすぎない。それは英雄的行為や犠牲的行為を要求するわけではなく，従って法的救助義務を課したからといって利他主義者の評判が損なわれることにはならない。法が義務として課す救助行為は，それが法的義務として課されていない場合に遂行されても利他主義者としての評判が立つほどの行為ではない。第四に，不作為に責任を課すことによって法の運用上のコストが増大することは——特に多数の潜在的被告が存在するケースにおいては——充分に考えられることである。しかし，コストが増大する理由は，ポズナーとランデスが想定するように被害者が被告を特定化することが困難だからではない。（込み合った海岸の事例のように）多数の潜在的被告がいるケースでは，むしろ潜在的被告が多数存在するので被害者にとって一人の被告を特定化することは容易である。これに対して，多数の潜在的被告の中から現実に被告となって有責とされた者が他の潜在的被告を訴えることが認められている法制度の下では，他のすべての潜在的被告を特定することは確かに困難であり，また他の潜在的被告の各々が分担すべき賠償額を決定することも困難だろう。しかしこれは不作為の事例に特有の付随的効果ではない。同じような問題は多数の潜在的被告を含んだ積極的行為の事例

でも生ずるからである。

　以上，不作為に対し責任を課さないこと——即ち法的救助義務を否定すること——を正当化する三つの経済的論拠を検討したが，いずれも妥当な論拠となっていないように思われる。

(6) 積極的義務と法的代償

　法が人々に積極的義務を課すとき，通常，人々は義務を履行する見返り（quid pro quo）として何らかの利益や便益を享受する。契約から生ずる債務は，債務を負う当事者に何らかの利益をもたらし（むしろ人は債務を負うことで何らかの利益を得るからこそ債務者となる），納税義務の履行はその代償として納税者に何らかの便益をもたらし，事業から利益を獲得する者も，事業に伴う注意義務を受け入れるからこそ利益を獲得するのであり，自動車の運転手が厳しい義務に服するのは，義務履行の見返りとして自動車運転という便益が与えられるからである。自動車運転から生ずる便益が厳しい義務に見合ったものでないと思う者は運転しないだろう。

　しかし善きサマリア人の話に出てくる司祭やレヴィ人に積極的救助義務が課せられたとき，その見返りは何だろうか。自発的に他人を救助した者は当の他人に対して報酬を要求する法的権利をもたないという前提に立った場合，救助者には何の見返りもないだろう。しかし，このことは積極的救助義務を否定する充分な理由と言えるだろうか。ここでは問題を指摘するだけにとどめたい。

(7) 損害の原因と不作為

　更に，どのような損害であれ，損害が不作為によって因果的に惹き起されたと考えることは困難なように思われる。積極的な行為は他人の状態を悪化させるのに対して，不作為は単に他人に利益を提供しないだけのことである[15]。しかし，積極的な行為であっても単に他人に利益が提供されるのを阻止するだけの行為があり，このような場合に我々は当の行為を他人の損失の原因と見なすことに何の問題も感じないだろう。今聖書の話を変えて，司祭とレヴィ人が被害者のそばを通り過ぎるのではなく，サマリア人を待っていて救助しないよう説得したとしよう。この場合，司祭とレヴィ人の行為を被害者の損失の原因と見なしていいだろう。しかし，司祭とレヴィ人は単に利益

が被害者に生ずることを阻止しただけなのだろうか、それとも、被害者を救助しないように説得することは、被害者の状態を悪化させていると考えるべきだろうか。もしそうであれば、自分で自分を説得して救助しないことにした場合とどこが違うのだろうか[16]。

　我々が不作為を原因と見なすことにためらいを感ずるのは、「惹き起す」とか「原因になる」といった言葉が、単なる不作為ではなく積極的な介入を含意するものとして使用されているからである。A.M.オノレが指摘するように、責任の評価において身体動作が重要な役割を演ずるのは、身体動作、特に対象の操作によって世界に変化が生ずるからであり、「積極的行為が介入と見なされ、行為の結果に対し少くとも最小限の責任を生じさせることがこの世界の構図に内在している」からである。「他方、非身体動作は一見したところ世界への介入ではなく、それ故、行為者（agent）はその結果に対して責任を負わない[17]。」

　しかし、原因についての法的概念は必ずしも身体動作の観念によって完全に規定されているわけではない。例えば積極的に行動すべき義務が或る人にあるとき、その人の不作為を他者に損失が生じたことの原因と見なすことに我々は何の疑問も抱かないだろう。海水浴客の安全確保の任にあたる監視人が、おぼれている人を救助しなければ、監視人の不作為はおぼれた人が被った害の原因と言えるだろう。また、これまで存在していた物事の通常の（あるいは人々によって期待された）成りゆきが突然停止することも、変化を生み出す介入に類似したものと見なされる。例えば雪が止んだら規則的に道路の積雪を除去してきた市役所が突然雪どけ作業を行わず、積雪が原因で事故が起ったとき、市役所の不作為も事故の原因と見なされるだろう。また激しい高波により防波堤に亀裂が生じ洪水によってXの土地に大きな被害が生じたとしよう。防波堤の修復にあたった市役所が不注意にも適切な修復をしなかったことからXの土地の洪水が長引き、直ちに適切な修復がなされたならば一定限度にくい止められた被害が更に増大したとする。この場合、市役所が適切な修復をしなかったことは被害の増大の原因と言えるだろう。

　しかし不作為が或る出来事の原因と見なされる以上の事例においては、常に義務が——広義の役職上の義務が——前提されている。それでは、或る人間Xがその立場上、行為aを履行する義務に服しているときにaを履行しなかったことから別の人間が害を被り、Xが履行していれば被害は生じなかっ

たとしよう。このときXの不作為は，Xがaを行うべき義務に服しているから被害の原因なのだろうか。反対に仮にXがaを行う義務に服していなければ——たとえXがaを履行していれば害が生じなかったとしても——Xの不作為は被害の原因ではないのだろうか。別言すれば，不作為が原因とされるのは論理的に義務の存在が条件となっているのだろうか。もしそうであれば或る事例において不作為が被害の原因か否かを議論することは無意味となり，行為しなかった人間に行為する義務があったか否か——道徳的義務があったか否か，あったとすれば更にこれを法的義務にすべきか否か——を議論すればよいだろう。これは原因に二つのタイプがあることを示している。一つは積極的な介入によって世界を変化させることを含意する原因であり，もう一つは不作為が原因とされるときのように，義務についての規範的な考察によってその存否が決定される原因である。

(8) 不作為と悪

　積極的な行為から生ずる害と不作為によって生ずる害が同じ，あるいは類似していても，不作為より行為の方が悪性が強いように思われる。人を殴るのは，人が殴られるのを阻止しないことより悪いことである。確かに一定の明確な義務に服する者が義務を履行しないこと（不作為）が義務に反したことを積極的に行うことと同じ程度に非難されるべきこともあるだろう。看護師が患者に薬を与えないことは，誤った薬を与えることと同じ程度に非難されるべきである。しかし，義務に服する場合でも一般に行為は不作為より悪性が強い。道路を清掃するために雇われたXが道路にごみを捨てることは，道路に落ちているごみを拾わないことより非難されるべきだろう。この場合，行為と不作為から生ずる結果——即ち道路にごみが落ちている状態——は同一でも，Xがごみを捨てることは，まさにXが除去しなければならない状態を自ら生み出すことであるから，不作為より非難されるべきである。行為が不作為より悪いのは，行為が付加的な不作為を含んでいるからである。即ち，ごみを捨てることが，他人が捨てたごみを拾わないことより悪い理由は，ごみを捨てることは，ごみを捨ててしかもそのごみを拾わないからである。また，XがYの身を守るべき義務に服していると仮定したとき，「XがYを殴ること」が「YがXに殴られることをXが阻止しないこと」より悪いのは，「XがYを殴ること」が二つの義務に——即ち，「Yを殴るべきでない」消極的義務と，

「Yを守るべき」積極的義務に——違反しているからである。

　しかし，他の事情がすべて等しければ不作為は行為に比べて通常，非難されるべき度合が低いことが事実だとしても，一般的に不作為に対し責任が否定されていることがこの事実によって正当化されるわけではないだろう。単に悪性がより弱いというだけで責任がないことにはならないからである。

　これに対して，言うまでもなく「他のすべての事情が等しければ」という条件を取り除けば行為より悪性の強い不作為は無数に存在する。ロープを投げれば容易に救助できたのにロープを投げなかった不作為は，他人の食器を不注意で割った行為より非難されるべきである。また，聖書の話を変えてサマリア人が被害者を抱きかかえようとしたとき，被害者が手から滑り落ちて地面に頭を打って死んでしまったとしよう。放置された被害者はサマリア人の行為がなければもう少し長く生き延びたのであるから，サマリア人の行為は司祭やレヴィ人の不作為より大きな害を被害者に与えたことになる。しかし，被害者を助けようとして最善を尽くしたサマリア人の行為は，司祭やレヴィ人の不作為より大きな害を被害者にもたらしたにもかかわらず非難されるべき度合はより弱い。従って，仮に悪性が責任を課することの根拠だとすれば，行為の事例と不作為の事例を一般的に区別する理由は存在しないだろう。

（１）　Honoré, A. M., 'Law, Morals and Rescue,' Id., *Making Law Bind*, Oxford, 1987, p. 261.
（２）　コモン・ローと大陸法については Menlowe, M. A. and McCall, Smith, A., *The Duty to Rescue*, Aldershot, 1993.
（３）　Bentham, J., *An Introduction to the Principles of Morals and Legislation*, Burns, J. H. and Hart, H. L. A., eds., Oxford, 1970, p. 75.
（４）　Fleming, J. G., *The Law of Torts*, 9th. ed., Boston, 1998, p. 163.
（５）　Id., p. 171.
（６）　もっとも，このことは次の見解を否定する趣旨ではない。ブレーキをかけないで通行人をはねることは，その種のリスクを及ぼす運転行為の結果生じることであるのに対し，怪我をして道路に倒れている人を助けない行為については，他人が怪我をして倒れることは運転行為とは独立して既に生じていることであり，運転というリスク創出的行為の結果ではないから，前者の非救助は作為であるのに対し，後者の非救助は不作為である，という見解である。作為と不作為を「リスク創出的行為への参与」を規準として区別する見解については，Weinrib, E. J.,

'The Case for a Duty to Rescue,' *The Yale Law Journal*, vol. 90, 1980, pp. 255-257. また, Honoré, A. M., 'Are Omissions Less Culpable?' Cane, P. and Stapleton, J., eds., *Essays for Patrick Atiyah*, Oxford, 1991, pp. 44-45.

(7) 「右手の人指しゆびを動かす」行為が「ピストルの引き金を引く」行為となり, これが更に「大統領を暗殺する」行為となり, 更にこれが「革命を惹き起す」行為となる場合, これらの行為の記述は, 因果的に連鎖する異なった出来事の生起に対応しているが, すべて同一の行為の記述であるのに対し, 医師の作為と不作為は同一の行為の異なる記述ではなく, 二つの別個の行いである。

(8) Weinrib, op. cit., p. 262.

(9) Stapleton, J., *Product Liability*, London, 1994, p. 102.

(10) Luntz, H., 'Torts Turnaround Downunder' *Oxford Universtity Commonwealth Law Journal*, vol. 1, 2001, pp. 101-102.

(11) Honoré, 'Are Omission Less Culpable?' op. cit., pp. 31-32.

(12) Posner, R., 'Strict Liability: A Comment,' *The Journal of Legal Studies*, vol. 2, 1973, pp. 218-219.

(13) Landes, W. M. and Posner, R., 'Salvors, Finders, Good Samaritan and Other Rescuers: An Economic Study of Law and Altruism,' *The Journal of Legal Studies*, vol. 7, 1978, pp. 83-128.

(14) Id., p. 124.

(15) Epstein, R. A., 'A Theory of Strict Liability,' *The Journal of Legal Studies*, vol. 2, p. 201.

(16) Hart, H. L. A. and Honoré, A. M., *Causation in the Law*, 2nd ed., Oxford, 1985, p. 448.

(17) Honoré, 'Are Omissions Less Culpable?' op. cit., p. 41.

第7章　行為と責任

第1節　意図的行為と目的論説明

　行為に関する現代の哲学理論は、「行為」と「出来事」、「人格」と「もの」の関係を言語分析により解明する試みとして特徴づけられるが、本節では「出来事」の説明につき妥当する因果的説明を「行為」の説明に適用することが可能か、という問題を論じるにとどめたい。現代哲学の行為論は、行為命題（actionistic sentence）の意味分析の形式をとり、例えば「志向的」（intentional）な概念を含む心理学的命題の様相論理構造を析出し、この論理と標準論理（一階の論理）との隔差を指摘し、更に、他の様相的命題の内包性から志向的命題の内包性（intensionality）を区別するメルクマールの探究となる[1]。またこの分析は「志向性」を現象学的視点から様相論理の問題へと移し、「志向性」（intentionality）と「内包性」（intensionality）の相互的連関を指摘しつつ、いわゆる「可能世界の意味論」（semantics of possible worlds）として行為論を展開する試みを生む[2]。この種の試みは方法的には命題の分析という形式をとりながら、この分析を通じて明らかとなる「行為」（より広くは志向性）の存在論的特質の解明を目的としていると言えよう。これに対し、行為命題の分析という形式をとりながら、行為命題を「記述」とは区別された一種の行為定立的（performative）な帰責命題と見なす立場[3]は、存在論的問題を回避している。帰責主義は次節で取り上げることにして、本節では「意図的行為の説明」の問題、特に意図的行為は因果的に説明されうるかという問題のみを論ずることにしたい。

　因果的説明の被説明項（explanandum）は特定の事態（ないしは事態の記

述命題)であり,説明項(explanans)は先行条件たる事態(ないしは事態の記述命題)と法則からなる。事態を説明することは,先行条件と法則を前提として,演繹的に結論たる被説明項を導出することであり,従ってこの説明はしばしば演繹・法則論的説明(deductive-nomological explanation)と名付けられ,説明項に含まれた法則はカバー法則(covering law)と言われ,$(x)(Ax \supset Bx)$の形式で表現されうる全称的法則命題である。更に,科学的説明には,演繹・法則論的説明以外に,統計的蓋然的一般命題を説明項としてもつ確率的説明がある。法則は「説明」以外に「予測」においても論理的に前提とされ説明と予測は同一の論理構造をもち,前者が既知の事態を先行事態及び法則から導出するのに対し,後者は未知の事態を先行事態及び法則から導出するという相違があるにすぎない。

演繹・法則論的説明は次のように図式化される。

説明項 $\begin{cases} A_1 \cdots\cdots A_n & \text{(先行条件たる事態の記述)} \\ L_1 \cdots\cdots L_n & \text{(一般法則命題)} \end{cases}$

　　　　$\Downarrow$　　　(演繹的推論)

被説明項　　E　　(説明されるべき事態の記述)

説明が正しい説明であるためには,(1)説明項から被説明項への推論は妥当な推論である,(2)説明項の中には少くとも一つの一般法則が含まれている,(3)説明項は経験的内容を有する,(4)説明項を構成する諸命題はすべて真である,という四つの条件を充足すべきである。

このように,事態の因果的説明は,全称的法則命題(ないしは統計的法則命題)を用いて,この法則と説明項たる他の特殊事態から演繹的に被説明項を導出する形式をとるが,問題となるのは,行為の説明が,このような因果的説明の形式をとりうるかである。しかしこれを検討する前に,因果的説明と伝統的に対置されてきた目的論的説明と行為の説明の関連を少し立入って論じてみよう。

因果的説明の妥当性が原因事実と結果事実の法則的結合に依拠するのに対し,目的論的説明はこのような法則的結合に依拠しない[4]。目的論的説明の被説明項の典型例は行為である。通常,行為は「意図」ないしは「志向性」(intentionality)と言われるいわば内的側面[5]と,その外的表出から成り立ち,更に外的表出は,身体の動きである直接的表出と,これにより因果的に惹き起される出来事に区別されうる[6]。また,行為の外的表出には,行為に概念

的論理的に内在する部分とそうでない部分があり，概念的論理的に内在しない部分は更に，内在する部分に因果的に先行する局面と後行する局面に分かれる[7]。しかし，身体を一定の仕方で動かすことにより次々と惹き起される一連の出来事のうち，いずれを行為に論理的に内在するものとみなすべきかは，行為の「記述」方法に依存する[8]。また行為の外的諸表出が一つの統一へともたらされるのは，これらの継起する表出の諸局面が同一の因果系列に属するからではなく，同一の「意図」ないし「志向」の下に包摂されるからである[9]。

　行為が複数の外的表出を有する場合，これらの諸表出のうち一つを行為の意図の対象として特定化することができる。意図の対象となっている行為と，意図的になされている行為とは区別されねばならない[10]。そして，意図される対象が存在せず，ただ特定の行為が意図的になされる場合もありうるが，この場合目的論的説明は明らかに成り立ちえない。行為を目的論的に説明することは，意図の対象の言及を必然的に含むからである[11]。

　以上のような意図的志向的行為の目的論的説明はどのような論理形式をとるのであろうか。ある立場によれば，行為は意図（ないしは意志）という内面的出来事によって惹き起されると考えられ，行為は意図（ないし意志）によって説明される。しかしこの立場によれば，内面的出来事たる意志は行為の「原因」（cause）と見なされることから，行為の説明は目的論的ではなく因果的なものとなり，かくして行為は神経学的な過程により因果的にのみ説明されるとする唯物論と論理的には同一の帰結に導かれるであろう[12]。精神的出来事（意志）であろうと神経的生理学的出来事であろうと，行為の開始には常に一つの出来事が生起し，これが身体動作という直接的結果を惹起させ，その後更に様々な表出の連鎖が続くと考えられるのである。そして原因と結果は論理的に独立しているが故に，当然のことながら，（意志ないし意図）はその外的表出たる行為から論理的に独立したものとされる。このように，行為を先行する内的過程（will, desires, wants, motives 等々）により因果的に説明する立場は，しばしば「行為の因果説」（causal theory of action）と呼ばれているが，この理論については後で立入って論ずる。以上の見解に対し，意志は行為から論理的に独立した原因ではなく，行為に論理的に包摂されている（即ち，意図と行為は因果的関係ではなく論理的関係にある）と考える立場（しばしば intentionalism といわれる）がある[13]。この立場と行為因

果説のいずれが正当であるか，以下，目的論的説明の論理的形式を考察することにより検討してみよう[14]。

次の推論図式は伝統的に「実践的推論」(practical inference) と言われてきた[15]。

(1) Aは事態pを惹き起すことを意図する。
(2) Aは自分がaを行為しない限りpを惹き起すことはできない，と考える。
(3) それ故，Aはaを行為する。

この推論形式は目的論的説明の推論形式と同一であり，両者が異なるのは，後者の推論が(3)を出発点とする点にすぎない。目的論的説明は(3)を被説明項とし，(1)と(2)を説明項とする。Aがpを意図し，pの実現には行為aが必須（因果的に必須）であるとAは考えた[16]。これら二つの事実を指摘することによりAの行為aが説明されるのである。

更に，推論に時間の契機を導入すれば，次のように定式化することができる。

(I) 今からAは時間tに事態pを惹き起すことを意図する。
(II) 今からAは，彼が時間t′以前にaを行為しない限り，時間tに事態pを惹き起すことはできないと考える。
(III) それ故，彼は時間t′が到来したと考えたとき，aを行為する[17][18]。

この「実践的推論」の構造に関して上述の二つの立場は異なった説明を行う。つまり，実践的推論(1)(2)(3)──(I)(II)(III)も同様──に関して，意図と行為（の外的表出）を因果的関係と見なす行為の因果説は，前提命題(1)及び(2)と結論(3)を因果的（従って経験的，偶然的）関係にあると[19]考え，意図と行為を論理的関係にあるものとする立場は，(1)及び(2)と(3)を論理的包摂関係にあると考える。従って(1)及び(2)と(3)を因果的関係にあるとする前者の立場によれば，「実践的推論」を論理的に妥当な推論とするには，(1)(2)と(3)を橋渡しする一般法則が要請されることになり，「実践的推論」ないし「目的論的説明」は，演繹・法則論的説明に解消される。以下，これら両者の立場のいずれが正しいかを，実践的推論の前提命題及び結論の検証方法の考察を通じて検討してみよう。

先ず結論(3)を検証する場合を考察してみよう。Aが行為aを遂行したことは，何を根拠として検証されるのか。行為aの物理的表出たる身体の動きは

我々に知覚可能であり一目瞭然である。問題なのは，Aがこの身体の動きを意図的，志向的に遂行したことの検証方法，即ち，Aの身体の動きが，「aを行う」という記述の下に「意図的」であることの検証方法である。従って結局のところ結論(3)の検証は，実践的推論の前提命題(1)及び(2)の検証に帰着するであろう。それではAが事態pの実現を意図し，この実現のために行為aが必要であると考えたこと（つまり推論の二つの前提命題）は，如何にして検証されるのか。これは行為の理解の問題である。行為の意味の理解に関しては簡単に次のように言えるであろう。Aは一定の知識やその他様々な一連の経験を身につけ，一定の文化的環境に属し，特定の状況に対し特定の仕方で対処する一定の性格を有している。このような背景の下で，我々はAの特定の身体の身振りの中に一定の意図を把握するのである。しかし，これは蓋然的仮説的な把握でしかないことも明白である。またAに直接訊ねることによってAの意図を確認することもできる。しかしこの際，「事態pを惹き起すために，私はaを行う」とAが返答した場合，Aの言葉を信じれば，この言葉によりAの意図はいわば検証されるのであるが，Aが本当のことを述べている保証のないことも明白である[20]。従って，行為の他の外的表出に比して，言語的表出の方が行為者の意図をより直接に伝えているとは言えない。言語を伴った行為の意味と，言語を伴わない行為の意味の間には，その理解方法に関して基本的な相違があるわけではない。言語の意味の理解が背景にある「生の形式」を前提するように，行為（従って行為の意図）の理解も，行為の背景となっている文化や制度等を前提するのであり，文化的に全く異質な背景を有する行為を我々は目的論的に説明することはできない。

　従って，行為の意図は身体動作の背後にある何か精神的内面的なものと考えるべきでなく，更にまた，身体の物理的な動作自体の中に存在するものと考えるべきでもない[21]。ある特定の身体動作が「意図的」なものとされるのは，身体の動作が特定の文化的制度的な背景の中に位置付けられることによる。換言すれば，身体の動作を行為者の具体的な生活史の中に位置付け，それを，一定の記述の下に意図的なものと見なし実践的推論を構成することにより，当該の動作 (behavior) は行為 (action) と見なされるのである。それ故ある身体動作に意図を指定することは，その動作を（一定の仕方で記述される）行為として措定することを論理的に含意し，かくして実践的推論の前提命題の検証と，結論の検証は同一のことに帰着する。推論の前提を肯定し結論を

否定することは論理的に不可能ということになる。

　以上の説明から明らかなように，実践的推論に関する上述の二つの立場のうち，推論の前提命題と結論を論理的関係と考える立場を正しいと考えるべきである。従って実践的推論の前提命題は結論で記述されている行為の「原因」を記述していると考えることはできない。しかしこのことは，結論で記述されている行為の因果的説明が不可能であることを意味しない。行為の因果的説明と目的論的説明は，各々全く異なった被説明項を有するからである。目的論的説明の被説明項は意図的，志向的（intentionalistic）ないしは行為的（actionistic）言語で記述され，それ故，内包的（intensional）言語で記述されるが，因果的説明の被説明項は，身体の物理的動作に言及する「外延的」な（extensional）言語で語られる。「Aが腕を上げる」ことは，厳密には神経的刺激により因果的に説明されえず，むしろ「Aの腕が上がる」ことが因果的に説明されるのである[22]。つまり行為の目的論的説明と因果的説明は，被説明項が異なるのであるからともに両立しうることは明白である。身体動作を「行為」として「解釈」することと，身体動作を因果的に「説明」することは，異なった言語的次元に属するのである。

　以上，目的論的説明についてその概略を論述してきたが，次に，先述の行為の因果説につき，もう少し立入った検討を試みていこう。

　行為の因果説によれば，行為者が意図的な行為を遂行したことの必要且つ充分な条件は，(1)行為者の身体動作が現実に特定の出来事を結果として惹き起したこと[23]，(2)行為者が意欲する何らかの目的が存在し，彼の動作がこの目的を達成すると彼が信じていること，(3)彼のこの意欲と信念が彼の動作の「原因」であること，以上である[24]。この理論の特色は，意図的行為をプリミティヴな概念と考えず[25]，これを複数の要素に分解可能とみなす点にある。従ってこの要素の中には意図的行為ないしは意図性を示す観念は全く含まれていない。つまり，意図的行為の記述は，(1)特定の出来事を結果として惹き起す身体動作の物理的記述，(2)行為者の信念及び意欲（want, desire, need）等の心理的記述，(3)，(1)で記述された身体動作が(2)で記述された心理的状態により因果的に惹き起されたことの言明，という三つの要素記述に分解されるのである。

　以上の立場を採る causal theory をもう少し詳細に検討してみよう[26]。この理論の洗練された形態は，意欲とか欲求という表現に代えて[27]，「肯定的態

度」(pro attitude[28]) という表現を用いている。行為を「肯定的態度」により説明することは，行為の理由 (reason) を指摘することであり，意図的行為とは，一定の理由により惹き起された行為を意味し，理由は行為の原因とされる[29]。この見解を次のように箇条書にしてみよう。
　(1)　Sは，タイプBの行為に肯定的態度をもつ。
　(2)　Sは，記述dにおける行為AをタイプBに属すると信じる。
　(3)　(2)の信念及び(1)の肯定的態度が原因で行為Aがなされる。
これら三つの命題は，
　(4)　Sは記述dにおける行為Aを意図的に遂行する，
を論理的に含意する。
　図式を上述の実践的推論と比較しやすい形式で（「記述dの下で」を省略）示せば次のようになる。
　(1)　Sは行為Bに対し肯定的態度をもつ。
　(2)　Sは行為AがBに必須であると信ずる。
　(3)　(1)の肯定的態度と(2)の信念が原因でSは行為Aを行う。
これら三つの命題は，
　(4)　SはAを意図的に行う。
を論理的に含意する[30]。
　この箇条書の(1)(2)(3)は(4)で記述された被説明項たる意図的行為の説明項であり，且つ(4)の必要充分条件である。そして更に(1)及び(2)は，SがAを意図的に行為することの理由 (reason) である。
　因果説の主張する意図的行為の因果的説明形式が適切か否かは，既に触れた演繹・法則論的説明が行為に関しても妥当しうるか否かに依存するが，通常因果説はこれを肯定し，従って行為の説明が一般法則を前提にすることも認める。日常生活において我々は行為の説明の際に一般法則に明示的には言及しないが，暗黙にこれを前提にしているのであり，心理学や社会学の目的は，人間行為に関してこれらの一般法則を提示することである。日常生活や歴史学においてはこの法則が極めて複雑か，あまりにトリヴィアルである故にこれを定式化しないに過ぎないと主張されるのである。ところが，上の図式の特徴は，それが一般法則に言及しないにもかかわらず因果的であることである。前提命題(3)は端的に，特定の肯定的態度と信念が特定の行為を因果的に惹き起すことを述べた単称命題であり，従って上述の推論はいわゆる説

明のカヴァー法則論には属さない行為の因果的説明と言える[31]。というのも，行為の理由と行為とを因果的に結合する法則は，行為の説明ないしは理由付け(rationalization)で使用される観念で表現される必要はないからである。換言すれば，行為の理由が指示している事態と，行為が指示している事態の間に因果的法則を認めることは，行為の理由を意味する観念と行為を意味する観念によりこの法則が表現されることを要請しない（フレーゲの Sinn と Bedeutung の区別を想起）。従って行為の説明図式に一般法則が含まれる必要はないのである。図式の(3)は確かに因果的単称命題であり，この命題は，肯定的態度及び信念が行為を惹き起すことに言及する法則論的説明の存在を論理的に前提するが，後者の説明は「行為」(action) の説明ではなく，純粋に自然科学的な説明，即ち，肯定的態度及び信念が行為を惹き起す際に生起するいわば神経的な過程の記述となるはずである。行為の説明は，(3)の前提命題が前提としている自然科学的説明に還元されることはなく[32]，(1)(2)(3)全体が行為の説明なのである。しかし行為の説明は(3)が真であること，従って(3)が更に自然科学的法則論的説明の存在を前提することも確かである。

かくして，この前提命題(3)の重要性は明らかである。例えば，命題(1)及び(2)が真であり，Ｓが行為Ａを意図的に遂行したとしても，(3)が真でない限り，Ａは(1)と(2)の故にＡを意図的に遂行したとは言えず[33]，この場合行為の意図性 (intentionality) の源泉は(1)及び(2)以外に求められねばならない。Ｓが(1)及び(2)の故に（即ち意図的に）行動するには，(1)及び(2)がＳの行為を因果的に惹き起すことが必要なのである。

以上，行為の因果説の一つの代表的形態の概略を叙述したが，以下この理論を批判的に検討してみよう。

上述の図式の命題(3)は，一般法則ではなく，特定の状況において特定の行為者が有する一定の態度と彼の行為を因果的に結合する単称命題であることは既に述べた。この立場には，いわゆる説明のカヴァー法則論を人間行為に適用することから生ずる難点[34]を回避しうる長所がある。しかし，命題(3)は，単に「肯定的態度及び信念を有すること」と，「これが故に行為すること」の区別を充分説明しうるであろうか。この点，三つの反論を提示してみよう。

第一に，特定の肯定的態度及び信念（以下，単に態度とのみ表記）が行為者の動作を惹き起す (cause) ことは，行為者がこの態度の故に（従って意図的）に行為するための必要条件とは言えないと思われる。もし必要条件であ

るならば，行為者がこの態度の故に行為すると言えるのは，この態度が行為者の行為時に因果的に最強である場合に限定されるであろう。しかし，行為者がその故に行為する態度が，同じ時点の行為者の他の態度より因果的にみて弱い場合でも，行為者が前者の態度の故に行為する場合のあることは事実である。少くとも，「行為者は行為時に，因果的に最も強い態度の故に行為する」という命題を経験的（従って偶然的）命題と見なす限り，これは端的に偽である。これに対し上の命題が必然的に真なる命題と見なされる場合はどうか。つまり，行為者がそれが故に行為することを，その態度が最強であることの「規準」（ヴィトゲンシュタインの意味での）と見なす場合である。しかし，こう解釈すると上の命題は，分析的命題，同語反復命題となることは明白である。しかし，因果説の立場では，上の規準を適切な規準とすることは不可能だろう。というのも，一定の態度（Xと表記）が最強の態度であることの規準として，行為者が「Xの故に行為すること」（「Xを有し，そして行為する」ことではなく）を設定したとしても，そもそも因果説によれば，行為者が時刻tにXの故に行為したことは，先述の如く，Xが時刻tに行為者の最強の態度であることによって定まるのであり，従って推論は循環しているからである。「行為者は行為時に，因果的に最も強い態度の故に行為する」という命題を経験命題として理解しようと，規準を示す論理的命題として理解しようと，これを受容することはできない。それ故「特定の態度が行為者の動作を惹き起すことは，行為者がこの態度の故に行為することの必要条件である」という考え方は正しくないと思われる。

　第二に，特定の態度が行為者の動作を惹き起すことは，行為者がこの態度の故（従って意図的）に行為するための充分条件でもないと思われる[35]。次の事例を考えてみよう。(1)Xは遺産を相続したいと願望しており，(2)Xは，叔父を自分が殺害した場合にのみ遺産を相続しうると信じている。(3)(1)の願望と(2)の信念がXを激しく刺激し，その結果，Xは図らずも或る歩行者に駆けよりその歩行者を殺害してしまった。しかし，たまたまこの歩行者は彼の叔父であり，Xはこれを知らなかった。……この場合，Xは一定タイプの行為（遺産相続）に対し肯定的態度を有し，一定の動作（叔父の殺害）が先のタイプの行為のために必要と信じている。しかも，この肯定的態度と信念がこの一定の動作を惹き起したことも真である。しかしXは叔父を意図的に殺したとは言えない。Xの有する一定の肯定的態度及び信念が彼の動作を惹き

起したのであるが，Xはこの態度及び信念の故に行為したとは言えない。

この反論に対し因果説の或る擁護者は，前述の図式に，条件として，「或る目的を達成するために或る手段の利用が必須な場合，目的を意図的に実現するためには，手段も意図的に実現しなければならない[36]」という条件や，「行為が意図的であるためには，大雑把にでも実践的推論の形式に合致するような因果的連鎖（causal chain）によって，当の結果が生じなければならない[37]」といった条件を付加している。つまり前述の例で，Xが叔父を意図的に殺したと言えないのは，Xが意図的に遂行した行為が，もともとXにより計画されていた方法で目的を実現したわけではないからである。

しかし，これに対し次の例も考えてみよう。(1)Xは遺産を相続したいと願望しており，(2)Xは今自分と車に同乗している叔父を殺すことによってのみ，遺産を相続しうると信じ，更に，これを実行する唯一の手段は，道路の電柱に車を衝突させることだと信じている。そして(3)(1)の願望と(2)の信念が彼を激しく興奮させ，思いもかけず，彼は車をカーヴさせ電柱に衝突させた，そして叔父は死んだ。……この場合，この殺害は前もって計画されていた方法で実現されたわけであるから，因果説により付加された先の条件をも満たしている。しかしXは遺産相続の願望の故に殺害したとは言えず，従って彼の行為は意図的とは言えないのである。

この反論に対しては次のような返答が考えられる。この場合，Xの願望と信念は直接的に彼の行為を惹き起したのではなく彼を興奮させることを通じていわば間接的に惹き起したのであるから，Xの殺害行為は意図的とは言えない。……しかしこの場合，「直接的にひき殺す」とはどういう意味か。因果説は前述の如く，図式の前提命題(3)の背後に，生理学的な因果連関を認めており，「肯定的態度」及び信念に対応する生理学的事態が動作を惹き起すのであるが，「AがBを惹き起す」ことは，Aが一連の媒介項を通じてBを惹き起すこと，つまりAとBが論理的に独立していることを含意する。因果的関係は，直接的でありえない。AとBが因果的関係にあることは「A≠B」を前提とするのに対し，「直接的」ということは要するに「A＝B」を意味するからである。従って，「一定の肯定的態度及び信念の故（従って意図的）に行為した」か否かは，「一定の肯定的態度及び信念が因果的に直接的に動作を惹き起したか」否かによって決定されるのではない。

以上の説明から明らかなように，意図的行為を行為者の内的状態により因

果的に説明しようとする因果説は，上述の図式の命題(3)をめぐって，重大な批判にさらされることになる。これに対し，既に論じた目的論的説明の立場によれば，意図的行為に関して因果的連関は何の意味も持たず，問題となるのは，行為者が行為により一定の事態の実現を（単に願望しているだけではなく）意図していること，行為者の動作が意図的なものと理解されることであった。つまり，内的状態により一定の動作が惹き起されることを，行為の意図性の条件とするのではなく，行為者の内的状態を全く考慮することなく，行為それ自体が意図的志向的とされるのである[38]。この点「願望する」と「意図する」という二つの動詞の文法的相違に注目すべきである。Xが願望の故に行為するのは，Xが自己の願望充足を意図すること，従って願望充足に必要と信ずることの遂行を意図することである。しかし，もしXがこの意図の遂行に必要な行為を不可能（もしくは行うべきでない）と考えたらどうか。Xはそれを意図することは止めるであろうが，願望することを止めることにはならないであろう。

　以上の論述から因果説は極めて重大な難点を含んだ理論であるように思われる。先の因果説の図式は意図的行為の説明図式として不適切である。これを適切な図式にするためには，「肯定的態度」を「意図」に置き換え前提命題(3)を排除しなければならない。かくして，先の図式は実践的推論の図式に帰着するわけである。しかし更に第三の反論を提示してみよう。

　先の図式の前提(3)で言われている行為Ａとは何か。広い意味での「行為」には意図的行為と単なる身体動作がある。図式の前提(3)で言及されている行為は意図的行為であるはずはない。「意図的」という言葉は図式の結論(4)で初めて登場するからである。図式の目的は，意図的行為の必要充分条件の提示にあるのだから，「意図的行為が肯定的態度及び信念により惹き起される」ことを意図的行為遂行の条件と見なすのはおかしい。従って(3)でいう行為は行為者の身体動作（bodily movement）と考えるべきである。しかし，(3)をこう解釈した場合，Ｘの叔父殺害の例で指摘した問題がまた立ち現れる。つまり，行為者の特定の肯定的態度及び信念が，彼の身体動作を結果として惹き起すことは，その動作が意図的に遂行されたことを論理的に含意せず，従って上のように理解された命題(3)は，因果説が必要としている意図的行為を説明する図式の前提命題としての資格を持ちえないのである。

　以上を要約すれば因果説は，行為が意図的であるのは，身体動作が行為者

の態度や信念により因果的に説明されることであると考える。これに対し,意図と行為を論理的関係と考える立場によれば,行為が行為者の態度や信念により説明されるのは,その行為が意図的だからであった。後者の立場が正しいように思われる。何故ならば,行為者がいかなる態度と信念の故に行動しているかを知るためには,我々は,その行為が意図的であることを先ず見定めねばならないからである。我々が行為を説明するような態度及び信念を見定めたい場合,単なる身体動作は如何なる手掛りも与えない。もちろん態度や信念が非意図的な行為の中に現れる場合もあり,この場合,身体動作は態度や信念を見定める手掛りを我々に与えてくれる。しかしこのような態度や信念は,意図的行為の説明においてはいかなる意味も持ちえない。もし,因果説が正しいとすれば,行為者の態度や信念を見定めるために,我々は彼の身体動作からこれらを読みとらねばならないだろう。しかし,身体動作は無限に複雑であり,そこから行為者の特定の態度や信念を読みとるには,既に,身体動作が意図的行為として同定され説明されていなければならないはずである。しかし因果説によれば,意図性は態度及び信念により確認され,態度及び信念の確認が行為の意図性を前提にするとは考えられていない。しかしこれが極めて疑わしい見解であることは上述の説明から明らかであろう。次節において行為の因果説は更に別の観点から批判される。

(1) Chisholm, R. M., 'On Some Psychological Concepts and Logic of Intentionality,' Castañeda, H. N., *Intentionality, Minds, and Perception*, Detroit, 1967, pp. 11-35. 「志向性」と「内包性」の論理的関係については, Kneale, W. and Prior, A. N., 'Intentionality and Intensionality,' *Proceedings of the Aristotelian Society, Supplementary Volume*, XLII, 1968, pp. 73-106. 及びこれに続く Urmson, J. O. and Cohen, J., "Criteria of Intensionality," pp. 107-142. が参考になる。
(2) Hintikka, J., *Intentions of Intentionalities and Other New Models for Modality*, Dordrecht 1975, pp. 192-222.
(3) Hart, H. L. A., 'The Ascription of Responsibility and Rigths,' Flew, A. G. N., ed., *Logic and Language*, first series Oxford, 1953, p. 128. ハートは「XはAをした」という命題は,記述文ではなく帰責文であるとするが,これは「言語行為自体の意味」と「言語行為の中で使用される言語の意味」の混同であると批判された。「XはAをした」が,帰責行為の中で使用されたとしても,「XはAをした」はこの行為の意味から独立した意味をもつからである。しかし帰責主義は次節で擁護される。行為の explanation を moral concept と見なす Louch, A. R., *Explanation*

and Human Action, Berkeley, 1966 にも帰責主義と同種の傾向がみられる。
（4）　例えば，電車に間に合うためにAが走った場合，「Aが走った」事実は，「電車に間に合うために」と目的論的に説明されるが，この際，Aがどれ程全速力で走ろうと，物理的に電車に間に合わなかった場合にも，この目的論的説明は正しい説明と言える。このように，目的論的説明は説明項と被説明項の法則的結合に依存しない。もっとも，この場合，電車に間に合いたいというAの欲求（生理学的状態としての）と，「Aが走った」という事実の間には法則的結合を認めることができる。また，外見的には目的論的説明にみえるが，実質的には因果的法則的連関に依拠する説明として，機能的説明（functional explanation）がある。（例えば，肺呼吸の活発化を，「血液中の酸素量を一定に保つために」と，目的論的なかたちで説明する場合。）機能的説明は，生物学以外に，いわゆる機能分析的社会学においても重要な役割を演じ，因果的説明と目的論的説明とならび，或る人々により社会科学の一つの重要な独自の方法とされているが，これに関する論争はここでは扱わない。機能的説明の批判的検討に関しては Hempel, C., 'The Logic of Functional Analysis,' *Aspects of Scientifc Explanation and Other Essays*, New York, 1970, p. 297; Luhmann, N., 'Kausalität und Funktionalität,' *Soziologische Aufklärung*, I, 4 aufl. Opladen, 1974, S. 9-30 所収, Dore, R. P., 'Function and Cause,' Ryan, A., ed., *The Philosophy of Social Explanation*, Oxford, 1973, pp. 65; Stegmüller, W., *Wissenschaftliche Erklärung und Begründung*, Berlin, 1974, S. 555 参照，更に，外見的には因果的説明にみえるが，法則的連関には依っていない例もある。例えば，「彼は苦痛を感じたが故に，叫んだ」とか，「政府が腐敗しているが故に人民は反乱を起した」という説明がこれにあたる。この種の説明は，行動主義的社会科学によくみられる説明である。
（5）　「内的側面」という表現は，行為の背後にこれと独立した「意識」とか「意志」を認める心身二元論を前提しているように理解されるかもしれないが，例えば「腕を上げる」を「腕が上がる」から区別するものは，やはりある意味で内的な志向性であり，内的という表現は，行為自体が志向的であることを意味し，行為以外に内的意識が実在することを必ずしも意味しない。しかし，意図的志向的な行為（action）を単なる身体の動き（bodily movement）から区別するものは何か，行為をすべて外的刺激に対する反応として behavioristic に説明し尽くすことが可能か，といった存在論的な問題は行為論の中核的問題であるが，この問題の一側面は第2節で論じられる。
（6）　外的表出を全く伴わない行為はいわゆる mental acts であり，内的側面，即ち意図や志向性を欠く行為は反射行為である。当然ながら，両者ともに目的論的説明の対象とはなりえない。
（7）　例えば，「窓を開ける」行為には，窓が開くという出来事が論理的概念的に内在している。これに対し，ボタンを押して窓が開くとき，「腕を動かす」あるいは「ボタンを指で押す」は，「窓を開ける」行為に因果的に先行する局面であ

り，「部屋の温度が下がる」のは因果的に後行する局面である。Cf. Wright, G. H. von., *Norm and Action*, London, 1963, p. 39.
(8) ボタンを指で押すことにより窓が開き，部屋の温度が下がる，という一連の出来事は，(1)彼はボタンを指で押すという行為を行い，その結果窓が開き部屋の温度が下がった。(2)ボタンを押し窓が開くことにより彼は窓を開け，その結果部屋の温度が下がった。(3)ボタンを押し窓が開くことにより，彼は部屋の温度を下げた，と三様の方法で記述されうる。意図的行為の記述に関する精緻な分析は，Anscombe, G. E. M., *Intention*, 2nd ed., Oxford, 1963, §23~§26, pp. 37-47.
(9) 例えば「ボタンを指で押す」，「窓を開ける」，「部屋の温度を下げる」はすべて同一の「意図」に包摂されるが，部屋の温度が下がることが原因で他人が風邪をひいたとしても，後者は前三者の意図には包摂されない故に，行為の外的表出には含まれない。しかし，他人が風邪をひくことを意図しなくても，窓を開ければ他人が風邪をひくことを承知していた場合はどうか。この場合他人が風邪をひくことを行為の外的表出に含ませるのが適切か否かは，倫理的ないしは法的な問題であろう。同一の「意図」に包摂される諸局面は，行為の「意味」の諸成層を構成するものであり，先の三つの行為記述はすべて同一の行為を指示している (refer, bedeuten) が，その記述意味 (sense, Sinn) は異なる。換言すれば上記の三個の行為記述の指示対象 (reference, Bedeutung) は同一であるが内包的意味が異なるのである。
(10) 「部屋の温度を下げる」ために「ボタンを押して窓を開ける」場合，前者は意図の対象（たる行為）であり，後者は意図的になされる行為である。また「窓を開ける」ために「ボタンを押す」場合も，「ボタンを押す」ために「指を前に移動させる」場合も同様の関係にある。
(11) 行為がそれ自体意図の対象とされており，他に別の目的を有していない場合，換言すれば行為自体が目的とされている場合もありうる。これは後述の「実践的推論」の前提(2)が欠如している場合であり，(1)Aは行為aを意図した，(3)それ故Aは行為aを遂行した，という推論形式をとる。この場合(3)を(1)によって説明することは目的論的説明ではなく，多くの場合，Aが行為a以外の目的を有さないことを言おうとしているのである（「何故Aはボタンを押したのか。Aはただボタンを押そうとしただけである」というような場合）。また，「Aがボタンを押した」ことを，「Aはボタンを押そうと意図した」ことにより説明するのは，正確には行為の説明ではなく，行為の解釈，つまり行為を特定の記述の下で意図的なものと見なすこと（行為の意味づけ）であり，これは目的論的説明の前段階（後述の実践的推論の結論(3)の特定化）に位置付けられる。
(12) 行為を精神的出来事により説明しようとする立場と，物理的な事態により因果的に説明しようとする立場は，行為に関し〈agency〉の観念の重要性を認めない点で共通している。Cf. Langford, G., *Human Action*, Garden City, N. Y., 1962, pp. 61-62. 註（5）で示唆したようにデカルト的二元論は，先ず精神界に属する事態た

る意志の活動を認め，これが物質界に属する身体を動かすと考え，身体を，精神により利用される物体と見なす。これに対し，唯物論は精神に代えて神経過程を置きかえるのであるが，〈agency〉の立場は，精神と身体の二元論も唯物論も否定し，身体自体に志向性を認める。

(13)　Melden, A. I., *Free Action*, London 1961, p. 53 参照。

(14)　以下の説明については Wright, G. H. von., *Explanation and Understanding*, London, 1971, p. 99 参照。

(15)　実践的推論の論理的特徴は事態の記述 p や行為の記述 a が指示的に不透明（referentially opaque）であることに存する。この種の推論中の事態や行為の記述に代えて，真理値を変化させずに，これと外延を等しくする他の記述を置き換えることができない。ある記述の下では意図的な行為でも，他の記述の下では意図的と言えない場合があるし，行為のある記述の下では特定目的のために必須と思われる手段でも，他の記述の下では必須と考えられない場合があるからである。換言すれば実践的推論に現れる命題は内包的文脈を有する。実践的推論の原型は既にアリストテレスにみられる（ニコマコス倫理学，第三巻，1112b. 18 以下）。Cf. Kenny, A., *Will, Freedom and Power*, Oxford, 1975, p. 71.

(16)　行為 a と事態 p の間には，現実に因果的連関が存在する必要はなく，a と p の間に因果的連関が存在すると A が信じているだけでよい。

(17)　「実践的推論」には幾つかの限定が必要である。㋑A が a を p 実現のために「充分な」唯一の条件と考えていることに加えて，A が a を現実に実践可能と考えていることが必要である。A が a を実践可能と考えていなければ，A は a を実践しないからである。㋺A が a を p 実現のために「必要な」条件と考え，「充分な」条件とは考えていない場合，「a」に付加され，p 実現のための充分条件を構成すると A が考える他の行為が，A により実践可能と考えられていることが必要である。「a」に付加され，p 実現の充分条件を生みだす行為を A が実践不可能と考えていれば A は a を実践しないからである。㋩A は，p 実現の手段を知っていると思っていることが必要である。換言すれば，A は p 実現の充分条件たる何らかの行為の実践方法を知っていると思っていることが必要である。何故ならば，p を実現する手段を知っていると思わない限り，A は p を意図することはないからである。「意図」という言葉には，それを実現する手段を「知っていると思う」ことがア・プリオリに内含されている。人は実現不可能と思っていることを願望しえても，「意図」することはできない。これは「意図」という言葉の意味の定義の問題に過ぎないと考えられるが，「意図」という表現の日常言語的文法に，このような意味が含まれていることも確かであろう。いずれにしても，先の実践的推論の第一前提の「意図」はこの意味で使われている。

(18)　精確には，結論（Ⅲ）は，「それ故，彼は時間 t′ を忘却せず，また妨害されない限り，時間 t′ が到来したと考えたとき，a を行為する」と定式化されるべきである。

(19) 従って厳密には，行為の因果説によれば，「意図」に加え，意図の対象を実現するためには特定の行為 a が必須であるという「洞察」（思念，信念等々）も，行為 a の「原因」に含めねばならない。

(20) 例えば，急流の中で叫んでいる人の意図が，救助されることにあることを，我々は一定の背景を前提にして間接的に確認するのであるが，更に，叫んでいる人に対し，叫ぶ理由を問うことにより意図を確認することができる。そして，「救助されるために私は今叫んでいる」という返答があった場合，この返答も一つの行為（言語行為）であり，我々はこの言語行為をも目的論的に説明することができ，「実践的推論」として定式化することができる。(1)A は救助されることを意図した。(2)A は叫ぶ理由を問う質問に返答しない限り救助されないと考えた。(3)従って A は「救助されるために私は今叫んでいる」と返答した。しかし，もし A が救助されたい振りをしているだけの場合にも同じ返答がなされる可能性は当然ありうる。従ってこの場合，この推論は妥当でなくなる。「救助されるために私は今叫んでいる」という言葉は，それだけとしてみれば単なる音声であり，この音声を発することにより，A が真に救助されることを意図していることを，我々は直接的に立証できない。(3)の立証は従って(1)の立証の問題となり，推論は結局循環してしまう。

(21) Wright, G. H. von., 'On So-called Practical Inference' *Acta Sociologica*, vol. 15, 1971, p. 49 参照。

(22) また，目的論的説明の被説明項として，純粋に物理的な身体動作を指定することも不可能である。次の実践的推論を考えてみよう。(C)の行為は，(A)及び(B)により目的論的に説明される。

　(A)　X は窓を開けようと意図した。
　(B)　X は，ボタンを押さない限り，窓を開けることはできないと考えた。
　(C)　それ故，A はボタンを押した。

　この推論は(C)の行為を説明するために論理的に構成されたもので，この説明（従って推論）が，内容的に（materially）正しい保証は当然のことながら存在しないが，少くとも形式的に（formally）は妥当な推論である。(C)に換えて(C′)「それ故，X の指はボタンを押した」と結論した場合はどうか。(A)及び(B)から(C′)への推論は形式的にも妥当とは言えないであろう。X がボタンを押す方法は無限に多く存在するからである。(C)に換えて(C″)「それ故 X の身体は，ボタンを押すことを結果するような仕方で動いた」と結論した場合も同様である。(A)及び(B)から(C″)は論理的に導出されえない。(C″)を(C‴)「それ故 X の身体はボタンを押す行為を構成するような仕方で動いた」と解釈してはじめて，推論の形式的妥当性は生ずるのである。(C′)と(C″)が物理的動作の言及しか含まないのに対し，(C‴)は actionistic な言語で記述されている。以上のことから，目的論的説明の被説明項は「意図的」（intentional）な「行為」でなければならないことは明白である。

(23) 精確には，行為に論理的に内在する出来事を行為者の動作が現実に惹き起したこと，と言うべきである。
(24) この理論によれば，例えばＡが意図的に窓を開けたことの必要にして充分な条件は，(1)Ａの動作が現実に窓を開ける結果を惹き起したこと，(2)Ａは部屋の温度を下げようとし，Ａの動作がこの目的を達成するとＡが信じていること，(3)部屋の温度を下げたいというＡの意欲と，(2)の信念が，Ａの動作を因果的に惹き起したこと，の三つである。この場合，窓が開くことは，Ａの意図の対象であるが，部屋の温度がさがることによりＢが風邪をひいたとしても，これはＡの行為の因果的帰結にすぎない。たとえこれをＡが実際に意欲していても，この意欲がＡの行為の原因でない限り，Ｂが風邪をひいたことはやはりＡの行為の単なる帰結でしかない。
(25) 意図と行為を論理的関係と見なす立場は意図的行為の概念を他に還元しえないプリミティヴな概念と考える。意図的行為は因果説が考えるように内的心理的な状態が原因となって結果した身体動作ではなく，更に行為の志向性は内面的なものではない。我々が他人の行為において日常見ているのは単なる身体の物理的動きではなく，一つの目的へと志向する意図的行為である。しかも我々はこれを直接に見ているのであり，身体動作から内面的状態を推測して行為を意図的と考えるのではない。行為の意図性（志向性）は，外部に現れているのである。因果説に対する反論を先に示唆してしまうことになるが，知覚の対象を感覚の束に作為的に還元し，知覚をありのままに記述しようとしない sense data 論に対すると同様の批判が，因果説に対してもあてはまるのではないか。
(26) 以下に続く causal theory の叙述は，この理論の最近の影響力ある代表者，Donald Davidson の幾つかの論文を基礎としている。'Freedom to Act,' Honderich, T., ed., *Essays on Freedom of Action* London, 1973, p. 137; 'Actions, Reasons, and Causes,' Care, N. S. and Landesman, C., eds., *Readings in the Theory of Action*, Bloomington, 1968, p. 179; 'Agency,' Binkley, R., ed., *Agent, Action, and Reason*, Toronto, 1971, p. 3; 'How is Weakness of the Will Possible?' Feinberg, J., ed., *Moral Concepts*, Oxford, 1969, p. 93. これらの論文は，Davidson, D., *Essays on Actions and Events*, Oxford, 1980, pp. 3-81 に所収。
(27) wants とか desires によって意図的行為を説明し尽くすことはできない。意図的行為は必ずしも voluntary とは限らないからである。例えば，義務感からある行為を遂行した場合，それは wants とか desires により惹き起されたのではなくとも intentional な行為である。
(28) 〈pro attitude〉は，欲求や願望のみならず，行為者が行為に対して有する態度（もちろん，この態度が行為の理由となりうる限りで）すべてを含み，発作的な欲求なども含む)。
(29) デイヴィッドソンは，次の二つを因果説の基本的立場と考えている。'Actions, Reasons, and Causes,' *op. cit.*, pp. 181, 188. (1)Ｒが，特定の属性を有する行為

に対する行為者の「肯定的態度」及び（記述ｄの下での）行為Ａがこの属性を有するという行為者の信念」からなる場合にのみ，このＲは（記述ｄの下での）行為Ａを行為者が遂行したことの第一次的理由と言える。(2)行為の第一次的理由は行為の原因である。

(30) 例を挙げれば，
(1)Ｓは，部屋の温度が下がることに対して肯定的態度をもつ，
(2)Ｓは，窓が開く結果をもたらす行為が，温度が下がることのために必要であると信じる，
(3)この肯定的態度と信念が，Ｓの行為を惹き起す，
　　これら三つの命題は，
(4)Ｓは意図的に窓を開けた，
ということを論理的に含意する。

(31) デイヴィッドソンは，因果性が法則論的であること，そして，因果的単称命題が一般的因果命題を論理的に内含することを否定しないが，このような表現は二義的であると言う。つまり，「ＡがＢを因果的に惹き起す」という命題は，記述「Ａ」及び「Ｂ」で使用されている用語をそのまま使用する法則を論理的に含意する，と理解することができるが，これと異なり「ＡがＢを因果的に惹き起す」という命題は記述の指示対象ＡとＢ（「Ａ」と「Ｂ」ではない）を結合する因果的法則を論理的に前提するものの，この法則が記述「Ａ」と記述「Ｂ」で使用される用語で表わされる必要はない，と理解することもできる。Davidson, D., 'Actions, Reasons, and Causes,' *op. cit.*, p. 195.

(32) 還元されると主張するのは，心身問題に関していわゆる identity theory と呼ばれる唯物論の一形態である。この点デイヴィッドソンの唱える causal theory が他の causal theorist（例えば，Pears, D., 'Rational explanation of actions and psycholgcal determinism,' Honderich, T., ed., *Essays on Freedom of Action, op. cit.*, p. 105 参照）と必ずしも同一ではないことに注意すべきである。

(33) 例えば，Ｓが「部屋の温度が下がる」ことに対し肯定的態度を有し，このためには「窓を開けること」が必須であると信じ，そして現実に窓を開けたとしても，この肯定的態度及び信念が原因となり，窓を開ける行為を惹き起したのでない限り，Ｓはこの肯定的態度及び信念の故に意図的に行為したとは言えない。この場合，Ｓは肯定的態度及び信念によって自己の行為を justify することはできるかもしれないが，説明することはできない。「一定の肯定的態度及び信念を有し，そして行為する」は，「一定の肯定的態度及び信念の故に行為する」とは異なり，後者が真であることは，「一定の肯定的態度及び信念が原因となり行為を惹き起すこと」を必要とするとデイヴィッドソンは考える。

(34) つまり，人間行為の日常生活や歴史学における説明が必ずしも一般法則を前提としていないことから生ずる説明のカヴァー法則論の難点。

(35) デイヴィッドソンもこれにつき論じているが，通常「way-ward causal chains

の問題」と言われるこの問題を最初に提示したのはチザムである。Chisholm, R., 'Freedom and Action,' Lehrer, K., ed., *Freedom and Determinism*, New York, 1966, p. 30. 本文で以下挙げる事例はチザム自身が述べている事例である。
(36) Shaffer, J. A., *Philosophy of Mind*, Englewood Cliffs, 1968, p. 105.
(37) Davidson, 'Freedom to Act,' *op. cit*., p. 153.
(38) Xによる叔父の殺害を例にとれば，目的論的説明の立場に立つと，Xが遺産相続の願望の故に行為したか否かは，その真なる前提からXの意図的な殺害行為を導出するような実践的推論が存在するか否かに帰着する。即ち(1)Xが，叔父の殺害を，自分の願望充足に必要であると考えていること，(2)遺産相続の願望が，願望を成就しようとする意図になること，換言すれば，相続を願望するのみならず願望充足のために必要なことを行おうと意図すること，この二つを前提命題とし，Xが叔父を殺害することを結論とする実践的推論を構成しうるか否かに帰着する。そして(1)及び(2)はXの行為がその下で理解される条件を提示しており，更に，これらが目的論的説明の説明項であることも明白である。

第2節　行為論の諸相

1　序

「腕を上げる」から「腕が上がる」を取り去ると何が残るだろうか。この問いの一つの解釈は，或る出来事（event）を行為（action）にしている（行為と見なされるようにしている）ものは何かという問いとしてこれを捉える。これは，或る出来事が行為と見なされるために満たすべき「規準」への問いである。「腕を上げる」と「腕が上がる」はともに出来事であり，身体動作という点ではこれら二つの出来事は同一である。従って両者を異なったものにしている要因が特定されなければならない。これは「行為とは何か」という問いである。上記の問いの別の解釈はこれを因果的な問いとして捉える。腕を上げる行為は，筋肉の収縮，神経の働き，身体動作などを含む因果的に関連する出来事を通して生じたものであり，この因果的連鎖の最後に位置するのが腕の動きであるから，上記の問いは，「行為はどのようにして生み出されるか」という問いであり，これは腕が動くまでの一連の出来事――行為を生み出すに至った一連の出来事――を特定することによって答えられることになる。行為はどのようにして生み出されるかという問いは，行為はどのようにして説明されるかという問いであり，行為の説明に関しては，行為の「理由」は行為の「原因」かという問題が議論されてきた。行為は理由によって説明することが可能な出来事のように思われる。理由は行為を合理的なもの，

理解可能なものにするが，或るものを因果的に惹き起す類いのものと言えるだろうか。もし理由が原因であるならば，行為を合理的なものとして説明することは，行為がそれによって生み出された因果的連鎖の詳細を提示することだろう。

「行為とは何か」という問いと，「行為はどのようにして生み出されるか」という問いはしばしば判然と区別されることなく議論されてきた。例えば行為の因果説によれば，或る出来事が行為であるか否かは，それがどのようにして因果的に惹き起されたかに依存しており，それが信念，願望や欲求，意図といった心理的な働きやその他これに関連した何らかの出来事によって因果的に生み出されたならばそれは行為である。この種の心理的な働きによって因果的に生み出されるものが行為であり，行為はこれら心理的な働きによって因果的に説明される。行為とは何かについての観念と，行為はいかにして説明されうるかについての観念を結び合わせたこの種の立場を総称して因果主義（causalism）と呼ぶことができるだろう[1]。しかし二つの問いの混合は非因果主義の立場においてもみられる。例えば或る非因果主義者は，「行為者が行うこと」と「行為者に単に起ること」の相違を説明し，「行為者がする身体動作」と「行為者が身体動作をすることなしに生起する身体動作」の相違を解明することが行為論の課題であると述べ[2]，別の論者は，「まばたき」と「ウィンク」の相違のように，我々が意図せず（しえず）に単に我々に起こる反射的な反応と，行為者としての我々がとる行為の相違を問題にしているが[3]，「行為とは何か」という問題を「行為はどのようにして生み出されるか」という行為の説明の問題と密接に関連したものとして捉えている。この種のアプローチは後述のように，「しようとする」（trying）ことを行為の特質と見なす「意志作用論」（volitionism）にもみられる。更にまたある意味において「行為者因果主義」（agent causalism）と言われる立場にもみられる[4]。因果主義も非因果主義も，行為の説明項については見解を異にしていても，いずれも「行為とは何か」を行為の説明と表裏一体の関係にあるものとして捉えている。事実，このアプローチは古代から現代までの哲学的行為論の主流を形成してきた[5]。しかし他方で行為論を「行為の説明」理論から切り離し，「行為はどのようにして生み出されたか」という問題とは別個に「行為とは何か」を論じる立場がある。例えばこの議論は既にH．L．A．ハートの「帰責主義」（ascriptivism）によって提示されていた[6]。帰責主義の基本的な

主張によれば，或る出来事を行為と見なすための必要条件は，当の出来事に対して或る人に責任（responsibility）を帰することができる，ということである。

従って行為論は次のように分類できるだろう。先ず，「行為とは何か」を行為の説明から切り離して論ずる帰責主義と，これら二つを切り離すことなく表裏一体の関係にあるものとして論ずる立場に区別される。後者は，「行為とは何か」を「行為はどのように生み出されるか」と関連させる立場なので，これを「生成主義」と名付けることにしよう。広義の「生成主義」は更に幾つかのタイプに区別される。強い生成主義は，行為と見なされる出来事の因果的起源の中に行為の特質を認め，更に行為たる出来事が因果的に生み出される仕方ないし様態——即ち諸原因によって行為に及ぼされる或る種のコントロール——に注目することによって「行為とは何か」という問いに答える。この場合，「起源」は行為たる出来事を因果的に惹き起した過去の出来事であるのに対し，「コントロール」は行為たる出来事と同時に生起する。それ故強い生成主義は，行為とは何であるかを述べる際に，出来事の生成過程に着目するとともに，出来事と同時に進行するコントロールに着目する。例えば行為を（即ち行為たる出来事を）因果的に惹き起した信念と欲求により当の行為を因果的に分析する立場はすべて強い生成主義である[7]。これに対して弱い生成主義は，強い生成主義の二つの要素のうち行為の因果的起源に言及することを放棄して，行為と同時に存在し，行為に対して因果的な影響を及ぼすコントロールを行為の本質的特徴と見なす[8]。

更に別のタイプの生成主義は，過去の生成過程や行為と同時的なコントロールにではなく，ある種類の出来事から生ずる結果を行為の本質的特徴と見なす。行為とは何かという問いは，この立場によると，出来事から直ちに生ずる結果に着目することによって答えられる。この見解を結果生成主義と名付けることができるだろう[9]。後述のようにこの見解は一部の意志作用論者にみられ，これら結果生成主義的意志主義によれば，身体動作を因果的に惹き起す意志作用（volition）が行為であり，身体動作という結果を生み出さない意志作用は行為ではなく，また生み出された出来事それ自体が行為というわけでもない。むしろ，（意志作用の後に）直ちに生ずる身体動作を伴った意志作用が行為である[10]。

以上，幾つかの生成主義に共通している前提は，基底主義と個人主義であ

る。一般的に基底主義（foundationalism）は存在者を我々に馴染みの通常の存在者の集合と，この存在者を何らかの仕方で支え，根拠づけ，あるいは可能なものにしている特別な存在者の集合に二分し，前者を後者によって説明する立場であり，個人主義は，個々の人間が帯びる性質のみによって当の個人の行為を説明する立場である。これに対して非基底主義は，我々に馴染みの通常の出来事や対象を支え，根拠づけ，あるいは可能にするような特別の出来事や対象を措定しない立場であり，非個人主義は，人間の行為を，直接的に個人にのみ着目するのではなく，個人の自然的ないし社会的環境をも部分的に顧慮することによって把握する。それ故後で論じられるように，行為論に関しては生成主義は基底主義的で個人主義的，帰責主義は非基底主義的で非個人主義的と言えるだろう。

　非基底主義を行為論の脈絡の中で捉えた場合，それは我々の日常生活の具体的な実践において行為がどのようなものとして把握され，どのようにして或る人間に帰せられているかを純粋に記述する立場と言える。これに対して基底主義によれば行為は一種の出来事であり，この出来事を行為にしている因果的諸要因を特定することが行為論の課題となる。これらの要因（特に，意図や願望，欲求そして信念が原因となって身体動作を惹き起すといったこと）は反省的に特定化されるものであり，我々の日常的な行為理解の中に必ずしも常に含まれているとは限らない。行為の基底主義的な理解は我々に馴染みの日常的な行為理解を修正し，直接的には我々に自覚されていない要因を明るみに出すことによって日常的な行為理解をより深化させようと試みる。しかしこの種の理解は，「行為はどのようにして生み出されるか」ではなく「行為とは何か」が問題になるときは，後者の問題に関する我々の日常的なものの観方を破壊してしまわないだろうか。

　もっとも，日常的な行為理解自体に基底主義的な要素が含まれていることは確かである。例えば「意図」を行為の「規準」と見なすこと，即ち「意図的か否か」を「行為か行為でないか」を判断する規準として用いることは日常的な行為理解に確かに含まれている。しかし日常的な状況において行為が常に「意図」という規準をもって理解されているかというと，必ずしもそうではないだろう。日常的な脈絡で道徳的責任や法的責任が問題になるとき，責任は例えば意図といった因果的な要因を規準として判断されているのだろうか。帰責主義は，因果的な要因に必ずしもよらないで行為を理解する日常

的な実践に着目し，この実践の中で，暗黙に前提されている行為理解を純粋に記述する。この記述は日常的な行為理解の言葉とは異なった哲学的行為論の言葉を用いるにしても，それは基底主義的な言葉ではなく，あくまでも日常的行為理解自体を明るみに出すような記述である。しかし，非基底主義的行為論はそもそも可能だろうか。

2　基底主義と基礎行為

　多くの行為論は基礎行為（basic action）と基礎行為ではない行為を区別している。基礎行為は直接的に身体の一部を動かす行為，他の諸行為を媒介せずに直接的に遂行される行為である。行為の因果説の一つの形態（外延主義）によれば，行為は適切に記述された出来事（event）であり，一つの出来事たる一つの同じ行為が様々に記述されることで様々な行為が意味的に生成するが，真の行為は身体動作として理解された基礎行為のみである[11]。あらゆる行為は基礎行為記述を含んでおり，或る出来事が行為であるためには基礎行為へと適切に関係づけられねばならない。これに対して別の形態の因果説（内包主義）によれば，行為の様々な記述は様々な行為属性（それ故様々な行為）を意味する。これらの行為は行為者の様々な信念にそれぞれ対応した高低様々なレヴェルで相互に関係づけられ，一種の樹木構造を形成し，その最下位にあるのが基礎行為である[12]。それ故この内包主義的行為論においても，あらゆる行為は基礎行為に根ざしている。

　しかし，基礎行為の存在はどのようにして立証されるのだろうか。あるいは基礎行為は立証する必要のないほど（むしろ立証不可能なほど）自明な観念なのだろうか。基礎行為のレパートリーは個人によって異なり，固定された基礎行為の集合といったものは存在しなくても，或る出来事が或るタイプの行為とされるには，何らかの仕方で基礎行為に根差し，基礎行為から発するものでなければならないのだろうか。

　多くの行為論，特に「強い生成主義」と名付けられうる行為の因果説によれば，通常我々が行為と見なしているものは，これとは別種の行為である基礎行為――即ち我々が直接的に，ないしは思うがままに遂行する行為――の上に成り立っている。ピアノを弾く行為は指を動かす行為に基礎づけられ，後者が基礎行為であるのに対し前者はいわばより複雑な行為である。我々が日常的に目にする行為はその殆どすべてが，様々な複雑さの度合を帯びた行

為であり，これら通常の複雑な行為は，これとは区別される基礎行為を通して生成する[13]。従って多くの行為論は行為を複雑な行為と基礎行為に区別しているが，注意すべきは，複雑な行為は我々が通常目にする馴染みの行為であるのに対して基礎行為は理論的関心によって措定された行為だということである。それ故我々にとって明白な所与である複雑な行為は特定の行為論を前提としていないのに対し，理論的に措定された基礎行為なるものの存在は，当の理論が破綻すれば疑問視されることになるだろう。更に，行為を我々に馴染みの通常の行為と基礎行為に二分し，後者を前者の基礎に置く見解は，既述の基底主義の構造的特徴を帯びている。行為が存在するときは，その必要条件として常に，当の行為の存在を基底的に支える基礎行為が存在しなければならない。基底主義的因果説によれば，真に行為と言いうるのは身体の一部を動かす基礎行為のみであり，通常の複雑な行為は基礎行為の上に築かれ，因果関係を媒介にして基礎行為が様々に記述されることで生成していく。

　基礎行為を行為の基底に据える見解によれば，基礎行為という直接的で無媒介的な行為が存在しない限り無限後退は避けられず，これを避けるためには基礎行為の存在を認めなければならない。行為者が行為aを遂行するためにその一部として行為bを遂行しなければならず，bを遂行するためにはその一部として行為cを遂行しなければならないとき——この場合，cはbの生起を因果的に惹き起し，bはaの生起を因果的に惹き起す——無限後退を回避するためには，行為者が直接的に遂行する行為dが存在しなければならない。即ち，行為者がdを遂行するために，dを因果的に惹き起す別の行為xを遂行する必要のない基底的な行為dが存在しなければならないということである。従って我々に馴染みのあらゆる複雑な行為は，それを因果的に惹き起し，その行為の一部分であるような基礎行為を論理的に前提としている。

　しかし，基礎行為の必要性を主張する以上の論拠はどれほど強力だろうか。確かに通常の行為は，当の行為がそれを媒介にして遂行される別の行為を構成部分として含んでおり，これは我々が観察する経験的な事実である。しかし，通常の行為がそれを媒介にして遂行される別の行為は，いかなる意味で基礎的なのであろうか。もし，基礎行為は，基礎行為がその中で生起する通常の複雑な行為から抽出されるということであれば，基礎行為という観念は通常の行為観念に依存することになり，基底主義的な意味で行為の基礎としての機能を果すとは言えないのではないだろうか。また観察によって基礎行

為と見なされる行為は単に相対的に基礎的であるにすぎないのだろうか。そうだとすれば，より基礎的な行為は必ずしも特別な——即ち絶対的な——意味で基礎的なのではなく，より複雑な行為を生み出す一因となるという意味で相対的に基礎的であるにすぎない。行為を直接的な基礎行為と間接的な複雑な行為に峻別する二分法が観察のみによって基礎づけられることはないように思われる。

　それでは無限後退の可能性を根拠にして基底主義的な意味での特別な基礎行為の存在を証明できるだろうか。この種の根拠は，他の行為を通じてではなく直接的に遂行される行為が必要であることの根拠にはなりえても，特殊な種類の基礎行為なるものを認めるべき根拠にはならないだろう。後述のように，どのような行為も，「他の行為を通じてではなく直接的に遂行される行為」たりうるのであり，無限後退を避けるために基礎行為を措定する必要はないからである。しかし基礎行為に基底主義的な機能をもたせるためには，ただ単に行為は様々な仕方で遂行されるということではなく，特別で特殊な行為を措定する必要がある。このような考え方は何に由来するのだろうか。一つの可能性は「行為とは何か」という行為の身分の問題と「行為はいかにして生成するか」という問題の混同である。そしてこの混同の背後にあるのが，我々に馴染みの通常の複雑な行為は，それが行為であるためには何か別のものによって行為たる身分が付与される必要があり，この「何か別のもの」とは，内面の精神状態と通常の複雑な行為を架橋し後者を「行為たらしめる」もの，即ち基礎行為である，という見解である。

　従って無限後退の不可能性を理由とした基礎行為の主張は，「行為の生成」と「行為の身分」という二つの観点から理解することができる。即ち一つは，複雑な行為が存在するためには，或る種の行為が他の行為を通じてではなく直接的，無媒介的に遂行される論理的必要性が存在するという主張であり，もう一つは，複雑な行為が単なる出来事でなく行為であるためには，これを行為にしている別のものが存在しなければならず，或る出来事を行為にするこの「別のもの」はそれ自体でそのような機能を有している——即ち，更に別のものを根拠としてこの機能を有しているわけではない——ということである。しかし前者の主張に関しては既に指摘したように，それは他の行為を媒介しないで直接に遂行される行為が必要であること——そしてこれはその通りである——を述べているだけで，基礎行為という特殊で特別なカテゴリ

一の行為の必要性を含意してはいない，と答えられるだろう。また後者の主張に関しては，無限後退を避けるために論理的に必要とされる「別のもの」が同じく行為でなければならない，ということにはならないと答えられるだろう。それ故，無限後退を理由にして基礎行為の論理的必要性を根拠づけることはできない。

　さて，基礎行為の存在を主張する基底主義的な行為因果説によれば，基礎行為は身体動作であり，これには「その場にじっとしている」といった身体動作を伴わない精神的（ないし心の）動作も含まれている。そして基礎行為はより複雑な行為を因果的に惹き起すが，それ自体は先行するいかなる行為によっても因果的に惹き起されることのない行為である。そして基礎行為と複雑な行為の間には「出来事の因果関係」が存在するのに対し，行為者と基礎行為の関係を出来事の因果関係によって捉えることはできない。出来事の因果性が或る行為に対する責任を当の行為から生ずる結果へと拡張していくことはあっても，先ずもって行為を行為者に帰属させることが出来事の因果性によって説明されることはない。今，或る人Aが部屋にあかりをつけたことで泥棒を驚かせた例を考えてみよう。ここには相互に区別可能な一連の出来事が生じている。Aは自分の指を（意図的に）動かし，このことによってスイッチをオンにし，あかりがつくことを惹き起し，部屋が明るくなることを惹き起し，泥棒を驚かせた。Aはこれらの或るものを意図的に行い，或るものは意図的には行っていない。しかしこの場合，Aがこれらの行為を遂行したと言えるのは指の動きが意図的であるからである。これらの出来事が行為とされるのは，Aの身体動作が少くとも「指を動かす」という記述の下で意図的であるからであり，他の行為（スイッチをオンにする，あかりをつける等々）が意図的か否かは，これらの出来事が行為とされることと無関係である。従って身体動作たる基礎行為のみが真の行為であり，後述のアコーディオン効果によって生ずる他の行為記述はすべて一つのもの，即ち身体動作たる基礎行為の記述に他ならない[14]。

　そして行為者と基礎行為の関係は出来事の因果性によって説明されえない，という主張は，当然のことながら行為を二つのカテゴリーに峻別することになる。即ち，行為者がそれに対して特別の非因果的関係に立つ無媒介的な基礎行為と，これ以外の因果的に媒介された複雑な行為の二分法である。もっとも，この見解によれば，複雑な行為をすることは要するに基礎行為をする

ことに尽きるのであるから，複雑な行為と基礎行為の関係は同一性の関係にあるとも言えるが，複雑な行為はすべて基礎行為を指示する一方でその記述は異なったことを意味する（「泥棒を驚かせる」行為や「部屋を明るくする」行為は——ここで問題にしている見解によれば——ともに「指を動かす」身体動作を指示するが，それぞれの行為の記述的意味は異なる）ので，基礎行為と，（基礎行為から発し，因果的に連鎖する一連の出来事に対応する）複雑な諸行為は明確に区別されている。確かに複雑な行為はすべて外延的には基礎行為と同一であり，この同一の行為が出来事の因果的連鎖に対応した記述の伸縮（アコーディオン効果）によって様々な仕方で意味づけられ複雑な行為が生成していく。しかし，基底主義的な行為の因果説が身体動作たる基礎行為とその他の複雑な行為の二分法を前提としていることに変わりはない。

　基礎行為とその他の複雑な行為の関係が出来事の因果性によって説明されるのに対し，行為者と基礎行為の関係は出来事の因果性によっては説明できないという主張は正しいだろうか。この主張が前提にしているのは，行為が行為者と因果的に関係づけられうる唯一の仕方は行為たる別の出来事を媒介にすることである，という考え方であり，また，行為を行為者に帰属させている因果的連鎖に含まれるのは行為のみである—— agency の帰属を許す因果的連鎖は行為しか含みえない——，という考え方である。しかし，例えば指を動かす身体動作には，行為者たる生理学的システム中に因果的に関連しあう生理的な出来事が生起し，これらの出来事が身体動作を生み出すと考えられないだろうか。行為ではないこれらの出来事の連鎖が，行為者を結果として生ずる行為へと何らかの仕方で結びつけている，と考えられないだろうか。私は脳に一定の出来事を生起させることによって筋肉の収縮を惹き起し，このことによって私の指の動きを惹き起す。この場合，「私の指が動くことを因果的に惹き起す何か或ることを行うことは，私が私の指を動かすことを因果的に惹き起すのではなく，それはまさに私の指を動かすことなのである[15]」という主張は正しくても，生理学的な観察は，行為者と基礎行為の関係が出来事の因果性によって説明されうることを示唆していないだろうか。確かに，「私が指を動かすこと」は，「私があかりをつけること」ではなく「あかりがつくこと」を因果的に惹き起す。しかしそれにもかかわらず，「私」と「あかりをつけること」の関係を説明する際に出来事の因果性は中心的な意味をもつだろう。これと同じことは，行為者と基礎行為（という出来事）との

関係についてもあてはまる。それ故，身体動作たる基礎行為と行為者との関係が，通常の複雑な行為と行為者との関係と異なることを理由にして，行為を二つのカテゴリー（基礎行為とそれ以外の複雑な行為に）に二分する見解は正しくないと思われる。基礎行為と複雑な行為は，行為が遂行される仕方（他の行為を媒介せずに直接的に遂行されるか，他の行為を媒介にしているか）において異なっているにすぎず，しかも後で説明されるように，或る行為が他の行為を媒介にしているか否か，同じ行為者の他の行為へと分析可能か否かは状況に応じて異なり，原理上，どのような行為についても問うことが可能である。体を動かすといった特別な行為のみが無媒介で分析不可能な行為なのではない。

　さて，基底主義的前提から基礎行為の論理的必要性を説く別の見解は，二種類の基礎性を区別している[16]。第一の基礎性はこれまで述べてきたような因果的基礎性であり，或る行為の一連の記述——行為をそれが生み出す結果によって表現する一連の記述——は，それが無限後退にならないためには，ある時点で，いかなる結果によっても表現されることのない行為が存在しなければならない。例えば「指を動かす」から「部屋にあかりをつける」に至るまで，或る一つの行為をそれが生み出す結果によって記述するとき，結果は次第に間接的なものになっていく。言うまでもなく間接的な結果はそれに先行する結果を前提とするが，行為記述の連鎖の出発点は，先行するいかなる結果によっても因果的に惹き起されることのない最初の結果を生み出す行為，あるいは，そもそも結果による記述には服さない行為でなければならない。或る行為aの記述dが記述d′より因果的に基礎的であるのは，「記述dの下での行為a」（〈d , a〉）が生み出す結果が「記述d′の下での行為a」（〈d′, a〉）が生み出す結果を因果的に惹き起すからである。しかし結果の因果的連鎖の出発点には，例えば「指を動かす」という行為記述が「指が動く」という結果記述を生み出す（あるいは伴う）のと異なり，いかなる結果をも生み出さない行為，別言すれば，それに対応する結果記述を伴わない行為記述が存在しなければならない。或る行為の因果説はこの原初的な行為記述を「しようとすること」(trying) として表現している。この見解によれば，あらゆる行為は常に「しようとすること」として記述され，それ故因果的にみて最も基礎的なのは「しようとすること」である。

　しかしこの見解も前述の見解と同様に次のことを見過ごしていないだろう

か。即ち結果は，当の結果とはその性質を根本的に異にする出来事によって因果的に惹き起されうること，この種の因果的関係は行為者と行為との関係を説明する際にも依然として有効であるということである。或る行為記述が，行為としての記述には服さない或る出来事によって因果的に惹き起される（あるいは生み出される）ことは論理的に可能であり，ここに無限後退は存在しない。

　第二の基礎性は目的論に関するものである。殆どの行為について言えることは，我々は行為xを遂行するためには別の行為yを遂行すべきであること，yがxという目的を達成するための手段であることを知っている。しかし，行為を遂行するために必要な知識がすべてこの種の手段と目的についての知識であるとは限らない。もし手段と目的についての知識があらゆる行為について必要だとすれば，我々は特定の行為を説明するために，目的と手段に関する無限の信念を行為者に帰さなければならないだろう。行為者は，或る行為が別の行為によってなされうることを知っており，更に後者の行為が第三の行為を手段にしてなされうること，そして更に第三の行為は別の行為によってなされうることを知っているが，無限後退がありえないとすれば，やがて手段と目的に関する知識とは別種の知識を必要とする行為に行きつくだろう。この行為は手段たる別の行為によって行われるのではなく，この行為をいかに行うべきかに関する知識は行為者の中にいわば直接的に埋め込まれていなければならない。この種の知識によってなされる行為が目的論的な観点からする「基礎的な」行為である。行為者Aが行う行為aの記述dが，aの別の記述d′より基礎的であるのは，「Aは記述dの下での行為aによって，記述d′の下での行為aを意図的に行う」ことが真であるときであり（そしてそのときに限られ），或る行為aの記述dがaの基礎的記述であるのは，dよりも基礎的な他の記述が存在しないときである（そして，そのときに限られる）。それ故，或る行為者のレパートリーに属する基礎的な行為とは，いかにして行為すべきかを当の行為者は知っているが，この知識が「自分がどのように行為すれば当の行為を行うことができるか」というタイプの知識ではなく，行為者の中にいわば学習を通じて無意識のスキルとして埋め込まれているような行為である。

　かくして目的と手段による行為の説明は，学習を通じて行為者に埋め込まれたスキルによって遂行される行為で後退が停止する。この後退は，「しよ

うとする」という原初的行為（因果的基礎行為）によって停止する行為の生成に関する後退とは異なるが，かと言って「行為とは何か」という行為の身分に関係した問題でもない。行為の知識ないしスキルのレパートリーと，この種の知識を伴う出来事の身分が何であるかは全く別個の問題であり，前者の知識に関する問題への解答が，そのまま「出来事はいかにして行為という特定の身分をもつものとして正当化されるか」という問題への解答になるわけではない。

　これまで検討された見解は基底主義の立場から，すべての行為が特殊で特別な基礎行為を論理的に前提としていることを主張している。基礎行為の存在を主張する基底主義的行為論の特徴は，「行為の生成」と「行為の身分」の区別，即ち行為はいかにして因果的に生成するかという問題と，行為とは何か，どのような出来事が行為かという問題を自覚的に区別していない点にある。しかし，行為の生成も行為の身分も，それ自体として見れば基礎行為という特別な行為を論理的に要請するわけではない。行為の生成の問題は因果性に関わる問題であるが，複雑な行為の因果的生成をより単純でより基礎的な行為によって説明すべき論理的必要性は存在しない。特定の事例における行為の説明がより基礎的な行為を要請することはあっても，あらゆる複雑な行為は必然的に基礎行為を通じて生成するという考え方（即ち基底主義）は正しくないだろう。例えば「ピアノを弾く」とか「新聞を買う」といった複雑な行為がそれ自体は行為でない出来事（即ち単なる身体の動き）を通して生成することも論理的に可能だからである。或る行為が複雑であることは，それがより単純な行為から構成されていることを含意しない。複雑な行為がただ単純な出来事のみによって構成されることもありうるのである。

　既に述べたスキルないし埋め込まれた知識による行為についても同様のことが言える。上記の見解によれば，手段と目的による行為の説明はスキルによる基礎行為から出発する。しかし，スキルによる行為は特別な基礎行為のみであり，この行為を手段としてなされる他の複雑な行為はすべて目的と手段に関する知識によってなされると言えるだろうか。基底主義を放棄すれば，それ故基礎行為という観念を放棄すれば，複雑な行為自体がスキルによる行為であるということも可能だろう。即ち，場合によっては複雑な行為が目的と手段についての知識によってなされることはあっても，常に論理的にそうだというわけではない。スキルによる知識は行為の説明のどこかで論理的に

必要とされるが，目的と手段についての知識が論理的に必要というわけではない。複雑な行為自体がスキルによって——即ち，より単純な行為を通じてではなくそれ自体で直接的に——なされることがあるからである。

　我々が或る行為を「複雑な行為」と見なすのは，必ずしもそれがより単純な諸行為から構成されているからではない。それが複雑なのは一つの出来事としてそれが複雑だからである。そして，或る事例において特定の行為の生成を説明する際に，当の事例がより基礎的な行為による説明を要求することはあっても，一般論として，行為と見なされる或る複雑な出来事の生成を説明する際に，より基礎的な行為が論理的に必要になるわけではない。複雑な行為は，基礎的な行為ではなく身体の動きによって説明されうるからである。この身体動作を基礎行為と見なす必要はない。言うまでもなく，或る複雑な行為が相対的により基礎的な行為を通じてなされ，更に後者が相対的にみてもっと基礎的な行為を通じてなされることがあるだろう。しかしこれらの出発点に絶対的に基礎的な特別の行為を措定する必要性はない。基底主義的行為論を前提にしなければ，相対的により基礎的な行為は，絶対的に基礎的な行為ではなく単なる身体の動きを通して遂行されうるからである。例えば，仮に後述の行為の因果説が正しいとして，「新聞を買う」私の行為が信念と欲求によって因果的に惹き起されるとしよう。なぜ新聞を買うのかという問いに対して，「私は昨日の競馬の結果を知りたいが，新聞にその記事が載っていると思って新聞を買う」と答えたとき，私の欲求と信念という心的状態が私の行為の原因であり，この心の状態が生理学的な作用と身体の動きの複雑な連鎖を開始し，やがて「新聞を買う」という単一の行為へと至ったのである。この連鎖の中にこれ以外の行為が介在することはありえても，介在する論理的必然性はいささかも存在しない。要するに，身体の動きだけが行為するための唯一の必要条件だということであり——もっとも，後述の帰責主義によればこれは必要条件であり充分条件ではない——複雑な（より基礎的でない）行為にその行為性を伝えていくために絶対的に基礎的な行為なるものが論理的に必要とされるわけではない。

3　基底主義と行為の因果説

　行為の因果説は，行為の生成に関しては，欲求と信念という心の状態（出来事）が行為を因果的に惹き起し，理由（reasons）による行為の説明は因果

的説明であると主張し，行為とは何かという身分の問題に関しては，(例えば信念と欲求という) 特定の原因から生ずる出来事が行為であり，それ故行為は因果的に分析可能であると主張する。もし行為が因果的に分析可能であるならば，或る出来事が「行為」たる身分を有するために必要な因果的諸条件のうち，ある条件は必要条件とされ，ある条件は充分条件とされるだろう。そしてこの種の分析で特定化される諸原因はすべて当該行為者の特徴——例えば願望，欲求，信念などを抱くといった——であり，このような諸特徴を原因とする出来事が行為ということになる。行為の因果的分析を主張するこの見解は，言うまでもなく，「理由による行為の説明は因果的説明である」という見解を含意するが，後者の見解それ自体は前者の見解を含意しない。後者の見解は，行為の生成に関して因果説を採用しているだけであり，行為の身分に関しては何も主張していないからである。これを「限定された因果説」と呼ぶことにしよう。これに対して，後者の見解とともに前者の見解をとる立場は，生成と身分の両者に関して因果説を採用し，行為の身分の問題が行為の生成の問題によって答えられることを主張する。この立場によれば，或る出来事を行為にしているのは，当の出来事が生じた因果的過程である。これを狭義の行為の因果説と呼ぶことにしよう。

　限定された因果説のように，「行為の身分」の問題に関して行為の因果的分析を拒否する一方で，「行為の生成」の問題に関して，理由による行為の説明を因果的に解釈することは充分に可能である。また行為の身分の因果的分析を拒否することは——即ち狭義の行為因果説を拒否することは——心的状態の因果的効力を否定することを含意しない。

　狭義の行為因果説 (以下，単に因果説とのみ記す) は，或る出来事が行為であることの必要にして充分な条件を特定し，或る出来事が行為であるためには，特定された条件がどのような仕方で当の出来事を因果的に惹き起さなければならないかを提示する。因果説は欲求と信念を，或る出来事が意図的行為とされるための必要にして充分な条件と考える。例えば夫の死を望む妻Ｓが夫を殺害したいと欲求し，夫の車が事故を起すように細工すれば夫の死を惹き起すことができる，と考えている (信念) としよう。この場合，Ｓの欲求と信念が「Ｓが車に細工する」出来事を惹き起せば，「Ｓが車に細工する」出来事は行為であり，事故で夫が死ねば，「夫が死ぬ」出来事はＳの殺害行為となる。しかし，欲求と信念が因果的に惹き起す出来事がすべて行為と

なるわけではない。例えば夫の殺害を夢想するSが吾に返って，自分の忌わしい企みを恥じて顔を赤らめたとしよう。Sが恥を感じ顔を赤らめたことは，欲求と信念が因果的に惹き起した出来事であるが行為ではない。それ故，欲求と信念によって因果的に惹き起される出来事が行為であるためには，欲求と信念が然るべき仕方で当の出来事を惹き起さなければならない。「然るべき仕方」とは何だろうか。この点につき，神経生理学は何も教えてはくれないだろう。「然るべき仕方」は規範的な問題だからである[17]。次のような定式化は正しいだろうか。即ち，「或る人間Aがxを（記述dの下で）意図的に行いうる」ということは，「もしAが（記述dの下での）xを合理的に説明する（rationalize）ような欲求と信念を有しているならば，Aはxを行う」ということを意味している，という定式化である[18]。これが正しくないことは，夫を殺害しようとする妻の例から明らかだろう。この定式化は，欲求と信念を原因として生ずる逸脱的な因果的連鎖の可能性を見過ごしている。「xを行う」（車に細工をする）ことを合理的に説明するようなAの欲求と信念（夫を殺害したいという欲求と，車に細工すれば夫を殺害できるという信念）が「xを行う」ことを惹き起さずに別の出来事（顔を赤らめる）を惹き起すことがあるからである。それでは逸脱的ではなく然るべき仕方で欲求と信念が（行為たる）出来事を惹き起す，とはどういう意味だろうか。「然るべき仕方」を明確に提示できるだろうか。

　先ず，因果的逸脱に二種類のものがあることに注意しなければならない。次の例を考えてみよう[19]。パーティに出席しているSは，共犯者である友人とあらかじめ打ち合わせた通り，ぶどう酒をこぼすことを合図に強盗を始めようとしている。Sは友人に強盗開始の合図を送ろうと欲し，それ故ぶどう酒をこぼしたいと欲しており，打ち合わせた通りぶどう酒をこぼすことが強盗開始の合図になると信じている。しかし犯罪を犯したことのない臆病なSは非常な不安を抱き，不安のあまりコップを持つ手がふるえてぶどう酒がこぼれ，強盗が始まった。…Sがぶどう酒をこぼしたことは直観的に行為とは言えない。その理由は，Sの心に生じた出来事とぶどう酒がこぼれた出来事の間に何か或ることが介在しているように思われるからである。これは行為因果説に対して再考を促す問題である。通常は，欲求と信念という心の中の出来事は，或る出来事が行為とみなされるための然るべき原因と考えられており，Sの欲求と信念がぶどう酒がこぼれることを惹き起したのであるから，

ぶどう酒がこぼれた出来事はSの行為と見なされるべきである。それにもかかわらず，それが直観的に行為でなければ，Sの心の中の出来事と身体の動きの間に因果的逸脱が存在するからである。これを一次的な因果的逸脱と呼ぶことにしよう。

更に前節で挙げた事例を少し変えて考えてみよう。叔父の遺産の相続を欲して叔父を殺害しようとする甥は，目的を達成すべく叔父のいる家に自動車を走らせた。叔父を殺したいという欲求と，叔父が今家に居るという信念が甥の感情を激化させ，甥は向こうみずな運転によって歩行者をひき殺してしまったが，この歩行者は叔父だった。…この事例で，甥の欲求と信念は幾つかの行為を惹き起しているが，叔父の殺害は直観的にこれらの行為には含まれていないだろう。ここで問題になっているのは心的な出来事と身体の動きの間に介在する出来事ではなく，或る身体の動き（出来事）と，別の身体の動き（出来事）の間に介在する出来事の存在である。これを二次的な因果的逸脱と呼ぶことにしよう。この事例において叔父の殺害が行為と思われない理由の一つは，殺害という出来事の因果的生成の過程に多くの偶然が介在しており，殺害が偶然事であることである。叔父が殺害された手段は偶発的であり，甥が自分の欲求と信念を計画的に実行に移していく過程の構成要素とは言えない。甥の意図（欲求と信念）は，意図されていたルートとは全く異なった（逸脱した）ルートによって因果的に達成された。事実，現に起った因果的ルートが意図されることなど不可能だろう。即ち，後になって叔父だと分かる或る歩行者を偶然的にひき殺すことによって叔父を殺害する，といった計画を立てることなど論理的に不可能である。或る人間を殺害するような複雑な行為を遂行するには，行為者の行為計画の中に，それによって殺害という出来事が達成される特定化された手段が含まれていなければならず，基底主義的な行為因果説によれば，最終的にこの手段は基礎行為ということになるだろう。

それでは一次的な因果的逸脱についてはどう考えるべきだろうか。心的な出来事と身体の動き（という出来事）のギャップを埋めることができるだろうか。埋めることができなければ，行為の原因たる心的出来事は生じているのに，心的出来事と身体の動きの間に何ものかが介在することで，当の身体の動きが行為と見なされないような（因果説への反論の根拠となるような）事例が存在することになるだろう。

或る見解はこのギャップを，行為の直接原因を特定化することで埋めようと試みる[20]。直接原因とは，当の直接原因たる出来事と，この出来事が因果的に惹き起す出来事の間にいかなる出来事も介在していないような出来事を意味する。ぶどう酒をこぼすSの事例では，Sの欲求および信念とぶどう酒をこぼすことの間には不安が介在し，Sの欲求と信念は「ぶどう酒をこぼす」という出来事を直接的に惹き起してはいない。一次的な因果的逸脱の問題は，もし行為一般の特殊な直接原因が特定化されれば——そしてぶどう酒をこぼしたSの事例では適正な種類の原因が作動しなかったことが立証されれば——解消するだろう。

ここで基礎行為が重要な意味を帯びてくる。基礎行為は典型的には身体動作であり，ピアノを弾くとか人を殺すといった行為——行為者の身体の限界を越えた世界を包含する行為——よりも，それらの行為を惹き起した心的原因により近い。それ故，欲求や信念といった心的な出来事に直接しうる出来事として先ず身体動作が候補にあがるだろう。

しかし身体動作は，当の動作を因果的に惹き起す心の状態（欲求と信念や意図）に直接しているだろうか。ぶどう酒をこぼそうとする意図と，（この意図を実行に移す）手を動かす基礎行為との間には多くの神経生理学上の出来事が介在している。この神経生理学上の出来事の連鎖において，心の状態が終る時点で基礎行為（身体動作）を構成する一連の出来事が始まると言えるだろうか。身体動作が神経生理学上の出来事と結びつけられる仕方は様々であり，神経生理学上の出来事と結びつけられた身体動作が行為となるためには，両者の結びつきはそれに相応しいものでなければならない。それでは，身体動作を行為にするような両者の（即ち神経生理学上の出来事と身体動作の）結びつきと，そうでない結びつきを区別するものは何だろうか。これが明確に提示されない限り，神経生理学的な出来事である心的出来事と身体動作の間のギャップを——身体動作が行為となることを保証するような仕方で——埋めることはできない。

或る見解はこのギャップを埋めると言うよりは架橋しようと試みる[21]。基礎行為たる身体動作が行為と見なされるためには，当の身体動作はこれに先行する心的出来事と，どのような形で結合していなければならないか。この問いに対しては，身体動作が行為と見なされるためには，行為者は身体動作に対して或る種のコントロールを行使できなければならない，と答えられる

だろう。コントロールの一つの側面は「感受性」(sensitivity) ないし「反応性」(responsiveness) である。即ち，或る意図が身体動作を因果的に惹き起したとき，一次的な因果的逸脱性が排除され，身体動作が行為と見なされるためには，身体動作が意図の内容に対して一定の感受性ないし反応性を示していなければならない。出来事が計画と適合しているように思われないならば，当の出来事は計画のコントロール下にあるものと見なされないだろう。またコントロールの別の側面としてフィードバックが挙げられる。進行中の身体動作（基礎行為）と，この動作を絶えず因果的に惹き起している何らかのメカニズムの間にフィードバックが存在するならば，身体動作はコントロールされていると言えるだろう。そして，コントロールする源（即ち行為者の欲求，信念あるいは意図といった心的出来事）と，進行する身体動作との継続的な結合は，コントロールする中心部によって定められた計画に対して身体動作が敏感であることを保証するだろう。それ故，感受性とフィードバックは一次的な因果的逸脱を排除し，欲求や信念と基礎行為を架橋する要因であるように思われる。

　さて，行為因果説において基底主義的な基礎行為という観念が重要な役割を演じていることは明らかである。或る因果説においてそれは心的出来事が直接原因として生み出す身体動作であり，一次的な因果的逸脱を排除しようとする試みにおいて利用された。また別の因果説においては，二次的な因果的逸脱を排除する議論の中で基礎行為という観念が利用され，また一次的な逸脱を排除する感受性やフィードバックといった観念も，基礎行為の因果的分析の脈絡で用いられている。しかし，既に示唆されたように，もし基礎行為の観念が否定されれば，心的出来事が直接原因として基礎行為を惹き起すことを根拠にして一次的逸脱を排除することはできなくなり，また基礎行為の観念に依拠して二次的逸脱を排除することもできなくなる。そして基礎行為が否定され，通常の複雑な行為しか存在しないことになれば，これまで二次的逸脱と考えられていたことは一次的逸脱となるだろう。それ故，感受性とフィードバックが，意図のような心的出来事と，通常の複雑な行為に特徴的な複雑な行動（という出来事）との間にみられる因果的逸脱を排除するために利用可能かどうか考察する必要があるだろう。

　ここで叔父を殺害しようとする甥の例を少し変えて考えてみよう。甥は遺産を相続するために叔父を殺そうと意図し，叔父が自宅に居ると思い叔父の

家に向って自動車を走らせるが，殺害と遺産相続の思いに駆られ興奮した甥の運転は乱暴になった。彼は叔父の顔を頭にうかべ，運転しながら叔父を殺す方法を想像していた。そのとき突然一人の歩行者が道路に現れた。殺害への激しい渇望，自分は金持ちになれるという思い，そしてどのような仕方で叔父に会い，どのような方法で叔父を殺したらよいか計画することへの気持ちの集中，これら様々な心の状態が原因となり甥は自動車を加速し歩行者めがけて操縦した。衝突の衝撃で直ちに吾に返った甥は自動車を止め，「何が自分に起ったのか分からない」とつぶやきながら自動車を降り，歩行者が叔父であることを知った。…この事例で叔父の殺害は甥の意図から発しており，甥の行動は意図に対する感受性の条件を充足しているにもかかわらず，そして中枢神経系へのフィードバックがここには存在し，フィードバックによる行動の修正がみられるにもかかわらず，甥は叔父を意図的には殺していないし，歩行者でさえ意図的に殺してはいない。このことは，上記の行為因果説が因果的逸脱を排除し意図と行動を架橋する要因として提示した感受性とフィードバックが，コントロールの必要にして充分な条件でないことを示している。行為因果説は行為者の心的出来事（欲求や信念や意図）が身体動作あるいは複雑な行動を因果的に惹き起したときに当の動作あるいは行動を意図的な行為と見なし，心的出来事が動作や行動を因果的に惹き起しているにもかかわらず当の動作や行動が意図的とされないような因果的逸脱を排除するために，「心的出来事を直接原因として生ずる基礎行為」とか，感受性やフィードバックといった観念を持ち出すが，そのいずれも充分に説得的とは言えないように思われる。

4 新意志主義

　かつて多くの行為論は「行為とは何か」（行為の身分の問題）と「行為はいかにして生成するか」（行為の生成の問題）への答として，意欲とか意志作用といったタイプの心的出来事を援用してきた。この種の行為論を総称して意志主義と呼ぶことにしよう。現代行為論において何人かの重要な行為論者がこの意志主義の洗練された形態を唱えており，これを新意志主義と呼ぶことにする。新意志主義は，行為の生成と身分の問題に対して，「しようとすること」（trying）や「努めること」（striving）といった心の働きに重要な地位を与えている。

新意志主義に属する或る見解によれば[22]，a をする意志作用（volition あるいは voluntary act）が生ずるとき，a は「何らかの意志作用がそれを生じさせることであるような出来事」に数えられ，その理由は a が意志の作用によって適切に因果的に惹き起されるからである。この意志の作用の随意性（voluntariness）は意志の作用それ自体に本質的に内在しており，意志のこのような本質的かつ内在的に随意的な作用が「努めること」あるいは「しようとすること」である。しかし，この「努めること」あるいは「しようとすること」という出来事は行為を因果的に惹き起す（意欲のような）心的，内面的な原因と同一視されてはならない。むしろそれは，心理的かつ身体的現実であり，それが首尾よく生じさせる身体的行為と同一のものと見なされるべきである。従って「行為」は他の言葉や観念によっては説明不可能なプリミティヴにして原初的な観念である。

しかし我々が行うあらゆる行為が「しようとすること」，「努めること」と言えるだろうか。我々が或る行為をするとき，それが失敗に終る可能性があるときは「しようとする」とか「努める」といった表現は適切だろう。しかし我々が何の問題もなく簡単にできることについてこのような表現を用いることは奇妙に思われる。例えば売店で新聞を買うことは「しようとすること」「努めること」だろうか。或る新意志主義者は，あらゆる行為が「努めること」であることを次のような例を用いて立証しようとする[23]。

今，X は車を発車させることを望んでいるが，車が動くかどうか疑わしいと思っているとしよう。X が車のキーを回すとき，X は自分のことを「車を発車させようとしている（努めている）」と思うだろう。しかし別のシナリオを考えてみよう。X は発車に着手し，これが何の問題もなくうまくいくことを確信している。他方で X のやることを見ている Y がいて，Y は X の車が動くかどうか疑わしいと思っているとしよう。X がキーを回すとき，X は自分のことを「車を発車させる」と思っているが，Y は X のことを「車を発車させようとしている（努めている）」と記述するだろう。Y がこのように記述するのは，車が動くかどうか疑いを抱いているからである。これに対して X は疑いを抱いてはいない。話をもう少し複雑にして次のような場合を考えてみよう。Y は X が発車に着手するのを見ている。Y は(1) X が病的な嘘つきであること，(2)車が本当に動くかあてにならないこと，(3)病的な嘘つきである X には今居る場所を急

いで立ち去る理由があることを知っている。Ｘは「これから車を発車させる」と言いながら車に乗った。ＹはＸが病的な嘘つきであることを知っているので、ＹにはＸの発言を信じない充分な理由がある。そしてＹは、車の状態がＸの運転を妨げ、車は発車しないと信じている。ところが、ＸはＹが知らない間に既に車の修理を済ませており、それ故Ｘには車が発車すると信ずる充分な理由がある。しかし懐疑的なＹは、Ｘにすぐその場を立ち去る理由があることを知っているので、少くともＸが車を発車させようとする（努める）ことを確信できる。

　従ってＹは実際に「嘘つきＸは車を発車させようとする（努める）」が真であることを知っている、と言えるだろう。ＸはまさにＸが車を発車させるときに「発車させようと努めている」のである。かくして、Ｙが疑いを抱くことは、「嘘つきＸの行動は車を発車させることである」という事実をおおい隠す効果を有するが、この事実をおおい隠すことによって別の事実を、即ち「Ｘは車を発車させようとしている（努めている）」という事実をあらわにする。かくして、或る人間が「車を発車させる」といった（身体動作以上のものを含んでいるという意味で）複雑な行為をするときは、必ず「しようとすること」「しようと努めること」が存在していなければならない。

　同じことは身体の一部を動かす基礎行為についても言えるだろう。我々が単純な身体動作（例えば腕を上げること）に成功するときは常に我々が「しようとしている（努めている）」ことを示すために、嘘つきのＸと観察者Ｙの上記の話を変えてみよう。

　今嘘つきＸの腕の傷が驚くほど順調に回復しているとしよう。Ｙが藪医者にＸの傷の話をしたところ、藪医者は、Ｘは数週間は腕を動かすことができないだろうと答えた。他方Ｘは名医の診断を受け、名医はＸに、もう包帯をとってすぐに腕を動かすことができるだろうと述べた。そしてＹが見守る中、Ｘの包帯がとられた。このときＹは、Ｘには合図があれば自分の腕を動かす強い動機があることを知っている。そして嘘つきＸは「これから私は腕を動かす」と述べ、Ｙは嘘つきＸのこの言葉を疑う充分な理由がある。しかし、ＹはＸに腕を動かす強い動機があることを知っているので、「Ｘは確実に腕を動かそうと努めるだろう」と思う。

Xが腕を動かそうと努めることは，Yが知っていることである。というのもYはXの心理的背景を知っているからである。従って，Xが腕を動かそうと努めることは真なることである。そして自分の腕が元通りになっていることを知ったXは，腕を上げるときに腕を上げようと努めている。それ故，誰であれ自分が腕を上げられることを自覚する人が意図的にその腕を上げるときは，同時にその人は自分が実際に既に行っていたことを行おうと努めているのであり，かつてそれを行おうと思えば自分にはそれができると知っていたことを行おうと努めているのである。

以上の議論が正しければ，身体を動かす行為も複雑な行為もすべて「しようとすること（努めること）」であり，「しようとすること」はあらゆる行為の中に遍在することになるだろう。しかし仮にこれを認めたとして，「しようとすること」は行為の中でどのような役割を演じているのだろうか。それは行為の「規準」，即ち或る出来事を行為にするような，行為の身分に関わる現象なのだろうか。あるいはそれは行為を生成させる際の単なる必要条件にすぎないのだろうか。それともそれは行為の規準であると同時に，行為を生成させる条件でもあるのだろうか。上述のXとYの話では行為の生成がテーマになっており，「しようとすること」によって複雑な行為と単純な身体動作が生成することが示されている。しかし，「しようとすること」が行為の身分に関してどのような役割を演ずるかは未だ示されていない。それ故，行為を生成させる因果的プロセスの中に「しようとすること」が遍在することを示す議論から，或る出来事を行為にするのが「しようとすること」であることを示す議論へと移っていく必要があるだろう。そして後者の議論のためには少くとも，行為生成の必要条件である「しようとすること」が，他の必要条件と異なり行為にとって最も根本的であり，「行為」の何たるかをあらわにさせることを立証する必要があるだろう。

今問題となっている新意志主義は，行為というものを少くとも二種類のものに区別している。即ち，行為という身分を他のものへと訴えることを通じて獲得する行為と，行為という身分がそれに本質的に内在し，それ以上の正当化を必要としない行為（即ち「しようとすること」）である。後者の行為が前者の行為に「行為としての身分」を伝達する。これは明らかに基底主義的な見解である。この見解は行為因果説と同様，我々が日常的に何のためらいもなく行為と見なしている「複雑な行為」を正当化の必要な行為と考え，我

々には行為に含まれるか定かでない「しようとすること」を正当化の必要のない行為と考えている。「しようとすること」はそれ自体で本質的かつ内在的に行為である，と考える理由は何だろうか。これは行為の身分の解明には生成主義が論理的に必要であるという考え方に由来する。もし後述するように行為の身分に関する非生成主義的な（帰責主義的な）見解が正しければ，生成主義は論理的に必要であると考えるべき理由は存在しないだろう。それ故，「しようとすること」が本質的かつ内在的に行為であると考えるべき別の独立した論拠が必要だろう。他方，もし「しようとすること」が本質的かつ内在的に行為であるという考え方を放棄すれば，この見解は行為因果説に極めて類似したものになる。即ち或る出来事が欲求の直接的な結果であり，この欲求を表現したものであることが，当の出来事が行為と見なされるための必要にして充分な条件ということになるだろう。しかしもしそうだとすれば，この見解は行為因果説と同様に因果的逸脱の難問をかかえることになる。

　最後に，今問題にしている見解は基礎行為とそれ以外の複雑な行為を区別し，基礎行為への欲求はその対象である身体の動きを生み出す自然的傾向を有するのに対し，複雑な行為への欲求は，この欲求の対象（即ち複雑な行為）の可能な原因となりうる基礎行為へと「突き進む」（push towards）と主張している[24]。これは，複雑な行為への欲求はいかにして複雑な行為を生み出すかという行為の生成に関わる問題であるが，本当に複雑な行為——我々が日常的に極く普通の行為と見なしているもの——はより基礎的な行為のみから生成するのだろうか。また行為の身分に関して言えば，複雑な行為の行為たる身分は，より基礎的な行為によって正当化されるのだろうか。これらはいずれも疑わしいと思われる。というのも我々に馴染みの通常の複雑な行為は，基礎行為を媒介とせずに選択され，意図されうるからである。

　さて，新意志主義に属する別の見解は，上述の見解よりも明確に行為の原初的な性格——より根本的な他の観念や用語によって説明することのできない原初的な性格——を主張する[25]。この見解によれば，行為は行為者の内面的な意志の働きに基礎を置いており，上述の見解と同様に，この意志の働きは「しようとすること」や「努めること」に存する[26]。もし行為が意志の働きに存し，意志の働きという出来事が他の現象や出来事に還元不可能な原初的で〈sui generis〉なものであるならば，行為の身分に関してこれ以上の説明を更に付加することはできないだろう。原初的な観念をそれ以上分析す

ことは不可能だからである。しかし今問題にしている第二の新意志主義は，行為の身分の問題に密接した論点に関して生成主義的な立場を採用している。

行為＝結果（action-result）問題と呼ばれている論点を採りあげてみよう[27]。「結果」（result）とは行為に内在する出来事を意味し，問題となっている行為が生起するために必要な（しかし充分ではない）出来事を意味する。私がXを殺せばXは死ぬ。Xが死ぬ出来事は，Xを殺す私の行為にとって必要であるが充分ではない。私が殺さなくてもXが死ぬことはありうるからである。行為＝結果問題は，「或る出来事が行為の結果とみなされるとき，いかなる理由で当の出来事はそのように見なされるのか」という問題である。この問題は「出来事はいかにして行為と見なされるようになるのか」という行為の身分の問題に極めて類似している。今問題とされている見解によれば，行為から生ずる効果の中で行為の「結果」と「帰結」（consequence）を区別しなければならない。「結果」が行為内在的な効果であるのに対して「帰結」は行為内在的ではない効果である。私がXを殺したことでXの妻が悲しめば，妻が悲しむことは私の行為の帰結である。そして或る行為の結果はしばしば，他の行為の結果である帰結を生み出すことがある。今私がスミスに対して「ピストルを撃つ」行為をしたとする。この行為の結果はスミスの体に弾丸が入ることであり，スミスの死はピストルを撃つ行為の帰結である。これに対して，スミスの死は「スミスを殺す」行為——スミスに対してピストルを撃つことによってなされる行為——の結果である。この場合，スミスを殺すことは因果的に非基礎的な行為であり，ピストルを撃つことはスミスを殺すことよりも因果的により基礎的である。しかし注意すべきは，「スミスを撃つこと」は「スミスを殺すこと」を因果的に惹き起すのではなく，「スミスの死」を——スミスを殺す行為に内在する出来事であるスミスの死を——因果的に惹き起すことである。因果的に非基礎的な行為に内在する出来事が当の行為の結果と見なされるのは，当の出来事が因果的により基礎的な行為の遂行を通して生じるからである。

このような説明は生成主義を当然の前提としている。即ち或る出来事が或る行為に内在するか否かの判断は，当の出来事がどのように因果的に生成したかに着目することによってなされる。行為＝結果問題という用語の中に既に生成主義的なバイアスが込められていると言えるだろう。「結果」について語ることは，当該の出来事が生成する起源や生成の過程へと我々の注意を

向けさせることになる。しかし「結果」という表現を用いなくても同一の現象につき語ることができるだろう。例えば「行為に内在する出来事」あるいは「行為が生起するために必要な（しかし充分ではない）出来事」といった表現を用いれば，いかにしてこの種の出来事が行為に内在するようになるのかを説明する際に，この種の出来事が生成する起源や仕方に着目すべき明白な理由は存在しなくなるだろう。

　しかし今問題になっている見解に立返ると，行為＝結果問題に対するこの見解の答は次のようになるだろう。因果的に非基礎的な行為Aは結果Xを有し，Xは，結果Yを有する因果的により基礎的な行為Bの帰結である。そしてXがAの結果と見なされるのは，AがBを通して遂行され，XはBの帰結だからである。…しかしこの答に対しては，結果Yはどのように説明されるのか，と問うことができるだろう。この問いに対しては次のように答えられるかもしれない。Bは，「結果Zを有し，YがCの帰結であるような因果的により基礎的な行為C」を通して遂行される，と。しかし結果Zを更に説明しなければならない。従って，或る出来事が或る行為の結果とみなされるのはいかにしてか，という論点について他のタイプの説明が存在しない限り無限後退は避けられず，行為といったものは存在しないか，あるいはここで問題となっている見解が誤っているかのいずれかということになるだろう。

　ここでこの見解は後退を停止させるために心的活動に着目する。通常の行為と異なり，精神的な行為は結果というものをもたない。我々が過去の出来事を想起するとき，この精神的な行為のために必要な（しかし充分ではない）出来事など存在しない。それ故，出来事を行為の結果にするプロセスにおいて精神的行為が何らかの役割を演じうるならば後退は停止するだろう。説明されるべき更なる結果は存在しないからである。今問題にしている見解によると，この後退を停止させる精神的行為が「しようとすること（努めること）」である。既に説明された第一の新意志主義の見解と同じくこの見解も「しようとする」ことがあらゆる行為の中に遍在することを主張する。この精神的行為は因果的に基礎的であり，或る行為の結果がより基礎的な行為によって惹き起されるような因果的連鎖の一部分ではない。精神的行為には，より基礎的な行為によって因果的に惹き起されるような結果は存在しないからである。かくして，結果を伴う通常の行為はすべて，いかなる結果も伴わない因果的に基礎的な精神的行為に基礎づけられている。

以上のような新意志主義の見解が基底主義であることは明白である。この見解も行為を二種類に，即ちそれに内在する出来事（即ち結果）を伴った通常の行為と，このような出来事を伴わない特別な行為に区別する。そして後者の特別な行為は，通常の行為に内在する出来事の「行為内在的な身分」を保証すべく引き合いに出されている。しかし既にみたように基底主義自体の妥当性を疑問視しうるならば，「しようとする」ことをあらゆる行為の基礎に据える立場も疑問視しうるだろう。

　上で検討された二つの新意志主義的行為論はともに「しようとすること」や「努めること」，あるいは「しようと試みること」をすべての行為に共通の本質的要素と見なしているが，これは「行為の生成」に関する主張として理解するのが自然である。既述の嘘つきXと観察者Yの話は，それ自体としてみれば「しようとすること」が「行為の身分」に関わることを示してはおらず，基底主義を支持する論拠にはなっていない。基底主義を支持するためには別個の論拠が必要だろう。

　今問題になっている第二の新意志主義行為論が行為＝結果問題に与えている解決は，いかにして或る出来事は「行為の結果」という一定の身分をもつようになるのかを説明するために当の出来事の因果的歴史に着目し，或る出来事Eが或る行為Aの「帰結」であることだけで，Eを別の行為Bの「結果」とするために充分であると想定している。しかし，行為Bがより基礎的な行為Aから生成することが正しいとしても，生成の問題を身分の問題に関係づけるべき必然性は存在せず，行為Aの帰結であることは，より基礎的でない行為Bの結果であることと無関係であるかもしれない。生成の問題が身分の問題と関係するという主張は，ア・プリオリに前提とされるべきではなく，論証されなければならない。

　またこの見解は，出来事が行為に内在的であるためには，行為によって因果的に惹き起されたものでなければならない，という疑問の余地のある前提に立っている。これは生成の問題と身分の問題の混同である。例えば，「或る出来事が犯罪に内在的であるためには，犯罪によって惹き起されたものでなければならない」は明らかに偽である。むしろ，「或る出来事が犯罪に内在的であるためには，法に違反したものでなければならない」が正しいだろう。出来事がどのように生成したかということが当の出来事を犯罪に内在的なものにするわけではない。出来事に一定の身分を付与するのは（少なくとも部

分的には）出来事の脈絡や情況であり，新意志主義に属する目下の見解は，他の生成主義的な見解と同様に，「いかにして出来事は行為に内在的なものになるのか」という問題に対するこの種の答の可能性を全く考察していない。

　新意志主義によれば「しようとすること」（T）と，Tが生み出す出来事には内的な関係が存在する。例えばTは，何らかの身体的出来事の潜在的原因として以外には特定不可能だろう[28]。「腕を上げようとすること」は，本質的に「腕が上がることを因果的に惹き起すために充分であるような何か」である。このような考え方を一歩進めれば，或る出来事が行為の身分を有することは，当の出来事が何を生み出す（生み出しうる）か（当の出来事の推定上の結果は何か）に依存する，という考え方に至るだろう。これを結果生成主義と呼ぶことにしよう[29]。

　第三の新意志主義である結果生成主義は，あらゆる行為は身体の動きを効果として伴うTであると主張するが，既述の第一の新意志主義と異なり，いかなる効果も生み出さないTは行為ではないと主張する。従ってTが行為であることに対してその効果が重要な意味を帯びてくる。また結果生成主義は第一の新意志主義と異なり，Tを内面的な出来事と見なしている[30]。その理由は，失敗した（身体の動きへと至らなかった）Tは明らかに内面的な出来事であるが，Tはそれが失敗しようが成功しようがTであることに変りはなく，成功したTも内面的な出来事として理解されうるからである。従って，行為とは身体の動きを因果的に惹き起す内面的な出来事である。しかし重要なことは，ちょうど我々が知覚作用という出来事は知覚対象を含むと考えないように，Tによって因果的に惹き起される身体の動き——そして行為が存在するために必要とされる身体の動き——は行為の一部でないことである。これは或る一つのTが様々な効果を生むときも，行為は一つであることを意味する。一つのTが複数の出来事——例えば一つの身体の動き（指が動くこと），引き金が引かれること，弾丸が他人の身体に侵入すること，他人が死ぬこと——を生み出すことがあるが，ここには唯一つのTが存在するだけなので，複数の効果によって複数の仕方で記述可能な一つの行為が存在するだけである。

　ところで，Tは身体の内側で生起する出来事であることから他者はその存在を知覚できない。更に，我々が行為に言及するとき，それは殺すとかピアノを弾くといった他の人々が知覚できる外面的に生起する出来事を指示する

ことによってなされる。これは次のことを意味する。即ち我々が或る一つの出来事を行為として記述するとき，我々は当の出来事の諸効果に基づいて当の出来事を指示しなければならない。一つのTを一つの行為にするのはTの諸効果，他の人々が知覚することのできるTの諸効果である。

もし以上の見解が正しければ，あらゆる行為はTによって生み出されねばならないことになる。しかし，第一の新意志主義がTを「身体を動かすこと」と同一視した（そして，Tを身体の内側で生起する出来事とは考えなかった）のに対し，結果生成主義はTを内面的出来事と見なしている。「身体を動かすこと」は「身体が動くこと」を因果的に惹き起す出来事であり，身体の動きを因果的に惹き起す出来事は何であれ身体の内側で生ずる。そして行為は「身体を動かすこと」であるから，あらゆる行為は身体の内側で生じる。

しかし，あらゆる行為が「身体を動かす」ことであるとすれば，身体を動かさない心や精神の働きは行為ではないのだろうか。もし精神的な行為の存在を認めるならば，行為とは身体を動かすことであるということの意味をもっと明確にすべきだろう。いずれにしても，行為因果説や他の新意志主義と同様に，結果生成主義においても複雑な行為は身体を動かすことに基礎づけられており（基底主義），ただ，複雑な行為が内面的な身体上の出来事と同一視されている点が他の立場と異なるにすぎない。要するに，あらゆる行為が「身体を動かすこと」という内面的な出来事なのである。

5　弱い生成主義

行為因果説も新意志主義も基底主義であると同時に，「行為とは何か」に関して個人主義的アプローチを採用し，或る出来事を行為にしているのは個人が帯びる諸属性であると考えている。行為因果説は行為を因果的に惹き起す個人の内面の原因（欲求や信念）と，行為が惹き起される仕方に着目し，新意志主義は行為の徴として「しようとすること」（T）といった特別な精神状態ないし行為を特定する。欲求や信念，「しようとすること」は個人の心理に属しており，それ故行為の身分を解明するためにこの種の心理的状態や心理的働きに着目することを個人主義と呼ぶことができるだろう。

最後に因果説や新意志主義と異なり「行為の身分」の問題に関して非基底主義的な立場をとるが同様に個人主義の立場に立つ第三の行為論を検討してみよう。この立場は，行為の徴として行為が生成する（起源ではなく）「仕

方」に着目し，特にある種の行動に対して行為者が及ぼすコントロールを「行為とは何か」にとって中心的な要因と見なしている。行為生成の起源に着目するのが強い生成主義であるのに対し，この立場は弱い生成主義である[31]。

弱い生成主義によれば，先行する特別なタイプの因果的歴史を有することが行為の本質に属しているわけではなく，或る出来事が行為であるということから当の出来事が何らかの原因を有していることが帰結するわけでもない。行為因果説は，出来事が行為であるか否かを見るために当の出来事に内在しない徴に着目することから，不可避的に因果的逸脱の問題に逢着する。むしろ我々が或る人間の行為自体に着目すれば，行為でない身体動作には見られないような特定の仕方で，当の人間が行為である身体動作と必然的に連結している（in touch with）ことを理解するだろう。行為を身体動作から区別するのは，行為が行為者の指導（guidance）の下にあることであり，しかも行為者の指導の下にあることは，それに先行して行為者に生じていることとは無関係である。出来事はそれに先行する事態によって因果的に惹き起されるが，出来事が時間的に離れて生起することによって指導されることはありえない[32]。

しかしこの見解は，出来事がどのように生成するかに関する事実へと訴えることによって「行為とは何か」という問いに答えることから一種の生成主義である。更にこの見解によると，行為者に指導された行動は「目的ある行動」（purposive behavior）として理解される。行動が目的ある行動であるための条件は，そうしないと行動過程に干渉してくる諸力の効果を償うような調整に当の行動過程が服していることであり，しかもこのような調整の生起が，当の調整を引き出す事態を説明するものによっては説明されえないことである[33]。しかしこの種の指導は，因果的なコントロールが現実に存在することを必要としない。行動する者がものごとを生起するがままにしており，出来事の過程を能動的に指揮していないように見えるときでも，上記の条件は充足されうる。

弱い生成主義に属する別の見解は，行為の身分の問題を，人間は「道徳的に責任ある行為者」という身分をどのようにして持つに至るのかという問題として捉えている[34]。「道徳的に責任ある」ことは，賞讃とか非難といった反応的態度を他者から受けるに相応しい主体であることを意味する。そして人

間を責任ある存在者として取り扱うことは，人間を責任ある者たらしめている（当の人間に関する）何らかの事実に根拠づけられている。我々が人間を道徳的に責任あるものとして捉えるのは，第一次的には行為に対してである。それ故，人間を道徳的に責任ある行為者たらしめている（当の人間に関する）事実から生じる行動が行為である。そしてこの見解によれば，人間を賞讃や非難の対象となりうる責任ある存在者にしているのがコントロールであり，このコントロールのメカニズムは因果的決定論と両立可能である。従って，もし行動のコントロールが道徳的責任を根拠づけるならば，行動をコントロールするメカニズムによって生ずる行動が行為ということになり，この見解は前記の見解と同様に弱い生成主義と言えるだろう。

更にこの見解は規制的コントロール（regulative control）と指導的コントロール（guidance control）を区別する。行為者に選択肢として複数の行為過程が与えられ，行為者がその一つを選択できるとき行為者は行為に対して規制的コントロールを有している。他方，たとえ行為者にそれ以外の行為をとる選択肢がなかったとしても，当の行動過程にコントロールを及ぼしているとき，行為者は行動に対して指導的コントロールを有している。今自動車を運転している人が分岐点にさしかかり，右に行くか左に行くか決めなければならないとしよう。その人は右に行くように自動車を運転し，その人の望んだように自動車が右折したとする。しかし実際は自動車のハンドル装置がこわれており，その人はこのことに気づいておらず，仮に左に行くように運転しても自動車は右にしか曲がらなかったとする。従って，この人に開かれていた選択肢は一つしかなく，その人は右折するしかなかった。このとき，ある意味でその人は右折するよう首尾よく自動車の方向をコントロールしたと言えるが，このコントロールは規制的ではなく指導的コントロールにすぎない。

今問題となっている見解によれば，道徳的責任にとって必要なのは指導的コントロールだけであり，規制的コントロールは道徳的責任の（それ故行為の）必要条件ではない。従って，行為者の指導的コントロールの下で生成した行動が行為ということになるだろう。それでは「指導的コントロールの下にある」とはどのような意味だろうか。この見解によると行動が指導的コントロールの下にあることは，(1)理由（reasons）に対して適度に（moderately）応答的（responsive）なメカニズムから行為が発すること，そして(2)このメカニズムを行為者が自分自身のものにしていることである。メカニズムが理

由に対して適度に応答するということは，それが規則的に（regularly）理由を受け容れ（receptive），理由に対して弱い反応を示す（reactive）ことである。応答性には弱いものから強いものまであり，理由に対する弱い応答性が存在するのは，「行為に充分な理由が存在すること」と「行為の生成」の間にゆるい適合性が存在する場合であり，理由に対する強い応答性は，行為と充分な理由の間に堅密な適合性が存在することを意味する[35]。そしてこの見解によれば，行為者に行動に対する責任を負わせるには，弱い応答性では行為者に対しあまりにわずかのことしか要求しないことになるし，強い応答性では要求しすぎであり，道徳的責任のために必要とされるのは，適度な応答性で充分である。もし道徳的責任に対して（即ち行為に対して）要求されるのが理由に対する適度の応答性であれば，今問題にしている見解は純粋に弱い生成主義と言えるだろう。メカニズムというものは非歴史的な属性であり，それ故いかなる因果的歴史も伴わず即座に存在するようになる構造はメカニズムたりうるだろう。

　しかし(2)行為者がメカニズムを自分のものにしていること，という条件は問題を複雑にしている。これは歴史的な条件だからである。行為を生じさせるメカニズムを自分のものにするということは，行為者が行う何かであり，一定の種類のメカニズムを通して行為することに対し責任を引き受けることで成就される。そしてこのような責任を引き受けることは，(a)自分自身を行動の源として理解することを含んでおり，(b)自分自身を他者の反応的態度の公正なターゲットとして理解することを含んでいる。更に(a)と(b)は証拠によって適切に基礎づけられていなければならない。(a)と(b)を含むような仕方で自分の行動に対し責任を引き受けることは，人間が成長とともに受ける道徳教育を通して生じうるか，あるいは反省によって生じうる。いずれにしても，これは歴史的な過程である。この種の歴史的過程が道徳的責任の根拠の説明の中に組み入れられる必要があるのは，これを組み入れないと，道徳的責任をコントロールのメカニズムの中に基礎づける試みが難問に直面することになるからである。というのも，どのようなメカニズムであれ，メカニズムなるものは，当のメカニズムを通して生ずる行動に対する行為者の責任を排除するような歴史的過程によって備えつけられることがあるからである。例えばこのメカニズムが神経外科医によって行為者に埋め込まれたとき，行為者にはメカニズムを通して生ずる行為に対して責任がないだろう。もしそうで

あるならば，行為に対して責任があると言える諸条件を特定化する際に，この種のプロセスを排除しなければならない。

要するに今問題とされている弱い生成主義によれば，(1)行動が行為者の指導的コントロールの下にあるのは，それが理由に対して適度に応答的なメカニズムから生じるときであり，しかもこのメカニズムを行為者が自分のものにしているときである。(2)行為者は，指導的コントロールの諸条件を通して生ずる行為に対して道徳的な責任を負う。従って，(3)行為者は，行為者が自分のものにしている上記のメカニズムを通じて生ずる行為に対して道徳的な責任を負う。(4)行為者は行為に対して道徳的責任を負う。行為とは，行為者を道徳的に有責とするような（行為者の）諸様相によって生じる活動である。従って(5)行為者が自分のものにした上記のメカニズム――理由に対して適度に応答的なメカニズム――を通じて生ずる行動は行為とみなされる。

もし指導的コントロールがただ単に上記のメカニズムの働きに存するならば，この見解は純粋に「弱い生成主義」として解釈可能だろう。歴史的条件――行為者がメカニズムを自分のものにしたこと，という条件――の付加はこの解釈を異論の余地あるものにするように思われるが，この歴史的因果的生成の条件に代えて，「行動を生み出すメカニズムを備えつける仕方が，道徳的責任を排除するようなものでなかったこと」という条件を――要するに「悪しき歴史的プロセスの不在」という条件を――設ければ，当該の見解は純粋に弱い生成主義となるだろう。このようなプロセスの不在は，道徳的責任を生み出すような特殊なプロセスの現存と同値ではないからである。それ故この見解によれば，道徳的責任は(1)理由に対して適度に応答的であることと，(2)この能力が道徳的責任を排除するような仕方で備え付けられていないことに基礎づけられることになるだろう。

さて，弱い生成主義に属する上記の二つの見解はともに「行為の身分」に関して個人主義的な立場，即ち或る出来事（個人の行動）を行為にしているもの（行為の徴）は当の個人が帯びる何らかの特徴であるという立場に立っており，この点では行為因果説や新意志主義と何ら変りはない。後述するように帰責主義が他の代表的な諸行為論と異なっているのは，個人主義を否定し，「行為の身分」の問題を社会的な脈絡の中に置いていることである。この点と関連して，行為の徴をコントロールに見る「弱い生成主義」が無自覚に見過ごしていることに注目しなければならない。即ち，或るものXの欠如な

いし機能不全によって或る出来事（あるいは物事）Yの働きが阻止されたり，Yが特定のタイプや種類のものでなくなるとしても，Xは，Yがうまく機能していることの，あるいはYが特定のタイプや種類のものであることの「規準」であるとは限らない，ということである。コントロールに関して言えば，コントロールの欠如によって或る出来事（行動）が行為でなくなるとしても，コントロールが行為の「規準」であるとは限らないということである。それ故，コントロールが行為の「規準」であると「弱い生成主義」者が主張するとき，単にコントロールが存在しないと行為が生起しないことを主張するだけでは不充分であり，コントロールが行為の規準であり徴であることを別個の議論によって論証しなければならない。今，選挙の投票が，投票用紙に候補者の名前を記入して箱に入れることで成立するとしよう。投票用紙に記入して箱に入れなければ投票したことにならない。しかしだからと言って，或る出来事を投票行為にしているのは投票用紙に記入して箱に入れることである，とは言えないだろう。或る出来事が投票行為であるためには，投票する資格のある者として登録されていること，正しい投票場に赴くこと，公式の投票用紙を受け取ること等々の諸条件が充足されねばならないからである。コントロールと行為についても同様である。コントロールがなければ行為は存在しないかもしれないが，或る出来事を行為たらしめているのはコントロールではなく，次に論ずる帰責主義が主張するように道徳的責任が問題となる社会的な脈絡であるかもしれない。弱い生成主義のように個人主義の前提に立って行為の規準を行為者個人が帯びる特徴の中に求め，それがコントロールであることを主張するには，何故そうなのかを論証する必要がある。しかし，他の殆どすべての行為論と同様に個人主義を当然の前提としている弱い生成主義はこのような論証を提示していない。

6 帰責主義

行為とは何かという問いに対し帰責主義は，「或る出来事に対して責任を帰すことが可能であること」（帰責可能性）が，当の出来事を行為と見なすための必要条件であると答える。H. L. A. ハートは次のように述べている[36]。

　　本論文での私の主な目的は，人間行為の概念のこれまでの哲学的分析が不適切で混乱していたことを指摘することにある。これまでの分析が

不適切で混乱してきた理由の少くとも一部は，「彼がそれを行った」という形式の文章が伝統的に先ずもって記述的なものと見なされてきたのに対し，そのような文章の主な機能は私があえて「帰責的」(ascriptive) と呼ぶものに存し，全くもって文字通りの意味で——ちょうど「これは彼のものである」という形式の文章の主な機能が財産に対する権利を帰属させることにあるように——，行為に対する責任を帰属させることに存するからである。

ハートは行為命題の（そして行為の）意味論的特質を，法廷での判決と判決の中で用いられる法的用語（例えば契約）の意味論的特質との類比において考察する。訴訟当事者双方が提示する主張と，主張を基礎づける議論を根拠にして裁判官は判決を下すが，判決の効果は，特定の出来事が或る一つのカテゴリー（例えば契約）の下に包摂されること，当の出来事に当のカテゴリーが当てはまると見なされることにある。要するに裁判官は判決によって或る出来事がどのような種類の出来事であるかを確定し，この後に様々な法的効果が生ずる。従って判決は真理値をもつような記述ではなく，或る出来事が特定のタイプないし種類の出来事であることを肯定し確定する言語行為であり，判決について言いうるのは真か偽ではなく適切か不適切かである。しかしそれにもかかわらず判決によって裁判官は或る出来事が一定のタイプの出来事であることを宣言しており，この宣言は当該問題に関して一定の仕方で行動するように裁判の当事者たちを拘束するものの，宣言によって当の出来事に新たな性質が付加されるわけではない。裁判官の判決は一種の事実解釈であり，訴訟当事者に対し当該事実を特定のタイプに属する事実と見なすように強要するが，これは社会生活の脈絡から生じた或る概念的枠組を審理を通して当該事例へと意識的に関連づけ，当の枠組をより明確にしていくことなのである。

更にハートによると，判決の中で用いられる概念（例えば契約）は「際限のない」(open-ended) 概念であり，契約が帯びる諸特徴を列挙しても常に「等々」を付加しなければならず，或る事例が契約であるための必要にして充分な諸条件を特定することは不可能である。そして契約のような概念は「破棄可能な」(defeasible) 概念である。例えば契約が帯びる諸特徴のリストに我々は契約概念の適用を破棄するような諸条件を含めざるをえない（a．b．

c ……でない限りその事例は契約である）。法的状況においては新しい証拠が見い出され，契約概念の適用に関する公的判断を変化させていく。しばしば法的概念は，当の概念が当てはまるために充足されるべき積極的諸条件のリストによって定義され，この諸条件は概念が適用されるための必要にして充分な条件とされることがあるが，ハートによれば契約のような破棄可能な概念が或る事例に当てはまることは，契約の定義を構成するこのような諸条件を当の事例が充足していることではなく，当の事例が契約でないことを示すために提示されうる論拠（契約を破棄しうる論拠）が今のところことごとく失敗していることを意味する。

行為命題は判決および契約と同一の意味論構造を帯びている。

人間行為の概念は帰責的で破棄可能な概念である。…「私がそれを行った」，「あなたがそれを行った」，「彼がそれを行った」といった文章は，先ずもって次のような発話であることを私は指摘する。即ち我々はこれらの発話によって自分に責任があることを認めたり受け入れたり，人を非難したり人に責任を帰したりする。そして我々の行為がまさに我々のものであるということの意味は，財産が我々のものであるということの意味と非常によく似ている…[37]。

ここでハートは行為命題の機能が「先ずもって」帰責にあることを指摘しており，従ってそれが記述的たりうることを否定してはいない。ただ行為命題の記述的使用は帰責的使用に比べて副次的なのである。そして多くの場合，帰属の機能を帯びる行為命題は「行った」という過去形をとる。従って行為命題は先ずもって真理値をもたない命題であるが，発話の具体的脈絡によっては真理値をもつ記述命題となる。しかしハートによれば，仮に行為命題が記述命題であるときも，それは或る出来事が行為と見なされるための必要充分条件を満たしていることの記述ではない。

裁判官の判決が社会生活の脈絡から生じた契約という概念的枠組を特定の出来事に適用し，当の出来事を契約として確定するように，行為命題も或る出来事を行為として確定し，ここから様々な結果が生じていく。判決が記述命題ではなく真理値をもたないように，行為命題も基本的には記述命題ではなく真理値をもたない。そして判決の中で用いられる「契約」が「際限のない」そして「破棄可能な」概念であるように，行為概念も同じ性格を帯びて

いる。即ち，或る出来事を行為にしている一定の（際限のある）諸条件が存在し行為はこれらの条件によって定義される，と考えるべきではなく，「人間Xはaを行った」という命題が（真ではなく）適切なものとされるのは，これらの条件が存在しているからではなく命題を不適切なものとして（即ちaをXに帰属させることを不適切として）破棄しうる事実や論拠が未だ見つかっていないことを意味するにすぎない。

　ハートは人間の身体の物理的な動きと人間行為の相違が何に存するかを問題にし，この問題に関する一般に支持された二つの見解を取り上げ批判している。一つの見解は，行為者に或る心理的な出来事が生じ，この出来事が身体の動きを因果的に惹き起すことを行為と見なし，もう一つの見解は，「Xはaを行った」という文章を次の二つの命題を主張するものとして理解する。即ちXの身体動作についての定言命題と，「もし行為者が異なる選択をしていればその行為者の身体動作も異なっていただろう」という一般的仮言命題の二つである。ハートは出来事の因果的ないし反事実的分析でもって「何が行為か」という問いに答える上記二つの見解の共通の誤りが次の点に存すること，即ち，人間行為の概念を定言的であれ仮言的であれ記述的な諸命題の何らかの結合によって，あるいは単一の個人にのみ関する何らかの諸命題によって適切に分析することができると考える点に存することを主張する。ハートによれば行為と身体動作の相違は，責任（liabilities ないし responsibility）がそれによって帰属される非記述的な命題の使用へと言及することによって説明されなければならない。要するに行為とは何かという問いに対しては，心的な諸原因のような自然主義的「規準」ではなく，社会的「規準」が用いられるべきである。

　或る出来事を行為たらしめている何らかの積極的な条件を特定化しようと試みる行為論は，行為概念の破棄可能性を理解していない。今「Xはaを行った」が非難の意味をこめて発話され，これに対してXが行為aを自分に帰属させるこの命題を否定し，非難が不当であることを主張したとする。例えばXはそれが行為でなかったことを示す様々な事実を挙げて自己弁護をするだろう。このとき自分に帰せられた行為を破棄しようとするXの言い分がすべて無効とされるか，あるいはXが行為を破棄することになるような事実を一つも挙げられなかったとする。このような状況において上記の行為論は，Xの行為に関して実際に観察されている事実，即ちXの身体動作の事実と，

自分に対する行為の帰属を破棄するためにＸが行う自己弁護がすべて失敗に終ったという事実を，行為者に生じている何らかの積極的な要因――特に心理的な原因――を示す「証拠」として理解する。これに対して行為を「際限のない」破棄可能な概念として理解するハートは，上記の事実を観察者には見えない行為者の心理状態――出来事を行為にしている積極的要因たる心理状態――の「証拠」ではなく，行為をＸに帰属させ，Ｘに責任を帰するための「規準」ないし「根拠」と見なす。

　帰責主義によれば，行為とはそれに対して我々が或る人に責任――規範的な意味での責任――を帰するような出来事であり，それ故責任は行為の必要条件である。しかし，「帰する」とか「帰属させる」といった言葉の意味を明確にしておく必要がある。帰属させたり帰したりする主体は誰か或る人であるが，帰責主義によると人は何に何を帰するのだろうか。先ず，人は或る出来事に行為を帰属させる，と言えるだろう。しかしこれは，人は或る出来事を行為として記述する，ということと同義である。次に，人は或る人間Ｘに行為 a を帰属させると言えるし，更に人はＸに責任を帰するとも言えるだろう。そしてＸに責任を帰することは，Ｘに行為を帰することによってなされるのであるから，人はＸに行為 a に対する責任を帰すると言える。しかし重要なことは，人はＸに行為 a に対する責任を帰する可能性を生じさせることなくしてＸに行為 a を帰することはできない，ということである。それ故，「Ｘに行為 a を帰属させること」は，「Ｘに行為 a（あるいは a である出来事）に対する責任を帰することが可能である」ことを含意する。言うまでもなく，Ｘに行為 a を帰するだけではＸに a に対する責任を帰するために充分とは言えない。Ｘには様々な〈excuse〉が開かれており，それが妥当なものであれば帰責は不適切となる。逆に代理責任が認められているように，Ｘに行為 a に対する責任を帰することが可能であるというだけでは，Ｘに行為 a を帰するために充分とは言えない。Ｘに行為 a に対する責任を帰する可能性があることは，Ｘに行為 a を帰するための，それ故問題になっている出来事に行為を帰するための，そして当の出来事を行為として記述するための必要条件なのである。

　さて，行為とは何かと問うことは，或る出来事に行為を帰属させ，そして或る出来事を行為として記述することが適正であるための条件を問うことであり，これは或る出来事が行為とされる「規準」を問うことである。そして

帰責主義の行為論は上記のような意味での帰責可能性を，出来事が行為であるための必要条件と見なし，出来事が行為であるための諸必要条件の中から帰責可能性という必要条件を選び，これを行為の規準と見なす。

我々が他人に責任を帰するのはどのようなことに対してかという問いは，言うまでもなく帰責のための規範を定める道徳的法的な制度を前提にして答えられる。従って，帰責の制度的前提が欠如しているところでは，特定の出来事に対する責任を或る人間に帰すことはありえないし，帰責の制度的詳細が異なれば，ある社会的脈絡では或る出来事が行為とされるのに対して，別の社会的脈絡では同じ出来事が行為とされないこともあるだろう。帰責主義と生成主義の根本的な相違はこの点に存する。行為とは何かという問いに対する生成主義の答は，道徳的法的脈絡における帰責の役割を偶有的ないし付帯的なものとして扱うのに対し，帰責主義はこの役割を，「行為であるということは何か」にとって本質的なものと考えるからである。

生成主義と帰責主義は「行為」の規準を異なった仕方で捉えている。帰責主義のように帰責可能性が行為の規準であれば，何が行為であるかは脈絡によって変化するのに対し，生成主義のように例えば「信念と欲求が身体動作を惹き起すこと」が行為の規準であれば，何が行為であるかは脈絡に依存しない純粋に存在論的な問題になり，道徳的帰責の適正さを判断する規準も非道徳的なものとなるだろう。

帰責の問題には二つの側面がある。一つは，「或る人に責任がある」とはどういうことかという側面と，或る出来事に対して責任を帰することが可能なのはどのようなときかという側面である。前者の側面——即ち有責であることの規準——は後で論ずることにして，先ず後者の側面を考えてみよう。或る出来事に対して責任を帰することができる，ということの意味は何か。

ここで二種類の帰責主義を区別してみよう。この区別は，道徳的に中立的な出来事とは何かに関する区別である。一つの立場は，道徳的に中立的な出来事に対して責任を帰することは不可能であると主張し，別の立場は，道徳的に中立的な出来事も道徳的領域に含まれるのであるから，道徳的に中立的な出来事に対して責任を帰することは可能であり，ただ道徳的領域の外にある出来事に対しては責任を帰することができないと主張する。道徳的に中立的な出来事と帰責可能性の関係についての見解の相違は，何が行為とみなされ，何が行為とみなされえないかという問いに対して異なる答を提示するこ

とから重要な意味をもつ。前者の立場に立てば、一般に行為と見なされるものが行為ではなくなるだろう。例えば或る人間が唯一人家の中で体操することは、この出来事が道徳的に中立であることから、この出来事に対して当の人間に責任を帰すことは不可能であり、それ故体操は行為ではないことになる。これに対して後者の立場では、その人の体操は道徳的に中立的であっても道徳的領域に含まれ、体操という出来事に対してその人に責任を帰すことが可能であるから体操は行為でありうる。「ありうる」という意味は、帰責可能性は行為の必要条件であるから、体操という出来事が道徳的に中立的な出来事として道徳的領域に含まれ、この出来事に対して責任を帰することが可能であっても、これだけで当の出来事が行為になるわけではないからである。しかし一人で体操することは通常は道徳的に中立的であっても、特殊な状況を想定すれば道徳的な非難や賞讃の対象たりうるだろう。これに対して雨が降るといった出来事は道徳的領域の外にあり、道徳的に中立的な出来事でさえない。二つの帰責主義のうち第一の立場は行為に関する我々の直観的理解から著しくかけ離れている。それ故これからは帰責主義を第二の立場の意味で理解することにしよう。

　ハートの帰責主義に対しては様々な批判がなされてきた。そのうちの一つは、しばしば責任は行為者以外の人間に帰せられるという批判である[38]。しかしこの批判は当たっていない。確かに上記の説明では、行為が帰せられる人間と責任が帰せられる人間が同一であることを想定したが、帰責主義はこのような同一性を要求しない。言うまでもなく責任は転嫁されたり、複数の人間が共に負うことがある。例えば子供が惹き起した出来事に対する責任を親に帰するとき、子供が当の出来事を（即ち行為を）生み出したのであるから行為は子供の行為であるが、当の出来事が行為であるのは、出来事に対する責任を——この場合は子供にではなく——親に帰すことが可能だからである。このことは責任と行為が同一の人間に帰せられるときも変りがない。行為がその人間に帰せられるのは当の人間がそれを生み出したからであるが、それが行為である理由は、どのようにしてそれが生み出されたかとは全く無関係なのである。

　次に、帰責主義に対しては、「述語づける」ことと「帰属させる」ことを混同しているという批判がある。P．T．ギーチによれば「帰責主義者は、行為者（agent）Aにおける行為Xが意図的（voluntary）であると述べることは、

行為Xを一定の仕方で因果的に惹き起されたものとして記述することではなく，XをAに帰属させること，Xに対する責任をAに負わせることである[39]。」しかし，帰責主義のこの性格付けについて付言しておくべきことは，先ずハートは行為命題が記述として使用されうることを否定してはおらず，ただそれが先ずもって一次的には帰責という言語行為において用いられると主張していることである。更に帰責主義は，行為者と行為の間に因果的関係が存在し，この関係について語りうることを否定してはいない。帰責主義は「行為とは何か」という問いに対する答として，因果性は或る出来事が行為と見なされるための必要条件ではないと主張するのである。

更にギーチは帰責主義を次のように説明する。

  試みられているのは…或るものに関する語Pの使用を，そのものを記述することとは異なった性格の行為として説明することである。しかし，ここで常に無視されているのが，あるものをPと呼ぶこと (calling) と，或るものにPを述語づける (predicating) ことの区別である。或る語Pは，「もし…であるならば…である」といった命題の節や選言命題の節において，それによって或るものがPと呼ばれることなくして当のものに述語づけされることがありうるのである[40]。

ギーチがここで主張しているのは，或る出来事に行為を帰属させるためには，当の出来事を行為と呼ばなければならないということである。しかし，もし行為命題の機能が或る出来事を行為と呼ぶことにすぎないのであれば，帰責主義は重大な難点にさらされるだろう。M.ブランドが挙げている次の推論を考えてみよう[41]。

(1) ジョーンズの発砲が行為であるならば，彼は殺人で有罪である。
(2) ジョーンズの発砲は行為である。
(3) それ故，彼は殺人で有罪である。

ギーチは帰責主義を，行為命題の述語づけ的な使用を一切認めない立場として捉えているので，明らかに条件節で行為を出来事に述語づけている前提(1)と，帰責主義が正しければ出来事を行為と呼んでいることになる前提(2)の間で「行為」という語に関して一語多義性の虚偽 (equivocation) が存在し，この推論は妥当な推論ではないことになる。しかしこの推論は妥当な推論と見なされるので帰責主義による行為命題の理解の方が誤っている，というの

がギーチの指摘である。ギーチによれば，帰責主義の基本的な誤りは，行為命題を記述以外の使用として説明した後で，それを記述として説明することができると考えている点にある。我々が或る出来事を「意図的」と呼ぶことによりそれに行為を帰属させていることは確かであるが，これと同時に我々は当の出来事に「意図的」を述語づけしている。そして述語づけは，出来事の何たるかを主張することなくしてなされうることから，述語づけが先行し，この後に述語づけを考慮に入れることで帰属がなされるのである。上記の推論の二つの前提(1)(2)はともに出来事に「行為」を先ず述語づけており，前提(2)では出来事に行為を述語づけした上で当の出来事を行為と呼んでいるのである。

　ギーチは「行為」(特に行為の言語) はただものごとを行為と呼ぶためにのみ使用される，という考え方を批判している。しかし，もしそうだとすれば，帰責主義は前提(1)を述べることさえできないだろう。仮言命題の「行為」は出来事を行為と呼ぶような仕方で使用されていないことは明白だからである。既述の如くハートの帰責主義は行為命題の帰責的使用以外の使用を認めており，ただ帰責的使用が一次的であることを主張しているにすぎないことを想起すべきである。そうだとすれば，帰責主義の立場でも，上記の(1)と(2)から(3)への推論には一語多義性の虚偽は存在しないと言うべきである。

　今，前提(1)を次のように言い換えてみよう。

　(1′)　ジョーンズの発砲が我々が行為と呼びうるものであれば，彼は殺人で有罪である。

(1)を(1′)へと言い換えれば，我々は(1)の従属節の「ジョーンズの発砲は行為である」という記述的内容を取り去り，語の「呼ぶ」機能を明瞭にすることによって，実際に「呼ぶ」行為をすることなく，しかも「呼ぶ」という語の宣言的な (即ち非記述的な) 使用を一次的なものにすることができる。そして前提(2)は次のように言い換えられるだろう。

　(2′)　ジョーンズの発砲は，我々が行為と呼びうるものである。

　(1′)と(2′)から(3)への推論は妥当な推論である。このようにして，帰責主義はギーチの批判をかわすことができるだろう。しかし(2)と(2′)の相違は何だろうか。「あるものを行為と呼びうることを認めること」は，「そのものを行為と呼ぶこと」と同値だろうか。ここでハートが行為命題を裁判官の判決のようにある種の決定と見なしていたことを想起しよう。裁判官が審理の結果

「我々はこれを契約と呼ぶことができる」と結論したとき, これは「我々はこれを契約と呼ぶ」と同じ意味をもつだろう。同様に, 我々が或る出来事を「行為」と呼びうることを認めることは, 行為命題の決定的な性格の故に, 我々が当の出来事を「行為」と呼ぶことと同義である。行為という語のこの種の宣言的使用は,「呼ぶ」ことの構成的な使用と言えるだろう。構成的に「呼ぶこと」は, 或るもの（発砲）が一般的なタイプ（行為）の具体的実例になっている（具体的実例を構成している）ことを決定することである。このとき, 呼ぶという発話行為は呼ばれているものに何ら新しいことを付加することはない。これに対して,「呼ぶ」ことは, しばしば構成的にではなく記述的に「呼ぶ」ことである場合がある。あるものを記述的に呼ぶ場合, 我々は当のものに関して新しい何かを発見し, 宣言的な発話によって, この新しい何かを指示する。上記の前提(2)が発砲を行為と呼んでいることは確かであるが, これは記述的に——即ちジョーンズの発砲という出来事を「行為」と呼ぶことが, ジョーンズの発砲について何か新しいことを指示するかのように記述的に——そう呼んでいるのである。ギーチは(2)をこのように理解している。(2)がこの種の記述であれば,(2)を(2')のように言い換えることはできない。しかし,「呼ぶこと」に構成的な使用があることを無視して帰責主義を批判することは正しくないだろう。

帰責主義に対する更に別の批判は, 我々は自分の行為に対して責任があるという言い方は不正確であり, 正しくは我々は自分の行為から生ずる結果に対して責任があると言うべきである, と主張する[42]。それ故, 行為は我々がそれに対する責任を人々に負わせるような出来事ではありえない。この批判に対しては,「我々は或る人の行為に対する責任を当人に負わせる」という言い方は極く自然で我々の直観に何ら反してはいないと答えられるだろう。ジョーンズが発砲によって或る人間の死を惹き起したとき, その人の死はジョーンズの行為の結果であり, ジョーンズがその人の死に対して責任があるのは確かである。それでは, ジョーンズは発砲したことに対して責任がある, という言い方はどうだろうか。充分に正しい言い方だと思われる。従って, それにもかかわらず責任があるのは行為に対してではなく行為の結果に対してであると主張されれば, 発砲することは固有の意味での行為ではなく, 行為の結果であると考えなければならないだろう。そして発砲が行為の結果であれば,「発砲すること」を結果として惹き起した行為は「指を動かす」こと

だろう。しかし「指を動かす」ことに対して人に責任を負わせる，という言い方は奇妙である。

「我々は或る人の行為に対する責任を当人に負わせる」という日常的な観念を有意味なものにする方法があるだろうか。一つの方法は，我々は行為の結果によって行為を固体化する（行為を一つの行為として特定する）という考え方である。F. フェインバーグは，明白には責任を帰していない行為命題にもハートの行為概念の説明はあてはまるか，という問題を論じながら，責任および責任の帰属（attribution）に関する様々な観念を検討している[43]。フェインバーグが区別している五つの責任（そして帰責）観念のうち三つが非道徳的な因果的責任観念であり，この因果的責任の第一の観念は，低気圧が降雨に対して〈responsible〉であるというような純粋に因果的な観念であり，フェインバーグが〈causal agency〉の帰属と名付けている第二の観念は，ドアを押し，掛け金を降ろすことによってドアを閉める行為のように目的論的に連結した複数の下位行為からなる一つの複雑な行為——即ち別の何かを同時に行うことによってのみ遂行されうる行為——を或る人に帰属させることである。これに対して或る行為は別の行為を遂行することなくして遂行することができ，その典型的な例は身体動作である。我々は指を動かすために別のことをする必要がない。このような単純な行為を或る人に帰することをフェインバーグは〈simple agency〉の帰属と名付けている。

フェインバーグは〈causal agency〉を論じる際に既述の「アコーディオン効果」について言及している。例えば，スミスは「鍵を回す」「ドアを開ける」，「ジョーンズを驚かす」，「ジョーンズを殺す」は出来事の因果性によって連結している。即ち「鍵が回る」ことは「ドアが開く」ことを惹き起こし，「ドアが開く」ことは「ジョーンズが驚く」ことを，「ジョーンズが驚く」ことは「ジョーンズが死ぬ」ことを惹き起こし，これらの出来事はフェインバーグが挙げる第一の意味での純粋な因果性の帰属によって連鎖している。この場合，スミスの行為は身体の一部を動かす行為によって出来事の連鎖を惹き起すわけであるが，スミスが何を行ったかに関しては，アコーディオンのように行為記述を伸縮させることができる。即ち我々は，「スミスは指を動かし，ドアを開け，このことによってジョーンズが驚くことを惹き起した」と言う代りに，行為記述を伸長させて「スミスはジョーンズを驚かせた」と言うことが可能であり，逆に行為記述を収縮させ，スミスに〈simple agency〉

を帰して「スミスは指を動かした」と言うことも可能である。

　しかし，アコーディオンの収縮効果に関するフェインバーグの説明は，あらゆる複合行為が必然的により単純な行為（おそらくは身体の一部を動かす基礎行為をも含めて）から構成されているという主張を含意している。しかし，既に基礎行為について指摘したように，どのような行為も，どれほどそれが複合的であろうと，それが他の行為によって生み出されたのでない限りそれ自体で基礎的でありうることに注意すべきだろう。或る複合行為が他の行為を通じて生み出されたか否かは偶然的な問題であり，経験によって判断されねばならない。あらゆる複合行為は必然的により基礎的な行為から構成されている，というフェインバーグの主張は検討の余地があるだろう。

　このことを踏まえた上で，行為帰属の伸縮に関して次のように言うことができる。即ち，行為の帰結のどれが「行為」でどれがそうでないかを決定すること自体には特に何の問題もないだろう。言うまでもなく，行為の帰結のすべてが，単に行為帰属の伸長によって当然のこととして行為と見なされるわけではない。アコーディオン効果には限界があり，伸縮の限界は偶然的な問題として経験的に決定されねばならない。複合行為が必然的に基礎行為を基底にするというフェインバーグの主張は，特にアコーディオンの収縮に関してこの論点を曖昧なものにしているが，行為の生成が偶然的であることに留意した記述的な仕方で利用されれば，彼の指摘は依然として有益である。

　また，フェインバーグの議論の中には，行為の社会的脈絡に注目する帰責主義の基本的な考え方に合致した興味深いテーマが存在する。既に述べたように，アコーディオン効果は因果的に複合的な行為について当てはまり，複合的な行為は目的論的に関連する下位の諸行為を通じて遂行される。即ち目的論的に関連し合う諸行為は因果的に関連し合っていると同時に，非恣意的に関連づけられた記述に服している。しかし，目的論は志向された目的によって行為を説明するが，我々が行為を記述し説明するとき，複合行為の全体が既に完了した所与の出来事として存在しており，行為者が抱いているであろう目的は観察可能な事実としては与えられていない。このとき，行為を目的論的に説明するには，行為全体を因果的に連鎖した各部分へと分節化し，所与の出来事からありうる一つの物語を創造しなければならない。この場合，フェインバーグの論点は，単純な因果的物語を創造するときでさえ，この物語は特定の視座から語られ，特定の説明的関心によって抽出された状況の幾

つかの局面を引用することによって構成され語られるということである。或る複雑な行為の中から目的論的に関連した一つの下位行為を引用するとき，この引用は説明にとって（物語にとって）有益なものでなければならない。例えば「スミスはドアを開け，ジョーンズを驚かせ，ジョーンズを殺した」と述べることは啓発的であるが，この中にスミスが「手を動かした」ことを含めるのは意味のないことだろう。要するに，引用される下位の行為がより複合的な行為と関連づけられる仕方は，当の状況における説明上の目的によって媒介されているということである。フェインバーグのアコーディオン効果は，この効果を正しく理解する限り，単なる因果的な関係の存在だけでどのような伸縮も許すわけではない。出来事を説明しようとする者は因果関係だけでなく，特定の社会的脈絡において自分の説明関心に関連する因果的連鎖を取り出し，物語や説明を構成するのである[44]。

　次に，帰責主義が主張するように，或る出来事が行為とされるための必要条件が「当の出来事に責任を帰属させることができる」ということであれば，帰責には根拠がなくなるという反論がある[45]。我々が行為の結果に責任を帰属させるとき，帰責を根拠づけるのは行為ではないだろうか。「何故Xには責任があるのか」という問いに対して我々は「Xは〜を行ったからである」と行為を根拠にして答える。従って帰責主義が正しければ──即ち行為それ自体に責任を付着させるならば──，行為は責任を根拠づける機能を失い，我々は最早，責任を帰属させることが不可能となるか，帰責という我々の営為が根拠を欠いたものになるかどちらかだろう。しかし，これは帰責という我々の実践を誤って解釈することである。

　目下の反論に対して帰責主義は次のように答えるだろう。この反論は，帰責行為にとって必要なのは責任を判断する者，行為，行為の結果，そして行為者のみであり，それ故責任が行為の結果とともに行為に帰属されるならば，帰責の判断を根拠づけるものがなくなってしまうと考えているが，帰責主義の主張によれば，行為や帰責は社会的な脈絡においてのみ生起し，行為は生の様式によって生じた解釈的枠組の中でのみ可視的なものとして立ち現れてくる。我々が行為に責任を帰そうとするとき，この複雑な社会的脈絡が帰責を根拠づける機能を果している。何故スミスはジョーンズの死に対して責任があるのかという問いに対して我々は次のような社会的実践を帰責の根拠として示すことができる。即ち，「スミスが行ったこと」と「ジョーンズに起っ

たこと」といった特定の出来事の間に存在する特定の因果的結合に対して人々に責任を負わせるような社会的実践である。

　帰責主義に対する最後の反論は，あらゆる行為に関して責任が問題になるわけではないという極く当然と思われる反論である。ピアノを弾く行為や，一人でいるときに頭をかきむしる行為が責任と関係あるだろうか[46]。この点については既に述べたように，帰責主義が主張するのは責任を帰属させる可・能・性・であり，道徳的に中立的な行為でも「道徳的領域」の内部にあることから，帰責主義の規準によっても行為と言えるのである。例えば「彼はピアノを弾いた」という言語行為が単なる記述でなく，状況によっては賞讃や非難となることは充分に考えられる。

7　責任と因果性

　「或る出来事が行為である」ということは，「或る行為者に当の出来事に対する責任を負わせることが可能である」ということである。しかし，この帰責主義の主張は，もし帰責の規準自体が因果的であるとしたら生成主義に帰着するだろう。従って帰責主義が生成主義に対抗しうる行為論であるためには，生成主義的な観念に——特に因果的な観念に——依存していないことが示されねばならない。しかし道徳的責任の規準は因果的だろうか。「責任がある」ということには因果的規準があるだろうか。或る人間を有責な存在者にするような必要にして充分な因果的条件が存在するだろうか。

　因果的規準の種類が異なるに応じて生成主義の種類も異なってくる。結果生成主義に関しては，現代の責任論がこの種の生成主義に依拠することはないので，考察の対象からはずすことにして，残った二つの生成主義（強い生成主義と弱い生成主義）と責任観念の関係について考察することにしよう。強い生成主義によれば，信念と欲求によって因果的に惹き起された出来事が行為なので，或る人間の行動が当の人間の信念と欲求によって因果的に惹き起されたことが，当の人間が当の行動に対して責任を負うことの根拠であり，責任についてのこの種の説明は「強い因果的規準」へと訴えている。これに対して弱い生成主義の主要な形態は行為者の因果的能力——適切な仕方でものごとを生成させる力——を問題にし，出来事が行為者のコントロールの下にあるときに出来事は行為であると考え，責任に関しては「弱い因果的規準」へと訴えている。弱い因果的規準は強い因果的規準を含意しない。例えば仮

に，責任ある行為者とは或る種の心理的能力をもつ者であると考えても，この能力が精神状態であるとは限らないし，責任ある行為者の行為とは特定の精神状態によって因果的に惹き起される行為であるということにもならない。逆に，有責性の強い因果的規準はいかなる特定の能力をも含意しないと考えてよいだろう。既に指摘されたように，これら二つの生成主義は行為の規準を個人的特徴に見るのに対し，帰責主義は非個人主義の立場から，個人が置かれている社会的脈絡に行為の規準としての役割を認める。従って二つの生成主義が責任の因果的規準と見なすものも，個人に内在する何らかの属性である。即ち，強い生成主義における「強い因果的規準」は，特定の行為の起源たりうる，個人主義的に理解された特定の精神状態である。弱い生成主義における「弱い因果的規準」は，個人主義的に理解された行為者の因果的能力である。

　これに対して責任の非個人主義的な観念は，言うなれば脈絡の中で個別化される状況的能力という観念によって説明できるだろう。弱い生成主義の言う因果的能力が純粋に内面的な個人の能力であるのに対し，状況的能力は個人が置かれた状況ないし社会的脈絡の中で存在する言わば外的な能力であり，行為者が自己自身にとって或る意味で外的な諸規準に従って行動する能力である。この観念においては，責任があるということは，何らかの社会的役割を果すこと，あるいは行為者が置かれた脈絡によって個別化される社会的地位――即ち状況的能力――を引き受けることである。この種の役割を果すのは個人であるが，役割自体は個人にではなく個人が置かれた脈絡や情況に属している。

　問題はこのような社会的地位が「責任あること」にとって中心的な意味をもつか否かである。あるいはむしろ社会的地位はある種の精神的状態とか個人的能力といった個人主義的な属性によってより良く特徴づけられるのだろうか。この点，社会的状況的な能力を，この能力を生み出した原因によってより根本的かつ因果的に特徴づけることができれば，責任は因果的規準をもつという見解が正しいということになるだろう。

　責任は因果的規準を有しているだろうか。先ず法的責任特に刑事責任について考察してみよう[47]。英米法における刑事責任の原則として直ちに挙げられるのが「精神が有罪でない限り行為が（人を）有罪にすることはない」（actus non facit reum nisi mens sit rea）という格言である。犯意（mens rea）がない

限り犯罪行為（actus reum）は存在しない。人を殺すことが殺人罪とされるには，人を殺すことが意図されていなければならない。それでは「或ることを意図する」とはどのようなことを意味しているのだろうか。通常の考え方によれば，精神状態——即ち意図——が行動を因果的に惹き起せば，当の行動は意図的行為である。従って，この考え方に従えば，法は刑事責任に「強い因果的規準」を与えていることになる。即ち，或る行為が意図的か否か，従ってその行為者が行為に対して刑事的な責任を負うか否かは，当の行為を因果的に惹き起した特定の思念——即ち意図——の確定を要求する。

しかし精神状態は完全に私的な状態であり，他者にとって観察不可能である。従って刑事責任にとって必要とされる犯意の立証は確実なものではありえない。観察可能な様々な証拠事実から精神状態を推論することは蓋然的な推論でしかない。精神が私的で観察不可能なことに対処する一つの態度は，精神が一般に想定されているような意味で私的であることを否定することである。他者の精神状態が私的であることを認める我々に馴染みの考え方が正しければ，我々には最早「他者が行為していることを観察している」と考える資格がないことになるだろう[48]。精神状態の存在は行動から推論されなければならないと我々が考えるならば，我々は他者の行動を行為として正当に特徴づけることはできず，むしろこのような行動を身体動作として記述すべきである。しかし現実に我々は他者の行動を身体動作ではなく行為として正当に特徴づけていないだろうか。もしそうであれば，精神状態を私的と見なす通常の考え方の方が誤っているように思われる。

事実我々は行為には身体動作以上のものが含まれていると日常的に考えており，この考え方は端的に正しいだろう。もし我々が，「身体動作以上のもの」は我々には隠れていて把握できないという見解を放棄すれば，行為の精神的な側面は行為自体に現れているという考え方が可能になる。我々は（外に現れている）行為の中に意図を把握することができる。行為が何の問題もなく観察可能であることを認めることは，精神状態が或る意味で観察可能なことを認めることである。

しかしこの見解には二つの解釈が可能である。一つの解釈は観察可能な行為を観察不可能な精神状態の証拠とみなし，他の解釈は規準とみなす。前者の解釈は責任の因果的規準を精神状態にみる生成主義に帰着するだろう。これに対して行為を精神状態の規準と見なす立場によれば，行為者の意図を理

解することは外的行為から行為者の内面を推測することではなく，行為と「行為の脈絡」（行為者が他に何を行ったかも含めて）の関係を把握することである。「犯意」の客観的規準はこの見解に立っている。「犯意がある」ことは，第三者に知覚可能な諸規準に被告人の行動が合致していること——例えば，通常の状況ないし類似した状況において合理的人間であれば行う（予測する）であろうこと，等々——を意味する。犯意の客観的規準が採用されるとき，被告人は客観的規準が自分の行動に関して当てはまらないことを客観的事実によって——例えば精神的疾患や，自分の行動とその脈絡が通常のものから重要な点で逸脱していることなどによって——立証することで，自分に犯意がなかったことを主張する。

　しかし犯意の客観的規準によって我々は被告人にどのような精神状態を帰属させるのだろうか。あるいは，客観的規準によって特定される「犯意」とはどのようなものだろうか。この点，被告人がとった行動が同じような状況において合理的人間であればとったであろう行動と重要な点で類似していることは，被告人が行動した時点で合理的人間であれば有していたであろう精神状態と類似の精神状態にあったことを示している，と考えることは誤っているだろう。むしろ客観的規準が示すのは，同じ状況において通常の人間であれば何を「思念する」かではなく，どのような「能力」を持つかということである。従って犯意の客観的規準が示すのは，被告人が特定の時点において通常の人間と同じ能力を有していたということである。

　客観的規準の採用と同じく犯意を客観的に捉える別の考え方は，犯意を正当な弁明（excuse）の欠如として否定的に理解する[49]。弁明の例としては，意識がなかったこと，自分の身体動作から生ずる結果や自分の身体動作によって影響を受ける事物の性質や他者について誤った認識を有していたこと，強迫その他抗し難い強制を受けていたこと，ある種の精神的な疾患があったこと，等々が挙げられる。或る人が法に違反したときこの種の弁明が存在しなければ，その人は意図的に行動した（犯意があった）と判断される。たとえこの見解が法的責任には精神的規準が必要であるという見解に立っているとしても，それは有責性の精神的規準について何か積極的な事実を特定化することを控え，被告人に対して何らかの特別な条件が通常の状況の存在——即ち被告人が少くとも特定の仕方で精神的に自分の行為をコントロールするはずの通常の状況の存在——を打ち消していることの立証を要求する。この

見解をもっとラディカルに推し進めれば，犯罪における精神的要素への言及をすべて不必要と見なし，一定の弁明の条件が充足されない限り法的責任を認める立場へと至るだろう。

さて，精神状態が私的であるにもかかわらず，刑事責任を課するには「犯意」を立証しなければならない。この問題に関しては，「犯意」という精神状態は私的であるから完全な立証は不可能であり，蓋然的な立証で満足しなければならないと答えるのが普通である。しかし或る種の行為に関してはむしろ客観的規準を採用することの方が正当だろう。例えば自動車運転のようにルーティン化し公的なライセンスを必要とする行為がそうである。行為がルーティン化している場合，行為者は当の行為をしながら様々な思念を抱き，自分の行為自体に意識を向けることは稀である。また公的なライセンスによる行為は，行為者の能力が充分なレヴェルに達していることが体系的な仕方で証明されている行為であり，この種の行為については，通常の状況においては行為を意図的なものにする諸規準が充足されていると考える正当な理由が存在するだろう。

更に重要なことは，自動車運転のように危険な行為に客観的規準を採用する際に答えられるべき問いは，被告人は何を認識す・べ・き・であったかに関する問いであるという考え方も可能だろう。この考え方は犯意の客観的観念に規範的な要素を導入することになる。これまで問題にしてきた客観的観念は，精神的な原因を確定するために客観的規準を用いるべきだという考え方であった。これに対して，犯罪の精神的要素の考察の中に規範的要素を導入することは，犯意の非因果的側面を認めることである。被告人の精神を判定する公けの（即ち裁判所による）方法の中にひとたび規範的要因が許容されることになれば，問題は「被告人に精神状態や状況的能力を帰属させるために何らかの種類の規準を採用する」ことから「被告人を合理的行動の諸規準の脈絡の中に据え，被告人がこれらの規準を充足しているか，これらの規準から逸脱しているか否かを判断する」ことへと推移する。例えば緊急避難の事例において，或る人Xが自分の生命を守るために法に違反したとき犯意があるだろうか。通常そうされているように，もし緊急避難において犯意が否定されるならば，それは犯意の規準として因果的ではなく規範的な規準が用いられていることを意味する。自分の生命を守るために法に違反したXは意図的に法に違反しており，Xの信念と欲求が原因となってXの行動が生じている。

Xは自分の行為をコントロールできていたし，法違反を回避することができた。この種の意図を形而上学的ないし存在論的な意図と呼ぶことができる。しかし別の意味でXの法違反は意図的ではなかったと言えるだろう。法に違反するXの選択は真の選択ではなく，生命を守るために余儀なくされたものである。この種の非意図性を規範的ないし道徳的非意図性と呼ぶことができる。Xは形而上学的ないし存在論的には意図的に法に違反したが，規範的ないし道徳的には非意図的に行動した。そして規範的非意図性だけで犯意を否定するのに充分である——即ちXを有責にするための犯意の条件が満たされていないと考えるのに充分である——と判断されれば，明らかに刑事責任を帰属させるための意図性の規準として因果的規準ではなく規範的規準が用いられていることになる。

更に，犯罪における精神的要素を立証する規準が異なるに応じて犯罪の種類を区別するやり方を考えてみよう。多くの法体系にみられるように，犯罪は，何らかの仕方で犯意が立証されることを要求する通常の犯罪と，いかなる精神的要素の立証も必要とされず，行為だけで法的責任を負わせるに充分な犯罪に区別されるが，第三の種類の犯罪として，犯意の立証は必要とされないが，自分が合理的な注意を払ったことを立証することで被告人が責任を回避できる犯罪がありうるだろう。この場合，被告人が合理的注意を払ったことの立証は，例えば被告人が誤った事実認識の下で行動していたことや，生じてしまった出来事を回避するためにあらゆる合理的な措置をとっていたことなどの立証を含むだろう。従って裁判所がこれらの事実を判定するとき，「合理的人間であれば類似の状況においてどのようなことをしていたか」を思慮しなければならず，この規準は明らかに規範的な要素を含んでいる。即ち合理的人間であれば類似の状況においてどのように行動すべきかを考え，この考えに依拠しながら被告人が何をすべきであったかが判断されるのである。これは犯罪における精神的要素が規範的に解釈されていることを意味している。

以上の考察から明らかなことは，責任に対して強い因果的規準を要求する強い生成主義が必ずしも法的責任の領域において支持されていないことである。この点，責任の規準を精神状態ではなく能力に見る弱い生成主義の方がより支持されているように思われるが，法は犯意に対してこの種の弱い因果的解釈とも異なる解釈を与えている。犯意の規準の中に規範的要素が混入す

ることで，法的責任の規準が非因果的なものになっているからである。

それでは道徳的責任についてはどうだろうか。生成主義が主張するように道徳的責任は因果的で個人主義的な規準を持つだろうか。それとも帰責主義が主張するように，個人が置かれた社会的脈絡——非因果的で非個人的な脈絡——を規準に持つのだろうか。道徳的領域の自立性を擁護する或る見解によれば，道徳における「正当化の問題は人間の態度や感情の構造にとって内的であり，あるいはこの構造にとって内的な修正と関連している。態度の一般的枠組の存在それ自体は人間社会の事実によって我々に与えられている何ものかであり，全体としてこの枠組の存在が外的な合理的正当化を要求したり許容したりすることはない[50]。」例えば相互に相手の行動を非難し賞讃し合う我々の実践は人間社会の事実であり，このような態度に支えられた「責任あること」という人間存在のあり方や観念が道徳の領域の外にある因果的事実や因果的事実に関する観念——例えば決定論——によって正当化されることはない。一般に，道徳に特徴的な概念と判断に関して，他の領域が正当化や合理的な説明を与えることはないからである。非難や賞讃といった反応的態度を他者に対してとりうることの規準は，人々に責任を負わせる社会的実践に参加し，この実践の中で状況的能力を示すことである。

この種の見解は「個人が道徳的に責任のあること」の規準を，個人のみに関する事実にではなく，個人が一定の社会的状況や脈絡に適合する仕方の中にみる。従ってこの見解は，道徳的責任の真なる根拠は個人の能力であり，個人が社会的状況的能力を示すことはこのような個人の能力の証拠にすぎない，という個人主義的な見解とは異なり，個人が社会的状況的能力を示すことを，個人が道徳的に責任のあることの規準と見なしている。相互に責任を帰属させ合う我々の実践が果す第一次的な機能は個々人の性格を評価することではなく個人間の行動を規制することであり，それ故この種の実践で用いられる概念の規準も個人的ではなく社会的なものとなる。ある意味で，「道徳的に責任のあること」を可能にしているのは心理的現象であるかもしれないし，何らかの因果的過程によって当該の行動が生起することも明らかである。しかしこのこと自体は，心理的現象が——例えば信念や欲求が行動を因果的に惹き起すことが——，道徳的責任の規準であることを含意しない。或る人に或る出来事に対する責任を負わせる可能性のあることが，当の出来事を行為と見なすための必要条件であるという帰責主義の主張は，帰責の規準

自体が因果的なものでない限り生成主義へと変質することはない。そして上記のような意味での道徳の自立的領域が存立すれば，帰責の規準は因果的なものではないのである。

(1) Mele, A. R., ed., *The Philosophy of Action*, Oxford, 1997, pp. 2-3.
(2) Frankfurt, H., 'The Problem of Action,' Mele, *op. cit.*, p. 42.
(3) Juarrero, A., *Dynamics in Action: Intentional Behavior as a Complex System*, Cambridge, Mass., 1999, p. 1.
(4) Chisholm, R., 'Freedom and Action,' Lehrer, K., *Freedom and Determinism*, New York, 1966; Taylor, R., *Action and Freedom*, Englewood Cliffs, New Jersey, 1966.
(5) Donagan, A., *Choice: The Essential Element in Human Action*, London, 1987, pp. 1-2; Charles, D., *Aristotle's Theory of Action*, Ithaca, New York, 1984, p. 62; Inwood, B., *Ethics and Human Action in Early Stoicism*, Oxford, 1985, p. 4.
(6) Hart, H. L. A., 'The Ascription of Responsibility and Rights,' *The Proceedings of the Aristotelian Society*, 1948-9. 前節註（3）で引用されたものと同論文。
(7) Goldman, A. I., *A Theory of Human Action*, Englewood Cliffs, New Jersey, 1970; Bishop, J., *Natural Agency: An Essay on the Causal Theory of Action*, Cambridge, 1989; Mele, A., *Autonomous Agents: From Self-Control to Autonomy*, Oxford, 1995.
(8) Frankfurt, *op. cit.*; Juarrero, *op. cit,*; Fischer, J. M. and Ravizza, M., *Responsibility and Control: A Theory of Moral Responsibility*, Cambridge, 1998.
(9) Hornsby, J., *Action*, London, 1980; Pietroski, P., *Causing Action*, Oxford, 2000.
(10) この点，いわゆる「行為者因果性」（agency causation）の立場は，出来事の因果性では行為の性質を説明できず，行為者による因果性という独得な因果関係が行為の理解にとって必要なことを主張する。これは，然るべき因果的生成過程が出来事を行為にするという趣旨であれば強い生成主義と言いうるし，また行為者が結果を因果的に惹き起すことが行為であるという趣旨であれば結果生成主義である。
(11) Davidson, D., 'Actions, Reasons, and Causes,' Id., *Essays on Actions and Events*, Oxford, 1980. pp. 3-19.
(12) Goldman, *op. cit.*
(13) 基礎行為と通常の複雑な行為との関係は，後者が前者を通じて因果的に生成することだけでなく，例えばダンスのように後者が前者の単なる集積であることも含まれ，ジェスチャーのように複雑な行為が或るルールに従って遂行される基礎行為であることもある。
(14) アコーディオン効果については Feinberg, J., 'Action and Responsibility,' Black, M., ed., *Philosophy in America*, Ithaca, New York, 1964, p. 146.
(15) Davidson, D., 'Agency,' Id., *op. cit.*, pp. 49-50.

(16) Hornsby, op. cit., pp. 67-88.
(17) Brand, M., *Intending and Acting*, Cambridge, Mass., 1984, p. 19.
(18) Davidson, D., 'Freedom to Act,' Id., *op. cit.*, p. 73.
(19) Brand, M., 'Proximate Causation of Action,' Tomberlin, J. E., ed., *Philosophical Perspectives 3: Philosophy of Mind and Action Theory*, 1989, Atascandero, California, 1989, p. 427.
(20) Id., pp. 428-9.
(21) Bishop, *op. cit.*, pp. 139-40.
(22) O'Shaughnessy, B., *The Will: A Dual Aspect Theory* Cambridge, 1980, vol. 2, p. 259.
(23) Id., 'Trying (as the Mental "Pineal Gland")', Mele, ed., *op. cit.*, p. 56.
(24) Id., *The Will, op. cit.*, p. 115.
(25) McCann, H., *The Works of Agency: On the Human Action, Will and Freedom*, Ithaca, New York, 1998, pp. 4-5.
(26) Id., p. 96.
(27) Id., p. 77.
(28) O'Shaughnessy, 'Trying (as the Mental "Pineal Gland")', *op. cit.*, p. 65.
(29) Hornsby, *op. cit.*
(30) Id., pp. 44-45, p. 111.
(31) Frankfurt, *op. cit.*
(32) Id., pp. 42-48.
(33) Id., p. 47.
(34) Fischer, J. M., *The Metaphysics of Free Will: An Essay on Control*, Oxford, 1994, p. 2.
(35) Fischer, J. M. and Ravizza, M., *op. cit.*, p. 28-46, 62-76. 或る人間Xが帯びるメカニズムMから現実に行動Aが生じるとき、Mに「理由に対して強い応答性」がみられることは、Mが作動するとき、仮にXにAを行わない充分な理由があれば、(1)XはAを行わない当該の充分な理由を認知し、(2)この認知の故にAを行わないことを選択し、(3)実際にAを行わない、という三つの条件を満たしていることを意味する。条件(1)は理由に対する強い受容性（receptivity）を意味し、条件(2)(3)は理由に対する強い反応性（reactivity）を意味する。そしてMが(1)(2)(3)の一つを欠けば、Mは「理由に対する弱い応答性」を示すことになる。Mが理由に対して弱い応答性を示すということは、Mが作動するとき、「XにAを行わない充分な理由があり、Xがこの理由を認知し、XがこのA理由の故にAを行わない」ような可能なシナリオが存在することを意味する。しかし、XがAに対し道徳的責任を負うためには弱い応答性では不充分であり、理由に対する適度な応答性がMにとって必要とされる。Mに理由に対する適度な応答性がみられることは、(1)XがAを行わない理由が不可解でなく、またXがAを行わない複数の理由の間のパター

ンが不可解でないこと（理由に対する規則的な受容性）を意味するが，(2) X が A を行わない少くとも一つの理由が存在すればよい（理由に対する弱い反応性があればよい）。

　今，意志の弱い X が，自宅で仕事をすべき充分な理由があることを認知しているにもかかわらず，大好きなサッカーの試合を見に行った（A を行った）とする。これは上記の強い応答性の条件(2)を満たしていないが，仮にサッカーの入場券が10万円であるシナリオの下では X がサッカーに行かず（A を行わず）自宅で仕事をすれば，X が帯びるメカニズム M は理由に対し弱い反応性を示している。しかし，「入場券が20万円のシナリオの下でなら自分はサッカーを見に行く」と X が答えたならば，これは不可解であり，M には理由に対する規則的な受容性がなく，それ故理由に対する適度な応答性が欠如していることになる。X に行為 A に対する道徳的責任を帰す必要条件は，X が帯びる M に，理由に対する適度な応答性がみられることである。

(36)　Hart, op. cit., p. 171.
(37)　Id., pp. 187-188.
(38)　Brand, M., *Intending and Acting, op. cit.*, p. 19.
(39)　Geach, P. T., 'Ascription,' *Philosophical Review*, vol. LXIX, 1960, p. 221.
(40)　Id., p. 223.
(41)　Brand, M., ed., *The Nature of Human Action*, Glenview, Illinois, 1970, p. 20.
(42)　Pitcher, G., 'Hart on Action and Responsibility' *Philosophical Review*, vol. LXIX, 1960, p. 227.
(43)　Feinberg, *op. cit.*, pp. 144-147.
(44)　従ってフェインバーグのアコーディオン効果に対する次のような批判は，正しく理解されたアコーディオン効果の意味を誤解している。Atwell, J. E., 'The Accordion Effect Thesis,' *Philosophical Quarterly*, vol. 19, 1969, pp. 337-338. 今，或る人間 X が別の人間 Z の会社の上司 Y に働きかけて Z を昇進させることができたとしよう。この場合，Z の昇進は X の行為の因果的結果であるが，アコーディオンを伸長させて「X は Z を昇進させた」と正当に言うことはできないだろう。しかしこれはアトウェルが主張するようにアコーディオン効果という観念が誤っているからではない。昇進という社会的脈絡において，会社の上司でない X が Z を昇進させることは不可能であり，このことを踏まえた上でアコーディオン効果が発生するのである。
(45)　Ladd, J., 'The Ethical Dimensions of the Concept of Action,' *Journal of Philosophy*, vol. LXII, 1965, pp. 636-637.
(46)　Brand, M., *Intending and Acting, op. cit.*, p. 10; Id., ed., *The Nature of Human Action, op. cit.*, p. 19.
(47)　Duff, R. A., *Intention, Agency and Criminal Liability: Philosophy of Action and the Criminal Law*, Oxford, 1990, p. 7.

(48) Id., pp. 123-126.
(49) Hart, H. L. A., 'Legal Responsibility and Excuse,' Hook, S., ed., *Determinism and Freedom in the Age of Modern Science*, New York, 1961, p. 95.
(50) Strawson, P. F., 'Freedom and Resentment,' Id., *Freedom and Resentment and Other Essays*, London, 1974, p. 23.

第3節　刑罰・責任・言語

1　刑罰の正当化と功利主義
(1)　応報主義と功利主義

　行為や社会制度の評価正当化に関しては，因果的に生ずる何らかの結果により評価正当化がなされるべきとするテレオロジカル（目的論的）な立場と，結果を顧慮することなく行為や制度をそれ自体価値あるものとして正当化するデオントロジカル（義務論的）な立場が対立しており[1]，周知のように，この対立は刑罰制度の正当化に関しては功利主義と応報主義の対立となって現れる。

　後者が犯罪者への刑罰をそれ自体で正しい制度と考えるのに対し，前者は一般予防，特別予防，教育など特定の成果や利益を生み出す限りにおいて刑罰を正当と考える。功利主義的刑罰論，例えば社会防衛論などによれば，応報主義は刑罰を復讐と同視する非合理な立場であり，刑罰は犯罪者への応報という復讐心の表出ではなく犯罪の予防や犯罪者の教育などを目的とする人道的な制度でなければならない。更に応報主義の基礎にある「責任」観念は「自由意志」などの観念と同様，人間行為の因果的解明が進むにつれ，否定されはしないまでも極めて不確実なものとなり，行為が刑罰に値するか否かは最早「責任」の有無によっては決定されず，むしろ行為が社会的に有害か，刑罰によりこの有害性が減少するか否かを考慮して刑罰は行われねばならない。従って刑罰は有責な犯罪者に対する倫理的非難ではなく，社会を犯罪行為から保護するために責任の有無と関係なくなされる「処分」であり，例えば「厳格責任」といった観念も行為者の有責性ではなく行為自体の危険性を専ら顧慮することにより生じた観念である。また刑罰を犯罪者に対する倫理的非難と考える応報主義は，法違反即ち犯罪を倫理的に悪しき行為と考えるが現代法には倫理的善悪とは無関係に特定行為を禁止する法規範も多く，社

会により人為的に創造されるこの種の犯罪は倫理的非難の可能性とは関係なく処罰され，このような刑罰を応報主義は説明できない。

　以上のような議論に対し応報主義者は次のように反論する。刑罰が専ら社会的利益により正当化されるのであれば刑罰を法違反者に限定する必要はなく，社会的に危険な人間を法違反以前に適当な仕方で処分することも許され，仮にこれが教育とか更生の目的でなされてもこの種の処分は人道主義の仮面をつけた人権侵害である。また刑罰の目的が威嚇による犯罪予防であれば，刑罰は重ければ重いほど予防効果を有するが故に，犯罪の重大さと刑の軽重の均衡を配慮することなく功利的観点から量刑が決定されることになり，更に功利主義を徹底させれば，社会にとり重要な利益が生ずるのであれば国家がこれを口実として無実の人間に刑罰を科することも許されることになるが，これは我々が直観的に抱く正義感とは相容れない不正な行為である。正義や人権といった観念は功利性と独立した，むしろこれと対立する観念であり，刑罰の正当化に際してもこれらの観念は尊重されねばならないが，これは功利主義によっては説明できず応報主義的な思想によってのみ認められる観念である。また功利主義者は上記の反論を避けるために刑罰を「法違反者のみに対する処置」として定義的に限定するが，これは実質的問題の回避にすぎず，何故刑罰を法違反者のみに限定すべきかは依然として功利主義的に説明することはできない。

　このような功利主義と応報主義の対立は法価値論における功利性と正義の対立の具体的一側面であり，両者を調和させることは確かに困難である。この対立はいわば規範的な対立であり，単に刑罰制度の記述に関わるだけではない。現代社会の刑罰制度が社会の成員によりどのように理解され正当化されているか，という記述ないし理解の対立として両者の対立を捉えれば，それは例えば社会心理学的な認識により解決されるであろう。法文化により刑罰についての理解が異なることは言うまでもなく，功利性か応報かの二者択一は古代や未開社会の法文化に既にみられ，両者の対立は確かに普遍的な対立と言ってよいが，例えば古代ギリシャ法のある一時期，特に紀元前5世紀アテネにおける殺人犯への態度にみられるように，刑罰を汚れ（$\mu\acute{\iota}\alpha\sigma\mu\alpha$）に対する清め（$\kappa\acute{\alpha}\theta\alpha\rho\sigma\iota\varsigma$）ないし汚れの伝染からの防禦として捉えるような法文化には，刑罰を功利的に正当化する思想や応報として理解する思想とは全く異質な刑罰観が存在している。他者へと伝染する一種の汚れが犯罪により

生じ、刑罰を通じてこれを浄化しない限り汚れは犯罪者の死後もその家族更には社会へと伝染し、犯罪者を追放しない社会は汚れの伝染により破滅する[2]。このような思考様式は犯罪行為を「責任」に基礎づけることなく、また刑罰を犯罪者への倫理的非難として理解せず専ら社会的危険性に注目する点で形式的には現代の功利主義的刑罰観に近く、後者はミアスマ的刑罰論の世俗的形態とも言えようが、両者が犯罪行為から生じた汚れに対する神の怒りと、犯罪行為から因果的に生ずる社会的不利益というそれぞれ全く異なった観念を背景とすることは言うまでもない。

　浄化、応報、社会的利益などのうちどの観念により刑罰を理解するかは法文化により異なるが、応報（及び正義）と社会的利益はともに現代法文化の重要な法価値として共存し、事実として我々がこれら二つの価値をともに刑罰を正当化するものと考えていることは明白である。刑罰は遵守すべきルールに違背した人間に対する社会の他の構成員の敵対心の表現であると同時に、社会的利益に奉仕すべき制度と考えられ、従って応報と功利性という二つの観念は事実としては並存するかたちで社会に認められていると言えるだろう[3]。

　これに対し応報主義と功利主義の伝統的な対立は、刑罰が事実として社会の構成員によりどのように理解されているかに関する認識上の対立ではなく、刑罰を如何に理解すべきか、現存する刑罰制度を如何に改善すべきかといった規範的な対立である。従って法哲学が法文化の記述にとどまる限りこの問題は解決不可能な価値観の対立、刑罰論においては功利性と正義（および正義と密接する人権）の価値対立となる。功利性と正義の関係を議論する際にはそれが特定の法社会の構成員により直観的に抱かれている法価値の記述ないし理論的再構成か、それとも論者自身の批判的規範的な主張かを明確に区別すべきことは言うまでもない。法哲学が応報か社会的利益かという刑罰の正当化の問題に対し、どのようなアプローチをすべきかについては後に議論することにし、この対立を調和させるべく登場した功利主義の修正形態であるルール功利主義につき少し立入って検討してみよう。

(2) **行為功利主義とルール功利主義**

　刑罰の功利主義的正当化に対し向けられる批判は主として、功利主義を首尾一貫させると犯罪者でないものに対し刑罰を科すること、あるいは犯罪者

に刑罰を免除することが社会的利益を根拠に正当化されてしまう，という点にあった。功利主義のこのような立場には，社会的利益の増大を計算しつつ社会構成員の行為を制御する理性的支配者のイメージが付着している。このような社会制御者は社会の総体的利益増大の観点からのみ刑罰を遂行するが故に，功利主義の原則を個々の事例に直接的に適用し，犯罪者への刑罰が社会的利益を生み出さない場合には刑罰を行わず，逆にそれが社会的利益をもたらすのであれば犯罪を犯さない者にも刑罰を科する。後者の処置が刑罰ではなく強制処分と呼ばれるべきか否かは言葉の問題に過ぎず，故意や過失により罪を犯した者も精神病者も社会的危険性という点では特に異なった範疇へと区別される必要はない。功利主義的刑罰論には応報に対し教育更生治療などを強調するそれ自体としては人道主義的思想と，社会的損益計算を合理的に遂行する者による社会成員のマニピュレーションという異論の余地ある観念が表裏一体となって内在しているわけである。

　このような功利主義に対しルール功利主義は，功利計算の対象を社会制度としての刑罰制度全体に限定し，刑の個別的具体的遂行は功利原則を考慮することなく刑罰ルールを単に適用することによりなされるべしと主張する[4]。功利主義的な利益計算が制度ないし社会的ルールとしての刑罰にのみ適用されるのであれば，刑罰の具体的遂行はルールの単なる適用に他ならず，功利主義的考慮は刑罰ルールの具体的適用からは除外される。刑罰は社会制度としては功利原則により正当化されるべきであり，「何故社会に刑罰が存在するのか」との問いは功利主義的に答えられるべきである。これに対し「何故Ｘは刑罰を科せられるのか」との問いに対しては「Ｘは犯罪を犯し犯罪者を罰することが社会のルールだからである」と答えるべきであり，刑罰の具体的適用はルール自体により正当化されるべきである。しかもこの場合「ルール」の異なった二つの意義に注意しなければならない。単純な功利主義（ルール功利主義に対し行為功利主義と呼ばれる）の視野の中でもルールという観念は存在するが，このルールは行為の単なる指針にすぎない。行為功利主義（以下ＡＵと略）の立場では行為者は具体的状況においてルールを考慮することなく功利原則を直接的に適用すべきであり，ただ時間的急迫や行為者の判断力の欠如などにより具体的行為から生ずる社会的利益を正しく計算できないときにルールが行為の指針として適用される。従ってその必要がなければルールは無視されてもよい。ルールは，過去の無数の例において或るタ

イプの状況においては或るタイプの行為が社会的利益を生み出してきたことについての一般的経験則であり，真の意味での規範的指令ではない。

　それ故AUのこのようなルール観念を認める限り，刑罰制度と刑罰の具体的適用，より一般的には制度全体と制度の具体的適用との重要な区別は見失われてしまうだろう。AUによれば刑罰の具体的適用に功利原則が直接適用されることになり，仮に刑罰ルールとして「法違反者のみが罰せられるべし」と規定されても，刑罰の遂行者はこのルールに拘束されることなく，社会的利益を理由として未だ法違反を犯していない人間をも罰することができる（むしろ，罰すべきもの）と考えられる。しかし社会的ルールがこのような単なる行為指針でないことは事実として明らかであり，AUはこの自明な事実を説明できず，我々が抱く一般的なルール観とは全く異なる考え方を採用していることになるだろう。AUの立場にたつ限り社会的ルールの規範的拘束力は説明できず，AUを行為原則とする人々により構成される社会には規範的拘束力をもつ真のルールは存在しえない。

　これに対しルール功利主義（以下RUと略）の立場をとれば，制度と制度の具体的適用の区別は明確な意義をもつことになり功利計算の対象は制度たるルール全体にのみ限定され，制度の適用たる個々の行為の正否はルールとの合致により形式的に判断される。ルールは功利計算により任意に無視されうる単なる行為指針ではなく，真の意味で規範的なルール，即ち社会の構成員が常に意図的に自己の行為をそれへと一致させ，他者のルール違反に対しては批判的に対処するようなルールとなる。それ故，刑罰の正当化に関しても，制度としての刑罰はそれが生み出す社会的利益により正当化されるが，個々の科刑は刑罰ルールに一致するか否かによりその正否が判断され，科刑者は損益計算を行うことなく，仮にその具体的適用が社会的に有害であってもルールを適用すべき義務を負うわけである。ルール全体を損益計算の対象とする功利主義においては，例えば法違反者のみを罰することがルールとして定められ，このルールが他の諸ルールに比べ社会的に多くの利益を生みだすのであれば，個々の刑罰において仮に法違反者でないものに刑を科することが科さない場合より明らかに大なる利益を生みだす場合でも，この種の科刑はルールにより形式的に排除されることになる[5]。

　このようにRUは「最大の社会的利益」を倫理原理の中心に据える点でAUと同一であるが，後者とは質的に異なった倫理的法的世界を形成する。つ

まりAUを行為規準とする人々から構成される社会では個々の行為者は全く個別的に損益計算を行い，従って計算の誤謬やこれから生ずる他者の行為の推測不可能性などにより社会が混乱に陥りやすく，しかも人は他者の損益計算の誤りを倫理的に非難することができないのに対し，RUの社会ではルール違反者に対し倫理的な立場から批判を行うことが有意味となり，従ってAUからRUへの移行は倫理的態度の基本的変更を意味するとも言えよう。

(3) ルール功利主義の論理的性格

　以上がRUによるAU批判の要点であるが，刑罰の正当化の問題はRUのような制度とその適用を区別し功利の原則を制度自体に限定することにより解決されうるだろうか。この問題に答えるにはRUとAUの論理的相違につきもう少し立入って論ずる必要がある。RUにもし論理的欠陥ないし更に考察されるべき倫理的要因があれば，一見して適切と思われるRUの刑罰論も問題の真の解決とは言えなくなるからであり，事実，RUの内在的性格に対してはAUの立場から強力な反論が提出されている。

　RUによるAU批判の一つは，後者がルールの規範的拘束性を基礎づけえず，真の意味での人間の社会的結合が実現されえない，という点にあった。この批判が正当か否かは議論の余地ある論点であるが[6]，本文ではこの点には触れずRU自体の内在的性格のみを問題にしてみよう。果してRUは損益計算のみに基礎をおく真の功利主義と言えるだろうか。これを論ずるには先ずRUと似た立場である「功利主義的一般化」（以下UGと略）に触れる必要がある。個別的行為を直接に損益計算の対象とするAUにおいては，嘘をつくことも約束を破ることも，それが社会的利益を増大するのであれば倫理的に正しい行為となる。しかしすべての人々がこのように嘘をついたり約束を破ったらどうなるのか。この問題に対してUGは損益計算の対象を個別的行為ではなく一定種類の行為の一般的傾向に求める。この立場では行為Xを万人が行うと社会的利益が生ずればその行為は行われるべきであり，社会的に有害であれば行われるべきではない。個別的にみれば社会的に有益な行為でも種的に見ると（即ちその行為の頻度が一定の限界を越えると一種のthreshold effectが生じ）社会的に有害になる，という見解がUGの基礎にある[7]。

　しかしUGのこの見解は正しいであろうか。行為を功利主義的観点から記述する場合，利益を因果的に生みだす行為の側面をすべて行為記述の中に導

入すべきであり，この際行為のいわば実体的側面のみならず因果的にみて関連性のあるあらゆる外的状況も行為記述に含ませるべきである。そして重要なのは，この外的状況の中には行為者以外の他者の行為も含まれることである。ある特定行為が因果的に一定の利益を惹き起すか否かが他者の行為によって規定される場合，功利主義的観点からの行為記述はこれら他者の行為をも含まねばならない。従って記述を緻密にし，利益生成に関係してくる行為の内的外的側面をすべて行為記述に含ませれば，頻度が増加し特定の限界を越えると突然に行為の功利性が質的に変化するという「行為の non-linearity」は幻想となり，結局のところＡＵとＵＧは同一の立場に帰着し，ＡＵに対しＵＧを唱えることは論拠を失うと考えるべきであろう。

さて，ＵＧはしばしばＲＵと同一視されるが，上述の如くＵＧがＡＵに帰着することになればＵＧとＲＵは基本的に区別されねばならない。しかしＲＵはＡＵとは別種の功利主義でありＵＧの如くにはＡＵには還元することのできない独自の功利主義と言えるだろうか。ＡＵは損益計算を個々の行為に適用しＲＵはそれをルールに適用する点を除けば両者ともに「最大の利益」を価値判断の規準とする点で同一であり，ＲＵはＡＵと同様に功利主義と言えるだろう。しかし実は両者には実践的にみて重要な相違がある。次のような場合を考えてみよう。つまり，或るルールを大多数の人が遵守すれば最大の利益が生ずるが，現実には大多数の人がこのルールを遵守していない場合である[8]。この場合ＲＵの立場にたっても特定の人にルール遵守を強要することはできないであろう。特定のルールの遵守が社会的に最大の利益を生みだすことが明白であっても，大多数の人々が現実にはこのルールを遵守せず予期された利益が全く生じていない場合，特定の人にこのルールの遵守を命ずることはあまりに理想主義的であり，悪しきルール崇拝である。従ってＲＵが妥当するためにはルールが一般的に遵守されているという事実的条件が必要なことは明白であろう。

それでは次の場合はどうか。即ち，あるルールが社会の大多数の人々により遵守されルールが生み出しうる最大利益が既に生じている場合で[9]，しかも残余の人がこのルールに従ったとしても利益が増大することはなく，当人がルール遵守の負担をする分だけ社会の総体的利益が減少する，といった状況を考えてみよう。この場合ＡＵの立場では残余の人々はルールに従うべきではない。その人々がルールに従い一定の負担をする分だけ社会の総体的利

益は減少するからである。これに対しＲＵの立場では，たとえ残余の人々がルールに従うことにより社会的利益が減少する場合であっても人々はルールに従わねばならない。つまりＲＵによると，仮にルールに一致した或る行為が社会的不利益を生む場合でもこの行為は義務的とされる。しかしこれはＲＵが功利主義と言われながらも，功利性とは異なった価値を自らの中に含むからに他ならない。既に最大利益が多数の人々のルール遵守により実現しているにもかかわらず，残余の人々にも同じくルール遵守の負担をＲＵが課するのは何故か。つまり，大多数の人々の負担によって生ずる利益への「ただ乗り」をＲＵが認めないのは何故か。これはＲＵがＡＵのような純粋の功利主義ではなく，功利性と同時に「公正」を独自の価値として認め両者を並存させているからに他ならない。従って刑罰の正当化をめぐる問題の解決として，ルールないし制度としての刑罰と刑罰の具体的適用とを区別し功利計算を前者のみに限定する立場がＲＵとすれば，この区別も問題の真の解決とは言えず，むしろ新たな問題提起と考えるべきなのである。法違反者に刑罰を免除したり逆に法違反者でないものに刑を科することが，社会的利益を生みだす場合でも許されないのは何故か。ＲＵはルールとルール適用の区別を通じこの問題を解決しようとしたが，この問題が実は正義ないし公正の問題であることがＲＵ自体の分析により明らかとなった。

2　自由選択の体系と刑罰

　刑罰の正当化を応報か社会的利益かという二者択一ではなく，正義と功利性という，場合によっては相反する二つの倫理的価値の妥協として捉えるのがＨ．Ｌ．Ａ．ハートの論文集『刑罰と責任』[10]である。

　ハートによれば刑罰の正当化は単一の倫理的原理によりなされるべきではなく，「刑罰という制度自体の存在を正当化する原理は何か」（立法の次元），「誰に刑罰は科されるべきか」あるいは「どの程度の刑罰が科せられるべきか」（司法の次元）といった幾つかの次元を区別した上で考察されるべきである。この点ハートはＲＵと同様の区別を採用しているわけであるが，立法の次元に関しては，道徳的に罪ある法違反者に対し応報として苦痛を与えること自体を正当と考え刑罰を正当化する応報主義と，予防や教育などにより刑罰を正当化する功利主義をハートはあげている。しかしハートはこの点に関してはほとんど議論を展開しておらず，法と道徳を分離する彼の立場からし

て彼が功利主義に傾いていることは確かであり，応報主義への批判もところどころにみられるものの，立法の次元での刑罰の正当化については，応報主義と功利主義をそのまま並列的に認めているようにも思われる。

しかしいずれにせよ『刑罰と責任』でのハートの関心は主として司法上の問題，特に責任観念の正当化に向けられていることは確かである。我々は何故法違反者のみに刑罰を科するのか。この問題を「刑罰」の定義の問題として簡単にかたづける〈definitional stop〉を批判し，応報主義と功利主義とをともに斥けつつハートは独自の刑罰思想を展開していく。

まず，「刑罰は犯罪者のみに」という原則は，刑罰を道徳的に非難すべき者への応報と考える立場に由来するのではない。例えば法自体が道徳に著しく反しているような場合，法違反への道徳的非難は問題とならないが，やはりこのような悪法でも「刑罰は犯罪者のみに」という原則が遵守されていれば，道徳性とは何か異なった価値が依然として尊重されていると思われるだろう。このことは当の原則が応報主義の原則とは異質なことを示している。しかし他方この原則は功利主義的に正当化することもできない。例えば無実の人間を罰することにより社会的混乱が回避できるような場合，功利主義は無実の人間の刑罰を許すからである。

更に現代法は「刑罰は犯罪者のみに」という原則以外に，特定のタイプの法違反者（例えば英米法では犯意 mens rea のない法違反者）に〈excuse〉を認めて刑罰を免除する制度を採用するが，これはいかなる原則により正当化されるか。応報主義によれば，mens rea のない法違反者が免責されるのはこの種の行為には倫理的罪悪性（moral culpability）が存在しないからである。mens rea は道徳的に悪しき精神を意味し，刑罰に際して法が行為者の精神を考慮するのは行為者が倫理的に有罪か否かを調べるためであり，mens rea のない行為は倫理的に悪しき行為ではなく従って罰せられるべきではない。このような見解に対してハートは，法違反は現代法において必ずしも倫理的な悪ではなく犯罪が道徳と関係なく立法により形成される場合が多いことを指摘し，mens rea を伴う行為とは意図的な法違反を意味し道徳的有責性とは異質な観念であると主張する。更に〈excuse〉の問題を道徳的有責性の問題と見なす立場では，刑事責任は，厳格責任のような道徳性とは無関係な単なる外的動作のみによる責任かあるいは道徳的責任かのいずれかとなるが，これは誤った二者択一であり，現代法文化においては「責任」と「道徳的有責性」

とは異なる観念として明確に分離されているとハートは主張する。

それでは〈excuse〉の功利主義的正当化はどうか。この点，例えばベンサムによれば[11]，帰責の是非は，刑罰の威嚇による法違反の抑止が効力を持ちうるか否かにより決定されるべきとされる。mens rea が存在しない法違反，即ち行為状況の認識及び行為結果の予見を伴わない法違反や行為者の自己規制の外にある法違反においては，刑罰による威嚇はそもそも当の行為者に対し法違反を制止させる動機づけにはなりえず，この場合刑罰は無駄な（wasteful）ものとなる。更に，責任は行為が自由意志によりなされたか否かにより判定されるべきではなく，mens rea の考慮は，刑罰を免除してもその威嚇力が減少しないような人間の集合に当の行為者が属するか否かを判断するためになされるのである。このような功利主義的立場は「責任」を自由意志論的な前提により基礎づけるのではなく，責任の判定を専ら功利性の存否により行うが故に，責任論と決定論を両立させる長所を有するが，ハートによればこの立場は次の点で奇妙な誤りを犯している。つまり mens rea を伴わない行為あるいは自己制御の外にある行為に対して刑の威嚇力が意味をなさないことは明白であるが，このような行為にも刑を科することにより社会の他の構成員への威嚇力が増大し，また当の行為者の将来の態度に対しても強い威嚇力を生ずることは充分考えられる。従って功利主義の立場からみれば免責条件をむしろ認めない方が刑の威嚇力は増大し社会的利益も増大するのであり，このことは「責任」を功利主義的に正当化することが不可能なこと，〈excuse〉という法観念が功利性の領野には属していないことを示している。ハートによればこのような功利主義的刑罰論の基礎にあるのは，人間行為を社会的に期待された一定の方向へと因果的に動機づける要因として法を捉える思想，法と人間行為の相互関係を因果性のカテゴリーで捉え，法を人間行為を因果的に規定する「刺激の体系（system of stimuli）」と考える立場である。

以上のように現代法文化に深く根づいた〈excuse〉及び「責任」の観念が道徳的有責性および社会的功利性のいずれによっても正当化されえないとすれば，これを正当化する原理は何か。ハートはこの問題に答えるために独自の法思想を展開するが，これを彼の主著『法の概念』のルール分析と比較すると興味深い。周知のようにハートは，ルールを人間行動のある種の事実的規則性へと還元しルール命題を記述命題と考える外的視点に対し，人間行為

の志向性を強調しルールに固有の意味での規範性を認める内的視点を擁護するが, 刑罰論ではこれは法を「刺激の体系」とみる立場と「自由選択の体系 (choosing system)」とみる立場の対立となって現れる。功利主義は社会的に有益な結果を生みだす限りで法を効力あるものと考える点で, 社会超越的な位置から社会構成員の行動を法を手段として操作するいわば外的視点に立つのに対し, ハートの唱える自由選択の体系は法を, 社会構成員が自らの生活を相互に調整し, 自らの行為から生ずる将来の結果を予測しつつ生活を自律的に規制することを可能にする体系と考える。もちろんハートは〈刺激の体系〉と〈選択の体系〉を外的と内的視点の対立と結びつけて論じてはおらず, 両者が完全にパラレルな関係にあるわけでもないが,『法の概念』の視点から『刑罰と責任』を読む者には両対概念の内的連関は明白であろう。

　法を選択の体系として捉えるハートは刑法の免責事由を私法の無効ないし取消事由と同一の法理に基づく観念として考察する。私法の主たる機能は, 他者との社会的関係において各人に法的権能を付与することにより各人の欲求に実質的効果を与え, 権利義務の総体たる各自の法的地位を自律的に変更していくことを可能にする点にあるが, 例えば錯誤などによる契約に拘束力をそのまま認めることは, 他者との法律関係の自律的創出, 一定の予測の下での社会生活の自律的規律などに対する障害となり, それ故私法は契約の相手方の期待保護といった他の価値を考慮しつつも契約者の特定の主観的状態を無効や取消事由として法的に認めているのである。この点刑法の免責事由の法理も同様である。行為者が mens rea を伴わない行為に対してまでも罰せられるような社会では, 各人が自己の将来の生活を予測し, これに従って行為を自律的に規律することは困難となる。刑罰は行為者が自己の法違反に対し支払わねばならないコストであり, このコストを払うのは mens rea を伴いつつ意図的に法に違反した者, あるいは自覚的に回避しえたにもかかわらず法に違反した者に限定されるべきである。従って厳格責任はあくまで例外的な制度であり, 厳格責任が刑罰の原則となるような社会, あるいは刑罰から責任観念が除去され刑罰が専ら強制処分や教育更生としてのみ機能する社会では, 人々が特定行為から生ずる結果の正確な予測の下に生活を自律的に規律していくことは不可能となり, 万事が功利計算により社会を外的超越的立場から制御する者の支配下, またこう言ってよければ,「至る所で常に警戒の目を走らせ, 間隙も間断もなく社会の端から端まで走る装置網」たるパノ

プティスム[12]の統制下に置かれることになろう。

　以上の説明から明らかなようにハートは，法と行為者の関係を自由選択の領野と捉えることにより責任観念を独自の仕方で正当化するが，しばしばハートにより責任観念は「正義」の原則の具体例として説明され，刑罰が mens rea を伴う法違反，あるいは自覚的に回避しえた法違反に限定されるべきことは，正義ないし公正の原則の具体的表現と解釈されている。しかしハートは刑罰論と正義論に関する体系的な所説を展開してはおらず，〈自由選択の体系〉論と正義への漠然たる言及は相互に深く連結していることを暗示させはするが，理論的体系的には両者の関係は解明されずに終っている。

　さて，ハートは刑罰を全体的制度としては一応功利主義的に正当化されるべきだと考え，これに対し刑罰制度に内在する「免責事由」あるいは「責任」といった観念は功利性とは異質な「正義」や「公正」により正当化されると主張し，「責任」を刑罰のルールから除去しようとする立場を批判するのであるが，以上の責任観念の価値論的正当化とは別の問題として「責任の根拠」に関する広い意味での存在論的な問題がある。行為の責任の根拠は何に求められるべきか。この点についても，ハートの見解に触れながら，更に言語分析の方法を通じて行為と責任の関係を明らかにしてみたい。

3　責任の根拠と言語
(1)　agency

　我々が特定の行為を責任ある行為と見なすのは，その行為が何らかの観点において意図的だからである。英米法の mens rea は，行為者が自らの行為につき有する状況的認識と行為から生ずる結果の予知を意味するが，このような「故意」は責任の必要条件とは言えない。更に「過失」も厳格責任の存在から理解されるように責任の必要条件と考えることはできない。しかし行為が何らかの観点で意図的（voluntary）であることは厳格責任の場合にも前提されている。ハートは英国の判例を引用しつつ，その行為がいかなる意味でも意図的とは言えず単なる物体の運動と異ならない場合（他者の直接的な物理的強制の下での行為，反射的動作，夢遊病者の動作など）には，厳格責任が採用される場合でも免責されることを指摘するが，この「何らかの観点で意図的な行為」は現代の哲学的行為論において〈agency〉と名付けられる観念と一致するだろう[13]。

人間の身体動作は様々な観点から記述され意味付けされる。ある場合にこれは「腕を動かす」行為であり，「窓を開ける」行為であり更に「部屋の気温を下げる」行為であり，ひいては「他人の風邪を惹き起す行為」である。これらは同一の身体動作を指示対象（Bedeutung）とする，意味（Sinn）を異にする表現であり，このように行為記述は常に伸縮自在の「アコーディオン効果[14]」を伴う。これら行為の複数の記述の背後には確かに「腕が動く」「窓が開く」「部屋の気温が下がる」「他人が風邪をひく」という因果的に連続した複数の出来事が存在するが，これらがあくまでも因果的な系列に属する自然的事態であるのに対し，上述の複数の行為は因果的に結合しているわけではなく，同一の動作が複数の意味付与を通じて記述され，出来事が因果的世界に属するのに対し行為は意味の世界に属すると言えるだろう。
　上記の例において行為者の目的が気温を下げることにあったとしよう。この場合，他人が風邪をひくことは気温を下げる行為の単なる結果であり行為の目的ではないが，それにもかかわらず行為者が惹き起した出来事であることに変りはない。つまりある行為が何らかの記述の下で意図的であれば，行為の意図されない帰結も行為者の agency に属するわけである。同様に細心の注意を払いつつ運転し他人をひき殺した場合，この結果は運転手の agency に属するのに対し，突然の身体発作によりハンドルのコントロールが効かず同様の結果を惹き起した場合は agency に属さない。後者の場合，行為者の身体動作はいかなる記述の下でも意図的とは言えないからである。それ故，厳格責任は少くとも行為の結果が行為者の agency の範囲内にあることを前提するが故に，責任観念の必要条件は agency であると考えてよいだろう。
　さて，行為者の行為は水上に投げられた石がつくる波紋のように無限に多くの結果を生みだしていく。上記の例で風邪をひいた人が薬屋に行きそこで花瓶を割った場合も花瓶が割れたことは定義上，窓を開けた者の agency に属すると言える。agency は他者の意図的行為の介入により切断されると考える必要はない。特定の記述の下で意図的な行為から生ずる帰結全体が agency に属するとすれば，agency は因果的に連続して生ずる出来事とパラレルな関係にあり，従って agency について語る言語は，意図的行為につき語る言語の持ついわゆる「指示的不透明性」（referential opacity）を免れた外延的文脈で語られる言語と言えるだろう。因果関係につき述べる命題がすべて外延的文脈に属するか否かは議論の余地ある問題であるが[15]，agency の範囲が，行為

から生ずる自然的出来事の因果的連鎖と対応するのであれば，そして自然的な出来事（event）の因果関係につき語る言語が外延的文脈に属するとすれば，agency も外延的で指示的に透明な表現で語られると言える。ハムレットはカーテンの背後にいる人間を意図的に殺したがオフィーリアの父親を意図的に殺したとは言えないのに対し，殺す行為を単に agency とみればオフィーリアの父親を殺したことに変りはないのである。

そこで行為者 X が a という記述の下で意図的な行為をし，この行為から「a」「b」「c」「d」の出来事が因果的に連続して生じたとしよう。「a」「b」「c」「d」はすべて X の agency に属するわけであるが，X の「責任」に帰せられるのはどの出来事（およびこれに対応するどの行為）であろうか。agency は責任の必要条件であるが充分条件ではない。行為者の agency に属する出来事は無数に存在するわけであり，このうち特定の出来事を行為者の責任に帰するには実践的な決定がなされねばならない。従って実践的決定が相対的であり，法文化や同じ法文化の中でも社会的脈絡により異なれば，責任の範囲も相対的となることは明らかである。確かに agency を責任の必要条件として前提することも，そもそも帰責行為が一つの実践的行為である以上，同様に一つの価値的決定であり，帰責行為の前提として agency を必要としないことも論理的には可能であるが，このような場合はむしろ「責任」観念自体が不在と考えるべきであろう。有責性の条件として故意や過失を前提としない厳格責任の観念も agency を前提とした責任の観念には変りない。厳格責任が更により厳格となり拡張され，agency を含まない単に物理的運動と同様の身体動作にまで及ぼされることも確かに想定しうるが，この場合「責任」という法観念は消失するのである。刑罰制度から責任観念を除去し，「刑罰」に代えて「強制処分」（compulsory treatment）を提唱する立場[16]を徹底させればそうなるであろう。

また現代の法文化とは異なる文化，例えば古代刑法のある種の形態においては「責任」という倫理的観念は存在しなかった。従って agency のカテゴリーが存在せずあらゆる事象が物体や身体の運動ないし動作と考えられたり，古代におけるように人間行為が神の気紛れな介入の結果と考えられる場合には責任観念は存在しえず，刑罰は純粋に功利的見地から社会的危険性を規準として科せられるか，古代の一時期にみられた汚れの浄化，汚れの伝染の防止という見地から科せられることになる。

しかし，問題はこのような責任ぬきの刑罰が正当か不当かではない。強制処分の見解に対してはしばしばこれが国家の干渉を助長し人権の侵害となるとの反論がなされ，また刑罰の目的を単に予防とのみ考え責任を考慮することなく刑罰を科することは正義に反すると言われる。しかしこれらの主張は一定の価値判断（例えば正義と社会的利益のどちらを優位に置くかについての判断）に基づく主張でしかなく，例えば，犯罪が蔓延し社会秩序の違反が日常化している社会では，人権や正義より社会的利益を政策上の第一の目的とすることは充分想定しうる。正義か功利性か，あるいは人権か国家の干渉かの規範的対立は理論的に解決されないことは言うまでもない。同様に，責任観念を前提とする「刑罰」か，それとも「強制処分」かは理論的に解決できない二者択一であり，法哲学上の理論的問題としていずれかに軍配をあげることは不可能である。むしろ理論的に重要なことは，責任観念の存否をめぐる対立がいかなる人間観や社会観（従っていかなる法的言語）の対立と呼応するかを明白にしていくことであろう。責任観念は特定の生の様式あるいは言語ゲームを論理的に前提しており，従って責任を否定する立場は従来の言語ゲームに代り新たな言語ゲームや生の様式を法的次元で導入しようとする立場となる。

　例えば，社会の構成員がすべて功利主義者となり，個別の行為から因果的に生ずる利益の計算によってのみ行為や制度を評価することになれば，人間の相互的関係は純粋に損益計算の見地からのみ意義づけられた外的行為の諸関係となり，「もの」と「もの」の関係とのアナロジーにより因果的に考察されることになろう。二つの外的行為から因果的に生ずる社会的利益が同一であれば，たとえこれらが異なった内的契機で（例えば一つは故意に一つはアクシデンタルに）遂行されたとしても同一の行為として意義づけられる。従って伝統的な刑罰に代えて強制処分を提唱する立場の背後には，人間行為の相互作用を因果関係的（ないしは構造機能的）に捉える態度があり，応報的要素を残存させる伝統的刑罰論に対し功利主義的な強制処分の立場がしばしば「科学的」と形容されるのも，功利主義が人間行為の因果的理解と結びついているからに他ならない。他方，責任観念は人間行為を因果的にではなく「志向的 (intentional)」なものとして捉える態度を前提とする。従って上記の立場の対立は「生の様式」の対立，法的言語をいかなる生の様式の上に構築すべきかの対立となるが，これもまた理論的には解決しえない対立であるこ

とは明白である。この種の対立を「日常言語」の採用により解決することは誤りである。我々が日常言語において他者の行為を志向的なものと捉え、外的動作としては同一の行為に対し、内的契機の相違に応じて異なった倫理的態度をとるからといって、この日常的な態度やこの基礎にある日常言語の文法を絶対的に正当なものと見なすことはできない。哲学的問題は日常言語の文法を採用することにより解決されうるものではない[17]。

　少くとも言えることは、責任観念を基礎とする応報主義は行為につき志向的な語り方をする日常言語と親和する立場であるのに対し、厳格責任を刑罰の一般的原則としたり刑罰の当否を純粋に功利的見地から判断する立場は、日常言語とは異なる文法をもつ法言語で人間行為につき語る立場と結びつくことである。しかし法言語に含まれる様々な観念は責任観念も含めて、日常言語に深く根を降した観念であり[18]、例えば、規範命題を人間行為の事実的規則性に言及する記述命題へと還元したり（法規範命題を裁判官の将来の行為についての予測とみるネオ・リアリズムなど）、「権利」について言及する法命題を裁判をめぐる複数行為者の行動に関する仮言的事実命題と考える立場（ウプサラ学派など）が、法言語のもつ意味論的特性の（それ自体としては誤りとは言えない）歪曲と思われるように、「責任」の否定は伝統的な法言語の重大な変質を意味し、刑罰に代えて強制処分を、監獄に代えて医療教育施設を説くある意味では人道主義的な改革論者の主張に対し法学者が躊躇の念を抱くのもこのことによるのである。

　さて少し前にふれた問題に戻ろう。agencyに属する出来事の連鎖のうち行為者の責任に帰せられるのはどの範囲か。既に述べたこの問題は、刑法上の因果関係をめぐる様々な所説にもかかわらず、全く政策的な問題、法文化により様々に異なる解決が与えられる問題である。

　例えば英米刑法の〈intention〉〈oblique intention〉〈recklessness〉〈negligence〉といったメンタルなカテゴリーや〈strict liability〉などの観念が示すように、行為者のagencyに属する出来事のうちどの範囲まで行為者が責任を負うかは、帰責者の価値判断や法文化上の通念などによる。この意味で「Xは行為bを行った」という命題が記述でなく帰責という illocutionary act（J. L. オースティン）であり、真理値をもちえないとする見解は、例えば「腕を上げる」といったいわゆる基礎行為（basic action）ではなく、より複雑な行為（多くの出来事を agency の範囲として含む行為）に関しては、充分に正当と

考えられる。つまり「Xは行為bを行った」という命題は行為bに対応する出来事が行為者のagencyに属することを単に記述するのではなく，当の出来事をXの責任に帰しているのである。ただし行為命題のillocutionaryな意味が記述のみならず帰責をも含むとしても，これは行為命題に限って言えることではない。一般に，ある自然事象を惹き起こした複数の必要条件から一つを選んで，これを当の事象の「原因」として同定することも（人間行為の帰責と異なりこの場合非難や賞讃といった行為は伴わないが），ある種の実践的選択を含む意味で純粋な記述以上のillocutionaryな行為と言えよう。

以上の考察からagencyというカテゴリーが憤怒や非難や賞讃といった日常的な態度，更には責任や刑罰のような法的な観念の基礎にある日常的生の基本的なカテゴリーであることが理解されたが，ある行為がagencyとして把握されるのはどのような場合か。換言すれば，我々は他者の特定の動作をagencyのカテゴリーを通して把握するわけであるが，agencyを更により要素的なカテゴリーに分析し，その条件を明確にすることができるであろうか。

(2) 意図的行為と責任

既に述べたようにagencyは，ある記述の下で意図的な行為である。従ってagencyは意図的行為の分析により解明されうるであろう。意図的行為を解明するには意図的ではない行為を先ず考えてみる必要がある。通常意図的と考えられないのは，他者の直接的な物理的強制でなされた行為，病気などにより身体のコントロールが損なわれた者の行為，外的刺激に対する反射的行為のように行為者自身は自己意識を失っていない場合や，更に夢遊病や泥酔状態での行為のような無意識的動作があげられる。これら非意図的行為，つまりいかなる記述の下でも意図的と言えない行為の共通項は何であろうか。法学内部での伝統的な行為論（例えばジョン．オースティンやO.W.ホームズ）においては，意図的行為は一定の心理的欲求によって因果的に惹き起される筋肉運動であり，これ以外の筋肉運動が非意図的と説明されている。つまり筋肉を動かそうとする欲求が原因となり行為が因果的に惹き起されることが意図的行為の成立条件とされ，意図的不作為は，筋肉を動かしたくないという欲求により惹き起される不作為とされるのである。

しかしハートも指摘するように，この種の行為論の欠陥は，法的に有責とされる不作為には意図的不作為に限らず過失による不注意な不作為も含まれ

る事実を説明できない点にあるが，この理論のより基本的な難点は，我々が法的世界において有責性の条件と考える行為内在的な性格を的確に捉えていない点にある。この種の行為論が主張する「筋肉を動かそうとする欲求」という観念はフィクションであり，我々が行為に先行してこのような欲求をもつのは極めて例外的な場合（例えば体操）に限られ，通常我々が行為につき語る言語には筋肉運動を惹き起そうという欲求の観念は含まれていない。

　さて，オースティン流の行為論を斥けるこのようなハートの批判的見解はそれ自体としては正しいと思われるが，この場合むしろ重要なのは，この種の行為論が現代哲学において「行為の因果説（causal theory of action）」と通常呼ばれている立場の素朴な形態であり，この因果説自体も極めて異論の余地の多い立場と考えられることである。行為の因果説の問題点については本章第1・2節で既に論じたので，ここでは別の観点からこの因果説を批判しつつ，責任の根拠につき更に考察を進めていきたい[19]。

　先ず，オースティン的行為論を拒否するハートは，意図的行為と非意図的行為を区別するメルクマールをどのように考えているのであろうか。ヴィトゲンシュタイン流に言えば，「腕を上げる」から「腕が上がる」を除去した後に残るものは何か。この点ハートは過失責任を厳格責任と同様に不当と考える立場をとりあげ，この立場の基礎にある見解，即ち法的責任の根拠を行為者の精神状態（mental state）に求める見解（この立場では過失行為者の精神状態は blank mind であるからこれを有責とするのは不当とされる）を批判し，法的責任の根拠を，法で要求されている行為を遂行しうる能力（capacity）及びこの能力の行使を可能にする機会（opportunity）の存在に求めている。例えば〈Xは過失で（negligently）窓を破った〉という表現と，〈Xは注意せずに（inadvertently）窓を破った〉という表現を比較すれば，後者は単に行為者の心理的状況に言及するだけであるのに対し，前者は非難の意味を含み，要求されている行為（この例では不作為）をなしえたにもかかわらず当の行為を行わなかった，という意味が含まれている。それ故ハートによれば，責任の根拠は行為者の内面的な心理状態ではなく，法で要求（禁止）されている行為をなしえた（しないこともできた）にもかかわらずその行為を行わなかった（行った）点に求められるべきとされ，ハートはこれを〈could have done otherwise〉（他行為可能性）の問題として論ずるのであるが，奇妙にもハートは哲学的に極めて興味深いこの表現について充分な意味分析を行って

おらず，この点の不明確さが幾つかの批判，とくに「行為の因果説」の立場からの批判[20]を招いていると思われるので，以下最後に，自由意志論をめぐる議論において常に引用される〈could have done otherwise〉の意味分析をとりあげ，「責任の根拠」即ち「意図的行為」の意味をできる限り明確にしてみよう。

(3) 決定論と帰責行為——〈if〉と〈can〉

〈could have done otherwise〉という表現の意味分析を自由及び決定論の問題と関連させて論じ，後の哲学的分析に大きな波紋をなげかけたのがJ.L.オースティンの論文〈ifs and cans〉である[21]。オースティンはこの論文で，人間行為について語る日常言語が決定論とは両立しない意味論的構造を有すること，「自由な行為」を因果的カテゴリーで捉えることが不可能なことを論証しようとした。「Xはaを行うことができる」といった，人間の能力につき述べる命題は，まずXにはaを行う力 (capacity, power) があること，次にこの力の実現を妨げる障害が存在しないこと（力を実現する opportunity が存在すること）を同時に含意する（オースティンの言う all-in sense）。それではこのような〈can〉の意味分析には必ず条件的な〈if〉が含まれるであろうか (can は constitutionally iffy か)。

　この点〈can〉を決定論と両立可能なものと考える立場（例えばG.E.ムア）によれば〈can〉はある種の条件文へと分析することが可能であり，例えば〈X could have done a〉は〈X could have done a if X chose〉へと，そして後者は更に〈X would have done a if X chose〉へと分析されうる。そしてこの場合〈if X chose〉は行為の原因，行為を因果的に惹き起す諸条件の一つと考えられる。つまりXが行為aを行う能力を有し，この能力行使を阻害するものがなく，更にXがaの遂行を決定したのであれば，これらが原因となりXはaを行うであろう，というのが「Xはaを行うことができる」という表現の意味である[22]。このように〈can〉を分析し自由を因果的行為論と両立させる見解に対しオースティンは，仮に〈can〉が〈if〉を含む命題に分析されうるとしても，通常の因果的な条件文については「もしpであればq」から「もしqでなければpでない」への推論（いわゆる contraposition）が論理的に妥当するのに対し，〈X could have done a if X chose〉はこのような推論が不可能なこと，それ故ここに含まれる〈if〉が条件的な〈if〉でないことを主

張する。更にオースティンによればこの場合の〈if〉は,〈X could have done a〉という積極的肯定を, a を選択したか否かに関する疑問と連結するための,疑問ないし躊躇の〈if〉,例えば「もしお望みならば机の上にビスケットがあります」の「ならば」に似た〈if〉であり,従って〈X could have done a〉という過去形は a を遂行する X の能力を肯定する直接法過去と考えられ,これを条件法とみるべきではない。

　オースティンは以上のような説明を通じて, 日常言語の〈can〉には人間行為の非因果的把握が前提されていること, 人間の能力をめぐるディスコースには決定論とは両立しない人間観が内在することを主張した。テニスの優秀な選手が最大の努力と注意を払ったにもかかわらずごく簡単なレシーヴ（= a）を失敗したとしよう。この場合〈X would have done a if he chose (tried)〉は偽である。彼は最大の努力を尽くしたにもかかわらず a を成功させなかったからである。しかしこの不成功を目の前にしても我々は, 彼が極めて優秀な選手であれば（X could have done a）と主張するであろう。この主張に対しては, 決定論の立場から次のような反論, つまり「X が最大の努力を払ったにもかかわらず成功しなかったのは, 成功を阻止する何らかの原因が存在したからである。たとえこの原因が我々には隠されたままであっても, いずれにせよ X のレシーヴは不成功へと決定づけられていたのであり, 従って〈X could have done a〉は偽である」, という反論が考えられるだろう。しかしこの反論に対してオースティンは次のように答える。「このような考えは〈can〉という言葉にこめられている伝統的な諸信念と調和しない。これら諸信念によれば, 人間の才能とか能力には, しばしば不成功に終わること, しかもこの不成功には何の理由も存在しないことが本質的に内在しているのである」と。

　さて,〈can〉は決定論と調和せず, 人間行為をめぐる日常言語のディスコースは非決定論を前提とする, というオースティンの見解はどのように解釈すべきであろうか。まず,〈X can do a〉を〈X will do a if he chooses〉へ, あるいは〈X could have done a〉を〈X would have done a if he chose〉といった因果的関係を示す条件文へと分析することは, オースティンの主張する通り正しくないと思われる。というのも〈X would have done a if he chose〉という条件文は〈X could not choose a〉という直接法の命題と論理的に両立しうるのに対し, 後者は言うまでもなく〈X could have done a〉と矛盾するから

であり，これは明らかに〈can〉が〈if〉を含む条件文へと翻訳されえないことを意味する。つまり〈if〉に続く従属節が人間の何らかの決定を意味する動詞（choose, try, will など）を含む限り，この決定自体の自由を我々は更に問題にすることができるからである。「Xはaを行う自由がある」とか「Xはaができる」といった表現は，「Xがaを意欲しさえすればそれをなしうる」ことを意味し，aを惹き起す因果的条件として他の諸条件は充足されXの意欲のみが未定として残されている状態を意味する（従って〈X can do a〉が〈X would do a if he were to will to do it〉のような命題に翻訳可能）と考える立場は，Xがaを意欲することの自由自体が問題とされえ，〈if〉を含む条件文と〈can〉を含む命題とが意味的に合致しない以上，〈can〉の分析として正しくないと言わざるをえない。

　しかし，自由な行為や〈can〉を因果的に捉えようとする立場は上記の批判を正当と認めた上で，因果説を放棄せずにしかもこの批判に抗しうる見解を提示する。この見解の影響力ある代表者D.デイヴィッドソンによれば[23]，「自由」や〈can〉は因果的に分析可能と考えるべきであるが，自由な行為の因果的条件は「選択する」「試みる」などの内面的な行為ではありえず，〈can〉もこの種の内面的行為を条件とする条件文に分析することはできない。上述のように我々は内面的行為自体につき更にそれが自由になされたか，あるいはそれが行為者にとって可能であったかを問題にすることができるからであり，「選択する」「試みる」といった内的行為は行為自体から意味的に分離しえず，むしろ行為の意味の一側面と考えられるからである。従ってデイヴィッドソンによれば，自由な行為の因果的条件，あるいは〈can〉を条件文へと翻訳した場合の条件節の内容は，特定の欲求及びこの欲求を実現する手段についての信念の存在，という単なる内面的状態と考えるべきである。即ちこの内面的状態（欲求と信念）は，行為を合理的に説明する際の説明項であると同時に行為を因果的に惹き起す原因でもあり，自由な行為とはこのような内的状態により因果的に惹き起される行為である。そして同様に〈X can do a〉は，もしXが行為aを合理的に説明するような欲求や信念を有しているならばXは意図的にaを行う，という類いの条件文と同値と考えられる。

　デイヴィッドソンのこのような立場は，〈intentional action〉に関する彼の分析と同様に「行為の因果説」と呼ばれる立場であるが，第1・2節で見たように因果説が批判の余地の多い立場である以上，デイヴィッドソンによる

オースティン批判も根拠を失うであろう[24]。しかも，たとえ条件文をデイヴィッドソン流に変化させても，それが条件文である限り，〈can〉と同一の意味をもちえないことは依然として変りはない。行為者にデイヴィッドソンの言う欲求と信念が存在しなくとも条件文は真でありうるのに対し，〈can〉を含む文はこの場合偽となるからである[25]。

さて，〈can〉が条件文へと分析不可能であり，〈can〉により語られる事態が決定論とは両立しえないというオースティンの見解は基本的に正しいと考えられるだろう。しかしオースティンの見解，あるいはここでのオースティン解釈をより明確にするために，最後に〈can〉と決定論の関係についてもう少し立入って考察を進めてみよう。〈can〉が決定論と両立不可能であるとオースティンが主張するとき，彼は決定論を理論的に誤りと考えているのであろうか。解釈者によってはオースティンを少なくとも人間行為に関しては非決定論者であると見なす者もいるが，オースティンは単に，日常言語（従って倫理的法的言語）において人間行為につき言及する〈can〉が決定論的な行為論と両立しないことを主張しているにすぎず，決定論が端的に誤りであるとは主張していない。優秀なテニスの選手が最良の環境的条件の下でごく簡単なレシーヴに失敗した場合でも，我々は〈He could have done〉と言うが，これは選手の失敗があらかじめ全面的に決定されていた（例えば微細なコートの砂の状態，選手の神経のわずかな動揺などにより）ことを否定しはしない。失敗を惹き起した原因が観察者の知覚に入らずとも必ずどこかに存在していたはずであり，従って失敗は試合開始以前から決定されていた，と考えることは充分可能である。

しかしそれにもかかわらず〈He could have done〉と我々が言うのは，日常言語が決定論的あるいは因果論的に人間行為を捉えていないからであり，もし仮に決定論が日常言語（及びこの背後にある生の様式）に全面的に浸透すれば，人の能力を意味する〈can〉という表現も消失ないし変質するであろう。しかし決定論が単に理論上の可能性としてのみ想定され，日常言語にまで浸透しない限り〈can〉や〈could have done〉（およびこれと密接する自由や責任の観念）は消失することはない。我々が法的言語において行為の責任根拠を〈could have done otherwise〉といった表現で提示するのは，法の領域において我々が決定論を（これが理論的に正しいか否かに関係なく）実践的に採用していないからに他ならず，我々が理論的に可能なものとして決定論を採

用することと，日常的（法的あるいは倫理的）な場で〈can〉や責任観念を用いつつ他者との実践的な相互行為を遂行することは別の次元に属し，両者が矛盾することはない。ということは逆に，〈can〉や責任といった観念がある種の行為論（例えばドイツ刑法学の目的的行為論）が主張するような理論的あるいは存在論的な観念ではないことを意味する。例えば〈can〉が実践的ないしプラグマティカルな観念であることは次の点からも明らかであろう。

つまり，或る行為の不成立ないし不成功の原因は二つのカテゴリーに区別されうる[26]。この種の原因は或る場合には行為者の能力の発現を阻止する原因（impediment）であり，例えば強風や筋肉の突然の痙攣はテニス選手の成功を阻止し，新調の服を着た人はその服の故に，おもちゃを川に落した子供のために川に入ることはしない。このようなとき我々は〈could not have done otherwise〉と言う。しかしこのような阻止原因以外に行為の不成立を惹き起す単なる原因というものが存在する。観衆のどよめきが原因で優秀な選手がテニスを失敗したり，川に落ち溺れる子供をみても新調の服の故に川に入らなかった人の場合がそうであり，このような場合に我々は，たとえある原因の総体により行為の不成立が仮に決定されていたとしても，〈could have done otherwise〉と言うのである。そして阻止原因と異なりこの単なる原因は，最良のコンディションの下での優秀な選手の失敗のように，観察者が特定化しえない場合も多く，決定論の見地から，どこかに存在するはずであると単に想定されるにすぎない場合もある。それ故決定論のように，行為は先行する諸原因により決定されており，それが特定化されなくても行為の原因がどこかに存在するはずだと考えられるのは，阻止原因以外に単なる原因をも含ませて行為の原因を論ずるからである。この観点においては，行為は複数の出来事の因果的連鎖の帰結（いわゆる event causation）と捉えられるだろう。

これに対し倫理的法的ディスコースの場合のように「責任」が問題とされ非難や賞讃が実践的関心として支配的な場面では，専ら阻止原因のみが注意の対象とされる。過失により特定の行為を遂行しなかった人は，何らかの諸原因により遠い過去から不作為へと決定されていたのかもしれない。にもかかわらず法的場面でその人に責任が帰せられるのは「阻止原因」が存在しなかったからであり，〈He could have done otherwise〉だからである[27]。オースティンが日常言語は決定論と和合しないと主張するのもこの意味である。し

かも重要なことは，これら二種類の原因の区別は行為の具体的状況によりその境界は流動的であり，行為自体の社会的重要性，行為から生ずる帰結の性格など様々な実践的考量により定まることである。行為が同一であっても，行為をめぐる実践的関心や文化が異なれば二つの原因の境界も変化する。それ故二種類の原因の区別がプラグマティカルなものである以上，〈can〉や更には責任観念も同様にプラグマティカルな性格を有することになり，人間行為の存在論的在り方といった fundamentum in re をこれら実践的概念が有しているわけではない[28]。

以上の論旨から明らかなように，責任という観念は日常言語に深く根ざした観念であるが故に，責任を刑罰の領域から除去しようとする試みは，一つの実践的決定としては充分可能であるが，日常言語（及びこれを基底にした伝統的法言語）の払拭しがたい意味論的構造と抵触し，それは新たな法言語（例えば，非難や賞讃といった日常的な言語行為を一切含まず，人間行為につき intentional な語り方をしない言語）の導入を意味するのである。そして刑罰の正当化をめぐる対立に関しては次のように結論できるだろう。責任を除去し刑罰を純粋に功利主義的に正当化することは伝統的法言語自体が許さない，と。

（1） デオントロジカルな立場が，行為や制度に一種の内在的価値，即ち結果としていかなる事実が因果的に生起しようと，あらゆる可能世界を貫通して制度に内在する価値を主張するのに対し，価値を結果により判断するテレオロジカルな立場は，何を価値ある結果と見なすかに応じ実質的には更にいくつかの立場に区別されるが，内在的価値を否定する点では形式的に一致している。法価値論においては上記二つの立場は，例えば「正義」と「利益」という価値対立となって現れる。デオントロジカルな法価値である正義は，法制度から生ずる利益に関係なく当の制度自体に内在する価値であるが故に，制度の正当化として功利主義的正当化以外のものを認めない立場からは，正義は利益から独立した制度内在的価値ではありえず，むしろ何らかの仕方で利益へと還元され，功利主義的な枠組の中で説明し直されねばならないとされる。正義と社会的功利性の対立は，現在主として英米倫理学，法哲学において活発に議論されているが，同一の問題をデオントロジカルな立場から論じた特異な例として Kojève, A., *Esquisse d'une phénoménologie du droit*, Paris, 1981 特に pp. 188-230. 拙稿アレクサンドル・コジェーヴ「法現象学素描」（1981）立教法学22号1984, pp. 133-156参照。

（2） 古代ギリシャにおける「ミアスマ」の観念については Dodds, E. R., *The Greeks*

and the Irrational や Rohde, E., *Psyche* といった著名な研究以外に，法史の見地から Jones, W. J., *The Law and the Legal Theory of the Greeks*, reprint, Aachen, 1977, p. 254.

　家父長の統治下におかれ相互に独立した「家」や「氏族」が並存し，これらの家を包摂する集権的政治体が未だ成立していない社会では，国家に対する危害行為という意味での犯罪観念は未形成であり，危害行為は家と家の問題として処理される。集団責任や復讐の観念が支配的な社会では個人責任の観念や，責任を行為者の心理状態により判断する態度も形成されず，この種の社会を背景として，神話的世界観と結びついた「ミアスマ」のような観念が生ずる。古代ギリシャにおける責任観念の展開については，Gernet, L., *Recherche sur le développement de la pensée juridique et morale en Grèce*, Paris, 1917; Maschke, R., *Die Willenslehre im griechischen Recht*, Berlin, 1926; アリストテレスについては Loening, R., *Die Zurechnungslehre des Aristoteles*, reprint, Hildesheim, 1967.

　古代ローマにおいても行為者の特定の心理状態（sciens, sciens dolo malo など）により刑罰の是非を判断する傾向は社会全体に対する危害行為，例えば放火，売国行為（perduellio），自由人の殺害などからまず生れ，古典期にはこれが他の私的な危害行為へと一般化され，casus, impetus, propositum などの区別や過失（culpa）の観念が生じた。Cf. Lebigre, A., *La responsabilité pénale en droit romain classique*, Paris, 1967, pp. 5-15（個人責任の形成について），pp. 55-90. これらローマ法の諸概念に対するギリシャ哲学とくにアリストテレスの影響の存否については，批判的立場から Daube, D., *Roman Law, Linguistic, Social and Philosophical Aspects*, Edinburgh, 1969, pp. 131-156. 責任観念の古代社会，未開社会における諸様態及びその歴史的生成については，Fauconnet, P., *La Responsabilité Étude de sociologie*, Paris, 1920, 特に p. 91.

(3)　Mead, G. H., 'The Psychology of Punitive Justice,' *The American Journal of Sociology*, vol. XXIII, 1918, no. 5, pp. 577-602.

(4)　Rawls, J., 'Two Concepts of Rules,' in Foot Ph., ed., *Theories of Ethics*, Oxford, 1967, pp. 144-170.

(5)　事実，法違反者でない者を罰することが可能な刑罰体系は，強い威嚇力により予防効果は増大するものの，個人の将来の生活予測はこれにより著しく減少し，人々はたえず突然の刑罰に不安を抱くことになり，社会的利益の大なる減少を招くことになろう。しかし次のようにも考えられる。仮に上記のマイナスの効果を損益計算の中に入れても，法違反者でない特定の者への刑罰がはるかに大なる利益を生むことが明白でも，「刑罰は法違反者のみに」というルールに固執することが，功利主義の立場から（ＲＵは功利主義である）果して正当化されるだろうか。ＲＵの内在的性格に関する問題については後述。

(6)　仮に，純粋なＡＵ主義者のみにより構成され，しかもすべての成員が社会的利益の正確な損益計算の下で行為する社会を想定してみよう。このような社会では社会的結合を生みだすための規範的ルールはそもそも不必要である。各構

成員は行為状況の正確な認識（これには，自己の行為につき他者がどのような期待ないし予測を有するかに関する認識も含まれる）及び自己の行為から生ずる結果の正確な予測に基づいて行為すれば，ルールが存在しなくとも社会的結合は実現し，最大の社会的利益も生れる。従ってルールが必要になるのは行為者がこのような理想的な損益計算者ではなく，不完全な認識や計算により行動する人間だからである。特に，他者がどのような行為をするかについての予測が困難な場合は，ルールを制定しないと社会的結合は生れない。ここから行為指針としてのＡＵ的ルール（いわゆる rule of thumb）が生ずるが，この種のルール以外にＲＵの主張するような，「その適用が全体として社会的利益をもたらすのであれば如何なる場合にも義務付けるルール」が存在しなければ真の社会的結合は成立しえないであろうか。この点，まず rule of thumb かそれとも「真に規範的なルール」かの二分法は疑問に思われる。功利主義の立場を堅持する限りＡＵしかありえず，しかもＡＵを採用しつつ単に行為指針以上の規範的ルール（しかしこれは，如何なる場合にも義務付けるルールではなく具体的適用が社会的不利益となる場合には無視されてよいルールである）を基礎付けることができると思われる。

　この問題につき詳論する余裕はないが，次の場合を考えてみよう（cf. Sartorius, R. E., *Individual Conduct and Social Norms*, London, 1975, pp. 73-80）。ある特定の利益が社会に生ずるには，社会の大多数の人々の協力が必要であるが，全員協力の必要はなく，大多数が協力した場合も全員協力の場合も生ずる利益は同一であるとしよう。この状況はゲーム理論の「囚人のディレンマ」的状況と言える（表１のマトリックスはＣは協力，$\overline{C}$は非協力を，数字は個人Ａの選好順位を表わす）。この場合，ゲーム理論で言うＡにとっての合理的行為は（Ａは利己主義者ではなく，社会的利益を顧慮するＡＵ主義者であることに注意）いうまでもなく$\overline{C}$であるが，社会の全メンバーがＡと同様に考えて行為すれば社会的利益はもたらされず，結局はＡにとっても第三順位の状況が生じてしまう。ここから，このような結果を回避するために「協力すべし」というルール（これは単に行為指針以上のルールである）が採用され，優先順位を（　）内の数字へと変化させることにより社会的利益が生まれるのであるが，これはＡＵの立場に立っても充分認め

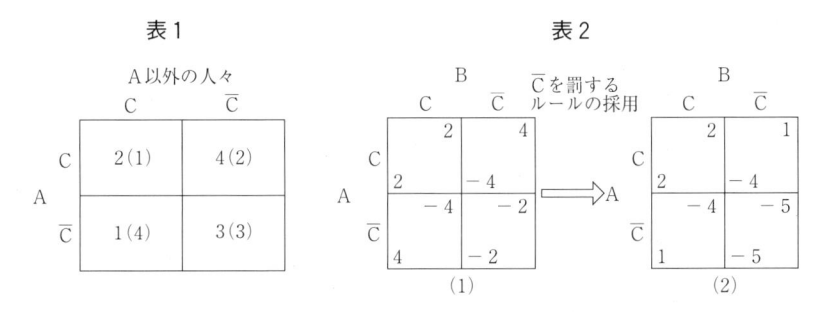

表１　　　　　　　　　表２

A以外の人々
	C	$\overline{C}$
A　C	2(1)	4(2)
$\overline{C}$	1(4)	3(3)

(1)
	B C	$\overline{C}$
A　C	2　／　2	4　／　−4
$\overline{C}$	−4　／　4	−2　／　−2

$\overline{C}$を罰するルールの採用 ⇒

(2)
	B C	$\overline{C}$
A　C	2　／　2	1　／　−4
$\overline{C}$	−4　／　1	−5　／　−5

うる実践的推論であり，このようなかたちでルール生成がAUの立場に立って説明できれば，RUによる批判は正当とは言えないであろう。一般に囚人のディレンマ的状況からの規範生成（ホッブズ的自然状態からの規範生成はこれに近い）はAUに立ちながらも充分説明しうる。例えば前頁表2のマトリックス(1)（左下の数字がAの，右上がBのペイ・オフを示す）では，AとBにとり$\bar{C}\cdot\bar{C}$がドミナントとなるが，両者にとり本来C・Cが有益なはずである。このような状況に$\bar{C}$を罰するルールを導入すればマトリックス(2)へと状況は変更され，双方にとり有益な選択が同時にゲーム理論的にドミナントとなる状況が生ずるが，この場合，$\bar{C}$を罰するルールは単なる行為の指針ではなく，しかもAUの損益計算から生じたものと考えることができる。功利主義の問題とは関連しないが，本書第1章ではゲーム理論を応用しつつ規範生成が論じられている

(7) Lyons, D., *Forms and Limits of Utilitarianism*, Oxford, 1965, p. 65. ライオンズはこれを utilitarian non-linearity と呼ぶ。或る行為は単独では utility を生ずるが一般化すると有害になり，このような行為の generalized utility は，単独にみられた行為の simple utility の linear な関数とはならない。n個の単独行為から生ずる利益 n×Sは，nが増大し特定の限界を越えると threshold effect により n×S とは異なった utility が生ずる。ライオンズはこのような見解の誤謬を行為の記述を手掛りとして論証する。とくに，AUとUGの extensional equivalence について p. 62. また本節でのRU批判もライオンズの研究による。ライオンズのRU批判については p. 119.

(8) ライオンズの言う minimizing condition. Lyons, *op. cit.*, p. 131.

(9) ライオンズの言う maximizing condition. *Ibid.*, p. 128.

(10) Hart, H. L. A., *Punishment and Responsibility*, Oxford, 1968. 以下本節で言及するハートの見解はすべて同書に含まれるものであり，頁数は指示しない。

(11) Bentham, J., *Principles of Morals and Legislation*, ch. XIII, Bowring, J., ed., vol. 1, pp. 76-80.

(12) Foucault, M., *Surveiller et punir*, Paris, 1975, p. 210.

(13) Davidson, D., 'Agency,' in Binkley R., et al., eds., *Agent, Action, and Reason*, Oxford, 1971, pp. 3-37.

(14) Feinberg, J., 'Action and Responsibility,' in *Doing and Deserving*, Princeton N.J., 1970, p. 134. 第2節註（14）と同論文。

(15) Mackie, J. L., *The Cement of the Universe*, Oxford, 1974, pp. 248-269.「BはAの原因である」「BはAを惹き起した」といった表現はある場合にはBがAの〈producing cause〉であることを意味し，この場合Bは特定の出来事（event）を rigid に designate する「名」と考えられ，これと同一の出来事を指示する他の名で置き換えても表現の真理値は変化せず，従って producing cause に言及する命題は外延的と考えられ，agency はこのカテゴリーに属する。

　例えば「現在のフランス大統領」（B_1）と「現在フランスで鼻の一番大きい男

性」（B₂）が同一人物を指示し Bedeutung が同じとしよう。この場合「B₁の演説はフランスの政治的危機を惹き起した」が真であれば「B₂の演説はフランスの政治的危機を惹き起した」も真である。これに対しBが「事実」(fact) を示し，上記の表現はBがAの〈explanatory cause〉であることを意味する場合はどうか。この場合当の表現は必ずしも外延的文脈とは限らない。例えば，「フランスの政治的危機は現在のフランス大統領が演説したことに原因する」は真であっても，「フランスの政治的危機は現在フランスで鼻の一番大きな男性が演説したことに原因する」は偽とも言えるだろう。「B₁の演説」は政治的危機の発生にレレヴァントであるが「B₂の演説」はレレヴァントでないからである。このように因果的説明の説明項となる複数の「事実」は同一の外延を有しても，相互のおきかえにより表現の真理値が変化する故に，explanatory cause に言及する表現は内包的と言えよう。もっともこの場合「現在のフランス大統領の演説」や「現代フランスで一番大きな鼻をもつ男性の演説」といった語句を，政治的危機発生にレレヴァントな事実的特徴をすべて含む意味をこめて使用すれば，外延的となると考えられるが。

(16) Wootton, B., *Crime and the Criminal Law*, London, 1963.
(17) Feyerabend, P., *Realism, Rationalism and Scientific Knowledge*, Cambridge, 1981. p. 163（心身問題に関して）.
(18) Strawson, P. F., 'Freedom and Resentment,' in Strawson, P. F., ed., *Studies in the Philosophy of Thought and Action*, Oxford, 1968, pp. 71-96.
(19) intentionalism の立場に立ち，分析哲学内部での行為論の検討を行い，これを基礎としてドイツ刑法理論にみられるいくつかの行為論の批判的検討を行うものとして，Kindhäuser, U. K., *Intentionale Handlung*, Berlin, 1980, S. 180-202.
(20) Mackie, J. L., 'Grounds of Responsibility,' in Hacker, P. M. S., Raz, J., eds., *Law, Morality and Society*, Oxford, 1977, pp. 175-188; Murphy, J. G., *Retribution, Justice and Therapy*, Dordrecht, 1979, pp. 116-127. マッキーは心理的状態を責任の根拠とすることが可能であるとの立場から，ハートに対しJ．オースティンの因果説を弁護する。彼によれば，筋肉運動が欲求の直接的対象になることは例外的であり，欲求の対象は行為の目的として筋肉運動以外に求められるべきであるが，筋肉運動がこの種の欲求により因果的に惹き起されることは依然として真である。マッキーは更に続けて次のようにハートを批判する。例えばハートによる非意図的行為の説明，即ち「筋肉運動が生じても，行為者が自己の身体をそのように動かす如何なる理由（reason）も存在しない」場合とか，「行為が行為者の意識的計画に服さない」場合といった説明に対し，マッキーは，行為の意図性非意図性（voluntariness と involuntariness: 前者はマッキーの用法では，対抗しえぬ衝動による行為をも含み，intentionality より広い意味をもつ）は，一定の仕方で身体を動かす理由が行為者に存在するか否かによるのではなく，この理由が原因となって行為が惹き起されたか否かによると主張する。

そして(1)因果的シェーマは不作為にはあてはまらないというハートの批判に対しては、不作為（例えば赤信号で停止しない）は、この不作為と表裏一体の意図的行為（運転）の一側面にすぎず、このとき不作為自体が意図的と言えないにしても、これと表裏一体の行為が非意図的であれば不作為も直ちに非意図的となり、従って不作為はこれと表裏一体の行為への欲求から因果的に惹き起されたものである。更に不作為自体が意図的と言える場合とは、欲求があれば行為したであろうような場合であり、従って不作為を欲求欠如の因果的所産と考えてさしつかえなく、それ故、意図的な行為と不作為はともに心理的状態の因果的所産と考えてよい。また(2)過失行為も、もし行為者が悪しき結果が生じないようにとの充分強い欲求をもっていたらより注意したであろうという意味で、「欲求の欠如」といった行為者の内的状態で説明が可能である。(3)強制の下での行為（例えば、強盗せよとの命令に服従しない限り殺されるような状況で、命令にやむをえず服従する行為）が、明らかに意図的行為でありながらも通常免責されることは、意図性という内的状態を責任の根拠と考える立場より、これを選択可能性に求めるハートの立場が正しいことを示すと思われるが、この場合、行為記述を緻密にし、「他者の命令に服さず殺されるより、命令に服従する行為」と記述すれば行為自体が変質され、免責をそもそも問題にする必要がなくなる、と考えた方がよい。そして(4)窃盗狂患者などの行為がやはり意図的であるにもかかわらず免責されるのは、確かにハートの立場によく適合するが、抵抗できない衝動的欲求から生ずる意図的行為でも、それが行為者の自我と人格的に連続した永続的性格の発露である場合とそうでない場合を区別すべきで、窃盗狂患者が免責されるのはそれが後者に属するからである。また(5)精神病患者の行為が意図的であり、しかも行為者の自我と人格的に連続しているにもかかわらず免責されるのは、この種の行為者は幼年者と同様、刑法が対象にする倫理的行為者（moral agent）の枠外にあり、従って免責が始めから問題とならないからである。刑法の目的は、特定タイプの行為を違法とすることにより、法を遵守しうる理性的行為者を規律し、個人の自由と社会の保護を両立させることにある。それ故予防効果や科刑はそれ自体二次的なものにすぎず、上記の如き刑法の規律対象からそもそもはずれる人々は、科刑からも直ちに除外され免責は始めから問題とならない、と考えるべきである。

このようにマッキーは(4)と(5)から明らかなように、意図性は責任の充分条件ではなく必要条件にすぎず、行為が意図的であれば（即ち、マッキーの意味で欲求の因果的所産であれば）直ちに有責と考えるべきでなく、意図的行為に関しても更にいくつかの免責事由があることを主張するが、彼の論旨にはいくつか疑問点がある。例えば(1)と(2)については、「欲求の欠如」を意図的不作為あるいは過失行為の原因と考えることは、論理的には充分可能なものの、因果説で「Aへの欲求がAを因果的に惹き起す」と言われる場合、欲求に一種の causal power が認められるのに対し、「欲求の欠如」にはこれがあてはまらず、マッキーの構成には無理があるように思われる。また、(3)(4)(5)についてもマッキーの立場をとるよりも、

ハート的な〈could not have done otherwise〉の方が明快であろう。マッキーがこの表現を責任論の中心におくことを拒否する一つの理由は，この表現の使用が，元来異なった次元の問題である責任論と決定論の混同を招きやすい点にあるが，本文で主張するような仕方で両者を区別すれば何ら問題は生じない。いずれにしても，マッキーが当然の前提とする行為の因果説が正しいかは疑問である。マーフィーの所論についても同様である。

(21) Austin, J. L., *Philosophical Papers*, Oxford, 1961, pp. 153-180.

(22) 自由については，従来，これを行為の自発性（spontaneity）として捉える立場と，複数行為の選択可能性と捉える立場が対立しているが，行為の因果説は前者と結びつく。

(23) Davidson, D., 'Freedom to Act,' in Honderich, T., ed., *Essays on Freedom of Action*, London, 1973, pp. 139-156.

(24) デイヴィッドソン自身も，自己の立場の問題性を自覚している（*ibid.*, pp. 152）。

(25) Cf. Chisholm, R., *Person and Object*, London, 1976, p. 56; Lehrer, K., '"can" in Theory and Practice: A Possible Worlds Analysis,' Brand, M. and Walton D., eds., *Action Theory*, Dordrecht, 1976, p. 252; White, A. R., *Modal Theory*, Ithaca, 1975, p. 24.

(26) Thalberg, I., *Enigmas of Agency*, London, 1972, p. 118. しかし，サルバーグはオースティンを非決定論者と解釈している。

(27) Lehrer, K., *op. cit.*, p. 241 は，可能世界（possible worlds）の考え方を道具として，決定論と〈could have done otherwise〉が調和しうることを論証している。レーラーの論旨はおよそ以下の通りである。現実世界においてXが行為aを行わなかったとき，「Xはaをなしえた」が現実世界で真であることは，次のような(1)(2)(3)を満たす可能世界Wが存在することを意味する。(1)Wは現実世界と同じ自然法則をもつ。(2)Wは現実世界とは最小限度において異なり（minimally different），「Xはaを行った」はWにおいて真である。(3)Wには，現実世界でXがaを行うことに関して有していない特別に有利な条件（advantages. ただしこれには，X自身の行為から生じたものは含まれない）は，存在しない。さて，これら(1)(2)(3)を満たす可能世界が存在すれば，〈Xはaをなしえた〉は真となるわけであるが，仮に現実世界でXがaを行わなかったことが遠い過去から（ancestrally）決定されていた（つまり，決定論が正しい）と仮定しよう。この場合，Xを不作為へと決定した幾つかの原因が現実世界には存在し，「Xはaを行った」が真である可能世界にはこれらの原因が存在しないわけであるが，この種の原因には，可能世界でのその不存在が(3)でいわれる「特別に有利な条件」とならないものもある。従って，現実世界でXの不作為を決定した原因がすべてこのタイプのものであれば（つまり，可能世界でのその不存在が，a遂行のための「特別に有利な条件」とはならないならば），Xの不作為が遠い過去から決定されていても(1)(2)(3)を満たす可能世界は存在し，従って〈X could have done a〉は真と言える。この

点，レーラーの言う「可能世界でのその不存在が，行為遂行のために特別に有利となる条件」を「阻止原因」に，そうでない条件を「単なる原因」におきかえることができると考えられるだろう。ただ，これら二種類の原因の区別が流動的かつプラグマティカルなのと同様，「有利な条件」も同様と思われるが，この点レーラーは何も指摘していない。

(28)　それ故，例えば event causation に対して agent causation を非決定論により基礎づけようとするチザムの立場 (Chisolm, *op. cit.*, p. 60) は，正しいとは思われない。チザムによれば行為 a を行わなかった X につき 〈X could have done a〉 あるいは 〈a was in X's power〉 と言えるのは，(1) X が a を惹き起すために必要な他の条件は既に満たされ，ただ X が a を因果的に惹き起す意図で行為すればよかった場合であり，しかも (2) X は a 遂行に際し「自由」でなければならないが，a 遂行の自由は a 遂行を惹き起す充分条件の不存在及び a の不遂行を惹き起す充分条件の不存在を同時に含む。それ故チザムは 〈could have done otherwise〉 を非決定論的にと同時に，constitutionally iffy なものと捉えるわけである。しかし，自由という日常言語の観念が非決定論という存在論的な基礎を必要とするかは，極めて疑問である。

第8章　解釈

第1節　テキスト・意図・理由

　法の解釈が法のテキストの解釈だとすれば，法解釈の対象であるテキストをどのように特定するのか。テキストを特定したとして，テキストは解釈を拘束するのか。拘束するとすればどのような仕方で拘束するのか。解釈はいかにして客観的でありうるか。もしテキストが解釈を拘束しないとすると解釈の正当性の根拠は何か。解釈は意味の創出とは異なるのか。テキストが制定法であるとき，制定法を解釈し適用する者はどのようにして解釈を正当化できるのか。制定法の解釈における立法者意思の役割は法の権威に関する適正な理論と密接に関連し，立法者意思を尊重することの正当化が法の権威の正当性をめぐる考察から導出されるとすれば，解釈という概念と法概念は表裏一体の関係にあるのではないか。更に，そもそも解釈とは何のために行われるのか。解釈という営為自体の規範的基礎は何か。

　一般的に解釈とは或るものの中に意味を見い出すことである。解釈については三つの問いを区別することができるだろう。先ず基礎的な問いとして(1)何が「意味をもっているもの」か，次に(2)解釈が正しいとか妥当であると言えるのは意味の発見が問題になるときか，それとも解釈によって解釈者が意味を創出するときでも解釈の正しさや妥当性を問題にすることができるか，そして最後に(3)解釈という活動に従事するのは何故か，あるいはこの活動に何故従事しなければならないのか，あるいは或るものに意味を発見ないし創出することによってどのような価値が促進されるのか，という三つの問いである。

或るものXが意味をもつと言われるとき，しばしばXが因果的に惹き起す（あるいはXを因果的に惹き起す）ものYがXの意味と言われることがある。例えば雲が雨を意味し，雨が雲を意味すると言われるように，因果的な法則によって結びつけられた二つのものの一方が他方の意味と言われる場合がある。しかしこの種の自然的意味[1]は，それ自体では意味をもたない二つの出来事の因果的関係のアニミスティックな比喩的表現にすぎない。原因と結果は一方が他方の自然的なサインと言えても，これは単に両者間の因果的結合を前提にした上で一方が他方の証拠であるということにすぎない。しかし「意味」をこのような自然的意味を含ませて用いると，因果的に何かを惹き起しうるすべてのものが意味をもつことになるだろう。従って「自然的意味」は固有の意味での「意味」から排除されるべきである。

「意味」を非自然的な意味だけに限定して用いた場合，意味をもつものとして先ず我々の念頭に浮かぶのは「テキスト」である。「雲」には意味がなくても例えば「雲についての言明」は意味をもつ。この言明は，日常会話，法的言明，小説，神の言葉，夢の一部などとして登場し，意味をもったテキストとして解釈されるべき対象となる。一般的に，或るものが意味をもつと述べることは，それがテキストであると述べることである。しかし意味をもったものがテキストであるにしても，テキストとは何だろうか。

或る見解によれば，或るものXは或る人間がXをテキストとして意図的に創出したときにのみテキストである。即ち，或る人間がそれを用いて他者に自分が意図している（意味している）ことを伝達するのを可能にするシンボルとか記号がテキストである。別言すればテキストとは，或る人が自分の意図や思念などを伝達しようと試みるときに受け取り手である他者と共有している媒介手段がテキストである。この見解を解釈の伝達的モデルと名付けることにしよう。上記の三つの問いのうち第一の問いに対してこのモデルは次のように答える。相互的な伝達や交信のために人間が創出した表象体系（テキスト）のみが意味をもつ。或る人間が伝達したいと思う意図の対象を形成するために記号を用いるとき，そして，このように用いられている記号が受け取り手によっても，その応答において形成される信念の対象として用いられるときに，記号体系は表象体系たるテキストとなる。要するにこのモデルによれば，テキストとは伝達者の意図と受け取り手の信念という命題的態度において用いられる記号体系の関数であり，また命題的態度は伝達者と受け

取り手の志向性（意識が或る対象へと向けられていること）を前提にしていることから，テキストは上記のような仕方で記号体系を用いるこれらの人間の志向性の関数でもあるだろう。

　第二の問いに対して伝達的モデルは，或る発話の解釈が妥当な解釈とされるのは，発話がそれをもって生じた意図に合致しているときであり，解釈は意味の創出といったものとは全く無関係である，と答える。解釈は，何故テキストが生まれたのかに関する真の説明を発見したときに——即ち発話を因果的に惹き起した志向的対象を再生産したときに——妥当な解釈となる。

　更に第三の問いに対して伝達的モデルは，解釈は伝達的発話の説明という通常の科学的説明の単なる特殊形態にすぎず，特別な正当化を必要とするような特殊な営為を含んではいないと答える。発話がなされた理由や原因——何故そのような夢をみたのか，何故そのような小説が書かれ，神の言葉が宣言され，法律が発布されたのか——を知りたいと思うこと（好奇心）だけでテキスト解釈という営為を正当化するに充分である。

　伝達的モデルは，解釈に関して広く一般的に受け容れられている観方を捉えていると言えるだろう。我々が或るものに意味を見い出そうと試みる——固有の意味で解釈と言われる活動に従事する——典型的な事例は，他者が我々に伝達した発話の内容を理解しようとするときであり，このような事例においては我々が解釈する理由や解釈の方法は通常の科学的説明と基本的には何ら異なるところがなく，唯一の相違は，我々が記述するもの（即ちテキスト）と，我々がテキストをそれによって説明するもの（即ちテキストの作者の志向的意図）がともに志向的現象であることである。

　これに対していわゆるヘルメノイティークのモデルによれば，解釈には——特に神学，文芸批評，法，精神分析における解釈には——科学的な記述や説明の方法に無理やり合致させることのできない特殊解釈的な要素があり，解釈活動は予測や説明といった通常の科学的目的によって正当化されることはない。解釈は伝達的モデルが想定するような志向され意図された意味の把握にはとどまらないもっと豊かな内容を含んでいる。確かに，テキストの解釈とはテキストの作者によって志向された意味を把握することである，という志向（意図）主義的な見解は多くの人々によって支持されている。小説の作者が志向し意図する意味を把握することが小説を解釈することであり，法律を制定した立法者の意図する意味を把握することが法律を解釈することで

あり，神が聖書の中に啓示したことに神の意図を読み取るのが聖書の解釈であり，夢が一定の内容を含むように当の夢を因果的に惹き起した願望を把握することが夢の解釈である。しかし，単に作者の意図した意味を把握することとは異なる，意図主義と競合するような解釈方法が文芸批評，法学，神学，精神分析といった学問的領域の内部で採用されていることも確かである。従って，仮に意図主義を正しい解釈理論として認めるにしても，意図主義が何故正しいのかを論証する必要があるだろう。意図主義者は非意図主義を「それは解釈ではありえない」とア・プリオーリに拒絶するのではなく，実質的な論拠によって非意図主義が誤りで意図主義が正しいことを論証すべきである。このためにはより高次の解釈理論が必要である。

　先ず「解釈」が多義的な言葉であることを認めることにしよう。「解釈」の一つの意味は，確かに伝達的モデルが想定するように伝達的発話の記述であり説明である。解釈のもう一つの意味は，W.ディルタイが精神科学の方法として特定化した「理解」(Verstehen)である。この立場は意味というものを，発話者や作者の意図といった時間的に特定可能な意識の状態と見なすことなく，意味を帯びた現象（人間精神が外化したもの）の本質的特徴と考える。客観的世界は意味を帯びない自然現象と意味を帯びた精神的社会的現象に区別され，前者は自然科学によって因果的に「説明」されるのに対して後者は精神科学によって「理解」される。何がテキストかという問いに対してこの立場は，意味を帯びたテキストは自然現象や心理的現象とは異なった種類の存在者として客観的世界に存立し，しかも作者によって——受け取り手に自分の意図を伝達する作者によって——創造されたものであるとは限らないと主張する。或る解釈を妥当なものたらしめているものは何かという問いに対してヘルメノイティークの立場は，解釈は意味を帯びた現象の本質的特徴である当の客観的意味そのものに合致しているときに妥当な解釈とされ，何故我々は解釈という活動に従事するのかという問いに対しては，伝達的モデルと同様に，解釈活動を正当化する価値は他のすべての学を動機づけているもの，即ち真理を把握することに他ならないと答える。ただ自然科学とは異なり，精神科学が対象とする現象が特殊であることから，把握される真理が，そして科学的な理解の方法が特殊であるにすぎない。

　それでは，解釈の非伝達的モデルは存在するだろうか。今極端な例を想定し，或る作者が創出したわけではない自然に存在する「雲」を例にとってみ

よう。この雲が特異な形をしていることから，或る人がこの雲の深い意味を理解しようと試みるとき，雲はテキストで，この人は解釈者であろうか。この点につき，例えば初期のS. フィッシュは，或る人々（解釈共同体）が或る現象を意味のあるものとして捉えている——即ち，この現象に何らかの種類の注意を払うことによって信念の対象を形成すると主張している——社会的な事実が存在していれば，この現象はテキストである[2]。しかし我々が知りたいことが，この種の現象が意味をもつのはどのような意味においてかということならば，「多くの人々が当の現象をそのようなものと見なしている」という答だけでは何の役にも立たないだろう。むしろ，テキストとは何か，解釈とは何かを考える際に焦点を当てるべきは，或る現象への応答として人々がとりうる実際の命題的態度や行為ではなく，当の現象に呼応して人々が持つ理由のある命題的態度や，人々が遂行する理由のある行為である。

　或る人間Xにとって或る現象Aがテキストである（即ち解釈の対象となりうる）と言えるためには，XはAの意味を未だ知らないが，XがAを「意味をもつ」と見なすことに適切な理由の存在することが必要であり，この「意味」はXに信念や行為の理由を与えてくれるものでなければならない。XがAをテキストとして扱うことは次のことを意味する。即ち，もしAが何を意味するかをXが見い出す（あるいはAから引き出す）ことができるならば，XはAを「Xに信念や行為の理由を与えてくれる可能性のあるもの」として扱う，ということである。従って，人々が特異な形をしたロールシャッハ検査の雲に何らかの意味を見い出し，この意味が人々の信念や行為の理由となるのであれば，雲はテキストとして解釈されていることになる。ここには一見して循環論法が存在しているように思われるが，シンタックスとセマンティックスを峻別することにより循環を回避することができる。上述のように，テキストが存在し解釈が成り立つのは，人々が未だその意味を知らない或る現象を意味あるもの——その意味が人々に信念や行為の理由を与えてくれる，という意味で現象を意味あるもの——として取り扱う何らかの適切な理由があるときであるが，「或る現象を意味あるものとして取り扱うこと」は，当の現象にシンタックスとセマンティックスの区別を課すことを前提としている。即ち，人々が現象の意味を未だ理解しておらず，ただその現象が何らかの意味を帯びた現象であると判断するとき，この判断は現象の意味を知ることには依存していない。現象の意味はセマンティックスの問題であるが，この問

題に先立って，何らかの意味を帯びうる現象を特定化する必要があり，この特定化のための規準——当の現象の意味を知ることに依存しない規準——が存在しなければならない。一般にシンタックスとは一連の記号表現が適格な整式となるために従うべき構成規則，記号表現が意味の担い手になりうる資格のあることを決定するルールであるが，或る現象や対象を，意味を帯びうるテキストとして同定するための規準もシンタックスと言えるだろう。

　テキストの同定を二つの事例によって例証してみよう。善観念をめぐる神学上のよく知られた議論として，神が命令することが善であるのか，それとも或ることが善であるから神はそのことを命令するのか，という議論がある。別言すれば，神の善性は，神が命ずるすべてのものが善であることに存するのか，それとも神は全知であり，何が善であるかに関して誤りを犯さないということに存するのか。信者が神の命令したことを遂行しようとするとき，前者の考え方においては信者は明らかに神の命令を解釈することになる。というのも信者はテキストが何を意味するのかを知っていることとは独立にテキストを同定するからである。これに対して後者の考え方では解釈の観点からすると状況は不明確である。即ち，信者は神に善認識に関する理論的権威を認めることで神の命令を解釈するのであれば，信者はテキストが何を意味するかを知ることとは独立にテキストを同定する規準をもつことになるが，善と神の命令の対応関係が当初疑わしく思われるとき，信者は先ず命令が何を意味するかを理解し，神の命令を自分の善観念と照らしあわせてチェックし，それが済んでから神の命令に従うことになる。後者の場合，テキストが何を意味しているかを知ることとは独立にテキストを同定する規準が存在しないことから，信者は神の命令を厳密な意味で解釈していることにはならない。

　このような神学上の議論に類似したものとして，法のテキストの同定は法のテキストの意味を理解することと独立になされうるかという議論を挙げることができる。例えばH.L.A.ハートが主張するような「承認のルール」の存在を認める立場によれば，或る法体系において何が法のテキストであるかを判断する規準（法的シンタックス）は，テキストの意味を理解すること（法的セマンティクス）とは独立に同定されうる。これに対して承認のルールの存在を否定する立場は，法が何を意味しているかを（そして法が善い，あるいは正しいことを）知ることなくして法のテキストを知ることはできない

と主張する。これら二つの立場のうち前者は法的実践を明白に解釈的なものにしているのに対し、後者の立場は法的実践を解釈的なものにするためには、例えばR.ドゥウォーキンが行ったように、「解釈以前的なデータ」「原理（principles）によって解釈されるべき法準則（rules）」、「観念（conceptions）によって解釈されるべき概念（concepts）」といったものによって法的シンタックスを再導入し、法にテキスト類似のものが存在するかのように法的実践を構成しなければならないだろう。

シンタックスとセマンティックスを融合させ、「テキストが存在するか」あるいは「何がテキストか」という問いを「テキストが何を意味するか」に依らしめることは、解釈からその本質的機能を取り去ることを意味している。即ち、テキストとその正しい解釈の機能は、解釈者に信念と行為の指針を与えてくれる点に存するが、テキストの存在と同定がテキストの意味に依存することになれば、テキストのこのような機能は失われてしまうからである。もっとも、テキストの同定（シンタックス）とテキストの意味の解釈（セマンティックス）の間に一種の反省的均衡のようなものが存在し、テキストが良い解釈を生み出すか否かということが、それがそもそもテキストであるか否かに関連してくる場合はあるだろう。この場合でも、反省的均衡が達成されたときは、推論はテキストの同定とテキストの意味の解釈という二つの段階から成り立つことになる[3]。

さて、我々がテキストの意味を解釈しようとするのは、テキストの意味が我々に信念や行為の理由を与えてくれるからである。法を例にとれば、法のテキストの解釈は法のテキストの権威に服する人々に対し行為の理由を与える。例えばJ.ラズの分析によれば、法のテキストは解釈者に二つのタイプの理由を与える[4]。即ちテキストで述べられている行為を遂行する第一位の理由と、行為に関係してくるこれ以外のすべての理由を排除し、これ以外の理由が解釈者の行為の決定に影響を与えないようにする第二位の理由である。法のテキストは、テキストの創造以前には存在していなかった新たな理由を解釈者に与えると同時に、これ以外の理由（例えば法から独立した道徳的な理由）を排除する理由を与える。法のテキストを解釈する者は、テキストの意味から一定の仕方で行為すべき理由を受け取ると同時に、これ以外の理由を排除すべき理由を受け取り、テキストの意味に従って行為すべき理由はこれ以外の競合的な理由から「保護された理由」となる。ラズが主張するよう

に法のテキストが行為に対する新たな一位的理由を与えることは確かだとしても、これが他の諸理由を排除する理由——あるいは他の諸理由から保護された理由——と言えるかどうかは、法実証主義的な「法の自立性」のテーゼを否定する立場から異論の余地のあるところだろう[5]。テキストが一位的理由と同時に、他の諸理由を排除し決定的な理由となる典型的な事例は、神の存在を信ずる者が神の啓示のテキストを解釈し、テキストの意味の中に含まれた神の命令を自らの行為の理由と見なす場合である。この者にとり、テキストから読み取れる神の命令は行為の一位的理由であると同時に、行為の排他的で決定的な「保護された」理由となるだろう。いずれにしてもテキストに関して特徴的なことは、テキストが行為者に対して——テキストが創造される以前には存在していなかった——行為の理由を与えることである。

更に、テキストは我々に信念に対する新しい理由を与えてくれる。例えば天気予報士による天気予報（テキスト）は、一般人より天気を予測する能力のある者が提示するテキストとして、天気に関する一般人の信念に対して新しい理由を創出し、一般人の信念に直接的に影響を与えることを通じて、一般人の行為にも影響を与える。我々がテキストを尊重するのは、我々が或る問題に関する一種の専門的な知見をテキストに認めているからである。そして信念の理由に関しても例えば全知全能なる神のテキストのように「保護された理由」と、保護されてはいないが信念の一位的な新しい理由を区別することができる。いずれの理由も、テキストが存在する以前には存在していなかった（信念への）理由を我々に与えてくれる。ここで、テキストが行為や信念に対して新しい理由を与える、という観念をもう少し精確にする必要があるだろう。テキスト以外に我々にこの種の理由を与えてくれるものが数多く存在するからである。父親が昔、長男に14歳でコンサートに行くことを許可したら、これは年下の娘も14歳になったら同じことを許す（平等に基礎を置く）理由となる。また、草がねている事実は、動物が通ったという或る人の信念の理由になる。しかし父親が昔、自分の長男に対してとった態度や、草がねている事実はテキストではない。前者の例において過去の或る出来事の存在が行為の理由を父親に与えるのは、この出来事と、父親に行う理由がある未来の行為をともに包括する一般的な道徳が存在しているからである。また後者の例においては、或る人が過去に経験した諸事実と、当の人に信ずる理由がある出来事を包括する知識が存在するからである。しかしこのよう

な道徳や知識もテキストではない。テキストによって創造される（行為や信念の）理由を我々が持つには，一定の意図や志向性を帯びた人間行為の介入が必要である。もし娘がコンサートに自分が行けることを要求したり，父親が行ってよいと娘に約束すれば要求や約束はテキストである。これは父親に要求されたり約束された行為を行う理由を与えてくれるだけでなく，意図的ないし志向的状態として理由を与えてくれる。「或る行為が要求されたり約束されたが故に，当の行為を行う理由がある」ということは，父親が娘の要求することは何かを了解し，自分が何を約束したかを了解しなければならないことを意味し，「了解する」ことは，要求する行為や約束行為の中で表現される命題的態度を把握することである。信念の理由についても同様であり，草がねていることには言うまでもなく意図性や志向性はないが，或る人が別の人に「自分は草を折ることを意図しているのでそれは折れるだろう」と告げたとき，この意図の表現はテキストであり，また動物の習性について専門的知識を持っている人が「草がねているのは泉に水を飲みに来る動物のせいで草が踏みつけられたからである」と別の人に告げれば，この信念の表現もテキストである。というのも，これらの表現は話し手の意図の状態の表現として聞き手に信念の理由を与えてくれるからである。

　我々に行為や信念の理由を与えるテキストの力が志向性や意図性に依存していれば，テキストの解釈はテキストの作者の意図を把握することに帰着するのだろうか。聖書のテキストが権威を帯び，我々に行為や信念の理由を与えてくれるのは，テキストの作者が理論的実践的な権威を有しているからであり，従って聖書のテキストの解釈は権威ある作者の意図を把握することではないだろうか。テキストの権威が作者の権威に依存しているならば，作者が意図したことを理解するのがテキストの解釈ということになるだろう。あるいは，例えば制定法のテキストには権威が認められるが，この権威は立法者の権威を前提としないで認められるだろうか。

　作者の権威によらないで信念や行為の新しい理由を与えてくれるような，シンタックスによって個別化されたテキストは存在するだろうか。我々は要求とか約束とか専門家の意見を解釈する理由が何故あるのかを容易に理解する。我々がこれらの言語行為を遂行する人々によって何が意図されているのかを了解できればそれだけで信念や行動の理由になる。今問題となるのは，テキストの作者の意図には無頓着であるときに，我々が或るテキストを新し

い（信念や行為の）理由を創出するものとして取り扱うことにどのような意味や根拠があるか，ということである．要するにテキストの作者がいかなる理論的実践的権威をも欠くとき，このテキストに権威を認めることによってどのような価値が促進されるのだろうか．

　今仮に雲や夢を理解することが自己認識を得る良い方法だとしよう．この自己認識は我々にとり善いことなので，雲は夢と同様にテキストとして——我々がその意味を知る前から既に有意味な現象として——扱われる．自己認識という価値が雲や夢を，たとえ作者が不在でも，テキストにしている．また礼儀作法のような社会的実践も，単一の作者によって創造されたわけでも或る人々によって意図的に制定されたわけでもないが，これをテキストとして取り扱う根拠が存在する[6]．我々は礼儀作法を特定化するシンタックスを有しており，それに従って行動する理由を与えてくれるものとして礼儀作法を扱い，これによって他人に対する尊敬という価値が促進される．我々が他人に敬意を示すことができるのは，敬意を示されていることを他人が自覚するときであり，我々には各自礼儀作法の実践をテキストとして取り扱うことにより礼儀作法の実践に従う理由がある．しかし社会的実践がテキストとなるのは，ただその実践に価値があるからだけではない．例えば「親切」や「正義」の実践は価値ある実践であるが，どちらもそれ自体では，我々が親切ないし正しくあるために解釈しなければならないテキストというわけではない．むしろ，何故この実践をテキストとして扱うべきかを正当化する価値がそこには存在していなければならない．この点，礼儀作法に関しては，尊敬という価値が実現するには，礼儀作法はその受け取り手によって礼儀として解釈されねばならないので我々には礼儀作法の実践をテキストとして取り扱う理由がある．これに対して「親切に」や「正義」の価値が実現するには，その受け取り手が「親切」あるいは「正しく」取り扱われていることを理解する必要がないので，我々にはこれらの実践をテキストとして取り扱う理由がないのである[7]．

　ここで例としてアメリカ合衆国憲法の解釈をめぐる米国の論争を取り上げてみよう．憲法には作者がいるので多くの法学者は憲法のテキストは作者の権威に由来すると考えてきた．ここから解釈とはテキストの作者の意図を発見することである，という意図主義が唱えられてきた．しかし憲法の起草者が理論的実践的な権威を有していたと考えるべき理由について充分に説得力

のある議論は存在しないと言われている[8]。起草者たちは神の霊感に鼓舞されていたわけではないし，教育を受けた現代の政治的エリートよりもはるかに優れた知見を有していたというわけでもなく，言うまでもなく現代人によって憲法制定者として選挙されたわけでもない。現代の米国の市民にとって憲法起草者がいかなる権威も有していないことは明白と思われる。従って現代の憲法解釈者にとって起草者の意図を考慮すべき理由はない。しかし，現代の米国の人民が成文憲法をテキストとして取り扱うことで促進される価値が存在する。この価値は，作者のいない雲や夢や礼儀と同じように，憲法文書の作者が信じていたり欲求したり意図したことを見い出すこととは無関係であり，むしろ憲法が現代アメリカ社会において公民の宗教として帯びる権威と関係がある。社会における根本的な論争の平和的解決は，これらの論争が憲法のフレーズ（表現の自由，残酷な刑罰，等々）の意味についての論争として枠付けされることによっていっそう容易になる。論争の平和的解決は「善」であり，人々がその作者に権威を認めていなくても，憲法文書にテキストとしての身分を認める理由を与えてくれる。

　しかしこれらの事例は，解釈とは不可避的にテキストの作者の意図の発見であるという考え方から我々を解放してくれる一方で，既に指摘された要請，即ちテキストによって与えられる（信念や行為のための）理由は，意図性や志向性に依存すべきであるという要請を無視していないだろうか。この無視は，礼儀作法といった社会的実践，アメリカ憲法，そして（フロイトの前提に立った上での）夢に関してはそれほど明白ではないかもしれない。これらのテキストは或る意味で或る人間や集団によって意図的に生み出されたからである。しかし「雲」に関しては誰もこれを意図的に生み出しはしなかった。いかなる意味で雲は我々に意図性ないし志向性に依存する理由を与えると言えるのだろうか。雲は何ら意図性や志向性を帯びていないのだから雲の意味を理解することは解釈でない，と多くの解釈論者は主張している[9]。少くとも何らかの作者によって意図的に生み出されたものだけが，そして作者によりテキストとして意図されたもののみがテキストとなりうる。従って礼儀作法，夢，憲法はテキストであるが雲はテキストでない，というのが多くの人々の見解だろう。例えばシェークスピアの作品を解釈することはシェークスピアが意図していたことを発見することではないとしても，ここでテキストの解釈について有意味に語りうるのは解釈対象たる作品自体は意図的に生み

出されたものだからである。シェークスピアの作品の解釈は現実のシェークスピアが抱いていた意図を発見することである必要はなく，例えばシェークスピアが21世紀の現代に当の作品を書いたならば意図したであろうこと（反事実的な意図）を見い出すこともテキストの解釈でありうる。解釈対象たる作品が現実のシェークスピアの意図によってテキストとして生み出されたものでない限りテキストの解釈は存在しえない。

　しかし上記の区別は恣意的でないだろうか。夢や礼儀作法や憲法といったテキストの意味が作者の命題的態度の中に見い出されるべきでないならば，或る現象がテキストとして意図的に創造されたか否かがどのような重要性をもつというのだろうか。もし我々が夢をテキストとして扱う理由があり，この理由が，テキストを生み出したいかなる意図や願望とも同一視されない意味を夢の中に見い出すことを正当化してくれるならば，夢がテキストであることに関して当の夢が意図的な産物であるか否かは重要なことではないだろう。従って「意図的に生み出されたこと」をテキスト性の規準と見なすのは無用のことである。もちろん，テキストの解釈とは作者の意図を把握することである，と主張した上で，テキスト性の規準はそれが意図的に創造されたことにある，と主張することは無用のことではない。夢や礼儀作法や憲法についてこのような主張がもっともだと言えるのは，作者の意図なるものをフィクションとして想定し，良い解釈とはフィクションとして想定された作者の意図をテキストに帰属させることである，と考える場合に限られる。また，或る制定法が促進する価値とは制定法の言葉自体の中に内在する意図であるといった考え方や，制定法の作者の目的（作者によって意図された結果という意味での目的）を促進するように解釈していると一方で主張しながら，実際には制定法の目的（制定法が果す機能ないし価値という意味での目的）を促進するように解釈することも，フィクションとしての作者の意図を想定することである。更に「もし制定法の作者がこの問題に注目していたならば作者が抱いたはずの意図」を捉えることが解釈であるという考え方も同様である。

　正しい解釈が探求すべきこととされる「作者の意図」をフィクション化するならば，なぜ「テキストが意図によって生み出されたこと」もフィクション化してはならないのだろうか。例えば雲に関して「我々は雲をテキストと見なす。というのも神がそのように雲が見なされることを意図したからであ

る」という考え方に立って，更に神と神の意図をフィクション化することもできるのである。即ち誰もテキストとして創造したわけではない（雲のような）対象を，あたかも誰かが意図的に創造したかのようにテキストとして扱うのである。

　もしこのことを認めてよいとすれば，むしろ上記二つのタイプのフィクションを捨て去った方がよいのではないだろうか。或る者が或る現象をテキストとして意図的に創造したとか，或る者がそれによって或ることを意図したといったことは，テキストの存在にとっても，その正しい解釈にとっても重要なことではない，と言えないだろうか。「テキストの存在」の規準としての意図も，解釈の対象としての意図も不要なのである。

　しかしこのような主張は既に主張された別のこと，即ち「テキストは意図性や志向性に依存した理由を与えてくれる」ということと矛盾しないだろうか。後者の主張も意図をフィクション化していないだろうか。この疑問に対しては，「或る意味でその通りである」と答えられる。というのもテキストにとって意図性の二つの源が否定されたからには，「意図性や志向性に依存した理由」という観念もある種のフィクションを含んでいるからである。しかしこの意図性ないし志向性のフィクションは解釈者によるフィクション化から生まれるものではなく「理由」自体の中に組み込まれたフィクションなのである。

　今憲法を例にとって考えてみよう。憲法はその作者が有していない権威を有しているということが正しければ，憲法文書が我々に与えてくれる「意図性に依存した理由」を述べる一つの方法は，「我々には文書をそれが事実として有する意味以上の意味をもつものとして取り扱う理由がある」と述べることである。この「理由」自体はフィクションではない。というのも我々が文書をテキストとして取り扱うことによって現実に「善いこと」が達成される——即ち憲法文書のテキストの解釈が我々の政治的論争を正当な仕方で解決してくれる——からである。しかし理由自体はフィクションでなくても，理由の内容はフィクションを——意図性ないし志向性のフィクションを——含んでいる。というのも我々に行う理由があることは，憲法文書をあたかも我々の論争を解決するために充分に権威があり，充分に確定的な意味がそこに潜在しているかのように扱うことだからである。雲についても同様である。或る人には特異な形状をした雲をテキストとして扱う理由があり，その理由

が仮に自己認識による精神の健全性にあれば，その理由は現実的な善ないし価値であるが，この理由は一種の意図性のフィクションを含んでいる。というのも我々に行う理由があるのは，雲という現象をあたかもそれが我々人間の性格や気分や情緒の記述であるかのように——実際には誰も雲を記述してはいないときに——取り扱うことだからである。

　以上が，「どういうものが意味をもつか」という基本的な問いの一般的説明である。シンタックスによって特定化されたテキストの解釈は我々に，信念や行為のための新たな理由——意図性や志向性に依存した理由——を与えてくれる。この理由は，テキストに意味を見い出すことによって促進される価値である。このような価値には様々なものがあり，上に挙げた社会の平和，他人に対する敬意，自己認識以外に，おそらく価値となりうるどのようなものも，我々が何らかの現象をテキストとして取り扱うことの根拠となりうるだろう。いずれにしても重要な点は，このような現象をテキストとして取り扱うことを正当化する何らかの価値が存在しなければならないことである。価値が存在しなければ当の現象はテキストではないし，現象をめぐる推論も解釈とは言えない。

（1）　Grice, H. P., 'Meaning,' *Philosophical Review*, vol. 66, 1957, pp. 377-378.
（2）　Fish, S., *Is There a Text in this Class?* Cambridge, Mass., 1980.
（3）　フィッシュとドゥウォーキンの論争はこの点と関連している。両者はともに，テキストの「意味」は解釈とは独立にテキストの中に存在しているという客観主義的な見解を否定し，テキストの意味は解釈に依存すると主張する。しかしテキストの存在や同定が解釈に依存するか否かに関しては両者の間に重要な見解の相違がみられる。即ち基本的には両者ともにテキストの意味だけでなくテキストの存在や同定も解釈に依存すると考える一方で，フィッシュは解釈に依存するテキストが解釈を拘束することはないと考えるのに対してドゥウォーキンは解釈はテキストに適合しなければならず，テキストは解釈を拘束すると考える。ドゥウォーキンの見解は矛盾していないだろうか。フィッシュの批判もドゥウォーキンの見解の不整合性に向けられている。この批判に対してドゥウォーキンは全体主義（ホーリズム）的科学哲学を援用し，事実は理論を前提とし理論は事実によりチェックされること，科学的知識の体系が充分に複雑で構造化されていれば事実が理論をチェックし，理論が事実と不整合であることを根拠に科学者が当の理論を放棄することがあることを指摘する。ドゥウォーキンはテキストと解釈の間にも事実と科学理論と同様な関係が存在すること，従ってテキストの

存在や同定が解釈行為に依存していてもテキストが解釈を拘束しうることを主張する。しかし，テキストと解釈は，科学的知識の体系のような充分に複雑で構造化された体系の要素と言えるだろうか。Dworkin, R., 'My Reply to Stanley Fish: Please Don't Talk About Objectivity Any More,' Mitchell, J. T., ed., *The Politics of Interpretation*, Chicago, 1983, pp. 287-313（ホーリズムへの言及は p. 293）; Fish, S., 'Working on the Chain Gang: Interpretation, in the Law and in Literary Criticism,' Mitchell, *op. cit.*, pp. 271-286.
（4） Raz, J., *Practical Reason and Norms*, Oxford, 1975; Id., *The Authority of Law*, Oxford, 1979; Id., *Morality of Freedom*, Oxford, 1986, chs. 2-4 などを参照。
（5） 例えば Moore, M., 'Law Authority, and Razian Reasons,' *Southern California Law Review*, vol. 62, 1989, pp. 827-896.
（6） Dworkin, R., *Law's Empire*, Cambridge, Mass., 1986, pp. 46-49.
（7） Moore, M., 'The Interpretive Turn in Modern Theory: A Turn for Worse,' *Stanford Law Review*, vol. 41, 1989. p. 946.
（8） Moore, M., 'Do We Have an Unwritten Constitution?' *Southern California Law Review*, vol. 63, 1989, pp. 120-121.
（9） 解釈されるテキストは何らかの意味で意図性を帯びていなければならない，あるいは，意図的に生み出されたものだけがテキストでありうる，という見解は，Marmor, A., *Interpretation and Legal Theory*, 2nd. ed., Oxford, 2005, pp. 23-25. しかしテキストの存在はテキストを意図的に生み出した作者を前提とする，という見解は，テキストの解釈は作者の意図を把握することであるという見解を含意しない。

第 2 節　解釈の妥当性

　しかし，解釈というものを以上のように理解したとき，いかなる意味で解釈者はテキストの意味を（創造するのではなく）発見すると言えるのであろうか。いかなる意味で或る解釈者の解釈は真ないし妥当なものたりうるのだろうか。この点，伝達的モデルであれば，作者がテキストによって何を意味したかを発見するときにのみ解釈は真であるという答になるが，作者のいないテキストについてこれと類比した答は何だろうか。この問いに対する可能な答は，解釈対象たる或る現象の価値に着目した答以外にはありえないだろう。既に述べたように或る現象をテキストとして扱うことは，当の現象の解釈された意味が我々の信念や行為の理由を与えてくれると見なすことであり，この理由が価値であった。従って或る現象の解釈が妥当だといえるのは，当の解釈が，現象を先ずテキストとして取り扱うことを正当化する価値を最大限に促進するときである，と考えていいだろう。「雲」の妥当な解釈とは我々

の自己認識を最大限に向上させるような解釈であり,「礼儀作法」の正しい解釈は,我々が礼儀を示す相手方に敬意を最大限に伝えるような解釈である。更に憲法の正しい解釈は,基本的な政治的論争の平和的解決を最大限に促進する解釈ということになるだろう——憲法の権威の根拠となる社会平和以外の諸価値が損なわれないことを前提とした上で——。これ以外の事例に関しては,我々が現象の作者の意図を把握することが,「当の現象を我々がテキストとして扱うことの価値」を促進する場合があり,また,現象を実際に知覚したり経験したりする者がその現象の意味だと理解していることに言及することが,「当の現象を我々がテキストとして扱うことの価値」を促進することがある。もっと分かり易く言えば,例えば我々が友人の依頼を解釈するとき,我々が友人の依頼を聞き入れることの価値——我々が依頼をテキストとして解釈することを正当化する理由である価値——を最大化し最も促進するのは,友人がその依頼において意図していることを発見することによってである。また裁判所が或る人間の名誉棄損発言を解釈する際の正しい解釈は,発言者が意図したことでなく,任意の良識ある平均的な市民たる発言の聞き手が,「これがその発言の意味である」と理解したことを発見しようと試みることである。というのも,裁判所が発言をテキストとして取り扱うことを正当化する理由,即ち集団的正義という価値ないし善が,このことによって促進されるからである。この考え方は解釈の伝達的モデルやフィッシュの「解釈共同体」の立場へと回帰することではなく,上で主張されてきた解釈論——即ち正しい解釈とは,対象ないし現象をテキストとして扱うことを正当化する理由ないし価値を最もよく促進するような解釈である,という見解——の上に立っている。即ち,妥当な解釈の規準はどんな場合も同一であり,ただこの規準がしばしば「作者の意図」的解釈を推奨することがあるにすぎない。

　この解釈論は,解釈を価値促進のための手段と見なすのであるから道具主義的な解釈論である。しかしここで一つの疑問が生ずるだろう。もしテキストの解釈がただ次のような理由で妥当ないし正しい解釈とされるのであれば,即ち,当の解釈が対象をテキストとして取り扱うことを正当化する(諸)価値を最大限に実現するという理由だけで正しい解釈とされるのであれば,テキスト自体の拘束性はどうなるのであろうか。

　この点,R.ドゥウォーキンの解釈論に対するJ.ラズの批判を想起してみよう[1]。ラズはおよそ次のような批判を提示する。もし憲法を「インクの染

み」と見なし，法解釈というものを，最善の道徳理論に従ってそれに意味を与えるようにデザインされたものと見なすならば，理想法と既存の法の解釈の間に何のギャップもなくなるだろう。憲法は好きなように解釈できることになり，シェークスピアの『ハムレット』と同じ意味をもったものとしてさえ解釈できることになる…。ラズの批判の趣旨は，道具主義的解釈というものはそもそも解釈ではありえないということである。というのも，道具主義においてはテキストはいかなる意味でも我々を拘束せず，テキストが存在しなかったならば我々がとるであろう行いを拘束することがないからである。

　この批判に対しては次のように答えられる。或る現象をテキストとして取り扱う理由が我々にあるとき，それは単に我々にはその現象をどのような種類のテキストとして取り扱ってもよい理由がある，ということではない。憲法を例にとれば，市民は政治的論争の解決を憲法によって正当化するが，解決を正当化する憲法の潜在的な力が市民に憲法文書を何らかの種類のテキストと見なす理由を与える，ということだけではない。このような潜在的力が市民に解釈する理由を与えているタイプのテキストとは，文書のこのような潜在的力を尊重するテキストであり，このことは文書が用いている言葉（米国の憲法であれば英語）の通常の意味が尊重されねばならないことを意味している。同じように礼儀作法のような社会的実践について言えば，敬意を表明することの価値が，社会で礼儀正しい行為として通用している行動の一般的に受容された特徴をまじめに受けとめる理由を我々に与えるのである。さもないと，敬意を示すという礼儀正しい行為の価値は実現されないだろう。

　解釈に対するこの種の特殊な拘束は，テキストの種類によって，そしてテキストをテキストとして取り扱うことを正当化する価値の種類によって違ってくる。法として存在するタイプのテキストに関して言えば，自然言語で法のテキストが表現されており，あらゆる法の本質的機能が自由という価値の実現──制裁が加えられるのはどのような場合であるかを人々にあらかじめ通知し，人々が制裁を回避できるようにすること──や，実質的な公正さ──遡及効によって人々を不意打ちにしないこと──であることから，法文で用いられている言葉の日常的意味が常に尊重されるべきことが法のテキストの解釈に特殊な拘束であると言えるだろう。ただし，言うまでもなくこの種の拘束は良い解釈を悪い解釈から分かつ規準であって，テキスト特定化のシンタックス的規準ではない。

しかし，テキストに対するこの種の拘束——法のテキストに関して言えば「明白な日常的意味」のような拘束——を良い解釈の条件として認めても，同様に良い解釈を導く諸価値からの圧力によって，このような拘束がいわば蒸発してしまう危険性はないだろうか。テキストを完全に無視し，純粋に道具主義的な推論へと解釈がいつの間にか移行してしまうことをブロックする境界線のようなものがあるだろうか。このような懸念はいわゆる目的論的解釈と言われる解釈に対して向けられてきた。目的即ち価値が推論を支配するので，手段であるテキストが完全に無視されることがないだろうか。否である。その理由は，テキストがテキストとして扱われることを正当化するのが価値だからである。解釈を導く価値が先ず最初に正当化するのは，当のテキストがテキストとして取り扱われるべきことである。例えば自己認識を追求する人が夢や雲をテキストとして扱うことを自己認識（そして自分のメンタルヘルス）によって正当化するとしても，そしてこの現象の解釈が自己認識の最大化によって導かれるべきだとしても，解釈者は間接的に自己認識やメンタルヘルスを追求しなければならない。つまり，解釈者はこの価値を促進するために雲や夢が意味するものに注目すべきであって，自己認識やメンタルヘルスに注目してはならない。同じく礼儀正しくあろうとする者は他者への敬意を間接的に追求すべきであり，礼儀の形式を無視した敬意の表明は敬意を極大化しない。むしろ我々は，社会で通用する礼儀作法の解釈として認知可能な行動によって敬意を極大化できる。同様に，基本的な政治論争の平和的解決という価値を促進する裁判官は，憲法解釈において間接的にこの価値を追求すべきである。憲法は，憲法が意味して欲しいと多数派の市民が思っていることを意味する，という考え方はこの価値を極大化することにはならない。むしろ裁判官が憲法文書の中に客観的意味を追求することで政治的平和が促進されるのである。もちろん，法文テキストに通常の意味を付与すると逆にこの価値が損なわれてしまうことがあり，しかも，通常の意味が無視されるべきなのはいつかという点に関して明白な境界線は存在していない。しかしこの境界線を引くべき正しい位置を一般的な言葉で記述できないことは，個々の事例において境界線が侵害されたか否かの正しい判断が不可能なことを意味しないだろう。

　さて，これで四つの解釈モデルが区別された。第一の伝達的モデルによれば，解釈は必然的に作者の意図を把握することであり，第二のヘルメノイテ

ィークの客観主義的モデルによれば，解釈とは，我々が有意味と見なす特別な現象の中に客観的に存在する意味を発見することであり，第三の社会学的コンヴェンショナリズムの解釈モデルによれば，解釈とは解釈をめぐる諸観念と実践を発展させていく解釈共同体が解釈と見なすものであり，第四のモデルはこれまで説明された解釈論，即ち我々には或る現象をシンタックスによって特定化されるテキストとして取り扱う適切な理由があり，この理由が信念や行為のための「意図性に依存する」新たな理由を我々に与えてくれるときに解釈が存在する，という考え方である。この第四のモデルを，解釈であると一般に言われている活動に適用してみよう。先ず，日常会話におけるコミュニケーション的な言葉の伝達的使用を考えてみよう。聞き手が，話し手の発話によって話し手が何を意味しているかを探ろうとするとき，聞き手は第四のモデルでの解釈活動に従事しているのだろうか。答は，聞き手が話し手の話を聞くどのような理由を有しているかに依存してくる。しばしば日常会話には，我々が話し手の発話を我々に信念や行為の理由を与えるものとして取り扱うことを正当化するようないかなる価値も存在しないことがある。この場合，第一の伝達的モデルでは日常会話もすべて解釈を含むことになる。しばしば我々には会話の話し手が意味したことを捉えようとする理由があるだろう。発話された文言のコンヴェンショナルな意味は，我々が話し手の意図を理解するための適切な証拠となるからである。話し手の発話に対して適切に応答するために我々が話し手の意味したことを捉えようとすることは会話という営みの一部を構成する。また会話すること自体の楽しみが会話にとって本質的な価値である場合もあるだろう。しかし話し手の意図を捉えることが直ちに我々の信念や行為の新たな理由となるわけではなく，会話自体の楽しみ（という価値）は，会話を交わすという行為の理由ではあっても，会話の解釈によって我々が入手する信念や行為の新たな理由ではない。解釈が生起するためには，話し手が何らかの意味での理論的および実践的権威——我々の信念や行為の理由を与えてくれるという意味での広義の権威——をもたなければならない。即ち我々に信念や行為の新しい理由を与えてくれるものとして話し手の発話を取り扱う理由が存在するときに，解釈は存在する。これに対して日常会話の言語使用は聞き手を記述や説明へと動機づけるにすぎず，聞き手は話し手が何を意図しているかに関して関心（場合によっては好奇心）をもっているにすぎない。我々は話し手（行為者）を言語行為（行

為)へと向わせたメンタルな状態を知ろうとするのである。日常会話で話し手の意図を探ることは社会科学の純粋に記述的で説明的な営みと同様に、厳密な意味での解釈とは言えない。要するに、或る命題的態度を、その志向的対象を記述することによって記述することは、たとえ記述される命題的態度が言語やその他の記号の形態をとる場合でも解釈とは言えない。従って本章の主題である解釈は例えば理解社会学的な意味での解釈から区別されるべきである。

これに対して、本章の厳密な意味での解釈の一例は文芸批評である。小説や詩を解釈されるべきテキストとして取り扱うことにはそれなりの意味や価値がある。例えば道徳主義的な見解によれば文学は教育的な機能があり、作者が読み手より道徳的に賢明とされていれば、読み手はテキストの解釈によって、或る道徳的命題が真であると信ずる新しい理由を手に入れることになる(この場合、第四の解釈モデルは、作者が意図したことの発見という意味での意図主義的解釈を推奨することになるだろう)。しかし我々は、たとえ作者が我々より道徳的に優れていなくても、文芸作品が(この作品が正しく解釈されたならば)道徳的信念のための新しい理由を我々に与えてくれると考えることがある。例えば文芸作品の中に、我々がこれまで直接的に体験できなかったことを間接的に体験できるような話があり、この話が読み手の我々に道徳的信念のための新しい理由を与えることがある。この場合、正しい解釈は、そのような理由を与えてくれる文芸作品の潜在的力を最大限に促進させる解釈となる。更に文芸批評の他の見解は、文学の精神療法的な価値を強調し、前述の雲や夢のように、作品をテキストとして取り扱うことを正当化するのは自己認識という価値であり、テキストの解釈は我々に自分自身に関する真実を信ずる新しい理由を与えてくれると主張する。その他、文芸作品をテキストとして取り扱うことを正当化する価値には様々なものがあり――どちらかというと文芸作品ではなく芸術作品について言えることであるが――、例えば美それ自体が価値とされれば、美という価値が、テキストをより美しいものにするような(従って観賞者に対し美を評価するより強い理由を与えるような)テキスト解釈を正当化することになる。同じことは神学や精神分析についても言えるだろう。

言うまでもなく法の解釈も本章の厳密な意味での解釈の一例である。先ず制定法については、制定法をシンタックスによって同定されたテキストと見

なす裁判官が促進する価値があり，テキストの解釈は裁判官に信念ないし行為の理由を与えてくれる。或る見解によれば，立法者は理論的権威を帯びることから，その発話は解釈の適切な対象とされ，この発話は——もしそれが正しく解釈されれば——或る判決を他の判決より良いと信ずる理由を裁判官に与えてくれる。この場合正しい解釈とは，立法者の意図を把握することとされたり，非意図的な方法による解釈であったりするだろう。別の見解では，立法者が民主主義的に選挙されたことから実践的な権威を帯びていること，これに加えて「法の支配」という価値が，制定法をテキストとして取り扱う裁判官の営為を正当化する。このテキストは——もしそれが正しく解釈されたときは——裁判官に別の仕方ではなく或る特定の仕方で判決すべき理由を与える。もっとも，しばしば主張されるように，民主主義と「法の支配」が，「制定法の解釈は立法者の意図を見い出すことである」という意図主義的な解釈方法を要求するとは限らないだろう。

　判例法に関しては，下位裁判所は上位裁判所の過去の判決を「解釈する理由のあるテキスト」と見なしている。しかし同じレヴェルの裁判所の間では，或る裁判所が別の裁判所の過去の判決に必ず従うとは限らない。今，同じレヴェルの裁判所の間では，裁判所が過去の判決——判決の中で示されている法準則——をテキストとは見なしていないとしよう。裁判所のこの態度に対しては二つの批判がありうる。一つは，裁判所の過去の判決は制定法と異なり自生的に形成され，後世の裁判官にとって一種の理論的権威を帯びたテキストと見なされるべきであるという批判であり，もう一つは，立法府を伴う法体系における裁判所は可能な限り司法的立法を避けるべきであり，従って過去の裁判所の判決は，立法府によってそれが修正されるまでは後世の裁判所に対し実践的権威をもたなければならないという批判である。しかし，この批判は正しくないと思われる。後世の裁判官が過去の判決をテキストと見なすのは，当の判決が後世の裁判官に対して信念や行為の（意図性に依存する）新しい理由を与えるときに限られる。一般論として，裁判官が先例に従うことで促進される価値は平等であるが，平等は先例で記述されていることと類似したケースが同じように扱われることを要求するわけではなく，道徳的に重要なすべての面で先例と類似したケースが同じように扱われることを要求する。従って平等は後世の裁判官に，過去の裁判官の判決を「解釈されるべきテキスト」として取り扱ういかなる理由も与えることはない。

過去の裁判官の個々の判決がテキストでないのは何故だろうか。平等は現代の裁判官に対して現在の訴訟当事者を，これと同じ状況にある過去の当事者が過去の裁判官によって扱われたのと異ならない仕方で扱う理由を与えないだろうか。過去の当事者に対してなされたことを一種のテキストと見なすことはできないのだろうか。しかし，ここでテキストというものが存在しうるには，「意図性に依存する理由」が存在しなければならないことを想起する必要がある。確かに，過去の裁判所のどのような種類の行為が後世の裁判官にとってテキストとなりうるかについてシンタックスのルール（承認のルール）を定式化できるかもしれない。しかし，このルールが「権威あるもの」として認定するもの——即ち過去の裁判所の行為——が後世の裁判官に対して，信念や行為のための——意図性に依存する——新しい理由を与えることはないだろう。仮に過去の裁判官が自らの判決を判決意見の中でルールへと一般化したとしても，このルールがテキストと認められるためには，後世の裁判官がこのルールをテキストとして取り扱うことを正当化する何らかの価値が存在しなければならない。しかしこのような価値は存在しないだろう。それ故先例はテキストではない。平等の要求に反しないように過去の判決を尊重することは，過去の判決をテキストとして扱うことを含意しない。

　次に憲法について再考してみよう。憲法文書の権威は二つの価値に存する。一つは根本的な政治的論争を平和的に解決する力であり，もう一つは憲法文書の内容に道徳的な誤りと思われるものが殆どなく，ラディカルな修正のコストがそのベネフィットを上回ることである。裁判官に憲法文書を——文書が何を意味するかを知る以前から——テキストとして扱うことを正当化するのは前者の価値である。これに対して第二の価値は裁判官に文言の意味を引き出し，その後でこの意味が政府の活動にとって充分に価値があるか否かを判断するよう要求する。それ故憲法をめぐる推論は，真に解釈的な推論と，判例法による裁判の中に見い出されるものと同じ非解釈的な推論の混合体と言えるだろう。

　最後に法実務を離れて法理論に目を転じてみよう。法理論は必然的に解釈的であるという——例えばドゥウォーキンの——主張は正しいだろうか。ここで先ず法理論には内的視点，即ち法的実践に参加している者の視点と，外的視点が区別されてきたことを想定してみよう。法理論家は内的視点に立って自分が属する法体系の裁判官たちに，法として受け容れるべきものを教示

し，法をどのように解釈し適用すべきか助言する一方で，外的視点に立って法それ自体の概念的ないし実在的本質に関する自己の理論を提示する。この二つの法理論はともにその性格上，解釈的だろうか。否である。法理論家は解釈的な法実務を，自らは解釈に従事することなく理解し説明できる。これは非常に明白なことと思われる。かつて一部の社会科学方法論者は未開社会における人間の行動を理解するためには自ら未開人にならなければならないと主張したが，この主張が誤っているように，法理論家は法的実践を理解するために自ら法実務家になり解釈に従事しなければならないという主張も誤っている。特に外的視点からの法理論は明白に解釈的ではないだろう。法理論家は裁判官ではなく，制定法や憲法が裁判官を拘束するようには法理論家を拘束することはない。法理論家にはその意味を探究すべき権威あるテキストが存在するわけではない。法理論は法の何たるかの記述であり，このことは法という実在者ではなく，法社会で共有されている法概念という命題的態度を記述する場合も変りはない。命題的態度を或る人々に帰属させることは解釈ではないからである。

内的視点からの法理論は解釈的だろうか。法理論家が裁判官に制定法をどのように解釈すべきか助言するとき，裁判官は法をテキストとして扱う理由を有し，解釈に従事しているのであるから，裁判官に助言する法理論家も法をテキストとして扱う理由があり，解釈に従事しているのだろうか。これも否である。弁護士は自分の依頼人に有利な解釈を裁判官も採用するよう説得するとき解釈に従事している。しかし法理論家は実務家と異なり制定法を解釈しているのではなく，制定法を解釈する最良の方法を記述しているのである。法理論家にとってテキストがあるとすれば，それは制定法のテキストではなく，裁判官たちの解釈活動だろう。法理論家には他の裁判官たちの解釈活動を拘束力ある――制定法をいかに解釈すべきかに関する法理論家の見解を拘束する――権威として扱う理由は全く存在しない[2]。

（1） Raz, J., 'Dworkin: A New Link in the Chain,' *California Law Review*, vol. 74, 1986, p. 1103.
（2） Marmor, *op. cit*., p. 43.

第9章　証拠と蓋然性

第1節　序

　具体的事実に対し具体的法規範を適用する際に用いられる推論を総称して法論理と名付けるならば，法論理は大別して三つの側面に区別できる。第一は法規範の意味を確定したり不明瞭な法文を明瞭なものとする際に用いられる論理で，意味論や定義論などがこれに属し，更には法の解釈自体を構造分析するいわゆるヘルメノイティークも，広い意味での法論理と呼んで差し支えないだろう。第二は法規範が適用されるべき事実を確定する際に用いられる論理で，証拠という既に知られた事実から，要証事実たる未だ知られていない事実を推論する場合である。これには蓋然性の問題や因果関係の立証の問題が含まれ，より一般的には帰納論理の正当化が問題となる側面である。第三は，既に確定された法規範と事実を各々大前提，小前提として結論たる判決を推論する場合で，これは演繹論理が問題となる側面である。本章の主題としてとりあげられるのは第二の側面である。

　裁判の歴史において証拠による事実の探求が裁判の顕著な特徴となったのは近代以降のことである。事実に関しては争いが存在しない事例であっても，判決の正当化の中に事実が組み入れられ，法規範自体の中に一般化された事実が包含されていることもある。従って近代的な裁判においては，法の適用によるあらゆる紛争の裁定が事実であると信じられた，あるいは事実であると見なされたことに基礎を置いている。

　しかし，解決は事実の立証に基づかなければならないという要請が紛争解決の論理自体の中に含まれているわけではなく，例えば一方当事者に或るも

のに対する正当な権利があるか否かをコインを投げて表が出るか裏が出るかで決めることも論理的に可能であろう。確かにコインの表が出たということは「事実」であっても、この種の事実は偶然的に生起する事実であり、権利を立証するというよりは権利を決定する事実である。そして権利を決定するこのような方法は何らかの実質的な正義原理に基づく解決ではなく、純粋に手続的な解決である。しかし言うまでもなく近代的裁判においてこの種の解決方法が採用されることはない。このような方法は恣意的であり、裁決は、一定の事実が存在すれば一定の法的帰結が生ずることを規定するルールや規準や原則の適用という形式でなされねばならない、と我々は考える。裁判にルールや規準や原則といったものが導入されたことによって「事実」もまた裁判の中に登場してきたのである。或る見解によれば、歴史的にみて「事実」(factum) という観念自体が裁判に起源を有し、裁判において事実を発見するための諸条件や手続が歴史学に、そして更に自然哲学へと適用された[1]。

近代的裁判が形成される以前の裁決の様式が事実認定ではなく、西欧中世の神判の性格を帯びた「戦いによる審判」(iudicium belli) やエスキモーの「歌合戦」による審判など、一種の競技の様相を呈していたことは法史学や法人類学の研究が指摘している通りである[2]。また、裁判において、「宣誓」——例えば雪冤宣誓 (compurgatio) ——が用いられるときも、宣誓行為は主張された事実の証拠としてではなく、訴訟当事者の主張の正しさを決定し訴訟を終らせるための手段であり、宣誓手続を越えてその背後にある事実の探究によって当事者の主張の正しさを確証する態度は存在しなかった[3]。

これに対して近代的裁判における法の適用は、認定された事実を小前提とし、事実に適用可能なルールを大前提とする三段論法によって法的結論を導出する形式をとる。裁判は概念的に区別されうる二つの要素、即ち事実の立証——或る事実命題が真であることの立証——と、これを基礎にした裁定からなっている。しかし、裁判における推論のこの単純化された理解には幾つかの補足的説明を付け加えなければならない。先ず、裁判において法と事実がそれぞれ別個に把握され、その上で法が事実に適用されるわけではない。というのも、事実の法的関連性——それ故事実探究の範囲——が法によって確定されるだけでなく、当該訴訟に関連する法も事実によって確定されるからである。事実と法は並行的に同時に考慮され、最終的な結論が出るまで絶えず相互に調整されていく。また言うまでもなく「事実」には多種多様なも

のが存在する。日常的理解では事実とは観察可能な世界の諸特徴を意味し，それは（精神障害とか嫉妬といった）状態であったり，（漸次的な毒薬の投与とかストーカーの絶えざる追跡）といったプロセスであったり，あるいは（自動車の衝突や殴打といった）出来事であったりする。更に，直接には観察可能ではないが我々が客観事実と見なすような他人の内面的な状態（例えば故意とか意図）も事実に含まれ，観察可能な身体動作と直接的には観察不可能な内面的意図の複合体である他人の行為も事実である。また「事実」を広義に理解すれば，或る出来事が生起する確率ないし蓋然性の命題や反事実的条件命題，そして予測なども事実を述べていると言えるだろう。更に挨拶，契約，婚姻といった制度的法的な背景を論理的に前提とする事実が存在し，この種の事実については，それらにルールや法が適用される以前に事実認定自体がルールや法を媒介にして行われる。また多くの場合，事実の記述は評価と分かち難く結びついており，より一般的には背景的な世界観によって社会的に構成されるとも言えるだろう。しかし，どのような事実の記述も，理論的枠組により構成され，制度的に意味づけられ，あるいは社会的に構成される前に一次的ないし直接的な事実の認識によって基礎づけられていなければならない。「或る出来事Xが別の出来事Yを因果的に惹き起した」という事実命題は，因果関係の枠組でXとYを原因と結果として理論的に構成しているが，言うまでもなくXとYが因果法則によって結びつけられる前にXとYの生起が一次的な事実として認識されていなければならない。「AとBは結婚している」，「AはBに挨拶した」「AとBは契約した」といった事実も，ルールや法を媒介として構成された事実であるが，これらの事実は構成されていない一次的な事実，即ち身体動作の事実に基礎を置いており，構成された事実の認定は身体動作の事実認定に基礎づけられる。また「夫が妻を殺害した」事実は「夫が妻の死を因果的に惹き起した」事実に基礎を置き，更に後者は「夫は妻のコーヒーに青酸カリを入れた」という一次的な事実に基礎づけられている。

　さて，裁判における事実認定は証拠法が課する拘束条件の下で，立証される必要のない客観的な事実と見なされた証拠事実からの推論によって行われる。本章の考察対象はこの推論の形式であり，証拠法が事実認定に課する拘束条件や，裁判の審理を通じて事実が認定されていく社会学的過程は考察から除外される。

証拠による事実認定は，主張された事実が証拠によって支持される度合——証拠を前提としたときに，主張される事実が真である蓋然性——の計算によって行われる。一般に民事訴訟においてはこの蓋然性が0.5以上であれば事実は真と見なされ，刑事訴訟においてはより高い蓋然性が要求されている（しかし，証拠が事実を論理的に含意し蓋然性が1であることまでは要求されていない）。以下に述べるように蓋然性に関しては多くの理論が存在するが，これらの理論の中で裁判における事実認定の推論を最も適切に説明するのはどの理論か，あるいは事実問題を解決する法的基礎として最も適切に機能する蓋然性の観念は何かという問題を検討することにしたい。

法の適用が正しく行われるには，適用すべき法規範の選択が正しくなされると同時に，事実認定が正しくなければならない。この事実の認定は，既に真であると確定した証拠事実からの推論により行われるのであるが，証拠から要証事実へのこの推論は，演繹的推論のように，既に前提命題の中に論理的に含まれている命題を前提命題から分析的にとり出すのではなく，前提命題の中には包含されていない命題を当の前提命題から推論するのである。従って演繹的推論のみを妥当な (valid) 推論とすれば，後者は妥当でない (invalid) 推論ということになる。それでは証拠から事実を認定する推論は恣意的な推論なのであろうか。もしそうであるならば，事実認定は恣意的主観的ということになる。確かに裁判所が法規範をそれへと適用する事実は，直接的な知覚を拒む過去の一回的な事実であり，この事実を直接的に知覚可能な証拠から再構成することは主観的にならざるをえない。しかしこの再構成の仕方には合理的な仕方と，そうでない仕方があるはずである。もちろん，証拠自体が誤りの証拠であれば論外であるが，要証事実を直接的に支持する (support) 証拠の真偽が明らかでなければ，この証拠自体を更に支持する第二の証拠により第一の証拠を基礎付けることになり，第一の証拠と第二の証拠との関係は要証事実と第一の証拠との関係と同様と考えられる。かくして，自明的に真と見なされた証拠からの段階的な推論を通して，法規が適用されるべき要証事実が認定されるわけであるが，このような推論の合理性を担保する根拠は何か，これを明らかにするのが本章の目的である。

事実認定の論理の分析は，既に何人かの法論理学者によって試みられているが，その中で特に立入った分析を試みたのはK.エンギッシュである。エンギッシュは『法規適用に関する論理学的諸研究』の中で[4]，法規適用の際，

小前提となる法的事実がそこから推論されるべき証拠はすべて〈Indizien〉であり，通常行われている〈Indizien〉とこの担い手たる〈Beweismittel〉との区別は論理的には意味のない区別であることを示しつつ[5]，この〈Indizien〉たる直接に知覚可能な事実から，法的事実を推論する場合に裁判官が用いる論理過程には，大別して三種あることを指摘した。エンギッシュが挙げているこの三種の推論過程とは，第一に証拠と要証事実との関係が先験的であるような場合（apriorische Beziehung）の推論，第二に，両者の関係が言葉とその意味の関係（Zeichenbeziehung）ないしは身体の動きと内心の状態との関係（Ausdrucksbeziehung）であるような場合，第三に，両者が因果関係にある場合である。第一の，エンギッシュが先験的関係と名付ける場合とは，例えば，要証事実として「ある人Aはある場所O_1に時刻tには居なかった」が問題とされている場合，この証拠として「Aは同時刻tにO_1から遠く隔った場所O_2に居た」が確定された場合である[6]（いわゆる alibi）。エンギッシュによれば，この場合，証拠命題から要証事実命題への推論は経験に訴える必要がなく，命題間の意味連関にのみ依存し，全く先験的になされうる。両命題は包摂関係にあり，証拠命題が真なら要証事実命題も必然的に真となる。（厳密に考えれば，エンギッシュが両者を先験的関係にあると考えたのは，ある人が同時に相異なる場所O_1とO_2とに居ることは経験的に絶対ありえない，ということだけではなく，恐らくは，「人」という言葉の中には必然的に「同時に異なる二つの場所には存在しえない」という意味内容が含まれていると考えたからであろう。何故なら，「人」をこのように定義していない限りある人が同時に相異なる二つの場所に存在しうる世界を想定することは論理的には可能だからである。）エンギッシュが挙げている証拠と要証事実の第二の関係のうち，Zeichenbeziehung と名付けられているのは，証人の証言から証人の記憶像を引きだす場合である。証言の対象となる事実は，証人の知覚により知覚像として固定し，この知覚像は一定期間の経過後，記憶像として存続しているわけであるが，裁判官はこの記憶像を，証人自身の記憶像の言明の解釈を通して認識する。このような，証言と証言の意味たる証人の記憶像との関係をエンギッシュは Zeichenbeziehung と名付けるのである[7]。第二に，Ausdrucksbeziehung と名付けられているのは，証人等の身振り（顔の表情，目つき，音声など）から，当該人物の心理状態を推論する場合の，身振りと心理状態との関係を意味する。これは他我認識の哲学的問題に関して通常

Analogieschluß と言われる推論であり，人が自己の心的状態と外的身振りの関係から，類推により，他者の身振りからその人の心の状態を推論することを意味する。(人間は他人の心を直接体験することはできない。他人の心を直接体験することは他人そのものになることを意味するからである。そして更に，他人の心の体験不可能性は，経験的不可能性を意味するばかりでなく，論理的ないしは先験的不可能性をも意味する。何故なら，仮に人間Aが針の痛みを感ずるごとに，同時に人間BもAが針でさされるたびにその同じ針の痛みを感ずる，といった世界を想定したとしても，Aが針にさされるたびにBが感ずる痛みは，Aの痛みそのものではなく，あくまでもBの痛みであることには変りがないからである。従ってBの感ずる痛みはB自身の痛みであり，Aの感ずる痛みはA自身の痛みなのである。人は他人の心を体験できないということは，単に経験上それが不可能であることのみならず，「人」とか「他人」といった言葉の意味から分析的に由来するところの論理的不可能性をも意味している。それ故，「痛み」は間主観的には意味確定不可能な private language といわれるのであるが，この私的言語は個人的な内面領域に限定されても，言葉としての機能を持ちえない。というのも，たとえ私が，ある時に生じた内的感覚を「痛さ」と命名しても，その後で，それと気づかずに「痛さ」を別の内的感覚に適用してしまうこともありうるわけで，この場合，「痛さ」という言葉の使用が，初めの使用とは異なることをチェックしてくれるものは何もないからである。従って，私的言語の意味を客観的に確定し，正しい使用と誤った使用を区別してくれるような規準はないのであるから私的言語は言語ではない。それ故，裁判官が証人の外的な身振りから内的心理を推論するのも不完全な類推——これは一種の帰納的推論である——という手段によってしか行われえない。これがエンギッシュの言う Ausdrucksbeziehung に基づく推論である)。

最後にエンギッシュが因果関係として挙げているのは，要証事実が原因で証拠が結果の場合，結果から原因を推論したり，逆に前者が結果で後者が原因の場合，原因から結果を推論する場合である[8]。被告人の衣服に付着した被害者の血液から，被告人の殺害行為を推論するのは，結果から原因を推論する場合で，被告人の極度の貧困状態から，被告人の窃盗行為を推論するのは，原因から結果を推論する場合である。エンギッシュによれば，このような推論は常に，「XならばYである」という因果関係を表わす一般的経験命題

を媒介として行われる。この一般命題が通常，経験則（Erfahrungssatz）と言われるものであり，これは裁判官自身が既に熟知している場合もあり，また専門家の特殊的科学的知識である場合もある。しかしエンギッシュによれば，原因を結果から推論したり，結果を原因から推論することは，常に修正可能な不確実な推論でしかない。例えば被告人の衣服に被害者の血液が付着していた場合，「人をナイフで殺せば，被害者の血液は殺人者の衣服に付着する」という経験則を利用し，血液付着の原因として被告人の殺人行為を推論しても，「AならばBである。そしてBである。故にAである」という推論はAがBの必要条件である場合を除いては必ずしも妥当な推論ではなく，Bという結果が同一でも，同一の結果を生む原因は多数ありうるからである。従って一定の結果には，複数の経験則を手掛りとする複数の原因が対応するが故に，裁判官は想定された複数の原因を吟味し，他の原因の不存在を確認して初めて一定の原因を当該の結果事実の真の原因として確定せねばならず，他の原因事実の不存在が確認されない間は，真の原因も確定されずにとどまることになる。逆に原因から結果を推論する場合も，「AならばBである。そしてAである。故にBである」という推論は，形式的には妥当な推論であっても，例えば被告人の極度の貧困から被告人の窃盗を，「極度の貧困にある者は窃盗を行う」という経験則を媒介として推論するような場合，極度の貧困にある者でも刑罰の恐れ等から窃盗を行わない場合があるように，たとえAという原因があっても，AがBを生みだすことを妨げる事態は無数にありうるわけで，このような事態の不存在を完全に確認しない限り，特定の結果も確定しえないわけである。

　以上，エンギッシュの論述をコメントを加えつつ概説したが，エンギッシュ自身も指摘するように，事実認定において最も重要なのは第三の因果関係の推論である。既に確認された事実Aから，認識されていない事実Bを推論することが可能なのは，AとBを結合する一般命題（これは自然科学上のuniversal proposition であるのみならず，単に蓋然的な generalisation of tendency であってもよい）を媒介にして初めて可能であり，この一般命題は「AならばBである」ないし「BならばAである」という因果関係を表わす命題である。しかし事実認定の論理をより一般的な観点から眺めれば，証拠から事実を推論することは，因果関係の推定という特殊的な問題ではなく，帰納論理というより広い問題領域の中で理解される必要がある。証拠Aから事実

Bを推論することは，Bという命題を，Bとは論理的に独立したAという命題により支持することであり，未だ知られていない事実の真理性を既に知られた事実から推論することである。帰納論理は，しばしば複数の特殊命題から単一の一般命題を導き出す際に用いられる論理とされているが[9]，この考えは不適当であって，特殊命題から特殊命題を導き出す際の論理も帰納論理であり，要するに演繹的導出以外の推論をすべて帰納論理と名付けても良いのである。事実認定をこのような帰納論理として理解したのは，既に古代ギリシャにさかのぼる。古代アテネの弁論家は，既知の事実から未知の事実を推論することを，セーメイーオン（$\sigma\eta\mu\varepsilon\hat{\iota}o\nu$）からの推論と名付けたが，興味深いことにこの観念は当時の刑事裁判の事実認定に由来するものと言われ，更に，アリストテレスは『修辞学』の中で，前提から結論を導出する際，そこから結論が必然的に推論される前提としてのテクメーリオン（$\tau\varepsilon\kappa\mu\eta\rho\iota o\nu$）と，結論が蓋然的にのみ推論される前提としてのセーメイーオンとを区別している[10]。しかし証拠法における事実認定の問題に対し意識的に帰納論理を導入したのは，J.ベンサムである[11]と言われており，彼の証拠法に関する著作〈*Rationale of Judicial Evidence*〉はイギリス証拠法論の古典となっている[12]。

(1)　Shapiro, B., 'The Concept "Fact": Legal Origins and Cultural Diffusion,' *Albion*, vol. 26, 1994, pp. 227-252 はイギリスの法的伝統によって生み出された事実発見の技術が，観察や実験を正当化しようと試み，正当化された観察や実験から導き出された事実認識に対し「知識」としての身分を与えようと試みる経験論哲学によって採用されたことを論ずる。そして裁判を通じて認定される人間の行為（factum）が，17世紀から18世紀前半に法的脈絡から他の知的諸領域へと移し入れられ，「事実」という観念が一般化したと主張されている。また，Milsom, S. F. C., 'Law and Fact in Legal Development,' *The University of Toronto Law Journal*, vol. 27, 1967, pp. 1-19 によれば，規範的なルール体系としての法の発展は，紛争事実をより詳細により注意深く精査する裁判所の態度の発展と軌を一にしていた。

(2)　Cram, K.-G., *Iudicium belli, Zum Rechtscharakter des Krieges im deutschen Mittelalter*, Münster/Köln, 1955, S. 5-18; Gluckman, M., *Politics, Law and Ritual in Tribal Society*, Chicago, 1965, pp. 303-313.

(3)　Baker, J. H., *An Introduction to English Legal History*, 4th. ed. London, 1983, p. 5.

(4)　Engisch, K., *Logische Studien zur Gesetzesanwendung*, Zweite Auflage. Heidelberg, 1960, S. 37-82.

(5)　Id., S. 64-66.

（6） Id., S. 78-79.
（7） Id., S. 67-68.
（8） Id., S. 73-78.
（9） 例えば、Maritain, J., *Eléments de Philosophie II. petite logique*, Paris, 1966, p. 305.
（10） Giuliani, A., *Il concetto di prova*, Milano, 1961, pp. 31-35.
（11） しかし、ベンサム以前にイギリス証拠法に大きな影響を与えたのは、ジョン・ロックであると言われている。T.ウォルドマンの研究によると、イギリス証拠法の「合理的な疑い」（reasonable doubt）という観念は、17世紀の英国学士院に属するプロテスタントの思想家（ジョン・ウィルキンズ、ロバート・ボイル、ジョゼフ・グランヴィルなど）が、カトリック主義者（papist）の独断論と懐疑論との双方に対し、信仰を蓋然性の観念に基礎付けたことに由来し、これらの人々のグループに属していたジョン・ロックは蓋然性の論理を、彼の *An Essay Concerning Human Understanding*. Book IV. Ch. XV で論じ、これが当時の法学者 Baron Geoffrey Gilbert (1674-1726) に多大の影響を与え、reasonable doubt という観念が証拠法に導入されることになった。このギルバート自身ロックの前記の著書の摘要を書いたほどである。Waldman, T., 'Origins of the Legal Doctrine of Reasonable Doubt,' *Journal of the History of Ideas*, vol. 20, 1959, pp. 299-316.
（12） Giuliani, A., *op. cit.*, pp. 237-241 参照。「確かにベンサムによれば、自然理性は立証の蓋然性の種々の程度を評価することが可能なのであり、彼は立証の評価のための客観的で量的な方法を固定することが可能であると信じていた。証言でさえ、その価値は信念ではなく、蓋然性の計算に依存するのである」とジュリアーニは述べている。もっともジュリアーニの著作の全体としての意図は、証明の論理をこのような蓋然性の計算により構成する立場に対し、古典的なレトリックを復活させることにあるが、ここでは立入らない。同種の研究として Walton, D. N., *Legal Argumentation and Evidence*, University Park, Pennsylvania, 2002, pp. 133-150, 216-222.

第2節　帰納論理

　蓋然性とは何であろうか。蓋然性はどのようにして測定されるか。裁判における蓋然性観念を考察する前に、先ず科学方法論における帰納論理と蓋然性についてその基本的な問題性を確認しておきたい。
　科学を帰納法により基礎づける試みは、通常F.ベーコンに始まるとされているが（もっとも、自然科学の発展に大きな影響を与えたのは、自然を詳細に観察し、そこから一般法則を導きだすというような方法ではなく、経験内容をその要素に分解し、ここから抽出された諸要素を、他の要素を除外しつつ統合し、抽象的要素間の関係を形式化するというガリレオ的な、いわゆ

る resolutive-compositive method であった），既に観察された事実から観察されない事実を導出する推論の考察は古代哲学にまで遡る[1]。しかし，帰納論理の問題を徹底的に分析し，演繹的推論以外の推論は合理的な根拠をもたず，単に思考上の心理学的な習慣にすぎないとして，帰納論理の論理的正当化の不可能性を論証したのは，D.ヒュームであった（ヒュームの因果律論も，彼の帰納論理批判の一部である）。そして今日では，殆どの哲学者は，このヒュームの見解を基本的に承認しているが，帰納論理については未だなお重要な点に関して見解の対立が存在している。第一に，科学における帰納的推論の役割を一切否定し，帰納論理なしに科学の方法を論理的に基礎づけようとする立場がある。例えば，K.ポッパー[2]は，観察の結果得られた複数の単称命題から一般命題を定立する際の論理手続たる帰納のみならず，定立された仮説たる一般命題を，それを支持する具体的観察事実により確証する（confirm）方式である，いわゆる hypothetico-deductive schema も拒否する。ポッパーにとり，科学にとって意味ある論理形式とは，仮説を覆す具体的観察事実が当の仮説をうちやぶることを論証する演繹的論理形式（これはいわゆる modus tollens の形式をとる）のみであり，仮説の真なることを支持する具体的経験事実はいくら集積しても仮説を完全に確証することは不可能であるのに対し，仮説を覆す唯一の具体的経験事実は，それだけで仮説をうちやぶることが可能である（もちろん，全称命題の仮説の場合）。従って一般的仮説は反証可能なのであって，検証可能なのではない。極端に言えば，検証という手続は科学にとり意味を持たないのであって，反証のみが意味をもち，この反証の論理が modus tollens たる演繹論理なのである。従って仮説を支持する事実がいかに多く集積されても，仮説の真理性ないし蓋然性がそれにつれて増大するわけではなく，ポッパーによればむしろそれは仮説を反証することに失敗しただけのことである。仮説については，それ故，蓋然性の度合という観念は意味をもたないことになる。以上がポッパーの見解の概略であるが，このような見解に対しては次のような疑問が生ずる。例えばよく引用される例であるが，「あらゆるカラスは黒い」という命題を考えた場合，ポッパーによれば，この命題が未だ反証されていないとき，その意味するところは，「未だ，黒くないカラスが観察されていない」という命題と等価であるにすぎないことになるが，果して「あらゆるカラスは黒い」という命題は，黒くないカラスが観察されていない，ということを意味するにすぎないのであろうか。更

に,「あらゆるスワンは白い」という命題について言えば,それが反証された場合,その意味するところは単に,「白くないスワンが観察された」ということだけなのであろうか。しかし,このような疑問は一応生じうるとしても,帰納論理を全く除外して科学の論理構造を構成しようとするポッパーの試みは,それ自体においては首尾一貫しているのである。

これに対し,具体的観察の結果得られた複数の単称命題から,一般命題たる仮説を導き出す論理としての帰納論理の存在は否定しつつ,一度定立された仮説の蓋然性の度合を,それを支持する証拠（evidence）の量により決定するという意味での帰納論理を認める立場がある[3]。この立場によれば,仮説を支持する具体的事実が集積すればする程,仮説の蓋然性も増すことになる。このような仮説の蓋然性の度合は通常 degree of confirmation [4]と呼ばれ,仮説を支持することは inductive support とか evidential support とか言われる。従って具体的な観察事実群を証拠（E）とすると,この証拠が一定の仮説（H）を確証する（confirm）度合は $0 \leq C(H, E) \leq 1$ となる（ここで,$C(H, E) = 1$ の場合とは,E から H が演繹的に導出される場合である）。しかしこの立場の決定的な難点は,仮説の蓋然性の度合を量化することが不可能であるという点にあるが,この点については後に蓋然性につき論ずるときに触れることにする[5]。

最後に,帰納論理の正当化の第三の試みとして,プラグマティックな正当化が挙げられる（この立場は practicalism ともいわれる）。この立場によれば,正当化（justification）と言われるものには validation（justificatio cognitionis）と vindication（justificatio actionis）とがあり,validation は演繹的推論のように,推論をより上位の論理規則から導出することによる正当化であるのに対し,vindication とは,一定の推論を妥当なものとする上位の規則はなくとも,その推論を採用すれば,意図された好ましい結果が得られる,ということによる正当化である[6]。日常生活において我々が過去の経験により,一定の事実 A から他の事実 B が結果すると推論するのは,A から B が演繹的に導出されるからでないのはもちろんであるが,それにもかかわらず A から B を推論するのは,このように推論して行動する方が好ましい結果をもたらすと考えるからである。しばしば言われる,自然の統一性（uniformity of nature）とは,自然についての事実命題ではなく,自然を統一のある,規則付けられたものと前提して行動しよう,という実践的態度決定なのである（heuristic principle)。このようなプラグマティックな正当化には若干の疑問点が指摘されている[7]。

さて，帰納論理につき，どの立場が正しいかを判断することはここでは差し控えるが，いずれにせよ，事実認定の際，観察された事実から観察されない事実の推論を基礎付ける経験則は，帰納論理により定立されるとする見解は是認できない。確かに，経験則は具体的な事実の観察から定立されることはあっても，これは一定の確固とした論理過程によるのではなく，たまたま偶然に定立されたものであってもよいのである（もっとも，経験則を定立するまでの様々な心理過程自体を帰納と名付けることはかまわない。またここでは論じないが哲学者の中には，仮説が発見される過程を分析すべしとする立場もある）。むしろ重要なことは定立された経験則がどれだけの具体的事実により支持されているかである。ポッパーによれば，仮説の蓋然性を論ずることは無意味とされるが，これはあらゆる時間と空間において妥当する法則たる仮説を追求する自然科学に関してはあてはまるかもしれない。ある仮説がそれを支持する具体的事実の集積によりどれ程確証されても，それを打ち破る（たった一つの）事実により覆されるものならば，仮説の蓋然性を云々するのは意味をなさないからである[8]。これに反し，経験則は自然科学上の仮説のみならず，単に蓋然的な一般的命題（generalisation of tendency）を含み，この後者の一般命題は，既に多くの事実により反証されているにもかかわらず，蓋然的な命題として通用しているような命題である。従ってここで，蓋然性という概念をより立入って分析する必要があるだろう。

蓋然性には三つの意味がある（以下で述べる蓋然性の意味以外に，日常の言語で広く使用される，probably や probable といった言葉は，いわゆる performative な意味を持つ場合がある。例えば，「明日おそらく十時に君と会うことを約束する」という場合，「おそらくは」は，たとえ約束を守らなくても責任を追及されることを免れさせる機能をもつ。この意味での蓋然性は以下では除外する）。一つは確率計算に関するもので，例えば真正なコインを三回続けて投下した場合，裏が三回連続してでる蓋然性ないし確率は1／8である，というのがこれにあたる。この場合，真正なコインとは何を意味するのか。言うまでもなく「真正なコイン」とは，確率計算に常に一致するコインのことである。従って上の確率命題は同語反復であることになり，それ故この蓋然性は先験的蓋然性といわれる。第二に，統計的蓋然性といわれるも

のがある。例えば現実のサイコロを千回ころがして、「1」が167回出たとき、このサイコロをころがして「1」がでる相対的頻度（relative frequency）は167／1000であるとか、喫煙者が肺がんになる頻度は1％であるとか言われる場合のように、ある性質が特定の頻度をもって一定のクラスに事実上分配されている場合、この頻度を意味する蓋然性であり、これは事実を記述する事実命題である[9]。第三の蓋然性は、ある特定の事実が起きる、ないし起きたことについての蓋然性であり、特定の喫煙者が肺がんにかかる蓋然性とか、明日雪が降る蓋然性とか言われる場合である。第一及び第二の蓋然性は、一方は先験的に、他方は経験的に量化が可能であるが、第三の蓋然性については問題がある。例えば、R.カルナップによれば、第三の蓋然性は、証拠(e)が仮説(h)を確証する度合として量化可能である、とされる。これをc (h, e)とすれば（c は confirmation の略）蓋然性とは証拠と仮説という二つの命題の間に存在する純粋に論理的な関係を意味し[10]、それは二つの命題の意味にのみ依存し、経験には依存せず、更にeもhも、真なる事実命題である必要さえない。カルナップはこれを logical concept of probability とか semantical concept of probability とか呼び、証拠が仮説を支持する度合(これは当然1と0の間にある）を量化することにより、日常用語たる蓋然性という概念のエクスプリケーションを試み、このような蓋然性を基礎として、帰納論理を展開するのである[11]。ある命題の蓋然性が問題になるのは、証拠となる他の命題との関係においてのみであるにしても、両者の論理的関係なるものを一定の数値で量化できるであろうか。カルナップは、これを、無限個の individual constants と有限個の相互に論理的に独立した primitive predicates をもつ言語体系の中で展開しているが、このような限定を付加せざるをえないところに、この種の試みの問題性が横たわっているのである[12]。

　カルナップのように、蓋然性を二つの命題の意味の間に妥当する量化可能な論理関係と考えても、この論理関係を量化することは、事実的相対頻度を表わす蓋然性命題を手掛りとしなければ不可能であろう。特定の事実が存在した、ないしは存在するであろうことが、一定の蓋然性の度合をもって証拠命題により支持される（明確な数値により確定する）には、その特定事実が、証拠命題が示す事態の中に、経験上どの程度の頻度で分配されているかを前提しなければならない。例えば観察された30個のものがM_1という性質を持ち、この30個のうち20個が同時にM_2という性質を持つとすれば、M_1に対す

るM_2の相対頻度は，観察されたサンプルの中では，2／3となる。そして更に，このサンプルには属さない或るもの a がM_1という性質をもっているとしよう。これを証拠 e とすれば，a がM_2という性質をもっているという仮説 h の蓋然性 c (h, e) は 2／3 であり，これは要するに，観察されたサンプルにおけるM_2のM_1に対する相対頻度と同じである。つまり，喫煙者が肺がんで死ぬ割合が 1％であれば，この確率命題を基礎として，ある特定の喫煙者が肺がんで死ぬ蓋然性は 1％である，と言われるのである。このことから一部の論理学者は，カルナップの言う logical probability は相対頻度の意味での事実的・統計的な probability と全く同一である，と考えている。これに対し，カルナップはこれら二つの蓋然性が密接な関係にあることは認めながらも，両者の相異を次の点を指摘しつつ強調する。上の例で言えば，c (h, e) ＝2／3 という命題は，確かに経験的な相対頻度を基礎とする計算によって得られるにしても，この命題は純粋に論理的な命題であって，M_1とM_2といった経験的な性質間の相対頻度を記述する事実命題ではありえない。c (h, e) ＝2／3 という命題が，相対頻度を表わす経験命題に何らかの意味で基礎を置くとしても，これは経験命題として解釈されるべきではなく，相対頻度を記述する経験命題は，c (h, e) という命題全体に帰せられるのではなく，むしろ証拠命題 e に帰せられるべきである。更に，一定のサンプル内で観察された相対頻度は，厳密には相対頻度とは言えず，M_1に対するM_2の相対頻度とは，関連事実の無限に繰り返される全観察における，M_1に対するM_2の極限的相対頻度なのである。このような厳密な意味での相対頻度は，一定のサンプル内の相対頻度を基礎として評価され推定 (estimate) されることは確かであるが，複数のサンプルは，それぞれ異なった頻度を示すこともあるのだから，一定のサンプル内での相対頻度を，厳密な意味での相対頻度（これは唯一の値をもつ）と同一視することはできない。従って，厳密な意味での相対頻度は，充分な観察命題が集積されるまでは未知なのであり，このような相対頻度自体の蓋然性を問うことが有意味であるのに対し，c (h, e) ＝2／3 という命題は論理的命題であり，2＋2＝4 のように論理的に真であるか，2＋2＝5 のように論理的に偽（つまり矛盾）であるかのいずれかであって，c (h, e) ＝2／3 という命題自体の蓋然性を問うことは意味をもたない。

しかしカルナップのこのような説明を認めたとしても，例えば，喫煙者である(e)と，肺がんで死ぬ(h)の論理関係を量化するには，喫煙者のうち 1％が

肺がんで死ぬ,という経験的確率命題が必要であることには変りがない。そしてこの確率命題を e の中に含ませれば,c (h, e) ＝ 1／100 という命題が分析的命題であることも明らかであろう。しかしこれらのことすべてを前提としても,カルナップのいう logical probability という観念に対しては更に重要な疑問が生ずる[13]。例えば,被告人 A が B を殺害としたという仮説 h の蓋然性を,我々が客観的に判定する場合を考えてみよう。蓋然性を強める証拠として,A には窃盗の前科がある (e_1),A は B を憎んでいた (e_2),A の持物の中に B の血のついたナイフがあった (e_3),等々が提出され,蓋然性を弱める反対証拠として,A は前科があるが今は改心して善良な生活をしている (e_4),被告は事件の直後平常の姿でパーティを楽しんでいた (e_5) 等々が提出されたと仮定し,我々は仮説の蓋然性に影響を与える真なる証拠命題を,我々の知識が及ぶ限りにおいて収集したとしよう。この際,我々は各々の証拠につき,それが仮説を支持する蓋然性を(仮にこれが可能であるして)算定し (c (h, e_1) ＝ p_1, c (h, e_2) ＝ p_2 …… c (h, e_n) ＝ p_n),また証拠の様々な組合せにより生ずる蓋然性を算定し (c (h, $e_1 e_2$) ＝ p_x, c (h, e_1〜e_3) ＝ p_y……),最後には全証拠が仮説を支持する蓋然性 (c (h, e_1〜e_n) ＝ p_z) を算定するであろう[14]。さて,我々はこれらの算定の中でどれを最も正しいものとして選択したら良いのであろうか。常識に従えば p_z を選択すべきであろう。しかし他の蓋然性より p_z を選択すべき根拠はどこにあるのか。logical probability の観念によれば,我々の計算がミスを犯していない限り,p_1, p_2……p_x, p_y……p_z すべては,必然的に真なのであるから,ある算定が他の算定よりも正しい算定である,ということは,少くとも logical probability の考え方だけからは導かれえないのである。この問題に答えて,カルナップは彼のいわゆる principle of total evidence という原則を提出し,次のように言う。「c (h, e) を証拠 e に関しての,仮説 h の確証の度合を示すものとしよう。そして我々は関数 c の定義と,この定義に基礎をおき,所与たる h と e に対する値 q を述べるところの c (h, e) ＝ q という定理を持つと想定しよう。必ずしも従われてはいないが一般的に承認されていると思われる原則は次のように言う。つまり,もし我々が蓋然性の理論についてのこのような定理を,一定の認識状況に適用しようとするならば,我々は,当該の時点において当該の人に利用可能な全証拠を,即ち,彼の観察結果についての彼の全知識を,証拠 e とみなさねばならない」。従ってこの principle of total evidence は logical probability の定義の構成要素と

考えるべきことになる。しかしこの total evidence を，一定の時点において我々が獲得しうる全証拠とするならば，この証拠はそのときどきに或る人が持つ獲得能力により差異があるわけであるが，蓋然性を上のように定義してみたところで，ある人が自分の獲得しえた全証拠から一定の仮説の蓋然性を算定し，別の人が同じように自分の獲得しえた全証拠から当の仮説を別様に算定した場合，その値は異なっていても，双方とも正しい算定であることに変りがない。従って蓋然性のこの定義によれば，ある仮説には特定の蓋然性（the probability）が付与されるのではなく，証拠が異なるにつれて変化する様々な蓋然性が付与されることになるだろう。そこでこの欠陥を補うために，蓋然性の定義を修正し，「ある仮説の蓋然性の度合とは，真なる命題全体によりその仮説が確証される度合である」とすればよいように思われる。この際，真なる命題の中には当該の仮説に対し何ら関連性（relevancy）をもたないものが含まれていてもかまわない。これは仮説の蓋然性に何らの影響も与えないからである。蓋然性をこのように定義すれば，仮説の客観的な蓋然性が与えられるわけであるが，この見解の決定的な欠陥は，蓋然性をこのように定義すると，当の蓋然性は 0 か 1 のいずれかになってしまう，という点にある。何故なら「真なる命題全体」の中には，当の仮説の否定もしくは当の仮説それ自体が含まれていることになるからである。従って，「真なる命題全体」の中から，仮説もしくは仮説の否定を論理的に包摂するような命題ないし命題群を除去し，これを証拠と考えるべきである。しかしこう考えると，証拠の中には，法則を表わす普遍命題を含ませることは不可能になるのではないか。つまり，もし仮説として示されている具体的事実が因果法則に従うならば，それは，因果法則を表わす法則命題と，原因たる具体的事実を述べる証拠命題により，演繹的に導出されるか導出されないかであり，従って仮説の蓋然性は 1 か 0 になるであろう。そこで証拠の中には普遍的法則命題は含ませてはならないことになる。これに対し 100％ 未満の頻度を示す事実的統計的命題は証拠の中に入れてよい。統計的命題は結局のところ，複数の単称命題に解消されるが故に，証拠の中に数えても数えなくても仮説の蓋然性に影響を与えることがないからである。

　以上述べてきた logical probability の観念によれば，蓋然性とは，仮説と証拠という二つの命題間の論理的関係であり，この証拠は真なる命題全体であることになるが，言うまでもなく我々が仮説に関連する真なる命題全体を知

ることは不可能である。それでは仮説の蓋然性の算定をより客観的なものにするにはどうすればよいのか。常識から言えば，仮説の蓋然性に影響を与える具体的事実をより多く集めればよいのであるが，このことは上述の logical probability の観念からは導かれえないのである。このことは logical probability という観念が，我々が日常用いる，或る出来事の蓋然性という観念を分析するのにそれだけでは不適当であることを示すことに他ならない。

　次に，特定の性質が特定クラスのメンバーの中に分配されている頻度を蓋然性と考える立場を考察してみよう。この立場によれば，ある一定の出来事が起る（起きた）であろう蓋然性を問うことは，一定の性質が適当に選択されたクラスの中にどの割合で分配されているかを問うことに帰着する。例えばＡという人が80歳まで生きるであろう蓋然性を算定する場合，それはＡが属する一定のクラスの中で80歳まで生きた人が何人いるかを調べることによりなされる。しかしここで直ちに次の問題が生ずる。つまり，Ａが属しているクラスは多数あり，これらのクラスのうちどれを蓋然性の算定に相応しいものとして選択したらよいのか。Ａが属するクラスとして，「日本人」，「男性」，「ヘヴィー・スモーカー」，「東京の住民」，「サラリーマン」等々無数のクラスが挙げられるが，これらのうちどのクラスを選択するかにより，80歳まで生きることの蓋然性は変化するであろう。これらのクラスのうちどれを選択すべきかを決定する根拠は，上の蓋然性理論によって与えられるだろうか。この際 logical probability に対して言われたことと同じことが言える。つまり，どのクラスを選択しようと，観察が正しければ，その結果得られる蓋然性の算定はいずれも正しい算定なのである（もっともこれは logical probability の場合のように論理的に正しいのではなく，経験的に正しいことになる）。従ってこの難点を回避するには，次の規則が導入されねばならない。つまり，特定の対象が一定の性質をもつ蓋然性を評価するには，その対象が属するクラスとして，その性質が一定の頻度（これは extrapolable frequency といわれる）をもって生ずる最も狭い範囲のクラスを選ぶべきである。しかしこの規則も前述の principle of total evidence と同様に蓋然性の理論自体によって基礎付けられえないのである。

　以上から明らかなように蓋然性を logical probability として理解しようと，relative frequency として理解しようと，我々が具体的事実の蓋然性を客観的に算定するには，論理外的（extralogical）なプラグマティックな原則という

ものが必要となってくるのであり，この原則はvalidateは不可能であるが，プラグマティックに vindicate することは可能であるような命題である。我々は以下，錯綜した蓋然性の分析を離れて，事実認定の第二の問題に移ることにする。

（1） Essler, W. K., *Induktive Logik*, Freiburg, 1970, S. 13-25.
（2） Popper, K. R., *The Logic of Scientific Discovery*, New York, 1961. および *Objective Knowledge: An Evolutionary Approach*, 1972, pp. 1-31, pp. 85-105 参照。
（3） Hempel, C. G., *Aspects of Scientific Explanation and Other Essays in the Philosophy of Science*, Oxford, 1970, pp. 3-47. および Id., 'Recent Problems of Induction,' Coldony, R. G., ed., *Mind and Cosmos: Essays in Contemporary Science and Philosophy*, Lanham, 1983, pp. 112-134.
（4） ポッパーは，仮説が観察事実によるテストを通過することを corroboration と名付けるが，これは confirmation と異なる。ポッパーによれば，仮説は反証されやすいものであればあれほど有効な仮説なのであり，仮説のテストも厳しいほど有効である。そして厳しいテストを通過すれば，仮説は corroborate されたわけであるが，だからといって仮説が真であることの蓋然性が高まることはない。このポッパーの見解をおし進めれば，仮説がテストを通過しても，それはテストを受けなかったのと変りがないことになる。
（5） confirmation に関しては，いわゆる paradox of the black ravens といわれるパラドックスがある。このパラドックスは矛盾のパラドックスではなく，常識からかけ離れた結果を招くという意味でのパラドックスである。つまり，「あらゆるカラスは黒い」（あらゆる x につき，それがカラスならば，それは黒い）という仮説を $(x)(Rx \supset Bx)$ で表わせば，この仮説は，カラスであり，しかも黒いもの (i) により支持される。そしてこの仮説を支持する単称命題を $Ri \cdot Bi$ で表わし，また仮説 $(x)(Rx \supset Bx)$ は，カラスであって黒くないものにより覆され，これを $Ri \cdot -Bi$ で表わすとしよう。さて，$(x)(Rx \supset Bx)$ は $(x)(-Bx \supset -Rx)$（黒くないものは，すべてカラスでない）と等価であり，後者は黒くなくてカラスでないもの $(-Bj \cdot -Rj)$ により支持されることになる。ところが $(x)(Rx \supset Bx)$ は $(x)(-Bx \supset -Rx)$ と等価なのであるから，$(x)(-Bx \supset -Rx)$ を支持する $-Bj \cdot -Rj$ は $(x)(Rx \supset Bx)$ をも支持することになり，「すべてのカラスは黒い」は「カラスであって黒いもの」以外に，「黒くなくてカラスでないもの」（白いハンカチ，黄いバラ等々）によっても支持されることになる。更に $(x)(Rx \supset Bx)$ は $(x)[(Rx \vee -Rx) \supset (-Rx \vee Bx)]$（あらゆる x につき，x がカラスであるか，カラスでなければ，x はカラスでないか黒いかである）と等価であるが，後者の前件は恒真である故，$(x)[(Rx \vee -Rx) \supset (-Rx \vee Bx)]$ はカラスでないか黒いもの $(-Rk \vee Bk)$ により支持され，従って「あらゆるカラスは黒い」は，カラ

スでないものすべて，もしくは黒いものすべてにより支持されることになる。同様に (x)(Rx ⊃ Bx) は (x)〔(Rx・−Bx)⊃(Rx・−Rx)〕と等価であり，この場合には支持するものは存在しなくなる。この最後の例は別として，上の例からすると，全称命題に対しそれを支持も否定もしないニュートラルな証拠は存在しないことになる。しかし，常識からいえば，「すべてのカラスは黒い」という命題が，ポケットの中にある白いハンカチにより支持される，ということは奇妙であろう。このパラドックスは様々の仕方で解消が試みられている。或る見解によれば，全称命題の前件を既に真であるとみなすことによりパラドックスは解消される。つまり，(x)(Rx ⊃ Bx) においては，既に Rx は真であること，つまりカラスが存在することが前提されていると考える。こう考えれば (x)(Rx ⊃ Bx) と (x)(−Bx ⊃ −Rx) とは等価でなくなるわけである。第二にこのパラドックスは，前の例のようにカラスの存在を措定せずとも，全称命題の適用領域をカラスに制限し，仮説はカラス以外のものの存在によっては支持されないと考えることによっても解決されうる。第三に，このパラドックスは，(x)(Rx ⊃ Bx) をある証拠が支持する必要条件として，その証拠が同時に (x)(Rx ⊃ −Bx) を支持してはならないことを定立することにより解決される（Goodman, N., *Fact, Fiction and Forecast*, Indianapolis, 1965 の見解）。従って「白いハンカチ」は前述のごとく (x)(Rx ⊃ Bx) を支持するが，同時に (x)(Rx ⊃ −Bx) をも支持してしまうので，前者を支持することにはならないと考えられる。しかし前述のようにこのパラドックスは論理上の矛盾を含む意味でのパラドックスではない故に，これは真のパラドックスではなく心理的に我々に奇妙に思えるにすぎない，と考えることもできる。例えばヘンペルは，次のように言う。「我々に，隣室にはカラス i がいる，と報告されたとしよう。（すべてのカラスは黒いという）我々の仮説 h は我々に，i につきそれは黒いと告げ，もし我々にそれがまさにそうであるとわかれば，つまり Ri・Bi であれば，これは確かに仮説を支持ないしは確証すると考えられねばならない。次に，隣室に黒くないもの j があると我々が報告をうけたとしよう。再び我々の仮説はそのものにつき，或ることを即ちそれはカラスでないことを，我々に告げるのであり，そして我々がそれがまさにその通りであること，つまり −Bj・−Rj を知れば，これは仮説を支持し，かくして仮説を確証するのである。最後に，たとえ我々には，隣室にあるもの k が存在する，ということしか告げられなくとも，依然として仮説は我々にそのものにつき何かを，つまりそれはカラスでないか黒いかである（即ち −Rk ∨ Bk）を告げるのであり，もしこれが真であるとわかれば，これは仮説を支持すると再び言えるのである。かくして仮説を支持するこれら三つのタイプの証拠は，まさしく，あらゆるカラスは黒いという全称命題を確証ないしは支持する証拠と考えられねばならない」('Recent Problems of Induction,' *op. cit.*, p. 121)。このパラドックスについての様々な見解の批判的検討は，Ayer, A. J., *Probability and Evidence*, London, 1972, pp. 63-84 参照。

(6) Katz, J. J., *The Problem of Induction and its Solution* 2nd. ed., Chicago, 1968, pp.

24-37.「validation の場合に特有な正当化方式とは，その各々の構成要素が justificandum とは全く独立に受容可能な justificans の下に justificandum を包摂することにより，justificandum の受容可能性を確立することである。或るものは，それが受容可能な前提から導出されることが示されたとき validate される。これに対し vindication として我々が理解する論証とは，特定の目的に関しての，一定の行為ないし政策の受容可能性を確立するところの論証である」(p. 27)。
（7） 帰納論理に関して pragmatist とか practicalist と言われる人々は（H. ライヘンバッハがその代表者），(1)帰納的論証の結論が真であるか否かを知ることは不可能であること，更にはその結論が蓋然的に真であることさえ論理的に認識不可能であること，(2)帰納的手続が過去において成功したことを根拠にして手続自体を正当化することは循環論法であることを主張する。この立場によれば，帰納的推論の正当性は経験的に基礎づけられるべきものではなく，その上帰納を正当化するためにはその結論の真理性や蓋然性とは無関係になされねばならない。帰納法とは inductive policies であり，帰納法の正当化はこの policy の正当化である。そしてこれは，およそ次のように説明されている。(イ)今まで観察されたＡがすべてＢであるならば，あたかもすべてのＡがＢであるかのように行動せよ。しかし他方同時にＢでないようなＡを発見すべく試みよ。そしてＢでないＡが発見されたならば，ＡでありＣでもあるすべてのものがＢであるようなＣを発見すべく試みよ。(ロ)観察されたｎ個のＡのうちｍ個がＢであるならばＡのうちｍ／ｎがＢであると期待せよ。しかし他方Ａの観察を続けてＢのＡに対する割合ｍ／ｎを常に修正しようと試みよ。(ハ) (観察されたｎ個のＡのうちｍ個がＢである場合，ＡがＢである確率はｍ／ｎであるという定義に基づいて)，B_1 と B_2 が相互に排斥しあう性質であれば，Ａが B_1 であるか B_2 であるかのどちらかを選択する場合，Ａが B_1 である確率より，Ａが B_2 である確率が大ならば，Ａは B_2 であると期待せよ。このような policies をプラクティカルに正当化する根拠として，次のようなものが挙げられている。(1)帰納法が成功すれば，世界につき統一的ないし統計的な真なる一般命題を発見できる。また，万が一世界が無秩序の故に如何なる一般化も不可能だとすれば，我々は同じ帰納法により世界の無規則性を発見できるはずである。それ故帰納法は世界がどのようであろうと必然的に適用可能である。(2)ｎ個のＡがすべてＢであることが観察されれば，上述の policy(イ)により我々はＡがすべてＢであるかのように行動し，すべてのＡが実際上もＢであるなら，我々は一般命題を獲得したことになる。また，ＢでないＡが観察されれば，我々は常に，観察されたＡのうち同時にＢであるようなものがすべて共通に持つ性質Ｃを発見する。従って我々は帰納法を，(たとえそれがより複雑な一般化を生ぜしめるものであっても)放棄する必要はない。上述の policy(イ)は常に self-correcting なのである。また，policy(ロ)も放棄されることはありえない。つまり，どれ程多くのＡを観察しても，その中には常に一定の割合でＢが含まれており，未だ観察されていないＡがＢである確率を計算するために policy(ロ)を常に使用することが

でき，この確率計算を基礎として二つの相互に衝突する可能性のいずれを選択すべきかがpolicy (ハ)によって常に可能である。そしてこの確率の値が，Aの観察が進むにつれ，変化することは，この手続の欠陥ではなくむしろ長所を示すものであり，この手続がself-correcting（sefl-corrective）であることに他ならない。(3) 帰納法が科学の認識的探究の諸目的を達成する保証はどこにもないとしても，この帰納法が不成功に終れば，それ以外のすべての手続も不成功に終るであろう。他のすべての手続は当の帰納法的手続を適用することによりテストされねばならないのである。かくしてinductive policyのみが，未来に関する知識（仮にこのような知識が獲得されると仮定すれば）を獲得する唯一の方法なのであり，帰納的手続は科学的推論の必要条件である（充分条件となる推論があればそれに越したことはないが，これは我々の能力をこえたことである）。これら帰納法のプラグマティックな正当化の批判的検討については，Black, M., *Problems of Analysis*, London, 1954, pp. 157-190.特にp. 165以下。例えばinductive policyは，果してself-correctingであろうか？　一つの仮説がcorrectされるということは，仮説が次第に真理に接近することを含意するが，プラグマティックな正当化は，仮説が真であるとか蓋然的であるとかを前提とはしないはずであった。従ってこのpolicyはself-correctingではなく，単にself-modifyingとかself-alteratingにすぎないのではなかろうか。そうであればinductive policyを他のpolicyより良しとする根拠はないことになる。またinductive policy以外の何らかのpolicyが，それが成功する割合が多い故に採用されているならば，これはinductive policyに結局は合致した仕方でテストされていることになる。しかし，成功する割合が殆どないpolicy（つまりinductive policyに合致した規準によるテストを通過しないpolicy）でも，それを採用することは構わないのであって，これが成功しないことを理由として，inductive policyを採用すべきだと主張するのは循環論法ではなかろうか。つまりinductive policyの正当化自体も循環論法を避けるためには，成功如何という経験とは独立に採用されるべきものではなかったか。従って科学的探究はinductive policyに必然的に従わねばならないというのはinductive policyに従う探究はinductive policyに従わねばならないという同語反復にすぎないのではなかろうか。ブラックの批判は，このようにinductive policiesはすべてトートロジーに終ることを指摘している。

(8) もっとも，ポッパーの見解をとったとしても帰納法の問題は依然として残る。つまり，仮説が一度具体的観察により反証されたとしても，それが将来また反証されるとは，論理的には言えない。子どもが一度はしかにかかれば，再びはしかにかかる可能性が減少するように，仮説も，一度反証されれば将来反証される可能性が減少すると考えることも論理的には可能である。それにもかかわらず，我々が反証された仮説を斥け，テストを通過した仮説を受け入れるのは，後者の方が前者より，将来もテストを通過する可能性が大であると考えるからではないだろうか。そうすればポッパーの立場をとっても，最少限の帰納的要素は残ってい

ることになる。この点につき，Ayer, A. J., *The Problem of Knowledge*, Harmondsworth, 1959, p. 74.
（9） 例えばコインを投下して表が出る蓋然性は1／2であるという場合，これが確率計算からの演繹ではなく，コインの無限回の投下において，表が出る割合は極限値1／2に収斂する，という事実命題であれば，これも第二の蓋然性に入る。また統計的法則といわれるものにも，メンデルの遺伝法則とか量子論の統計的法則のように法則のあてはまる対象が無限定なものと，肺がんにかかる喫煙者の場合の如く，対象が限定されたものとがある。
（10）　演繹　　　　　　　　　帰納

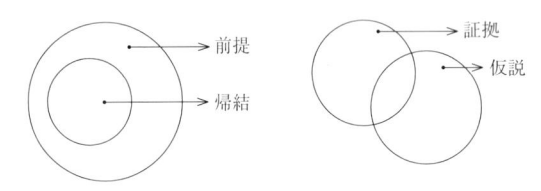

（11） Carnap, R., *Logical Foundation of Probability*, 2nd ed., Chicago, 1962 蓋然性を命題間の論理的意味的関係と考える立場は，Keynes, J. M., *A Treatise on Probability*, London, 1952 でも展開されている。ケインズとカルナップの立場は，従って，基本的には同一である。
（12） カルナップの試みは，先験的な確率計算の具体的経験への適用である。カルナップは無限個の individual constants と，有限個の primitive predicates をもつ言語体系を設定しているが，今これを有限個の individual constants をもつ更により簡単な言語体系の中で考えてみよう。つまり，固体を表わす名詞 a・b・c と，これらの個体が持つ（か，あるいは持たない）述語 F のみを有する言語体系を考えてみる。具体例を挙げれば，a・b・c という三つのボールと，これらのボールの述語となる（あるいはならない），形容詞「赤」しか存在しない世界を想定してみると，この世界は8個の可能な状態により記述される。「aは赤い」を F_a で示せば（F_b，F_c も同様），
　　(1) $F_a \cdot F_b \cdot F_c$　(2) $\sim F_a \cdot F_b \cdot F_c$　(3) $F_a \cdot \sim F_b \cdot F_c$　(4) $F_a \cdot F_b \cdot \sim F_c$
　　(5) $\sim F_a \cdot \sim F_b \cdot F_c$　(6) $\sim F_a \cdot F_b \cdot \sim F_c$　(7) $F_a \cdot \sim F_b \cdot \sim F_c$　(8) $\sim F_a \cdot \sim F_b \cdot \sim F_c$
が得られる。
　　これら(1)から(8)はカルナップにより state description といわれ，これら8個の命題を基礎とすれば，例えば「少くとも一つのボールは赤い」は(1)から(7)を含む選言命題に翻訳され，「ボールaは赤い」は，(1)(3)(4)(7)の選言命題に翻訳される。そして，ある命題と論理的に矛盾しない state description の総体数を，その命題の range と名付ければ，一定の証拠が与えられた場合のある仮説の蓋然性は，証拠命題 e の range (= R (e)) に対する，仮説命題と証拠命題を含む連言命題の range (= R (e・h)) の比として表現されうる。「上の例で，すべてのボールは赤い」を

仮説 (h) とし、「ボール a は赤い」を証拠 (e) とすれば、(e) の range 〔R (e)〕は state description (1)(3)(4)(7)の四つで、(h) と (e) がともに妥当する range 〔R (e・h)〕は(1)の一つであるから、仮説 h の蓋然性は 1／4 となる。このような手続きにおいて重要なことは、8個の state description にはア・プリオーリに、各々蓋然性の同一値 (1／8) が割り当てられているということである。つまり古典的確率論のいわゆる principle of indifference は、この場合、state description にのみ適用されているということである。しかしこう考えると、次のような不合理な結論に導かれる。例えば、仮説 h として F_c を考えれば、証拠がない場合、h は state description (1)(2)(3)(5)の四つにおいて妥当するが故に、h の蓋然性は証拠なくして先験的に 1／2 となる。ところが、我々が証拠 (e) として a が赤いことを観察した場合は h の蓋然性はどうか。(e) たる F_a の range は(1)(3)(4)(7)で h と e が同時にあてはまる range は(1)と(3)であるから、この場合も h の蓋然性は 1／2 である。つまり、8個の state description に同等の値を割り当てれば、どんな仮説を設定しようと、その蓋然性は証拠とは無関係に先験的に決定されてしまうわけである。従って state description にはそれぞれ異なった値を割り当てねばならない。そこで上述の 8個の state description を、(1)すべてのボールは赤い、(2)二つのボールが赤く、一つのボールは赤くない。(3)一つのボールが赤く、二つのボールが赤くない。(4)すべてのボールは赤くない、の四つに区別し（これをカルナップは structure description と名付ける）、そして principle of indifference を state description にではなく structure description に適用すれば上の不合理が避けられる。

State Description	値	Structure Description	値
(1) $F_a \cdot F_b \cdot F_c$	1／4		
(2) $\sim F_a \cdot F_b \cdot F_c$	1／12	(1) すべて F である	1／4
(3) $F_a \cdot \sim F_b \cdot F_c$	1／12	(2) 2 つが F で 1 つが ~F	1／4
(4) $F_a \cdot F_b \cdot \sim F_c$	1／12		
(5) $\sim F_a \cdot \sim F_b \cdot F_c$	1／12		
(6) $\sim F_a \cdot F_b \cdot \sim F_c$	1／12	(3) 2 つが ~F で 1 つが F	1／4
(7) $F_a \cdot \sim F_b \cdot \sim F_c$	1／12		
(8) $\sim F_a \cdot \sim F_b \cdot \sim F_c$	1／4	(4) すべてが ~F である	1／4

こう考えれば仮説 F_c の蓋然性は、証拠がないときはア・プリオーリに 1／2 であり、証拠 F_a (e) が存在するときは $\frac{R(e \cdot h)}{R(e)}$ は 2／3 となるだろう。

しかし、蓋然性を以上のように考えても、決定的な問題として、同等の蓋然性の値をもつものとして、何をあらかじめ措定すべきかという問題が残る。state description の各々に同じ値を措定し、各々が同等の蓋然性をもつと考えるのか、それとも同じ値を structure description の各々に措定した方が好ましいのかは、いわば恣意的に決定されると言っても良いのであり、従って、仮説の蓋然性はこのような恣意的決定に依存することになる。カルナップの試みのように、ア・プリオーリな確率計算を具体的事実の蓋然性の決定に応用する試みは、常にこのよう

な致命的欠陥につきあたる。
(13) 以下の論旨は Ayer, A. J., 'Two Notes on Probability,' Id., *The Concept of a Person and other Essays*, London, 1963, pp. 188-208 に基礎を置く。
(14) Carnap, R., 'On the Application of Inductive Logic,' *Philosophy and Phenomenological Research*, vol. 8 (cited. by Ayer, pp. 190-191).

第3節　因果関係

　証拠から要証事実を推論するには，それが合理的（rational）な推論である限り，先ず証拠（e）となる命題が真であり，証拠から要証事実（h）の推論が，証拠命題の真理性を維持する（truth-preserving）ものでなければならない。これにはeとhとを媒介する一般命題が必要であるが，この一般命題には科学的法則と統計的法則とがある。科学的法則を媒介とする場合eからhへの推論は，「あらゆるxにつき，xがgならばxはfである。ところがx_1はgである（＝e），それ故x_1はfである（＝h）」となり，統計的法則の場合は，「xがgであるならば，xはfである蓋然性が高い。ところでx_1はgである（＝e）それ故x_1はfである蓋然性が高い（h）」となる。事実認定における経験則は，後者の統計的法則である場合が多く，これは一定の性質fが，一定の性質gをもつクラスの中に一定の高い頻度において分配されていることを示す命題である。例えば「AがBに不利な証言をする」ことの証拠として，「AはBと喧嘩をした」ことを提出するのは，「他人と喧嘩をした」という性質を持つクラスに属するものは，高い頻度において「他人に対し不利な証言をする」という性質を持つ，という統計的法則（＝経験則）を前提としている。これは通常確率的説明（probabilistic explanation [1]）と呼ばれるものに類似している。例えば，「Aが風邪をひいた」という説明されるべき事実（explanandum）を説明するもの（explanans）として，「Aは薄着で冬の夜外出した」という事実が提出される場合，ここではもう一つのexplanansとして，「薄着で冬の夜外出する者は，高い確率をもって風邪をひく」という確率的法則が前提されている。そして explanans から explanandum が高い確率をもって推論されるわけであるが，注意すべきは，「高い確率をもって推論される」と言う場合の確率は logical probability であるのに対し，前提たる確率法則の中で言われる「高い確率」とは経験的な relative frequency である，ということである。このように事実認定において，要証事実（probandum）を，証拠及

び経験則（probans）から高い蓋然性をもって推論することは，確率的説明と論理構造を同じくするのであり，両者の相異は，後者の場合 explanandum は既に認識された事実であり，これを説明する explanans を，確率的法則を媒介として推論する後進的（regressive）推論であるのに対し，事実認定においては，証拠たる probans は既に認識され，経験則と証拠から要証事実が導き出される前進的（progressive）な推論である，という点にある。しかし実際のところ，証拠を提出するものからみれば，証明されるべき或る一定の事実が先ずあり，これが真であることを前提とした上で，証拠を探すのであるから，結局は regressive な推論と言えるであろう。これはちょうど，判決が，大前提たる法規範と小前提たる事実から，前進的演繹を通して結論されるというよりはむしろ多くの場合，判決たる法的価値判断と具体的事実が既にあって，ここから大前提たる法規範を探す後進的演繹であるのと同様である。

　さて，事実認定はしばしば特定の出来事の原因を探究するというかたちで現れる。そしてこれは普遍的な因果関係を表現する，「Fという種類の事象が生じたすべての場合において，Gという種類の事象が生ずる」という法則と，「Fに属する F_1 という事象が生じた」という原因を示す事実命題の二つから，演繹的に「G_1 というGに属する事実が生じた」と推論するように，いわゆる「演繹・法則論的説明」（deductive-nomological explanation）により[2]簡単には説明できない場合が多い。科学的な因果法則は，特定のタイプの事実を原因として，特定のタイプの事実が結果することを言うのみであるが，日常生活で因果関係が問題になるのは，言ってみれば特異な事実が生じ，この事実の原因を知りたい時である。つまりある特異な出来事だけが知られており，これを説明する経験則が全く見い出せない場合，我々はどのような推論により原因をつきとめるのであろうか。これが問題なのである。その前に原因という概念について，我々が日常の言葉でこれをどのように使用しているかを少し考察してみよう。

　或る特定の結果を生ぜしめた原因は多数存在する。藁に火をつければ燃える，と言う場合，藁が燃えるためには火をつけたこと以外に，藁が乾いて可燃性のものであったこと，更に，酸素が存在していことなどが必要である。またその他，火をつけた直後水を藁にかけなかった，というように不作為も原因と考えられるであろう。更にこの際，藁が燃えることに寄与した原因をすべて枚挙しても，これら全原因が成就されれば必然的に藁は燃える，と考

えることはできない。より理解しやすい例で，「毒薬を致死量飲めばその人は死ぬ」という例を考えてみよう。毒薬を致死量飲めば必然的に死を引き起すとは言えないだろう。飲んだあと直ちに吐き出せば死なないからである。毒薬が血液に入れば死ぬのか。この場合も，血液を浄化すれば死なないだろう。それでは毒薬が血液に入り，それが脳にまわり心臓が止まれば，必然的に死を惹き起すのか。否である。この場合心臓が止まったことが必然的に死を惹き起すのではなく，心臓が止まることを我々は死と定義するのである。従ってAがBを必然的に惹き起すと言われる場合，二つの異なる事実につき述べているのではなく，AとBは定義により同一の事実なのであり，従ってそれはAはAを必然的に惹き起すという当然のことを言っているにすぎない。従ってAとBが異なる事実である場合，AがBを必然的に惹き起すということは意味をなさないのである。事実Aから事実Bが必然的に帰結するのは，AとBが定義上同一であるか，AがBを論理的ないしは定義上包摂する場合に限られ，逆にBという事実が結果した場合，その原因としてAが必然的に存在しなければならないとされるのは，事実Bの中に定義上事実Aが含まれているからである。酸素があれば（A）火が燃える（B）というのがこれに該当する（AはBの必要条件）。

　日常の言葉で，我々が特定の事実Aの原因を問題にするとき，それはどのような原因を言うのであろうか。ある建物が突然燃焼したとする。この事実の原因として我々は酸素があったからとか，建物が可燃性物質でできていたからとか言わない。我々は，誰かが放火したからとか，ストーブの火が燃え移ったからとか言うのである。従って日常使われる原因という言葉は，一定の出来事が生ずるのに寄与した数多くの原因事実の中で，通常の自然的状態から逸脱するものを指し示しているのである[3]。我々は通常の自然的状態から逸脱した異常な出来事を原因と言うのである。酸素があるとか，建物が可燃性をもつこととかは，確かに建物が燃えたことの原因ではあるが，これが原因と呼ばれないのは，それらが特に異常な事柄ではなく，むしろ放火とかストーブの火が燃え移ったことのような異常な出来事が原因と言われる。もちろん何が通常で何が異常かは，コンテキストにより推移するであろう。仮に99％石造りの建物の町では，建物が燃えたことの原因としてそれが木造であることが挙げられるであろうし，ある種の実験で酸素の侵入が注意深く予防されている室で火が発生したときには，酸素が原因と考えられるだろう。

この点興味深いのは，公害などで一定の病状発生の原因として，時間的に連続する複数の原因（工場が汚水を河川に流し，河川の魚に毒物が堆積され，人々がその魚を食べ，体力の弱い人が病状を示した）が存在するが，この中で魚を食べたとか体力が弱いとか言うことが，病気の原因と考えられず，工場が汚水を流したことが病気の原因とされているのも，前者が特に異常な事実でないのに対し，後者は通常の事象経過から逸脱する異常な出来事だからである。

　以上の点をふまえた上で，特定事実の原因を認定する際，我々が用いる推論形式を簡単に考察してみよう。我々は一見しただけでは原因の全くわからない事実（B）に直面し，その原因をつきとめようとする場合，先ず一定の事実（A_1）がBを惹き起したという仮説（H_1）を定立する。この仮説を定立する際，既に一定の推論形式が利用されているだろうか。否である。何故ならばこの仮説は偶然の直観で得られることもあるからである。ここで，事実A_1が現実に存在しないことが判明すれば仮説H_1は崩れる。しかしA_1が存在すればどうか。我々は仮説を検証するために，もし仮説H_1が真であるならば，それも必然的に真であるような命題I_1を導きだし，それが事実と一致するか否かを確かめるのである。I_1はH_1により含意され，H_1から論理的に演繹されることから，しばしば test implication と言われる。「A_1がBを惹き起した」という仮説H_1が真であるなら，このH_1から分析に導かれる，「A_1が存在しなければBは生じなかった」という test implication I_1も真であるはずである。そこでI_1が事実に一致せず偽であれば，論理的に仮説H_1も偽となり（これは図式(1)のように modus tollens の形式をとる），更に別の仮説H_2を定立し，同様の手続を繰り返すことになる。しかしI_1が証拠により真であればどうか。これを図式(2)のように推論して，H_1は真であると結論するこ

図式1

(1) もし，Hが真なら，Iも真である。しかし，証拠により，Iは真でない
　　　それ故Hは真でない
　　　　　　　　　　　　（valid）

図式2

(2) もし，Hが真なら，Iも真である。しかし，証拠により，Iは真である
　　　それ故Hは真である
　　　　　　　　　　　　（invalid）

図式3

(3) もし，Hが真なら，$I_a, I_b \cdots\cdots I_n$ も真である。しかし，証拠により，$I_a, I_b \cdots\cdots I_n$ はすべて真である
　　それ故Hは真である

とはできない。図式(2)は妥当な推論ではなく，いわゆる fallacy of affirming the consequent といわれる誤謬を犯しているのである。これは H_1 の test implication $I_{1a}, I_{1b}, I_{1c} \cdots I_{1n}$ すべてが証拠により真であるとしても，H_1 が真であることを立証しない。図式(3)は依然として誤謬推論であることに変りがない。それでは，図式(3)の場合，Hは全くテストされないのと同様なのであろうか。ポッパーによれば，前述のように，corroborate されるが confirm されたわけではないことになるし，inductive probabilist（ヘンペル，カルナップ）によれば，confirm され，$I_a \sim I_n$ の数が多ければ多いほど，Hの蓋然性の度合は増加すると答えるだろう。しかしこの点には最早立入らないことにする[4]。

　以上のような推論形式は，いわゆる疫学的証明の推論形式でもある。社会の特定集団に特異な病的現象が発生したとき，この原因をつきとめるためには人は，先ず一定の仮説設定から始める。もちろんこの仮説が定立されるためには充分なる観察が必要であり，多くの場合当該の特定集団を他の集団から区別している諸事実の枚挙が先行し，ここから一定の事実を原因とする仮説が生みだされることは事実である。しかし仮説の形成過程は論理的推論の過程ではない。それは多くの事実観察に何らかの意味で基礎付けられてはいるが，窮極的には直観的な憶測なのである。また，病的現象の原因を探究する場合，第一に行われるのは，この現象と何か関連がありそうな事実の調査であるが「この関連がありそうな」ということの中には，無限の事実のうちから，当該現象と関連するように思われる事実を指示するある種の仮説のようなものの存在があらかじめ前提されている。従って論理過程として有意味な推論領域は，仮説定立以後の推論過程である。公害を例にとれば，某河川下流沿岸の地域集団に異常な病理現象（A）が発生したとする。この原因の仮説として，河魚を多量に食べたこと（B）が指摘されたとすれば，我々は「Aの原因はBである」という仮説が真であれば当然それも真とならざるをえない命題（前述の test implication）を導出し，それが事実に合致しているかどうかを確かめるのである（いわゆる疫学四原則は，この test implication を導出するときに意味をもってくる場合が多い[5]。上の例では，仮説の test implication として,「魚を食べなかった人は病気にならない。」「食べても多くは食べなかった人も病気にならないか,なる率が低い」などがあげられ,証拠によりこれらが真とされれば,仮説が正しいことの蓋然性は増大するのである(deductivism の立場をとらなければ)。更に,病気の原因は河川の魚を食べたことである,という仮説の蓋然性が一定の度合にまで高められれば,次に,河川の魚が汚染されたことにつき,某会社の排出した汚水がその原因であるとの仮説を定立し,それからこの仮説が真であるとした場合の test implication を導出し,証拠事実によりこれを確証していくのである。例えば,「会社より上流の地域には病状が生じない」,「会社の排出する汚水の量と病気の発生率にはプラスの相関関係がある」等々。

以上,自然科学における蓋然性を概観してきたが[6],蓋然性の論理は証拠から一定の事実を経験則を媒介にして演繹的に導出する論理であるとしても,裁判の事実認定には自然科学的な事実の探求とは異質なところがあり,従って事実認定に特殊な蓋然性の論理に注目する必要があるだろう。具体的な裁判の事実認定の現場で通用している蓋然性の観念を明確にすることができるだろうか。

(1) ヘンペルは inductive statistical explanation ともいう。詳細は, Hempel, C., *Aspects of Scientific Explanation*. op. cit., p. 381ff.
(2) Hempel, op. cit., p. 335ff.
(3) 日常の言語における原因観念の分析において,これを初めて指摘したのは,Hart, H. L. A., Honoré A. M., *Causation in the Law*, Oxford, 1959, pp. 31-38.
(4) 仮説の蓋然性は証拠の量のみならず種類にも依存する。
(5) 「因子は,結果より以前のものであるべき」という原則からは, test implication として,例えば,工場の排泄物が排泄される前には,病気の発生はなかったことが,「因子が増加すれば,結果も増加する」という原則からは,排泄物が増えれば病気も増加することが,「因子が消滅すれば,結果も消滅する」からは,場所を移せば病気はなおせることが,工場の排泄物が原因であるという仮説から,それぞれ引き出される。
(6) 言うまでもなく事実の探究には単なる論理では説明できない諸要因が含まれている。この論理外的要素の相違により,同じ事実探究でも,歴史的認識,社会科学的認識,自然科学的認識,裁判における事実認定などの相違が生れるのであり,各領域特有の論理というものは,論理を厳密に理解する限り,存在しないと思われる。しかし,各領域の論理を,その論理外的特殊性において探究するこ

とも重要なことである。本章は，裁判における事実認定の論理を，その論理外的特殊性（例えば説得の論理など）において捉えたものではなく，この意味では不充分といわねばならない。また，裁判の具体的状況で，どのような事実認定が行われているかを法心理学的に考察することも重要であろう。しかし論理は，心理的法則ではない。この意味で，再検討を要求するのは，帰納的推論を命題間の抽象的な論理分析の立場から論ずるのではなく，具体的な科学的探究において個々の探究者が実際にどのような推論によっているかを分析すべきだとする立場（S. トゥールミン，P. E. ストローソン，N. R. ハンソンなど）である。これは論理を既に固定された命題の関係としてではなく，具体的な人間が，具体的状況で実際に従っている推論の分析から考えなおす立場であり，一見心理主義的立場と思われるが，そうではなく，むしろ個々の探究者が生み出していく命題の意味の間の内的連関が論理とされるのであろう。従ってこの立場からは，純粋な inductive inference それ自体というようなものは存在せず，特殊的な探究領域ごとに，それぞれ特殊的な inductive inferences しか存在しないことになる。このような立場は，単に論理の問題に限られず，哲学のほかの領域にまで深くかかわってくる問題を含んでいるのでここでは扱えない。しかし，このような立場から裁判における事実認定の論理を探究することはきわめて重要であろう。

第4節　事実認定と蓋然性

既に指摘されたように蓋然性の計算についてはこれまで様々な解釈が提示されてきた。度数（frequency）理論によれば，或る結果の蓋然性は，類似した出来事の長い連鎖の中で当の結果が現れる極限的頻度として定義される。今一つの壺の中に2個の黒いビー玉と8個の白いビー玉が入っており，10個のビー玉は色以外の性質に関してはすべて同一とする。この壺からアット・ランダムに一つのビー玉を取り出すとき，白いビー玉が出る蓋然性は何であろうか。度数理論によれば，ビー玉を取り出すことを無限に繰り返したときに白と黒が出る割合は8対2になり，それ故白いビー玉が出る蓋然性は0.8となる。また傾向（propensity）理論によれば，蓋然性とは反復可能な諸条件の一集合に内在する傾向である。或る一つの結果の蓋然性がpであると主張することは，反復可能な諸条件が次のような傾向をもつことを意味する。即ち，もしこの諸条件が何回も反復されるとき，それらはpに近い頻度で当の結果を生み出す――あるいはpに近い結果の頻度を生み出す――ということである。「傾向」は或る観念では，反復可能な諸条件の一集合が或るタイプの結果の頻度を生み出す長期的傾向（disposition）として理解され，別の観念

では，或る特定の集合が或る時に或るタイプの結果を生み出す傾向（単一事例の傾向）を意味する。例えば長期的傾向の観念によればサイコロは１／６の長期的頻度でもって３を出す強い傾向を持つが，１／６という値は傾向の測定値ではないのに対して，「単一事例の傾向」の観念によれば１／６という値は３を出す傾向の測定値であり，前者の観念とは異なりこの傾向は弱い傾向とされる。

　度数理論と傾向理論で言われる蓋然性は客観的な蓋然性，即ち人間の認識や信念から独立した客観的物質世界の特徴としての蓋然性であるのに対し，認識（論）的（epistemic ないし epistemological）蓋然性は世界に関する信念の特徴である。この種の蓋然性は，蓋然性を特定の人間によって抱かれた現実的信念の度合として理解する主観的（subjective）蓋然性の理論と，蓋然性を証拠によって正当化される仮説に対し抱かれる合理的信念の度合として分析する論理的（logical）蓋然性の理論に区別される。後者の理論によれば蓋然性は人が信ずるべきことと結びつけられている。或る仮説を信ずることが合理的である度合は既知の事実（証拠）を条件としており，蓋然性は，一組の証拠が仮説を確証する――あるいは仮説が誤りであることを証明する――程度を測定する。それ故，証拠と仮説の間のこの蓋然性の関係は論理的な関係である。しかし必ずしもすべての確証（confirmation）理論が蓋然性の計算を認めているわけではない。後述するように，或る見解によれば，証拠が仮説を確証する度合は量化不可能であり蓋然性の計算の対象にはなりえない。

　これに対して前者の主観的蓋然性の理論によれば，或る命題の蓋然性は或る特定の人間が当の命題が真であると信じる度合を意味し，この信念の度合は，当の人間が当の命題が真であることを前提として行動しようとする気持（willingness to act）に反映され，この気持を測定する方法は，当の命題が真であることに賭ける際に当の人間が受け容れるであろう最低のオッズを特定化することであり，受け容れるオッズが低ければ低いほど当の人間の信念は強いことになる[1]。主観的蓋然性は或る人間の個人的意見の問題であるが，いわゆるベイズ（Bayes）の定理は，新しい付加的証拠によって或る人間の主観的信念の度合を修正する客観的な方法を提示している。主観的ベイズ主義者は，先行する当初の蓋然性――即ち或る人間が抱く信念の度合――から出発し，新しい証拠が当初の蓋然性に及ぼす影響力の量的に精確な算定によって最終的な蓋然性を導出する数学的定式――ベイズの定理――を用いる。

極く単純化して言えば，或る仮説に対する或る人間の当初の信念（主観的蓋然性の度合）が新しい証拠によって修正されていく過程は，仮説の当初のオッズにいわゆる〈likelihood〉の比率（尤度比）を——即ち，仮説が真であるとした場合の証拠の蓋然性ないし〈likelihood〉を，仮説が偽であるとした場合の証拠の蓋然性ないし〈likelihood〉で割った値を——乗じることによって表わされる[2]。ベイズの定理は当初のオッズを論理的に前提としており，裁判においてベイズの定理を適用するとき，この当初のオッズをどのように確定すべきかが重要な問題点の一つとなるだろう。ベイズの定理については，これを裁判における事実認定の論理として推奨する見解と，この定理の実際上の有効性を疑う見解が対立している[3]。

　ベイズの定理も含めて数学的な蓋然性の観念を裁判における事実認定の通常の理解と調和させようと試みるとき，二つの困難な問題が提起される。一つは形式的な問題，特に連言と否定の問題であり，もう一つは数学的な蓋然性観念の非現実的な性格である。

　先ず形式的な問題について言えば，数学的な蓋然性の観念にみられる否定と連言の規則を訴訟における蓋然性の理解と調和させるのは困難である。例えばパスカル的な数学的蓋然性の公理によれば，任意の事実Bの蓋然性と，その事実の否定$\bar{B}$の蓋然性の和は1でなければならない。即ち数学的蓋然性pに関しては，証拠Aに基づくBの蓋然性$p(B, A)$と，証拠Aに基づく$\bar{B}$の蓋然性$p(\bar{B}, A)$の間には$p(B, A)=1-p(\bar{B}, A)$の関係が存在する。従って原告が主張する事実が実際に真である蓋然性が0.500001であれば，被告が主張する事実が真である蓋然性は0.499999でなければならない。この事例が民事訴訟であれば通常の考え方によると原告を支持する判決が下されるべきである。しかし，この場合被告の主張が正しい蓋然性もかなり高いことから，原告支持の判決は直観的に不公正に思われるだろう[4]。

　パスカル的蓋然性が提起する第二の問題は連言に関するルールである。このルールによれば，証拠Aに基づき，二つの相互に独立した出来事BとCがともに生起する蓋然性の値は，各々の出来事が生起する蓋然性を掛け合わせた値とされ$p[B \& C, A]=p(B, A) \times p[C, A]$，また二つの出来事が独立していないときは$p[B \& C, A]=p[B, A] \times p[C, A \& B]$とされる。コインを投げて表が出る蓋然性が1／2であれば，同じコインを二回投げて二回とも表が出る蓋然性は1／2×1／2＝1／4である。しかしこの考え

方は，例えば民事訴訟の事実認定にこの数学的蓋然性の計算法を適用することに関して重大な問題を提起する。民事訴訟では通常，証拠によって立証されるべき事実の各々について，当の事実が実際に生起した蓋然性が1／2以上であることが要求されている（いわゆる preponderance of evidence）が，今事実認定者が，被告が原告に害を与えた蓋然性を0.6，被告が原告に害を与えようと意図した蓋然性を0.6と評価したとしよう。ここに含まれる二つの相互に独立した事実はともに1／2を上回り，それぞれ単独の事実としては真であると認定され，原告の主張は受け入れられるだろう。しかし数学的な蓋然性によれば，これら二つの事実が相互に独立していると想定したとき，二つの事実の連言の蓋然性は0.6×0.6＝0.36となり，従って二つの事実のうち少くとも一つが真でない可能性は1－0.36＝0.64であり，この蓋然性に従うと被告の勝訴という結果になるだろう。これは蓋然性の数学的な観念が実際の訴訟で採用されている蓋然性の観念と齟齬をきたしていることを示している。数学的蓋然性によれば，今問題になっている事例が含まれる事例集合のうち，長期的にみて64％の事例において原告が主張する二つの要素事実のうち一つが真でない（従って被告が勝訴する）ことになり，これは現実に訴訟で採用されている蓋然性の観念が被告にとって著しく不利であることを意味している。

　また或る民事訴訟Xにおいて原告の主張する事実が二つあり，別の民事訴訟Yにおいてはこれが三つだとしよう。そしてXとYにおけるこれら五つの事実がすべて証拠によって0.75の蓋然性で立証されたとする。Xの二つの事実の蓋然性は0.5を上回り，Yの三つの事実も同様であるからXとYにおいて原告は勝訴する。しかしパスカル的な蓋然性の計算では，連言の原則がこれと異なる結論を示すだろう。この原則によると，Xの二つの事実がともに真である蓋然性は0.75×0.75＝0.5625であり，0.5を上回ることから原告は勝訴するのに対して，Yの三つの事実がともに真である蓋然性は0.75×0.75×0.75＝0.421875であり，0.5を下回ることから原告は敗訴することになる。それ故通常の民事訴訟において原告の主張するすべての事実が0.5を上回ると原告勝訴とされることは，数学的な蓋然性の観念に含まれる連言の原則に反しており，もし数学的蓋然性の観念が正しければ通常の訴訟において被告は著しく不利に扱われていることになり，しかも，XとYの両者において個々の事実はその蓋然性が0.5を上回るか否かを規準として認定されているとし

ても，Xと比べてYにおける被告の状態は著しく悪化することになるだろう。

より一般化して言えば，訴訟が二つの事実問題を含んでいるときは，被告の主張が正しい（例えば被告が賠償責任を負うべきでない）蓋然性が$1-(0.5\times 0.5)=0.75$を下回ると原告勝訴となるのに対し，三つの事実問題を含んでいるときは，被告の主張が正しい蓋然性が$1-(0.5\times 0.5\times 0.5)=0.875$を下回わると原告勝訴となる。これは被告にとって不当に不利な判定ではないだろうか。更にこの不平等は，個々の事実の蓋然性の積が0.5を上回るように要求することで解消されるかというと，これも否である。この要求は不平等な取り扱いを被告から原告へと転移させるだけだろう。というのも事実の数が増えれば連言の蓋然性が低下していくので——要求される蓋然性の積が0.5以上であろうと，これ以外の数値であろうと——，連言の蓋然性が特定のレヴェルを保つためには，各々の事実に要求される蓋然性も高くなるからである。かくして数学的な蓋然性の観念に従えば，新しい独立した事実が付加されるに応じて原告はより困難な状態に置かれ，判定は事実の数の大小という偶然性に左右されることになり，他方，現実の訴訟で用いられているルールに従えば，被告の方が要素事実の数によって異なった扱いを受けることになる。蓋然性の数学的観念が訴訟の事実認定に適用可能だとすれば，現行の訴訟のルールを前提とすると上記のいずれかの不均衡が存在することになる。

更に次の例を考えてみよう。二つの訴訟XとYがそれぞれ三つの要素事実を含んでおり，Xでは原告が主張する三つの要素事実がすべて0.6の蓋然性で立証され，従って（preponderance of evidenceによって）原告が勝訴するのに対し，Yでは原告が主張する三つの要素事実がそれぞれ0.9と0.9と0.4の蓋然性で立証され，三つのうち一つの事実が0.5以下であることから（同じくpreponderance of evidenceによって）被告が勝訴するとしよう。しかし，XとYにおける三つの要素事実が相互に独立していれば，Xにおいて要素事実の少くとも一つが真でない蓋然性は$1-(0.6\times 0.6\times 0.6)=0.784$であるのに対し，Yにおいて要素事実の少くとも一つが真でない蓋然性は$1-(0.9\times 0.9\times 0.4)=0.676$である。それ故被告が有責でない蓋然性はYよりXにおける方が高いにもかかわらず，通常の訴訟のルールに従うとXでは原告が勝訴し，Yでは被告が勝訴することになる。これも蓋然性の数学的観念と訴訟のルールが齟齬をきたしている一例である。

ここで数学的蓋然性の問題とは別に，訴訟の通常のルールに内在する別の

方は，例えば民事訴訟の事実認定にこの数学的蓋然性の計算法を適用することに関して重大な問題を提起する。民事訴訟では通常，証拠によって立証されるべき事実の各々について，当の事実が実際に生起した蓋然性が１／２以上であることが要求されている（いわゆる preponderance of evidence）が，今事実認定者が，被告が原告に害を与えた蓋然性を0.6，被告が原告に害を与えようと意図した蓋然性を0.6と評価したとしよう。ここに含まれる二つの相互に独立した事実はともに１／２を上回り，それぞれ単独の事実としては真であると認定され，原告の主張は受け入れられるだろう。しかし数学的な蓋然性によれば，これら二つの事実が相互に独立していると想定したとき，二つの事実の連言の蓋然性は0.6×0.6＝0.36となり，従って二つの事実のうち少くとも一つが真でない可能性は１－0.36＝0.64であり，この蓋然性に従うと被告の勝訴という結果になるだろう。これは蓋然性の数学的な観念が実際の訴訟で採用されている蓋然性の観念と齟齬をきたしていることを示している。数学的蓋然性によれば，今問題になっている事例が含まれる事例集合のうち，長期的にみて64％の事例において原告が主張する二つの要素事実のうち一つが真でない（従って被告が勝訴する）ことになり，これは現実に訴訟で採用されている蓋然性の観念が被告にとって著しく不利であることを意味している。

　また或る民事訴訟Ｘにおいて原告の主張する事実が二つあり，別の民事訴訟Ｙにおいてはこれが三つだとしよう。そしてＸとＹにおけるこれら五つの事実がすべて証拠によって0.75の蓋然性で立証されたとする。Ｘの二つの事実の蓋然性は0.5を上回り，Ｙの三つの事実も同様であるからＸとＹにおいて原告は勝訴する。しかしパスカル的な蓋然性の計算では，連言の原則がこれと異なる結論を示すだろう。この原則によると，Ｘの二つの事実がともに真である蓋然性は0.75×0.75＝0.5625であり，0.5を上回ることから原告は勝訴するのに対して，Ｙの三つの事実がともに真である蓋然性は0.75×0.75×0.75＝0.421875であり，0.5を下回ることから原告は敗訴することになる。それ故通常の民事訴訟において原告の主張するすべての事実が0.5を上回ると原告勝訴とされることは，数学的な蓋然性の観念に含まれる連言の原則に反しており，もし数学的蓋然性の観念が正しければ通常の訴訟において被告は著しく不利に扱われていることになり，しかも，ＸとＹの両者において個々の事実はその蓋然性が0.5を上回るか否かを規準として認定されているとし

ても，Xと比べてYにおける被告の状態は著しく悪化することになるだろう。

　より一般化して言えば，訴訟が二つの事実問題を含んでいるときは，被告の主張が正しい（例えば被告が賠償責任を負うべきでない）蓋然性が $1-(0.5 \times 0.5)=0.75$ を下回ると原告勝訴となるのに対し，三つの事実問題を含んでいるときは，被告の主張が正しい蓋然性が $1-(0.5 \times 0.5 \times 0.5)=0.875$ を下回わると原告勝訴となる。これは被告にとって不当に不利な判定ではないだろうか。更にこの不平等は，個々の事実の蓋然性の積が0.5を上回るように要求することで解消されるかというと，これも否である。この要求は不平等な取り扱いを被告から原告へと転移させるだけだろう。というのも事実の数が増えれば連言の蓋然性が低下していくので——要求される蓋然性の積が0.5以上であろうと，これ以外の数値であろうと——，連言の蓋然性が特定のレヴェルを保つためには，各々の事実に要求される蓋然性も高くなるからである。かくして数学的な蓋然性の観念に従えば，新しい独立した事実が付加されるに応じて原告はより困難な状態に置かれ，判定は事実の数の大小という偶然性に左右されることになり，他方，現実の訴訟で用いられているルールに従えば，被告の方が要素事実の数によって異なった扱いを受けることになる。蓋然性の数学的観念が訴訟の事実認定に適用可能だとすれば，現行の訴訟のルールを前提とすると上記のいずれかの不均衡が存在することになる。

　更に次の例を考えてみよう。二つの訴訟XとYがそれぞれ三つの要素事実を含んでおり，Xでは原告が主張する三つの要素事実がすべて0.6の蓋然性で立証され，従って（preponderance of evidence によって）原告が勝訴するのに対し，Yでは原告が主張する三つの要素事実がそれぞれ0.9と0.9と0.4の蓋然性で立証され，三つのうち一つの事実が0.5以下であることから（同じく preponderance of evidence によって）被告が勝訴するとしよう。しかし，XとYにおける三つの要素事実が相互に独立していれば，Xにおいて要素事実の少くとも一つが真でない蓋然性は $1-(0.6 \times 0.6 \times 0.6)=0.784$ であるのに対し，Yにおいて要素事実の少くとも一つが真でない蓋然性は $1-(0.9 \times 0.9 \times 0.4)=0.676$ である。それ故被告が有責でない蓋然性はYよりXにおける方が高いにもかかわらず，通常の訴訟のルールに従うとXでは原告が勝訴し，Yでは被告が勝訴することになる。これも蓋然性の数学的観念と訴訟のルールが齟齬をきたしている一例である。

　ここで数学的蓋然性の問題とは別に，訴訟の通常のルールに内在する別の

形式的な問題に触れておこう。今，或る訴訟の事例に（原告が主張する）aとbという二つの要素事実が含まれているとしよう。この場合，aとbの真偽に関する可能性として，(1)aとbがともに実際に真である，(2)aとbがともに実際に偽である，(3)aは真でbは偽である，(4)aは偽でbは真である，という四つのケースが存在する。(1)においては三つのタイプの誤りがありうるだろう。即ち，aが偽でbが真，aが真でbが偽，aとbともに偽と判断してしまう誤りである。そしてこれら三つの誤った判断のいずれにおいても被告が勝訴する。要するに(1)においては事実認定が正しいときは原告が勝利し，誤った判断が下されたときはすべて被告が勝訴する。次に(2)においては，ありうる三つの誤った判断のうち二つは誤った判決に至らず，事実認定者がaとbの双方に関して誤った判断を下した場合にのみ，原告勝訴という誤った判決に至る。かくして，この種の現象によって被告は相対的に有利な立場に置かれているように思われるだろう。そして原告が勝訴するはずの(1)と，被告が勝訴するはずの(2)の分析を結合すると，被告勝訴の誤った判決は三つのタイプの誤りの結果生ずるのに対し，原告勝訴の誤った判決は唯だ一つのタイプの誤りの結果生ずることが明らかである。もし訴訟の目的の一つが被告と原告の間で誤りを平等にすることであれば，この現象は厄介な問題となりうるだろう。(3)と(4)については特にこの種の問題は生じない。両者はともに被告勝訴のケースであるが，各ケースにおいて生じうる唯一の誤った判決は原告勝訴の判決であり，(3)と(4)において生じうる6種類の可能な誤りのうち，2種類の判決のみが原告勝訴の誤った判決となる。即ち原告勝訴の誤った判決は，(3)と(4)の各ケースにおいて実際には偽である事実が真であると判断されることで生ずる。

以上のような結果は，「時として被告が有利に扱われ，時として原告が有利に扱われることがあり，これはいたしかたないことである」という論法で無視し去ることができるかもしれない。しかし，生じうる12種類の誤りのうち，三つは原告勝訴の誤った判決へと至り，三つは被告勝訴の誤った判決へと至る一方で六つの誤りは本来の正しい判決を変更することにならないにもかかわらず，これらの誤った判決は明白に無意味なルールによって，即ち，二つの要素事実がともに真ないし偽のときは被告が有利になり，一つが真でもう一つが偽のときは原告が有利になるというルールによって——分散されているのである。

連言の問題や「誤った判決」の分散の問題は訴訟にどこか不合理な要素が存在していることを暗示している。この不合理はどこに存在するのだろうか。この問題をここで充分に検討することはできないが，蓋然性の数学的な観念が民事訴訟において生み出す変則的な事態のみを取り上げてみよう。

　J．コーエンは数学的な蓋然性の観念が前提にする「否定の原則」が訴訟において生み出す変則的な事態を次のように説明する[5]。数学的蓋然性に従えば，刑事事件における被告人が有罪である蓋然性が x であれば被告人が無罪である蓋然性は 1 − x である。被告人が有罪である可能性が合理的な疑いを容れない (beyond reasonable doubt) ほど——被告人 A の有罪判決が法的に正しいと言えるために充分に——高く，それ故 x が非常に高ければ，法に従うと有罪判決を下されるべき A が実際には無罪である蓋然性 1 − x は非常に低い。同様に民事事件においても，勝訴した当事者が実際に勝訴に値する蓋然性が x ならば，敗訴した当事者が実際には勝訴に値する蓋然性は 1 − x である。しかし，「否定の原則」——命題 P が真である蓋然性が x であれば P が偽である蓋然性は 1 − x である——は刑事事件においては特に問題にならなくても，民事事件においては難問を提起する。刑事事件においては，それ以上の疑いが不合理となる数学的蓋然性のレヴェルが充分に高く設定されていることから，有罪判決を受けた被告人が実際には無実である蓋然性は非常に低いのに対し，0.5以上の蓋然性 (preponderance of probability) のみを要求する民事訴訟では，敗訴した当事者が実際には勝訴すべきであった蓋然性は決して低いとは言えないだろう。例えば0.501以上の蓋然性が要求されているとき，これは法が次のことを，即ち，敗訴した当事者が実際には勝訴すべきであった蓋然性が0.499であることを許容しているということなのだろうか。

　今，1000人いるロデオの観客のうち入場料を払って入場した客が499人しかいないと想定しよう。即ち1000人分の席が埋まっていることと，支払われた入場料が499人分しかないことが既知の事実だとする。そして客が入場料を支払う際にチケットが発行されなかったことから，1000人のうち誰が入場料を支払ったかが証拠や証人によって特定できないとする。そして或る人間 A が1000人の観客のうちの一人だとしよう。このとき数学的蓋然性によると A が入場料を支払わなかった闖入客 (gatecrasher) である蓋然性は0.501であり，従ってロデオの興業主が A を訴えて入場料の支払いを要求すれば，A が入場料を支払わなかった蓋然性は0.5以上であるから興業主が勝訴すること

になるだろう。しかしこの場合Aが入場料を支払った蓋然性は0.499なのであるから，Aが敗訴するのは不正ではないだろうか。更に，もし興業主がAと同一の立場に置かれた1000人の観客すべてを訴えたならば，興業主は既に499人分の入場料を入手しているにもかかわらず，結果的に訴訟によって1000人分の入場料を得ることになり，これは明らかに不合理だろう。

　J．コーエンのこの指摘に対してD．H．ケイは数学的蓋然性の観念を次のように擁護する。先ず，ロデオの興業主たる原告の主張——即ちAは入場料を払っていない——が正しい客観的な蓋然性は0.501であっても，主観的蓋然性を0.5以下として扱い，原告勝訴の判決を支持するのに不充分と考えることが適切である。そうすれば単に背景的な統計を持ち出す以上のことを原告に対して動機づけることができるだろう[6]。…しかしこれは的はずれな答である。コーエンの仮想的事例が突きつける問題は，統計的な証拠が入手可能な証拠のすべてであるとき，どのように判断すべきかということであり，これに対してケイは，もっと多くの証拠を集めるべきだと答えているにすぎないからである。この答自体は適切であっても，コーエンが提起する問いに対しケイは，数学的蓋然性に従えば原告勝訴であるが原告を敗訴にすべきだと述べているにすぎず，数学的蓋然性と訴訟の通常のルールの間にコーエンが指摘するような衝突が存在しないことを説得的に論証しているわけではない。更にケイは事実認定者が，Aが入場料を支払わなかった主観的蓋然性$P(X)=0.501$を出発点として，ベイズの定理を適用しながら，「原告が被告に関する特別な証拠を提供しなかったこと」自体を新たな証拠Eとして主観的蓋然性を修正し，修正された主観的蓋然性$P(X, E)$が0.5以下になれば被告勝訴の判断を下すべきことを主張する。しかし，このような考え方が可能だとしても，コーエンが突きつける問題は，存在する証拠が1000人の観客と499人の入場料支払者だけのとき，被告はすべて入場料を支払うように判決によって義務づけられるということであり，ケイのように新たな証拠によって主観的蓋然性を修正していく方法を持ち出すことは的はずれな解答である。また仮にケイの見解を受け容れても，原告と同様に被告が提出しうる特別な証拠も皆無なのであるから，ケイの主張は原告と被告の両者にあてはまり，特別な証拠を提出しなかったことが主観的蓋然性に及ぼす効果は相殺しあうことになるだろう。数学的蓋然性を擁護するケイの議論は説得的なものとは言えない。ロデオのゲイトクラッシャーの事例において被告Aを有責にするこ

とに対して我々が抱くためらいは、訴訟における事実認定の論理が数学的蓋然性とは異質なものであることを暗示している[7]。

さて、数学的蓋然性と民事訴訟のルールの不適合を理由に、訴訟が別の蓋然性観念によって理解されるべきことを説くのがJ.コーエンである。コーエンによれば、諸々の出来事が真である相対的な可能性について序数的な言明を認める（コーエンの言う意味での）帰納的蓋然性は、或る出来事が真である可能性を0と1の間の数値に結びつけることを要求する基数的な体系よりも訴訟の本質を適切に捉えている。

コーエンは帰納的蓋然性のパラダイム・ケイスとしてカール・フォン・フリッシュの蜜蜂の能力に関する実験をあげている[8]。先ず、蜜蜂は青いカードの上の容器に入った透明な砂糖水に再三再四戻ってくる。この事実（E）に基づいて、先ず「蜜蜂は色を識別できる」という仮説（H）が立てられる。しかし蜜蜂は色盲で、純粋な白から純粋な黒までの灰色の濃淡によって餌場を特定化しているのではないだろうか。蜜蜂の行動のこの説明は、青いカードの囲りに白から黒まであらゆる濃淡のカードを置き、これらの灰色のカードの上に砂糖水の入っていない容器を置いたところ、蜜蜂が依然として青いカードに戻ってきた事実によって排除された。それでは蜜蜂は青いカードの色ではなく、カードの相対的な位置を認識しているのではないだろうか。しかしこの説明は、青いカードの位置を変えても蜜蜂が青いカードのところに来た事実によって排除された。それでは蜜蜂はカードの匂いで砂糖水のあるところが分かるのだろうか。しかしこの説明も、ガラスで青いカードをカヴァーしたところ、依然として蜜蜂が青いカードの場所に来た事実によって排除された。蜜蜂は青以外の色が分からないのだろうか。しかし他の色で実験を繰り返したら、蜜蜂はイエロー、ブルー・グリーン、ブルー、ウルトラ・ヴァイオレットを識別することが分かった。それでは蜜蜂の色の識別は餌を捜す行動と関連しているのだろうか。しかし、巣に帰る蜜蜂に対し一連の実験をした結果、蜜蜂は巣についても色を識別することが分かった。

さて、この実験で生じていることは、実験の状況にシステマティックな仕方で変更を加え、この変更が実験結果に及ぼす効果を確認し、実験結果が当初の仮説Hに合致している限りで他の可能な説明が排除され、当初の仮説Hが次第に合理的な疑いを受けつけないものになっていくことである。実験結果が当初の仮説と精確には合致しなければ仮説は適切に修正され、修正され

た仮説が合理的な疑いを受けつけないものになっていく。即ち蜜蜂は色を識別できるという仮説は灰色のカードによる状況の変更にもかかわらず生き残り，同じくカードの位置の変更，匂いに関する変更，餌を捜す状況から巣に帰る状況への変更にもかかわらず生き残った。しかし当初の仮説は識別される色の範囲に関して修正が加えられ，最終的にフリッシュは蜜蜂が上記四色を識別できるという仮説に到達した。

　この実験は，「蜜蜂は色を識別する」という仮説を六つのテストに服さしめている。テスト(1)は限界的ケースであり，蜜蜂による色の識別の状況の下に未だいかなる変更も意図的に導入されていない段階である。テスト(2)は，この当初の状況に灰色のカードで変更を加え，テスト(3)は更にカードの位置の変更を，テスト(4)は上記二つの変更に加えてカードの匂いの変更を加え，テスト(5)はこの実験を青以外の幾つかの色に対して行い，テスト(6)は，(テスト(5)までの）餌を捜す蜜蜂に対する諸実験を，巣に帰る蜜蜂に対する同じく多様な実験と結合させている。仮説Hはそれが合格したと信じられるテストの数に応じてサポートがグレード付けされ，合格したテストが多ければ高いサポートを享受する。今実験のテスト結果EがHに与えるサポートをS[H, E]と表記すれば，S[H, E]＝0は仮説がテスト1さえ通過しなかったこと，S[H, E]≧1は仮説がテスト1を通過したことを意味し，テストが最多n回から成るとき，S[H, E]＝i／nはEがHに（0からnまでのうち）i番目のグレードのサポートを与えていることを意味する。この場合，テスト結果EがHに有利であろうが不利であろうが証拠とされるためには，反復可能でなければならない。そして，E及びS[H, E]≧i／nからS[H]≧i／nを導出することができる。即ち，Eによって報告されている（Hに有利な）テスト結果が真に反復可能であれば，それは他の証拠によってゆさぶられることのない確固とした証拠事実であり，ここからHには一定のグレードの確実性が与えられることになる。更に，EがHと矛盾するときでもS[H, E]＞0でありうることに注意しなければならない。即ちEは「Hはテストt_iに合格したがテストt_{i+1}で不合格である」ことを報告しているかもしれず，もしテストt_iの合格が真に反復可能ならば，テストt_{i+1}での不合格が反復可能であるからといってS[H, E]＝0となるわけではない。もしS[H, E]＝0ならば，この仮説はどのテストにも合格しなかった仮説と同じレヴェルに置かれてしまうだろう。Hに帰せられる帰納的サポートのグレー

ドは，Hと関連する諸要因の一定の複合がHを反証できないことを示しているのであり，もし更に別の要因の導入がHを反証することになっても，Hにグレード・ゼロのサポートが与えられることにはならない。

コーエンが挙げているもう一つ別の例を考えてみよう[9]。或る特定の時間と場所に黒い雲が立ち現れた（R）とき，我々はもうじきそこで雨が降る（S）と思うだろう。黒い雲が立ち現れれば雨が降るという一般法則はある程度まで帰納的にサポートされているので，$P_1[S, R] > 0$ であろう（P_1 は数学的蓋然性 P_m と区別されたコーエンの帰納的蓋然性を意味する）。通常の状況においては黒い雲が立ち現れれば雨が降る，と想定すれば，「黒い雲は雨を降らす」という一般法則は帰納的テスト t_1 に合格していると言えるだろう。これは一般法則の前件たる要因（黒い雲）以外にはいかなる変数も導入されていない段階でのテストである。今関連する変数の総数がnであれば，テスト t_1 での合格は $P_1[S, R] \geq 1/n$ と表記できる。しかし，沖へ吹く風（変数 V_2）の存在は，「黒い雲ならば雨」という一般法則を反証する傾向があり，通常の状況においては「黒雲と沖へ吹く風は雨を降らさない」ことになり「黒雲ならば雨」という一般法則は，風向きが第二の変数と想定されることで，テスト t_2 では不合格となる。従って $P_1[S, R] < 2/n$ ないし $P_1[S, R] = 1$ となる。あるいは一般法則を「黒雲と沖へ吹く風が存在するならば雨」と表現すれば，この一般法則は，風向きという第二の変数——一般法則にとって不利な変数——が当の法則に組み入れられていることから，$P_1[S, R \& V_2] = 0$ となる。それ故 $P_1[S, R \& V_2] < P_1[S, R]$，即ち，黒雲と沖へ吹く風を証拠としたときの降雨の蓋然性は，黒雲のみを証拠としたときの降雨の蓋然性より低いということである。

しかし気圧が低下する（V_3）とき，沖へ吹く風は「黒雲ならば雨」という一般法則を反証しない傾向があるとしよう。それ故，「黒雲と沖へ吹く風と気圧の低下が存在すれば雨が降る」という一般法則は，「黒雲ならば雨」という無限定の一般法則より反証から保護されているが故により強くサポートされ，気圧の低下を第三の変数とすれば，テスト t_3 に合格していることになる。従って，$P_1[S, R \& V_2 \& V_3] \geq 3/n$ であり，$P_1[S, R \& V_2 \& V_3] > P_1[S, R]$ となる。しかし，第四の変数である真夏（V_4）は，「黒雲と沖へ吹く風と気圧の低下が存在すれば雨が降る」という一般法則を反証し，一般法則はテスト t_4 で不合格になるとしよう。それ故 $P_1[S, R \& V_2 \& V_3 \& V_4] = 0$ と

なる。ところが更に第五の変数である大きな雷が聞こえる（V_5）とき，真夏（V_4）がこの一般法則を反証しなければ，$P_1[S, R \& V_2 \& V_3 \& V_4 \& V_5] \geq 5/n$ となるだろう。もし当初の一般法則の前件で述べられている要因（黒雲）以外に上記四つの変数しか存在しないと考えてよければ，「黒雲と沖へ吹く風と気圧の低下と真夏と雷が存在すれば雨が降る」という一般法則には最大の帰納的蓋然性が与えられる。しかし，或る特定の状況において未だ突きとめられていない別の要因が存在するのであれば，「雨がもうじき降る」は合理的な疑いを容れないほど蓋然性が高いとは言えなくなるし，特定の時間と場所において存在するあらゆる要因を考慮した結果，「雨がもうじき降る」の蓋然性がゼロになることもあるだろう[10]。

　コーエンの序数的な帰納的蓋然性の二つの重要な特徴を指摘しておこう。先ず，基数的な数学的蓋然性（P_m）においては相補的な否定の原則（complementary negation principle）によって$P_m[\bar{S}, R] = 1 - P_m[S, R]$であるのに対し，帰納的蓋然性（$P_1$）においては，Sと矛盾する事実が存在し$P_1(S, R) = 0$であるからといって，$P_1(\bar{S}, R)$が確実になるわけではない。例えば証拠事実RがSと$\bar{S}$をともに支持せず，$P_1[S, R] = 0/n = P_1[\bar{S}, R]$ということもありうる。またコーエンによると帰納的蓋然性は，連言の蓋然性を，数学的蓋然性とは全く異なった仕方で理解する。即ち，連言肢が同一カテゴリーの主題に関するものでなければ各連言肢の蓋然性は通約不可能であり，連言の蓋然性を問うことは意味をなさず，各々の連言肢にそれぞれ別個の蓋然性を付与することで満足しなければならない。連言肢が同一カテゴリーの主題に関するものであるときは，蓋然性が最も低い連言肢の蓋然性が連言の蓋然性とされる。即ち，

　$P_1[S_1, R] \geq P_1[S_2, R]$ であり，$P_1[S_2, R] \geq P_1[S_3, R]$，
　…そして$P_1[S_{n-1}, R] \geq P_1[S_n, R]$ ならば
　$P_1[S_1 \& S_2 \& S_3 \cdots \& S_{n-1} \& S_n, R] = P_1[S_n, R]$
　である。

それ故，訴訟の脈絡にコーエンの帰納的蓋然性を適用すると，原告が複数の事実（$S_1 S_2 \cdots S_n$）を主張し，このうち任意の事実（選言肢）S_iにつき$P_1[S_i, R] > P_1[\bar{S}_i, R]$であれば原告勝訴となり，そのうち一つでも$P_1[S_i, R] < P_1[\bar{S}_i, R]$であれば連言の蓋然性$P_1[S_1 \& S_2 \& \cdots \& S_n, R]$は$P_1[\bar{S}_i, R]$より低く，そして$P_1[not(S_1 \& S_2 \& \cdots \& S_n), R]$は少くとも

$P_1[\overline{S_i}, R]$ より高くなければならないことから,$P_1[\text{not}(S_1 \& S_2 \& \cdots \& S_n), R] > P_1[S_1 \& S_2 \& \cdots \& S_n, R]$ となり,原告敗訴となる。

さて,仮説は当の仮説に有利な証拠の蓄積によってより信頼に足るものとなるのではなく,仮説を排除しようと試みる様々な観点からのテストに生き残ることでより信頼に足るものとなる,という見解——いわゆる排除による帰納法（induction by elimination）——はF.ベーコンによって初めて唱えられ,J.S.ミル——そして或る意味ではK.ポッパーによって発展させられたが,排除による帰納法の論理的構造を体系化したのはJ.コーエンであった。コーエンの蓋然性の体系においては,証拠は仮説を排除しうる限りにおいてのみ意味をもつ。しかし仮説が或る証拠によって一度排除されても,この排除は通常は暫定的なものにすぎず,この証拠の仮説排除力は後の別の証拠によって消し去られるだろう。

パスカル的な——そしてベイズ的な——数学的蓋然性と異なりコーエンの蓋然性におけるゼロは,反証や反駁というよりは証明の欠如を意味している。仮説の蓋然性が或る時点でゼロであっても,後の証拠によって仮説が正当化されれば,証明が欠如している状況からある種の証明へと移行し,仮説の蓋然性が修正されることがあるからである。既に述べたように,コーエンの蓋然性は序数的な蓋然性であり,加法や減法,乗法や除法の対象にはならない。仮説の蓋然性は,当の仮説を排除しようとする——同じ種類の証拠テストではなく——多種多様な証拠テストに合格することで上昇していくが,テストはそれぞれ異なる問題に関わり,個々のテストの重要性や仮説排除力に差異があることから必ずしもそのすべてが相互に比較可能であるとは限らない。数学的蓋然性と異なり,コーエンの帰納的蓋然性には単位というものは存在しない。

またコーエンの蓋然性にとって重要なことは,どれほど多くの異なったテストが行われ,テストが仮説に関連する問題をどれほど完全に内含していたかということである。証拠が仮説を支持する度合は,当の証拠によって未だ答えられていないどれほど多くの問題が残っているかに依存する。要するに仮説の蓋然性と関連していることが認知された諸問題を証拠がどれほど完全にカヴァーしたかによって当の証拠のウェイトが計られるのである。

数学的蓋然性とは異なりコーエンの帰納的蓋然性は足したり掛けたりすることはできない。それ故,連言の蓋然性に関して帰納的な分析は複雑な民事

訴訟の事例を扱う際に何の困難もきたさない。即ち，事例を構成する諸要素事実の蓋然性が通約不可能な場合は，それらの連言にはいかなる蓋然性の値も適切に割り当てることができず，各々の要素に個別の蓋然性を割り当てるだけで充分だからである。あるいは帰納的蓋然性のための連言の原則はパラドックスのない満足のいく結果をもたらす。即ち同一カテゴリーの主題に関する通約可能な二つ以上の命題の連言は，所与の証拠を前提としたとき，もし諸連言肢が当の証拠に対して同等の蓋然性を有するならば各連言肢と同じ帰納的蓋然性を有するか，あるいは，これらの連言肢が同等の蓋然性を有していないならば，これらのうち最小の蓋然性と同じ蓋然性を有することになる[11]。

しかし，連言肢が通約可能な後者の場合は別にして，要素事実の蓋然性が通約不可能である前者の場合には問題が生ずる。即ち，通約不可能な出来事の連言に関して蓋然性の判断が下せないのであれば，原告は，法に関連した争われている事実の各々を立証することによってのみ勝訴することができる。しかし事実を立証するということは，それが確実だということではなく蓋然的に真であることを意味するので言うまでもなく誤謬が生じるだろう。今，諸訴訟事例の或る特定の集合において，法に関連した立証されるべき二つの通約不可能な要素事実が存在しており，各々の要素事実は各々の訴訟事例において「蓋然性のバランス」（即ち50％以上の蓋然性）によって立証されると想定しよう。今，これらの事例がすべて原告勝訴となったとして，これらの事例の中のどれが，「本来は被告勝訴であるべきだった」と言えるだろうか。答は明白である。即ち，これらの事例においては原告が主張する二つの要素事実のうち少なくとも一つが真でないことから誤った判断がなされ，このようなどの事例においても本来は被告が勝訴すべきであった。かくしてコーエンの帰納的蓋然性の下では，誤謬はそれぞれ別個の問題について生じる誤謬の関数として集積されていく。本来原告が勝訴すべき事例においては，一つの問題に関する誤謬の故に被告勝訴の誤った判決が生じ，別の問題に関する誤謬の故に被告勝訴の別の誤った判決が生じるだろう。そして本来は被告が勝訴すべき事例においては，被告に有利に解決されるべきであった一つないし二つの要素事実について誤った判断がなされるとき，常に原告勝訴の誤った判決が生じるだろう。

コーエンの帰納的蓋然性が含意する以上のことを，数学的蓋然性の連言の

原則と比較してみよう。二つの独立した出来事の連言の蓋然性を各連言の蓋然性の積として表現することは、誤謬が個々の問題についての誤謬の関数として集積していく率を数学的に表現することであり、少くとも裁判における事実認定に関連する限り連言の原則の意味はこの点に存在する。

今二つのコインを同時に投げて表が出るか裏ができるか予測するとしよう。或る人が二つとも表が出ると予測すれば、この予測が正しい蓋然性は$1/2 \times 1/2 = 1/4$である。これは、二つのコインを同時に投げることを繰り返していくと、四回のうち三回は、一つのコインのみ裏が出るか、もう一つ別のコインのみ裏が出るか、両方とも裏が出るかのいずれかであり、予測が誤りの蓋然性は75%に近づくことを意味している。要するに、連言の予測に関する誤謬は、個々の問題に関する誤謬の結果として集積されていき、これはコーエンの帰納的アプローチと同様である。

かくして、数学的蓋然性と帰納的蓋然性はこれらを民事訴訟に適用すべく解釈したとき、連言の問題に関して同じことを含意していると言えるだろう。既に連言の原則について指摘された問題が——訴訟の要素事実の数から生ずる奇妙な不平等の現象も含めて——コーエンの帰納主義における連言についても同様にあてはまる。それ故誤謬の分散や配分という観点からすると、帰納主義は、これが民事訴訟に適用すべく解釈されたとき、数学的蓋然性論と異なるところがないと言えるだろう。

否定の原則についても同様である。コーエンは、被告が実際には有責でないかなり高い（0.5をほんの少し下回るだけの）可能性があるときも否定の原則が原告勝訴の判決を要求することを理由にこの原則を批判した。しかし帰納主義を民事訴訟に適用するときも同じ問題が生ずるのである。否定の原則を訴訟に適用することから生ずる好ましい効果は、長期的にみて誤謬を減少させるように判決が下されることにある。事実、原告の主張が正しい蓋然性が0.51であるあらゆる訴訟事例の集合において、誤った判決に対する正しい判決の比率は51／49であるが、この値は逆の比率より大きい。否定の原則のもつ唯一の意味合いは、この好ましい結果を実現させることにある。しかし既述のロデオのゲイトクラッシャーの事例に関してコーエンは、否定の原則の適用が変則的な結果を生み出すことを理由に、この原則（それ故数学的蓋然性）の訴訟への適用を否定した。そしてゲイトクラッシャーの事例に自己の帰納主義を適用すれば被告勝訴という妥当な結果になることを次のように

説明する。…蓋然性の帰納主義的解釈によればロデオの観客の一人である被告を有責にする根拠は何もない。この被告に特別にあてはまる証拠がなければ、そこから被告が入場料を支払わなかったことを推論できるような、帰納的に支持された一般化の下に被告のケースを包摂させることはできない。それ故、我々は彼を有責にする論拠がないことを明らかにするために、例えば意図的行為に関しては統計的な証拠を許容しないといったアド・ホックな策略へと訴える必要はない。問題の核心は、特定の人間を有責にするようないかなる帰納的証拠も存在しないことにある。それ故問題とされるのが帰納的蓋然性であれば、我々は全く単純に、被告を有責にするようないかなる証拠も存在しないと言いうるのである[12]。…しかしコーエンのこの説明が被告に不利な証拠は全く存在しないということを言っているならば、言うまでもなくそれは偽である。コーエンは、「蓋然性のバランス」によって原告が証拠により自己の主張を立証したという明白な結論を回避するために、数学的蓋然性論者が行ったのと同じアド・ホックな区別——即ち「裸の統計的証拠」と、個人へと特化された証拠の区別——に依拠しているのである。

　更にコーエンの帰納主義の欠陥が明らかとなる特別な事例として指摘できるのは、その序数主義的性格の故に蓋然性の基数的計質が不可能であることから、例えば或る結果を因果的に惹き起した可能性のある不法行為者が複数いるとき、当の結果に対するこれらの者の責任の蓋然性の度合に比例して損害賠償を配分できないことである[13]。コーエンの立場によれば、或る事実はこれと矛盾する事実や他の事実より真である蓋然性が高いとは言えても、このことを基礎として損害賠償を配分することはできない。今、8人の被告のうち誰か一人が原告に不正に害を加えたことが明白だとしよう。更に8人の被告はそれぞれ独立した行為者であるが、原告に対する各人の関係に関する限り、被告たちの間に区別を設けるいかなる証拠も存在しないと想定する。このケースに帰納主義的蓋然性を適用すると、明らかに原告は8人の被告の誰からも損害賠償を受け取れないことになる。というのも、どの被告も、他の7人のうちの誰か一人が有責である大なる可能性を常に立証することができ、「蓋然性のバランス」は、個々のどの被告と比べても原告にとって有利にはならないからである。

　このような状況においては8人の被告の全員を有責にすることも考えられるだろう。しかしこの解決はコーエンの蓋然性の理論から導き出されるわけ

ではなく，数学的蓋然性の立場と同様に，現行の不法行為法をラディカルに変更することになる。このケースにおいて原告が8人の被告の誰か一人が明白に有責であることを理由に8人全員から賠償を受けるならば，これと同じ理由で原告は，誰か一人が有責であることが明らかなときは，被害へと至った法的連鎖の一つの鎖の輪でありうるすべての人から賠償を受けるべきことになるだろう。しかしこのことが受け容れられるためには，複数の被告を比較し，個々の被告の責任の蓋然性を確定する必要があるが，帰納主義にはこれが不可能なのである。

更にコーエンの理論は同一カテゴリーの主題について複数の仮説が1からnのレヴェルの厳しさでテストされ反証されるか否かによって仮説の蓋然性を1からnの段階に区分するが，この蓋然性観念の基本的な難点は異なったケース間の整合性がここでは問題になりえず，単にアド・ホックな帰結へと至るにすぎないことである。特にnはケースごとに変化し，レヴェル1や2での反証に耐えることの意味は，同一カテゴリーの主題に関する言明でない限り言明の間での比較が不可能であることから，ケースごとに変ってくるだろう。

コーエンが帰納主義的アプローチの優れた事例として挙げているカール・フォン・フリッシュの蜜蜂に関する探究は，蜜蜂の間での交信がいかにして行われ，蜜蜂が色，匂い，味，形状を識別できるかを対象にしているが，フリッシュは変数の操作が可能で結果が観察可能なテストを構成し，特定の操作が蜂の行動変化と相関し，引き続くテストで再生されたときは因果関係を推論する。これは要するに観察データの相対的頻度によって因果関係を推定することである。

しかしこのような実験は訴訟にとって有益なパラダイムにはならない。訴訟は，変数を操作し，結果を観察し，そして実験を再生するというプロセスによって進行するわけではないからである——もっとも，個々の事実認定者の信念がその生涯を通じて，これに類似した何らかのタイプのプロセスから生じることはあるだろうが——。変数の計画的な操作を含むコントロールされた注意深いプロセスを訴訟の事実認定のプロセスと——即ち，フリッシュの実験に類似したいかなる種類の操作にも服さない証拠を分析するために，それほど注意深く構成されたわけではない信念を用いるプロセスと——混同してはならない。従って，フリッシュの実験が帰納主義的アプローチの本質

を捉えているからといって，帰納主義的アプローチが訴訟で生じていることを正しく捉えているということにはならない。確かに，事実認定者が証拠を分析するとき，それは証拠と関連する世界の性質についての事実認定者自身の信念のパースペクティヴからなされるだろうし，この点ではフリッシュのアプローチに近いものがあるだろう。更に，疑いもなく事実認定者の信念の多くは，多様な仕方で相互作用する諸変数の観察から生じたものである。例えば酩酊者が普通の人々より不注意で，周囲のことを自覚していないことは一般に観察されており，酩酊した或る自動車の運転手が事故に関与していることの立証は，この運転手が不注意で事故を惹き起こした蓋然性を高めるだろう。そしてこのことは，帰納主義的蓋然性の一例として――即ち，操作された諸変数の事前の観察が一定の結論へと至る帰納主義的蓋然性の一例として――観念されうるが，それはまた相対頻度のアプローチの適用としても観念されうるのである。即ち，事前の観察は「出来事の特定の集合は通常，特定サイズの特定の諸下位集合へと分割される」という結論へと至り，これら下位集合のサイズは，訴訟で探究されている出来事が――証拠を所与の前提とすると――各々の下位集合に含まれる可能性の度合を指示することになる。これら二つの観念，コーエンの帰納主義的な蓋然性の観念と相対頻度の観念（即ち数学的蓋然性の観念）は，訴訟との関連において理解する限り殆ど差異がないように思われる。

（1）　出来事Aに対するオッズを(N: M on A)としたとき，賭け率(betting quotient)はN／(M＋N)であり，主観的蓋然性は，賭ける人が受け容れるオッズが低ければ低いほど，そして賭け率が高ければ高いほど，高くなる。今，ブックメーカーが或る出来事の生起に対し（1：10）のオッズをオファーしたとしよう。或る人Xがこのオファーに応じたとき，もし当の出来事が生起すればXは賭金の10倍を獲得し，出来事が生起しなければ賭金を失う。Xが出来事の生起する蓋然性をPと見なしていれば，Xの期待利得は，賭金に10P－(1－P)を乗じた額となり，従ってPが1／11より大であれば，賭けはXに有利なものになる。逆に，もしXが蓋然性を考慮せずしてこの賭けを受け容れれば，Xにとって出来事が生起する蓋然性は1／11より大でなければならないことが論理的に導き出されるだろう。Xが様々なオッズに対し賭けを受け容れたり拒否したりするのを見ることによって，Xが出来事の生起にどれほどの主観的蓋然性を付与しているかが分かる。

（2）　AとBの連言（A＆B）の蓋然性（P）は，Aの蓋然性P(A)とBの蓋然性P(B)を乗じたP(A)×P(B)である。AとBが独立していなければ，P(A

& B) はBの蓋然性P(B)に，BがAを支持する蓋然性P(A, B) を乗じたP(A, B)×P(B) である。従ってP(A & B) = P(B & A) = P(A, B)×P(B) = P(B, A)×P(A) であり，それ故P(A, B) = P(A)×$\frac{P(B, A)}{P(B)}$ となる。Aを仮説H, Bを証拠Eと解釈すれば，P(H & E) = P(E & H) = P(H, E)×P(E) = P(E, H)×P(H) となりそれ故ベイズの定理P(H, E) = P(H)×$\frac{P(E, H)}{P(E)}$ が導出される。

これをオッズで表現すれば$\frac{O(H, E)}{O(\overline{H}, E)} = \frac{O(H)}{O(\overline{H})} \times \frac{O(E, H)}{O(E, \overline{H})}$ となり$\frac{O(E, H)}{O(E, \overline{H})}$ が〈likelihood ratio〉である。Stein, A., 'Judicial Fact-finding and the Baysian Method: The Case for Deeper Scepticism about their Combination,' *The International Journal of Evidence and Proof*, vol. 1, 1997, p. 35 参照。

　今，犯罪現場に落ちていた毛髪が被告人のものか否かが問題になっているとしよう。先ず事実認定者は，証人の証言を聞いた後に，現場の毛髪が実際に被告人のものであることのオッズは（2：1）であると思っているとしよう。そして専門家の鑑定によると，100人に1人が現場の毛髪のDNAと同じDNAを持っており，被告人の髪の毛のDNAが現場の髪の毛のDNAと一致したとする。鑑定によってこの新しい証拠を与えられた事実認定者がベイズの定理を用いると，〈likelihood ratio〉は，「現場の毛髪が被告人のものだと仮定したときに，毛髪が上記のようなDNAを持っている蓋然性（即ちこの場合は100％）」を，「毛髪が被告人のものでないと仮定したときに，当の毛髪が上記のようなDNAを持っている蓋然性（即ち，この場合は1％）」で割った値100であるから，DNA鑑定の新しい証拠が提示される以前の事実認定者のオッズ（2：1）は新しい証拠によって（200：1）へと変化する。

(3)　Park, R. C., Saks, M. J., 'Evidence Scholarship Reconsidered: Results of the Interdisciplinary Turn,' *Boston College Law Review*, vol. 47, 2006, pp. 988-995; Jackson, J. D., 'Analysing the New Evidence Scholarship: Towards a New Conception of the Law of Evidence,' *Oxford Journal of Legal Studies*, vol. 16, 1996, pp. 311-316.

(4)　刑事訴訟においては，被告人が有罪とされるためには，合理的な疑いを容れない（beyond reasonable doubt）ほど充分に高い有罪の蓋然性が必要とされることからこの問題は生じないが，民事訴訟では一方当事者の主張が正しい蓋然性が他方当事者より勝っていること（preponderance）のみが要求されることから，敗訴した当事者の主張が正しい蓋然性がかなり高いことがありうる。

(5)　Cohen, L. J., *The Probable and the Provable*, Oxford, 1977, pp. 74-81. また，Terence, A. and Twining, W., *Analysis of Evidence*, Boston, 1991, pp. 370-372, pp. 415-416; Murphy, P., ed., *Evidence, Proof, and Facts*, New York, 2003, Chaps. 5, 8.

(6)　Kaye, D. H., 'The Paradox of the Gatecrasher and Other Stories,' *Arizona State Law Journal*, 1979, pp. 106-108.

(7)　R. ポズナーによれば，ゲイトクラッシャーのような事例において原告が勝

訴すべきであるという結論は，いかなる専門法律家も受け容れることのない結論である。Posner, R., 'On Economic Analysis to the Law of Evidence,' *Stanford Law Review*, vol. 51. 1999, p. 1508. 確かにゲイトクラッシャーの事例において統計的な証拠のみに基づいて被告Aを敗訴にすることは，Aが入場料を支払わなかったことに賭けることと同一であり，これはAが入場料を支払わなかったことを主張することとは異なっている。事実認定は蓋然性に基づいて行動することではない。統計は「被告はおそらく場内に闖入したのだろう」という信念を正当化するかもしれないが，「被告は実際に闖入した」という信念を正当化することはない。被告を有責にするには，後者が必要なのである。

(8)　Cohen, op. cit., pp. 129-135.
(9)　Id., pp. 202-211.
(10)　コーエンはまた民事訴訟の例を挙げて帰納的蓋然性の論理を説明している。Cohen, op. cit., pp. 252-256. 刑事訴訟においては，証拠は「合理的な疑いを容れないほど」(beyond reasonable doubt)強力に事実を確証する必要があるのに対し，民事訴訟においては，証拠Eが原告の主張する事実Hを〈preponderance of evidence〉ないし〈balance of probability〉によって確証すれば——即ち$P(H, E) > P(\overline{H}, E)$であれば——原告勝訴となる。今，原告Xが，契約不履行を理由に被告Yに対し損害賠償を請求したとしよう。Xの主張によれば，Yは或る期日までに工場を建てることをXに契約したが，工場は建てられず，もし建てられていればXは多大の利益を得るはずだった。これに対してYは契約が締結された事実を否定したとする。先ずXは契約が締結されたことを示す証拠（R_1）として，契約がYにオファーされたこと，そしてYが幾度となく契約に積極的な関心を示していた事実を挙げたとしよう。R_1はYが契約を受諾したというXの主張Sに当初の蓋然性を付与することになる。従ってコーエンの帰納的蓋然性（P_1）によれば$P_1[S, R_1] = 1$ そして $P_1[\overline{S}, R_1] = 0$ であり，$P_1[S, R_1] > P_1[\overline{S}, R_1]$ となる。しかし，これに対してYが，オファーがYによって受諾されたことを示す文書の不存在（R_2）を証拠として提示したとする。この証拠R_2の意義は，第一段階でXが採用した一般法則——即ち，もし契約が或る人間にオファーされ，この人間が幾度となくこの契約に対し積極的な関心を示すならば，その人間は契約を受諾するだろう，という一般法則——の適用にとって不利な状況を生み出すことにある。従って $P_1[S, R_1 \& R_2] = 0$ そして $P_1[\overline{S}, R_1 \& R_2] = 2$ となり，それ故 $P_1[S, R_1 \& R_2] < P_1[\overline{S}, R_1 \& R_2]$ となるだろう。次にXは自分の主張を強化するために，相当な額の金銭が頭金としてXからYに支払われた事実（R_3）を挙げたとしよう。従って $P_1[S, R_1 \& R_2 \& R_3] = 3$ そして $P_1[\overline{S}, R_1 \& R_2 \& R_3] = 0$ となり，それ故 $P_1[S, R_1 \& R_2 \& R_3] > P_1[\overline{S}, R_1 \& R_2 \& R_3]$ となる。更にこれに対しYは，別の理由でXはYに対し債務に服しており，上記の金銭はこの債務の支払いにあてられたこと（R_4）を主張したとする。従って $P_1[S, R_1 \& R_2 \& R_3 \& R_4] = 0$ そして $P_1[\overline{S}, R_1 \& R_2 \& R_3 \& R_4] = 4$ となり，それ故 $P_1[S, R_1 \& R_2 \& R_3 \&$

$R_4] < P_1[\overline{S}, R_1 \& R_2 \& R_3 \& R_4]$ となる。これに対し，Xは，Yがあたかも工場を建てることを意図しているかのように建築材を集めていた事実（R_5）を立証したが，これに対してYは，自分が集めた建築材は別の工事のためであったこと（R_6）を立証したとする。…この段階に至り，事実認定者の前に持ち出される関連事実が尽きたとすれば，原告Xは自分の主張を〈preponderance of evidence〉ないし〈balance of probability〉によって立証できなかったことになる。

　以上の論理的プロセスを通じて原告Xは，Sへの推論を支持する一般法則の適用可能性を立証しようと試み，被告Yは，$\overline{S}$への推論を支持する一般法則の適用可能性を立証しようと試みる。或る関連事実がSを支持する一般法則に有利なときは，証拠に基づくSの蓋然性は増大し，$\overline{S}$の蓋然性はゼロとなる。他方，$\overline{S}$を支持する一般法則に有利な関連事実がみつかれば，$\overline{S}$の蓋然性は増大し，Sの蓋然性はゼロになる。

(11) Cohen, op. cit., pp. 265-266.
(12) Id., p. 271.
(13) King, J. H., 'Causation, Valuation, and Chance in Personal Injury Torts Involving Preexisting Conditions and Future Consequences,' *Yale Law Journal*, vol. 90, 1981, pp. 1396-1397.

著者あとがき

　本書は，著者がこれまで発表した法哲学に関連する諸論文と比較的最近書いた未発表の諸論文を合わせて単著にまとめたものである。30年以上前に書かれた最も古い論文は全面改稿され第9章「証拠と蓋然性」として生まれ変ったが，本章では英米の証拠法学者によって最近活発に議論されている，事実認定におけるベイズの定理の有効性について十分に論ずることができなかった。本書の第1章は簡単なゲーム理論を用いてルールの形成を論じているが，ルールの正しさに関する著者自身の規範的立場については明確に述べられていない。本書では規範的な正義論は意図的に視野の外に置かれている。また本書は著者自身が信奉する特定の哲学的立場から法哲学の諸問題を統一的に論じているわけではない。しかし第5章と第7章では日常言語学派の言語分析に依拠して契約と行為（および責任）が考察されている。特に第7章第2節では，かつてH. L. A. ハートが提唱し，ハート自身によって撤回されてしまった帰責主義的行為論がもう一度見直されている。第2章はもともと法の自立性を意味論の観点から論じた論文を基にし，これに法実証主義についての説明を付け加えたものである。しかしM.ムアの特異な意味論的自然法論については十分に議論することができなかった。第4章の第1・2・3節は主に合理的選択論や社会的選択論の観点から民主主義を論じており，民主主義と司法審査をめぐる周知の問題を扱った第4節は本書で著者の規範的な見解が提示されている唯一の節であるが，これら四つの節での議論が単に示唆的で原基的なものにすぎないことは著者自身が充分に自覚している。

　本書の主たる狙いは――それが成功しているかどうかは別にして――，実定法学の諸分野の基本的問題のなかに，哲学に固有の観点からみて，どれほど興味深い重要な内容が含まれているかを明らかにすることにあり，実定法学と直接的に関係しない純粋に政治哲学的，倫理学的な問題は表立って議論されてはいない。

　本書の刊行に際しては，校正はもとより適切な日本語表現の御教示に至る

まで，木鐸社の坂口節子氏に大変お世話になった。当初想定していたよりかなり大部になってしまった本書の刊行を承諾して下さったことに対し坂口氏と木鐸社に感謝の意を表したい。

2009年6月1日

著　者

初出一覧

第1章第1節　「実践的推論とルールの形成」『法哲学的思考』平凡社　1989
　　　第2節　「私的利益と規範の生成」『功利主義と法理論』法哲学年報　1987
第2章　「法の自立性について－意味論の観点から－」『20世紀の法哲学』法哲学年報　1997　補筆
第3章　「権利概念に関する一考察」『法の理論7』成文堂　1986
第4章第1節　書き下し
　　　第2節　「市場と民主主義に関する覚え書」『市場の法哲学』法哲学年報　1994
　　　第3節　書き下し
　　　第4節　書き下し
第5章　「約束と信頼－契約の拘束力に関する一考察－」『自由と規範』東大出版会　1985
第6章　書き下し
第7章第1節　「行為の説明と解釈－最近の哲学的動向－」（第3章）立教法学17号　1978　改稿
　　　第2節　書き下し
　　　第3節　「刑罰・責任・言語」『現代の法哲学』第3巻　東大出版会　1983
第8章　書き下し
第9章　「事実認定の論理に関する一考察」『正義』法哲学年報　1974　全面改稿

索引

人名索引

ア行
アクセルロッド, R. 25-26, 28
アッカーマン, B. 187-188
アリストテレス 299, 382, 420
アロー, K. 45, 50, 159-163, 165, 167, 172
ヴィトゲンシュタイン, L. 8, 11, 67, 70-73, 293, 375
ウルマン・マーガリット, E. 11-12, 17
エルスター, J. 63
エンギッシュ, K. 416-419
オースティン, J. 385, 387
オースティン, J.L. 95, 196, 200-201, 217-218, 373-377, 379-380
オノレ, A.M. 281
オルソン, M. 19-20, 25

カ行
カルナップ, R. 425-427, 434-435, 440
カント, I. 126, 190
ギーチ, P.T. 341-344
ギバード, A. 42, 164-165
ギルバート, M. 43
クリプキ, S. 67-73
ケイ, D.H. 449
ゲヴァース, A. 101, 116-120
ケルゼン, H. 87
コーエン, J. 448-450, 452-459, 461
コールマン, J. 224-225, 228, 230-235
ゴティエ, D. 59-60
コンドルセ, M.J. 159-160, 162, 173

サ行
サタースウェイト, M.A. 164-165
サルバーグ, I. 387
ジュリアーニ, A. 421
ストローソン, P.F. 208, 442
セン, A. 10, 45, 49-53, 106-107, 109, 114, 156

タ行
タロック, G. 139-141

チザム, R.M. 303, 388
デイヴィッドソン, D. 301-302, 378-379, 387
ディルタイ, W. 392
ドゥウォーキン, R. 43-44, 46, 67, 75, 85-90, 105-106, 174-176, 178, 395, 402, 404, 410
ドライゼク, J.S. 163-166

ナ行
ナッシュ, J.F. 59
ノージック, R. 46, 50, 101-105, 112, 114, 119

ハ行
ハーサニ, J. 53
ハート, H.L.A. 44, 75, 81, 87, 102-105, 296, 335-339, 341-343, 345, 365-369, 374-376, 385-386, 394
パットナム, H. 81-84
ハバーマス, J. 172, 184-186
ヒューム, D. 49, 69, 195, 202-208, 212, 218, 422
フィッシュ, S. 90, 393, 402, 404
フェインバーグ, F. 345-347, 357
ブキャナン, J.M. 57, 139-141
ブラック, D. 156, 165
ブラック, M. 433
ブランド, M. 342
フリッシュ, K.v. 450-451, 458-459
フレーゲ, G. 292
フロイト, S. 399
ヘーガーシュトレーム, A. 199
ベーコン, F. 421, 454
ペティット, P. 194
ペリー, S. 233, 235, 265
ベンサム, J. 96-97, 99, 267, 367, 420
ヘンペル, C.G. 431, 440-441
ホーフェルト, W.N. 92, 95-98, 106, 214
ホームズ, O.W. 374
ポステマ, G.J. 44
ポズナー, R. 237, 277-279, 460

ポッパー, K. 422-424, 430, 433, 440, 454
ホッブズ, T. 21-22, 40, 49, 92, 94, 384

マ行

マッキー, G. 167-169, 171-172
マッキー, J.L. 385-387
ミル, J.S. 190, 454
ムア, M. 67, 81-82, 84-85
ムア, G.E. 376
メイ, K. 129
メイン, H.S. 218

ラ行

ライオンズ, D. 384
ライカー, W.H. 125-128, 132, 134-138, 142, 146, 159, 193
ライナッハ, A. 200-201
ライヘンバッハ, H. 432
ラズ, J. 214, 395, 404-405
ランデス, W.M. 277-279
リスト, C. 163-166
ルイス, D.K. 29, 34, 36, 43, 207
ルソー, J.-J. 15, 40, 126
レイ, D. 136-138, 140
レーラー, K. 388
ロールズ, J. 45, 53, 87-88, 92, 107-108, 115, 176-181, 186, 188, 262
ロック, J. 421

事項索引

ア行

アローの一般可能性の定理 45, 145-147, 160-161, 163-165, 171-172
意思説（契約の） 195-200, 212-214, 218
意志の弱さ 8, 42
因果関係 419, 436-437
演繹・法則論的説明 286, 288, 291, 437
応報主義 358, 365, 373

カ行

外部（不）経済 52-53, 57, 121, 270, 275-276
過誤 223-225, 228, 230-231, 234
過失責任 375
カルドア＝ヒックス原理 238
帰責主義（行為の） 304, 306, 325, 335, 339-343, 347, 354
基礎行為 307-312, 314-315, 318, 325
基底主義 90, 306, 308-310, 312, 314-315, 318, 328, 330
帰納論理 422-425, 432
規範的権能 214-218
矯正的正義 221, 223-224, 228-232, 234, 236, 247-249
刑事責任 350, 352-353
結果生成主義（行為の） 305, 329-330, 348
決定論 376-377, 379-380
厳格責任 225, 228, 233, 235, 368-369, 371, 373, 375
行為因果説 287-288, 290, 292-296, 304, 307, 311-312, 315-316, 325, 330, 376, 378, 387
行為功利主義 13-14, 207, 209, 360-362, 365, 383-384
行為定立的（performative）発話 95, 200, 207, 285
公共財 14, 18-24, 56-57, 60-62, 143
コースの定理 52-53, 57, 60, 147, 270
行動の調整（coordination） 11, 15-18, 28-34, 36-37, 40-43, 54-55, 85, 121-122
功利主義 358, 364, 382
功利主義的一般化 363
個人的選好の無制約性 44, 62, 160
コンヴェンショナリズム 67, 75, 81-83, 86
コンヴェンション 29, 34, 36-40, 43-44, 49, 55, 82, 84-86
コンドルセの方式 127, 167-168

サ行

市場の失敗 21, 139, 142, 149
自然権 45-46, 57-58, 91, 99, 101-106, 116, 120
自然状態 38-40, 57-60, 62, 93-94, 101, 142
自然分配 57-60, 62
自然法論 67, 81, 84, 86, 90
私的言語 68, 418
私的所有権 140-142
司法審査 152-154, 173-174, 176, 179, 181-182, 190-191
社会契約 38-40, 60, 62, 239-240, 242, 245
囚人のディレンマ 11-15, 17-18, 20-22, 24-30, 39, 41, 52, 54-61, 78, 121-122, 139, 150, 155, 165, 206-207, 383-384

承認のルール　75, 394, 410
新意志主義（行為の）　321-322, 324-325, 327-330
審議民主主義　162-163, 167, 172, 189-190
信頼説（契約の）　195-197, 199-200, 209-213, 215, 218
生成主義（行為の）　305, 348
全員一致の合意（ルール）　10, 47-50, 62, 78-79, 141
選好の無制約性　162-165

タ行
強い生成主義（行為の）　305, 307, 348-349, 353
適合的選好　63
伝達的モデル（解釈の）　390-392, 407
道徳的責任　332-334, 348, 354
投票のパラドックス　144-146, 159, 162, 173
独裁性　45, 50, 161, 163-164
富の極大化　236-237, 241, 247-248, 260, 265

ナ行
ナッシュの方式　127

ハ行
バーゲン　47, 53-54, 58-60, 141, 173, 185, 188-189
パターナリズム　8
パレート原理　10, 18, 26, 29, 44-53, 63, 144, 262-264
犯意（mens rea）　350-353, 366

反省的均衡　87, 89
ハンドの定式　236-238, 257-258
非基底主義　67, 85, 87-88, 306
平等な尊重と配慮　46, 105-106, 174-175, 190
批判的法学研究　67, 73
不可譲な権利　52-53
分配的正義　222-224, 232, 234-235
ベイズの定理　443-444, 449, 460
ヘルメノイティーク　212, 218, 391-392, 406, 413
法実証主義　67, 74-75, 79, 81
法の経済分析　225-228, 247, 261-262, 264
保険　225, 229, 231
ボルダの方式　127, 166-168, 170-172

マ行
無関係な対象（選択肢）からの独立性　44, 50, 161, 166
目的論的説明　285, 288, 290, 295

ヤ行
弱い生成主義（行為の）　330-335, 348-349, 353

ラ行
ラドナー＝マーシャクの条件　167
リスク　23, 137, 226, 239-244, 247, 250-255, 257-261, 263
ルール懐疑主義　67, 72-73
ルール功利主義　14, 208, 360-365, 383-384
レント・シーキング　150-151, 155-156, 182
論理的蓋然性　425-429

小　林　　公（こばやし　いさお）
1945年　横浜市に生まれる
1968年　東京大学法学部卒業
現　在　立教大学法学部教授
専　攻　法哲学・法思想史
主　著　『合理的選択と契約』（弘文堂　1991年）
主要訳書　R.ドゥウォーキン『権利論』（共訳）（木鐸社　1986年）
　　　　　R.ドゥウォーキン『法の帝国』（未来社　1995年）
　　　　　E.H.カントーロヴィチ『王の二つの身体』（平凡社　1992年）
　　　　　D.ゴティエ『合意による道徳』（木鐸社　1999年）

法哲学

2009年9月20日　第一版第一刷印刷発行　Ⓒ

著者との了解により検印省略	著　者　小　林　　　公
	発行者　坂　口　節　子
	発行所　有限会社　木　鐸　社

〒112-0002　東京都文京区小石川 5-11-15-302
電話（03）3814-4195番　郵便振替00100-5-126746番
FAX（03）3814-4196番　http://www.bokutakusha.com/

（乱丁・落丁本はお取替致します）
ISBN978-4-8332-2418-5　C3032

合意による道徳
David Gauthier, Morals by Agreement, 1986
D. ゴティエ著　小林 公訳
A5判・456頁・5000円（1999年）　ISBN4-8332-2281-7
　市場至上主義に立つ経済行為が必ずしも十分ではない所以を，ゲーム理論と合理的選択理論を駆使して説明し，契約と合意による道徳の優位を立証して学界に議論を呼び起こした名著。
1. 理論の概観　2. 選択：理性と価値　3. 戦略：理性と均衡
4. 市場：道徳からの自由　5. 協力：バーゲンと正義　6～11。

自由の構造
Randy E. Barnett, The Structure of Liberty, 1998
R. バーネット著　嶋津格・森村進監訳
A5判・448頁・5500円（2000年）ISBN4-8332-2296-5
■正義・法の支配
　古典的自由主義の主張を，法学の領域で雄弁に展開する著者の非妥協的な正義と法の支配についての捉え方は，分配的正義観や応報的正義観・共同体主義等とも根本的に衝突する。しかし，今日，この議論は真剣に考慮する価値と必要に迫られている。

平等とは何か
R. Dworkin, Sovereign Virtue, 2000
R. ドゥウォーキン著　小林公・大江洋・高橋秀治・高橋文彦訳
A5判・620頁・6500円（2005年2刷）ISBN4-8332-2327-9 C3012
　1981～99年に発表した一連の論文で，一般的な平等理論とその具体的適用を体系的に展開。「平等な尊重と配慮」をもって人々を扱うことは「分配的正義」の文脈上，人々の「何を」平等にするかの問題であるとする。「資源の平等論」が他の諸理論の批判的考察から導かれる。2部は福祉プログラム，選挙資金問題などを考察する。

自由の法
■米国憲法の道徳的解釈
Ronald Dworkin, Freedom's Law, 1996
R. ドゥオーキン著　石山文彦訳（大東文化大学法学部）
A5判・522頁・6000円（2003年・2刷）ISBN4-8332-2280-9
　著者の体系的法理論に含まれる純一性の理念を擁護するという主張を，米国社会の様々な現実問題に適用し，国論を二分している個人の基本権をめぐる憲法上の具体的事例と関連付けて論じる。

裁判の正義
Ronald Dworkin, Robs in Justice, 2006
R. ドゥオーキン著　宇佐美誠訳
A5判・380頁・4500円（2009年）ISBN4-8332-2416-1 C3032
　序論で全体的理論枠組の中に論敵たちを位置づける。第1～3章でR.ポズナー，C.サンスティーンらの法的プラグマティズム，第4，5章でI.バーリンの価値多元論，A.スカリアの原意主義，第6～8章でハート，J.コールマン，J.ラズらの法実証主義をそれぞれ批判し，第9章でJ.ロールズの理論を法哲学的観点から考察。